Java
para iniciantes

O autor

O autor de best-sellers **Herbert Schildt** escreve incansavelmente sobre programação há quase três décadas e é uma das principais autoridades na linguagem Java. Seus livros de programação venderam milhões de cópias no mundo inteiro e foram traduzidos para diversos idiomas. É autor de vários livros sobre Java, incluindo *Java: The Complete Reference, Herb Schildt's Java Programming Cookbook* e *Swing: A Beginner's Guide*. Ele também escreveu sobre C, C++ e C#. Embora tenha interesse em todas as áreas da computação, seu foco principal são as linguagens de programação, incluindo compiladores, interpretadores e linguagens de controle robótico. Também tem grande interesse na padronização de linguagens. Schildt tem graduação e pós-graduação pela Universidade de Illinois. Seu site é www.HerbSchildt.com.

O editor técnico

Dr. Danny Coward trabalhou em todas as edições da plataforma Java. Ele conduziu a definição dos Java Servlets para a primeira versão da plataforma Java EE e para além dela, os serviços web para a plataforma Java ME, e a estratégia e planejamento de Java SE 7. Fundou a tecnologia JavaFX e, mais recentemente, projetou o maior acréscimo feito ao padrão Java EE 7, a API Java WebSocket. Da codificação em Java ao projeto de APIs com especialistas da indústria e ao trabalho por vários anos como executivo do Java Community Process, ele adquiriu uma perspectiva singularmente ampla de vários aspectos da tecnologia Java. Além disso, é autor de *JavaWebSocket Programming* e de um livro ainda a ser publicado sobre Java EE. Dr. Coward tem graduação, mestrado e doutorado em Matemática pela Universidade de Oxford.

S334j   Schildt, Herbert.
          Java para iniciantes : crie, compile e execute programas Java rapidamente / Herbert Schildt ; tradução: Aldir José Coelho Corrêa da Silva ; revisão técnica: Maria Lúcia Blanck Lisbôa. – 6. ed. – Porto Alegre : Bookman, 2015.
          xx, 684 p. : il. ; 25 cm.

          ISBN 978-85-8260-336-9

          1. Linguagem de programação - Java. I. Título.

          CDU 004.438Java

Catalogação na publicação: Poliana Sanchez de Araujo – CRB 10/2094

Herbert Schildt

Java
para iniciantes

6ª edição

Crie, compile e execute programas Java rapidamente

Tradução:
Aldir José Coelho Corrêa da Silva

Revisão técnica:
Maria Lúcia Blanck Lisbôa
Doutora em Ciência da Computação pela UFRGS
Professora do Instituto de Informática da UFRGS

2015

Obra originalmente publicada sob o título
Java: A Beginner's Guide, 6th edition
ISBN 0-07-180925-2 / 978-0-07-180925-2

Edição original © 2014, The McGraw-Hill Global Education Holdings, LLC, New York, New York 10020. Tradução para a língua portuguesa © 2015, Bookman Companhia Editora Ltda., uma empresa do Grupo A Educação S.A. Todos os direitos reservados.

Gerente editorial: *Arysinha Jacques Affonso*

Colaboraram nesta edição:

Editora: *Mariana Belloli*

Preparação de originais: *Bianca Basile*

Leitura final: *Flávia Simões Pires*

Capa: *Kaéle Finalizando Ideias*, arte sobre capa original

Editoração eletrônica: *Techbooks*

Reservados todos os direitos de publicação, em língua portuguesa, à
BOOKMAN EDITORA LTDA., uma empresa do GRUPO A EDUCAÇÃO S.A.
Av. Jerônimo de Ornelas, 670 – Santana
90040-340 – Porto Alegre – RS
Fone: (51) 3027-7000   Fax: (51) 3027-7070

É proibida a duplicação ou reprodução deste volume, no todo ou em parte, sob quaisquer formas ou por quaisquer meios (eletrônico, mecânico, gravação, fotocópia, distribuição na Web e outros), sem permissão expressa da Editora.

Unidade São Paulo
Av. Embaixador Macedo Soares, 10.735 – Pavilhão 5 – Cond. Espace Center
Vila Anastácio – 05095-035 – São Paulo – SP
Fone: (11) 3665-1100   Fax: (11) 3667-1333

SAC 0800 703-3444 – www.grupoa.com.br

IMPRESSO NO BRASIL
PRINTED IN BRAZIL

Sumário

	Introdução..	xvi
1	**Fundamentos da linguagem Java**...	**1**
	Origem da linguagem Java...	3
	Qual a relação entre Java, C e C++?...	4
	Qual a relação entre Java e C#?...	4
	Contribuições da linguagem Java para a Internet.............................	5
	Applets Java..	5
	Segurança...	5
	Portabilidade	6
	O segredo da linguagem Java: o bytecode	6
	O jargão Java...	8
	Programação orientada a objetos	9
	Encapsulamento...	10
	Polimorfismo	10
	Herança...	11
	Obtendo o Java Development Kit	11
	Um primeiro programa simples	12
	Inserindo o programa...	13
	Compilando o programa	13
	Primeiro exemplo de programa linha a linha.............................	14
	Tratando erros de sintaxe	16
	Um segundo programa simples..	17
	Outro tipo de dado	19

Tente Isto 1-1	**Converta galões em litros**	**20**
Duas instruções de controle		21
A instrução if		22
O laço for		23
Crie blocos de código		25
Ponto e vírgula e posicionamento		26
Práticas de recuo		26
Tente Isto 1-2	**Melhore o conversor**	**27**
As palavras-chave Java		28
Identificadores em Java		29
As bibliotecas de classes Java		29
Teste do Capítulo 1		30

2 Introdução a tipos de dados e operadores 31

Por que os tipos de dados são importantes		32
Tipos primitivos da linguagem Java		32
Inteiros		33
Tipos de ponto flutuante		35
Caracteres		35
O tipo booleano		37
Tente Isto 2-1	**Qual é a distância do relâmpago?**	**38**
Literais		39
Literais hexadecimais, octais e binários		39
Sequências de escape de caracteres		40
Literais de strings		40
Um exame mais detalhado das variáveis		41
Inicializando uma variável		42
Inicialização dinâmica		42
Escopo e tempo de vida das variáveis		43
Operadores		45
Operadores aritméticos		46
Incremento e decremento		47
Operadores relacionais e lógicos		48
Operadores lógicos de curto-circuito		50
O operador de atribuição		51
Atribuições abreviadas		51
Conversão de tipos em atribuições		53
Convertendo tipos incompatíveis		54
Precedência de operadores		56
Tente Isto 2-2	**Tabela-verdade para os operadores lógicos**	**56**
Expressões		58
Conversão de tipos em expressões		58
Espaçamento e parênteses		60
Teste do Capítulo 2		60

3	Instruções de controle de programa	62
	Caracteres de entrada do teclado	63
	A instrução if	64
	Ifs aninhados	66
	A escada if-else-if	67
	A instrução switch	68
	Instruções switch aninhadas	71
	Tente Isto 3-1 Construa um sistema de ajuda Java	**72**
	O laço for	74
	Algumas variações do laço for	76
	Partes ausentes	77
	O laço infinito	78
	Laços sem corpo	78
	Declarando variáveis de controle de laço dentro do laço for	79
	O laço for melhorado	79
	O laço while	80
	O laço do-while	81
	Tente Isto 3-2 Melhore o sistema de ajuda Java	**83**
	Use break para sair de um laço	86
	Use break como uma forma de goto	88
	Use continue	92
	Tente Isto 3-3 Termine o sistema de ajuda Java	**93**
	Laços aninhados	97
	Teste do Capítulo 3	98
4	**Introdução a classes, objetos e métodos**	**100**
	Fundamentos das classes	101
	Forma geral de uma classe	102
	Definindo uma classe	103
	Como os objetos são criados	106
	As variáveis de referência e a atribuição	106
	Métodos	107
	Adicionando um método à classe Vehicle	107
	Retornando de um método	110
	Retornando um valor	110
	Usando parâmetros	112
	Adicionando um método parametrizado a Vehicle	114
	Tente Isto 4-1 Crie uma classe de ajuda	**116**
	Construtores	121
	Construtores parametrizados	122
	Adicionando um construtor à classe Vehicle	123
	O operador new revisitado	124
	Coleta de lixo	125
	O método finalize( )	125

Tente Isto 4-2 Demonstre a coleta de lixo e a finalização	126
A palavra-chave this	129
Teste do Capítulo 4	130

5 Mais tipos de dados e operadores ... 132

Arrays	133
Arrays unidimensionais	134
Tente Isto 5-1 Classifique um array	137
Arrays multidimensionais	139
Arrays bidimensionais	139
Arrays irregulares	140
Arrays de três ou mais dimensões	141
Inicializando arrays multidimensionais	141
Sintaxe alternativa para a declaração de arrays	142
Atribuindo referências de arrays	143
Usando o membro length	144
Tente Isto 5-2 Uma classe Queue	146
O laço for de estilo for-each	150
Iterando por arrays multidimensionais	153
Aplicando o laço for melhorado	154
Strings	155
Construindo strings	155
Operando com strings	156
Arrays de strings	158
Strings não podem ser alterados	158
Usando um string para controlar uma instrução switch	160
Usando argumentos de linha de comando	161
Os operadores bitwise	162
Os operadores bitwise AND, OR, XOR e NOT	163
Os operadores de deslocamento	167
Atribuições abreviadas bitwise	169
Tente Isto 5-3 Uma classe ShowBits	169
O operador ?	172
Teste do Capítulo 5	174

6 Verificação minuciosa dos métodos e classes ... 175

Controlando o acesso a membros de classes	176
Modificadores de acesso da linguagem Java	177
Tente Isto 6-1 Melhore a classe Queue	181
Passe objetos para os métodos	182
Como os argumentos são passados	184
Retornando objetos	186
Sobrecarga de métodos	188
Sobrecarregando construtores	193

Tente Isto 6-2 Sobrecarregue o construtor de Queue		**195**
Recursão		198
Entendendo os membros estáticos		200
Blocos estáticos		203
Tente Isto 6-3 A classificação rápida		**204**
Introdução às classes aninhadas e internas		206
Varargs: argumentos em quantidade variável		209
Aspectos básicos dos varargs		210
Sobrecarregando métodos varargs		213
Varargs e ambiguidade		214
Teste do Capítulo 6		216
7	**Herança**	**218**
	Aspectos básicos de herança	219
	Acesso a membros e a herança	222
	Construtores e herança	225
	Usando super para chamar construtores da superclasse	227
	Usando super para acessar membros da superclasse	231
	Tente Isto 7-1 Estenda a classe Vehicle	**232**
	Criando uma hierarquia de vários níveis	235
	Quando os construtores são chamados?	237
	Referências da superclasse e objetos da subclasse	239
	Sobreposição de métodos	243
	Métodos sobrepostos dão suporte ao polimorfismo	246
	Por que sobrepor métodos?	248
	Aplicando a sobreposição de métodos a TwoDShape	248
	Usando classes abstratas	252
	Usando final	256
	A palavra-chave final impede a sobreposição	256
	A palavra-chave final impede a herança	256
	Usando final com membros de dados	257
	A classe Object	258
	Teste do Capítulo 7	259
8	**Pacotes e interfaces**	**260**
	Pacotes	261
	Definindo um pacote	262
	Encontrando pacotes e CLASSPATH	263
	Exemplo breve de pacote	263
	Pacotes e o acesso a membros	265
	Exemplo de acesso a pacote	266
	Entendendo os membros protegidos	267
	Importando pacotes	269
	Biblioteca de classes Java fica contida em pacotes	270
	Interfaces	271
	Implementando interfaces	272
	Usando referências de interfaces	276

Tente Isto 8-1 Crie uma interface Queue 277
    Variáveis em interfaces 283
    Interfaces podem ser estendidas 284
    Métodos padrão das interfaces 285
        Fundamentos dos métodos padrão 286
        Um exemplo mais prático de um método padrão 287
        Problemas da herança múltipla 289
    Use métodos static em uma interface 289
    Considerações finais sobre os pacotes e interfaces 290
    Teste do Capítulo 8 291

9 Tratamento de exceções 292
    Hierarquia de exceções 294
    Fundamentos do tratamento de exceções 294
        Usando try e catch 295
        Exemplo de exceção simples 295
    Consequências de uma exceção não capturada 297
        Exceções permitem que você trate erros normalmente 299
    Usando várias instruções catch 299
    Capturando exceções de subclasses 300
    Blocos try podem ser aninhados 302
    Lançando uma exceção 303
        Relançando uma exceção 304
    Exame mais detalhado de Throwable 305
    Usando finally 306
    Usando throws 308
    Três recursos das exceções adicionados recentemente 309
    Exceções internas da linguagem Java 311
    Criando subclasses de exceções 313

Tente Isto 9-1 Adicione exceções à classe Queue 315
    Teste do Capítulo 9 318

10 Usando I/O 320
    I/O Java é baseado em fluxos 322
    Fluxos de bytes e fluxos de caracteres 322
    Classes de fluxos de bytes 322
    Classes de fluxos de caracteres 323
    Fluxos predefinidos 324
    Usando os fluxos de bytes 325
        Lendo a entrada do console 325
        Gravando a saída do console 327
    Lendo e gravando arquivos usando fluxos de bytes 328
        Gerando entradas em um arquivo 328
        Gravando em um arquivo 332
    Fechando automaticamente um arquivo 334
    Lendo e gravando dados binários 337

Tente Isto 10-1	**Utilitário de comparação de arquivos**	**340**
Arquivos de acesso aleatório		341
Usando os fluxos baseados em caracteres da linguagem Java		343
Entrada do console com o uso de fluxos de caracteres		344
Saída do console com o uso de fluxos de caracteres		347
I/O de arquivo com o uso de fluxos de caracteres		349
Usando um FileWriter		349
Usando um FileReader		350
Usando os encapsuladores de tipos da linguagem Java para converter strings numéricos		351
Tente Isto 10-2	**Criando um sistema de ajuda baseado em disco**	**354**
Teste do Capítulo 10		360

11 Programação com várias threads 362

Fundamentos do uso de várias threads 363
A classe Thread e a interface Runnable 364
Criando uma thread 365
    Algumas melhorias simples 368

Tente Isto 11-1   Estendendo Thread **370**

Criando várias threads 372
Determinando quando uma thread termina 375
Prioridades das threads 378
Sincronização 381
Usando métodos sincronizados 381
A instrução synchronized 384
Comunicação entre threads com o uso de notify( ), wait( ) e notifyAll( ) 387
    Exemplo que usa wait( ) e notify( ) 388
Suspendendo, retomando e encerrando threads 393

Tente Isto 11-2   Use a thread principal **396**

Teste do Capítulo 11 398

12 Enumerações, autoboxing, importação estática e anotações 399

Enumerações 400
    Fundamentos da enumeração 401
As enumerações Java são tipos de classe 403
    Métodos values( ) e valueOf( ) 403
Construtores, métodos, variáveis de instância e enumerações 405
    Duas restrições importantes 407
Enumerações herdam Enum 407

Tente Isto 12-1   Semáforo controlado por computador **409**

Autoboxing 414
Encapsuladores de tipos 414
Fundamentos do autoboxing 417
Autoboxing e os métodos 417
Autoboxing/unboxing ocorre em expressões 419
    Advertência 420

Importação estática 421
Anotações (metadados) 424
Teste do Capítulo 12 426

13 Tipos genéricos 428

Fundamentos dos tipos genéricos 429
Exemplo simples de genérico 430
    Genéricos só funcionam com tipos de referência 434
    Tipos genéricos diferem de acordo com seus argumentos de tipo 434
    Classe genérica com dois parâmetros de tipo 435
    A forma geral de uma classe genérica 436
Tipos limitados 436
Usando argumentos curingas 440
Curingas limitados 443
Métodos genéricos 445
Construtores genéricos 448
Interfaces genéricas 448
Tente Isto 13-1   Crie uma fila genérica 451
Tipos brutos e código legado 455
Inferência de tipos com o operador losango 458
Erasure 459
Erros de ambiguidade 460
Algumas restrições dos genéricos 461
    Parâmetros de tipos não podem ser instanciados 461
    Restrições aos membros estáticos 461
    Restrições aos arrays genéricos 461
    Restrições a exceções genéricas 463
Continuando seu estudo sobre genéricos 463
Teste do Capítulo 13 463

14 Expressões lambda e referências de método 465

Introdução às expressões lambda 466
Fundamentos das expressões lambda 467
    Interfaces funcionais 468
    As expressões lambda em ação 470
Expressões lambda de bloco 475
Interfaces funcionais genéricas 476
Tente Isto 14-1   Passe uma expressão lambda como argumento ... 478
Expressões lambda e a captura de variáveis 483
Lance uma exceção de dentro de uma expressão lambda 484
Referências de método 486
    Referências a métodos static 486
    Referências a métodos de instância 488
Referências de construtor 492
Interfaces funcionais predefinidas 495
Teste do Capítulo 14 496

15 Applets, eventos e tópicos diversos 498
Aspectos básicos dos applets 499
Organização e elementos essenciais dos applets 503
    A arquitetura do applet 503
Esqueleto de applet completo 504
Inicialização e encerramento do applet 505
Solicitando atualização 506
    Método update( ) 507
Tente Isto 15-1   Applet de banner simples **507**
Usando a janela de status 511
Passando parâmetros para applets 511
A classe Applet 513
Tratamento de eventos 515
Modelo de delegação de eventos 515
Eventos 515
    Fontes de eventos 516
    Ouvintes de eventos 516
    Classes de eventos 516
    Interfaces de ouvintes de eventos 517
Usando o modelo de delegação de eventos 518
    Tratando eventos do mouse e de seus movimentos 519
    Applet de evento de mouse simples 519
Mais palavras-chave Java 522
    Modificadores transient e volatile 523
    instanceof 523
    strictfp 524
    assert 524
    Métodos nativos 525
Teste do Capítulo 15 526

16 Introdução a Swing 528
Origens e filosofia de design de Swing 530
Componentes e contêineres 532
    Componentes 532
    Contêineres 533
    Painéis do contêiner de nível superior 533
Gerenciadores de leiaute 534
Um primeiro programa Swing simples 535
    Primeiro exemplo de Swing linha a linha 536
Use JButton 540
Trabalhe com JTextField 544
Crie um JCheckBox 547
Trabalhe com JList 551
Tente Isto 16-1   Utilitário de comparação de arquivos baseado em Swing **555**
Use classes internas anônimas ou expressões lambda para tratar eventos 560
Crie um applet Swing 562
Teste do Capítulo 16 564

17 Introdução a JavaFX ... 566

Conceitos básicos de JavaFX ... 568
    Os pacotes JavaFX ... 568
    As classes Stage e Scene ... 568
    Nós e grafos de cena ... 569
    Leiautes ... 569
    A classe Application e os métodos de ciclo de vida ... 569
    Iniciando um aplicativo JavaFX ... 570
Esqueleto de aplicativo JavaFX ... 570
Compilando e executando um programa JavaFX ... 573
A thread do aplicativo ... 574
Um controle JavaFX simples: o rótulo ... 574
Usando botões e eventos ... 576
Aspectos básicos de Event ... 576
    Introdução ao controle de botão ... 577
    Demonstrando o tratamento de eventos e o botão ... 577
Mais três controles JavaFX ... 581
    CheckBox ... 581

Tente Isto 17-1 Use o estado indeterminado de CheckBox ... 585
    ListView ... 586
    TextField ... 591
Introdução aos efeitos e transformações ... 594
    Efeitos ... 594
    Transformações ... 596
    Demonstrando os efeitos e transformações ... 597
O que há mais? ... 600
Teste do Capítulo 17 ... 601

A Respostas dos testes ... 603

Capítulo 1: Fundamentos da linguagem Java ... 604
Capítulo 2: Introdução aos tipos de dados e operadores ... 606
Capítulo 3: Instruções de controle de programa ... 607
Capítulo 4: Introdução às classes, objetos e métodos ... 610
Capítulo 5: Mais tipos de dados e operadores ... 611
Capítulo 6: Verificação minuciosa dos métodos e classes ... 615
Capítulo 7: Herança ... 620
Capítulo 8: Pacotes e interfaces ... 622
Capítulo 9: Tratamento de exceções ... 624
Capítulo 10: Usando I/O ... 627
Capítulo 11: Programação com várias threads ... 630
Capítulo 12: Enumerações, autoboxing, importação estática e anotações ... 633
Capítulo 13: Tipos genéricos ... 636
Capítulo 14: Expressões lambda e referências de método ... 641
Capítulo 15: Applets, eventos e tópicos diversos ... 644
Capítulo 16: Introdução a Swing ... 650
Capítulo 17: Introdução a JavaFX ... 655

B	**Usando comentários de documentação da linguagem Java**	**661**
	Tags de javadoc	662
	@author	663
	{@code}	663
	@deprecated	663
	{@docRoot}	663
	@exception	663
	{@inheritDoc}	664
	{@link}	664
	{@linkplain}	664
	{@literal}	664
	@param	664
	@return	664
	@see	665
	@serial	665
	@serialData	665
	@serialField	665
	@since	665
	@throws	666
	{@value}	666
	@version	666
	Forma geral de um comentário de documentação	666
	O que javadoc gera	667
	Exemplo que usa comentários de documentação	667
	Índice	**669**

Introdução

O objetivo deste livro é ensinar os fundamentos da programação Java. Ele usa uma abordagem passo a passo complementada por vários exemplos, testes e projetos, e não exige experiência prévia em programação. O livro começa com os aspectos básicos, como a compilação e execução de um programa Java e, em seguida, discute as palavras-chave, os recursos e as estruturas que formam o núcleo da linguagem. Você também encontrará alguns dos recursos mais avançados de Java, inclusive a programação com várias threads e os tipos genéricos. Uma introdução aos fundamentos de Swing e JavaFx conclui o livro. Ao terminar, você terá uma compreensão sólida dos princípios básicos da programação Java.

Antes de começarmos, é importante mencionar que este livro é apenas um ponto de partida. Java é mais do que apenas os elementos que definem a linguagem – ela também inclui bibliotecas e ferramentas extensas que ajudam no desenvolvimento de programas. Para ser um programador Java de primeira linha, é preciso dominar também essas áreas. Após terminar o livro, você terá o conhecimento necessário para se aprofundar em todos os outros aspectos de Java.

A evolução de Java

Apenas algumas linguagens reformularam de maneira fundamental a essência da programação. Nesse grupo de elite, uma se destaca porque seu impacto foi rápido e disseminado. É claro que estamos falando da linguagem Java. Não é exagero dizer que o lançamento original de Java 1.0 em 1995 pela Sun Microsystems, Inc. causou uma revolução na programação. Essa revolução transformou de maneira radical a

Web, tornando-a um ambiente altamente interativo. Nesse processo, Java definiu um novo padrão no design de linguagens de computador.

Com os anos, Java continuou crescendo, evoluindo e se redefinindo. Diferentemente de muitas outras linguagens, que são lentas na incorporação de novos recursos, Java com frequência está na dianteira do desenvolvimento das linguagens de computador. Uma razão para isso é a cultura de inovação e mudança que foi criada ao seu redor. Como resultado, Java passou por várias atualizações – algumas relativamente pequenas, outras mais significativas.

A primeira grande atualização de Java foi a versão 1.1. Os recursos adicionados foram mais significativos do que se esperaria de uma versão ".1". Por exemplo, Java 1.1 adicionou muitos elementos de biblioteca, redefiniu a maneira como os eventos são tratados e reconfigurou vários recursos da biblioteca 1.0 original.

A próxima versão de grande porte foi Java 2, em que o 2 indica "segunda geração". A criação de Java 2 foi um evento divisor de águas, marcando o começo da "era moderna" da linguagem. A primeira versão de Java 2 trazia o número 1.2. Isso pode parecer estranho, mas ocorreu porque, originalmente, ele se referia ao número de versão interno das bibliotecas Java; mais tarde foi generalizado para se referir à versão inteira. Em Java 2, a Sun criou um novo pacote para o produto Java, chamando-o de J2SE (Java 2 Platform Standard Edition), e os números de versão começaram a ser aplicados a esse produto.

A próxima atualização de Java foi J2SE 1.3. Essa versão foi a primeira grande atualização de Java 2 original. Ela aumentou a funcionalidade existente e "integrou melhor" o ambiente de desenvolvimento. O lançamento de J2SE 1.4 melhorou ainda mais a linguagem. Essa versão continha vários recursos novos importantes, inclusive exceções encadeadas, I/O (input/output, ou entrada/saída) baseada em canais e a palavra-chave **assert**.

O lançamento de J2SE 5 criou nada menos do que uma segunda revolução Java. Ao contrário da maioria das atualizações anteriores, que ofereceu melhorias importantes mas incrementais, J2SE 5 basicamente expandiu o escopo, o poder e o alcance da linguagem. Para dar uma ideia da magnitude das mudanças causadas por J2SE 5, eis uma lista de seus principais recursos novos que são discutidos neste livro:

- Tipos Genéricos
- Autoboxing/unboxing
- Enumerações
- O laço **for** melhorado, de estilo "for-each"
- Argumentos em tamanho variável (varargs)
- Importação estática
- Anotações

Essa não é uma lista de pequenos ajustes ou atualizações incrementais. Cada item da lista representa um grande acréscimo à linguagem Java. Alguns, como os tipos genéricos, o laço **for** melhorado e os varargs, introduziram novos elementos de sintaxe. Outros, como o autoboxing e o autounboxing, alteraram a semântica da linguagem. As anotações adicionaram uma dimensão inteiramente nova à programação.

A importância desses novos recursos se reflete no uso do número de versão "5". O próximo número de versão de Java normalmente teria sido 1.5. No entanto, os novos recursos eram tão importantes que a passagem de 1.4 para 1.5 não parecia expressar a magnitude da mudança. A Sun então preferiu aumentar o número da versão para 5 como uma maneira de enfatizar que um evento maior estava ocorrendo, e ela foi nomeada como J2SE 5 e o kit do desenvolvedor foi chamado de JDK 5. Porém, para manter a coerência, a Sun decidiu usar 1.5 como seu número de *versão interna*, que também é chamado de número de *versão do desenvolvedor*. O "5" em J2SE 5 é chamado de número de *versão do produto*.

A versão seguinte de Java foi chamada de Java SE 6 e, novamente, a Sun decidiu mudar o nome da plataforma. Primeiro, o "2" foi removido, e a plataforma passou a ter o nome *Java SE*; o nome oficial do produto ficou *Java Platform, Standard Edition 6*, enquanto o kit do desenvolvedor Java ficou JDK 6. Como no J2SE 5, o 6 em Java SE é o número de versão do produto. O número interno da versão do desenvolvedor é 1.6.

Java SE 6 tomou como base J2SE 5, adicionando melhorias incrementais. Ela não adicionou maiores recursos à linguagem Java propriamente dita, mas aperfeiçoou as bibliotecas de APIs, adicionou vários pacotes novos e ofereceu melhorias no tempo de execução. Também passou por várias atualizações durante seu longo (em termos de Java) ciclo de vida, com muitos upgrades durante o percurso. Em geral, Java SE 6 serviu para solidificar ainda mais os avanços feitos pelo J2SE 5.

A próxima versão de Java foi chamada de Java SE 7, com o kit do desenvolvedor Java chamado de JDK 7. O número da versão interna é 1.7. Java SE 7 foi a primeira grande versão de Java desde que a Sun Microsystems foi adquirida pela Oracle. Ela continha muitos recursos novos, inclusive acréscimos significativos à linguagem e às bibliotecas de API. Alguns dos recursos mais importantes adicionados por Java SE 7 foram os desenvolvidos como parte do *Project Coin*. O objetivo do Project Coin era identificar várias pequenas alterações feitas na linguagem que seriam incorporadas ao JDK 7, que incluem

- Objeto **String** pode controlar uma instrução **switch**.
- Literais inteiros binários.
- Sublinhados em literais numéricos.
- Instrução **try** expandida, chamada **try**-*with-resources*, que dá suporte ao gerenciamento automático de recursos.
- Inferência de tipos (via operador *losango*) na construção de uma instância genérica.
- Tratamento de exceções melhorado, em que duas ou mais exceções podem ser capturadas pela mesma instrução **catch** (multicatch), e melhor verificação de tipos para exceções que são relançadas.

Como você pode ver, ainda que os recursos do Project Coin tenham sido considerados pequenas alterações na linguagem, seus benefícios foram muito maiores do que o adjetivo "pequenas" sugere. Em especial, a instrução **try**-with-resources afeta profundamente a maneira como uma grande quantidade de códigos é escrita.

Java SE 8

A versão mais recente de Java se chama Java SE 8, com o kit do desenvolvedor Java chamado de JDK 8. O número da versão interna é 1,8. JDK 8 representa um upgrade bastante significativo na linguagem Java devido à inclusão de um novo recurso de grande alcance: a *expressão lambda*. O impacto das expressões lambda será profundo, alterando a maneira como as soluções de programação são concebidas e como o código Java é escrito. Nesse processo, as expressões lambda podem simplificar e reduzir o volume de código-fonte necessário para a criação de certas estruturas. A inclusão das expressões lambda também gera um novo operador (->) e um novo elemento de sintaxe a serem adicionados à linguagem. As expressões lambda ajudam a assegurar que Java continue sendo a linguagem vigorosa e astuta esperada pelos usuários.

Além das expressões lambda, JDK 8 adiciona muitos outros recursos novos importantes. Por exemplo, a partir de JDK 8 é possível definir uma implementação padrão de um método especificado por uma interface. JDK 8 também inclui o suporte a JavaFX, o novo framework de GUI da linguagem Java. É esperado que em breve JavaFX desempenhe um papel importante em quase todos os aplicativos Java, acabando por substituir Swing na maioria dos projetos baseados em GUI. Em última análise, Java SE 8 é uma versão importante que expande profundamente os recursos da linguagem e altera a maneira como o código Java é escrito. Seus efeitos serão sentidos em todo o universo Java durante muitos anos. O material deste livro foi atualizado para Java SE 8, com muitos recursos, atualizações e acréscimos novos indicados em toda a sua extensão.

Como este livro está organizado

Este livro apresenta um nível de dificuldade crescente, em que cada seção tem como base a anterior. Cada um dos seus 17 capítulos discute um aspecto da linguagem Java. É um livro único porque inclui vários elementos especiais que reforçam o que você está aprendendo.

Principais habilidades e conceitos

Cada capítulo começa com um conjunto de habilidades que você aprenderá.

Teste

Cada capítulo termina com um teste que permite testar seu conhecimento. As respostas estão no Apêndice A.

Pergunte ao especialista

Encontram-se espalhadas no livro caixas especiais chamadas **Pergunte ao especialista**. Elas contêm informações adicionais ou comentários interessantes sobre um tópico e usam um formato de Pergunta/Resposta.

Tente isto

Cada capítulo contém um ou mais elementos **Tente isto** – são projetos que mostram como aplicar o que você está aprendendo. Em muitos casos, são exemplos reais que você poderá usar como ponto de partida para seus próprios programas.

Não é preciso experiência prévia em programação

Este livro não exige experiência prévia em programação. Logo, você pode usá-lo mesmo se nunca programou. Se tiver alguma experiência anterior em programação, poderá avançar um pouco mais rápido. Porém, lembre-se de que Java difere em vários aspectos importantes de outras linguagens de programação populares. É essencial não tirar conclusões apressadas, portanto, até mesmo para o programador experiente, uma leitura cuidadosa é recomendada.

Software necessário

Para compilar e executar todos os programas deste livro, você precisa do último kit do desenvolvedor Java (JDK, Java Developers Kit) da Oracle, que, quando este texto foi escrito, era o JDK 8. Esse é o JDK de Java SE 8. Instruções para obtenção do JDK Java são dadas no Capítulo 1.

Se você estiver usando uma versão anterior de Java, também poderá usar este livro, mas não poderá compilar e executar os programas que usam os recursos mais recentes da linguagem.

Não esqueça: o código está na Web

Lembre-se de que o código-fonte de todos os exemplos e projetos deste livro está disponível em www.grupoa.com.br. Cadastre-se gratuitamente no site, encontre e acesse a página do livro por meio do campo de busca e clique em "Conteúdo Online" para fazer download dos códigos.

Agradecimento especial

Faço um agradecimento especial a Danny Coward, editor técnico desta edição. Danny trabalhou em muitos de meus livros e seus conselhos, ideias e sugestões sempre foram de grande valia e muito apreciados.

Capítulo 1

Fundamentos da linguagem Java

Principais habilidades e conceitos

- Conhecer a história e a filosofia de Java
- Entender a contribuição da linguagem para a Internet
- Entender a importância do bytecode
- Conhecer o jargão Java
- Entender os princípios básicos da programação orientada a objetos
- Criar, compilar e executar um programa Java simples
- Usar variáveis
- Usar as instruções de controle **if** e **for**
- Criar blocos de código
- Entender como as instruções são posicionadas, recuadas e finalizadas
- Saber as palavras-chave Java
- Entender as regras dos identificadores Java

O avanço da Internet e da World Wide Web reformulou a computação. Antes da Web, o panorama cibernético era dominado por PCs isolados. Hoje, quase todos os computadores estão conectados à Internet. A própria Internet foi transformada – originalmente, oferecia uma maneira conveniente de compartilhar arquivos e informações; hoje, é um universo de computação vasto e distribuído. Com essas mudanças, surgiu uma nova maneira de programar: Java.

Java é a principal linguagem da Internet, mas é mais do que isso. Ela revolucionou a programação, mudando a maneira de pensarmos tanto sobre a forma quanto sobre a função de um programa. Atualmente, ser um programador profissional exige a habilidade de programar em Java, tal é sua importância. No decorrer deste livro, você aprenderá as aptidões necessárias para dominar essa habilidade.

O objetivo deste capítulo é apresentá-lo à linguagem Java, inclusive à sua história, filosofia de design e vários de seus recursos mais importantes. Sem dúvida, o mais difícil no aprendizado de uma linguagem de programação é o fato de nenhum elemento existir isoladamente. Os componentes da linguagem trabalham em conjunto uns com os outros, e essa interatividade tem destaque especial em Java. Na verdade, é difícil discutir um aspecto de Java sem envolver outros. Para ajudar a resolver esse problema, o Capítulo 1 fornece um resumo de vários recursos Java, entre eles a forma geral de um programa Java, algumas estruturas básicas de controle e os operadores. Ele não entra em detalhes, mas se concentra nos conceitos comuns a qualquer programa Java.

Origem da linguagem Java

A inovação nas linguagens de computador é impulsionada por dois fatores: melhorias na arte de programar e alterações no ambiente de computação. Java não é exceção. Construída a partir do rico legado herdado das linguagens C e C++, Java adiciona melhorias e recursos que refletem o estado atual da arte de programar. Respondendo à ascensão do ambiente online, a linguagem Java oferece recursos que otimizam a programação para uma arquitetura altamente distribuída.

Java foi concebida por James Gosling, Patrick Naughton, Chris Warth, Ed Frank e Mike Sheridan na Sun Microsystems, em 1991. No início, a linguagem se chamava "Oak", mas foi renomeada como "Java" em 1995. Surpreendentemente, a motivação original para a criação de Java não foi a Internet! A principal motivação foi a necessidade de uma linguagem independente de plataforma que pudesse ser usada na criação de software embutido em vários dispositivos eletrônicos domésticos, como torradeiras, fornos de micro-ondas e controles remotos. Como era de se esperar, muitos tipos de CPUs são usados como controladores. O problema era que (na época) a maioria das linguagens era projetada para ser compilada para um destino específico. Por exemplo, considere C++.

Embora fosse possível compilar um programa C++ para quase todo tipo de CPU, isso requeria um compilador C++ completo destinado a uma CPU específica. O problema, no entanto, é que é caro e demorado criar compiladores. Em uma tentativa de encontrar uma solução melhor, Gosling e outros trabalharam em uma linguagem com portabilidade entre plataformas que pudesse produzir código para ser executado em várias CPUs com ambientes diferentes. Esse esforço acabou levando à criação de Java.

Mais ou menos na época em que os detalhes de Java estavam sendo esboçados, surgiu um segundo fator muito importante que desempenharia papel crucial no futuro da linguagem. É claro que essa segunda força foi a World Wide Web. Se a Web não estivesse se formando quase ao mesmo tempo em que Java estava sendo implementada, talvez ela continuasse sendo uma linguagem útil porém obscura para a programação de utensílios eletrônicos domésticos. No entanto, com o surgimento da Web, Java foi impulsionada para a dianteira do design das linguagens de computador, porque a Web também precisava de programas portáteis.

A maioria dos programadores aprende cedo em suas carreiras que a criação de programas portáteis é, ao mesmo tempo, desejável e ilusória. Embora a luta por uma maneira de criar programas eficientes e portáteis (independentes da plataforma) seja quase tão antiga quanto a própria disciplina de programação, ela foi deixada em segundo plano devido a problemas mais urgentes. No entanto, com o advento da Internet e da Web, o velho problema da portabilidade se intensificou. Afinal, a Internet é composta por um universo diversificado e distribuído povoado por muitos tipos de computadores, sistemas operacionais e CPUs.

O que tinha sido um problema irritante porém de baixa prioridade se tornou uma necessidade urgente. Perto de 1993, ficou óbvio para os membros da equipe de design de Java que, com frequência, os problemas de portabilidade encontrados na criação de código para controladores embutidos também são encontrados quando tentamos criar código para a Internet. Essa percepção fez o foco de Java mudar dos utensílios eletrônicos domésticos para a programação na Internet. Logo, embora a fagulha inicial tenha sido gerada pelo desejo por uma linguagem de programação independente da arquitetura, foi a Internet que acabou levando ao sucesso em larga escala de Java.

Qual a relação entre Java, C e C++?

Java está diretamente relacionada a C e C++. Ela herda sua sintaxe da linguagem C. Seu modelo de objetos é adaptado de C++. O relacionamento de Java com C e C++ é importante por várias razões. Em primeiro lugar, muitos programadores conhecem a sintaxe C/C++. Isso facilita um programador C/C++ aprender Java e, da mesma forma, um programador Java aprender C/C++.

Em segundo lugar, os projetistas não "reinventaram a roda", eles refinaram ainda mais um paradigma de programação já altamente bem-sucedido. A era moderna da programação começou com C. Passou para C++ e depois para Java. Ao herdar e se basear nesse rico legado, Java fornece um ambiente de programação poderoso e logicamente coerente que aproveita o melhor do passado e adiciona novos recursos requeridos pelo ambiente online. Talvez o mais importante seja que, devido às suas semelhanças, C, C++ e Java definem uma estrutura conceitual comum para o programador profissional. Os programadores não encontram grandes diferenças quando passam de uma linguagem para outra.

Uma das filosofias de design centrais tanto em C quanto em C++ é a de que o programador está no comando! Java também herda essa filosofia. Exceto pelas restrições impostas pelo ambiente da Internet, a linguagem dá ao programador controle total. Se você programar bem, seus programas refletirão isso. Se programar mal, eles também o refletirão. Em outras palavras, Java não é uma linguagem à prova de falhas. É uma linguagem para programadores profissionais.

A linguagem Java tem outro atributo em comum com C e C++: foi projetada, testada e aprimorada por programadores inseridos no mercado de trabalho. É uma linguagem baseada nas necessidades e experiências das pessoas que a projetaram. Não há maneira melhor de produzir uma linguagem de programação profissional de alta qualidade.

Devido às semelhanças entre Java e C++, principalmente seu suporte à programação orientada a objetos, é tentador pensar em Java como a "versão de C++ para a Internet". No entanto, isso seria um erro. Java tem diferenças práticas e filosóficas significativas. Embora tenha sido influenciada por C++, não é uma versão melhorada dessa linguagem. Por exemplo, não é compatível com versões anteriores ou futuras de C++. Claro, as semelhanças com C++ são significativas, e, se você for programador C++, vai se sentir em casa com Java. Outro ponto: Java não foi projetada para substituir C++. Foi projetada para resolver determinado conjunto de problemas; C++ foi projetada para resolver um conjunto de problemas diferente. Elas ainda coexistirão por muitos anos.

Qual a relação entre Java e C#?

Alguns anos após a criação de Java, a Microsoft desenvolveu a linguagem C#. Isso é importante, porque C# está intimamente relacionada a Java. Na verdade, muitos dos recursos C# têm equivalentes diretos em Java. Tanto Java quanto C# compartilham a mesma sintaxe geral de estilo C++, dão suporte à programação distribuída e utilizam o mesmo modelo de objetos. É claro que há diferenças entre Java e C#, mas a "aparência" geral dessas linguagens é muito semelhante. Se você conhece C#, será particularmente fácil aprender Java. Da mesma forma, se estiver em seus planos usar C#, seu conhecimento de Java será útil.

Dada a semelhança entre as duas linguagens, seria natural alguém perguntar: "C# substituirá Java?" A resposta é não. As linguagens Java e C# foram otimizadas para dois tipos de ambiente de computação diferentes. Da mesma forma que C++ e Java coexistirão por muito tempo, o mesmo ocorrerá com C# e Java.

Contribuições da linguagem Java para a Internet

A Internet ajudou a impulsionar Java para a dianteira da programação e, por sua vez, Java teve um efeito profundo sobre a Internet. Além de simplificar a programação geral na Web, ela inovou com um tipo de programa de rede chamado *applet*, que mudou a maneira do mundo online pensar em conteúdo. Java também resolveu alguns dos problemas mais complicados associados à Internet: portabilidade e segurança. Examinaremos mais detalhadamente cada um deles.

Applets Java

Um applet é um tipo especial de programa Java projetado para ser transmitido pela Internet e executado automaticamente por um navegador Web compatível com Java. Além disso, ele é baixado sob demanda, sem nenhuma interação com o usuário. Se o usuário clicar em um link que contém um applet, esse será automaticamente baixado e executado no navegador. Os applets são projetados como programas pequenos. Normalmente, são usados para exibir dados fornecidos pelo servidor, tratar entradas do usuário ou fornecer funções simples, como uma calculadora de empréstimos que é executada localmente em vez de no servidor. Basicamente, os applets permitem que uma funcionalidade seja movida do servidor para o cliente.

A criação do applet mudou a programação na Internet porque expandiu o universo de objetos que podem se mover livremente no ciberespaço. Em geral, há duas grandes categorias de objetos que são transmitidas entre o servidor e o cliente: informações passivas e programas ativos, dinâmicos. Por exemplo, quando você lê seus emails, está visualizando dados passivos. Até mesmo quando baixa um programa, seu código ainda são apenas dados passivos até você executá-lo. Por outro lado, o applet é um programa dinâmico de execução automática. Esse tipo de programa é um agente ativo no computador cliente, mas é inicializado pelo servidor.

Já que esses programas dinâmicos de rede são tão desejáveis, eles também têm que evitar problemas sérios nas áreas de segurança e portabilidade. É claro que um programa que é baixado e executado automaticamente no computador cliente deve ser impedido de causar danos. Ele também deve poder ser executado em vários ambientes diferentes e em sistemas operacionais distintos. Como você verá, Java resolveu esses problemas de maneira muito eficaz e elegante. Examinaremos os dois problemas com mais detalhes.

Segurança

Sempre que baixamos um programa "normal" estamos nos arriscando, porque o código baixado pode conter vírus, cavalo de Troia ou outro código danoso. A parte mais importante do problema é o fato de que um código malicioso pode causar dano, já que ganhou acesso não autorizado a recursos do sistema. Por exemplo, um vírus pode coletar informações privadas, como números de cartão de crédito, saldos de conta bancária e senhas, pesquisando o conteúdo do sistema local de arquivos do computador. Para Java permitir que o applet fosse seguramente baixado e executado no computador cliente, era necessário impedir que ele iniciasse esse tipo de ataque.

A linguagem conseguiu fornecer essa proteção confinando o applet ao ambiente de execução Java e negando acesso a outras partes do computador. (Você verá como isso é feito em breve.) Poder baixar applets com a certeza de que nenhum dano será causado e de que a segurança não será violada é considerado por muitos o aspecto mais inovador em Java.

Portabilidade

A portabilidade é um aspecto importante da Internet, porque há muitos tipos de computadores e sistemas operacionais diferentes conectados a ela. Se fosse para um programa Java ser executado em praticamente qualquer computador conectado à Internet, teria que haver alguma maneira de permitir que esse programa fosse executado em diferentes sistemas. Por exemplo, no caso de um applet, o mesmo applet tem que poder ser baixado e executado pela grande variedade de CPUs, sistemas operacionais e navegadores conectados à Internet. Não é prático haver diferentes versões do applet para computadores distintos. O *mesmo* código deve funcionar em *todos* os computadores. Portanto, algum meio de gerar código executável portável era necessário. Como você verá em breve, o mesmo mecanismo que ajuda a manter a segurança também ajuda a gerar portabilidade.

O segredo da linguagem Java: o bytecode

O segredo responsável por permitir que Java resolva os problemas de segurança e portabilidade que acabamos de descrever é a saída do compilador Java não ser código executável. Em vez disso, é bytecode. O *bytecode* é um conjunto de instruções altamente otimizado projetado para ser executado pelo sistema de tempo de execução Java, que se chama *Máquina Virtual Java* (JVM, Java Virtual Machine). Na verdade, a JVM original foi projetada como um *interpretador de bytecode*. Isso pode parecer novidade porque muitas linguagens modernas são projetadas para ser compiladas para código executável devido a preocupações de desempenho. No entanto, o fato de o programa Java ser executado pela JVM ajuda a resolver os principais problemas associados a programas baseados na Web. Vejamos por quê.

Converter um programa Java em bytecode facilita muito a execução de um programa em uma grande variedade de ambientes, porque só a JVM tem que ser implementada para cada plataforma. Uma vez que o pacote de tempo de execução estiver presente em um determinado sistema, qualquer programa Java poderá ser executado nele. Lembre-se, embora os detalhes da JVM sejam diferentes de uma plataforma para outra, todas entendem o mesmo bytecode Java. Se um programa Java fosse compilado para código nativo, deveriam existir diferentes versões do mesmo programa para cada tipo de CPU conectada à Internet. É claro que essa não é uma solução viável. Logo, a execução de bytecode pela JVM é a maneira mais fácil de criar programas realmente portáteis.

O fato de um programa Java ser executado pela JVM também ajuda a torná-lo seguro. Já que a JVM está no controle, ela pode reter o programa e impedi-lo de gerar efeitos colaterais fora do sistema. A segurança também é aumentada por certas restrições existentes na linguagem Java.

Quando um programa é interpretado, geralmente ele é executado de modo mais lento do que o mesmo programa sendo executado quando compilado para código executável. No entanto, em Java, a diferença entre os dois não é tão grande. Já que o bytecode foi altamente otimizado, seu uso permite que a JVM execute programas de maneira mais rápida do que o esperado.

Embora Java tenha sido projetada como uma linguagem interpretada, não há nada que impeça a compilação dinâmica de bytecode para código nativo visando a melhoria do desempenho. Portanto, a tecnologia HotSpot foi introduzida pouco tempo após o lançamento inicial da linguagem. O HotSpot fornece um compilador just-in-time (JIT) para bytecode. Quando um compilador JIT faz parte da JVM, partes de bytecode selecionadas são compiladas em tempo real, fragmento a fragmento e sob demanda para código executável. É importante entender que não é prático compilar um programa Java inteiro para código executável de uma só vez porque Java executa várias verificações que só podem ser feitas no tempo de execução. Em vez disso, um compilador JIT compila código quando necessário, durante a execução. Mas nem todas as sequências de bytecode são compiladas – só as que se beneficiarão da compilação. O código restante é simplesmente interpretado. Mesmo assim, a abordagem just-in-time gera uma melhora significativa no desempenho. Até mesmo quando a compilação dinâmica é aplicada ao bytecode, os recursos de portabilidade e segurança continuam aplicáveis, porque a JVM ainda está no comando do ambiente de execução.

Pergunte ao especialista

P: Ouvi falar de um tipo especial de programa Java chamado servlet. De que se trata?

R: Um *servlet* é um programa pequeno executado no servidor. Da mesma forma que os applets estendem dinamicamente a funcionalidade de um navegador Web, os servlets estendem dinamicamente a funcionalidade do servidor Web. Devemos entender que, mesmo sendo úteis, os applets são apenas uma metade da equação cliente/servidor. Pouco tempo após o lançamento inicial de Java, ficou óbvio que a linguagem também seria útil do lado do servidor. O resultado foi o servlet. Logo, com o advento do servlet, Java se estendeu pelos dois lados da conexão cliente/servidor. Embora a criação dos servlets não faça parte do escopo deste guia do iniciante, eles são algo que você vai querer conhecer melhor ao avançar na programação Java. (Uma discussão dos servlets pode ser encontrada em meu livro *Java: The Complete Reference*, publicado pela Oracle Press/McGraw-Hill.)

O jargão Java

Nenhuma visão geral de Java está completa sem um exame de seu jargão. Embora as forças básicas que precisavam da invenção Java tenham sido a portabilidade e a segurança, outros fatores desempenharam um papel importante na moldagem da forma final da linguagem. As considerações-chave foram reunidas pela equipe de design Java na lista de palavras a seguir.

Simples	Java tem um conjunto de recursos conciso e coeso que a torna fácil de aprender e usar.
Segura	Java fornece um meio seguro de criar aplicativos de Internet.
Portável	Os programas Java podem ser executados em qualquer ambiente para o qual houver um sistema de tempo de execução Java.
Orientada a objetos	Java incorpora a moderna filosofia de programação orientada a objetos.
Robusta	Java incentiva a programação sem erros por ser fortemente tipada e executar verificações de tempo de execução.
Várias threads	Java fornece suporte integrado à programação com várias threads.
Neutra quanto à arquitetura	Java não tem vínculos com uma determinada máquina ou arquitetura de sistema operacional.
Interpretada	Java dá suporte a código para várias plataformas com o uso do bytecode.
Alto desempenho	O bytecode Java é altamente otimizado para obtenção de velocidade de execução.
Distribuída	Java foi projetada visando o ambiente distribuído da Internet.
Dinâmica	Os programas Java carregam grandes quantidades de informações de tipo que são usadas na verificação e resolução de acessos a objetos no tempo de execução.

Pergunte ao especialista

P: Por que foi necessário criar uma nova linguagem de programação como Java para resolver os problemas de portabilidade e segurança? Uma linguagem como C++ não poderia ser adaptada? Em outras palavras, não poderia ser criado um compilador C++ que gerasse bytecode?

R: Embora fosse possível um compilador C++ gerar algo semelhante a bytecode em vez de código executável, C++ tem recursos que desencorajam seu uso para a criação de programas da Internet – o mais importante deles é o suporte a ponteiros. Um *ponteiro* é o endereço de algum objeto armazenado na memória. Com o uso de um ponteiro, seria possível acessar recursos fora do programa, o que resultaria em uma falha na segurança. Java não dá suporte a ponteiros, eliminando esse problema.

Programação orientada a objetos

A programação orientada a objetos (OOP, object-oriented programming) é a essência de Java. A metodologia orientada a objetos é inseparável da linguagem, e todos os programas Java são, pelo menos até certo ponto, orientados a objetos. Devido à importância da OOP para Java, é útil entendermos seus princípios básicos antes de escrever até mesmo um programa Java simples. Posteriormente neste livro, você verá como colocar esses conceitos em prática.

A OOP é uma maneira poderosa de abordar a tarefa de programar. As metodologias de programação mudaram drasticamente desde a invenção do computador, principalmente para acomodar a crescente complexidade dos programas. Por exemplo, quando os computadores foram inventados, a programação era feita pela ativação das instruções binárias da máquina com o uso do painel frontal do computador. Contanto que os programas tivessem apenas algumas centenas de instruções, essa abordagem funcionava. À medida que os programas cresceram, a linguagem de montagem foi inventada para que o programador pudesse lidar com programas maiores e cada vez mais complexos, usando representações simbólicas das instruções de máquina. Como os programas continuaram a crescer, foram introduzidas linguagens de alto nível que davam ao programador mais ferramentas para lidar com a complexidade. É claro que a primeira linguagem amplamente disseminada foi FORTRAN. Embora FORTRAN fosse uma primeira etapa bem impressionante, não é uma linguagem que encoraje a criação de programas claros e fáceis de entender.

Os anos 1960 deram origem à programação estruturada. Esse é o método encorajado por linguagens como C e Pascal. O uso de linguagens estruturadas tornou possível criar mais facilmente programas de complexidade moderada. As linguagens estruturadas são caracterizadas por seu suporte a sub-rotinas autônomas, variáveis locais e estruturas de controle sofisticadas e independentes de GOTO. Embora sejam uma ferramenta poderosa, até elas alcançam seu limite quando um projeto fica grande demais.

Considere isto: a cada marco no desenvolvimento da programação, técnicas e ferramentas eram criadas para permitir que o programador lidasse com a crescente complexidade. A cada etapa do percurso, a nova abordagem pegava os melhores elementos dos métodos anteriores e fazia avanços. Antes da invenção da OOP, muitos projetos estavam perto do ponto (ou excedendo-o) em que a abordagem estruturada não funcionava mais. Os métodos orientados a objetos foram criados para ajudar os programadores a ultrapassar essas barreiras.

A programação orientada a objetos pegou as melhores ideias da programação estruturada e combinou-as com vários conceitos novos. O resultado foi uma maneira diferente de organizar um programa. De um modo mais geral, um programa pode ser organizado de uma entre duas maneiras: a partir de seu código (o que está ocorrendo) ou a partir de seus dados (o que está sendo afetado). Com o uso somente da programação estruturada, normalmente os programas são organizados a partir do código. Essa abordagem pode ser considerada como "o código atuando sobre os dados".

Os programas orientados a objetos funcionam ao contrário. São organizados a partir dos dados, com o seguinte princípio-chave: "dados controlando o acesso ao código". Em uma linguagem orientada a objetos, você define os dados e as rotinas que podem atuar sobre eles. Logo, um tipo de dado define precisamente que tipo de operações pode ser aplicado a esses dados.

Para dar suporte aos princípios da programação orientada a objetos, todas as linguagens OOP, inclusive Java, têm três características em comum: encapsulamento, polimorfismo e herança. Examinemos cada uma.

Encapsulamento

O *encapsulamento* é um mecanismo de programação que vincula o código e os dados que ele trata, e isso mantém os dois seguros contra a interferência e má utilização externa. Em uma linguagem orientada a objetos, o código e os dados podem ser vinculados de tal forma que uma *caixa preta* autônoma seja criada. Dentro da caixa, estão todo o código e os dados necessários. Quando o código e os dados são vinculados dessa forma, um objeto é criado. Em outras palavras, um objeto é o dispositivo que dá suporte ao encapsulamento.

Dentro de um objeto, o código, os dados ou ambos podem ser *privados* desse objeto ou *públicos*. O código ou os dados privados só são conhecidos e acessados por outra parte do objeto. Isto é, o código ou os dados privados não podem ser acessados por uma parte do programa que exista fora do objeto. Quando o código ou os dados são públicos, outras partes do programa podem acessá-los mesmo que estejam definidos dentro de um objeto. Normalmente, as partes públicas de um objeto são usadas para fornecer uma interface controlada para os elementos privados do objeto.

A unidade básica de encapsulamento de Java é a *classe*. Embora a classe seja examinada com mais detalhes posteriormente neste livro, a breve discussão a seguir será útil agora. Uma classe define a forma de um objeto. Ela especifica tanto os dados quanto o código que operará sobre eles. Java usa uma especificação de classe para construir *objetos*. Os objetos são instâncias de uma classe. Logo, uma classe é basicamente um conjunto de planos que especifica como construir um objeto.

O código e os dados que constituem uma classe são chamados de *membros* da classe. Especificamente, os dados definidos pela classe são chamados de *variáveis membro* ou *variáveis de instância*. Os códigos que operam sobre esses dados são chamados de *métodos membro* ou apenas *métodos*. Método é o termo em Java para uma sub-rotina. Se você conhece C/C++, talvez ajude saber que o que um programador Java chama de *método*, um programador C/C++ chama de *função*.

Polimorfismo

Polimorfismo (do grego, "muitas formas") é a qualidade que permite que uma interface acesse uma classe geral de ações. A ação específica é determinada pela natureza exata da situação. Um exemplo simples de polimorfismo é encontrado no volante de um automóvel. O volante (isto é, a interface) é o mesmo não importando o tipo de mecanismo de direção usado. Ou seja, o volante funciona da mesma forma se seu carro tem direção manual, direção hidráulica ou direção de cremalheira. Portanto, se você souber como operar o volante, poderá dirigir qualquer tipo de carro.

O mesmo princípio também pode ser aplicado à programação. Por exemplo, considere uma pilha (que é uma lista "primeiro a entrar, último a sair"). Você poderia ter um programa que precisasse de três tipos de pilhas diferentes. Uma pilha é usada para valores inteiros, uma para valores de ponto flutuante e uma para caracteres. Nesse caso, o algoritmo que implementa cada pilha é o mesmo, ainda que os dados armazenados sejam diferentes. Em uma linguagem não orientada a objetos, você seria obrigado a criar três conjuntos de rotinas de pilhas diferentes, com cada conjunto usando um nome. No entanto, devido ao polimorfismo, em Java você pode criar um conjunto geral de rotinas de pilhas que funcione em todas as três situações específicas. Dessa forma, se souber como usar uma pilha, poderá usar todas.

Geralmente, o conceito de polimorfismo é representado pela expressão "uma interface, vários métodos". Ou seja, é possível projetar uma interface genérica para um grupo de atividades relacionadas. O polimorfismo ajuda a reduzir a complexidade permitindo que a mesma interface seja usada para especificar uma *classe geral de ação*. É tarefa do compilador selecionar a *ação* (isto é, método) *específica* conforme cada situação. Você, o programador, não precisa fazer essa seleção manualmente. Só tem que lembrar da interface geral e utilizá-la.

Herança

Herança é o processo pelo qual um objeto pode adquirir as propriedades de outro objeto. Isso é importante porque dá suporte ao conceito de classificação hierárquica. Se você pensar bem, grande parte do conhecimento pode ser gerenciada por classificações hierárquicas (isto é, top-down). Por exemplo, uma maçã Red Delicious faz parte da classificação *maçã*, que por sua vez faz parte da classe *fruta*, que fica sob a classe maior *alimento*. Isto é, a classe *alimento* possui certas qualidades (comestível, nutritivo, etc.) que, logicamente, também se aplicam à sua subclasse, *fruta*. Além dessas qualidades, a classe *fruta* tem características específicas (suculenta, doce, etc.) que a distinguem de outros alimentos. A classe *maçã* define as qualidades específicas de uma maçã (cresce em árvores, não é tropical, etc.). Por sua vez, uma maçã Red Delicious herdaria as qualidades de todas as classes precedentes e só definiria as qualidades que a tornam única.

Sem o uso de hierarquias, cada objeto teria que definir explicitamente todas as suas características. Com o uso da herança, um objeto só tem que definir as qualidades que o tornam único dentro de sua classe. Ele pode herdar seus atributos gerais de seu pai. Logo, é o mecanismo de herança que possibilita um objeto ser uma instância específica de um caso mais geral.

Obtendo o Java Development Kit

Agora que a base teórica de Java foi explicada, é hora de começar a escrever programas Java. No entanto, antes de você poder compilar e executar esses programas, precisa ter o Java Development Kit (JDK) instalado em seu computador. O JDK está disponível gratuitamente na Oracle. Quando este texto foi escrito, a versão corrente do JDK era a 8. Essa é a versão usada pelo Java SE 8 (SE é a abreviação de Standard Edition). Já que o JDK 8 contém muitos recursos novos que não são suportados em versões anteriores do Java, é necessário usar essa versão (ou uma posterior) para compilar e executar os programas deste livro. Se você estiver usando uma versão anterior, programas que tiverem os novos recursos não serão compilados.

O JDK pode ser baixado de **www.oracle.com/technetwork/java/javase/downloads/index.html**. Simplesmente acesse a página e siga as instruções para o tipo de computador que você tem. Após ter instalado o JDK, você poderá compilar e executar programas. O JDK fornece dois programas principais. O primeiro é o **javac**, que é o compilador Java. O segundo é o **java**, que é o interpretador padrão de Java, também chamado de *iniciador de aplicativos*.

Mais uma coisa: o JDK é executado no ambiente de prompt de comando e usa ferramentas de linha de comando. Ele não é um aplicativo de janelas. Também não é um ambiente de desenvolvimento integrado (IDE – integrated development environment).

NOTA
Além das ferramentas básicas de linha de comando fornecidas com o JDK, há vários IDEs de alta qualidade disponíveis para Java, como o NetBeans e o Eclipse. Um IDE pode ser muito útil no desenvolvimento e implantação de aplicativos comerciais. Como regra geral, você também pode usar um IDE para compilar e executar os programas deste livro, se assim quiser. No entanto, as instruções apresentadas aqui para a compilação e execução de um programa Java só descrevem as ferramentas de linha de comando do JDK. É fácil entender o motivo. Em primeiro lugar, o JDK está prontamente disponível para todos os leitores. Em segundo lugar, as instruções para uso do JDK serão as mesmas para todos. Além disso, para os programas simples apresentados no livro, usar as ferramentas de linha de comando do JDK é a abordagem mais fácil. Se você estiver usando um IDE, terá que seguir suas instruções. Devido às diferenças entre os IDEs, não é possível fornecer um conjunto geral de instruções.

Pergunte ao especialista

P: Você diz que a programação orientada a objetos é uma maneira eficaz de gerenciar programas grandes. No entanto, parece que ela pode adicionar uma sobrecarga significativa aos programas relativamente pequenos. Já que você diz que todos os programas Java são, até certo ponto, orientados a objetos, isso é uma desvantagem para os programas pequenos?

R: Não. Como você verá, para programas pequenos, os recursos orientados a objetos de Java são quase transparentes. Embora seja verdade que Java segue um modelo de objeto rigoroso, você é livre para decidir até que nível quer empregá-lo. Em programas pequenos, a "orientação a objetos" é quase imperceptível. À medida que seus programas crescerem, você poderá integrar mais recursos orientados a objetos sem esforço.

Um primeiro programa simples

Comecemos compilando e executando o exemplo de um programa curto mostrado aqui:

```
/*
    Este é um programa Java simples.

    Chame este arquivo de Example.java.
*/
class Example {
  // Um programa Java começa com uma chamada a main().
  public static void main(String args[]) {
    System.out.println("Java drives the Web.");
  }
}
```

Você seguirá estas três etapas:

1. Insira o programa.
2. Compile o programa.
3. Execute o programa.

Inserindo o programa

Os programas mostrados neste livro estão disponíveis no site da McGraw-Hill: www.oraclepressbooks.com. No entanto, se quiser inserir o programa manualmente, você pode fazer isso. Nesse caso, deve inserir o programa em seu computador usando um editor, e não um processador de texto. Normalmente, os processadores de texto armazenam informações de formato junto com o texto. Essas informações de formato confundirão o compilador Java. Se você estiver usando uma plataforma Windows, poderá empregar o WordPad ou o editor de programação que quiser.

Na maioria das linguagens de computador, o nome do arquivo que contém o código-fonte de um programa é arbitrário. Porém, não é esse o caso em Java. A primeira coisa que você deve aprender sobre Java é que *o nome dado a um arquivo-fonte é muito importante*. Para esse exemplo, o nome do arquivo-fonte deve ser **Example.java**. Vejamos o porquê.

Em Java, um arquivo-fonte é chamado oficialmente de *unidade de compilação*. É um arquivo de texto que contém (entre outras coisas) uma ou mais definições de classe. (Por enquanto, usaremos arquivos-fonte contendo apenas uma classe.) O compilador Java requer que o arquivo-fonte use a extensão de nome de arquivo **.java**. Como você pode ver examinando o programa, o nome da classe definida por ele também é **Example**. Isso não é coincidência. Em Java, todo código deve residir dentro de uma classe. Por convenção, o nome da classe principal deve coincidir com o nome do arquivo que contém o programa. Você também deve se certificar de que a capitalização do nome do arquivo coincida com a do nome da classe. Isso ocorre porque Java diferencia maiúsculas de minúsculas. Nesse momento, a convenção de que os nomes de arquivo devem corresponder aos nomes das classes pode parecer arbitrária. Contudo, essa convenção facilita a manutenção e a organização dos programas.

Compilando o programa

Para compilar o programa **Example**, execute o compilador, **javac**, especificando o nome do arquivo-fonte na linha de comando, como mostrado aqui:

```
javac Example.java
```

O compilador **javac** criará um arquivo chamado **Example.class** contendo a versão em bytecode do programa. Lembre-se, bytecode não é código executável. Ele deve ser executado por uma Máquina Virtual Java. Logo, a saída do **javac** não é código que possa ser executado diretamente.

Para executar realmente o programa, você deve usar o interpretador de Java, **java**. Para fazer isso, passe o nome da classe **Example** como argumento de linha de comando, como mostrado abaixo:

```
java Example
```

Quando o programa for executado, a saída a seguir será exibida:

```
Java drives the Web.
```

Quando o código-fonte Java é compilado, cada classe é inserida em seu próprio arquivo de saída com o mesmo nome da classe usando a extensão **.class**. É por isso que é uma boa ideia dar a seus arquivos-fonte Java o mesmo nome da classe que eles contêm – o nome do arquivo-fonte coincidirá com o nome do arquivo **.class**. Quando você executar o interpretador de Java como acabei de mostrar, estará especificando o nome da classe que deseja que o interpretador execute. Ele procurará automaticamente um arquivo com esse nome que tenha a extensão **.class**. Se encontrar, executará o código contido na classe especificada.

NOTA
Se, quando você tentar compilar o programa, o computador não puder achar o **javac** (e supondo que o JDK tenha sido instalado corretamente), talvez seja preciso especificar o caminho que conduz às ferramentas de linha de comando. Ou seja, no Windows, você terá que adicionar o caminho das ferramentas de linha de comando aos caminhos da variável ambiental **PATH**. Por exemplo, quando o JDK 8 é instalado no diretório Program Files, o caminho das ferramentas de linha de comando é semelhante a **C:\Program Files\Java\jdk1.8.0\bin**. (É claro que você terá que encontrar o caminho de Java em seu computador, que pode ser diferente do mostrado. A versão específica do JDK também pode ser diferente.) Você terá que consultar a documentação de seu sistema operacional para saber como definir o caminho, porque esse procedimento varia entre os sistemas.

Primeiro exemplo de programa linha a linha

Embora **Example.java** seja bem curto, ele inclui vários recursos-chave que são comuns a todos os programas Java. Examinemos com detalhes cada parte do programa.

O programa começa com as linhas a seguir:

```
/*
    Este é um programa Java simples.

    Chame este arquivo de Example.java.
*/
```

Isso é um *comentário*. Como a maioria das outras linguagens de programação, Java permite a inserção de uma observação no arquivo-fonte de um programa. O conteúdo de um comentário é ignorado pelo compilador. Em vez disso, o comentário descreve ou explica a operação do programa para quem estiver lendo seu arquivo-fonte. Nesse caso, ele está descrevendo o programa e lembrando que o arquivo-fonte deve se chamar **Example.java**. É claro que, em aplicativos reais, geralmente os comentários explicam como alguma parte do programa funciona ou o que um recurso específico faz.

Java dá suporte a três estilos de comentários. O mostrado no início do programa se chama *comentário de várias linhas*. Esse tipo de comentário começa com /* e termina com */. Qualquer coisa que estiver entre esses dois símbolos de comentário será ignorada pelo compilador. Como o nome sugere, um comentário de várias linhas pode ter muitas linhas.

A próxima linha de código do programa é mostrada aqui:

```
class Example {
```

Essa linha usa a palavra-chave **class** para declarar que uma nova classe está sendo definida. Como mencionado, a classe é a unidade básica de encapsulamento de Java. **Example** é o nome da classe. A definição da classe começa com a chave de abertura ({) e termina com a chave de fechamento (}). Os elementos existentes entre as duas chaves são membros da classe. Por enquanto, não se preocupe tanto com os detalhes de uma classe; é preciso saber apenas que em Java toda a atividade do programa ocorre dentro de uma. Essa é uma das razões porque todos os programas Java são (pelo menos um pouco) orientados a objetos.

A linha seguinte do programa é o *comentário de linha única*, mostrado aqui:

```
// Um programa Java começa com uma chamada a main().
```

Esse é o segundo tipo de comentário suportado por Java. Um comentário de linha única começa com // e termina no fim da linha. Como regra geral, os programadores usam comentários de várias linhas para observações mais longas e comentários de linha única para descrições breves, linha a linha.

A próxima linha de código é a mostrada abaixo:

```
public static void main(String args[]){
```

Essa linha começa o método **main( )**. Como mencionado anteriormente, em Java, uma sub-rotina é chamada de *método*. Como o comentário que a precede sugere, essa é a linha em que o programa começará a ser executado. Todos os aplicativos Java começam a execução chamando **main( )**. O significado exato de cada parte dessa linha não pode ser fornecido agora, já que envolve uma compreensão detalhada de vários outros recursos da linguagem Java. No entanto, como muitos dos exemplos deste livro usarão essa linha de código, examinaremos rapidamente cada parte.

A palavra-chave **public** é um *modificador de acesso*. Um modificador de acesso determina como outras partes do programa podem acessar os membros da classe. Quando o membro de uma classe é precedido por **public**, ele pode ser acessado por um código de fora da classe em que foi declarado. (O oposto de **public** é **private**, que impede que um membro seja usado por um código definido fora de sua classe.) Nesse caso, **main( )** deve ser declarado como **public**, já que tem que ser chamado por um código de fora de sua classe quando o programa for iniciado. A palavra-chave **static** permite que **main( )** seja chamado antes de um objeto da classe ter sido criado. Isso é necessário porque **main( )** é chamado pela JVM antes de qualquer objeto ser criado. A palavra-chave **void** simplesmente informa ao compilador que **main( )** não retorna um valor. Como você verá, os métodos também podem retornar valores. Se tudo isso parece um pouco confuso, não se preocupe. Todos esses conceitos serão discutidos com detalhes em capítulos subsequentes.

Como mencionado, **main( )** é o método chamado quando um aplicativo Java começa a ser executado. Qualquer informação que você tiver que passar para um método será recebida por variáveis especificadas dentro do conjunto de parênteses que seguem o nome do método. Essas variáveis são chamadas de *parâmetros*. Mesmo se nenhum parâmetro for necessário em um determinado método, você terá que incluir os parênteses vazios.

Em **main( )** há somente um parâmetro, **String args[ ]**, que declara um parâmetro chamado args. Ele é um array de objetos de tipo **String**. (*Arrays* são conjuntos de objetos semelhantes.) Os objetos de tipo **String** armazenam sequências de caracteres. Nesse caso, args recebe qualquer argumento de linha de comando presente quando o programa é executado. O programa em questão não faz uso dessas informações, mas outros programas mostrados posteriormente neste livro farão.

O último caractere da linha é {. Ele sinaliza o início do corpo de **main( )**. Todo o código incluído em um método ocorrerá entre a chave de abertura do método e sua chave de fechamento.

A próxima linha de código é mostrada a seguir. Observe que ela ocorre dentro de **main( )**.

```
System.out.println("Java drives the Web.");
```

Essa linha exibe o string "Java drives the Web." seguida por uma nova linha na tela. Na verdade, a saída é exibida pelo método interno **println( )**. Nesse caso, **println( )** exibe o string que é passado para ele. Como você verá, **println( )** também pode ser usado para exibir outros tipos de informações. A linha começa com **System.out**. Embora seja muito complicada para explicarmos com detalhes nesse momento, em resumo, **System** é uma classe predefinida que dá acesso ao sistema, e **out** é o fluxo de saída que está conectado ao console. Portanto, **System.out** é um objeto que encapsula a saída do console. O fato de o Java usar um objeto para definir a saída do console é mais uma evidência de sua natureza orientada a objetos.

Como você deve ter notado, a saída (e a entrada) do console não é usada com frequência em aplicativos Java do mundo real. Já que a maioria dos ambientes de computação modernos tem janelas e é gráfica, o I/O (input/output ou entrada/saída) do console é mais usado para programas utilitários simples, programas de demonstração e código do lado do servidor. Posteriormente neste livro, você aprenderá outras maneiras de gerar saída usando Java, mas, por enquanto, continuaremos a usar os métodos de I/O do console.

Observe que a instrução **println( )** termina com um ponto e vírgula. Todas as instruções em Java terminam com um ponto e vírgula. As outras linhas do programa não terminam em um ponto vírgula porque, tecnicamente, não são instruções.

O primeiro símbolo } do programa termina **main( )** e o último termina a definição da classe **Example**.

Um último ponto: Java diferencia maiúsculas de minúsculas. Esquecer disso pode lhe causar problemas graves. Por exemplo, se você digitar acidentalmente **Main** em vez de **main**, ou **PrintLn** em vez de **println**, o programa anterior estará incorreto. Além disso, embora o compilador Java compile classes que não contêm um método **main( )**, ele não tem como executá-las. Logo, se você digitasse errado **main**, o compilador compilaria seu programa. No entanto, o interpretador de Java relataria um erro por não conseguir encontrar o método **main( )**.

Tratando erros de sintaxe

Se ainda não tiver feito isso, insira, compile e execute o programa anterior. Como você deve saber por sua experiência anterior em programação, é muito fácil digitar algo incorretamente por acidente ao inserir código no computador. Felizmente, se você inserir algo errado em seu programa, o compilador exibirá uma mensagem de *erro de sintaxe* quando tentar compilá-lo. O compilador Java tenta entender o código-fonte não importando o que foi escrito. Portanto, o erro que é relatado nem sempre reflete a causa real do problema. No programa anterior, por exemplo, uma omissão acidental da chave de abertura depois do método **main( )** faria o compilador relatar os dois erros a seguir:

```
Example.java:8: ';' expected
  public static void main(String args[])
                                        ^
Example.java:11: class, interface, or enum expected
}
^
```

É claro que a primeira mensagem de erro está totalmente errada, porque o que está faltando não é um ponto e vírgula, mas uma chave.

O importante nessa discussão é que, quando seu programa tiver um erro de sintaxe, você não deve aceitar literalmente as mensagens do compilador. Elas podem ser enganosas. Você pode ter de "decifrar" uma mensagem de erro para encontrar o problema real. Examine também as últimas linhas de código de seu programa que antecedem a linha que está sendo indicada. Às vezes, um erro só é relatado várias linhas após o ponto em que ele realmente ocorreu.

Um segundo programa simples

Talvez nenhuma outra estrutura seja tão importante para uma linguagem de programação quanto a atribuição de um valor a uma variável. Uma *variável* é um local nomeado na memória ao qual pode ser atribuído um valor. Além disso, o valor de uma variável pode ser alterado durante a execução de um programa. Isto é, o conteúdo de uma variável é alterável e não fixo. O programa a seguir cria duas variáveis chamadas **var1** e **var2**:

```
/*
   Este código demonstra uma variável.

   Chame este arquivo de Example2.java.
*/
class Example2 {
  public static void main(String args[]) {
    int var1; // esta instrução declara uma variável       ◄—— Declara variáveis.
    int var2; // esta instrução declara outra variável

    var1 = 1024; // esta instrução atribui 1024 a var1    ◄—— Atribui um valor
                                                              a uma variável.
    System.out.println("var1 contains " + var1);

    var2 = var1 / 2;

    System.out.print("var2 contains var1 / 2: ");
    System.out.println(var2);
  }
}
```

Quando você executar esse programa, verá a saída abaixo:

```
var1 contains 1024
var2 contains var1 / 2: 512
```

Esse programa introduz vários conceitos novos. Primeiro, a instrução

```
int var1; // esta instrução declara uma variável
```

declara uma variável chamada **var1** de tipo inteiro. Em Java, todas as variáveis devem ser declaradas antes de serem usadas. Além disso, o tipo de valor que a variável pode conter também deve ser especificado. Ele é chamado de *tipo* da variável. Nesse caso, **var1** pode conter valores inteiros. São valores que representam números inteiros. Em Java, para declarar uma variável como de tipo inteiro, é preciso preceder seu nome com a palavra-chave **int**. Portanto, a instrução anterior declara uma variável chamada **var1** de tipo **int**.

A linha seguinte declara uma segunda variável chamada **var2**:

```
int var2; // esta instrução declara outra variável
```

Observe que essa linha usa o mesmo formato da primeira, exceto pelo nome da variável ser diferente.

Em geral, para declarar uma variável, usamos uma instrução como esta:

tipo nome-var;

Aqui, *tipo* especifica o tipo de variável que está sendo declarado e *nome-var* é o nome da variável. Além de **int**, Java dá suporte a vários outros tipos de dados.

A linha de código abaixo atribui a **var1** o valor 1024:

```
var1 = 1024; // essa instrução atribui 1024 a var1
```

Em Java, o operador de atribuição é o sinal de igualdade simples. Ele copia o valor do lado direito para a variável à sua esquerda.

A próxima linha de código exibe o valor de **var1** precedido pelo string "var1 contains":

```
System.out.println("var1 contains " + var1);
```

Nessa instrução, o sinal de adição faz o valor de **var1** ser exibido após o string que o precede. Essa abordagem pode ser generalizada. Usando o operador **+** você pode encadear quantos itens quiser dentro da mesma instrução **println( )**.

A linha de código seguinte atribui a **var2** o valor de **var1** dividido por 2:

```
var2 = var1 / 2;
```

Essa linha divide o valor de **var1** por 2 e armazena o resultado em **var2**. Portanto, após a linha ser executada, **var2** conterá o valor 512. O valor de **var1** permanecerá inalterado. Como a maioria das outras linguagens de computador, Java dá suporte a um conjunto completo de operadores aritméticos, inclusive os mostrados aqui:

+	Adição
–	Subtração
*	Multiplicação
/	Divisão

Estas são as duas linhas seguintes do programa:

```
System.out.print("var2 contains var1 / 2: ");
System.out.println(var2);
```

Dois fatos novos estão ocorrendo aqui. Em primeiro lugar, o método interno **print( )** é usado para exibir o string "var2 contains var1 / 2: ". Esse string *não* é seguido por uma nova linha. Ou seja, quando a próxima saída for gerada, ela começará na mesma linha. O método **print( )** é exatamente igual a **println( )**, exceto por não exibir uma nova linha após cada chamada. Em segundo lugar, na chamada a **println( )**, observe que **var2** é usada sozinha. Tanto **print( )** quanto **println( )** podem ser usados parar exibir valores de qualquer um dos tipos internos do Java.

Mais uma coisa sobre a declaração de variáveis antes de avançarmos: é possível declarar duas ou mais variáveis usando a mesma instrução de declaração. Apenas separe seus nomes com vírgulas. Por exemplo, **var1** e **var2** poderiam ter sido declaradas assim:

```
int var1, var2; // as duas declaradas com o uso de uma instrução
```

Outro tipo de dado

No programa anterior, uma variável de tipo **int** foi usada. No entanto, a variável de tipo **int** só pode conter números inteiros. Logo, não pode ser usada quando um componente fracionário for necessário. Por exemplo, uma variável **int** pode conter o valor 18, mas não o valor 18.3. Felizmente, **int** é apenas um dos vários tipos de dados definidos por Java. Para permitir números com componentes fracionários, Java define dois tipos de ponto flutuante: **float** e **double**, que representam valores de precisão simples e dupla, respectivamente. Dos dois, **double** é o mais usado.

Para declarar uma variável de tipo **double**, use uma instrução semelhante à mostrada abaixo:

```
double x;
```

Aqui, **x** é o nome da variável, que é de tipo **double**. Já que **x** tem um tipo de ponto flutuante, pode conter valores como 122,23, 0,034 ou – 19,0.

Para entender melhor a diferença entre **int** e **double**, teste o programa a seguir:

```
/*
   Esse programa ilustra a diferença
   entre int e double.

   Chame esse arquivo de Example3.java.
*/
class Example3 {
  public static void main(String args[]) {
    int var; // essa instrução declara uma variável int
    double x; // essa instrução declara uma variável de ponto flutuante

    var = 10; // atribui a var o valor 10

    x = 10.0; // atribui a x o valor 10,0
```

```
            System.out.println("Original value of var: " + var);
            System.out.println("Original value of x: " + x);
            System.out.println(); // exibe uma linha em branco    ← Exibe uma linha
                                                                    em branco.
            // agora divide as duas por 4
            var = var / 4;
            x = x / 4;

            System.out.println("var after division: " + var);
            System.out.println("x after division: " + x);
        }
    }
```

A saída desse programa é mostrada aqui:

```
Original value of var: 10
Original value of x: 10.0

var after division: 2         ← Componente fracionário perdido
x after division: 2.5         ← Componente fracionário preservado
```

Como você pode ver, quando **var** é dividida por 4, uma divisão de números inteiros é executada e o resultado é 2 – o componente fracionário é perdido. No entanto, quando **x** é dividida por 4, o componente fracionário é preservado e a resposta apropriada é exibida.

Há outro fato novo a ser observado no programa. Para exibir uma linha em branco, simplesmente chamamos **println( )** sem nenhum argumento.

Pergunte ao especialista

P: Por que Java tem tipos de dados diferentes para inteiros e valores de ponto flutuante? Isto é, por que não são todos valores numéricos do mesmo tipo?

R: Java fornece tipos de dados diferentes para que você possa criar programas eficientes. Por exemplo, a aritmética de inteiros é mais rápida do que os cálculos de ponto flutuante. Logo, se você não precisar de valores fracionários, não terá que sofrer a sobrecarga associada aos tipos **float** ou **double**. Além disso, a quantidade de memória requerida para um tipo de dado pode ser menor do que a requerida para outro. Fornecendo tipos diferentes, Java permite que você use melhor os recursos do sistema. Para concluir, alguns algoritmos requerem (ou pelo menos se beneficiam de) o uso de um tipo de dado específico. Em geral, Java fornece vários tipos internos para proporcionar maior flexibilidade.

Tente Isto 1-1   Converta galões em litros

`GalToLit.java`

Embora os exemplos de programas anteriores ilustrem vários recursos importantes da linguagem Java, eles não são muito úteis. Mesmo que você ainda não saiba muito sobre Java, pode colocar em ação o que aprendeu para criar um programa prático. Neste projeto, criaremos um programa que converte galões em litros. O programa funcionará declarando duas variáveis **double**. Uma conterá o número de galões e a outra o número de litros após a conversão. Seja um galão equivalente a 3,7854 litros. Logo, na conversão de galões em litros, o valor do galão é multiplicado por 3,7854. O programa exibe tanto o número de galões quanto o número equivalente em litros.

1. Crie um novo arquivo chamado **GalToLit.java**.
2. Insira o programa a seguir no arquivo:

```
/*
   Tente isto 1-1

   Este programa converte galões em litros.

   Chame-o de GalToLit.java.
*/
class GalToLit {
  public static void main(String args[]) {
    double gallons; // contém o número de galões
    double liters;  // contém a conversão para litros

    gallons = 10; // começa com 10 galões

    liters = gallons * 3.7854; // converte para litros

     System.out.println(gallons + " gallons is " + liters + " liters.");
  }
}
```

3. Compile o programa usando a linha de comando abaixo:

   `javac GalToLit.java`

4. Execute o programa usando este comando:

   `java GalToLit`

   Você verá esta saída:

   `10.0 gallons is 37.854 liters.`

5. Como se encontra, esse programa converte 10 galões em litros. No entanto, alterando o valor atribuído a **gallons**, você pode fazer o programa converter um número diferente de galões em seu número equivalente em litros.

Duas instruções de controle

Dentro de um método, a execução se dá da instrução atual para a próxima, de cima para baixo. Porém, é possível alterar esse fluxo com o uso das diversas instruções de controle de programa suportadas pelo Java. Vamos examinar as instruções de controle com detalhes mais à frente, mas duas serão introduzidas brevemente porque iremos usá-las para criar exemplos de programas.

A instrução if

Você pode executar seletivamente parte de um programa com o uso da instrução condicional de Java: a instrução **if**. A instrução **if** da linguagem Java funciona de maneira semelhante à instrução IF de qualquer outra linguagem. Sua forma mais simples é mostrada aqui:

if(*condição*) *instrução*

Aqui, *condição* é uma expressão booleana. Se a *condição* for verdadeira, a instrução será executada. Se a *condição* for falsa, a instrução será ignorada. Aqui está um exemplo:

```
if(10 < 11) System.out.println("10 is less than 11");
```

Nesse caso, já que 10 é menor do que 11, a expressão condicional é verdadeira e **println( )** será executado. No entanto, considere o seguinte:

```
if(10 < 9) System.out.println("this won't be displayed");
```

Como 10 não é menor do que 9, agora a chamada a **println( )** não ocorrerá.

Java define uma lista completa dos operadores relacionais que podem ser usados em uma expressão condicional. Ele são mostrado abaixo:

Operador	Significado
<	Menor que
<=	Menor ou igual
>	Maior que
>=	Maior ou igual
==	Igual a
!=	Diferente

Observe que o teste de igualdade usa o sinal de igual duplo.

Aqui está um programa que ilustra a instrução **if**:

```
/*
    Demonstra a instrução if.

    Chame este arquivo de IfDemo.java.
*/
class IfDemo {
  public static void main(String args[]) {
    int a, b, c;

    a = 2;
    b = 3;

    if(a < b) System.out.println("a is less than b");

    // esta instrução não exibirá nada
```

```
      if(a == b) System.out.println("you won't see this");

      System.out.println();

      c = a - b; // c contém -1

      System.out.println("c contains -1");
      if(c >= 0) System.out.println("c is non-negative");
      if(c < 0) System.out.println("c is negative");

      System.out.println();

      c = b - a; // agora c contém 1

      System.out.println("c contains 1");
      if(c >= 0) System.out.println("c is non-negative");
      if(c < 0) System.out.println("c is negative");

   }
}
```

A saída gerada por esse programa é mostrada aqui:

```
a is less than b

c contains -1
c is negative

c contains 1
c is non-negative
```

Observe outra coisa nesse programa. A linha

```
int a, b, c;
```

declara três variáveis, **a**, **b** e **c**, usando uma lista separada por vírgulas. Como mencionado anteriormente, quando você precisar de duas ou mais variáveis do mesmo tipo, elas poderão ser declaradas na mesma instrução. Apenas separe os nomes das variáveis com vírgulas.

O laço for

Você pode executar repetidamente uma sequência de código criando um *laço*. Java fornece um grupo poderoso de estruturas de laço. A que examinaremos aqui é o laço **for**. A forma mais simples do laço **for** é mostrada a seguir:

for(*inicialização*; *condição*; *iteração*) *instrução*;

Em sua forma mais comum, a parte de *inicialização* do laço define uma variável de controle de laço com um valor inicial. *Condição* é uma expressão booleana que testa a variável de controle do laço. Se o resultado desse teste for verdadeiro, o laço **for** continuará a iterar. Se for falso, o laço será encerrado. A expressão de *itera-*

ção determina como a variável de laço é alterada sempre que o laço itera. Aqui está um programa curto que ilustra o laço **for**:

```
/*
  Demonstra o laço for.

  Chame este arquivo de ForDemo.java.
*/
class ForDemo {
  public static void main(String args[]) {
    int count;

    for(count = 0; count < 5; count = count+1)    ← Esse laço itera cinco vezes.
      System.out.println("This is count: " + count);

    System.out.println("Done!");
  }
}
```

A saída gerada pelo programa é mostrada aqui:

```
This is count: 0
This is count: 1
This is count: 2
This is count: 3
This is count: 4
Done!
```

Nesse exemplo, **count** é a variável de controle do laço. Ela é configurada com zero na parte de inicialização de **for**. No começo de cada iteração (inclusive a primeira), o teste condicional **count < 5** é executado. Se o resultado desse teste for verdadeiro, serão executadas a instrução **prinitln( )** e então a parte de iteração do laço, que aumentará **count** em uma unidade. Esse processo continua até o teste condicional ser falso, momento em que a execução é retomada no final do laço. O interessante é que em programas Java criados profissionalmente quase nunca vemos a parte de iteração do laço escrita como mostrado no programa anterior. Isto é, raramente vemos instruções como esta:

```
count = count + 1;
```

Isso ocorre porque Java inclui um operador de incremento especial que executa essa operação com mais eficiência. O operador de incremento é **++** (ou seja, dois sinais de adição seguidos). Ele aumenta seu operando em uma unidade. Com o uso do operador de incremento, a instrução anterior pode ser escrita assim:

```
count++;
```

Logo, o laço **for** do programa anterior normalmente será escrito desta forma:

```
for(count = 0; count < 5; count++)
```

Se quiser, faça o teste. Como verá, o laço continuará sendo executado exatamente como antes.

Java também fornece um operador de decremento, que é especificado na forma --. Esse operador diminui seu operando em uma unidade.

Crie blocos de código

Outro elemento-chave de Java é o *bloco de código*. Um bloco de código é um agrupamento de duas ou mais instruções. Isso é feito com a inclusão das instruções entre chaves de abertura e fechamento. Quando um bloco de código é criado, ele se torna uma unidade lógica que pode ser usada em qualquer local onde seria usada uma única instrução. Por exemplo, um bloco pode ser o alvo de instruções **if** e **for** em Java. Considere a seguinte instrução **if**:

```
if(w < h) {          ◄─────── Início do bloco
  v = w * h;
  w = 0;
} ◄─────── Fim do bloco
```

Aqui, se **w** for menor do que **h**, as duas instruções do bloco serão executadas. Logo, elas formam uma unidade lógica, e uma instrução não pode ser executada sem a outra. O ponto-chave é que sempre que você precisar vincular logicamente duas ou mais instruções, pode fazer isso criando um bloco. Os blocos de código permitem que muitos algoritmos sejam implementados com maior clareza e eficiência.

A seguir, temos um programa que usa um bloco de código para impedir a divisão por zero:

```
/*
  Demonstra um bloco de código.

  Chame este arquivo de BlocoDemo.java.
*/
class BlockDemo {
  public static void main(String args[]) {
    double i, j, d;

    i = 5;
    j = 10;

    // o alvo desta instrução if é um bloco Código
    if(i != 0) {
      System.out.println("i does not equal zero");
      d = j / i;
      System.out.println("j / i is " + d);
    }
  }
}
```

O alvo de **if** é este bloco inteiro.

A saída gerada por esse programa é mostrada aqui:

```
i does not equal zero
j / i is 2.0
```

Nesse caso, o alvo da instrução **if** é um bloco de código e não uma instrução individual. Se a condição que controla **if** for verdadeira (como é aqui), as três instruções do bloco serão executadas. Tente configurar **i** com zero e observe o resultado. Você verá que o bloco inteiro é ignorado.

> **Pergunte ao especialista**
>
> **P:** O uso de um bloco de código introduz alguma ineficiência de tempo de execução? Em outras palavras, Java executa realmente { e }?
>
> **R:** Não. Os blocos de código não adicionam nenhuma sobrecarga. Na verdade, devido à sua habilidade em simplificar a codificação de certos algoritmos, geralmente seu uso aumenta a velocidade e a eficiência. Além disso, os símbolos { e } existem apenas no código-fonte do programa. Java não executa { e }.

Como você verá posteriormente neste livro, os blocos de código têm propriedades e usos adicionais. No entanto, a principal razão de sua existência é a criação de unidades de código logicamente inseparáveis.

Ponto e vírgula e posicionamento

Em Java, o ponto e vírgula é um *separador* que é usado para terminar uma instrução. Isto é, cada instrução individual deve ser finalizada com um ponto e vírgula. Ele indica o fim de uma entidade lógica.

Como você sabe, um bloco é um conjunto de instruções conectadas logicamente que são delimitadas por chaves de abertura e fechamento. Ele *não* é finalizado com um ponto e vírgula. Já que é um grupo de instruções, com um ponto e vírgula após cada instrução, faz sentido que o bloco não seja terminado com um ponto e vírgula; em vez disso, o fim do bloco é indicado pela chave de fechamento.

Java não reconhece o fim da linha como um terminador. Portanto, não importa onde na linha inserimos uma instrução. Por exemplo,

```
x = y;
y = y + 1;
System.out.println(x + " " + y);
```

é o mesmo que o seguinte, em Java:

```
x = y; y = y + 1; System.out.println(x + " " + y);
```

Além disso, os elementos individuais de uma instrução também podem ser inseridos em linhas separadas. Por exemplo, o código a seguir é perfeitamente aceitável:

```
System.out.println("This is a long line of output" +
                x + y + z +
                "more output");
```

A divisão de linhas longas dessa forma costuma ser usada para a criação de programas mais legíveis. Também pode ajudar a impedir que linhas excessivamente longas passem para a próxima linha.

Práticas de recuo

Você deve ter notado nos exemplos anteriores que certas instruções foram recuadas. Java é uma linguagem de forma livre, ou seja, não importa onde inserimos as instruções em uma linha em relação umas às outras. No entanto, com os anos, desenvolveu-se um estilo de recuo comum e aceito que proporciona programas mais legíveis. Este livro segue o estilo e é recomendável que você faça o mesmo. Usando esse estilo, você recuará um nível após cada chave de abertura e se moverá para trás em um nível após cada chave de fechamento. Certas instruções encorajam algum recuo adicional; elas serão abordadas posteriormente.

Tente Isto 1-2 — Melhore o conversor

`GalToLitTable.java`

Você pode usar o laço **for**, a instrução **if** e blocos de código para criar uma versão melhorada do conversor de galões em litros desenvolvida no primeiro projeto. Essa nova versão exibirá uma tabela de conversões começando com 1 galão e terminando em 100 galões. A cada 10 galões, uma linha em branco será exibida. Isso é feito com o uso de uma variável chamada **counter** que conta o número de linhas que foram exibidas. Preste uma atenção especial no seu uso.

1. Crie um novo arquivo chamado **GalToLitTable.java**.

2. Insira o programa a seguir no arquivo:

   ```
   /*
      Tente isto 1-2

      Este programa exibe uma tabela de
      conversões de galões em litros.

      Chame-o de "GalToLitTable.java".
   */
   class GalToLitTable {
     public static void main(String args[]) {
       double gallons, liters;
       int counter;

       counter = 0;   // Inicialmente, o contador de linhas é configurado com zero.
       for(gallons = 1; gallons <= 100; gallons++) {
         liters = gallons * 3.7854; // converte para litros
         System.out.println(gallons + " gallons is " +
                            liters + " liters.");

         counter++;   // Incrementa o contador de linhas a cada iteração do loop.
         // a cada décima linha, exibe uma linha em branco
         if(counter == 10) {   // Se o valor do contador for 10, exibe uma linha em branco.
           System.out.println();
           counter = 0; // zera o contador de linhas
         }
       }
     }
   }
   ```

3. Compile o programa usando a linha de comando abaixo:

   ```
   javac GalToLitTable.java
   ```

4. Execute o programa usando este comando:

```
java GalToLitTable
```

Aqui está uma parte da saída que você verá:

```
1.0 gallons is 3.7854 liters.
2.0 gallons is 7.5708 liters.
3.0 gallons is 11.356200000000001 liters.
4.0 gallons is 15.1416 liters.
5.0 gallons is 18.927 liters.
6.0 gallons is 22.712400000000002 liters.
7.0 gallons is 26.4978 liters.
8.0 gallons is 30.2832 liters.
9.0 gallons is 34.0686 liters.
10.0 gallons is 37.854 liters.

11.0 gallons is 41.6394 liters.
12.0 gallons is 45.424800000000005 liters.
13.0 gallons is 49.2102 liters.
14.0 gallons is 52.9956 liters.
15.0 gallons is 56.781 liters.
16.0 gallons is 60.5664 liters.
17.0 gallons is 64.3518 liters.
18.0 gallons is 68.1372 liters.
19.0 gallons is 71.9226 liters.
20.0 gallons is 75.708 liters.

21.0 gallons is 79.49340000000001 liters.
22.0 gallons is 83.2788 liters.
23.0 gallons is 87.0642 liters.
24.0 gallons is 90.84960000000001 liters.
25.0 gallons is 94.635 liters.
26.0 gallons is 98.4204 liters.
27.0 gallons is 102.2058 liters.
28.0 gallons is 105.9912 liters.
29.0 gallons is 109.7766 liters.
30.0 gallons is 113.562 liters.
```

As palavras-chave Java

Há 50 palavras-chave definidas atualmente na linguagem Java (consulte a Tabela 1-1). Essas palavras-chave, combinadas com a sintaxe dos operadores e separadores, formam a definição da linguagem. Elas não podem ser usadas como nomes de variável, classe ou método.

As palavras-chave **const** e **goto** estão reservadas, mas não são usadas. Nos primórdios de Java, várias outras palavras-chave estavam reservadas para possível uso futuro. No entanto, a especificação atual só define as palavras-chave mostradas na Tabela 1-1.

Tabela 1-1 As palavras-chave Java

abstract	assert	boolean	break	byte	case
catch	char	class	const	continue	default
do	double	else	enum	extends	final
finally	float	for	goto	if	implements
import	instanceof	int	interface	long	native
new	package	private	protected	public	return
short	static	strictfp	super	switch	synchronized
this	throw	throws	transient	try	void
volatile	while				

Além das palavras-chave, Java reserva as palavras a seguir: **true**, **false** e **null**. São valores definidos pela linguagem. Você não pode usar essas palavras em nomes de variáveis, classes e assim por diante.

Identificadores em Java

Em Java, um identificador é o nome dado a um método, uma variável ou qualquer outro item definido pelo usuário. Os identificadores podem ter de um a vários caracteres. Os nomes de variável podem começar com qualquer letra do alfabeto, um sublinhado ou um cifrão. Em seguida pode haver uma letra, um dígito, um cifrão ou um sublinhado. O sublinhado pode ser usado para melhorar a legibilidade do nome da variável, como em **line_count**. As letras maiúsculas e minúsculas são diferentes, ou seja, para Java, **myvar** e **MyVar** são nomes diferentes. Aqui estão alguns exemplos de identificadores aceitáveis:

Test	x	y2	MaxLoad
$up	_top	my_var	sample23

Lembre-se, você não pode iniciar um identificador com um dígito. Logo, **12x** é um identificador inválido, por exemplo.

Você não pode usar nenhuma das palavras-chave Java como nomes de identificador. Também não deve atribuir o nome de nenhum método padrão, como **println**, como um identificador. Além dessas duas restrições, a boa prática de programação preconiza o uso de nomes de identificador que reflitam o significado ou o uso dos itens que estão sendo nomeados.

As bibliotecas de classes Java

Os exemplos de programa mostrados neste capítulo fazem uso de dois dos métodos internos da linguagem Java: **println( )** e **print( )**. Esses métodos são acessados por intermédio de **System.out**. **System** é uma classe predefinida pelo Java que é incluída automaticamente nos programas. De um modo geral, o ambiente Java depende de várias bibliotecas de classes internas que contêm muitos métodos internos para dar suporte a coisas como I/O, manipulação de strings, rede e elementos gráficos. As classes padrão também dão suporte a uma interface gráfica de usuário (GUI). Portanto, Java como um todo é uma combinação da própria linguagem Java mais suas classes padrão. Como você verá, as bibliotecas de classes fornecem uma porção considerável da funcionalidade que vem com Java. Na verdade, faz parte de se tornar programador Java aprender a usar as classes Java padrão. No decorrer deste livro, vários elementos das classes e métodos de biblioteca padrão são descritos. No entanto, a biblioteca Java é algo que você também vai querer explorar melhor por sua própria conta.

✓ Teste do Capítulo 1

1. O que é bytecode e por que ele é importante para o uso de Java em programação na Internet?
2. Quais são os três princípios básicos da programação orientada a objetos?
3. Onde os programas Java começam a ser executados?
4. O que é uma variável?
5. Qual dos nomes de variável a seguir é inválido?

    A. count

    B. $count

    C. count27

    D. 67count

6. Como se cria um comentário de linha única? E um comentário de várias linhas?
7. Mostre a forma geral da instrução **if**. Mostre também a do laço **for**.
8. Como se cria um bloco de código?
9. A gravidade da Lua é cerca de 17% a da Terra. Crie um programa que calcule seu peso na Lua.
10. Adapte o código da seção Tente isto 1-2 para que ele exiba uma tabela de conversões de polegadas para metros. Exiba 12 pés de conversões, polegada a polegada. Gere uma linha em branco a cada 12 polegadas. (Um metro é igual à aproximadamente 39,37 polegadas.)
11. Se você cometer um engano na digitação ao inserir seu programa, isso vai resultar em que tipo de erro?
12. É importante o local onde inserimos uma instrução em uma linha?

Capítulo 2

Introdução a tipos de dados e operadores

Principais habilidades e conceitos

- Conhecer os tipos primitivos de Java
- Usar literais
- Inicializar variáveis
- Saber as regras de escopo de variáveis dentro de um método
- Usar os operadores aritméticos
- Usar os operadores relacionais e lógicos
- Entender os operadores de atribuição
- Usar atribuições abreviadas
- Entender a conversão de tipos em atribuições
- Converter tipos incompatíveis
- Entender a conversão de tipos em expressões

Na base de qualquer linguagem de programação estão seus tipos de dados e operadores, e Java não é exceção. Esses elementos definem os limites de uma linguagem e determinam o tipo de tarefas às quais ela pode ser aplicada. Felizmente, a linguagem Java dá suporte a um rico grupo de tipos de dados e de operadores, o que a torna adequada a qualquer tipo de programação.

Os tipos de dados e os operadores são um assunto extenso. Começaremos aqui com uma verificação dos tipos de dados básicos de Java e seus operadores mais usados. Também examinaremos com detalhes as variáveis e estudaremos as expressões.

Por que os tipos de dados são importantes

Os tipos de dados são especialmente importantes em Java porque essa é uma linguagem fortemente tipada. Ou seja, todas as operações têm a compatibilidade de seus tipos verificada pelo compilador. Operações inválidas não serão compiladas. Logo, a verificação minuciosa dos tipos ajuda a impedir a ocorrência de erros e melhora a confiabilidade. Para que seja possível fazer a verificação cuidadosa dos tipos, todas as variáveis, expressões e valores têm um tipo. Não há o conceito de uma variável "sem tipo", por exemplo. Além disso, o tipo de um valor determina as operações que podem ser executadas nele. Uma operação aplicada a um tipo pode não ser permitida em outro.

Tipos primitivos da linguagem Java

Java contém duas categorias gerais de tipos de dados internos: orientados a objetos e não orientados a objetos. Os tipos orientados a objetos são definidos por classes, mas a discussão das classes será deixada para depois. Porém, na base de Java, temos oito

Tabela 2-1 Tipos de dados primitivos internos de Java

Tipo	Significado
boolean	Representa os valores verdadeiro/falso
byte	Inteiro de 8 bits
char	Caractere
double	Ponto flutuante de precisão dupla
float	Ponto flutuante de precisão simples
int	Inteiro
long	Inteiro longo
short	Inteiro curto

tipos de dados primitivos (também chamados de elementares ou simples) mostrados na Tabela 2-1. O termo *primitivo* é usado aqui para indicar que esses tipos não são objetos no sentido da orientação a objetos e sim valores binários comuns. Esses tipos primitivos não são objetos devido a questões de eficiência. Todos os outros tipos de dados de Java são construídos a partir dos tipos primitivos.

Java especifica rigorosamente um intervalo e um comportamento para cada tipo primitivo que todas as implementações da Máquina Virtual Java devem suportar. Devido ao requisito de portabilidade de Java, a linguagem é inflexível nesse aspecto. Por exemplo, um **int** é igual em todos os ambientes de execução. Isso permite que os programas sejam totalmente portáveis. Não precisamos reescrever um código para adequá-lo a uma plataforma específica. Embora a especificação rigorosa do intervalo dos tipos primitivos possa causar uma pequena piora no desempenho em alguns ambientes, ela é necessária para a obtenção de portabilidade.

Inteiros

Java define quatro tipos inteiros: **byte**, **short**, **int** e **long**, que são mostrados aqui

Tipo	Tamanho em bits	Intervalo
byte	8	–128 a 127
short	16	–32.768 a 32.767
int	32	–2.147.483.648 a 2.147.483.647
long	64	–9.223.372.036.854.775.808 a 9.223.372.036.854.775.807

Como a tabela mostra, todos os tipos inteiros são valores de sinal positivo e negativo. Java não suporta inteiros sem sinal (somente positivos). Outras linguagens de computador suportam inteiros com e sem sinal. No entanto, os projetistas de Java decidiram que inteiros sem sinal eram desnecessários.

NOTA

Tecnicamente, o sistema de tempo de execução Java pode usar qualquer tamanho para armazenar um tipo primitivo. Contudo, em todos os casos, os tipos devem agir como especificado.

O tipo inteiro mais usado é **int**. Variáveis de tipo **int** costumam ser empregadas no controle de laços, na indexação de arrays e na execução de cálculos de inteiros para fins gerais.

Quando você precisar de um inteiro que tenha um intervalo maior do que o de **int**, use **long**. Por exemplo, aqui está um programa que calcula quantas polegadas há em um cubo com $1 \times 1 \times 1$ milhas:

```
/*
   Calcula quantas polegadas cúbicas há em
   uma milha cúbica.
*/
class Inches {
  public static void main(String args[]) {
    long ci;
    long im;

    im = 5280 * 12;

    ci = im * im * im;

    System.out.println("There are " + ci +
                       " cubic inches in cubic mile.");

  }
}
```

Aqui está a saída do programa:

```
There are 254358061056000 cubic inches in cubic mile.
```

É claro que o resultado não poderia ser mantido em uma variável **int**.

O menor tipo inteiro é **byte**. Variáveis de tipo **byte** são especialmente úteis no trabalho com dados binários brutos que podem não ser diretamente compatíveis com outros tipos internos Java. O tipo **short** cria um inteiro curto. Variáveis de tipo **short** são apropriadas quando não precisamos do intervalo maior oferecido por **int**.

Pergunte ao especialista

P: Você diz que há quatro tipos de inteiros: **int**, **short**, **long** e **byte**. No entanto, ouvi falar que char também pode ser categorizado como um tipo inteiro em Java. Pode explicar?

R: A especificação formal de Java define uma categoria de tipo chamada tipos integrais, que inclui **byte**, **short**, **int**, **long** e **char**. Eles são chamados de tipos integrais porque todos contêm valores binários inteiros. No entanto, a finalidade dos quatro primeiros é representar quantidades inteiras numéricas. A finalidade de **char** é representar caracteres. Logo, os usos principais de **char** e os dos outros tipos integrais são basicamente diferentes. Devido às diferenças, o tipo **char** é tratado separadamente neste livro.

Tipos de ponto flutuante

Como explicado no Capítulo 1, os tipos de ponto flutuante podem representar números que têm componentes fracionários. Há duas espécies de tipos de ponto flutuante, **float** e **double**, que representam números de precisão simples e dupla, respectivamente. O tipo **float** tem 32 bits e o tipo **double** tem 64 bits.

Dos dois, **double** é o mais usado, porque todas as funções matemáticas da biblioteca de classes Java usam valores **double**. Por exemplo, o método **sqrt( )** (que é definido pela classe padrão **Math**) retorna um valor **double** que é a raiz quadrada de seu argumento **double**. Abaixo, **sqrt( )** é usado para calcular o comprimento da hipotenusa, dados os comprimentos dos dois lados opostos:

```
/*
   Usa o teorema de Pitágoras
   para encontrar o comprimento
   da hipotenusa dados os comprimentos
   dos dois lados opostos.
*/
class Hypot {
  public static void main(String args[]) {
    double x, y, z;

    x = 3;
    y = 4;                       Observe como sqrt( ) é chamado. Ele é precedido
                                 pelo nome da classe da qual é membro.
    z = Math.sqrt(x*x + y*y);

    System.out.println("Hypotenuse is " +z);
  }
}
```

A saída do programa é dada a seguir:

```
Hypotenuse is 5.0
```

Outra coisa sobre o exemplo anterior: como mencionado, **sqrt( )** é membro da classe padrão **Math**. Observe como **sqrt( )** é chamado; é precedido pelo nome **Math**. Isso é semelhante à maneira como **System.out** precede **println( )**. Embora nem todos os métodos padrão sejam chamados com a especificação do nome de sua classe antes, vários o são.

Caracteres

Em Java, os caracteres não são valores de 8 bits como em muitas outras linguagens de computador. Em vez disso, Java usa Unicode. O Unicode define um conjunto de caracteres que pode representar todos os caracteres encontrados em todos os idiomas humanos. Em Java, **char** é um tipo de 16 bits sem sinal com um intervalo que vai de 0 a 65.536. O conjunto de caracteres ASCII de 8 bits padrão é um subconjunto do Unicode e vai de 0 a 127. Logo, os caracteres ASCII ainda são caracteres Java válidos.

Uma variável de caractere pode receber um valor pela inserção do caractere entre aspas simples. Por exemplo, este código atribui à variável **ch** a letra X:

```
char ch;
ch = 'X';
```

Você pode exibir um valor **char** usando a instrução **println( )**. Por exemplo, a linha seguinte exibe o valor de **ch**:

```
System.out.println("This is ch: " + ch);
```

Já que **char** é um tipo de 16 bits sem sinal, podemos tratar aritmeticamente uma variável **char** de muitas maneiras. Por exemplo, considere o programa abaixo:

```
// Variáveis de caracteres podem ser tratadas como inteiros.
class CharArithDemo {
  public static void main(String args[]) {
    char ch;

    ch = 'X';
    System.out.println("ch contains " + ch);

    ch++; // incrementa ch          ◄──── Um char pode ser incrementado.
    System.out.println("ch is now " + ch);

    ch = 90; // dá a ch o valor Z   ◄──── Um char pode receber um valor inteiro.
    System.out.println("ch is now " + ch);
  }
}
```

A saída gerada por esse programa é mostrada aqui:

```
ch contains X
ch is now Y
ch is now Z
```

No programa, primeiro é dado a **ch** o valor X. Em seguida, **ch** é incrementada. Isso resulta em **ch** contendo Y, o próximo caractere na sequência ASCII (e Unicode). Depois, **ch** recebe o valor 90, que é o valor ASCII (e Unicode) correspondente à letra Z. Já que o conjunto de caracteres ASCII ocupa os primeiros 127 valores do conjunto de caracteres Unicode, todos os "velhos truques" que você usaria com caracteres de outros idiomas também funcionarão em Java.

Pergunte ao especialista

P: Por que Java usa Unicode?

R: Java foi projetada para uso mundial. Logo, tem de usar um conjunto de caracteres que possa representar os idiomas do mundo todo. O Unicode é o conjunto de caracteres padrão projetado especialmente para esse fim. É claro que o uso do Unicode é ineficiente para idiomas como inglês, alemão, espanhol ou francês, cujos caracteres podem ser armazenados em 8 bits, mas esse é o preço a ser pago pela portabilidade global.

O tipo booleano

O tipo **boolean** representa os valores verdadeiro/falso. Java define os valores verdadeiro e falso usando as palavras reservadas **true** e **false**. Logo, uma variável ou expressão de tipo **boolean** terá um desses dois valores.

Aqui está um programa que demonstra o tipo **boolean**:

```
// Demonstra valores booleanos.
class BoolDemo {
  public static void main(String args[]) {
    boolean b;

    b = false;
    System.out.println("b is " + b);
    b = true;
    System.out.println("b is " + b);

    // um valor booleano pode controlar a instrução if
    if(b) System.out.println("This is executed.");

    b = false;
    if(b) System.out.println("This is not executed.");

    // o resultado de um operador relacional é um valor booleano
    System.out.println("10 > 9 is " + (10 > 9));
  }
}
```

A saída gerada por esse programa é mostrada aqui:

```
b is false
b is true
This is executed.
10 > 9 is true
```

Três fatos interessantes se destacam nesse programa. Em primeiro lugar, como você pode ver, quando um valor **boolean** é exibido por **println( )**, a palavra "true" ou "false" é usada. Em segundo lugar, o valor de uma variável **boolean** é suficiente para controlar a instrução **if**. Não há necessidade de escrever uma instrução **if** como esta:

```
if(b == true) ...
```

Em terceiro lugar, o resultado de um operador relacional, como **<**, é um valor **boolean**. Portanto, a expressão **10 > 9** exibe o valor "true". Além disso, o conjunto de parênteses adicional delimitando **10 > 9** é necessário, porque o operador **+** tem precedência maior do que **>**.

Tente Isto 2-1 — Qual é a distância do relâmpago?

Sound.java

Neste projeto, você criará um programa que calcula a que distância, em pés, um ouvinte está da queda de um relâmpago. O som viaja a aproximadamente 1.100 pés por segundo pelo ar. Logo, conhecer o intervalo entre o momento em que você viu um relâmpago e o momento em que o som o alcançou lhe permitirá calcular a distância do relâmpago. Para este projeto, assuma que o intervalo seja de 7,2 segundos.

1. Crie um novo arquivo chamado **Sound.java**.

2. Para calcular a distância, você terá que usar valores de ponto flutuante. Por quê? Porque o intervalo de tempo, 7,2, tem um componente fracionário. Embora pudéssemos usar um valor de tipo **float**, usaremos **double** no exemplo.

3. Para fazer o cálculo, você multiplicará 7,2 por 1.100. Em seguida, atribuirá esse valor a uma variável.

4. Por fim, exibirá o resultado.

   Aqui está a listagem inteira do programa **Sound.java**:

   ```
   /*
      Tente isto 2-1
      Calcule a distância da queda
      de um raio cujo som leve
      7,2 segundos para alcançá-lo.
   */
   class Sound {
     public static void main(String args[]) {
       double dist;

       dist = 7.2 * 1100;

       System.out.println("The lightning is " + dist +
                          " feet away.");

     }
   }
   ```

5. Compile e execute o programa. O resultado a seguir será exibido:

   ```
   The lightning is 7920.0 feet away.
   ```

6. Desafio extra: você pode calcular a distância de um objeto grande, como uma parede de pedra, medindo o eco. Por exemplo, se você bater palmas e medir quanto tempo leva para ouvir o eco, saberá o tempo total que o som leva para ir e voltar. A divisão desse valor por dois gera o tempo que o som leva para se propagar em uma direção. Então, você poderá usar esse valor para calcular a distância do objeto. Modifique o programa anterior para que ele calcule a distância, assumindo que o intervalo de tempo seja igual ao de um eco.

Literais

Em Java, os *literais* são valores fixos representados em sua forma legível por humanos. Por exemplo, o número 100 é um literal. Normalmente, os literais também são chamados de *constantes*. Quase sempre, os literais, e sua aplicação, são tão intuitivos que eles foram usados de alguma forma por todos os exemplos de programa anteriores. Agora chegou a hora de serem explicados formalmente.

Os literais Java podem ser de qualquer um dos tipos de dados primitivos. A maneira como cada literal é representado depende de seu tipo. Como explicado anteriormente, constantes de caracteres são delimitadas por aspas simples. Por exemplo, 'a' e '%' são constantes de caracteres.

Os literais inteiros são especificados como números sem componentes fracionários. Por exemplo, 10 e - 100 são literais inteiros. Os literais de ponto flutuante requerem o uso do ponto decimal seguido pelo componente fracionário do número. Por exemplo, 11.123 é um literal de ponto flutuante. Java também permite o uso de notação científica para números de ponto flutuante.

Por padrão, os literais inteiros usam o tipo **int**. Se quiser especificar um literal **long**, acrescente um l ou L. Por exemplo, 12 é um **int**, mas 12L é um **long**.

Também é padrão os literais de ponto flutuante serem de tipo **double**. Para especificar um literal **float**, acrescente um F ou f à constante. Por exemplo, 10.19F é de tipo **float**.

Embora os literais inteiros criem um valor **int** por padrão, eles podem ser atribuídos a variáveis de tipo **char**, **byte** ou **short** contanto que o valor atribuído possa ser representado pelo tipo de destino. Um literal inteiro sempre pode ser atribuído a uma variável **long**.

A partir do JDK 7, é permitido embutir um ou mais sublinhados em um literal inteiro ou de ponto flutuante. Isso pode facilitar a leitura de valores compostos por muitos dígitos. Quando o literal é compilado, os sublinhados são simplesmente descartados. Aqui está um exemplo:

```
123_45_1234
```

Essa linha especifica o valor 123.451.234. O uso de sublinhados é particularmente útil na codificação de coisas como números de peças, identificações de clientes e códigos de status que normalmente são criados como uma combinação de subgrupos de dígitos.

Literais hexadecimais, octais e binários

Como você deve saber, em programação às vezes é mais fácil usar um sistema numérico baseado em 8 ou 16 em vez de 10. O sistema numérico baseado em 8 se chama *octal* e usa os dígitos de 0 a 7. No sistema octal, o número 10 é igual ao 8 do sistema decimal. O sistema numérico de base 16 se chama *hexadecimal* e usa os dígitos de 0 a 9 mais as letras A a F, que representam 10, 11, 12, 13, 14 e 15. Por exemplo, o número hexadecimal 10 é o 16 do sistema decimal. Devido à frequência com que esses dois sistemas numéricos são usados, Java permite a especificação de literais inteiros em hexadecimal e octal em vez de decimal. Um literal hexadecimal deve começar com **0x** ou **0X** (um zero seguido por um x ou X). Um literal octal começa com um zero. Veja alguns exemplos:

```
hex = 0xFF; // 255 em decimal
oct = 011; // 9 em decimal
```

Java também permite o uso de literais de ponto flutuante hexadecimais, mas raramente eles são usados.

A partir do JDK 7, é possível especificar um literal inteiro com o uso de binários. Para fazer isso, use um **0b** ou **0B** antes do número binário. Por exemplo, este número especifica o valor 12 em binário: **0b1100**.

Sequências de escape de caracteres

A inserção de constantes de caracteres entre aspas simples funciona para a maioria dos caracteres imprimíveis, mas alguns caracteres, como o retorno de carro, impõem um problema especial quando um editor de texto é usado. Além disso, outros caracteres específicos, como as aspas simples e duplas, têm um significado especial em Java, logo, você não pode usá-los diretamente. É por isso que Java fornece *sequências de escape*, às vezes chamadas de constantes de caracteres de barra invertida, mostradas na Tabela 2-2. Essas sequências são usadas no lugar dos caracteres que representam.

Por exemplo, esta linha atribui a **ch** o caractere de tabulação:

```
ch = '\t';
```

O próximo exemplo atribui uma aspa simples a **ch**:

```
ch = '\'';
```

Literais de strings

Java dá suporte a outro tipo de literal: o string. Um *string* é um conjunto de caracteres inserido em aspas duplas. Por exemplo,

```
"this is a test"
```

Tabela 2-2   Sequências de escape de caracteres

Sequência de escape	Descrição
\'	Aspas simples
\"	Aspas duplas
\\	Barra invertida
\r	Retorno de carro
\n	Nova linha
\f	Avanço de página
\t	Tabulação horizontal
\b	Retrocesso
\ddd	Constante octal (onde *ddd* é uma constante octal)
\uxxxx	Constante hexadecimal (onde *xxxx* é uma constante hexadecimal)

é um string. Você viu exemplos de strings em muitas das instruções **println( )** dos exemplos de programa anteriores.

Além dos caracteres comuns, um literal string também pode conter uma ou mais das sequências de escape que acabei de descrever. Por exemplo, considere o programa abaixo. Ele usa as sequências de escape **\n** e **\t**.

```
// Demonstra sequências de escape em strings.
class StrDemo {
  public static void main(String args[]) {
    System.out.println("First line\nSecond line");
    System.out.println("A\tB\tC");
    System.out.println("D\tE\tF") ;
  }
}
```

Usa **\n** para gerar uma nova linha.

Usa tabulações para alinhar a saída.

A saída é mostrada abaixo:

```
First line
Second line
A       B       C
D       E       F
```

Pergunte ao especialista

P: Um string composto por um único caractere é o mesmo que um literal de caractere? Por exemplo, "k" é o mesmo que 'k'?

R: Não. Você não deve confundir strings com caracteres. Um literal de caractere representa uma única letra de tipo **char**. Um string contendo apenas uma letra continua sendo um string. Embora os strings sejam compostos por caracteres, eles não são do mesmo tipo.

Observe como a sequência de escape **\n** é usada para gerar uma nova linha. Você não precisa usar várias instruções **println( )** para obter uma saída de várias linhas. Apenas incorpore **\n** a um string mais longo nos pontos onde deseja que a nova linha ocorra.

Um exame mais detalhado das variáveis

As variáveis foram introduzidas no Capítulo 1. Aqui, as examinaremos mais detalhadamente. Como você aprendeu, as variáveis são declaradas com o uso da seguinte forma de instrução,

tipo nome-var;

onde *tipo* é o tipo de dado da variável e *nome-var* é seu nome. Você pode declarar uma variável de qualquer tipo válido, inclusive os tipos simples que acabei de descrever, e cada variável terá um tipo. Logo, os recursos de uma variável são determinados por seu tipo. Por exemplo, uma variável de tipo **boolean** não pode ser usada para armazenar valores de ponto flutuante. Além disso, o tipo de uma variável não pode mudar durante seu tempo de vida. Uma variável **int** não pode virar uma variável **char**, por exemplo.

Em Java, todas as variáveis devem ser declaradas antes de seu uso. Isso é necessário porque o compilador tem que saber que tipo de dado uma variável contém antes de poder compilar apropriadamente qualquer instrução que use a variável. Também permite que Java execute uma verificação de tipos rigorosa.

Inicializando uma variável

Em geral, devemos dar um valor à variável antes de usá-la. Uma maneira de dar um valor a uma variável é por uma instrução de atribuição, como já vimos. Outra é dando um valor inicial quando ela é declarada. Para fazer isso, coloque um sinal de igualdade e o valor que está sendo atribuído após o nome da variável. A forma geral de inicialização é mostrada aqui:

tipo var = valor;

Nessa linha, *valor* é o valor dado a *var* quando *var* é criada. O valor deve ser compatível com o tipo especificado. Veja alguns exemplos:

```
int count = 10; // dá a count um valor inicial igual a 10
char ch = 'X'; // inicializa ch com a letra X
float f = 1.2F; // f é inicializada com 1,2
```

Ao declarar duas ou mais variáveis do mesmo tipo usando uma lista separada por vírgulas, você pode dar um valor inicial a uma ou mais dessas variáveis. Por exemplo:

```
int a, b = 8, c = 19, d; // b e c têm inicializações
```

Nesse caso, só **b** e **c** são inicializadas.

Inicialização dinâmica

Embora os exemplos anteriores só tenham usado constantes como inicializadores, Java permite que as variáveis sejam inicializadas dinamicamente, com o uso de qualquer expressão válida no momento em que a variável é declarada. Por exemplo, aqui está um programa curto que calcula o volume de um cilindro dado o raio de sua base e sua altura:

```
// Demonstra a inicialização dinâmica.
class DynInit {
   public static void main(String args[]) {
      double radius = 4, height = 5;

      // inicializa volume dinamicamente
      double volume = 3.1416 * radius * radius * height;

      System.out.println("Volume is " + volume);
   }
}
```

volume é inicializada dinamicamente no tempo de execução.

Nesse exemplo, três variáveis locais – **radius**, **height** e **volume** – são declaradas. As duas primeiras, **radius** e **height**, são inicializadas por constantes. No entanto,

volume é inicializada com o volume do cilindro. O ponto-chave aqui é que a expressão de inicialização pode usar qualquer elemento válido no momento da inicialização, inclusive chamadas a métodos, outras variáveis ou literais.

Escopo e tempo de vida das variáveis

Até agora, todas as variáveis que usamos foram declaradas no início do método **main()**. Porém, Java permite que as variáveis sejam declaradas dentro de qualquer bloco. Como explicado no Capítulo 1, um bloco começa com uma chave de abertura e termina com uma chave de fechamento. O bloco define um *escopo*. Logo, sempre que você iniciar um novo bloco, estará criando um novo escopo. Um escopo determina que objetos estarão visíveis para outras partes de seu programa. Também determina o tempo de vida desses objetos.

Outras linguagens de computador definem duas categorias gerais de escopos: global e local. Embora suportadas, essas não são as melhores maneiras de categorizar os escopos em Java. Os escopos mais importantes em Java são os definidos por uma classe e os definidos por um método. Uma discussão sobre o escopo das classes (e as variáveis declaradas dentro dele) será deixada para depois, quando as classes forem descritas no livro. Por enquanto, examinaremos apenas os escopos definidos por ou dentro de um método.

O escopo definido por um método começa com sua chave de abertura. No entanto, se esse método tiver parâmetros, eles também estarão incluídos dentro do escopo do método.

Como regra geral, as variáveis declaradas dentro de um escopo não podem ser vistas (isto é, acessadas) por um código definido fora desse escopo. Logo, quando você declarar uma variável dentro de um escopo, estará localizando essa variável e protegendo-a contra modificação ou acesso não autorizado. Na verdade, as regras de escopo fornecem a base do encapsulamento.

Os escopos podem ser aninhados. Por exemplo, sempre que você criar um bloco de código, estará criando um novo escopo aninhado. Quando isso ocorre, o escopo externo engloba o escopo interno. Ou seja, os objetos declarados no escopo externo poderão ser vistos por um código que estiver dentro do escopo interno. No entanto, o inverso não é verdadeiro. Objetos declarados dentro do escopo interno não podem ser vistos fora dele.

Para entender o efeito dos escopos aninhados, considere o programa a seguir:

```
// Demonstra o escopo de bloco.
class ScopeDemo {
  public static void main(String args[]) {
    int x; // conhecida pelo código dentro de main()

    x = 10;
    if(x == 10) { // inicia novo escopo

      int y = 20; // conhecida apenas nesse bloco

      // tanto x quanto y são conhecidas aqui.
```

```
      System.out.println("x and y: " + x + " " + y);
      x = y * 2;
    }
    // y = 100;  // Erro! Y não é conhecida aqui     ←——— Aqui, y está fora
                                                            do seu escopo.
    // x ainda é conhecida aqui.
    System.out.println("x is " + x);
  }
}
```

Como os comentários indicam, a variável **x** é declarada no início do escopo de **main( )** e pode ser acessada por qualquer código subsequente desse método. Dentro do bloco **if**, **y** é declarada. Já que um bloco define um escopo, **y** só pode ser vista por códigos desse bloco. É por isso que fora de seu bloco, a linha **y = 100;** é desativada por um comentário. Se você remover o símbolo de comentário, um erro de compilação ocorrerá, porque **y** não pode ser vista fora de seu bloco. Dentro do bloco **if**, **x** pode ser usada porque o código de um bloco (isto é, de um escopo aninhado) tem acesso às variáveis declaradas por um escopo externo.

Dentro de um bloco, as variáveis podem ser declaradas em qualquer ponto, mas só são válidas após serem declaradas. Portanto, se você definir uma variável no início de um método, ela estará disponível para todo o código desse método. Inversamente, se declarar uma variável no fim de um bloco, ela não terá utilidade, porque nenhum código poderá acessá-la.

Aqui está outro ponto que deve ser lembrado: as variáveis são criadas quando alcançamos seu escopo e destruídas quando saímos dele. Ou seja, uma variável não manterá seu valor quando tiver saído do escopo. Logo, as variáveis declaradas dentro de um método não manterão seus valores entre chamadas a esse método. Além disso, uma variável declarada dentro de um bloco perderá seu valor após o bloco ser deixado. Portanto, o tempo de vida de uma variável está confinado ao seu escopo.

Se a declaração de variável incluir um inicializador, essa variável será reinicializada sempre que entrarmos no bloco em que ela é declarada. Por exemplo, considere o programa a seguir:

```
// Demonstra o tempo de vida de uma variável.
class VarInitDemo {
  public static void main(String args[]) {
    int x;

    for(x = 0; x < 3; x++) {
      int y = -1; // y será inicializada sempre que entrarmos no bloco
      System.out.println("y is: " + y); // essa linha sempre exibe -1
      y = 100;
      System.out.println("y is now: " + y);
    }
  }
}
```

A saída gerada por esse programa é mostrada aqui:

```
y is: -1
y is now: 100
```

```
y is: -1
y is now: 100
y is: -1
y is now: 100
```

Como você pode ver, **y** é reinicializada com −1 sempre que entramos no laço **for** interno. Ainda que depois ela receba o valor 100, esse valor é perdido.

Há uma peculiaridade nas regras de escopo Java que deve surpreendê-lo: embora os blocos possam ser aninhados, nenhuma variável declarada dentro de um escopo interno pode ter o mesmo nome de uma variável declarada por um escopo externo. Por exemplo, o programa a seguir, que tenta declarar duas variáveis separadas com o mesmo nome, não será compilado.

```
/*
    Este programa tenta declarar uma variável em
    um escopo interno com o mesmo nome de uma
    definida em um escopo externo.

    *** Esse programa não será compilado. ***
*/
class NestVar {
  public static void main(String args[]) {
    int count;

    for(count = 0; count < 10; count = count+1) {
      System.out.println("This is count: " + count);

      int count; // inválido!!!
      for(count = 0; count < 2; count++)
        System.out.println("This program is in error!");
    }
  }
}
```

Não pode declarar **count** novamente porque ela já foi declarada.

Se você tem experiência em C/C++, sabe que não há restrições para os nomes dados a variáveis declaradas em um escopo interno. Logo, em C/C++ a declaração de **count** dentro do bloco do laço **for** externo é perfeitamente válida e esse tipo de declaração oculta a variável externa. Os projetistas do Java acharam que essa ocultação de nome poderia levar facilmente a erros de programação e não a permitiram.

Operadores

Java fornece um ambiente rico em operadores. Um *operador* é um símbolo que solicita ao compilador que execute uma operação matemática ou lógica específica. Java tem quatro classes gerais de operadores: aritmético, bitwise, relacional e lógico. Também define alguns operadores adicionais que tratam certas situações especiais. Este capítulo examinará os operadores aritméticos, relacionais e lógicos. Também examinaremos o operador de atribuição. O operador bitwise e outros operadores especiais serão examinados posteriormente.

Operadores aritméticos

Java define os operadores aritméticos a seguir:

Operador	Significado
+	Adição (também mais unário)
–	Subtração (também menos unário)
*	Multiplicação
/	Divisão
%	Módulo
++	Incremento
– –	Decremento

Os operadores +, –, * e / funcionam em Java da mesma maneira que em qualquer outra linguagem de computador (ou em álgebra). Eles podem ser aplicados a qualquer tipo de dado numérico interno. Também podem ser usados em objetos de tipo **char**.

Embora as ações dos operadores aritméticos sejam conhecidas por todos os leitores, algumas situações especiais pedem explicação. Primeiro, lembre-se de que quando **/** é aplicado a um inteiro, o resto gerado pela divisão é truncado; por exemplo, 10/3 será igual a 3 na divisão de inteiros. Você pode obter o resto dessa divisão usando o operador de módulo **%**. Ele funciona em Java da mesma forma que em outras linguagens: gerando o resto de uma divisão de inteiros. Por exemplo, 10 % 3 é igual a 1. Em java, o operador **%** pode ser aplicado a tipos inteiros e de ponto flutuante. Logo, 10.0 % 3.0 também é igual a 1. O programa a seguir demonstra o operador de módulo.

```java
// Demonstra o operador %.
class ModDemo {
  public static void main(String args[]) {
    int iresult, irem;
    double dresult, drem;

    iresult = 10 / 3;
    irem = 10 % 3;

    dresult = 10.0 / 3.0;
    drem = 10.0 % 3.0;

    System.out.println("Result and remainder of 10 / 3: " +
                   iresult + " " + irem);
    System.out.println("Result and remainder of 10.0 / 3.0: " +
                   dresult + " " + drem);
  }
}
```

A saída do programa é dada a seguir:

```
Result and remainder of 10 / 3: 3 1
Result and remainder of 10.0 / 3.0: 3.3333333333333335 1.0
```

Como você pode ver, o operador % gera um resto igual a 1 para operações de tipos inteiros e de ponto flutuante.

Incremento e decremento

Introduzidos no Capítulo 1, ++ e – – são os operadores Java de incremento e decremento. Como veremos, eles têm algumas propriedades especiais que os tornam muito interessantes. Comecemos examinando exatamente o que os operadores de incremento e decremento fazem.

O operador de incremento adiciona 1 a seu operando e o de decremento subtrai 1. Logo,

```
x = x + 1;
```

é o mesmo que

```
x++;
```

e

```
x = x - 1;
```

é o mesmo que

```
x--;
```

Tanto o operador de incremento quanto o de decremento podem preceder (prefixar) ou vir após (posfixar) o operando. Por exemplo,

```
x = x + 1;
```

pode ser escrito como

```
++x; // forma prefixada
```

ou como

```
x++; // forma posfixada
```

No exemplo anterior, não há diferença se o incremento é aplicado como um prefixo ou um posfixo. No entanto, quando um incremento ou decremento é usado como parte de uma expressão maior, há uma diferença importante. Quando um operador de incremento ou decremento precede seu operando, Java executa a operação correspondente antes de obter o valor do operando a ser usado pelo resto da expressão. Se o operador vier após seu operando, Java obterá o valor do operando antes de ele ser incrementado ou decrementado. Considere o seguinte:

```
x = 10;
y = ++x;
```

Nesse caso, **y** será configurado com 11. No entanto, se o código for escrito como

```
x = 10;
y = x++;
```

então **y** será configurado com 10. Nos dois casos, **x** é configurado com 11; a diferença é quando isso ocorre. Há vantagens significativas em podermos controlar quando a operação de incremento ou decremento deve ocorrer.

Operadores relacionais e lógicos

Nos termos *operador relacional* e *operador lógico*, *relacional* se refere aos relacionamentos que os valores podem ter uns com os outros, e *lógico* se refere às maneiras como os valores verdadeiro e falso podem estar conectados. Já que os operadores relacionais produzem resultados verdadeiros ou falsos, com frequência trabalham com os operadores lógicos. Portanto, eles serão discutidos juntos aqui.

Os operadores relacionais são mostrados aqui:

Operador	Significado
==	Igual a
!=	Diferente de
>	Maior que
<	Menor que
>=	Maior ou igual a
<=	Menor ou igual a

Os operadores lógicos são mostrados abaixo:

Operador	Significado
&	AND
|	OR
^	XOR (exclusive OR)
||	OR de curto-circuito
&&	AND de curto-circuito
!	NOT

O resultado dos operadores relacionais e lógicos é um valor **boolean**.

Em Java, podemos comparar todos os objetos para ver se são iguais ou diferentes com o uso de == e !=. No entanto, os operadores de comparação <, >, <= ou >= só podem ser aplicados aos tipos que dão suporte a um relacionamento sequencial. Logo, os operadores relacionais podem ser aplicados a todos os tipos numéricos e ao tipo **char**. Porém, valores de tipo **boolean** só podem ser comparados quanto à igualdade ou diferença, já que os valores **true** e **false** não são sequenciais. Por exemplo, **true > false** não tem significado em Java.

Quanto aos operadores lógicos, os operandos devem ser de tipo **boolean** e o resultado de uma operação lógica é de tipo **boolean**. Os operadores lógicos **&**, **|**, **^** e **!** dão suporte às operações lógicas básicas AND, OR, XOR e NOT, de acordo com a tabela-verdade a seguir:

p	q	p & q	p | q	p ^ q	!p
Falso	Falso	Falso	Falso	Falso	Verdadeiro
Verdadeiro	Falso	Falso	Verdadeiro	Verdadeiro	Falso
Falso	Verdadeiro	Falso	Verdadeiro	Verdadeiro	Verdadeiro
Verdadeiro	Verdadeiro	Verdadeiro	Verdadeiro	Falso	Falso

Como a tabela mostra, o resultado de uma operação exclusive OR é verdadeiro quando exatamente um, e apenas um, operando é verdadeiro.

Aqui está um programa que demonstra vários dos operadores relacionais e lógicos:

```
// Demonstra os operadores relacionais e lógicos.
class RelLogOps {
  public static void main(String args[]) {
    int i, j;
    boolean b1, b2;

    i = 10;
    j = 11;
    if(i < j) System.out.println("i < j");
    if(i <= j) System.out.println("i <= j");
    if(i != j) System.out.println("i != j");
    if(i == j) System.out.println("this won't execute");
    if(i >= j) System.out.println("this won't execute");
    if(i > j) System.out.println("this won't execute");

    b1 = true;
    b2 = false;
    if(b1 & b2) System.out.println("this won't execute");
    if(!(b1 & b2)) System.out.println("!(b1 & b2) is true");
    if(b1 | b2) System.out.println("b1 | b2 is true");
    if(b1 ^ b2) System.out.println("b1 ^ b2 is true");
  }
}
```

A saída do programa é dada a seguir:

```
i < j
i <= j
```

```
i != j
!(b1 & b2) is true
b1 | b2 is true
b1 ^ b2 is true
```

Operadores lógicos de curto-circuito

Java fornece versões especiais de *curto-circuito* de seus operadores lógicos AND e OR que podem ser usadas para produzir código mais eficiente. Para entender o porquê, considere o seguinte. Em uma operação AND, se o primeiro operando for falso, o resultado será falso não importando o valor do segundo operando. Em uma operação OR, se o primeiro operando for verdadeiro, o resultado da operação será verdadeiro não importando o valor do segundo operando. Logo, nesses dois casos, não há necessidade de avaliar o segundo operando. Quando não avaliamos o segundo operando, economizamos tempo e um código mais eficiente é produzido.

O operador AND de curto-circuito é **&&** e o operador OR de curto-circuito é **||**. Seus equivalentes comuns são **&** e **|**. A única diferença entre as versões comum e de curto-circuito é que a versão comum sempre avalia cada operando e a versão de curto-circuito só avalia o segundo operando quando necessário.

Aqui está um programa que demonstra o operador AND de curto-circuito. O programa determina se o valor de **d** é um fator de **n**. Ele faz isso executando uma operação de módulo. Se o resto de **n / d** for zero, então **d** é um fator. No entanto, já que a operação de módulo envolve uma divisão, a versão de curto-circuito de AND é usada para impedir a ocorrência de um erro de divisão por zero.

```
// Demonstra os operadores de curto-circuito.
class SCops {
  public static void main(String args[]) {
    int n, d, q;

    n = 10;
    d = 2;
    if(d != 0 && (n % d) == 0)
      System.out.println(d + " is a factor of " + n);

    d = 0; // configura d com zero

    // Já que d é igual a zero, o segundo operando não é avaliado.
    if(d != 0 && (n % d) == 0)     ◄──────── O operador de curto-
      System.out.println(d + " is a factor of " + n);  -circuito impede uma
                                                       divisão por zero.
    /* Tente a mesma coisa sem o operador de curto-circuito.
       Isso causará um erro de divisão por zero.
    */
    if(d != 0 & (n % d) == 0)      ◄──────── Agora as duas
      System.out.println(d + " is a factor of " + n);  expressões são
  }                                                    avaliadas, permitindo
}                                                      que ocorra uma
                                                       divisão por zero.
```

Para impedir uma divisão por zero, primeiro a instrução **if** verifica se **d** é igual a zero. Se for, o operador AND de curto-circuito será interrompido nesse ponto e não executará a operação de módulo. Portanto, no primeiro teste, **d** é igual a 2 e a operação de módulo é executada. O segundo teste falha, porque **d** é configurado com zero e a operação de módulo é ignorada, o que evita um erro de divisão por zero. Para concluir, o operador AND comum é usado. Isso faz com que os dois operandos sejam avaliados, o que leva a um erro de tempo de execução quando ocorre a divisão por zero.

Uma última coisa: a especificação formal de Java chama os operadores de curto-circuito de operadores *conditional-or* e *conditional-and*, mas normalmente é usado o termo "curto-circuito".

O operador de atribuição

Você vem usando o operador de atribuição desde o Capítulo 1. Agora é hora de o examinarmos formalmente. O *operador de atribuição* é o sinal de igual simples, =. Esse operador funciona em Java de modo bem parecido com que funciona em qualquer outra linguagem de computador. Esta é sua forma geral:

var = expressão;

Aqui, o tipo de *var* deve ser compatível com o tipo de *expressão*.

O operador de atribuição tem uma propriedade interessante que talvez você não conheça: ele permite a criação de uma cadeia de atribuições. Por exemplo, considere este fragmento:

```
int x, y, z;

x = y = z = 100; // configura x, y e z com 100
```

Ele configura as variáveis **x**, **y** e **z** com 100 usando a mesma instrução. Isso funciona porque = é um operador que fornece o valor da expressão do lado direito. Logo, o valor de **z = 100** é 100, que é então atribuído a **y**, que por sua vez é atribuído a **x**. O uso de uma "cadeia de atribuição" é uma maneira fácil de configurar um grupo de variáveis com um valor comum.

Atribuições abreviadas

Java fornece operadores especiais de atribuição *abreviada* que simplificam a codificação de certas instruções de atribuição. Comecemos com um exemplo. A instrução de atribuição mostrada aqui

```
x = x + 10;
```

pode ser escrita, com o uso da atribuição abreviada Java, como:

```
x += 10;
```

Pergunte ao especialista

P: Já que os operadores de curto-circuito são, em alguns casos, mais eficientes do que seus equivalentes comuns, por que Java oferece os operadores AND e OR comuns?

R: Em alguns casos, você pode querer que os dois operandos de uma operação AND ou OR sejam avaliados devido aos efeitos colaterais produzidos. Considere o seguinte:

```
// Os efeitos colaterais podem ser importantes.
class SideEffects {
  public static void main(String args[]) {
    int i;

    i = 0;

    /* Aqui, i é incrementada mesmo que a
       instrução if seja falsa. */
    if(false & (++i < 100))
      System.out.println("this won't be displayed");
    System.out.println("if statement executed: " + i); // exibe 1

    /* Nesse caso, i não é incrementada porque o
       operador de curto-circuito ignora o incremento. */
    if(false && (++i < 100))
      System.out.println("this won't be displayed");
    System.out.println("if statement executed: " + i); // continua
exibindo 1 !!
  }
}
```

Como os comentários indicam, na primeira instrução **if**, **i** é incrementada sendo ou não a instrução bem-sucedida. No entanto, quando o operador de curto-circuito é usado, a variável **i** não é incrementada quando o primeiro operando é falso. A lição aprendida aqui é a de que se seu código espera que o operando do lado direito de uma operação AND ou OR seja avaliado, você deve usar versões dessas operações Java que não sejam de curto-circuito.

O par de operadores **+=** solicita ao compilador que atribua a **x** o valor de **x** mais 10. Veja outro exemplo. A instrução

```
x = x - 100;
```

é igual a

```
x -= 100;
```

As duas instruções atribuem a **x** o valor de **x** menos 100.

Essa atribuição abreviada funciona para todos os operadores binários em Java (isto é, os que requerem dois operandos). A forma geral da atribuição abreviada é

var op = expressão;

Logo, os operadores aritméticos e lógicos de atribuição abreviada são os seguintes:

+=	-=	*=	/=
%=	&=	|=	^=

Já que esses operadores combinam uma operação com uma atribuição, são formalmente chamados de operadores de *atribuição compostos*.

Os operadores de atribuição compostos fornecem duas vantagens. Em primeiro lugar, são mais compactos do que seus equivalentes "não abreviados". Em segundo lugar, em alguns casos, são mais eficientes. Portanto, é comum vermos os operadores de atribuição compostos sendo usados em programas Java escritos profissionalmente.

Conversão de tipos em atribuições

Em programação, é comum atribuir um tipo de variável a outro. Por exemplo, você poderia atribuir um valor **int** a uma variável **float**, como mostrado aqui:

```
int i;
float f;

i = 10;
f = i; // assign an int to a float
```

Quando tipos compatíveis são combinados em uma atribuição, o valor do lado direito é convertido automaticamente para o tipo do lado esquerdo. Logo, no fragmento anterior, o valor de **i** é convertido para um **float** e então atribuído a **f**. No entanto, devido à rigorosa verificação de tipos de Java, nem todos os tipos são compatíveis e, assim, nem todas as conversões de tipo são permitidas implicitamente. Por exemplo, **boolean** e **int** não são compatíveis.

Se um tipo de dado for atribuído a uma variável de outro tipo, uma *conversão de tipos automática* ocorrerá quando

- Os dois tipos forem compatíveis.
- O tipo de destino for maior que o de origem.

Quando essas duas condições são atendidas, ocorre uma *conversão ampliadora*. Por exemplo, o tipo **int** é sempre suficientemente grande para conter todos os valores **byte** válidos, e tanto **int** quanto **byte** são tipos inteiros, logo, uma conversão automática de **byte** para **int** pode ser aplicada.

Em conversões ampliadoras, os tipos numéricos, inclusive os tipos inteiro e de ponto flutuante, são compatíveis. Por exemplo, o programa a seguir é perfeitamente válido, já que a transformação de **long** em **double** é uma conversão ampliadora que é executada automaticamente.

```
// Demonstra a conversão automática de long para double.
class LtoD {
  public static void main(String args[]) {
    long L;
```

```
      double D;

      L = 100123285L;
      D = L;   ◄──────────── Conversão automática de long para double.

      System.out.println("L and D: " + L + " " + D);

   }
}
```

Embora haja a conversão automática de **long** para **double**, não há conversão automática de **double** para **long**, já que essa não é uma conversão ampliadora. Logo, a versão a seguir do programa anterior é inválida.

```
// *** Esse programa não será compilado. ***
class LtoD {
  public static void main(String args[]) {
    long L;
    double D;

    D = 100123285.0;
    L = D; // Inválido!!!   ◄──────── Não há conversão automática de double para long

    System.out.println("L and D: " + L + " " + D);

  }
}
```

Não há conversões automáticas de tipos numéricos para **char** ou **boolean**. Além disso, **char** e **boolean** não são compatíveis. No entanto, um literal inteiro pode ser atribuído a **char**.

Convertendo tipos incompatíveis

Embora as conversões de tipos automáticas sejam úteis, elas não atendem todas as necessidades de programação, porque só se aplicam a conversões ampliadoras entre tipos compatíveis. Em todos os outros casos, você deve empregar uma coerção (cast). A coerção é uma instrução dada ao compilador para a conversão de um tipo em outro. Logo, ela solicita uma conversão de tipos explícita. Uma coerção tem esta forma geral:

(*tipo-destino*) *expressão*

Aqui, *tipo-destino* indica o tipo para o qual queremos converter a expressão especificada. Por exemplo, se você quiser converter o tipo da expressão **x/y** para **int**, pode escrever

```
double x, y;
// ...
(int) (x / y)
```

No exemplo, ainda que **x** e **y** sejam de tipo **double**, a coerção converterá o resultado da expressão para **int**. Os parênteses que delimitam **x/y** são necessários. Caso contrário, a coerção para **int** só seria aplicada a **x** e não ao resultado da divisão. Nesse caso, a coerção é necessária porque não há conversão automática de **double** para **int**.

Quando a coerção envolve uma *conversão redutora*, informações podem ser perdidas. Por exemplo, na coerção de um **long** para um **short**, informações serão perdidas se o valor de tipo **long** for maior do que o intervalo do tipo **short**, porque seus bits de ordem superior serão removidos. Quando um valor de ponto flutuante é convertido para um tipo inteiro, o componente fracionário também é perdido devido ao truncamento. Por exemplo, se o valor 1.23 for atribuído a um inteiro, o valor resultante será simplesmente 1. O 0.23 é perdido.

O programa a seguir demonstra algumas conversões de tipo que requerem coerção:

```
// Demonstra a coerção.
class CastDemo {
  public static void main(String args[]) {
    double x, y;
    byte b;
    int i;
    char ch;

    x = 10.0;
    y = 3.0;

    i = (int) (x / y); // converte double em int        ── Ocorrerá truncamento nessa conversão.
    System.out.println("Integer outcome of x / y: " + i);

    i = 100;
    b = (byte) i;   ◄────────────── Não há perda de informações aqui.
                                    Um byte pode conter o valor 100.
    System.out.println("Value of b: " + b);

    i = 257;
    b = (byte) i;   ◄────────────── Desta vez há perda de informações
                                    Um byte não pode conter o valor 257.
    System.out.println("Value of b: " + b);

    b = 88; // ASCII para X
    ch = (char) b;  ◄────────────── Coerção entre tipos incompatíveis
    System.out.println("ch: " + ch);
  }
}
```

A saída do programa é dada a seguir:

```
Integer outcome of x / y: 3
Value of b: 100
Value of b: 1
ch: X
```

No programa, a coerção de (**x/y**) para **int** resulta no truncamento do componente fracionário e informações são perdidas. Em seguida, não ocorre nenhuma perda de informação quando **b** recebe o valor 100 porque um **byte** pode conter o valor 100. No entanto, quando é feita a tentativa de atribuir a **b** o valor 257, ocorre perda de informações porque 257 excede o valor máximo de um **byte**. Para concluir, nenhuma informação é perdida, mas uma coerção é necessária na atribuição de um valor **byte** a um **char**.

Precedência de operadores

A Tabela 2-3 mostra a ordem de precedência de todos os operadores Java, da mais alta à mais baixa. Essa tabela inclui vários operadores que serão discutidos posteriormente neste livro. Embora sejam tecnicamente delimitadores, **[ ]**, **( )** e **.** também podem agir como operadores. Com essa incumbência, eles teriam a precedência mais alta.

Tabela 2-3 A precedência dos operadores Java

Mais alta						
++ (posfixo)	– – (posfixo)					
++ (prefixo)	– – (prefixo)	~	!	+ (unário)	– (unário)	(*coerção de tipo*)
*	/	%				
+	–					
>>	>>>	<<				
>	>=	<	<=	instanceof		
==	!=					
&						
^						
|						
&&						
||						
?:						
–>						
=	op=					
Mais baixa						

Tente Isto 2-2 Tabela-verdade para os operadores lógicos

`LogicalOpTable.java`

Neste projeto, você criará um programa para exibir a tabela-verdade dos operadores lógicos Java. É preciso que as colunas da tabela fiquem alinhadas. O projeto faz uso de vários recursos abordados neste capítulo, inclusive uma das sequências de escape Java e os operadores lógicos. Ele também ilustra as diferenças de precedência entre o operador aritmético **+** e os operadores lógicos.

1. Crie um novo arquivo chamado **LogicalOpTable.java**.

2. A fim de assegurar que as colunas fiquem alinhadas, você usará a sequência de escape **\t** para embutir tabulações em cada string de saída. Por exemplo, a instrução **println( )** exibe o cabeçalho da tabela:

```
System.out.println("P\tQ\tAND\tOR\tXOR\tNOT");
```

3. Cada linha subsequente da tabela usará tabulações para que o resultado de cada operação seja posicionado sob o título apropriado.

4. Aqui está a listagem inteira do programa **LogicalOpTable.java**. Insira-o agora.

```java
// Tente isto 2-2: uma tabela-verdade para os operadores lógicos.
class LogicalOpTable {
  public static void main(String args[]) {

    boolean p, q;

    System.out.println("P\tQ\tAND\tOR\tXOR\tNOT");

    p = true; q = true;
    System.out.print(p + "\t" + q +"\t");
    System.out.print((p&q) + "\t" + (p|q) + "\t");
    System.out.println((p^q) + "\t" + (!p));

    p = true; q = false;
    System.out.print(p + "\t" + q +"\t");
    System.out.print((p&q) + "\t" + (p|q) + "\t");
    System.out.println((p^q) + "\t" + (!p));

    p = false; q = true;
    System.out.print(p + "\t" + q +"\t");
    System.out.print((p&q) + "\t" + (p|q) + "\t");
    System.out.println((p^q) + "\t" + (!p));

    p = false; q = false;
    System.out.print(p + "\t" + q +"\t");
    System.out.print((p&q) + "\t" + (p|q) + "\t");
    System.out.println((p^q) + "\t" + (!p));
  }
}
```

Observe os parênteses que delimitam as operações lógicas dentro das instruções **println( )**. Eles são necessários devido à precedência dos operadores Java. O operador **+** tem precedência mais alta do que os operadores lógicos.

5. Compile e execute o programa. A tabela a seguir será exibida.

P	Q	AND	OR	XOR	NOT
true	true	true	true	false	false
true	false	false	true	true	false

```
false   true    false   true    true    true
false   false   false   false   false   true
```

6. Por sua própria conta, tente modificar o programa para que ele use e exiba uns e zeros em vez de true e false. Isso pode dar um pouco mais de trabalho do que o esperado!

Expressões

Os operadores, as variáveis e os literais são componentes de *expressões*. Você deve conhecer a forma geral de uma expressão por outras experiências que teve em programação ou pela álgebra. No entanto, alguns aspectos das expressões serão discutidos agora.

Conversão de tipos em expressões

Dentro de uma expressão, é possível usar dois ou mais tipos de dados diferentes contanto que eles sejam compatíveis. Por exemplo, você pode usar **short** e **long** dentro de uma expressão porque os dois são tipos numéricos. Quando tipos de dados diferentes são usados em uma expressão, todos são convertidos para o mesmo tipo. Isso é feito com o uso das *regras de promoção de tipos* de Java.

Primeiro, todos os valores **char**, **byte** e **short** são promovidos a **int**. Em seguida, se um operando for **long**, a expressão inteira será promovida a **long**. Se um operando for **float**, a expressão inteira será promovida a **float**. Se algum dos operandos for **double**, o resultado será **double**.

É importante entender que as promoções de tipos só são aplicadas aos valores usados quando uma expressão é avaliada. Por exemplo, se o valor de uma variável **byte** for promovido a **int** dentro de uma expressão, fora dela, a variável continuará sendo **byte**. A promoção de tipos só afeta a avaliação de uma expressão.

No entanto, a promoção de tipos pode levar a resultados inesperados. Por exemplo, quando uma operação aritmética envolve dois valores **byte**, ocorre a seguinte sequência: primeiro, os operandos **byte** são promovidos a **int**. Depois ocorre a operação, gerando um resultado **int**. Logo, o resultado de uma operação que envolve dois valores **byte** será um **int**. Isso não era esperado. Considere o programa a seguir:

```
// O inesperado em uma promoção!
class PromDemo {
  public static void main(String args[]) {
    byte b;
    int i;

    b = 10;
    i = b * b; // Certo, não é necessária uma coerção

    b = 10;
    b = (byte) (b * b); // coerção necessária!!
```

Não é necessária a coerção porque o resultado já é elevado a **int**.

Aqui é necessária uma coerção para atribuir um **int** a um **byte**!

```
    System.out.println("i and b: " + i + " " + b);
  }
}
```

Mesmo parecendo errado, nenhuma coerção é necessária na atribuição de **b*b** a **i**, porque **b** é promovido a **int** quando a expressão é avaliada. No entanto, quando você tentar atribuir **b*b** a **b**, precisará de uma coerção – novamente para **byte**! Lembre-se disso se receber mensagens de erro inesperadas de incompatibilidade de tipos referentes a expressões que de outra forma estariam perfeitamente corretas.

Situações como essa também ocorrem em operações com **chars**. Por exemplo, no fragmento a seguir, a coerção novamente para **char** é necessária devido à promoção de **ch1** e **ch2** a **int** dentro da expressão:

```
char ch1 = 'a', ch2 = 'b';

ch1 = (char) (ch1 + ch2);
```

Sem a coerção, o resultado da soma de **ch1** e **ch2** seria de tipo **int**, que não pode ser atribuído a um **char**.

As coerções não são úteis apenas na conversão entre tipos em uma atribuição. Por exemplo, considere o programa abaixo. Ele usa uma coerção para **double** a fim de obter um componente fracionário de uma divisão que seria de inteiros.

```
// Usando uma coerção.
class UseCast {
  public static void main(String args[]) {
    int i;

    for(i = 0; i < 5; i++) {
      System.out.println(i + " / 3: " + i / 3);
      System.out.println(i + " / 3 with fractions: "
                         + (double) i / 3);
      System.out.println();
    }
  }
}
```

A saída do programa é mostrada aqui:

```
0 / 3: 0
0 / 3 with fractions: 0.0

1 / 3: 0
1 / 3 with fractions: 0.3333333333333333

2 / 3: 0
2 / 3 with fractions: 0.6666666666666666

3 / 3: 1
3 / 3 with fractions: 1.0
```

```
4 / 3: 1
4 / 3 with fractions: 1.3333333333333333
```

Espaçamento e parênteses

Uma expressão em Java pode ter tabulações e espaços para torná-la mais legível. Por exemplo, as duas expressões a seguir são iguais, mas a segunda é mais fácil de ler:

```
x=10/y*(127/x);

x = 10 / y * (127/x);
```

Os parênteses aumentam a precedência das operações contidas dentro deles, como na álgebra. O uso de parênteses adicionais não causará erros ou retardará a execução da expressão. É recomendável o uso de parênteses para que a ordem exata da avaliação fique mais clara, tanto para você quanto para as pessoas que precisarem entender seu programa posteriormente. Por exemplo, qual das duas expressões abaixo é mais fácil de ler?

```
x = y/3-34*temp+127;

x = (y/3) - (34*temp) + 127;
```

✓ Teste do Capítulo 2

1. Por que Java especifica rigorosamente o intervalo e o comportamento de seus tipos primitivos?

2. Qual é o tipo de caractere usado em Java e em que ele é diferente do tipo de caractere usado por outras linguagens de programação?

3. Um valor **boolean** pode ter o valor que você quiser já que qualquer valor diferente de zero é verdadeiro. Verdadeiro ou falso?

4. Dada esta saída,

   ```
   One
   Two
   Three
   ```

   usando um único string, mostre a instrução **println( )** que a produziu.

5. O que está errado neste fragmento?

   ```
   for(i = 0; i < 10; i++) {
     int sum;

     sum = sum + i;
   }
   System.out.println("Sum is: " + sum);
   ```

6. Explique a diferença entre as formas prefixada e posfixada do operador de incremento.

7. Mostre como um AND de curto-circuito pode ser usado para impedir um erro de divisão por zero.
8. Em uma expressão, a que tipo são promovidos **byte** e **short**?
9. Em geral, quando uma coerção é necessária?
10. Escreva um programa que encontre todos os números primos entre 2 e 100.
11. O uso de parênteses adicionais afeta o desempenho do programa?
12. Um bloco define um escopo?

Capítulo 3

Instruções de controle de programa

Principais habilidades e conceitos

- Inserir caracteres a partir do teclado
- Saber a forma completa da instrução **if**
- Usar a instrução **switch**
- Saber a forma completa do laço **for**
- Usar o laço **while**
- Usar o laço **do-while**
- Usar **break** para sair de um laço
- Usar **break** como uma forma de goto
- Aplicar **continue**
- Aninhar laços

....

Neste capítulo, você aprenderá as instruções que controlam o fluxo de execução do programa. Há três categorias de instruções de controle de programa: instruções de *seleção*, que incluem **if** e **switch**; instruções de *iteração*, que incluem os laços **for**, **while** e **do-while**; e instruções de *salto*, que incluem **break**, **continue** e **return**. Exceto por **return**, que será discutida posteriormente no livro, as outras instruções de controle, inclusive as instruções **if** e **for** sobre as quais você já teve uma pequena introdução, serão examinadas com detalhes aqui. O capítulo começa explicando como podemos fornecer algumas entradas simples a partir do teclado.

Caracteres de entrada do teclado

Antes de examinar as instruções de controle Java, faremos um pequeno desvio permitindo que você escreva programas interativos. Até o momento, os exemplos de programa deste livro exibiram informações *para* o usuário sem recebê-las *do* usuário. Logo, você tem usado a saída de console mas não a entrada de console (teclado). A razão é principalmente porque os meios de entrada em Java dependem e fazem uso de recursos que só serão discutidos posteriormente no livro. Além disso, a maioria dos programas e applets Java do mundo real é gráfica e baseada em janelas e não baseada em console. Portanto, não será feito muito uso da entrada de console neste livro. Há, porém, um tipo de entrada de console que é relativamente fácil de usar: a leitura de um caractere a partir do teclado. Já que vários dos exemplos deste capítulo farão uso desse recurso, ele será discutido aqui.

Para ler um caractere a partir do teclado usaremos **System.in.read( )**. **System.in** complementa **System.out**. É o objeto de entrada ligado ao teclado. O método

read( ) espera até o usuário pressionar uma tecla e então retorna o resultado. O caractere é retornado como um inteiro, logo, deve ser convertido para um **char** para ser atribuído a uma variável **char**. Por padrão, a entrada de console usa um *buffer de linha*. Aqui, o termo *buffer* se refere a uma pequena parte da memória que é usada para armazenar os caracteres antes de serem lidos pelo programa. Nesse caso, o buffer armazena uma linha de texto completa. Como resultado, você deve pressionar ENTER antes de qualquer caractere digitado ser enviado para o programa. A seguir, temos um programa que lê um caractere a partir do teclado.

```
// Lê um caractere no teclado.
class KbIn {
  public static void main(String args[])
    throws java.io.IOException {

    char ch;

    System.out.print("Press a key followed by ENTER: ");

    ch = (char) System.in.read(); // obtém um char     ←——— Lê um caractere
                                                              no teclado.
    System.out.println("Your key is: " + ch);
  }
}
```

Aqui está um exemplo de execução:

```
Press a key followed by ENTER: t
Your key is: t
```

No programa, observe que **main( )** começa assim:

```
public static void main(String args[])
  throws java.io.IOException {
```

Já que **System.in.read( )** está sendo usado, o programa deve especificar a cláusula **throws java.io.IOException**. Essa linha é necessária para tratar erros de entrada. Ela faz parte do mecanismo de tratamento de exceções de Java, que é discutido no Capítulo 9. Por enquanto, não se preocupe com seu significado exato.

O fato de **System.in** usar um buffer de linha pode ser fonte de aborrecimentos. Quando pressionamos ENTER, uma sequência retorno de carro/alimentação de linha é inserida no fluxo de entrada. Além disso, esses caracteres ficam pendentes no buffer de entrada até serem lidos. Logo, em alguns aplicativos, podemos ter de removê-los (lendo-os) antes da próxima operação de entrada. Veremos um exemplo posteriormente neste capítulo.

A instrução if

O Capítulo 1 introduziu a instrução **if**. Ela será examinada com detalhes agora. A forma completa da instrução **if** é

if(*condição*) *instrução*;
else *instrução*;

onde os alvos de **if** e **else** são instruções individuais. A cláusula **else** é opcional. Os alvos tanto de **if** quanto de **else** podem ser blocos de instruções. A forma geral de **if**, usando blocos de instruções, é

if(*condição*)
{
  sequência de instruções
}
else
{
  sequência de instruções
}

Se a expressão condicional for verdadeira, o alvo de **if** será executado, caso contrário, se houver, o alvo de **else** será executado. Nunca ambos serão executados. A expressão condicional que controla **if** deve produzir um resultado **boolean**.

Para demonstrar **if** (e várias outras instruções de controle), criaremos e desenvolveremos um jogo de adivinhação computadorizado simples que seria apropriado para crianças mais novas. Na primeira versão do jogo, o programa pede ao jogador uma letra entre A e Z. Se o jogador pressionar a letra correta no teclado, o programa responderá exibindo a mensagem **** Right ****. O código é mostrado abaixo:

```
// Adivinhe a letra do jogo.
class Guess {
  public static void main(String args[])
    throws java.io.IOException {

    char ch, answer = 'K';

    System.out.println("I'm thinking of a letter between A and Z.");
    System.out.print("Can you guess it: ");

    ch = (char) System.in.read(); // lê um char no teclado

    if(ch == answer) System.out.println("** Right **");
  }
}
```

Esse programa interage com o jogador e então lê um caractere no teclado. Usando uma instrução **if**, ele compara o caractere com a resposta que, nesse caso, é K. Se K for inserido, a mensagem será exibida. Quando você testar o programa, lembre-se de que o K deve ser inserido em maiúscula.

Para avançarmos um pouco mais no jogo de adivinhação, a próxima versão usa **else** para exibir uma mensagem quando a letra errada é escolhida.

```
// Adivinhe a letra do jogo, 2a versão.
class Guess2 {
  public static void main(String args[])
    throws java.io.IOException {

    char ch, answer = 'K';
```

```
      System.out.println("I'm thinking of a letter between A and Z.");
      System.out.print("Can you guess it: ");

      ch = (char) System.in.read(); // obtém um char

      if(ch == answer) System.out.println("** Right **");
      else System.out.println("...Sorry, you're wrong.");
  }
}
```

Ifs aninhados

Um *if aninhado* é uma instrução **if** que é alvo de outro **if** ou **else**. Os **if**s aninhados são muito comuns em programação. O importante a lembrar sobre **if**s aninhados em Java é o fato de que uma instrução **else** será sempre referente à instrução **if** mais próxima que estiver dentro do mesmo bloco e ainda não estiver associada a um **else**. Aqui está um exemplo:

```
if(i == 10) {
  if(j < 20) a = b;
  if(k > 100) c = d;
  else a = c; // esse else é referente a if(k > 100)
}
else a = d; // esse else é referente a if(i == 10)
```

Como os comentários indicam, o **else** final não está associado a **if(j < 20)**, porque não está no mesmo bloco (ainda que esse seja o **if** mais próximo sem um **else**). Em vez disso, o **else** final está associado a **if(i == 10)**. O **else** interno é referente a **if(k > 100)**, porque esse é o **if** mais próximo dentro do mesmo bloco.

Você pode usar um **if** aninhado para melhorar ainda mais o jogo de adivinhação. Esse acréscimo fornece ao jogador uma explicação sobre um palpite errado.

```
// Adivinhe a letra do jogo, 3a versão.
class Guess3 {
  public static void main(String args[])
    throws java.io.IOException {

    char ch, answer = 'K';

    System.out.println("I'm thinking of a letter between A and Z.");
    System.out.print("Can you guess it: ");

    ch = (char) System.in.read(); // obtém um char

    if(ch == answer) System.out.println("** Right **");
    else {
      System.out.print("...Sorry, you're ");
      // um if aninhado
      if(ch < answer) System.out.println("too low");
```

Este é um **if** aninhado.

```
      else System.out.println("too high");
    }
  }
}
```

Um exemplo da execução é mostrado aqui:

```
I'm thinking of a letter between A and Z.
Can you guess it: Z
...Sorry, you're too high
```

A escada if-else-if

Uma estrutura de programação comum baseada no **if** aninhado é a *escada* **if-else-if**. Ela tem a seguinte aparência:

if(*condição*)
  instrução;
else if(*condição*)
  instrução;
else if(*condição*)
  instrução;
.
.
.
else
  statement;

As expressões condicionais são avaliadas de cima para baixo. Assim que uma condição verdadeira é encontrada, a instrução associada a ela é executada e o resto da escada é ignorado. Se nenhuma das condições for verdadeira, a instrução **else** final será executada. Com frequência, o **else** final age como uma condição padrão, isto é, se todos os outros testes condicionais falharem, a última instrução **else** será executada. Se não houver um **else** final e todas as outras condições forem falsas, não ocorrerá nenhuma ação.

O programa a seguir demonstra a escada **if-else-if**:

```
// Demonstra uma escada if-else-if.
class Ladder {
  public static void main(String args[]) {
    int x;

    for(x=0; x<6; x++) {
      if(x==1)
        System.out.println("x is one");
      else if(x==2)
        System.out.println("x is two");
      else if(x==3)
        System.out.println("x is three");
      else if(x==4)
        System.out.println("x is four");
```

```
        else
          System.out.println("x is not between 1 and 4");   ◄────── Essa é a
      }                                                            instrução
    }                                                              padrão.
  }
```

O programa produz a saída abaixo:

```
x is not between 1 and 4
x is one
x is two
x is three
x is four
x is not between 1 and 4
```

Como você pode ver, o **else** padrão só é executado quando nenhuma das instruções **if** anteriores é bem-sucedida.

A instrução switch

A segunda das instruções de seleção Java é **switch**. A instrução **switch** fornece uma ramificação com vários caminhos. Logo, ela permite que o programa faça uma seleção entre várias alternativas. Embora uma série de instruções **if** aninhadas possam executar testes com vários caminhos, em muitas situações, **switch** é uma abordagem mais eficiente. Funciona desta forma: o valor de uma expressão é verificado sucessivamente em uma lista de constantes. Quando uma ocorrência é encontrada, a sequência de instruções associada a essa ocorrência é executada. A forma geral da instrução **switch** é

switch(*expressão*) {
  case *constante1*:
    sequência de instruções
    break;
  case *constante2*:
    sequência de instruções
    break;
  case *constante3*:
    sequência de instruções
    break;
  .
  .
  .
  default:
    sequência de instruções
}

Em versões de Java anteriores ao JDK 7, a *expressão* que controla **switch** deve ser de tipo **byte**, **short**, **int**, **char** ou uma enumeração. (As enumerações serão descritas no Capítulo 12.) A partir do JDK 7, a *expressão* também pode ser de tipo **String**.

Ou seja, versões modernas do Java podem usar uma string para controlar **switch**. (Essa técnica é demonstrada no Capítulo 5, quando **String** é descrito.) Com frequência, a expressão que controla **switch** é apenas uma variável e não uma expressão maior.

Cada valor especificado nas instruções **case** deve ser uma expressão de constante exclusiva (como um valor literal). Não são permitidos valores duplicados em **case**. O tipo de cada valor deve ser compatível com o tipo da *expressão*.

A sequência de instruções **default** é executada quando nenhuma constante **case** coincide com a expressão. A instrução **default** é opcional: se não estiver presente, não ocorrerá nenhuma ação quando todas as comparações falharem. Quando uma ocorrência é encontrada, as instruções associadas a esse **case** são executadas até **break** ser alcançado ou, no caso de **default** ou do último **case**, até o fim de **switch** ser alcançado. O programa a seguir demonstra **switch**:

```java
// Demonstra switch.
class SwitchDemo {
  public static void main(String args[]) {
    int i;

    for(i=0; i<10; i++)
      switch(i) {
        case 0:
          System.out.println("i is zero");
          break;
        case 1:
          System.out.println("i is one");
          break;
        case 2:
          System.out.println("i is two");
          break;
        case 3:
          System.out.println("i is three");
          break;
        case 4:
          System.out.println("i is four");
          break;
        default:
          System.out.println("i is five or more");
      }
  }
}
```

A saída produzida por esse programa é mostrada aqui:

```
i is zero
i is one
i is two
i is three
i is four
i is five or more
```

```
i is five or more
i is five or more
i is five or more
i is five or more
```

Como você pode ver, a cada passagem pelo laço, as instruções associadas à constante **case** que corresponde a **i** são executadas. Todas as outras são ignoradas. Quando **i** é cinco ou maior, nenhuma instrução **case** apresenta correspondência, logo, a instrução **default** é executada.

Tecnicamente, a instrução **break** é opcional, embora seja usada na maioria das aplicações de **switch**. Quando encontrada dentro da sequência de instruções de um **case**, a instrução **break** faz o fluxo do programa sair da instrução **switch** e continuar na próxima instrução externa. No entanto, se uma instrução **break** não terminar a sequência de instruções associada a um **case**, *tanto* as instruções pertencentes ao **case** certo *quanto* as posteriores serão executadas até um **break** (ou o fim de **switch**) ser alcançado.

Por exemplo, estude o programa a seguir com cuidado. Antes de olhar a saída, consegue identificar o que será exibido?

```java
// Demonstra switch sem instruções break.
class NoBreak {
  public static void main(String args[]) {
    int i;

    for(i=0; i<=5; i++) {
      switch(i) {
        case 0:
          System.out.println("i is less than one");
        case 1:
          System.out.println("i is less than two");
        case 2:
          System.out.println("i is less than three");
        case 3:
          System.out.println("i is less than four");
        case 4:
          System.out.println("i is less than five");
      }
      System.out.println();
    }
  }
}
```

Todas as instruções **case** são executadas

Esse programa exibirá a saída abaixo:

```
i is less than one
i is less than two
i is less than three
i is less than four
i is less than five

i is less than two
i is less than three
```

```
i is less than four
i is less than five

i is less than three
i is less than four
i is less than five

i is less than four
i is less than five

i is less than five
```

Como o programa ilustra, a execução passará para o próximo **case** se não houver uma instrução **break** presente.

Você pode ter **case**s vazios, como mostrado neste exemplo:

```
switch(i) {
  case 1:
  case 2:
  case 3: System.out.println("i is 1, 2 or 3");
    break;
  case 4: System.out.println("i is 4");
    break;
}
```

Nesse fragmento, se **i** tiver o valor 1, 2 ou 3, a primeira instrução **println( )** será executada. Se for igual a 4, a segunda instrução **println( )** será executada. O "empilhamento" de **case**s, como mostrado no exemplo, é comum quando vários **case**s compartilham o mesmo código.

Instruções switch aninhadas

É possível um **switch** fazer parte da sequência de instruções de um **switch** externo. Isso é chamado de **switch** aninhado. Mesmo se as constantes **case** do **switch** interno e externo tiverem valores comuns, não ocorrerá conflito. Por exemplo, o fragmento de código a seguir é perfeitamente aceitável:

```
switch(ch1) {
  case 'A': System.out.println("This A is part of outer switch.");
    switch(ch2) {
      case 'A':
        System.out.println("This A is part of inner switch");
        break;
      case 'B': // ...
    } // fim do switch interno
    break;
  case 'B': // ...
```

Tente Isto 3-1   Construa um sistema de ajuda Java

Help.java

Este projeto constrói um sistema de ajuda simples que exibe a sintaxe das instruções de controle Java. O programa exibe um menu contendo as instruções de controle e então espera que uma seja selecionada. Após a seleção, a sintaxe da instrução é exibida. Nessa primeira versão do programa, só há ajuda disponível para as instruções **if** e **switch**. As outras instruções de controle serão adicionadas em projetos subsequentes.

1. Crie um arquivo chamado **Help.java**.
2. O programa começa exibindo o menu a seguir:

   ```
   Help on:
     1. if
     2. switch
   Choose one:
   ```

   Para exibi-lo, você usará a sequência de instruções mostradas aqui:

   ```
   System.out.println("Help on:");
   System.out.println("  1. if");
   System.out.println("  2. switch");
   System.out.print("Choose one: ");
   ```

3. Em seguida, o programa lerá a seleção do usuário chamando **System.in.read( )**, como mostrado abaixo:

   ```
   choice = (char) System.in.read();
   ```

4. Uma vez que a seleção tiver sido lida, o programa usará a instrução **switch** mostrada a seguir para exibir a sintaxe da instrução selecionada.

   ```
   switch(choice) {
     case '1':
       System.out.println("The if:\n");
       System.out.println("if(condition) statement;");
       System.out.println("else statement;");
       break;
     case '2':
       System.out.println("The switch:\n");
       System.out.println("switch(expression) {");
       System.out.println("  case constant:");
       System.out.println("    statement sequence");
       System.out.println("    break;");
       System.out.println("  // ...");
       System.out.println("}");
       break;
     default:
       System.out.print("Selection not found.");
   }
   ```

Observe como a cláusula **default** captura escolhas inválidas. Por exemplo, se o usuário inserir 3, não haverá uma constante **case** correspondente, fazendo a sequência **default** ser executada.

5. Aqui está a listagem inteira do programa **Help.java**:

```java
/*
    Tente isto 3-1

    Um sistema de ajuda simples.
*/
class Help {
  public static void main(String args[])
    throws java.io.IOException {
    char choice;

    System.out.println("Help on:");
    System.out.println("  1. if");
    System.out.println("  2. switch");
    System.out.print("Choose one: ");
    choice = (char) System.in.read();

    System.out.println("\n");

    switch(choice) {
      case '1':
        System.out.println("The if:\n");
        System.out.println("if(condition) statement;");
        System.out.println("else statement;");
        break;
      case '2':
        System.out.println("The switch:\n");
        System.out.println("switch(expression) {");
        System.out.println("  case constant:");
        System.out.println("    statement sequence");
        System.out.println("    break;");
        System.out.println("  // ...");
        System.out.println("}");
        break;
      default:
        System.out.print("Selection not found.");
    }
  }
}
```

6. Veja um exemplo da execução.

```
Help on:
  1. if
  2. switch
Choose one: 1

The if:

if(condition) statement;
else statement;
```

O laço for

Você vem usando uma forma simples do laço **for** desde o Capítulo 1. Talvez fique surpreso ao ver como ele é poderoso e flexível. Examinemos o básico, começando com as formas mais tradicionais de **for**.

A forma geral do laço **for** para a repetição de uma única instrução é

for(*inicialização*; *condição*; *iteração*) *instrução*;

Para a repetição de um bloco, a forma geral é

for(*inicialização*; *condição*; *iteração*)
{
  sequência de instruções
}

Pergunte ao especialista

P: Sob que condições devo usar uma escada if-else-if **em vez de um switch ao codificar uma ramificação com vários caminhos?**

R: Em geral, use uma escada **if-else-if** quando as condições que controlam o processo de seleção não dependerem de um único valor. Por exemplo, considere a sequência **if--else-if** a seguir:

```
if(x < 10) // ...
else if(y != 0) // ...
else if(!done) // ...
```

Essa sequência não pode ser recodificada com um **switch** porque todas as três condições envolvem variáveis diferentes – e tipos diferentes. Que variável controlaria o **switch**? Você também terá que usar uma escada **if-else-if** ao testar valores de ponto flutuante ou outros objetos que não sejam de tipos válidos em uma expressão **switch**.

Geralmente, a *inicialização* é uma instrução de atribuição que configura o valor inicial da *variável de controle de laço*, que age como o contador que controla o laço. A *condição* é uma expressão booleana que determina se o laço será ou não repetido. A expressão de *iteração* define o valor segundo o qual a variável de controle de laço mudará sempre que o laço for repetido. Observe que essas três seções principais do laço devem ser separadas por ponto e vírgula. O laço **for** continuará sendo executado enquanto a condição for verdadeira. Quando a condição se tornar falsa, o laço terminará e a execução do programa será retomada na instrução posterior a ele.

O programa abaixo usa um laço **for** para exibir as raízes quadradas dos números entre 1 e 99. Ele também exibe o erro de arredondamento presente em cada raiz quadrada.

```
// Exibe as raízes quadradas de 1 a 99 e o erro de arredondamento.
class SqrRoot {
  public static void main(String args[]) {
    double num, sroot, rerr;

    for(num = 1.0; num < 100.0; num++) {
      sroot = Math.sqrt(num);
      System.out.println("Square root of " + num +
                         " is " + sroot);

      // calcula o erro de arredondamento
      rerr = num - (sroot * sroot);
      System.out.println("Rounding error is " + rerr);
      System.out.println();
    }
  }
}
```

Observe que o erro de arredondamento é calculado pela duplicação da raiz quadrada de cada número. Esse resultado é então subtraído do número original e temos o erro.

O laço **for** pode seguir em sentido positivo ou negativo e mudar a variável de controle de laço de acordo com qualquer valor. Por exemplo, o programa a seguir exibe os números 100 a -95 em decrementos de 5:

```
// Um laço for sendo executado em sentido negativo.
class DecrFor {
  public static void main(String args[]) {
    int x;

    for(x = 100; x > -100; x -= 5)    ← A variável de controle de laço é sempre
      System.out.println(x);               decrementada em 5 unidades.
  }
}
```

Um ponto importante sobre os laços **for** é que a expressão condicional é sempre testada no início do laço. Ou seja, o código de dentro do laço pode não ser executado se a condição for falsa. Aqui está um exemplo:

```
for(count=10; count < 5; count++)
  x += count; // Esta instrução não será executada
```

Esse laço nunca será executado, porque sua variável de controle, **count**, é maior do que 5 quando entramos no laço pela primeira vez. Isso torna a expressão condicional, **count < 5**, falsa desde o início; logo, não ocorrerá nem mesmo uma iteração no laço.

Algumas variações do laço for

O laço **for** é uma das instruções mais versáteis da linguagem Java porque permite muitas variações. Por exemplo, podem ser usadas diversas variáveis de controle. Considere o programa abaixo:

```
// Use vírgulas em uma instrução for.
class Comma {
  public static void main(String args[]) {
    int i, j;

    for(i=0, j=10; i < j; i++, j--)        Observe as duas variáveis
      System.out.println("i and j: " + i + " " + j);     de controle de laço.
  }
}
```

A saída do programa é mostrada aqui:

```
i and j: 0 10
i and j: 1 9
i and j: 2 8
i and j: 3 7
i and j: 4 6
```

Nesse caso, vírgulas separam as duas instruções de inicialização e as duas expressões de iteração. Quando o laço começa, tanto **i** quanto **j** são inicializadas. Sempre que o laço se repete, **i** é incrementada e **j** é decrementada. O uso de múltiplas variáveis de controle de laço com frequência é conveniente e pode simplificar certos algoritmos. Você pode ter qualquer número de instruções de inicialização e iteração, mas, na prática, mais de duas ou três tornam o laço **for** difícil de controlar.

A condição que controla o laço pode ser qualquer expressão booleana válida. Ela não precisa envolver a variável de controle de laço. No próximo exemplo, o laço continua a ser executado até o usuário digitar a letra S no teclado:

```
// Executa o laço até um S ser digitado.
class ForTest {
  public static void main(String args[])
      throws java.io.IOException {

    int i;

    System.out.println("Press S to stop.");

    for(i = 0; (char) System.in.read() != 'S'; i++)
      System.out.println("Pass #" + i);
  }
}
```

Partes ausentes

Algumas variações interessantes do laço **for** são criadas quando deixamos vazias partes da definição do laço. Em Java, podemos deixar algumas ou todas as partes referentes à inicialização, condição ou iteração do laço **for** em branco. Por exemplo, considere o programa a seguir:

```
// Partes de for podem estar vazias.
class Empty {
  public static void main(String args[]) {
    int i;

    for(i = 0; i < 10; ) {  ◄─────────── A expressão de iteração está faltando.
      System.out.println("Pass #" + i);
      i++; // incrementa a variável de controle de laço
    }
  }
}
```

Aqui, a expressão de iteração de **for** está vazia. Em vez disso, a variável de controle **i** é incrementada dentro do corpo do laço. Ou seja, sempre que o laço é repetido, **i** é testada para vermos se é igual a 10, mas nenhuma outra ação ocorre. É claro que como **i** é incrementada dentro do corpo do laço, este é executado normalmente, exibindo a saída abaixo:

```
Pass #0
Pass #1
Pass #2
Pass #3
Pass #4
Pass #5
Pass #6
Pass #7
Pass #8
Pass #9
```

No próximo exemplo, a parte de inicialização também é removida de **for**:

```
// Retira mais uma parte do laço for.
class Empty2 {
  public static void main(String args[]) {
    int i;                                    ─── A expressão de inicialização
                                                  é removida do laço.
    i = 0; // move a inicialização para fora do laço
    for(; i < 10; ) {
      System.out.println("Pass #" + i);
      i++; // incrementa a variável de controle de laço
    }
  }
}
```

Nessa versão, **i** é inicializada antes de o laço começar em vez de como parte de **for**. Normalmente, preferimos inicializar a variável de controle dentro de **for**.

A inserção da inicialização fora do laço só costuma ocorrer quando o valor inicial é derivado de um processo complexo cujo confinamento dentro da instrução **for** é inadequado.

O laço infinito

Você pode criar um *laço infinito* (um laço que nunca termina) usando **for** se deixar a expressão condicional vazia. Por exemplo, o fragmento abaixo mostra como a maioria dos programadores de Java cria um laço infinito:

```
for(;;) // laço intencionalmente infinito
{
  //...
}
```

Esse laço será executado infinitamente. Embora haja algumas tarefas de programação, como o processamento de comandos do sistema operacional, que precisem de um laço infinito, os "laços infinitos" são em sua maioria apenas laços com requisitos especiais de encerramento. Quase no fim deste capítulo você verá como interromper um laço desse tipo. (Dica: Isso é feito com o uso da instrução **break**.)

Laços sem corpo

Em Java, o corpo associado a um laço **for** (ou qualquer outro laço) pode estar vazio. Isso ocorre porque uma *instrução nula* é sintaticamente válida. Laços sem corpo costumam ser úteis. Por exemplo, o programa abaixo usa um para somar os números de 1 a 5:

```
// O corpo de um laço pode estar vazio.
class Empty3 {
  public static void main(String args[]) {
    int i;
    int sum = 0;

    // soma os números até 5
    for(i = 1; i <= 5; sum += i++) ;     ◄──────── Não há corpo nesse laço!

    System.out.println("Sum is " + sum);
  }
}
```

A saída do programa é mostrada aqui:

```
Sum is 15
```

Observe que o processo de soma é totalmente tratado dentro da instrução **for** e nenhum corpo é necessário. Preste atenção principalmente na expressão de iteração:

```
sum += i++
```

Não se assuste com instruções assim. Elas são comuns em programas Java escritos profissionalmente e serão fáceis de entender se você as dividir em suas partes.

Em outras palavras, essa instrução diz: "Adicione a **sum** o valor de **sum** mais **i** e depois incremente **i**". Logo, seria o mesmo que esta sequência de instruções:

```
sum = sum + i;
i++;
```

Declarando variáveis de controle de laço dentro do laço for

Geralmente, a variável que controla um laço **for** só é necessária para fins do laço e não é usada em outro local. Quando for esse o caso, podemos declarar a variável dentro da parte de inicialização de **for**. Por exemplo, o programa a seguir calcula tanto a soma quanto o fatorial dos números de 1 a 5. Ele declara sua variável de controle de laço **i** dentro de **for**.

```
// Declara a variável de controle de laço dentro de for.
class ForVar {
  public static void main(String args[]) {
    int sum = 0;
    int fact = 1;

    // calcula o fatorial dos números até 5
    for(int i = 1; i <= 5; i++) {  ←————————— A variável i é
      sum += i; // i é conhecida em todo o laço     declarada dentro
      fact *= i;                                    da instrução for.
    }

    // mas não é conhecida aqui

    System.out.println("Sum is " + sum);
    System.out.println("Factorial is " + fact);
  }
}
```

Quando você declarar uma variável dentro de um laço **for**, há algo importante a lembrar: o escopo dessa variável terminará quando terminar a instrução **for**. (Isto é, o escopo da variável é limitado ao laço **for**.) Fora do laço **for**, a variável deixará de existir. Portanto, no exemplo anterior, **i** não pode ser acessada fora do laço **for**. Se você tiver de usar a variável de controle de laço em outro lugar de seu programa, não poderá declará-la dentro de **for**.

Antes de prosseguir, você pode querer testar suas próprias variações do laço **for**. Como verá, é um laço fascinante.

O laço for melhorado

Há relativamente pouco tempo, uma nova forma do laço **for**, chamada *melhorado*, foi adicionada a Java. O **for** melhorado fornece uma maneira otimizada de percorrer o conteúdo de um conjunto de objetos, como em um array. Ele será discutido no Capítulo 5, após os arrays serem introduzidos.

O laço while

Outro laço Java é **while**. A forma geral do laço **while** é

while(*condição*) *instrução*;

onde *instrução* pode ser uma única instrução ou um bloco de instruções, e *condição* define a condição que controla o laço. A condição pode ser qualquer expressão booleana válida. O laço se repete enquanto a condição é verdadeira. Quando a condição se torna falsa, o controle do programa passa para a linha imediatamente posterior ao laço.

Aqui está um exemplo simples em que um **while** é usado para exibir o alfabeto:

```
// Demonstra o laço while.
class WhileDemo {
  public static void main(String args[]) {
    char ch;

    // exibe o alfabeto usando um laço while
    ch = 'a';
    while(ch <= 'z') {
      System.out.print(ch);
      ch++;
    }
  }
}
```

No exemplo, **ch** é inicializada com a letra a. A cada passagem pelo laço, **ch** é exibida e então incrementada. Esse processo continua até **ch** ser maior do que z.

Como no laço **for**, **while** verifica a expressão condicional no início do laço, ou seja, o código do laço pode não ser executado. Isso elimina a necessidade de execução de um teste separado antes do laço. O programa abaixo ilustra essa característica do laço **while**. Ele calcula as potências inteiras de 2, de 0 a 9.

```
// Calcula as potências inteiras de 2.
class Power {
  public static void main(String args[]) {
    int e;
    int result;

    for(int i=0; i < 10; i++) {
      result = 1;
      e = i;
      while(e > 0) {
        result *= 2;
        e--;
      }

      System.out.println("2 to the " + i +
                         " power is " + result);
    }
  }
}
```

A saída do programa é mostrada aqui:

```
2 to the 0 power is 1
2 to the 1 power is 2
2 to the 2 power is 4
2 to the 3 power is 8
2 to the 4 power is 16
2 to the 5 power is 32
2 to the 6 power is 64
2 to the 7 power is 128
2 to the 8 power is 256
2 to the 9 power is 512
```

Observe que o laço **while** só é exutado quando **e** é maior do que 0. Logo, quando **e** é igual a zero, como ocorre na primeira iteração do laço **for**, o laço **while** é ignorado.

Pergunte ao especialista

P: Dada a flexibilidade inerente a todos os laços Java, que critérios devo usar ao selecionar um laço? Isto é, como escolher o laço certo para uma tarefa específica?

R. Use um laço **for** para executar um número conhecido de iterações. Use **do-while** quando precisar de um laço que execute sempre pelo menos uma iteração. O laço **while** é mais adequado quando o laço é repetido um número desconhecido de vezes.

O laço do-while

O último dos laços Java é **do-while**. Diferentemente dos laços **for** e **while**, em que a condição é testada no início do laço, o laço **do-while** verifica sua condição no fim do laço. Ou seja, um laço **do-while** será sempre executado pelo menos uma vez. A forma geral do laço **do-while** é

do {
  instruções;
} while(*condição*);

Embora as chaves não sejam necessárias quando há apenas uma instrução presente, elas são usadas com frequência para melhorar a legibilidade da estrutura **do-while**, evitando, assim, confusão com **while**. O laço **do-while** é executado enquanto a expressão condicional for verdadeira.

O programa a seguir entra em laço até o usuário inserir a letra q:

```java
// Demonstra o laço do-while.
class DWDemo {
  public static void main(String args[])
    throws java.io.IOException {

    char ch;
```

```
    do {
      System.out.print("Press a key followed by ENTER: ");
      ch = (char) System.in.read(); // obtém um char
    } while(ch != 'q');
  }
}
```

Usando o laço **do-while**, podemos melhorar ainda mais o programa do jogo de adivinhação que vimos anteriormente neste capítulo. Dessa vez, o programa entrará em laço até você adivinhar a letra.

```
// Adivinhe a letra do jogo, 4ª versão.
class Guess4 {
  public static void main(String args[])
    throws java.io.IOException {

    char ch, ignore, answer = 'K';

    do {
      System.out.println("I'm thinking of a letter between A and Z.");
      System.out.print("Can you guess it: ");

      // lê um caractere
      ch = (char) System.in.read();

      // descarta qualquer outro caractere do buffer de entrada
      do {
        ignore = (char) System.in.read();
      } while(ignore != '\n');

      if(ch == answer) System.out.println("** Right **");
      else {
        System.out.print("...Sorry, you're ");
        if(ch < answer) System.out.println("too low");
        else System.out.println("too high");
        System.out.println("Try again!\n");
      }
    } while(answer != ch);
  }
}
```

Aqui está um exemplo de execução:

```
I'm thinking of a letter between A and Z.
Can you guess it: A
...Sorry, you're too low
Try again!

I'm thinking of a letter between A and Z.
Can you guess it: Z
...Sorry, you're too high
Try again!
```

```
I'm thinking of a letter between A and Z.
Can you guess it: K
** Right **
```

Observe outra coisa interessante nesse programa. Há dois laços **do-while**. O primeiro entra em laço até o usuário adivinhar a letra. Sua operação e significado devem estar claros. O segundo laço **do-while**, mostrado novamente aqui, pede alguma explicação:

```
// descarta qualquer outro caractere do buffer de entrada
do {
  ignore = (char) System.in.read();
} while(ignore != '\n');
```

Como explicado anteriormente, a entrada do console fica em um buffer de linha – você tem que pressionar ENTER antes dos caracteres serem enviados. Pressionar ENTER faz uma sequência retorno de carro/alimentação de linha (nova linha) ser gerada. Esses caracteres ficam pendentes no buffer de entrada. Além disso, se você digitar mais de uma tecla antes de pressionar ENTER, elas também ficarão no buffer de entrada. O laço em questão descarta esses caracteres e continua lendo a entrada até o fim da linha ser alcançado. Se eles não fossem descartados, também seriam enviados para o programa como palpites — e não é o que queremos. (Para ver o efeito disso, tente remover o laço **do-while** interno.) No Capítulo 10, após você ter aprendido mais sobre Java, serão descritas outras maneiras de tratar entradas do console em um nível mais alto. No entanto, o uso de **read( )** aqui dá uma ideia de como a base do sistema de I/O Java opera. Também mostra outro exemplo dos laços Java em ação.

Tente Isto 3-2   Melhore o sistema de ajuda Java

`Help2.java`

Este projeto expande o sistema de ajuda Java que foi criado na seção Tente Isto 3-1. Essa versão adiciona a sintaxe dos laços **for**, **while** e **do-while**. Também verifica a seleção do usuário no menu, entrando em laço até uma resposta válida ser inserida.

1. Copie **Help.java** em um novo arquivo chamado **Help2.java**.

2. Altere a primeira parte de **main( )** para que use um laço na exibição das opções, como mostrado aqui:

```
public static void main(String args[])
  throws java.io.IOException {
  char choice, ignore;

  do {
    System.out.println("Help on:");
    System.out.println("  1. if");
    System.out.println("  2. switch");
    System.out.println("  3. for");
    System.out.println("  4. while");
    System.out.println("  5. do-while\n");
    System.out.print("Choose one: ");
```

```
      choice = (char) System.in.read();

      do {
        ignore = (char) System.in.read();
      } while(ignore != '\n');
    } while( choice < '1' | choice > '5');
```

Observe que um laço **do-while** aninhado é usado para descartar qualquer caractere indesejado remanescente no buffer de entrada. Após essa alteração, o programa entrará em laço, exibindo o menu até o usuário inserir uma resposta entre 1 e 5.

3. Expanda a instrução **switch** para incluir os laços **for**, **while** e **do-while**, como mostrado a seguir:

```
switch(choice) {
  case '1':
    System.out.println("The if:\n");
    System.out.println("if(condition) statement;");
    System.out.println("else statement;");
    break;
  case '2':
    System.out.println("The switch:\n");
    System.out.println("switch(expression) {");
    System.out.println("  case constant:");
    System.out.println("    statement sequence");
    System.out.println("    break;");
    System.out.println("  // ...");
    System.out.println("}");
    break;
  case '3':
    System.out.println("The for:\n");
    System.out.print("for(init; condition; iteration)");
    System.out.println(" statement;");
    break;
  case '4':
    System.out.println("The while:\n");
    System.out.println("while(condition) statement;");
    break;
  case '5':
    System.out.println("The do-while:\n");
    System.out.println("do {");
    System.out.println("  statement;");
    System.out.println("} while (condition);");
    break;
}
```

Observe que não há uma instrução **default** presente nessa versão de **switch**. Já que o laço do menu assegura que uma resposta válida seja inserida, não é mais necessário incluir uma instrução **default** para o tratamento de uma escolha inválida.

4. Aqui está a listagem inteira do programa **Help2.java**:

```java
/*
    Tente Isto 3-2

    Um sistema de ajuda melhorado que usa do-while
    para processar uma seleção no menu.
*/
class Help2 {
  public static void main(String args[])
    throws java.io.IOException {
    char choice, ignore;

    do {
      System.out.println("Help on:");
      System.out.println("  1. if");
      System.out.println("  2. switch");
      System.out.println("  3. for");
      System.out.println("  4. while");
      System.out.println("  5. do-while\n");
      System.out.print("Choose one: ");

      choice = (char) System.in.read();

      do {
        ignore = (char) System.in.read();
      } while(ignore != '\n');
    } while( choice < '1' | choice > '5');

    System.out.println("\n");

    switch(choice) {
      case '1':
        System.out.println("The if:\n");
        System.out.println("if(condition) statement;");
        System.out.println("else statement;");
        break;
      case '2':
        System.out.println("The switch:\n");
        System.out.println("switch(expression) {");
        System.out.println("  case constant:");
        System.out.println("    statement sequence");
        System.out.println("    break;");
        System.out.println("  // ...");
        System.out.println("}");
        break;
      case '3':
        System.out.println("The for:\n");
        System.out.print("for(init; condition; iteration)");
        System.out.println(" statement;");
        break;
```

```
            case '4':
              System.out.println("The while:\n");
              System.out.println("while(condition) statement;");
              break;
            case '5':
              System.out.println("The do-while:\n");
              System.out.println("do {");
              System.out.println("  statement;");
              System.out.println("} while (condition);");
              break;
          }
        }
      }
```

Use break para sair de um laço

É possível forçar a saída imediata de um laço, ignorando o código restante em seu corpo e o teste condicional, com o uso da instrução **break**. Quando uma instrução **break** é encontrada dentro de um laço, este é encerrado e o controle do programa é retomado na instrução posterior ao laço. Veja um exemplo simples:

```
// Usando break para sair de um laço.
class BreakDemo {
  public static void main(String args[]) {
    int num;

    num = 100;

    // executa o laço enquanto i ao quadrado é menor do que num
    for(int i=0; i < num; i++) {
      if(i*i >= num) break; // encerra o laço se i*i >= 100
      System.out.print(i + " ");
    }
    System.out.println("Loop complete.");
  }
}
```

Esse programa gera a saída a seguir:

```
0 1 2 3 4 5 6 7 8 9 Loop complete.
```

Como você pode ver, embora o laço **for** tenha sido projetado para ir de 0 a **num** (que nesse caso é 100), a instrução **break** encerra-o prematuramente, quando **i** ao quadrado é maior ou igual a **num**.

A instrução **break** pode ser usada com qualquer laço Java, inclusive os intencionalmente infinitos. Por exemplo, o programa abaixo apenas lê a entrada até o usuário digitar a letra q:

```
// Lê a entrada até um q ser recebido.
class Break2 {
  public static void main(String args[])
```

```
      throws java.io.IOException {

    char ch;

    for( ; ; ) {  ◄─────────────────────────────────── Esse laço "infinito" é
      ch = (char) System.in.read(); // obtém um char    encerrado por break.
      if(ch == 'q') break;  ◄───────────────────────┘
    }
    System.out.println("You pressed q!");
  }
}
```

Quando usada dentro de um conjunto de laços aninhados, a instrução **break** encerra apenas o laço mais interno. Por exemplo:

```
// Usando break com laços aninhados.
class Break3 {
  public static void main(String args[]) {

    for(int i=0; i<3; i++) {
      System.out.println("Outer loop count: " + i);
      System.out.print("    Inner loop count: ");

      int t = 0;
      while(t < 100) {
        if(t == 10) break; // encerra o laço se t is 10
        System.out.print(t + " ");
        t++;
      }
      System.out.println();
    }
    System.out.println("Loops complete.");
  }
}
```

Esse programa gera a saída a seguir:

```
Outer loop count: 0
    Inner loop count: 0 1 2 3 4 5 6 7 8 9
Outer loop count: 1
    Inner loop count: 0 1 2 3 4 5 6 7 8 9
Outer loop count: 2
    Inner loop count: 0 1 2 3 4 5 6 7 8 9
Loops complete.
```

Como ficou claro, a instrução **break** do laço mais interno causa o encerramento apenas desse laço. O laço externo não é afetado.

Há mais dois fatos sobre **break** que devemos lembrar. Em primeiro lugar, mais de uma instrução **break** pode aparecer em um laço. No entanto, tenha cuidado. Muitas instruções **break** podem desestruturar o código. Em segundo lugar, o **break** que termina uma instrução **switch** só afeta a instrução **switch** e não os laços externos.

Use break como uma forma de goto

Além de seus usos com a instrução **switch** e os laços, a instrução **break** pode ser empregada individualmente para fornecer uma forma "civilizada" da instrução goto. Java não tem uma instrução goto, porque ela fornece uma maneira desestruturada de alterar o fluxo de execução do programa. Geralmente, programas que fazem amplo uso de goto são de compreensão e manutenção difíceis. No entanto, há alguns locais em que goto é um artifício útil e legítimo. Por exemplo, goto pode ser útil na saída de um conjunto de laços profundamente aninhado. Para tratar essas situações, Java define uma forma expandida da instrução **break**. Usando essa forma de **break**, você pode, por exemplo, sair de um ou mais blocos de código. Esses blocos não precisam fazer parte de um laço ou um **switch**. Podem ser qualquer bloco. Além disso, você pode especificar exatamente onde a execução continuará, porque essa forma de **break** funciona com um rótulo. Como você verá, **break** fornece os benefícios de um goto sem seus problemas.

A forma geral da instrução **break** rotulada é mostrada aqui:

break *rótulo*;

Normalmente, *rótulo* é o nome que identifica um bloco de código. Quando essa forma de **break** é executada, o controle é transferido para fora do bloco de código nomeado. O bloco de código rotulado deve incluir a instrução **break**, mas não precisa ser o bloco imediatamente externo. Ou seja, você pode usar uma instrução **break** rotulada para sair de um conjunto de blocos aninhados, mas não pode usar a instrução **break** para transferir o controle para um bloco de código que não a inclua.

Para nomear um bloco, insira um rótulo no início dele. O bloco que está sendo rotulado pode ser autônomo ou uma instrução que tenha um bloco como seu alvo. Um *rótulo* é qualquer identificador Java válido seguido por dois pontos. Uma vez que você tiver rotulado um bloco, poderá usar esse rótulo como alvo de uma instrução **break**. Isso fará a execução ser retomada no *fim* do bloco rotulado. Por exemplo, o programa a seguir mostra três blocos aninhados:

```
// Usando break com um rótulo.
class Break4 {
  public static void main(String args[]) {
    int i;

    for(i=1; i<4; i++) {
one:   {
two:     {
three:     {
          System.out.println("\ni is " + i);
          if(i==1) break one;       ←————— Break com um rótulo
          if(i==2) break two;
          if(i==3) break three;

          // essa parte nunca sera alcançada
          System.out.println("won't print");
        }
        System.out.println("After block three.");
```

```
      }
      System.out.println("After block two.");
    }
    System.out.println("After block one.");
  }
  System.out.println("After for.");
  }
}
```

A saída do programa é mostrada aqui:

```
i is 1
After block one.

i is 2
After block two.
After block one.

i is 3
After block three.
After block two.
After block one.
After for.
```

Examinemos o programa com mais cuidado para entender exatamente por que essa saída é produzida. Quando **i** é igual a 1, a primeira instrução **if** é bem-sucedida, causando um **break** no fim do bloco de código definido pelo rótulo **one**. Isso faz **After block one.** ser exibido. Quando **i** é igual a 2, o segundo **if** é bem-sucedido, fazendo o controle ser transferido para o fim do bloco rotulado com **two**. Isso faz as mensagens **After block two.** e **After block one.** serem exibidas, nessa ordem. Quando **i** é igual a 3, o terceiro **if** é bem-sucedido e o controle é transferido para o fim do bloco rotulado com **three**. Agora, as três mensagens são exibidas.

Vejamos outro exemplo. Dessa vez, **break** está sendo usado para saltar para fora de uma série de laços **for** aninhados. Quando a instrução **break** do laço interno é executada, o controle do programa salta para o fim do bloco definido pelo laço **for** externo, que foi rotulado com **done**. Isso faz os outros três laços serem ignorados.

```
// Outro exemplo do uso de break com um rótulo.
class Break5 {
  public static void main(String args[]) {

done:
    for(int i=0; i<10; i++) {
      for(int j=0; j<10; j++) {
        for(int k=0; k<10; k++) {
          System.out.println(k + " ");
          if(k == 5) break done; // desvia para done
        }
        System.out.println("After k loop"); // não será executado
```

```
        }
        System.out.println("After j loop"); // não será executado
      }
      System.out.println("After i loop");
   }
}
```

A saída do programa é mostrada abaixo:

```
0
1
2
3
4
5
After i loop
```

É importante o local exato onde um rótulo é inserido – principalmente no trabalho com laços. Por exemplo, considere o programa a seguir:

```
// É importante onde o rótulo é inserido.
class Break6 {
  public static void main(String args[]) {
    int x=0, y=0;

// aqui, insira o rótulo antes da instrução for.
stop1: for(x=0; x < 5; x++) {
        for(y = 0; y < 5; y++) {
          if(y == 2) break stop1;
          System.out.println("x and y: " + x + " " + y);
        }
      }

      System.out.println();

// agora, insira o rótulo imediatamente antes de {
      for(x=0; x < 5; x++)
stop2: {
        for(y = 0; y < 5; y++) {
          if(y == 2) break stop2;
          System.out.println("x and y: " + x + " " + y);
        }
      }
   }
}
```

A saída do programa é esta:

```
x and y: 0 0
x and y: 0 1

x and y: 0 0
x and y: 0 1
x and y: 1 0
x and y: 1 1
x and y: 2 0
x and y: 2 1
x and y: 3 0
x and y: 3 1
x and y: 4 0
x and y: 4 1
```

No programa, os dois conjuntos de laços aninhados são iguais exceto por uma coisa. No primeiro conjunto, o rótulo precede o laço **for** externo. Nesse caso, quando **break** é executado, transfere o controle para o fim do bloco **for** inteiro, saltando as outras iterações do laço externo. No segundo conjunto, o rótulo precede a chave de abertura do **for** externo. Logo, quando **break stop2** é executado, o controle é transferido para o fim do bloco **for** externo, fazendo a próxima iteração ocorrer.

Lembre-se de que você não pode usar a instrução **break** com um rótulo que não foi definido para um bloco que a inclua. Por exemplo, o programa abaixo é inválido e não será compilado:

```
// Este programa contém um erro.
class BreakErr {
  public static void main(String args[]) {

    one: for(int i=0; i<3; i++) {
      System.out.print("Pass " + i + ": ");
    }

    for(int j=0; j<100; j++) {
      if(j == 10) break one; // ERRADO
      System.out.print(j + " ");
    }
  }
}
```

Já que o laço rotulado com **one** não inclui a instrução **break**, não é possível transferir o controle para esse bloco.

> **Pergunte ao especialista**
>
> **P:** Você diz que goto é desestruturado e que break com um rótulo oferece uma alternativa melhor. Mas, convenhamos, usar break com um rótulo, que pode resultar na remoção de muitas linhas de código e níveis de aninhamento por break, também não desestrutura o código?
>
> **R:** Uma resposta rápida seria: sim! No entanto, nos casos em que uma mudança drástica no fluxo do programa é necessária, usar **break** com um rótulo ainda mantém alguma estrutura. A instrução **goto** não tem nenhuma!

Use continue

É possível forçar uma iteração antecipada de um laço, ignorando sua estrutura de controle normal. Isso é feito com o uso de **continue**. A instrução **continue** força a ocorrência da próxima iteração do laço e qualquer código existente entre ela e a expressão condicional que controla o laço é ignorado. Logo, **continue** é basicamente o complemento de **break**. Por exemplo, o programa a seguir usa **continue** para ajudar a exibir os números pares entre 0 e 100:

```
// Usa continue.
class ContDemo {
  public static void main(String args[]) {
    int i;

    // exibe os números pares entre 0 e 100
    for(i = 0; i<=100; i++) {
      if((i%2) != 0) continue; // iterate
      System.out.println(i);
    }
  }
}
```

Só números pares são exibidos, porque um número ímpar faria o laço iterar antecipadamente, ignorando a chamada a **println( )**.

Em laços **while** e **do-while**, uma instrução **continue** faria o controle ir diretamente para a expressão condicional e então continuar o processo de execução do laço. No caso de **for**, a expressão de iteração do laço é avaliada, a expressão condicional é executada e o laço continua.

Como na instrução **break**, **continue** pode especificar um rótulo para descrever que laço externo deve prosseguir. Aqui está um exemplo de programa que usa **continue** com um rótulo:

```
// Usa continue com um rótulo.
class ContToLabel {
  public static void main(String args[]) {
```

```
outerloop:
   for(int i=1; i < 10; i++) {
     System.out.print("\nOuter loop pass " + i +
                   ", Inner loop: ");
     for(int j = 1; j < 10; j++) {
       if(j == 5) continue outerloop; // laço externo de continue
       System.out.print(j);
     }
   }
 }
```

A saída do programa é mostrada abaixo:

```
Outer loop pass 1, Inner loop: 1234
Outer loop pass 2, Inner loop: 1234
Outer loop pass 3, Inner loop: 1234
Outer loop pass 4, Inner loop: 1234
Outer loop pass 5, Inner loop: 1234
Outer loop pass 6, Inner loop: 1234
Outer loop pass 7, Inner loop: 1234
Outer loop pass 8, Inner loop: 1234
Outer loop pass 9, Inner loop: 1234
```

Como a saída mostra, quando **continue** é executado, o controle passa para o laço externo, saltando o resto do laço interno.

Bons usos para **continue** são raros. Uma das razões é a linguagem Java fornecer um rico conjunto de instruções de laço que atende à maioria das aplicações. No entanto, para circunstâncias especiais em que a iteração antecipada é necessária, a instrução **continue** fornece uma maneira estruturada de a executarmos.

Tente Isto 3-3 Termine o sistema de ajuda Java

Help3.java

Este projeto dá os toques finais no sistema de ajuda Java que foi criado nos projetos anteriores. Essa versão adiciona a sintaxe de **break** e **continue**. Também permite que o usuário solicite a sintaxe de mais de uma instrução. Ela faz isso adicionando um laço externo que é executado até o usuário inserir **q** como seleção no menu.

1. Copie **Help2.java** em um novo arquivo chamado **Help3.java**.

2. Inclua todo o código do programa em um laço **for** infinito. Saia desse laço, usando **break**, quando uma letra **q** for inserida. Já que o laço engloba todo o código do programa, sair dele faz o programa terminar.

3. Altere o laço do menu como mostrado aqui:

```
do {
  System.out.println("Help on:");
  System.out.println("  1. if");
  System.out.println("  2. switch");
  System.out.println("  3. for");
  System.out.println("  4. while");
  System.out.println("  5. do-while");
  System.out.println("  6. break");
  System.out.println("  7. continue\n");
  System.out.print("Choose one (q to quit): ");

  choice = (char) System.in.read();

  do {
    ignore = (char) System.in.read();
  } while(ignore != '\n');
} while( choice < '1' | choice > '7' & choice != 'q');
```

Observe que agora esse laço inclui as instruções **break** e **continue**. Ele também aceita a letra **q** como opção válida.

4. Expanda a instrução **switch** para incluir as instruções **break** e **continue**, como mostrado abaixo:

```
case '6':
  System.out.println("The break:\n");
  System.out.println("break; or break label;");
  break;
case '7':
  System.out.println("The continue:\n");
  System.out.println("continue; or continue label;");
  break;
```

5. Esta é a listagem inteira do programa **Help3.java**:

```
/*
    Tente isto 3-3

    O sistema de ajuda em instruções Java que
    processa várias solicitações terminado.
*/
class Help3 {
  public static void main(String args[])
    throws java.io.IOException {
    char choice, ignore;

    for(;;) {
      do {
        System.out.println("Help on:");
        System.out.println("  1. if");
        System.out.println("  2. switch");
```

```java
      System.out.println("  3. for");
      System.out.println("  4. while");
      System.out.println("  5. do-while");
      System.out.println("  6. break");
      System.out.println("  7. continue\n");
      System.out.print("Choose one (q to quit): ");

      choice = (char) System.in.read();

      do {
        ignore = (char) System.in.read();
      } while(ignore != '\n');
    } while( choice < '1' | choice > '7' & choice != 'q');

    if(choice == 'q') break;

    System.out.println("\n");

    switch(choice) {
      case '1':
        System.out.println("The if.\n");
        System.out.println("if(condition) statement;");
        System.out.println("else statement;");
        break;
      case '2':
        System.out.println("The switch:\n");
        System.out.println("switch(expression) {");
        System.out.println("  case constant:");
        System.out.println("    statement sequence");
        System.out.println("    break;");
        System.out.println("  // ...");
        System.out.println("}");
        break;
      case '3':
        System.out.println("The for:\n");
        System.out.print("for(init; condition; iteration)");
        System.out.println(" statement;");
        break;
      case '4':
        System.out.println("The while:\n");
        System.out.println("while(condition) statement;");
        break;
      case '5':
        System.out.println("The do-while:\n");
        System.out.println("do {");
        System.out.println("  statement;");
        System.out.println("} while (condition);");
        break;
```

```
            case '6':
              System.out.println("The break:\n");
              System.out.println("break; or break label;");
              break;
            case '7':
              System.out.println("The continue:\n");
              System.out.println("continue; or continue label;");
              break;
          }
          System.out.println();
        }
      }
    }
```

6. Aqui está um exemplo de execução:

```
Help on:
  1. if
  2. switch
  3. for
  4. while
  5. do-while
  6. break
  7. continue

Choose one (q to quit): 1

The if:

if(condition) statement;
else statement;

Help on:
  1. if
  2. switch
  3. for
  4. while
  5. do-while
  6. break
  7. continue

Choose one (q to quit): 6

The break:

break; or break label;
```

```
Help on:
  1. if
  2. switch
  3. for
  4. while
  5. do-while
  6. break
  7. continue

Choose one (q to quit): q
```

Laços aninhados

Como vimos em alguns dos exemplos anteriores, um laço pode ser aninhado dentro de outro. Os laços aninhados são usados para resolver uma grande variedade de problemas de programação e são parte essencial da arte de programar. Portanto, antes de encerrarmos o tópico das instruções de laço Java, examinemos mais um exemplo de laço aninhado. O programa a seguir usa um laço **for** aninhado para encontrar os fatores dos números de 2 a 100:

```
/*
   Usa laços aninhados para encontrar os fatores
   dos números de 2 a 100.
*/
class FindFac {
  public static void main(String args[]) {

    for(int i=2; i <= 100; i++) {
      System.out.print("Factors of " + i + ": ");
      for(int j = 2; j < i; j++)
        if((i%j) == 0) System.out.print(j + " ");
      System.out.println();
    }
  }
}
```

Aqui está uma parte da saída produzida pelo programa:

```
Factors of 2:
Factors of 3:
Factors of 4: 2
Factors of 5:
Factors of 6: 2 3
Factors of 7:
Factors of 8: 2 4
Factors of 9: 3
Factors of 10: 2 5
```

```
Factors of 11:
Factors of 12: 2 3 4 6
Factors of 13:
Factors of 14: 2 7
Factors of 15: 3 5
Factors of 16: 2 4 8
Factors of 17:
Factors of 18: 2 3 6 9
Factors of 19:
Factors of 20: 2 4 5 10
```

No programa, o laço externo executa **i** de 2 a 100. O laço interno testa sucessivamente todos os números de 2 a **i**, exibindo aqueles cuja divisão por **i** é exata. Um desafio adicional: o programa anterior pode ser mais eficiente. Consegue ver como? (Dica: O número de iterações do laço interno pode ser reduzido.)

✓ Teste do Capítulo 3

1. Escreva um programa que leia caracteres do teclado até um ponto ser recebido. Faça-o contar o número de espaços. Relate o total no fim do programa.

2. Mostre a forma geral da escada **if-else-if**.

3. Dado o código
   ```
   if(x < 10)
     if(y > 100) {
       if(!done) x = z;
       else y = z;
     }
   else System.out.println("error"); // que if?
   ```
   a que **if** o último **else** está associado?

4. Mostre a instrução **for** de um laço que conte de 1000 a 0 em intervalos de -2.

5. O fragmento a seguir é válido?
   ```
   for(int i = 0; i < num; i++)
     sum += i;

   count = i;
   ```

6. Explique o que **break** faz. Certifique-se de explicar suas duas formas.

7. No fragmento a seguir, após a instrução **break** ser executada, o que é exibido?
   ```
   for(i = 0; i < 10; i++) {
     while(running) {
       if(x<y) break;
       // ...
     }
     System.out.println("after while");
   }
   System.out.println("After for");
   ```

8. O que o fragmento abaixo exibe?

```
for(int i = 0; i<10; i++) {
  System.out.print(i + " ");
  if((i%2) == 0) continue;
  System.out.println();
}
```

9. Nem sempre a expressão de iteração de um laço **for** necessita alterar a variável de controle de laço segundo um valor fixo. Em vez disso, a variável de controle pode mudar de alguma maneira arbitrária. Usando esse conceito, escreva um programa que use um laço **for** para gerar e exibir a progressão 1, 2, 4, 8, 16, 32, e assim por diante.

10. As letras minúsculas ASCII ficam separadas das maiúsculas por um intervalo igual a 32. Logo, para converter uma letra minúscula em maiúscula, temos de subtrair 32 dela. Use essa informação para escrever um programa que leia caracteres do teclado. Ele deve converter todas as letras minúsculas em maiúsculas e todas as letras maiúsculas em minúsculas, exibindo o resultado. Não faça alterações em nenhum outro caractere. O programa será encerrado quando o usuário inserir um ponto. No fim, ele deve exibir quantas alterações ocorreram na caixa das letras.

11. O que é um laço infinito?

12. No uso de **break** com um rótulo, este deve estar em um bloco que contenha **break**?

Capítulo 4

Introdução a classes, objetos e métodos

Principais habilidades e conceitos

- Saber os fundamentos da classe
- Entender como os objetos são criados
- Entender como as variáveis de referência são atribuídas
- Criar métodos, retornar valores e usar parâmetros
- Usar a palavra-chave **return**
- Retornar um valor de um método
- Adicionar parâmetros a um método
- Utilizar construtores
- Criar construtores parametrizados
- Entender **new**
- Entender a coleta de lixo e os finalizadores
- Usar a palavra-chave **this**

Antes de poder se adiantar mais em seu estudo de Java, você precisa conhecer a classe. Classe é a essência de Java. Ela é a fundação na qual toda a linguagem Java se estrutura, porque define a natureza de um objeto. Como tal, ela forma a base da programação orientada a objetos em Java. Dentro de uma classe, são definidos dados e o código que age sobre eles. O código fica contido em métodos. Já que as classes, objetos e métodos são fundamentais para Java, eles serão introduzidos neste capítulo. Ter um entendimento básico desses recursos permitirá que você escreva programas mais sofisticados e compreenda melhor certos elementos-chave de Java descritos no próximo capítulo.

Fundamentos das classes

Já que toda a atividade dos programas Java ocorre dentro de uma classe, temos usado classes desde o início deste livro. É claro que só classes extremamente simples foram usadas e não nos beneficiamos da maioria de seus recursos. Como você verá, elas são significativamente mais poderosas do que as classes limitadas apresentadas até agora.

Comecemos examinando o básico. Uma classe é um modelo que define a forma de um objeto. Ela especifica tanto os dados quanto o código que operará sobre eles. Java usa uma especificação de classe para construir *objetos*. Os objetos são *instâncias* de uma classe. Logo, uma classe é basicamente um conjunto de planos que especifica como construir um objeto. É importante deixar uma coisa bem clara: uma classe é uma abstração lógica. Só quando um objeto dessa classe é criado é que existe uma representação física dela na memória.

Outro ponto: lembre-se de que os métodos e variáveis que compõem uma classe são chamados de *membros* da classe. Os membros de dados também são chamados de *variáveis de instância*.

Forma geral de uma classe

Quando definimos uma classe, declaramos sua forma e natureza exatas. Fazemos isso especificando as variáveis de instância que ela contém e os métodos que operam sobre elas. Embora classes muito simples possam conter apenas métodos ou apenas variáveis de instância, a maioria das classes do mundo real contém ambos.

Uma classe é criada com o uso da palavra-chave **class**. Uma forma geral simplificada de uma definição **class** é mostrada aqui:

```
class nome da classe {
  // declara variáveis de instância
  tipo var1;
  tipo var2;
  // ...
  tipo varN;

  // declara métodos
  tipo método1(parâmetros) {
     // corpo do método
  }
  tipo método2(parâmetros) {
     // corpo do método
  }
  // ...
  tipo métodoN(parâmetros) {
     // corpo do método
  }
}
```

Embora não haja essa regra sintática, uma classe bem projetada deve definir apenas uma entidade lógica. Por exemplo, normalmente, uma classe que armazena nomes e números de telefone não armazena também informações sobre o mercado de ações, a média pluviométrica, os ciclos das manchas solares ou outros dados não relacionados. Ou seja, uma classe bem projetada deve agrupar informações logicamente conectadas. A inserção de informações não relacionadas na mesma classe desestruturará rapidamente seu código!

Até o momento, as classes que usamos tinham apenas um método: **main( )**. Você verá como criar outros em breve. No entanto, observe que a forma geral de uma classe não especifica um método **main( )**. O método **main( )** só é necessário quando a classe é o ponto de partida do programa. Alguns tipos de aplicativos Java, como os applets, também precisam de um método **main( )**.

Definindo uma classe

Para ilustrar as classes, desenvolveremos uma classe que encapsula informações sobre veículos, como carros, furgões e caminhões. Essa classe se chama **Vehicle** e conterá três informações sobre um veículo: o número de passageiros que ele pode levar, a capacidade de armazenamento de combustível e o consumo médio de combustível (em milhas por galão).

A primeira versão de **Vehicle** é mostrada a seguir. Ela define três variáveis de instância: **passengers**, **fuelcap** e **mpg**. Observe que **Vehicle** não contém método. Logo, atualmente é uma classe só de dados. (Seções subsequentes adicionarão métodos a ela.)

```
class Vehicle {
  int passengers; // número de passageiros
  int fuelcap;    // capacidade de armazenamento de combustível em galões
  int mpg;        // consumo de combustível em milhas por galão
}
```

Uma definição **class** cria um novo tipo de dado. Nesse caso, ele se chama **Vehicle**. Você usará esse nome para declarar objetos de tipo **Vehicle**. Lembre-se de que uma declaração **class** é só uma descrição de tipo; ela não cria um objeto real. Logo, o código anterior não faz nenhum objeto de tipo **Vehicle** passar a existir.

Para criar realmente um objeto **Vehicle**, você usará uma instrução como a mostrada abaixo:

```
Vehicle minivan = new Vehicle(); // cria um objeto Vehicle chamado minivan
```

Após essa instrução ser executada, **minivan** será uma instância de **Vehicle**. Portanto, terá realidade "física". Por enquanto, não se preocupe com os detalhes da instrução.

Sempre que você criar uma instância de uma classe, estará criando um objeto contendo sua própria cópia de cada variável de instância definida pela classe. Logo, todos os objetos **Vehicle** conterão suas próprias cópias das variáveis de instância **passengers**, **fuelcap** e **mpg**. Para acessar essas variáveis, você usará o operador ponto (.). O *operador ponto* vincula o nome de um objeto ao nome de um membro. A forma geral do operador ponto é mostrada aqui:

objeto.membro

Portanto, o objeto é especificado à esquerda e o membro é inserido à direita. Por exemplo, para atribuir o valor 16 à variável **fuelcap** de **minivan**, use a instrução a seguir:

```
minivan.fuelcap = 16;
```

Em geral, podemos usar o operador ponto para acessar tanto variáveis de instância quanto métodos.

Este é um programa completo que usa a classe **Vehicle**:

```
/* Um programa que usa a classe Vehicle.

   Chame este arquivo de VehicleDemo.java
*/
class Vehicle {
```

```
    int passengers; // número de passageiros
    int fuelcap;    // capacidade de armazenamento de combustível em galões
    int mpg;        // consumo de combustível em milhas por galão
}

// Essa classe declara um objeto de tipo Vehicle.
class VehicleDemo {
  public static void main(String args[]) {
    Vehicle minivan = new Vehicle();
    int range;

    // atribui valores a campos de minivan
    minivan.passengers = 7;
    minivan.fuelcap = 16;    ◄─────────── Observe o uso do operador ponto
    minivan.mpg = 21;                     para o acesso a um membro.

    // calcula a autonomia presumindo um tanque cheio de gasolina
    range = minivan.fuelcap * minivan.mpg;
    System.out.println("Minivan can carry " + minivan.passengers +
                       " with a range of " + range);
  }
}
```

Você deve chamar o arquivo que contém o programa de **VehicleDemo.java**, porque o método **main( )** está na classe chamada **VehicleDemo** e não na classe chamada **Vehicle**. Quando compilar esse programa, verá que dois arquivos **.class** foram criados, um para **Vehicle** e um para **VehicleDemo**. O compilador Java insere automaticamente cada classe em seu próprio arquivo **.class**. Não é necessário as classes **Vehicle** e **VehicleDemo** estarem no mesmo arquivo-fonte. Você pode inserir cada classe em seu próprio arquivo, chamados **Vehicle.java** e **VehicleDemo.java**, respectivamente.

Para executar o programa, você deve executar **VehicleDemo.java**. A saída a seguir é exibida:

```
Minivan can carry 7 with a range of 336
```

Antes de avançar, examinemos um princípio básico: cada objeto tem suas próprias cópias das variáveis de instância definidas por sua classe. Logo, o conteúdo das variáveis de um objeto pode diferir do conteúdo das variáveis de outro. Não há conexão entre os dois objetos exceto pelo fato de serem do mesmo tipo. Por exemplo, se você tiver dois objetos **Vehicle**, cada um terá sua própria cópia de **passengers**, **fuelcap** e **mpg**, e o conteúdo dessas variáveis será diferente entre os dois objetos. O programa abaixo demonstra esse fato. (Observe que a classe que tem **main( )** agora se chama **TwoVehicles**.)

```
// Este programa cria dois objetos Vehicle.

class Vehicle {
  int passengers; // número de passageiros
  int fuelcap;    // capacidade de armazenamento de combustível em galões
```

```
    int mpg;          // consumo de combustível em milhas por galão
}

// Essa classe declara um objeto de tipo Vehicle.
class TwoVehicles {
  public static void main(String args[]) {
    Vehicle minivan = new Vehicle();
    Vehicle sportscar = new Vehicle();

    int range1, range2;

    // atribui valores a campos de minivan
    minivan.passengers = 7;
    minivan.fuelcap = 16;
    minivan.mpg = 21;

    // atribui valores a campos de sportscar
    sportscar.passengers = 2;
    sportscar.fuelcap = 14;
    sportscar.mpg = 12;

    // calcula a autonomia presumindo um tanque cheio de gasolina
    range1 = minivan.fuelcap * minivan.mpg;
    range2 = sportscar.fuelcap * sportscar.mpg;

    System.out.println("Minivan can carry " + minivan.passengers +
                       " with a range of " + range1);

    System.out.println("Sportscar can carry " + sportscar.passengers +
                       " with a range of " + range2);
  }
}
```

Lembre-se de que **minivan** e **sportscar** referenciam objetos separados.

A saída produzida por esse programa é mostrada aqui:

```
Minivan can carry 7 with a range of 336
Sportscar can carry 2 with a range of 168
```

Como você pode ver, os dados de **minivan** são totalmente diferentes dos contidos em **sportscar**. A ilustração a seguir mostra essa situação.

minivan →	passengers	7
	fuelcap	16
	mpg	21

sportscar →	passengers	2
	fuelcap	14
	mpg	12

Como os objetos são criados

Nos programas anteriores, a linha abaixo foi usada para declarar um objeto de tipo **Vehicle**:

```
Vehicle minivan = new Vehicle();
```

Essa declaração faz duas coisas. Em primeiro lugar, ela declara uma variável chamada **minivan** da classe **Vehicle**. Essa variável não define um objeto. Em vez disso, ela pode apenas *referenciar* um objeto. Em segundo lugar, a declaração cria uma cópia física do objeto e atribui à **minivan** uma referência a ele. Isso é feito com o uso do operador **new**.

O operador **new** aloca dinamicamente (isto é, aloca no tempo de execução) memória para um objeto e retorna uma referência a ele. Essa referência é, mais ou menos, o endereço do objeto na memória alocado por **new**. A referência é então armazenada em uma variável. Logo, em Java, todos os objetos de uma classe devem ser alocados dinamicamente.

As duas etapas da instrução anterior podem ser reescritas desta forma para mostrarmos cada etapa individualmente:

```
Vehicle minivan; // declara uma referência ao objeto
minivan = new Vehicle(); // aloca um objeto Vehicle
```

A primeira linha declara **minivan** como referência a um objeto de tipo **Vehicle**. Portanto, **minivan** é uma variável que pode referenciar um objeto, mas não é um objeto. Por enquanto, **minivan** não referencia um objeto. A próxima linha cria um novo objeto **Vehicle** e atribui à **minivan** uma referência a ele. Agora, **minivan** está vinculada a um objeto.

As variáveis de referência e a atribuição

Em uma operação de atribuição, variáveis de referência de objeto agem diferentemente de variáveis de um tipo primitivo, como **int**. Quando a atribuição se dá entre variáveis de tipo primitivo, a situação é simples. A variável da esquerda recebe uma *cópia* do *valor* da variável da direita. Quando se dá entre variáveis de referência de objeto, é um pouco mais complicado, porque estamos alterando o objeto para o qual a variável de referência aponta. O efeito dessa diferença pode causar alguns resultados inesperados. Por exemplo, considere o fragmento a seguir:

```
Vehicle car1 = new Vehicle();
Vehicle car2 = car1;
```

À primeira vista, é fácil achar que **car1** e **car2** referenciam objetos diferentes, mas não é esse o caso. Em vez disso, tanto **car1** quanto **car2** referenciarão o mesmo objeto. A atribuição de **car1** a **car2** simplesmente faz **car2** referenciar o mesmo objeto que **car1**. Logo, **car1** ou **car2** podem atuar sobre o objeto. Por exemplo, após a atribuição

```
car1.mpg = 26;
```

ser executada, estas duas instruções **prinln( )**

```
System.out.println(car1.mpg);
System.out.println(car2.mpg);
```

exibirão o mesmo valor: 26.

Embora tanto **car1** quanto **car2** referenciem o mesmo objeto, elas não estão vinculadas de nenhuma outra forma. Por exemplo, uma atribuição subsequente a **car2** alteraria apenas o objeto que **car2** referencia, como mostrado abaixo:

```
Vehicle car1 = new Vehicle();
Vehicle car2 = car1;
Vehicle car3 = new Vehicle();

car2 = car3; // agora car2 e car3 referenciam o mesmo objeto.
```

Após essa sequência ser executada, **car2** referenciará o mesmo objeto que **car3**. O objeto referenciado por **car1** permanece inalterado.

Métodos

Como explicado, as variáveis de instância e os métodos são componentes das classes. Até agora, a classe **Vehicle** contém dados, mas não métodos. Embora classes só de dados sejam perfeitamente válidas, a maioria das classes terá métodos. Os métodos são sub-rotinas que tratam os dados definidos pela classe e, em muitos casos, dão acesso a esses dados. Quase sempre, outras partes do programa interagem com uma classe por seus métodos.

Um método contém uma ou mais instruções. Em um código Java bem escrito, cada método executa apenas uma tarefa. Cada método tem um nome e é esse nome que é usado para chamá-lo. Em geral, podemos dar a um método o nome que quisermos. No entanto, lembre-se de que **main( )** está reservado para o método que começa a execução do programa. Além disso, não use palavras-chave Java para nomear métodos.

Para representar métodos no texto, este livro tem usado e continuará usando uma convenção que se tornou comum quando se escreve sobre Java: o método tem parênteses após seu nome. Por exemplo, se o nome de um método for **getval**, ele será escrito na forma **getval( )** quando seu nome for usado em uma frase. Essa notação o ajudará a distinguir nomes de variáveis de nomes de métodos no livro.

A forma geral de um método é mostrada abaixo:

tipo-ret nome(lista-parâmetros) {
  // corpo do método
}

Aqui, *tipo-ret* especifica o tipo de dado retornado pelo método. Ele pode ser qualquer tipo válido, inclusive os tipos de classe que você criar. Se o método não retornar um valor, seu tipo de retorno deve ser **void**. O nome do método é especificado por *nome*. Ele pode ser qualquer identificador válido exceto os já usados por outros itens do escopo atual. A *lista-parâmetros* é uma sequência de pares separados por vírgulas compostos por tipo e identificador. Os parâmetros são basicamente variáveis que recebem o valor dos *argumentos* passados para o método quando ele é chamado. Se o método não tiver parâmetros, a lista estará vazia.

Adicionando um método à classe Vehicle

Como acabei de explicar, normalmente os métodos de uma classe tratam e dão acesso aos dados da classe. Com isso em mente, lembre-se de que o método

main( ) dos exemplos anteriores calculava a autonomia de um veículo multiplicando seu consumo pela capacidade de armazenamento de combustível. Embora tecnicamente correta, essa não é a melhor maneira de realizar o cálculo. O cálculo da autonomia de um veículo é algo realizado de modo mais adequado pela própria classe **Vehicle**. É fácil entender o porquê: a autonomia de um veículo depende da capacidade do tanque de combustível e da taxa de consumo e esses dois valores são encapsulados por **Vehicle**. Ao adicionar à classe **Vehicle** um método que calcule a autonomia, você estará melhorando sua estrutura orientada a objetos. Para adicionar um método a **Vehicle**, especifique-o dentro da declaração da classe. Por exemplo, a versão a seguir de **Vehicle** contém um método chamado **range( )** que exibe a autonomia do veículo.

```
// Adiciona range a Vehicle.

class Vehicle {
  int passengers; // número de passageiros
  int fuelcap;    // capacidade de armazenamento de combustível em galões
  int mpg;        // consumo de combustível em milhas por galão

  // Exibe a autonomia.
  void range() {          ◄─────── O método range( ) está contido dentro da classe Vehicle.
    System.out.println("Range is " + fuelcap * mpg);
  }
}
                                Observe que fuelcap e mpg são usadas
                                diretamente, sem o operador ponto.
class AddMeth {
  public static void main(String args[]) {
    Vehicle minivan = new Vehicle();
    Vehicle sportscar = new Vehicle();

    int range1, range2;

    // atribui valores a campos de minivan
    minivan.passengers = 7;
    minivan.fuelcap = 16;
    minivan.mpg = 21;

    // atribui valores a campos de sportscar
    sportscar.passengers = 2;
    sportscar.fuelcap = 14;
    sportscar.mpg = 12;


    System.out.print("Minivan can carry " + minivan.passengers +
                     ". ");

    minivan.range(); // exibe a autonomia de minivan

    System.out.print("Sportscar can carry " + sportscar.passengers +
                     ". ");
```

```
      sportscar.range(); // exibe a autonomia de sportscar.
  }
}
```

Esse programa gera a saída abaixo:

```
Minivan can carry 7. Range is 336
Sportscar can carry 2. Range is 168
```

Examinemos os elementos-chave do programa, começando com o próprio método **range( )**. A primeira linha de **range( )** é

```
void range() {
```

Essa linha declara um método chamado **range** que não tem parâmetros. Seu tipo de retorno é **void**. Logo, **range( )** não retorna um valor para o chamador. A linha termina com a chave de abertura do corpo do método.

O corpo de **range( )** é composto apenas pela linha a seguir:

```
System.out.println("Range is " + fuelcap * mpg);
```

Essa instrução exibe a autonomia do veículo multiplicando **fuelcap** por **mpg**. Já que cada objeto de tipo **Vehicle** tem sua própria cópia de **fuelcap** e **mpg**, quando **range( )** é chamado, o cálculo da autonomia usa as cópias dessas variáveis pertencentes ao objeto chamador.

O método **range( )** termina quando sua chave de fechamento é alcançada. Isso faz o controle do programa ser transferido novamente para o chamador.

Agora, olhe atentamente para a seguinte linha de código que fica dentro de **main()**:

```
minivan.range();
```

Essa instrução chama o método **range( )** em **minivan**. Isto é, ela chama **range( )** em relação ao objeto **minivan**, usando o nome do objeto seguido do operador ponto. Quando um método é chamado, o controle do programa é transferido para ele. Quando o método termina, o controle é transferido novamente para o chamador e a execução é retomada na linha de código posterior à chamada.

Nesse caso, a chamada a **minivan.range( )** exibe a autonomia do veículo definido por **minivan**. Da mesma forma, a chamada a **sportscar.range( )** exibe a autonomia do veículo definido por **sportscar**. Sempre que **range( )** é chamado, exibe a autonomia do objeto especificado.

Há algo muito importante a se observar dentro do método **range( )**: as variáveis de instância **fuelcap** e **mpg** são referenciadas diretamente, sem ser precedidas por um nome de objeto ou o operador ponto. Quando um método usa uma variável de instância definida por sua classe, ele faz isso diretamente, sem referência explícita a um objeto e sem o uso do operador ponto. Se você pensar bem, é fácil de entender. Um método sempre é chamado em relação a algum objeto de sua classe. Uma vez que essa chamada ocorre, o objeto é conhecido. Logo, dentro de um método, não precisamos referenciar o objeto novamente. Ou seja, as variáveis **fuelcap** e **mpg** existentes dentro de **range( )** referenciam implicitamente cópias dessas variáveis encontradas no objeto que chama **range( )**.

Retornando de um método

Em geral, há duas condições que fazem um método retornar – a primeira, como o método **range( )** do exemplo anterior mostra, é quando a chave de fechamento do método é alcançada. A segunda é quando uma instrução **return** é executada. Há duas formas de **return** – uma para uso em métodos **void** (métodos que não retornam valor) e outra para o retorno de valores. A primeira forma será examinada aqui. A próxima seção explicará como retornar valores.

Você pode você causar o encerramento imediato de um método **void** usando esta forma de **return**:

```
return ;
```

Quando essa instrução é executada, o controle do programa volta para o chamador, saltando qualquer código restante no método. Por exemplo, considere o seguinte método:

```
void myMeth() {
  int i;

  for(i=0; i<10; i++) {
    if(i == 5) return; // para em 5
    System.out.println();
  }
}
```

Aqui, o laço **for** só será executado de 0 a 5, porque quando **i** for igual a 5, o método retornará. Podemos ter várias instruções **return** em um método, principalmente se houver duas ou mais saídas dele. Por exemplo:

```
void myMeth() {
  // ...
  if(done) return;
  // ...
  if(error) return;
  // ...
}
```

Nesse caso, o método retorna ao terminar ou se um erro ocorrer. No entanto, tenha cuidado, porque a existência de muitos pontos de saída em um método pode desestruturar o código; logo, evite usá-los casualmente. Um método bem projetado tem pontos de saída bem definidos.

Resumindo: um método **void** pode retornar de uma entre duas maneiras – sua chave de fechamento é alcançada ou uma instrução **return** é executada.

Retornando um valor

Embora não sejam raros métodos com tipo de retorno **void**, a maioria dos métodos retorna um valor. Na verdade, a possibilidade de retornar um valor é um dos recursos mais úteis dos métodos. Você já viu um exemplo de valor de retorno: quando usamos a função **sqrt( )** para obter a raiz quadrada.

Capítulo 4 Introdução a classes, objetos e métodos   **111**

Os valores de retorno são usados para vários fins em programação. Em alguns casos, como em **sqrt( )**, o valor de retorno contém o resultado de um cálculo. Em outros, pode simplesmente indicar sucesso ou falha. Em outros ainda, pode conter um código de status. Qualquer que seja a finalidade, o uso de valores de retorno é parte integrante da programação Java.

Os métodos retornam um valor para a rotina chamadora usando essa forma de **return**:

return *valor*;

Aqui, *valor* é o valor retornado. Essa forma de **return** só pode ser usada com métodos que tenham tipo de retorno diferente de **void**. Além disso, um método não void *deve* retornar um valor usando essa versão de **return**.

Você pode usar um valor de retorno para melhorar a implementação de **range( )**. Em vez de exibir a autonomia, uma abordagem melhor seria **range( )** calcular a autonomia e retornar o valor. Uma das vantagens dessa abordagem é o valor poder ser usado em outros cálculos. O exemplo a seguir modifica **range( )** para retornar a autonomia em vez de exibi-la.

```
// Usa um valor de retorno.

class Vehicle {
  int passengers; // número de passageiros
  int fuelcap;    // capacidade de armazenamento de combustível em galões
  int mpg;        // consumo de combustível em milhas por galão

  // Retorna a autonomia.
  int range() {
    return mpg * fuelcap;   ◄────── Retorna a autonomia de um determinado veículo.
  }
}

class RetMeth {
  public static void main(String args[]) {
    Vehicle minivan = new Vehicle();
    Vehicle sportscar = new Vehicle();

    int range1, range2;

    // atribui valores a campos de minivan
    minivan.passengers = 7;
    minivan.fuelcap = 16;
    minivan.mpg = 21;

    // atribui valores a campos de sportscar
    sportscar.passengers = 2;
    sportscar.fuelcap = 14;
    sportscar.mpg = 12;
```

```
            // obtém as autonomias
            range1 = minivan.range();
            range2 = sportscar.range();
```
            Atribui o valor retornado a uma variável.

```
            System.out.println("Minivan can carry " + minivan.passengers +
                            " with range of " + range1 + " Miles");


            System.out.println("Sportscar can carry " + sportscar.passengers +
                            " with range of " + range2 + " miles");

    }
}
```

A saída é mostrada aqui:

```
Minivan can carry 7 with range of 336 Miles
Sportscar can carry 2 with range of 168 miles
```

No programa, observe que quando **range( )** é chamado, ele é inserido no lado direito de uma instrução de atribuição. À esquerda, temos uma variável que receberá o valor retornado por **range( )**. Portanto, após

```
range1 = minivan.range();
```

ser executado, a autonomia do objeto **minivan** será armazenada em **range1**.

Observe que agora **range( )** tem tipo de retorno **int**, ou seja, retornará um valor inteiro para o chamador. O tipo de retorno de um método é importante, porque o tipo de dado retornado deve ser compatível com o tipo de retorno especificado. Logo, se você quiser que um método retorne dados de tipo **double**, seu tipo de retorno deve ser **double**.

Embora o programa anterior esteja correto, não foi escrito de maneira tão eficiente quanto poderia ser. Especificamente, não precisamos das variáveis **range1** ou **range2**. Uma chamada a **range( )** pode ser usada na instrução **println( )** diretamente, como mostrado aqui:

```
System.out.println("Minivan can carry " + minivan.passengers +
                " with range of " + minivan.range() + " Miles");
```

Nesse caso, quando **println( )** for executado, **minivan.range( )** será chamado automaticamente e seu valor será passado para **println( )**. Além disso, você pode usar uma chamada a **range( )** sempre que a autonomia de um objeto **Vehicle** for necessária. Por exemplo, esta instrução compara as autonomias de dois veículos:

```
if(v1.range() > v2.range()) System.out.println("v1 has greater range");
```

Usando parâmetros

Podemos passar um ou mais valores para um método quando ele é chamado. Lembre-se de que um valor passado para um método se chama *argumento*. Dentro do método, a variável que recebe o argumento se chama *parâmetro*. Os parâmetros são declarados dentro dos parênteses que vêm após o nome do método. A sintaxe de declaração de parâmetros é a mesma usada para variáveis. Um parâmetro faz parte do escopo de seu método e, exceto pela tarefa especial de receber um argumento, ele age como qualquer variável local.

Aqui está um exemplo simples que usa um parâmetro. Dentro da classe **ChkNum**, o método **isEven( )** retorna **true** quando o valor passado é par. Caso contrário, retorna **false**. Logo, **isEven( )** tem tipo de retorno **boolean**.

```
// Um exemplo simples que usa um parâmetro.

class ChkNum {
  // retorna true se x for par
  boolean isEven(int x) {    ←——— Aqui, x é um parâmetro inteiro de isEven().
    if((x%2) == 0) return true;
    else return false;
  }
}

class ParmDemo {
  public static void main(String args[]) {
    ChkNum e = new ChkNum();
                           ←——— Passa argumentos para isEven().
    if(e.isEven(10)) System.out.println("10 is even.");

    if(e.isEven(9)) System.out.println("9 is even.");

    if(e.isEven(8)) System.out.println("8 is even.");

  }
}
```

Esta é a saída produzida pelo programa:

```
10 is even.
8 is even.
```

No programa, **isEven( )** é chamado três vezes e a cada vez um valor diferente é passado. Examinemos esse processo em detalhes. Primeiro, observe como **isEven( )** é chamado. O argumento é especificado entre os parênteses. Quando **isEven( )** é chamado pela primeira vez, recebe o valor 10. Portanto, quando ele começa a ser executado, o parâmetro **x** recebe o valor 10. Na segunda chamada, 9 é o argumento, então, **x** tem o valor 9. Na terceira chamada, o argumento é 8, ou seja, o valor que **x** recebe. Logo, o valor passado como argumento quando **isEven( )** é chamado é o valor recebido por seu parâmetro, **x**.

Um método pode ter mais de um parâmetro. Simplesmente declare cada parâmetro, separando um do outro com uma vírgula. Por exemplo, a classe **Factor** define um método chamado **isFactor( )** que determina se o primeiro parâmetro é um fator do segundo.

```
class Factor {
  boolean isFactor(int a, int b) {    ←——— Esse método tem dois parâmetros.
```

```
      if( (b % a) == 0) return true;
      else return false;
   }
}
class IsFact {
  public static void main(String args[]) {
    Factor x = new Factor();                    Passa dois argumentos
                                                para isFactor( ).

    if(x.isFactor(2, 20)) System.out.println("2 is factor");
    if(x.isFactor(3, 20)) System.out.println("this won't be
displayed");

  }
}
```

Observe que quando **isFactor( )** é chamado, os argumentos também são separados por vírgulas.

Quando são usados vários parâmetros, cada parâmetro especifica seu próprio tipo, que pode diferir dos outros. Por exemplo, isto é perfeitamente válido:

```
int myMeth(int a, double b, float c) {
// ...
```

Adicionando um método parametrizado a Vehicle

Você pode usar um método parametrizado para adicionar um novo recurso à classe **Vehicle**: a possibilidade de calcular a quantidade de combustível necessária para cobrir uma determinada distância. Esse novo método se chama **fuelneeded( )**. Ele recebe o número de milhas que você quer percorrer e retorna quantos galões de gasolina são necessários. O método **fuelneeded( )** é definido assim:

```
double fuelneeded(int miles) {
  return (double) miles / mpg;
}
```

Observe que esse método retorna um valor de tipo **double**. Isso é útil, já que a quantidade de combustível necessária para cobrir uma determinada distância pode não ser um número inteiro. A classe **Vehicle** completa com a inclusão de **fuelneeded( )** é mostrada aqui:

```
/*
  Adiciona um método parametrizado que calcula o combustível
  necessário para cobrir uma determinada distância.
*/

class Vehicle {
  int passengers; // número de passageiros
  int fuelcap;    // capacidade de armazenamento de combustível em galões
  int mpg;        // consumo de combustível em milhas por galão
```

```java
  // Retorna a autonomia.
  int range() {
    return mpg * fuelcap;
  }

  // Calcula o combustível necessário para cobrir uma determinada
  // distância.
  double fuelneeded(int miles) {
    return (double) miles / mpg;
  }
}

class CompFuel {
  public static void main(String args[]) {
    Vehicle minivan = new Vehicle();
    Vehicle sportscar = new Vehicle();
    double gallons;
    int dist = 252;

    // atribui valores a campos de minivan
    minivan.passengers = 7;
    minivan.fuelcap = 16;
    minivan.mpg = 21;

    // atribui valores a campos de sportscar
    sportscar.passengers = 2;
    sportscar.fuelcap = 14;
    sportscar.mpg = 12;

    gallons = minivan.fuelneeded(dist);

    System.out.println("To go " + dist + " miles minivan needs " +
                       gallons + " gallons of fuel.");

    gallons = sportscar.fuelneeded(dist);

    System.out.println("To go " + dist + " miles sportscar needs " +
                       gallons + " gallons of fuel.");

  }
}
```

A saída do programa é a seguinte:

```
To go 252 miles minivan needs 12.0 gallons of fuel.
To go 252 miles sportscar needs 21.0 gallons of fuel.
```

Tente Isto 4-1   Crie uma classe de ajuda

> HelpClassDemo.java

Se alguém tentasse resumir a essência da classe em uma frase, ela poderia ser esta: uma classe encapsula funcionalidade. É claro que às vezes o truque é saber onde uma "funcionalidade" termina e outra começa. Como regra geral, você vai querer que suas classes sejam os blocos de construção do aplicativo final. Para que isso ocorra, cada classe deve representar uma única unidade funcional executando ações claramente delimitadas. Portanto, você vai querer que suas classes sejam tão pequenas quanto possível – mas não menor do que isso! Ou seja, classes que contêm funcionalidade demais confundem e desestruturam o código, mas classes que contêm pouca funcionalidade são fragmentadas. Qual é o equilíbrio? É nesse ponto que a ciência da programação se torna a *arte* de programar. Felizmente, a maioria dos programadores descobre que é mais fácil executar esse ato de equilíbrio com a experiência.

Para começar a ganhar essa experiência, você converterá o sistema de ajuda da seção Tente Isto 3-3 do capítulo anterior em uma classe Help. Vejamos por que essa é uma boa ideia. Em primeiro lugar, o sistema de ajuda define apenas uma unidade lógica. Ele simplesmente exibe a sintaxe das instruções de controle Java. Logo, sua funcionalidade é compacta e bem definida. Em segundo lugar, inserir a ajuda em uma classe é uma abordagem esteticamente amigável. Sempre que você quiser oferecer o sistema de ajuda a um usuário, só terá de instanciar um objeto de sistema de ajuda. Para concluir, já que a ajuda está encapsulada, pode ser atualizada ou alterada sem causar efeitos colaterais indesejados nos programas que a usarem.

1. Crie um novo arquivo chamado **HelpClassDemo.java**. Para evitar digitação, se quiser, copie o arquivo da seção Tente Isto 3-3, **Help3.java**, para **HelpClassDemo.java**.

2. Para converter o sistema de ajuda em uma classe, primeiro você deve determinar precisamente o que compõe o sistema. Por exemplo, em **Help3.java**, há código para a exibição de um menu, a inserção da escolha do usuário, a procura de uma resposta válida e a exibição de informações sobre o item selecionado. O programa também entra em laço até a letra q ser pressionada. Se você pensar bem, está claro que o menu, a procura por uma resposta válida e a exibição de informações são parte integrante do sistema de ajuda; em contrapartida, como a entrada do usuário é obtida e decidir se solicitações repetidas devem ser processadas não são. Logo, você criará uma classe que exibirá as informações de ajuda, exibirá o menu e procurará uma seleção válida. Seus métodos se chamarão **helpOn( )**, **showMenu( )** e **isValid( )**, respectivamente.

3. Crie o método **helpOn( )** como mostrado aqui:

```
void helpOn(int what) {
  switch(what) {
    case '1':
      System.out.println("The if:\n");
      System.out.println("if(condition) statement;");
      System.out.println("else statement;");
```

```java
        break;
      case '2':
        System.out.println("The switch:\n");
        System.out.println("switch(expression) {");
        System.out.println("  case constant:");
        System.out.println("    statement sequence");
        System.out.println("    break;");
        System.out.println("  // ...");
        System.out.println("}");
        break;
      case '3':
        System.out.println("The for:\n");
        System.out.print("for(init; condition; iteration)");
        System.out.println(" statement;");
        break;
      case '4':
        System.out.println("The while:\n");
        System.out.println("while(condition) statement;");
        break;
      case '5':
        System.out.println("The do-while:\n");
        System.out.println("do {");
        System.out.println("  statement;");
        System.out.println("} while (condition);");
        break;
      case '6':
        System.out.println("The break:\n");
        System.out.println("break; or break label;");
        break;
      case '7':
        System.out.println("The continue:\n");
        System.out.println("continue; or continue label;");
        break;
    }
    System.out.println();
  }
```

4. Em seguida, crie o método **showMenu( )**:

```java
void showMenu() {
  System.out.println("Help on:");
  System.out.println("  1. if");
  System.out.println("  2. switch");
  System.out.println("  3. for");
  System.out.println("  4. while");
  System.out.println("  5. do-while");
  System.out.println("  6. break");
  System.out.println("  7. continue\n");
  System.out.print("Choose one (q to quit): ");
}
```

5. Crie o método **isValid( )**, mostrado aqui:

```
boolean isValid(int ch) {
  if(ch < '1' | ch > '7' & ch != 'q') return false;
  else return true;
}
```

6. Reúna os métodos anteriores na classe **Help**, listada abaixo:

```
class Help {
  void helpOn(int what) {
    switch(what) {
      case '1':
        System.out.println("The if:\n");
        System.out.println("if(condition) statement;");
        System.out.println("else statement;");
        break;
      case '2':
        System.out.println("The switch:\n");
        System.out.println("switch(expression) {");
        System.out.println("  case constant:");
        System.out.println("    statement sequence");
        System.out.println("    break;");
        System.out.println("  // ...");
        System.out.println("}");
        break;
      case '3':
        System.out.println("The for:\n");
        System.out.print("for(init; condition; iteration)");
        System.out.println(" statement;");
        break;
      case '4':
        System.out.println("The while:\n");
        System.out.println("while(condition) statement;");
        break;
      case '5':
        System.out.println("The do-while:\n");
        System.out.println("do {");
        System.out.println("  statement;");
        System.out.println("} while (condition);");
        break;
      case '6':
        System.out.println("The break:\n");
        System.out.println("break; or break label;");
        break;
      case '7':
        System.out.println("The continue:\n");
        System.out.println("continue; or continue label;");
        break;
    }
    System.out.println();
  }
}
```

```
  void showMenu() {
    System.out.println("Help on:");
    System.out.println("  1. if");
    System.out.println("  2. switch");
    System.out.println("  3. for");
    System.out.println("  4. while");
    System.out.println("  5. do-while");
    System.out.println("  6. break");
    System.out.println("  7. continue\n");
    System.out.print("Choose one (q to quit): ");
  }

  boolean isValid(int ch) {
    if(ch < '1' | ch > '7' & ch != 'q') return false;
    else return true;
  }

}
```

7. Para concluir, reescreva o método **main( )** da seção Tente Isto 3-3, para que ele use a nova classe **Help**. Chame essa classe de **HelpClassDemo.java**. A listagem completa de **HelpClassDemo.java** é mostrada a seguir:

```
/*
    Tente Isto 4-1

    Converte o sistema de ajuda da seção Tente Isto 3-3
    em uma classe Help.
*/

class Help {
  void helpOn(int what) {
    switch(what) {
      case '1':
        System.out.println("The if:\n");
        System.out.println("if(condition) statement;");
        System.out.println("else statement;");
        break;
      case '2':
        System.out.println("The switch:\n");
        System.out.println("switch(expression) {");
        System.out.println("  case constant:");
        System.out.println("    statement sequence");
        System.out.println("    break;");
        System.out.println("  // ...");
        System.out.println("}");
        break;
      case '3':
        System.out.println("The for:\n");
        System.out.print("for(init; condition; iteration)");
        System.out.println(" statement;");
```

```java
          break;
        case '4':
          System.out.println("The while:\n");
          System.out.println("while(condition) statement;");
          break;
        case '5':
          System.out.println("The do-while:\n");
          System.out.println("do {");
          System.out.println("  statement;");
          System.out.println("} while (condition);");
          break;
        case '6':
          System.out.println("The break:\n");
          System.out.println("break; or break label;");
          break;
        case '7':
          System.out.println("The continue:\n");
          System.out.println("continue; or continue label;");
          break;
      }
      System.out.println();
    }

    void showMenu() {
      System.out.println("Help on:");
      System.out.println("  1. if");
      System.out.println("  2. switch");
      System.out.println("  3. for");
      System.out.println("  4. while");
      System.out.println("  5. do-while");
      System.out.println("  6. break");
      System.out.println("  7. continue\n");
      System.out.print("Choose one (q to quit): ");
    }

    boolean isValid(int ch) {
      if(ch < '1' | ch > '7' & ch != 'q') return false;
      else return true;
    }

  }

  class HelpClassDemo {
    public static void main(String args[])
      throws java.io.IOException {
      char choice, ignore;
      Help hlpobj = new Help();

      for(;;) {
        do {
          hlpobj.showMenu();
```

```
            choice = (char) System.in.read();

            do {
               ignore = (char) System.in.read();
            } while(ignore != '\n');

         } while( !hlpobj.isValid(choice) );

         if(choice == 'q') break;

         System.out.println("\n");

         hlpobj.helpOn(choice);
      }
   }
}
```

Quando você testar o programa, verá que ele é funcionalmente o mesmo de antes. A vantagem dessa abordagem é que agora você tem um componente de sistema de ajuda que pode ser reutilizado sempre que necessário.

Construtores

Nos exemplos anteriores, as variáveis de instância de cada objeto **Vehicle** tiveram de ser configuradas manualmente com o uso de uma sequência de instruções, como:

```
minivan.passengers = 7;
minivan.fuelcap = 16;
minivan.mpg = 21;
```

Uma abordagem como essa nunca seria usada em um código Java escrito profissionalmente. Além de ser propensa a erros (você pode se esquecer de configurar um dos campos), há uma maneira melhor de executar essa tarefa: o construtor.

Um *construtor* inicializa um objeto quando este é criado. Ele tem o mesmo nome de sua classe e é sintaticamente semelhante a um método. No entanto, os construtores não têm um tipo de retorno explícito. Normalmente, usamos um construtor para fornecer valores iniciais para as variáveis de instância definidas pela classe ou para executar algum outro procedimento de inicialização necessário à criação de um objeto totalmente formado.

Todas as classes têm construtores, mesmo quando não definimos um, porque Java fornece automaticamente um construtor padrão que inicializa todas as variáveis membros com seus valores padrão, que são zero, **null** e **false**, para tipos numéricos, tipos de referência e **boolean**s, respectivamente. No entanto, quando definimos nosso próprio construtor, o construtor padrão não é mais usado.

Aqui está um exemplo simples que usa um construtor:

```
// Um construtor simples.

class MyClass {
```

```
  int x;

  MyClass() {              ◄──────── Este é o construtor de MyClass.
    x = 10;
  }
}

class ConsDemo {
  public static void main(String args[]) {
    MyClass t1 = new MyClass();
    MyClass t2 = new MyClass();

    System.out.println(t1.x + " " + t2.x);
  }
}
```

Nesse exemplo, o construtor de **MyClass** é

```
MyClass() {
  x = 10;
}
```

Esse construtor atribui o valor 10 à variável de instância **x** de **MyClass**. Ele é chamado por **new** quando um objeto é criado. Por exemplo, na linha

```
MyClass t1 = new MyClass();
```

o construtor **MyClass( )** é chamado no objeto **t1**, fornecendo o valor 10 a **t1.x**. O mesmo ocorre para **t2**. Após a construção, **t2.x** tem o valor 10. Portanto, a saída do programa é

```
10 10
```

Construtores parametrizados

No exemplo anterior, um construtor sem parâmetros foi usado. Embora isso seja adequado em algumas situações, quase sempre você precisará de um construtor que aceite um ou mais parâmetros. Os parâmetros são adicionados a um construtor da mesma forma que são adicionados a um método: apenas declare-os dentro de parênteses após o nome do construtor. Por exemplo, aqui, **MyClass** recebe um construtor parametrizado:

```
// Um construtor parametrizado.

class MyClass {
  int x;

  MyClass(int i) {         ◄──────── Esse construtor tem um parâmetro.
    x = i;
  }
}

class ParmConsDemo {
```

```
    public static void main(String args[]) {
      MyClass t1 = new MyClass(10);
      MyClass t2 = new MyClass(88);

      System.out.println(t1.x + " " + t2.x);
    }
  }
```

A saída desse programa é mostrada abaixo:

```
10 88
```

Nessa versão do programa, o construtor **MyClass( )** define um parâmetro chamado **i**, que é usado para inicializar a variável de instância **x**. Logo, quando a linha

```
MyClass t1 = new MyClass(10);
```

é executada, o valor 10 é passado para **i**, que é então atribuído a **x**.

Adicionando um construtor à classe Vehicle

Podemos melhorar a classe **Vehicle** adicionando um construtor que inicialize automaticamente os campos **passengers**, **fuelcap** e **mpg** quando um objeto for construído. Preste bastante atenção em como os objetos **Vehicle** são criados.

```
// Adiciona um construtor.

class Vehicle {
  int passengers; // número de passageiros
  int fuelcap;    // capacidade de armazenamento de combustível em galões
  int mpg;        // consumo de combustível em milhas por galão

  // Esse é um construtor para Vehicle.
  Vehicle(int p, int f, int m) {   ◄─────────────── Construtor de Vehicle.
    passengers = p;
    fuelcap = f;
    mpg = m;
  }

  // Retorna a autonomia.
  int range() {
    return mpg * fuelcap;
  }

  // Calcula o combustível necessário para cobrir uma determinada distância.
  double fuelneeded(int miles) {
    return (double) miles / mpg;
  }
}

class VehConsDemo {
  public static void main(String args[]) {
```

```
         // constrói veículos completos
         Vehicle minivan = new Vehicle(7, 16, 21);
         Vehicle sportscar = new Vehicle(2, 14, 12);
         double gallons;
         int dist = 252;

         gallons = minivan.fuelneeded(dist);

         System.out.println("To go " + dist + " miles minivan needs " +
                            gallons + " gallons of fuel.");

         gallons = sportscar.fuelneeded(dist);

         System.out.println("To go " + dist + " miles sportscar needs " +
                            gallons + " gallons of fuel.");

    }
}
```

Tanto **minivan** quanto **sportscar** são inicializadas pelo construtor **Vehicle( )** quando são criadas. Cada objeto é inicializado como especificado nos parâmetros de seu construtor. Por exemplo, na linha a seguir,

```
Vehicle minivan = new Vehicle(7, 16, 21);
```

os valores 7, 16 e 21 são passados para o construtor **Vehicle( )** quando **new** cria o objeto. Logo, a cópia de **passengers**, **fuelcap** e **mpg** de **minivan** conterá os valores 7, 16 e 21, respectivamente. A saída desse programa é igual a da versão anterior.

O operador new revisitado

Agora que você sabe mais sobre as classes e seus construtores, examinemos com detalhes o operador **new**. No contexto de uma atribuição, o operador **new** tem esta forma geral:

var-classe = new *nome-classe(lista-arg)*;

Aqui, *var-classe* é uma variável do tipo de classe que está sendo criada. *Nome-classe* é o nome da classe que está sendo instanciada. O nome da classe seguido por uma lista de argumentos entre parênteses (que pode estar vazia) especifica o construtor da classe. Se uma classe não definir seu próprio construtor, **new** usará o construtor padrão fornecido por Java. Logo, **new** pode ser usado para criar um objeto de qualquer tipo de classe. O operador **new** retorna uma referência ao objeto recém criado, que (nesse caso) é atribuído a *var-classe*.

Já que a memória é finita, é possível que **new** não consiga alocar memória para um objeto por não existir memória suficiente. Se isso ocorrer, haverá uma exceção de tempo de execução. (Conheceremos as exceções no Capítulo 9.) Para os exemplos de programa deste livro, não precisamos nos preocupar em ficar sem memória, mas temos que considerar essa possibilidade em programas do mundo real que escrevermos.

Coleta de lixo

Vimos que a alocação de objetos se dá dinamicamente a partir de uma porção de memória livre com o uso do operador **new**. Como explicado, a memória não é infinita e o espaço livre pode se extinguir. Portanto, é possível que **new** falhe por não haver memória suficiente para a criação do objeto desejado. Logo, um componente-chave de qualquer esquema de alocação dinâmica é a recuperação de memória livre de objetos não usados, com a disponibilização dessa memória para realocações subsequentes. Em algumas linguagens de programação, a liberação de memória já alocada é realizada manualmente. No entanto, Java usa uma abordagem diferente, mais livre de problemas: *a coleta de lixo*.

O sistema de coleta de lixo de Java reclama objetos automaticamente – ocorrendo de maneira transparente em segundo plano, sem nenhuma intervenção do programador. Funciona assim: quando não existe nenhuma referência a um objeto, ele não é mais considerado necessário e a memória ocupada é liberada. Essa memória reciclada pode então ser usada para uma alocação subsequente.

> **Pergunte ao especialista**
>
> **P:** Por que não preciso usar new para variáveis de tipos primitivos, como int ou float?
>
> **R:** Os tipos primitivos da linguagem Java não são implementados como objetos. Em vez disso, devido a preocupações com a eficiência, eles são implementados como variáveis "comuns". Uma variável de tipo primitivo contém o valor que damos a ela. Como explicado, variáveis de objetos são referências ao objeto. Essa camada de endereçamento indireto (e outros recursos dos objetos) adiciona sobrecarga a um objeto que é evitada por um tipo primitivo.

A coleta de lixo só ocorre esporadicamente durante a execução do programa. Ela não ocorrerá só porque existem um ou mais objetos que não são mais usados. A título de eficiência, geralmente o cletor de lixo só é executado quando duas condições são atendidas: há objetos a serem reciclados e há a necessidade de reciclá-los. Lembre-se, a coleta de lixo é demorada, logo, o sistema de tempo de execução Java só a executa quando apropriado. Portanto, não temos como saber exatamente quando ela ocorrerá.

O método finalize( )

É possível definir um método para ser chamado imediatamente antes da destruição final de um objeto pelo coletor de lixo. Esse método se chama **finalize( )** e pode ser usado para assegurar que um objeto seja totalmente eliminado. Por exemplo, você pode usar **finalize( )** para assegurar que um arquivo aberto de propriedade do objeto seja fechado.

Para adicionar um finalizador a uma classe, você só precisa definir o método **finalize( )**. O sistema de tempo de execução Java chamará esse método sempre que estiver para reciclar um objeto dessa classe. Dentro do método **finalize( )**, você especificará as ações que devem ser executadas antes de um objeto ser destruído.

O método **finalize( )** tem a seguinte forma geral:

```
protected void finalize( )
{
  // parte onde entra o código de finalização
}
```

Aqui, a palavra-chave **protected** é um especificador que limita o acesso a **finalize( )**. Esse e outros especificadores de acesso serão explicados no Capítulo 6.

É importante entender que **finalize( )** é chamado imediatamente antes da coleta de lixo. Ele não é chamado quando um objeto sai de escopo, por exemplo. Ou seja, não temos como saber quando – ou até mesmo se – **finalize( )** será executado. Por exemplo, se o programa terminar antes da coleta de lixo ocorrer, **finalize( )** não será executado. Logo, ele deve ser usado como um procedimento "reserva" para assegurar o tratamento apropriado de algum recurso ou para aplicações de uso especial, e não como um artifício para o programa usar em sua operação normal. Resumindo, **finalize( )** é um método especializado raramente necessário na maioria dos programas.

Pergunte ao especialista

P: C++ define elementos chamados *destruidores*, que são executados automaticamente quando um objeto é destruído. O método finalize( ) é semelhante a um destruidor?

R: Java não tem destruidores. Embora seja verdade que o método **finalize( )** tem função semelhante a de um destruidor, não é a mesma coisa. Por exemplo, um destruidor C++ sempre é chamado imediatamente antes de um objeto sair de escopo, mas não temos como saber quando **finalize( )** será chamado para algum objeto específico. Para ser sincero, devido ao uso que Java faz do coletor de lixo, um destruidor não é tão necessário.

Tente Isto 4-2 Demonstre a coleta de lixo e a finalização

Finalize.java

Já que a coleta de lixo é executada esporadicamente em segundo plano, não é fácil demonstrá-la. No entanto, uma maneira de fazê-lo é com o uso do método **finalize( )**. Lembre-se de que **finalize( )** é chamado quando um objeto está para ser reciclado. Como explicado, os objetos não são necessariamente reciclados assim que não são mais necessários. Em vez disso, o coletor de lixo espera até poder executar sua coleta de maneira eficiente, geralmente quando há muitos objetos não usados. Logo, para demonstrar a coleta de lixo via método **finalize( )**, temos de criar e destruir vários objetos – e é exatamente o que faremos neste projeto.

1. Crie um novo arquivo chamado **Finalize.java**.

2. Crie a classe **FDemo** mostrada aqui:

```
class FDemo {
  int x;

  FDemo(int i) {
    x = i;
  }

  // chamada quando o objeto é reciclado
  protected void finalize() {
    System.out.println("Finalizing " + x);
  }

  // gera um objeto que é imediatamente destruído
  void generator(int i) {
    FDemo o = new FDemo(i);
  }
}
```

O construtor configura a variável de instância **x** com um valor conhecido. Nesse exemplo, **x** é usada como uma identificação de objeto. O método **finalize( )** exibe o valor de **x** quando um objeto é reciclado. De especial interesse é **generator( )**. Esse método cria e então descarta imediatamente um objeto **FDemo**. Você verá como ele é usado na próxima etapa.

3. Crie a classe **Finalize**, mostrada abaixo:

```
class Finalize {
  public static void main(String args[]) {
    int count;

    FDemo ob = new FDemo(0);

    /* Agora, gere um grande número de objetos.
       Em algum momento, a coleta de lixo ocorrerá.
       Nota: você pode ter de aumentar o número
       de objetos gerados para forçar a
       coleta de lixo. */

    for(count=1; count < 100000; count++)
      ob.generator(count);
  }
}
```

Essa classe cria um objeto **FDemo** inicial chamado **ob**. Em seguida, usando **ob**, ela cria 100.000 objetos chamando **generator( )** em **ob**. Como resultado, 100.000 objetos são criados e descartados. Em vários pontos no meio do processo, a coleta de lixo ocorrerá. Muitos fatores vão influenciar exatamente com que frequência ou quando, como a quantidade inicial de memória livre e o sistema operacional. No entanto, em algum momento, você começará a ver as mensagens geradas por **finalize( )**. Se não conseguir vê-las, tente aumentar o número de objetos que estão sendo gerados elevando a contagem no laço **for**.

4. Aqui está o programa **Finalize.java** inteiro:

```java
/*
    Tente Isto 4-2

    Demonstra a coleta de lixo e o método finalize().
*/

class FDemo {
  int x;

  FDemo(int i) {
    x = i;
  }

  // chamada quando o objeto é reciclado
  protected void finalize() {
    System.out.println("Finalizing " + x);
  }

  // gera um objeto que é imediatamente destruído
  void generator(int i) {
    FDemo o = new FDemo(i);
  }
}

class Finalize {
  public static void main(String args[]) {
    int count;

    FDemo ob = new FDemo(0);

    /* Agora, gera um grande número de objetos.
       Em algum momento, a coleta de lixo ocorrerá.
       Nota: você pode ter de aumentar o número
       de objetos gerados para forçar a
       coleta de lixo. */

    for(count=1; count < 100000; count++)
      ob.generator(count);
  }
}
```

A palavra-chave this

Antes de concluirmos este capítulo, é necessário introduzir **this**. Quando um método é chamado, ele recebe automaticamente um argumento implícito, que é uma referência ao objeto chamador (isto é, o objeto em que o método é chamado). Essa referência se chama **this**. Para entender **this**, primeiro considere um programa que cria uma classe chamada **Pwr** para calcular o resultado de um número elevado a alguma potência inteira:

```
class Pwr {
  double b;
  int e;
  double val;

  Pwr(double base, int exp) {
    b = base;
    e = exp;

    val = 1;
    if(exp==0) return;
    for( ; exp>0; exp--) val = val * base;
  }

  double get_pwr() {
    return val;
  }
}

class DemoPwr {
  public static void main(String args[]) {
    Pwr x = new Pwr(4.0, 2);
    Pwr y = new Pwr(2.5, 1);
    Pwr z = new Pwr(5.7, 0);

    System.out.println(x.b + " raised to the " + x.e +
                       " power is " + x.get_pwr());
    System.out.println(y.b + " raised to the " + y.e +
                       " power is " + y.get_pwr());
    System.out.println(z.b + " raised to the " + z.e +
                       " power is " + z.get_pwr());
  }
}
```

Como você sabe, dentro de um método, os outros membros de uma classe podem ser acessados diretamente, sem qualquer qualificação de objeto ou classe. Logo, dentro de **get_pwr( )**, a instrução

```
return val;
```

significa que a cópia de **val** associada ao objeto chamador será retornada. No entanto, a mesma instrução também pode ser escrita assim:

```
return this.val;
```

Aqui, **this** referencia o objeto em que **get_pwr( )** foi chamado. Portanto, **this.val** referencia a cópia de **val** pertencente a esse objeto. Por exemplo, se na instrução anterior **get_pwr( )** tivesse sido chamado em **x**, **this** referenciaria **x**. Escrever a instrução sem usar **this** é apenas uma forma de abreviar.

Esta é a classe **Pwr** inteira escrita com o uso da referência **this**:

```
class Pwr {
  double b;
  int e;
  double val;

  Pwr(double base, int exp) {
    this.b = base;
    this.e = exp;

    this.val = 1;
    if(exp==0) return;
    for( ; exp>0; exp--) this.val = this.val * base;
  }

  double get_pwr() {
    return this.val;
  }
}
```

Na verdade, nenhum programador de Java criaria **Pwr** como acabei de mostrar, porque nada é ganho e a forma padrão é mais fácil. No entanto, **this** tem algumas aplicações importantes. Por exemplo, a sintaxe Java permite que o nome de um parâmetro ou de uma variável local seja igual ao nome de uma variável de instância. Quando isso ocorre, o nome local *oculta* a variável de instância. Você pode ganhar acesso à variável de instância oculta referenciando-a com **this**. O código a seguir é uma maneira sintaticamente válida de escrever o construtor **Pwr( )**.

```
Pwr(double b, int e) {
  this.b = b;           This referencia a variável de
  this.e = e;           instância b e não o parâmetro.

  val = 1;
  if(e==0) return;
  for( ; e>0; e--) val = val * b;
}
```

Nessa versão, os nomes dos parâmetros são iguais aos nomes das variáveis de instância, ocultando-as. No entanto, **this** é usada para "expor" as variáveis de instância.

✓ Teste do Capítulo 4

1. Qual é a diferença entre uma classe e um objeto?
2. Como uma classe é definida?
3. Cada objeto tem sua própria cópia de quê?
4. Usando duas instruções separadas, mostre como declarar um objeto de nome **counter** de uma classe chamada **MyCounter**.
5. Mostre como um método chamado **myMeth( )** será declarado se tiver um tipo de retorno **double** e dois parâmetros **int** chamados **a** e **b**.
6. Como um método deve retornar se um valor for retornado?
7. Que nome tem um construtor?
8. O que **new** faz?
9. O que é coleta de lixo e como ela funciona? O que é **finalize( )**?
10. O que é **this**?
11. Um construtor pode ter um ou mais parâmetros?
12. Se um método não retornar um valor, qual deve ser seu tipo de retorno?

Capítulo 5

Mais tipos de dados
e operadores

Principais habilidades e conceitos

- Entender e criar arrays
- Criar arrays multidimensionais
- Criar arrays irregulares
- Saber a sintaxe alternativa de declaração de arrays
- Atribuir referências de arrays
- Usar o membro de array **length**
- Usar o laço **for** de estilo for-each
- Trabalhar com strings
- Aplicar argumentos de linha de comando
- Usar os operadores bitwise
- Aplicar o operador **?**

Este capítulo voltará ao assunto dos tipos de dados e operadores Java. Ele discutirá arrays, o tipo **String**, os operadores bitwise e o operador ternário **?**. Também abordará o laço **for** Java de estilo for-each. Ao avançarmos, os argumentos de linha de comando serão descritos.

Arrays

Um *array* é um conjunto de variáveis do mesmo tipo, referenciadas por um nome comum. Em Java, os arrays podem ter uma ou mais dimensões, embora o array unidimensional seja o mais popular. Os arrays são usados para vários fins, porque oferecem um meio conveniente de agrupar variáveis relacionadas. Por exemplo, você pode usar um array para armazenar um registro da temperatura máxima diária durante um mês, uma lista de médias de preços de ações ou uma lista de sua coleção de livros de programação.

A principal vantagem de um array é que ele organiza os dados de tal forma que é fácil tratá-los. Por exemplo, se você tiver um array contendo as rendas de um determinado grupo de famílias, será fácil calcular a renda média percorrendo-o. Os arrays também organizam os dados de forma que eles possam ser facilmente classificados.

Embora os arrays Java possam ser usados da mesma forma que os arrays de outras linguagens de programação, eles têm um atributo especial: são implementados como objetos. Esse fato é uma das razões para uma discussão dos arrays ter sido adiada até os objetos serem introduzidos. Na implementação de arrays como objetos, muitas vantagens importantes são obtidas e uma delas, que não é menos importante, é que os arrays não usados podem ser alvo da coleta de lixo.

Arrays unidimensionais

Um array unidimensional é uma lista de variáveis relacionadas. Essas listas são comuns em programação. Por exemplo, você pode usar um array unidimensional para armazenar os números de conta dos usuários ativos em uma rede. Outro array poderia ser usado para armazenar as médias de rebatidas atuais de um time de baseball.

Para declarar um array unidimensional, você pode usar esta forma geral:

tipo nome-array[ ] = new *tipo*[*tamanho*];

Aqui, *tipo* declara o tipo de elemento do array. (Normalmente, o tipo de elemento também é chamado de tipo base.) O tipo de elemento determina o tipo de dado de cada elemento contido no array. O número de elementos que o array conterá é determinado por tamanho. Já que os arrays são implementados como objetos, a criação de um array é um processo de duas etapas. Primeiro, você declara uma variável de referência de array. Depois, aloca memória para o array, atribuindo uma referência dessa memória à variável de array. Portanto, os arrays Java são alocados dinamicamente com o uso do operador **new**.

Veja um exemplo. A linha a seguir cria um array **int** de 10 elementos e o vincula a uma variável de referência de array chamada **sample**:

```
int sample[] = new int[10];
```

Essa declaração funciona como uma declaração de objeto. A variável **sample** contém uma referência à memória alocada por **new**. Essa memória é suficientemente grande para conter 10 elementos de tipo **int**. Como ocorre com os objetos, é possível dividir a declaração anterior em duas. Por exemplo:

```
int sample[];
sample = new int[10];
```

Nesse caso, quando **sample** é criada, ela não referencia nenhum objeto físico. Só após a segunda instrução ser executada, **sample** é vinculada a um array.

Um elemento individual de um array é acessado com o uso de um índice. Um *índice* descreve a posição de um elemento dentro de um array. Em Java, todos os arrays têm zero como o índice de seu primeiro elemento. Já que a variável **sample** tem 10 elementos, ela tem valores de índice que vão de 0 a 9. Para indexar um array, devemos especificar o número do elemento desejado, inserido em colchetes. Portanto, o primeiro elemento de **sample** é **sample[0]** e o último é **sample[9]**. Por exemplo, o programa a seguir carrega **sample** com os números de 0 a 9:

```
// Demonstra um array unidimensional.
class ArrayDemo {
  public static void main(String args[]) {
    int sample[] = new int[10];
    int i;

    for(i = 0; i < 10; i = i+1)
      sample[i] = i;

    for(i = 0; i < 10; i = i+1)
```

Os arrays são indexados a partir de zero.

```
            System.out.println("This is sample[" + i + "]: " +
                               sample[i]);
    }
}
```

A saída do programa é mostrada aqui:

```
This is sample[0]: 0
This is sample[1]: 1
This is sample[2]: 2
This is sample[3]: 3
This is sample[4]: 4
This is sample[5]: 5
This is sample[6]: 6
This is sample[7]: 7
This is sample[8]: 8
This is sample[9]: 9
```

Conceitualmente, o array **sample** tem a seguinte aparência:

0	1	2	3	4	5	6	7	8	9
Sample[0]	Sample[1]	Sample[2]	Sample[3]	Sample[4]	Sample[5]	Sample[6]	Sample[7]	Sample[8]	Sample[9]

Os arrays são comuns em programação, porque nos permitem lidar facilmente com grandes quantidades de variáveis relacionadas. Por exemplo, o programa abaixo encontra o valor mínimo e máximo do array **nums** percorrendo o array com o uso de um laço **for**:

```
// Encontra o valor mínimo e máximo de um array.
class MinMax {
  public static void main(String args[]) {
    int nums[] = new int[10];
    int min, max;

    nums[0] = 99;
    nums[1] = -10;
    nums[2] = 100123;
    nums[3] = 18;
    nums[4] = -978;
    nums[5] = 5623;
    nums[6] = 463;
    nums[7] = -9;
    nums[8] = 287;
    nums[9] = 49;

    min = max = nums[0];
```

```
    for(int i=1; i < 10; i++) {
      if(nums[i] < min) min = nums[i];
      if(nums[i] > max) max = nums[i];
    }
    System.out.println("min and max: " + min + " " + max);
  }
}
```

A saída do programa é mostrada a seguir:

```
min and max: -978 100123
```

No programa anterior, o array **nums** recebeu valores manualmente, usando 10 instruções de atribuição separadas. Embora isso esteja perfeitamente correto, há uma maneira mais fácil de fazê-lo. Os arrays podem ser inicializados quando são criados. A forma geral de inicialização de um array unidimensional é esta:

type array-name[ ] = { *val1*, *val2*, *val3*, ... , *valN* };

Aqui, os valores iniciais são especificados por *val1* até *valN*. Eles são atribuídos em sequência, da esquerda para a direita, em ordem de índice. Java aloca automaticamente um array grande o suficiente para conter os inicializadores especificados. Não há necessidade de usar o operador **new** explicitamente. Por exemplo, esta é uma maneira melhor de escrever o programa **MinMax**:

```
// Usa inicializadores de array.
class MinMax2 {
  public static void main(String args[]) {
    int nums[] = { 99, -10, 100123, 18, -978,
                   5623, 463, -9, 287, 49 };      ◄──── Inicializadores de array
    int min, max;

    min = max = nums[0];
    for(int i=1; i < 10; i++) {
      if(nums[i] < min) min = nums[i];
      if(nums[i] > max) max = nums[i];
    }
    System.out.println("Min and max: " + min + " " + max);
  }
}
```

Os limites do array são impostos rigorosamente em Java; é um erro de tempo de execução estar abaixo ou acima da extremidade de um array. Se quiser confirmar isso por sua própria conta, teste o programa a seguir que intencionalmente excede um array:

```
// Demonstra uma situação que excede um array.
class ArrayErr {
  public static void main(String args[]) {
    int sample[] = new int[10];
    int i;

    // gera a transposição de um array
    for(i = 0; i < 100; i = i+1)
```

```
      sample[i] = i;
   }
}
```

Assim que **i** alcançar 10, uma **ArrayIndexOutOfBoundsException** será gerada e o programa será encerrado.

Tente Isto 5-1   Classifique um array

Bubble.java

Já que um array unidimensional organiza os dados em uma lista linear que pode ser indexada, é a estrutura de dados perfeita para classificações. Nesse projeto, você aprenderá uma maneira simples de classificar um array. Como deve saber, há vários algoritmos de classificação. Há a classificação rápida, a classificação por troca e a classificação de shell, para citar apenas três. No entanto, a mais conhecida, simples e fácil de entender se chama classificação por bolha. Embora a classificação por bolha não seja muito eficiente – na verdade, seu desempenho é inaceitável para a classificação de arrays grandes – ela pode ser usada de maneira eficaz na classificação de arrays pequenos.

1. Crie um arquivo chamado **Bubble.java**.

2. A classificação por bolha obtém seu nome da maneira como executa a operação de classificação. Ela usa a comparação repetida e, se necessário, a troca de elementos adjacentes do array. Nesse processo, valores pequenos se movem em direção a uma extremidade e os maiores em direção à outra. O processo é conceitualmente semelhante a bolhas encontrando seu nível em um tanque de água. A classificação por bolha funciona percorrendo várias vezes o array e trocando os elementos que estiverem fora do lugar quando preciso. O número de passagens necessárias para assegurar que o array esteja classificado é igual a um menos o número de elementos do array.

   Aqui está o código que forma a base da classificação por bolha. O array que está sendo classificado se chama **nums**.

   ```
   // Esta é a classificação por bolha.
   for(a=1; a < size; a++)
      for(b=size-1; b >= a; b--) {
         if(nums[b-1] > nums[b]) { // se fora de ordem
            // troca elementos
            t = nums[b-1];
            nums[b-1] = nums[b];
            nums[b] = t;
         }
      }
   ```

   Observe que a classificação se baseia em dois laços **for**. O laço interno verifica os elementos adjacentes do array, procurando elementos fora de ordem. Quando um par de elementos fora de ordem é encontrado, os dois elementos são trocados. A cada passagem, o menor dos elementos restantes se move para o local apropriado. O laço externo faz esse processo se repetir até o array inteiro ser classificado.

3. Aqui está o programa **Bubble** inteiro:

```
/*
    Tente Isto 5-1

    Demonstra a classificação por bolha.
*/

class Bubble {
  public static void main(String args[]) {
    int nums[] = { 99, -10, 100123, 18, -978,
                   5623, 463, -9, 287, 49 };
    int a, b, t;
    int size;

    size = 10; // número de elementos a serem classificados

    // exibe o array original
    System.out.print("Original array is:");
    for(int i=0; i < size; i++)
      System.out.print(" " + nums[i]);
    System.out.println();

    // Esta é a classificação por bolha.
    for(a=1; a < size; a++)
      for(b=size-1; b >= a; b--) {
        if(nums[b-1] > nums[b]) { // se fora de ordem
          // troca elementos
          t = nums[b-1];
          nums[b-1] = nums[b];
          nums[b] = t;
        }
      }

    // exibe o array classificado
    System.out.print("Sorted array is:");
    for(int i=0; i < size; i++)
      System.out.print(" " + nums[i]);
    System.out.println();
  }
}
```

A saída do programa é mostrada abaixo:

```
Original array is: 99 -10 100123 18 -978 5623 463 -9 287 49
Sorted array is: -978 -10 -9 18 49 99 287 463 5623 100123
```

4. Embora a classificação por bolha seja boa para arrays pequenos, ela não é eficiente quando usada em arrays maiores. O melhor algoritmo de classificação de uso geral é a classificação rápida (Quicksort). No entanto, a classificação rápida depende de recursos Java que você ainda não aprendeu.

Arrays multidimensionais

Embora o array unidimensional seja o mais usado em programação, os arrays multidimensionais (arrays de duas ou mais dimensões) certamente não são raros. Em Java, o array multidimensional é um array composto por arrays.

Arrays bidimensionais

A forma mais simples de array multidimensional é o array bidimensional. Um array bidimensional é, na verdade, uma lista de arrays unidimensionais. Para declarar um array bidimensional de tipo inteiro e tamanho 10, 20 chamado **table**, você escreveria

```
int table[][] = new int[10][20];
```

Preste atenção na declaração. Diferentemente de outras linguagens de computador, que usam vírgulas para separar as dimensões do array, Java insere cada dimensão em seu próprio conjunto de colchetes. Da mesma forma, para acessar o ponto 3, 5 do array **table**, temos que usar **table[3][5]**.

No próximo exemplo, um array bidimensional é carregado com os números de 1 a 12.

```
// Demonstra um array bidimensional.
class TwoD {
  public static void main(String args[]) {
    int t, i;
    int table[][] = new int[3][4];

    for(t=0; t < 3; ++t) {
      for(i=0; i < 4; ++i) {
        table[t][i] = (t*4)+i+1;
        System.out.print(table[t][i] + " ");
      }
      System.out.println();
    }
  }
}
```

Nesse exemplo, **table[0][0]** terá o valor 1, **table[0][1]** o valor 2, **table[0][2]** o valor 3, e assim por diante. O valor de **table[2][3]** será 12. Conceitualmente, o array ficaria parecido com o mostrado na Figura 5-1.

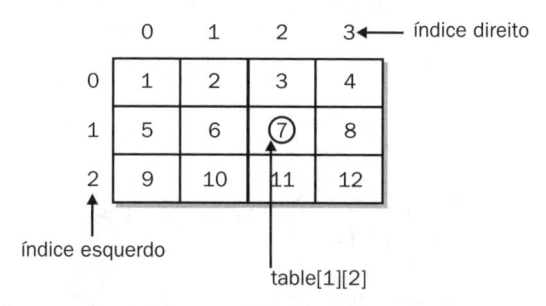

Figura 5-1 Visão conceitual do array table criado pelo programa **TwoD**.

Arrays irregulares

Quando alocamos memória para um array multidimensional, só temos de especificar a memória da primeira dimensão (a da extrema esquerda). As outras dimensões podem ser alocadas separadamente. Por exemplo, o código a seguir aloca memória para a primeira dimensão do array **table** quando este é declarado. A segunda dimensão é alocada manualmente.

```
int table[][] = new int[3][];
table[0] = new int[4];
table[1] = new int[4];
table[2] = new int[4];
```

Embora não haja vantagens em alocar individualmente os conjuntos da segunda dimensão nessa situação, pode haver em outras. Por exemplo, quando alocamos as dimensões separadamente, não precisamos alocar o mesmo número de elementos para cada índice. Uma vez que os arrays multidimensionais são implementados como arrays compostos por arrays, temos o controle do tamanho de cada array. Suponhamos que estivéssemos escrevendo um programa para armazenar o número de passageiros que pegam um ônibus do aeroporto. Se o ônibus faz o transporte 10 vezes ao dia durante a semana e duas vezes ao dia no sábado e domingo, poderíamos usar o array **riders** mostrado no programa abaixo para armazenar as informações. Observe que o tamanho da segunda dimensão para os primeiros cinco índices é 10 e para os dois últimos índices é 2.

```
// Aloca manualmente segundas dimensões de tamanhos diferentes.
class Ragged {
  public static void main(String args[]) {
    int riders[][] = new int[7][];
    riders[0] = new int[10];
    riders[1] = new int[10];
    riders[2] = new int[10];     Aqui, as segundas dimensões
    riders[3] = new int[10];     têm 10 elementos.
    riders[4] = new int[10];
    riders[5] = new int[2];      Mas, aqui, elas têm
    riders[6] = new int[2];      2 elementos

    int i, j;

    // forja alguns dados fictícios
    for(i=0; i < 5; i++)
      for(j=0; j < 10; j++)
        riders[i][j] = i + j + 10;
    for(i=5; i < 7; i++)
      for(j=0; j < 2; j++)
        riders[i][j] = i + j + 10;

    System.out.println("Riders per trip during the week:");
    for(i=0; i < 5; i++) {
      for(j=0; j < 10; j++)
        System.out.print(riders[i][j] + " ");
```

```
      System.out.println();
    }
    System.out.println();

    System.out.println("Riders per trip on the weekend:");
    for(i=5; i < 7; i++) {
      for(j=0; j < 2; j++)
        System.out.print(riders[i][j] + " ");
      System.out.println();
    }
  }
}
```

O uso de arrays multidimensionais irregulares (ou desiguais) não é recomendado na maioria dos aplicativos, porque funciona de maneira oposta ao que as pessoas esperam ver quando um array multidimensional é encontrado. No entanto, os arrays irregulares podem ser usados de maneira eficaz em algumas situações. Por exemplo, se você precisar de um array bidimensional grande e preenchido esparsamente (isto é, um array em que nem todos os elementos serão usados), o array irregular pode ser a solução perfeita.

Arrays de três ou mais dimensões

Java permite arrays com mais de duas dimensões. Aqui está a forma geral de uma declaração de array multidimensional:

tipo nome[ ][ ]...[ ] = new *tipo*[*tamanho1*][*tamanho2*]...[*tamanhoN*];

Por exemplo, a declaração a seguir cria um array tridimensional inteiro de 4 × 10 × 3.

```
int multidim[][][] = new int[4][10][3];
```

Inicializando arrays multidimensionais

Um array multidimensional pode ser inicializado com a inserção da lista de inicializadores de cada dimensão dentro de seu próprio conjunto de chaves. Por exemplo, a forma geral da inicialização de um array bidimensional é mostrada abaixo:

especificador-tipo nome_array[ ] [ ] = {
  { *val, val, val, ..., val* },
  { *val, val, val, ..., val* },
  .
  .
  .
  { *val, val, val, ..., val* }
};

Aqui, *val* indica um valor de inicialização. Cada bloco interno designa uma linha. Dentro de cada linha, o primeiro valor será armazenado na primeira posição do subarray, o segundo valor na segunda posição, e assim por diante. Observe que vírgulas separam os blocos inicializadores e um ponto e vírgula vem após a chave de fechamento.

Por exemplo, o programa a seguir inicializa um array chamado **sqrs** com os números de 1 a 10 e seus quadrados:

```
// Inicializa um array bidimensional.
class Squares {
  public static void main(String args[]) {
    int sqrs[][] = {
      { 1, 1 },
      { 2, 4 },
      { 3, 9 },
      { 4, 16 },
      { 5, 25 },
      { 6, 36 },
      { 7, 49 },
      { 8, 64 },
      { 9, 81 },
      { 10, 100 }
    };
    int i, j;

    for(i=0; i < 10; i++) {
      for(j=0; j < 2; j++)
        System.out.print(sqrs[i][j] + " ");
      System.out.println();
    }
  }
}
```

Observe como cada linha tem seu próprio conjunto de inicializadores.

Esta é a saída do programa:

```
1 1
2 4
3 9
4 16
5 25
6 36
7 49
8 64
9 81
10 100
```

Sintaxe alternativa para a declaração de arrays

Há uma segunda forma que pode ser usada na declaração de um array:

type[ ] *var-name*;

Aqui, os colchetes vêm depois do especificador de tipo, e não do nome da variável de array. Por exemplo, as duas declarações a seguir são equivalentes:

```
int counter[] = new int[3];
int[] counter = new int[3];
```

As declarações abaixo também são equivalentes:

```
char table[][] = new char[3][4];
char[][] table = new char[3][4];
```

Essa forma de declaração alternativa é conveniente na declaração de vários arrays do mesmo tipo. Por exemplo,

```
int[] nums, nums2, nums3; // cria três arrays
```

cria três variáveis de array de tipo **int**. É o mesmo que escrever

```
int nums[], nums2[], nums3[]; // também cria três arrays
```

A forma de declaração alternativa também é útil na especificação de um array como tipo de retorno de um método. Por exemplo,

```
int[] someMeth( ) { ...
```

declara que **someMeth( )** retorna um array de tipo **int**.

Já que as duas formas de declaração de arrays são muito usadas, ambas serão empregadas neste livro.

Atribuindo referências de arrays

Como ocorre com os demais objetos, quando atribuímos uma variável de referência de array a outra variável de array, estamos simplesmente alterando o objeto que a variável referencia. Não estamos criando uma cópia do array, nem copiando o conteúdo de um array para o outro. Por exemplo, considere o programa a seguir:

```
// Atribuindo variáveis de referência de array.
class AssignARef {
  public static void main(String args[]) {
    int i;

    int nums1[] = new int[10];
    int nums2[] = new int[10];

    for(i=0; i < 10; i++)
      nums1[i] = i;

    for(i=0; i < 10; i++)
      nums2[i] = -i;

    System.out.print("Here is nums1: ");
    for(i=0; i < 10; i++)
      System.out.print(nums1[i] + " ");
    System.out.println();

    System.out.print("Here is nums2: ");
    for(i=0; i < 10; i++)
      System.out.print(nums2[i] + " ");
    System.out.println();
```

```
        nums2 = nums1; // agora nums2 referencia nums1
```
◄─── Atribui uma variável de referência.

```
        System.out.print("Here is nums2 after assignment: ");
        for(i=0; i < 10; i++)
          System.out.print(nums2[i] + " ");
        System.out.println();

        // agora opera do array nums1 ao nums2
        nums2[3] = 99;

        System.out.print("Here is nums1 after change through nums2: ");
        for(i=0; i < 10; i++)
          System.out.print(nums1[i] + " ");
        System.out.println();
      }
    }
```

A saída do programa é mostrada aqui:

```
Here is nums1: 0 1 2 3 4 5 6 7 8 9
Here is nums2: 0 -1 -2 -3 -4 -5 -6 -7 -8 -9
Here is nums2 after assignment: 0 1 2 3 4 5 6 7 8 9
Here is nums1 after change through nums2: 0 1 2 99 4 5 6 7 8 9
```

Como a saída mostra, após a atribuição de **nums1** a **nums2**, as duas variáveis de referência de array referenciam o mesmo objeto.

Usando o membro length

Já que os arrays são implementados como objetos, cada array tem uma variável de instância **length** associada que contém o número de elementos que ele pode conter. (Em outras palavras, **length** contém o tamanho do array.) Aqui está um programa que demonstra essa propriedade:

```
// Usa o membro de array length.
class LengthDemo {
  public static void main(String args[]) {
    int list[] = new int[10];
    int nums[] = { 1, 2, 3 };
    int table[][] = { // uma tabela de tamanho variável
      {1, 2, 3},
      {4, 5},
      {6, 7, 8, 9}
    };

    System.out.println("length of list is " + list.length);
    System.out.println("length of nums is " + nums.length);
    System.out.println("length of table is " + table.length);
    System.out.println("length of table[0] is " + table[0].length);
    System.out.println("length of table[1] is " + table[1].length);
    System.out.println("length of table[2] is " + table[2].length);
    System.out.println();
```

```
    // usa length para inicializar list
    for(int i=0; i < list.length; i++)
      list[i] = i * i;

    System.out.print("Here is list: ");
    // agora usa length para exibir list
    for(int i=0; i < list.length; i++)
      System.out.print(list[i] + " ");
    System.out.println();
  }
}
```

Usa **length** para controlar um laço **for**.

Esse programa exibe a saída a seguir:

```
length of list is 10
length of nums is 3
length of table is 3
length of table[0] is 3
length of table[1] is 2
length of table[2] is 4

Here is list: 0 1 4 9 16 25 36 49 64 81
```

Preste atenção na maneira como **length** é usado com o array bidimensional **table**. Como explicado, um array bidimensional é um array composto por arrays. Portanto, quando a expressão

```
table.length
```

é usada, ela obtém o número de arrays armazenado em table que, nesse caso, é 3. Para obter o tamanho de qualquer array individual de table, você usará uma expressão como

```
table[0].length
```

que, aqui, obtém o tamanho do primeiro array.

Outra coisa a ser notada em **LengthDemo** é a maneira como **list.length** é usado pelos laços **for** para controlar o número de iterações. Uma vez que cada array carrega com ele seu tamanho, você pode usar essa informação em vez de controlar manualmente o tamanho de um array. Lembre-se de que o valor de **length** não tem nada a ver com o número de elementos que estão sendo usados. Ele contém o número de elementos que o array pode conter.

A inclusão do membro **length** simplifica os algoritmos tornando mais fácil – e seguro – executar certos tipos de operações com arrays. Por exemplo, o programa abaixo usa **length** para copiar um array para outro ao mesmo tempo em que impede exceder o limite do array e a geração de exceção durante a execução.

```
// Usa a variável length para ajudar na cópia de um array.
class ACopy {
  public static void main(String args[]) {
    int i;
    int nums1[] = new int[10];
```

```
      int nums2[] = new int[10];

      for(i=0; i < nums1.length; i++)
        nums1[i] = i;

      // copia nums1 para nums2
      if(nums2.length >= nums1.length)        ← Usa length para comparar
        for(i = 0; i < nums1.length; i++)        tamanhos de arrays.
          nums2[i] = nums1[i];

      for(i=0; i < nums2.length; i++)
        System.out.print(nums2[i] + " ");
  }
}
```

Aqui, **length** ajuda a desempenhar duas funções importantes. Em primeiro lugar, é usada para confirmarmos se o array de destino é suficientemente grande para armazenar o conteúdo do array de origem. Em segundo lugar, fornece a condição de encerramento do laço **for** que faz a cópia. É claro que, nesse exemplo simples, os tamanhos dos arrays podem ser facilmente conhecidos, mas essa mesma abordagem pode ser aplicada a situações mais desafiadoras.

Tente Isto 5-2   Uma classe Queue

QDemo.java

Como você deve saber, uma estrutura de dados é um meio de organizar dados. A estrutura de dados mais simples é o array, uma lista linear que permite o acesso aleatório aos seus elementos. Com frequência, os arrays são usados como base para estruturas de dados mais sofisticadas, como as pilhas e filas. *Pilha* é uma lista em que os elementos só podem ser acessados na ordem primeiro a entrar, último a sair (FILO, *first-in, last-out*). *Fila* é uma lista em que os elementos só podem ser acessados na ordem primeiro a entrar, primeiro a sair (FIFO, *first-in, last-out*). Logo, uma pilha é como uma pilha de pratos em uma mesa – o primeiro de baixo para cima é o último a ser usado. Uma fila é como a fila em um banco – o primeiro da fila é o primeiro a ser atendido.

O que torna estruturas de dados como as pilhas e filas interessantes é que elas combinam o armazenamento de informações com os métodos que as acessam. Portanto, as pilhas e filas são *máquinas de dados* em que o armazenamento e a recuperação são fornecidos pela própria estrutura de dados e não manualmente pelo programa. É claro que essa combinação é uma ótima opção para uma classe e neste projeto você criará uma classe de fila simples.

Em geral, as filas dão suporte a duas operações básicas: put e get. Cada operação put insere um novo elemento no fim da fila. Cada operação get recupera o próximo elemento do início da fila. As operaçoes de fila têm natureza *consumidora*: quando um elemento é retirado, não pode ser recuperado novamente. A fila também pode ficar cheia, se não houver espaço disponível para armazenar um item, e vazia, se todos os elementos tiverem sido removidos.

Uma última coisa: há dois tipos básicos de filas – circular e não circular. Uma *fila circular* reutiliza os locais do array subjacente quando elementos são removidos.

Capítulo 5 Mais tipos de dados e operadores

Uma *fila não circular* não reutiliza os locais e acaba se exaurindo. Para simplificar, esse exemplo cria uma fila não circular, mas com um pouco de raciocínio e esforço, você pode transformá-la facilmente em uma fila circular.

1. Crie um arquivo chamado **QDemo.java**.

2. Embora haja outras maneiras de dar suporte a uma fila, o método que usaremos se baseia em um array. Isto é, um array fornecerá o armazenamento dos itens inseridos na fila. Esse array será acessado por dois índices. O índice *put* determina onde o próximo elemento de dados será armazenado. O índice *get* indica em que local o próximo elemento de dados será obtido. Lembre-se de que a operação get é eliminatória e não é possível recuperar o mesmo elemento duas vezes. Apesar de a fila que estamos criando armazenar caracteres, a mesma lógica pode ser usada no armazenamento de qualquer tipo de objeto. Comece criando a classe **Queue** com estas linhas:

```
class Queue {
  char q[]; // esse array contém a fila
  int putloc, getloc; // os índices put e get
```

3. O construtor da classe **Queue** cria uma fila de tamanho específico. Aqui está o construtor de **Queue**:

```
Queue(int size) {
  q = new char[size]; // aloca memória para a fila
  putloc = getloc = 0;
}
```

Observe que inicialmente os índices put e get são configurados com zero.

4. O método **put( )**, que armazena elementos, é mostrado abaixo:

```
// insere um caractere na fila
void put(char ch) {
  if(putloc==q.length) {
    System.out.println(" - Queue is full.");
    return;
  }

  q[putloc++] = ch;
}
```

O método começa verificando uma condição de fila cheia. Se **putloc** for igual a uma unidade acima do último local do array **q**, não haverá mais espaço onde armazenar elementos. Caso contrário, o novo elemento será armazenado nesse local e putloc será aumentado. Logo, **putloc** é sempre o índice onde o próximo elemento será armazenado.

5. Para recuperar elementos, use o método **get( )**, mostrado a seguir:

```
// obtém um caractere na fila
char get() {
  if(getloc == putloc) {
    System.out.println(" - Queue is empty.");
```

```
      return (char) 0;
    }

    return q[getloc++];
  }
```

Primeiro, observe a verificação de fila vazia. Se tanto **getloc** quanto **putloc** indexarem o mesmo elemento, presume-se que a fila esteja vazia. Por isso, **getloc** e **putloc** foram inicializados com zero pelo construtor de **Queue**. Em seguida, o próximo elemento é retornado. No processo, **getloc** é incrementado. Logo, **getloc** sempre indica o local do próximo elemento a ser recuperado.

6. Aqui está o programa **QDemo.java** inteiro:

```
/*
    Tente Isto 5-2

    Uma classe de fila para caracteres.
*/

class Queue {
  char q[]; // esse array contém a fila
  int putloc, getloc; // os índices put e get

  Queue(int size) {
    q = new char[size]; // aloca memória para a fila
    putloc = getloc = 0;
  }

  // insere um caractere na fila
  void put(char ch) {
    if(putloc==q.length) {
      System.out.println(" - Queue is full.");
      return;
    }

    q[putloc++] = ch;
  }

  // obtém um caractere na fila
  char get() {
    if(getloc == putloc) {
      System.out.println(" - Queue is empty.");
      return (char) 0;
    }

    return q[getloc++];
  }
}

// Demonstra a classe Queue.
class QDemo {
```

```java
    public static void main(String args[]) {
      Queue bigQ = new Queue(100);
      Queue smallQ = new Queue(4);
      char ch;
      int i;

      System.out.println("Using bigQ to store the alphabet.");
      // insere alguns números em bigQ
      for(i=0; i < 26; i++)
        bigQ.put((char) ('A' + i));

      // recupera e exibe elementos de bigQ
      System.out.print("Contents of bigQ: ");
      for(i=0; i < 26; i++) {
        ch = bigQ.get();
        if(ch != (char) 0) System.out.print(ch);
      }

      System.out.println("\n");


      System.out.println("Using smallQ to generate errors.");
      // Agora, usa smallQ para gerar alguns erros
      for(i=0; i < 5; i++) {
        System.out.print("Attempting to store " +
                        (char) ('Z' - i));

        smallQ.put((char) ('Z' - i));

        System.out.println();
      }
      System.out.println();

      // mais erros em smallQ
      System.out.print("Contents of smallQ: ");
      for(i=0; i < 5; i++) {
        ch = smallQ.get();

        if(ch != (char) 0) System.out.print(ch);
      }
    }
  }
}
```

7. A saída produzida pelo programa é mostrada a seguir:

```
Using bigQ to store the alphabet.
Contents of bigQ: ABCDEFGHIJKLMNOPQRSTUVWXYZ

Using smallQ to generate errors.

Attempting to store Z
Attempting to store Y
```

```
Attempting to store X
Attempting to store W
Attempting to store V - Queue is full.


Contents of smallQ: ZYXW - Queue is empty.
```

8. Por sua própria conta, tente modificar **Queue** para que armazene outros tipos de objetos. Por exemplo, faça-a armazenar **int**s ou **double**s.

O laço for de estilo for-each

No trabalho com arrays, é comum encontrarmos situações em que um array deve ser examinado do início ao fim, elemento a elemento. Por exemplo, para calcularmos a soma dos valores contidos em um array, cada elemento do array deve ser examinado. A mesma situação ocorre no cálculo de uma média, na busca de um valor, na cópia de um array, e assim por diante. Já que essas operações do tipo "início ao fim" são tão comuns, Java define uma segunda forma do laço **for** que otimiza a operação.

A segunda forma de **for** implementa um laço de estilo "for-each". Um laço for-each percorre um conjunto de objetos, como um array, de maneira rigorosamente sequencial, do início ao fim. Nos últimos anos, os laços de estilo for-each ganharam popularidade tanto entre projetistas quanto entre programadores de linguagens de computador. Originalmente, Java não oferecia um laço de estilo for-each. No entanto, com o lançamento de JDK 5, o laço **for** foi melhorado para fornecer essa opção. O estilo for-each de **for** também é chamado de *laço for melhorado*. Os dois termos são usados neste livro.

A forma geral do laço **for** de estilo for-each é mostrada abaixo.

for(*tipo itr-var* : *conjunto*) *bloco de instruções*

Aqui, *tipo* especifica o tipo e *var-iter* especifica o nome de uma *variável de iteração* que receberá os elementos de um conjunto, um de cada vez, do início ao fim. O conjunto que está sendo percorrido é especificado por *conjunto*. Há vários tipos de conjuntos que podem ser usados com **for**, mas o único tipo usado neste livro é o array. A cada iteração do laço, o próximo elemento do conjunto é recuperado e armazenado em *var-iter*. O laço se repete até todos os elementos do conjunto terem sido usados. Logo, na iteração por um array de tamanho *N*, o laço **for** melhorado obtém os elementos do array em ordem de índice, de 0 a *N – 1*.

Já que a variável de iteração recebe valores do conjunto, *tipo* deve ser o mesmo dos (ou compatível com) elementos armazenados no conjunto. Portanto, na iteração em arrays, *tipo* deve ser compatível com o tipo de elemento do array.

Para entender o porquê da existência de um laço de estilo for-each, considere o tipo de laço **for** que é projetado para executar substituições. O fragmento a seguir usa um laço **for** tradicional para calcular a soma dos valores de um array:

```
int nums[] = { 1, 2, 3, 4, 5, 6, 7, 8, 9, 10 };
int sum = 0;

for(int i=0; i < 10; i++) sum += nums[i];
```

Para calcularmos a soma, **nums** é lido em ordem, do início ao fim, elemento a elemento. Portanto, o array inteiro é lido em ordem rigorosamente sequencial, o que é feito com a indexação manual do array **nums** por **i**, a variável de controle de laço. Além disso, o valor inicial e final da variável de controle de laço, e seu incremento, deve ser especificado explicitamente.

Pergunte ao especialista

P: Além dos arrays, que outros tipos de conjuntos o laço for de estilo for-each percorre?

R: Um dos mais importantes usos do laço **for** de estilo for-each é para percorrer o conteúdo de um conjunto definido pela Collections Framework. A Collections Framework é um conjunto de classes que implementa várias estruturas de dados, como listas, vetores, conjuntos e mapas. A discussão da Collections Framework não faz parte do escopo deste livro, mas uma abordagem completa pode ser encontrada em meu livro *Java: The Complete Reference, Ninth Edition* (Oracle Press/McGraw-Hill Education, 2014).

O laço **for** de estilo for-each automatiza o laço anterior. Especificamente, ele elimina a necessidade de estabelecermos um contador de laço, determina o valor inicial e final e indexa manualmente o array. Ele percorre o array inteiro, obtendo um elemento de cada vez, em sequência, do início ao fim. Por exemplo, aqui está o fragmento anterior reescrito com o uso de uma versão for-each de **for**:

```
int nums[] = { 1, 2, 3, 4, 5, 6, 7, 8, 9, 10 };
int sum = 0;

for(int x: nums) sum += x;
```

A cada passagem do laço, **x** recebe automaticamente um valor igual ao próximo elemento de **nums**. Portanto, na primeira iteração, **x** contém 1, na segunda, contém 2, e assim por diante. Além da otimização da sintaxe, também evitamos erros relacionados aos limites.

Veja um programa inteiro que demonstra a versão de estilo for-each de **for** que acabei de descrever:

```
// Usa um laço for de estilo for-each.
class ForEach {
  public static void main(String args[]) {
    int nums[] = { 1, 2, 3, 4, 5, 6, 7, 8, 9, 10 };
    int sum = 0;

    // Usa o laço for de estilo for-each para exibir e somar os valores.
    for(int x : nums) {            ← Um laço for de estilo for-each
      System.out.println("Value is: " + x);
      sum += x;
    }

    System.out.println("Summation: " + sum);
  }
}
```

A saída do programa é mostrada aqui:

```
Value is: 1
Value is: 2
Value is: 3
Value is: 4
Value is: 5
Value is: 6
Value is: 7
Value is: 8
Value is: 9
Value is: 10
Summation: 55
```

Como essa saída mostra, o laço **for** de estilo for-each percorre automaticamente um array em ordem, do índice menor ao maior.

Embora esse tipo de laço **for** itere até todos os elementos de um array terem sido examinados, é possível encerrar o laço antecipadamente usando uma instrução **break**. Por exemplo, o laço seguinte soma apenas os cinco primeiros elementos de **nums**:

```
// Soma apenas os 5 primeiros elementos.
for(int x : nums) {
  System.out.println("Value is: " + x);
  sum += x;
  if(x == 5) break; // interrompe o loop quando 5 é obtido
}
```

Há um ponto importante que precisa ser conhecido em relação ao laço **for** de estilo for-each. Sua variável de iteração está associada ao array subjacente, mas é "somente de leitura". Logo, uma atribuição à variável de iteração não tem efeito sobre o array subjacente. Em outras palavras, você não pode alterar o conteúdo do array atribuindo um novo valor à variável de iteração. Por exemplo, considere este programa:

```
// O laço for-each é somente de leitura.
class NoChange {
  public static void main(String args[]) {
    int nums[] = { 1, 2, 3, 4, 5, 6, 7, 8, 9, 10 };

    for(int x : nums) {
      System.out.print(x + " ");
      x = x * 10; // sem efeito sobre nums   ◄─────── Isso não altera nums.
    }

    System.out.println();

    for(int x : nums)
      System.out.print(x + " ");

    System.out.println();
  }
}
```

O primeiro laço **for** aumenta o valor da variável de iteração por um fator de 10. No entanto, essa atribuição não tem efeito sobre o array subjacente **nums**, como o segundo laço **for** ilustra. A saída, mostrada aqui, prova esse ponto:

```
1 2 3 4 5 6 7 8 9 10
1 2 3 4 5 6 7 8 9 10
```

Iterando por arrays multidimensionais

O laço **for** melhorado também funciona em arrays multidimensionais. Lembre-se, no entanto, de que, em Java, os arrays multidimensionais são *arrays de arrays* (por exemplo, um array bidimensional é um array composto por arrays unidimensionais). Esse é um detalhe importante na iteração por um array multidimensional, porque cada iteração obtém o *array seguinte* e não um elemento individual. Além disso, a variável de iteração do laço **for** deve ser compatível com o tipo de array que está sendo obtido. Por exemplo, no caso de um array bidimensional, a variável de iteração deve ser uma referência a um array unidimensional. Em geral, quando o laço **for** de estilo for-each é usado na iteração por um array de *N* dimensões, os objetos obtidos são arrays de *N-1* dimensões. Para entender as implicações desse fato, considere o programa a seguir. Ele usa laços **for** aninhados para obter os elementos de um array bidimensional por ordem de linha, da primeira à última.

```java
// Usa o laço for de estilo for-each em um array bidimensional.
class ForEach2 {
  public static void main(String args[]) {
    int sum = 0;
    int nums[][] = new int[3][5];

    // fornece alguns valores a nums
    for(int i = 0; i < 3; i++)
      for(int j=0; j < 5; j++)
        nums[i][j] = (i+1)*(j+1);

    // Usa o laço for de estilo for-each para exibir e somar os valores.
    for(int x[] : nums) {  ◄──────── Observe como x é declarada.
      for(int y : x) {
        System.out.println("Value is: " + y);
        sum += y;
      }
    }
    System.out.println("Summation: " + sum);
  }
}
```

A saída desse programa é mostrada abaixo:

```
Value is: 1
Value is: 2
Value is: 3
Value is: 4
Value is: 5
Value is: 2
```

```
Value is: 4
Value is: 6
Value is: 8
Value is: 10
Value is: 3
Value is: 6
Value is: 9
Value is: 12
Value is: 15
Summation: 90
```

Preste atenção a esta linha do programa:

```
for(int x[] : nums) {
```

Observe como a variável **x** é declarada. Ela é uma referência a um array unidimensional de inteiros. Isso é necessário porque cada iteração de **for** obtém o próximo *array* de **nums**, começando com o array especificado por **nums[0]**. Em seguida, o laço **for** interno percorre cada um desses arrays, exibindo os valores de cada elemento.

Aplicando o laço for melhorado

Já que o laço **for** de estilo for-each só pode percorrer o array sequencialmente, do início ao fim, você deve estar achando que seu uso é limitado. No entanto, isso não é verdade. Vários algoritmos precisam exatamente desse mecanismo. Um dos mais comuns é a busca. Por exemplo, o programa a seguir usa um laço **for** para procurar um valor em um array não classificado. Ele para quando o valor é encontrado.

```
// Pesquisa um array usando o laço for de estilo for-each.
class Search {
  public static void main(String args[]) {
    int nums[] = { 6, 8, 3, 7, 5, 6, 1, 4 };
    int val = 5;
    boolean found = false;

    // Usa o laço for de estilo for-each para procurar val em nums.
    for(int x : nums) {
      if(x == val) {
        found = true;
        break;
      }
    }

    if(found)
      System.out.println("Value found!");
  }
}
```

O laço **for** de estilo for-each é uma ótima opção nesse caso, porque pesquisar um array não classificado envolve examinar cada elemento em sequência. (É claro que, se o array estivesse classificado, uma busca binária poderia ser usada e precisaríamos de um laço de estilo diferente.) Outros tipos de aplicações que se beneficiam dos laços de estilo for-each são o cálculo de uma média, buscar o valor mínimo e máximo de um conjunto, procurar duplicatas, e assim por diante.

Agora que o laço **for** de estilo for-each foi introduzido, ele será usado onde for apropriado no resto deste livro.

Strings

Da perspectiva da programação cotidiana, um dos tipos de dados Java mais importantes é **String**. **String** define e dá suporte a strings de caracteres. Em outras linguagens de programação, um string é um array de caracteres. Não é esse o caso em Java. Em Java, os strings são objetos.

Você vem usando a classe **String** desde o Capítulo 1, mas não sabia disso. Ao criar um literal de string, na verdade estava criando um objeto **String**. Por exemplo, na instrução

```
System.out.println("In Java, strings are objects.");
```

o string "In Java, strings are objects." é convertido automaticamente em um objeto **String** por Java. Portanto, o uso da classe **String** esteve "nas entrelinhas" dos programas anteriores. Nas seções a seguir, você aprenderá a tratá-la explicitamente. É bom ressaltar, no entanto, que a classe **String** é muito grande e aqui só a examinaremos superficialmente. É uma classe que você vai querer explorar por sua própria conta.

Construindo strings

Você pode construir um **String** como construiria qualquer outro tipo de objeto: usando **new** e chamando o construtor de **String**. Por exemplo:

```
String str = new String("Hello");
```

Essa linha cria um objeto **String** chamado **str** que contém o string de caracteres "Hello". Você também pode construir um **String** a partir de outro. Por exemplo:

```
String str = new String("Hello");
String str2 = new String(str);
```

Após essa sequência ser executada, **str2** também conterá o string de caracteres "Hello".

Outra maneira fácil de criar um **String** é mostrada aqui:

```
String str = "Java strings are powerful.";
```

Nesse caso, **str** é inicializada com a sequência de caracteres "Java strings are powerful".

Uma vez que você tiver criado um objeto **String**, poderá usá-lo em qualquer local em que um string entre aspas for permitido. Por exemplo, você pode usar um objeto **String** como argumento de **println( )**, como mostrado neste exemplo:

```
// Introduz String.
class StringDemo {
  public static void main(String args[]) {
    // declara strings de várias maneiras
    String str1 = new String("Java strings are objects.");
```

```
      String str2 = "They are constructed various ways.";
      String str3 = new String(str2);

      System.out.println(str1);
      System.out.println(str2);
      System.out.println(str3);
   }
}
```

A saída do programa é mostrada abaixo:

```
Java strings are objects.
They are constructed various ways.
They are constructed various ways.
```

Operando com strings

A classe **String** contém vários métodos que operam com strings. Aqui estão as formas gerais de alguns:

boolean equals(*str*)	Retorna verdadeiro se o string chamador tiver a mesma sequência de caracteres de *str*.
int length( )	Obtém o tamanho de um *string*.
char charAt(*index*)	Obtém o caractere do índice especificado por *index*.
int compareTo(*str*)	Retorna menor do que zero se o string chamador for menor do que *str*, maior do que zero se o string chamador for maior do que *str* e zero se os strings forem iguais.
int indexOf(*str*)	Procura no string chamador o substring especificado por *str*. Retorna o índice da primeira ocorrência ou –1 em caso de falha.
int lastIndexOf(*str*)	Procura no string chamador o substring especificado por *str*. Retorna o índice da última ocorrência ou –1 em caso de falha.

Veja um programa que demonstra esses métodos:

```
// Algumas operações com Strings.
class StrOps {
  public static void main(String args[]) {
    String str1 =
      "When it comes to Web programming, Java is #1.";
    String str2 = new String(str1);
    String str3 = "Java strings are powerful.";
    int result, idx;
    char ch;

    System.out.println("Length of str1: " +
                       str1.length());

    // exibe um caractere de cada vez de str1.
```

```
    for(int i=0; i < str1.length(); i++)
      System.out.print(str1.charAt(i));
    System.out.println();

    if(str1.equals(str2))
      System.out.println("str1 equals str2");
    else
      System.out.println("str1 does not equal str2");

    if(str1.equals(str3))
      System.out.println("str1 equals str3");
    else
      System.out.println("str1 does not equal str3");

    result = str1.compareTo(str3);
    if(result == 0)
      System.out.println("str1 and str3 are equal");
    else if(result < 0)
      System.out.println("str1 is less than str3");
    else
      System.out.println("str1 is greater than str3");

    // atribui um novo string a str2
    str2 = "One Two Three One";

    idx = str2.indexOf("One");
    System.out.println("Index of first occurrence of One: " + idx);
    idx = str2.lastIndexOf("One");
    System.out.println("Index of last occurrence of One: " + idx);
  }
}
```

Esse programa gera a saída a seguir:

```
Length of str1: 45
When it comes to Web programming, Java is #1.
str1 equals str2
str1 does not equal str3
str1 is greater than str3
Index of first occurrence of One: 0
Index of last occurrence of One: 14
```

Você pode *concatenar* (unir) dois strings usando o operador +. Por exemplo, esta instrução

```
String str1 = "One";
String str2 = "Two";
String str3 = "Three";
String str4 = str1 + str2 + str3;
```

inicializa **str4** com o string "OneTwoThree".

> **Pergunte ao especialista**
>
> **P:** Por que String define o método equals( )? Não posso simplesmente usar ==?
>
> **R:** O método **equals( )** compara as sequências de caracteres de dois objetos **String** em busca de igualdade. A aplicação de == a duas referências **String** determina apenas se elas referenciam o mesmo objeto.

Arrays de strings

Como qualquer outro tipo de dado, os strings podem ser reunidos em arrays. Por exemplo:

```java
// Demonstra arrays de Strings.
class StringArrays {
  public static void main(String args[]) {
    String strs[] = { "This", "is", "a", "test." };

    System.out.println("Original array: ");
    for(String s : strs)
      System.out.print(s + " ");
    System.out.println("\n");

    // altera um string
    strs[1] = "was";
    strs[3] = "test, too!";

    System.out.println("Modified array: ");
    for(String s : strs)
      System.out.print(s + " ");
  }
}
```

Esta é a saída do programa:

```
Original array:
This is a test.

Modified array:
This was a test, too!
```

Strings não podem ser alterados

O conteúdo de um objeto **String** não pode ser mudado. Isto é, uma vez criada, a sequência de caracteres que compõe o string não pode ser alterada. Essa restrição permite que Java implemente strings de maneira mais eficiente. Ainda que possa parecer um problema sério, não o é. Se você precisar de um string que seja uma variação de outro já existente, só terá de criar um novo string contendo as alterações necessárias. Já que objetos **String** não usados são coletados como lixo automaticamente, você

Pergunte ao especialista

P: Você diz que, uma vez criados, os objetos String não podem ser alterados. Entendo que, de um ponto de vista prático, essa não seja uma restrição grave, mas e se eu quiser criar um string que possa ser alterado?

R: Você está com sorte. Java oferece uma classe chamada **StringBuffer**, que cria objetos de string possíveis de serem alterados. Por exemplo, além do método **charAt( )**, que obtém o caractere de um local específico, **StringBuffer** define **setCharAt( )**, que configura um caractere dentro do string. Java também fornece **StringBuilder**, que tem relação com **StringBuffer** e também dá suporte a strings que podem ser alterados. No entanto, na maioria dos casos, é preferível usar **String** e não **StringBuffer** ou **StringBuilder**.

não precisa se preocupar nem mesmo com o que ocorrerá com os strings descartados. No entanto, é preciso deixar claro que variáveis de referência de **String** podem mudar o objeto que referenciam. Só o conteúdo de um objeto **String** específico é que não pode ser alterado após ele ser criado.

Para explicar exatamente por que não é um problema os strings não poderem ser alterados, usaremos outro dos métodos de **String**: **substring( )**. O método **substring( )** retorna um novo string contendo a parte especificada do string chamador. Já que é criado um novo objeto **String** contendo o substring, o string original não é alterado e a regra de imutabilidade permanece intacta. A forma de **substring( )** que usaremos é mostrada abaixo:

String substring(int *indiceInicial*, int *indiceFinal*)

Aqui, *indiceInicial* especifica o índice de partida e *indiceFinal* é o ponto de chegada. Veja um programa que demonstra **substring( )** e o princípio dos strings inalteráveis:

```
// Usa substring().
class SubStr {
  public static void main(String args[]) {
    String orgstr = "Java makes the Web move.";

    // constrói um substring
    String substr = orgstr.substring(5, 18);   // Essa linha cria um novo string contendo o substring desejado.

    System.out.println("orgstr: " + orgstr);
    System.out.println("substr: " + substr);
  }
}
```

Esta é a saída do programa:

```
orgstr: Java makes the Web move.
substr: makes the Web
```

Como você pode ver, o string original **orgstr** permanece inalterado e **substr** contém o substring.

Usando um string para controlar uma instrução switch

Como explicado no Capítulo 3, antes do JDK 7, **switch** tinha que ser controlada por um tipo inteiro, como **int** ou **char**, o que impedia seu uso em situações em que uma entre várias ações era escolhida com base no conteúdo de um string. Em vez disso, uma escada **if-else-if** era a solução mais comum. Embora uma escada **if-else-if** esteja semanticamente correta, uma instrução **switch** seria a expressão mais natural para tal seleção. Felizmente, essa situação foi remediada. Hoje, você pode usar um **String** para controlar switch, o que em muitos casos resulta em um código mais legível e otimizado.

Aqui está um exemplo que demonstra como controlar **switch** com um **String**:

```
// Usa um string para controlar uma instrução switch.

class StringSwitch {
  public static void main(String args[]) {

    String command = "cancel";

    switch(command) {
      case "connect":
        System.out.println("Connecting");
        break;
      case "cancel":
        System.out.println("Canceling");
        break;
      case "disconnect":
        System.out.println("Disconnecting");
        break;
      default:
        System.out.println("Command Error!");
        break;
    }
  }
}
```

Como era de esperar, a saída do programa é

```
Canceling
```

O string contido em **command** (que é "cancel", nesse programa) é verificado em relação às constantes **case**. Quando uma coincidência é encontrada (como na segunda instrução **case**), a sequência de código associada a essa parte é executada.

A possibilidade de usar strings em uma instrução **switch** pode ser muito conveniente e melhorar a legibilidade do código. Por exemplo, usar um **switch** baseado em strings é uma melhoria em relação à sequência equivalente de instruções **if/else**. No entanto, pode ser menos eficiente usar switch com strings do que usá-la com inteiros. Logo, é melhor só usar switch com strings em casos em que os dados de controle já estejam na forma de string. Em outras palavras, não use strings em um **switch** desnecessariamente.

Usando argumentos de linha de comando

Agora que você conhece a classe **String**, entenderá o parâmetro **args** de **main( )** que viu em todos os programas mostrados até aqui. Muitos programas aceitam os chamados *argumentos de linhas de comando*. Um argumento de linha de comando é a informação que vem diretamente após o nome do programa na linha de comando quando ele é executado. É muito fácil acessar os argumentos de linha de comando dentro de um programa Java – eles ficam armazenados como strings no array de **Strings** passado para **main( )**. Por exemplo, o programa a seguir exibe todos os argumentos de linha de comando com os quais é chamado:

```java
// Exibe todas as informações de linha de comando.
class CLDemo {
  public static void main(String args[]) {
    System.out.println("There are " + args.length +
                       " command-line arguments.");

    System.out.println("They are: ");
    for(int i=0; i<args.length; i++)
      System.out.println("arg[" + i + "]: " + args[i]);
  }
}
```

Se **CLDemo** for executada assim,

```
java CLDemo one two three
```

você verá a saída abaixo:

```
There are 3 command-line arguments.
They are:
arg[0]: one
arg[1]: two
arg[2]: three
```

Observe que o primeiro argumento é armazenado no índice 0, o segundo no índice 1, e assim por diante.

Para ter uma ideia da maneira como os argumentos de linha de comando podem ser usados, considere o programa a seguir. Ele recebe um argumento de linha de comando que especifica o nome de uma pessoa. Em seguida, procura esse nome em um array bidimensional de strings. Se encontrar uma ocorrência, exibirá o número do telefone da pessoa.

```java
// Uma lista telefônica simples automatizada.
class Phone {
  public static void main(String args[]) {
    String numbers[][] = {
      { "Tom", "555-3322" },
      { "Mary", "555-8976" },
      { "Jon", "555-1037" },
      { "Rachel", "555-1400" }
```

```
        };
        int i;

        if(args.length != 1)
          System.out.println("Usage: java Phone <name>");
        else {
          for(i=0; i<numbers.length; i++) {
            if(numbers[i][0].equals(args[0])) {
              System.out.println(numbers[i][0] + ": " +
                                 numbers[i][1]);
              break;
            }
          }
          if(i == numbers.length)
            System.out.println("Name not found.");
        }
      }
    }
```

Para o programa ser usado, um argumento de linha de comando deve estar presente.

Veja um exemplo de execução:

```
java Phone Mary
Mary: 555-8976
```

Os operadores bitwise

No Capítulo 2, você conheceu os operadores aritméticos, relacionais e lógicos de Java. Embora esses sejam os mais usados, a linguagem fornece operadores adicionais que expandem o conjunto de problemas ao qual Java pode ser aplicada: os operadores bitwise. Esses operadores podem ser usados em valores de tipo **long**, **int**, **short**, **char** ou **byte**. As operações bitwise não podem ser usadas com tipos **boolean**, **float**, **double** ou tipos de classe. Eles são chamados de bitwise por serem usados para testar, configurar ou deslocar os bits individuais que compõem um valor. As operações bitwise são importantes em várias tarefas de programação de nível de sistema em que informações de status de um dispositivo devem ser consultadas ou construídas. A Tabela 5-1 lista os operadores bitwise.

Tabela 5-1 Operadores bitwise

Operador	Resultado
&	AND bitwise
|	OR bitwise
^	Exclusive OR bitwise
>>	Deslocamento para a direita
>>>	Deslocamento para a direita sem sinal
<<	Deslocamento para a esquerda
~	Complemento de um (NOT unário)

Os operadores bitwise AND, OR, XOR e NOT

Os operadores bitwise AND, OR, XOR e NOT são **&**, **|**, **^** e **~**. Eles executam as mesmas operações de seus equivalents lógicos booleanos descritos no Capítulo 2. A diferença é que os operadores bitwise funcionam bit a bit. A tabela a seguir mostra o resultado de cada operação com o uso de 1's e 0's:

p	q	p & q	p | q	p ^ q	~p
0	0	0	0	0	1
1	0	0	1	1	0
0	1	0	1	1	1
1	1	1	1	0	0

No que diz respeito ao seu uso mais comum, você pode considerar o AND bitwise como uma maneira de desativar bits. Isto é, qualquer bit que for 0 em um dos operandos fará o bit correspondente do resultado ser configurado com 0. Por exemplo:

```
  1 1 0 1 0 0 1 1
& 1 0 1 0 1 0 1 0
  1 0 0 0 0 0 1 0
```

O programa a seguir demonstra o operador **&** ao transofmar letras minúsculas em maiúsculas pela redefinição do 6° bit com 0. Como definido no conjunto de caracteres Unicode/ASCII, as letras minúsuclas são iguais às maiúsculas exceto pelo fato de minúsculas terem o valor maior em exatamente 32 unidades. Logo, para transformar uma letra minúscula em maiúscula, apenas desative o 6° bit, como este programa ilustra:

```java
// Letras maiúsculas.
class UpCase {
  public static void main(String args[]) {
    char ch;

    for(int i=0; i < 10; i++) {
      ch = (char) ('a' + i);
      System.out.print(ch);

      // Essa instrução desativa o 6o bit.
      ch = (char) ((int) ch & 65503); // agora ch é maiúscula

      System.out.print(ch + " ");
    }
  }
}
```

A saída do programa é mostrada aqui:

```
aA bB cC dD eE fF gG hH iI jJ
```

O valor 65.503 usado na instrução AND é a representação hexadecimal de 1111 1111 1101 1111. Portanto, a operação AND mantém todos os bits de **ch** inalterados exceto o 6º, que é configurado com 0.

O operador AND também é útil quando queremos determinar se um bit está ativado ou desativado. Por exemplo, esta instrução determina se o bit 4 de **status** está ativado:

```
if((status & 8)!= 0) System.out.println("bit 4 is on");
```

O número 8 é usado porque é convertido em um valor binário que só tem o 4º bit ativado. Logo, a instrução **if** só pode ser bem-sucedida quando o bit 4 de **status** também estiver ativado. Uso interessante desse conceito seria mostrar os bits de um valor **byte** no formato binário.

```
// Exibe os bits de um byte.
class ShowBits {
  public static void main(String args[]) {
    int t;
    byte val;

    val = 123;
    for(t=128; t > 0; t = t/2) {
      if((val & t) != 0) System.out.print("1 ");
      else System.out.print("0 ");
    }
  }
}
```

A saída é mostrada aqui:

```
0 1 1 1 1 0 1 1
```

O laço **for** testa sucessivamente cada bit de **val**, usando o operador bitwise AND, para determinar se ele está ativado ou desativado. Se o bit estiver ativado, o dígito **1** será exibido; caso contrário, **0** será exibido. Na seção Tente Isto 5-3, você verá como esse conceito básico pode ser expandido para criarmos uma classe que exiba os bits de qualquer tipo de inteiro.

Como oposto de AND, o operador bitwise OR pode ser usado para ativar bits. Qualquer bit que estiver configurado com 1 em um dos operandos fará o bit correspondente do resultado ser configurado com 1. Por exemplo:

```
  1 1 0 1 0 0 1 1
| 1 0 1 0 1 0 1 0
  1 1 1 1 1 0 1 1
```

Podemos fazer uso de OR para alterar o programa de conversão em maiúsculas para um programa de conversão em minúsculas, como mostrado abaixo:

```
// Letras minúsculas.
class LowCase {
  public static void main(String args[]) {
    char ch;
```

```
    for(int i=0; i < 10; i++) {
      ch = (char) ('A' + i);
      System.out.print(ch);

      // Essa instrução ativa o 6o bit.
      ch = (char) ((int) ch | 32); // agora ch é minúscula

      System.out.print(ch + " ");
    }
  }
}
```

A saída desse programa é mostrada a seguir:

```
Aa Bb Cc Dd Ee Ff Gg Hh Ii Jj
```

O programa funciona usando OR para comparar cada caractere ao valor 32, que é 0000 0000 0010 0000 em binário. Portanto, 32 é o número que produz um valor em binário em que só o 6º bit é ativado. Quando esse número é comparado com qualquer outro valor por intermédio de OR, ele produz um resultado em que o 6º bit é ativado e todos os outros bits permanecem inalterados. Como explicado, para caracteres, isso resulta em cada letra maiúscula ser transformada em sua equivalente minúscula.

Um exclusive OR, geralmente abreviado para XOR, ativa um bit somente se os bits que estiverem sendo comparados forem diferentes, como ilustrado aqui:

```
   0 1 1 1 1 1 1 1
^  1 0 1 1 1 0 0 1
   1 1 0 0 0 1 1 0
```

O operador XOR tem uma propriedade interessante que o torna uma maneira simples de codificar uma mensagem. Quando algum valor X é comparado por XOR a um valor Y e o resultado é comparado novamente por XOR a Y, X é produzido. Isto é, dada a sequência

```
R1 = X ^ Y; R2 = R1 ^ Y;
```

R2 tem o mesmo valor de X. Portanto, o resultado de uma sequência de dois XORs pode produzir o valor original.

Você pode usar esse princípio para criar um programa simples de codificação em que um inteiro seja a chave usada tanto para codificar quanto para decodificar uma mensagem pela comparação de seus caracteres por XOR. Para codificar, a operação XOR é aplicada pela primeira vez, gerando o texto codificado. Para decodificar, XOR é aplicado uma segunda vez, gerando o texto sem codificação. Obviamente, uma codificação assim não tem valor prático, sendo muito fácil de decifrar. No entanto, fornece uma maneira interessante de demonstrar XOR. Aqui está um programa que usa essa abordagem para codificar e decodificar uma mensagem curta:

```
// Usa XOR para codificar e decodificar uma mensagem.
class Encode {
  public static void main(String args[]) {
    String msg = "This is a test";
```

```
        String encmsg = "";
        String decmsg = "";
        int key = 88;

        System.out.print("Original message: ");
        System.out.println(msg);

        // codifica a mensagem
        for(int i=0; i < msg.length(); i++)
            encmsg = encmsg + (char) (msg.charAt(i) ^ key);
```
— Essa parte constrói o string codificado.

```
        System.out.print("Encoded message: ");
        System.out.println(encmsg);

        // decodifica a mensagem
        for(int i=0; i < msg.length(); i++)
            decmsg = decmsg + (char) (encmsg.charAt(i) ^ key);

        System.out.print("Decoded message: ");
        System.out.println(decmsg);
    }
}
```
— Essa parte constrói o string decodificado.

Esta é a saída:

```
Original message: This is a test
Encoded message: 01+x1+x9x,=+,
Decoded message: This is a test
```

Como você pode ver, o resultado de dois XORs usando a mesma chave produz a mensagem decodificada.

O operador unário complemento de um (NOT) inverte o estado de todos os bits do operando. Por exemplo, se um inteiro chamado **A** tiver o padrão de bits 1001 0110, então ~**A** produzirá um resultado com o padrão de bits 0110 1001.

O programa a seguir demonstra o operador NOT pela exibição de um número e seu complemento em binário:

```
// Demonstra o NOT bitwise.
class NotDemo {
  public static void main(String args[]) {
    byte b = -34;

    for(int t=128; t > 0; t = t/2) {
      if((b & t) != 0) System.out.print("1 ");
      else System.out.print("0 ");
    }
    System.out.println();

    // inverte todos os bits
    b = (byte) ~b;

    for(int t=128; t > 0; t = t/2) {
```

```
            if((b & t) != 0) System.out.print("1 ");
            else System.out.print("0 ");
        }
    }
}
```

Aqui está a saída:

```
1 1 0 1 1 1 1 0
0 0 1 0 0 0 0 1
```

Os operadores de deslocamento

Em Java, podemos deslocar os bits que compõem um valor para a esquerda ou para a direita de acordo com um número especificado. A linguagem define os três operadores de deslocamento de bits mostrados abaixo:

<<	Deslocamento para a esquerda
>>	Deslocamento para a direita
>>>	Deslocamento para a direita sem sinal

Veja a seguir as formas gerais desses operadores:

value << *num-bits*
value >> *num-bits*
value >>> *num-bits*

Aqui, *valor* é o valor que está sendo deslocado de acordo com o número de posições de bits especificado por *num–bits*.

Cada deslocamento para a esquerda faz todos os bits do valor especificado serem deslocados uma posição para a esquerda e um bit 0 ser inserido à direita. Cada deslocamento para a direita desloca todos os bits uma posição para a direita e preserva o bit do sinal. Como você deve saber, geralmente os números negativos são representados pela configuração do bit de ordem superior de um valor inteiro com 1, e essa é a abordagem usada por Java. Logo, se o valor que está sendo deslocado for negativo, cada deslocamento para a direita inserirá um número 1 à esquerda. Se o valor for positivo, cada deslocamento para a direita inserirá um 0 à esquerda.

Além do bit de sinal, devemos estar atentos a mais uma coisa no deslocamento para a direita. Java usa *complemento de dois* para representar valores negativos. Nessa abordagem, valores negativos são armazenados primeiro pela inversão dos bits do valor e então com a adição de 1. Portanto, o valor do byte –1 em binário é 1111 1111. O deslocamento desse valor para a direita sempre produzirá –1!

Se não quiser preservar o bit de sinal no deslocamento para a direita, você pode usar um deslocamento para a direita sem sinal (>>>), que sempre insere um 0 à esquerda. Por essa razão, o operador >>> também é chamado de deslocamento para a direita com *preenchimento de zero*. Você usará o deslocamento para a direita sem sinal no deslocamento de padrões de bits, como nos códigos de status que não representem inteiros.

Em todos os deslocamentos, os bits deslocados para fora são perdidos. Logo, um deslocamento não é rotatório e não há como recuperar um bit que foi deslocado para fora.

A seguir, mostro um programa que ilustra graficamente o efeito de um deslocamento para a esquerda e para a direita. Aqui, um inteiro recebe um valor inicial igual a 1, ou seja, seu bit de ordem inferior está ativado. Então, uma série de oito deslocamentos é executada no inteiro. Após cada deslocamento, os 8 bits inferiores do valor são mostrados. O processo é repetido, exceto por um número 1 ser inserido na 8ª posição, e deslocamentos para a direita são executados.

```
// Demonstra os operadores de deslocamento << e >>.
class ShiftDemo {
  public static void main(String args[]) {
    int val = 1;

    for(int i = 0; i < 8; i++) {
      for(int t=128; t > 0; t = t/2) {
        if((val & t) != 0) System.out.print("1 ");
        else System.out.print("0 ");
      }
      System.out.println();
      val = val << 1; // left shift
    }
    System.out.println();

    val = 128;
    for(int i = 0; i < 8; i++) {
      for(int t=128; t > 0; t = t/2) {
        if((val & t) != 0) System.out.print("1 ");
        else System.out.print("0 ");
      }
      System.out.println();
      val = val >> 1; // right shift
    }
  }
}
```

A saída do programa é mostrada abaixo:

```
0 0 0 0 0 0 0 1
0 0 0 0 0 0 1 0
0 0 0 0 0 1 0 0
0 0 0 0 1 0 0 0
0 0 0 1 0 0 0 0
0 0 1 0 0 0 0 0
0 1 0 0 0 0 0 0
1 0 0 0 0 0 0 0

1 0 0 0 0 0 0 0
0 1 0 0 0 0 0 0
```

```
0 0 1 0 0 0 0 0
0 0 0 1 0 0 0 0
0 0 0 0 1 0 0 0
0 0 0 0 0 1 0 0
0 0 0 0 0 0 1 0
0 0 0 0 0 0 0 1
```

Você precisa ter cuidado quando deslocar valores **byte** e **short**, porque Java promoverá automaticamente esses tipos a **int** ao avaliar uma expressão. Por exemplo, se você deslocar para a direita um valor **byte**, primeiro ele será promovido a **int** para então ser deslocado. O resultado do deslocamento também será de tipo **int**. Geralmente, essa conversão não traz consequências. No entanto, se você deslocar um valor **byte** ou **short** negativo, ele será estendido pelo sinal quando for promovido a **int**. Logo, os bits de ordem superior do valor inteiro resultante serão preenchidos com números 1. Isso não causa problemas na execução de um deslocamento comum para a direita. Mas, quando você executar um deslocamento para a direita com preenchimento de zeros, haverá 24 algarismos 1 a serem deslocados antes de o valor byte começar a ver zeros.

Atribuições abreviadas bitwise

Todos os operadores bitwise binários têm uma forma abreviada que combina uma atribuição com a operação bitwise. Por exemplo, as duas instruções a seguir atribuem a **x** o resultado de uma operação XOR de **x** com o valor 127.

```
x = x ^ 127;
x ^= 127;
```

Pergunte ao especialista

P: Já que os binários se baseiam em potências de dois, os operadores de deslocamento podem ser usados como um atalho para a multiplicação ou divisão de um inteiro por dois?

R: Sim. Os operadores de deslocamento bitwise podem ser usados para executar uma multiplicação ou divisão muito rápida por dois. Um deslocamento para a esquerda dobra o valor. Um deslocamento para a direita o reduz à metade.

Tente Isto 5-3 — Uma classe ShowBits

`ShowBitsDemo.java`

Este projeto cria uma classe chamada **ShowBits** que permite a exibição do padrão de bits de qualquer valor inteiro em binários. Uma classe assim pode ser muito útil em programação. Por exemplo, ao depurar um código de driver de dispositivo, geralmente é benéfico poder monitorar o fluxo de dados em binário.

1. Crie um arquivo chamado **ShowBitsDemo.java**.
2. Comece a classe **ShowBits** como mostrado aqui:

   ```
   class ShowBits {
     int numbits;

     ShowBits(int n) {
       numbits = n;
     }
   ```

   ShowBits cria objetos que exibem um número especificado de bits. Por exemplo, para criar um objeto que exiba os 8 bits de ordem inferior de um valor, use

   ```
   ShowBits byteval = new ShowBits(8)
   ```

   O número de bits a serem exibidos é armazenado em **numbits**.

3. Para exibir realmente o padrão de bits, **ShowBits** fornece o método **show( )**, que é mostrado abaixo:

   ```
   void show(long val) {
     long mask = 1;

     // desloca um 1 para a esquerda para a posição apropriada
     mask <<= numbits-1;

     int spacer = 0;
     for(; mask != 0; mask >>>= 1) {
       if((val & mask) != 0) System.out.print("1");
       else System.out.print("0");
       spacer++;
       if((spacer % 8) == 0) {
         System.out.print(" ");
         spacer = 0;
       }
     }
     System.out.println();
   }
   ```

   Observe que **show( )** especifica um parâmetro **long**. No entanto, isso não significa que você terá sempre de passar para **show( )** um valor **long**. Devido às promoções de tipo automáticas de Java, qualquer tipo inteiro pode ser passado para **show( )**. O número de bits exibidos é determinado pelo valor armazenado em **numbits**. Após cada grupo de 8 bits, **show( )** exibe um espaço. Isso facilita a leitura dos valores binários de padrões de bits longos.

4. O programa **ShowBitsDemo** pode ser visto a seguir:

```
/*
    Tente Isto 5-3
    Uma classe que exibe a representação binária de um valor.
*/
```

```java
class ShowBits {
  int numbits;

  ShowBits(int n) {
    numbits = n;
  }

  void show(long val) {
    long mask = 1;

    // desloca um 1 para a esquerda para a posição apropriada
    mask <<= numbits-1;

    int spacer = 0;
    for(; mask != 0; mask >>>= 1) {
      if((val & mask) != 0) System.out.print("1");
      else System.out.print("0");
      spacer++;
      if((spacer % 8) == 0) {
        System.out.print(" ");
        spacer = 0;
      }
    }
    System.out.println();
  }
}

// Demonstra ShowBits.
class ShowBitsDemo {
  public static void main(String args[]) {
    ShowBits b = new ShowBits(8);
    ShowBits i = new ShowBits(32);
    ShowBits li = new ShowBits(64);

    System.out.println("123 in binary: ");
    b.show(123);

    System.out.println("\n87987 in binary: ");
    i.show(87987);

    System.out.println("\n237658768 in binary: ");
    li.show(237658768);


    // você também pode exibir os bits de ordem inferior de qualquer inteiro
    System.out.println("\nLow order 8 bits of 87987 in binary: ");
    b.show(87987);
  }
}
```

5. A saída de **ShowBitsDemo** é mostrada abaixo:

```
123 in binary:
01111011

87987 in binary:
00000000 00000001 01010111 10110011

237658768 in binary:
00000000 00000000 00000000 00000000 00001110 00101010 01100010
10010000

Low order 8 bits of 87987 in binary:
10110011
```

O operador ?

Um dos operadores mais fascinantes de Java é o operador **?**. Geralmente, o operador **?** é usado para substituir instruções **if-else** que têm esta forma geral:

if (*condição*)
    var = expression1;
else
    var = expression2;

Aqui, o valor atribuído a *var* depende do resultado da condição que controla **if**.

O operador **?** é chamado de *operador ternário* porque requer três operandos. Ele tem a forma geral

Exp1 ? *Exp2* : *Exp3*;

em que *Exp1* é uma expressão **booleana** e *Exp2* e *Exp3* são expressões de qualquer tipo menos **void**. No entanto, o tipo de *Exp2* e *Exp3* deve ser o mesmo (ou compatível). Observe o uso e a posição dos dois pontos.

O valor de uma expressão **?** é determinado desta forma: *Exp1* é avaliada. Se for verdadeira, *Exp2* será avaliada passando a ser o valor da expressão **?** inteira. Se *Exp1* for falsa, *Exp3* será avaliada e seu valor passará a ser o valor da expressão. Considere este exemplo, que atribui a **absval** o valor absoluto de **val**:

```
absval = val < 0 ? -val : val; // obtém o valor absoluto de val
```

Aqui, **absval** receberá o valor de **val** se **val** for zero ou maior. Se **val** for negativa, **absval** receberá o negativo desse valor (que gera um valor positivo). O mesmo código escrito com o uso da estrutura **if-else** teria a seguinte aparência:

```
if(val < 0) absval = -val;
else absval = val;
```

Aqui está outro exemplo do operador **?**. Este programa divide dois números, mas não permitirá uma divisão por zero.

```
// Impede uma divisão por zero usando o operador ?.
class NoZeroDiv {
  public static void main(String args[]) {
    int result;

    for(int i = -5; i < 6; i++) {
      result = i != 0 ? 100 / i : 0;   ←——— Essa parte impede uma divisão por zero.
      if(i != 0)
        System.out.println("100 / " + i + " is " + result);
    }
  }
}
```

A saída do programa é mostrada a seguir:

```
100 / -5 is -20
100 / -4 is -25
100 / -3 is -33
100 / -2 is -50
100 / -1 is -100
100 / 1 is 100
100 / 2 is 50
100 / 3 is 33
100 / 4 is 25
100 / 5 is 20
```

Preste atenção nesta linha do programa:

```
result = i != 0 ? 100 / i : 0;
```

Nela, **result** recebe o resultado da divisão de 100 por **i**. No entanto, essa divisão só ocorre se **i** não for zero. Quando **i** é zero, um preenchimento de valor zero é atribuído a **result**.

Você não precisa atribuir o valor produzido pelo operador **?** a uma variável. Poderia usar o valor como argumento em uma chamada a um método. Ou, se as expressões forem todas de tipo **boolean**, o operador **?** pode ser usado como a expressão condicional em um laço ou instrução **if**. Por exemplo, este é o programa anterior reescrito de maneira um pouco mais eficiente. Ele produz o mesmo resultado de antes:

```
// Impede uma divisão por zero usando o operador ?.
class NoZeroDiv2 {
  public static void main(String args[]) {

    for(int i = -5; i < 6; i++)
      if(i != 0 ? true : false)
        System.out.println("100 / " + i +
                           " is " + 100 / i);
  }
}
```

Observe a instrução **if**. Se **i** for zero, o resultado de **if** será falso, a divisão por zero será evitada e nenhum resultado será exibido. Caso contrário, a divisão ocorrerá.

✓ Teste do Capítulo 5

1. Mostre duas maneiras de declarar um array unidimensional de 12 **doubles**.

2. Mostre como inicializar um array unidimensional de inteiros com os valores de 1 a 5.

3. Escreva um programa que use um array para encontrar a média de 10 valores **double**. Use os 10 valores que quiser.

4. Altere a classificação da seção Tente isto 5-1 para que classifique um array de strings. Demonstre que funciona.

5. Qual é a diferença entre os métodos **indexOf( )** e **lastIndexOf( )** de **String**?

6. Já que todos os strings são objetos de tipo **String**, mostre como chamar os métodos **length( )** e **charAt( )** neste literal de string: "I like Java".

7. Expandindo a classe de codificação **Encode**, modifique-a para que use um string de oito caracteres como chave.

8. Os operadores bitwise podem ser aplicados ao tipo **double**?

9. Mostre como a sequência seguinte pode ser reescrita com o uso do operador **?**.

    ```
    if(x < 0) y = 10;
    else y = 20;
    ```

10. No fragmento a seguir, **&** é um operador bitwise ou lógico? Por quê?

    ```
    boolean a, b;
    // ...
    if(a & b) ...
    ```

11. É um erro ultrapassar o fim de um array? E indexar um array com um valor negativo?

12. Qual é o operador de deslocamento para a direita sem sinal?

13. Reescreva a classe **MinMax** mostrada anteriormente neste capítulo para que use um laço **for** de estilo for-each.

14. Os laços **for** que executam a classificação na classe **Bubble** mostrada na seção Tente isto 5-1 podem ser convertidos em laços de estilo for-each? Em caso negativo, por que não?

15. Um **String** pode controlar uma instrução **switch**?

Capítulo 6

Verificação minuciosa dos métodos e classes

Principais habilidades e conceitos

- Controlar o acesso a membros
- Passar objetos para um método
- Retornar objetos de um método
- Sobrecarregar métodos
- Sobrecarregar construtores
- Usar recursão
- Aplicar **static**
- Usar classes internas
- Usar varargs

Este capítulo retoma nosso estudo das classes e métodos. Ele começa explicando como controlar o acesso aos membros de uma classe. Em seguida, discute a passagem e o retorno de objetos, a sobrecarga de métodos, a recursão e o uso da palavra-chave **static**. Também são descritas as classes aninhadas e os argumentos em quantidade variável.

Controlando o acesso a membros de classes

Em seu suporte ao encapsulamento, a classe fornece dois grandes benefícios. Em primeiro lugar, ela vincula os dados ao código que os trata. Você vem se beneficiando desse aspecto da classe desde o Capítulo 4. Em segundo lugar, fornece o meio pelo qual o acesso a membros pode ser controlado. Esse recurso será examinado aqui.

Embora a abordagem de Java seja um pouco mais sofisticada, há dois tipos básicos de membros de classes: públicos e privados. Um membro público pode ser acessado livremente por um código definido fora de sua classe. Esse é o tipo de membro que usamos até agora. Um membro privado só pode ser acessado por outros métodos definidos por sua classe. Com o uso de membros privados, o acesso é controlado.

A restrição do acesso a membros de uma classe é parte fundamental da programação orientada a objetos, porque ajuda a impedir a má utilização de um objeto. Ao permitir o acesso a dados privados apenas por intermédio de um conjunto de métodos bem definido, você pode impedir que valores inapropriados sejam atribuídos a esses dados – executando uma verificação de intervalo, por exemplo. Um código de fora da classe não pode definir o valor de um membro privado diretamente. Você também pode controlar exatamente como e quando os dados de um objeto serão usados. Logo, quando corretamente implementada, uma classe cria uma "caixa preta" que pode ser usada, mas cujo funcionamento interno não está aberto a alterações.

Até o momento, você não teve de se preocupar com o controle de acesso, porque Java fornece uma configuração de acesso padrão em que, para os tipos de programas mostrados anteriormente, os membros de uma classe ficam livremente disponíveis para outros códigos do programa. (Portanto, para os exemplos anteriores, a configuração de acesso padrão é basicamente pública.) Embora conveniente para classes simples (e exemplos de programa de livros como este), essa configuração padrão é inadequada em muitas situações do mundo real. Aqui você verá como usar outros recursos de controle de acesso de Java.

Modificadores de acesso da linguagem Java

O controle de acesso a membros é obtido com o uso de três *modificadores de acesso*: **public**, **private** e **protected**. Como explicado, se nenhum modificador de acesso for usado, será presumido o uso da configuração de acesso padrão. Neste capítulo, ocuparemo-nos de **public** e **private**. O modificador **protected** só é aplicado quando há herança envolvida e ele será descrito no Capítulo 8.

Quando o membro de uma classe é modificado pelo especificador **public**, esse membro pode ser acessado por qualquer código do programa. Isso inclui métodos definidos dentro de outras classes.

Quando o membro de uma classe é especificado como **private**, ele só pode ser acessado por outros membros de sua classe. Logo, métodos de classes diferentes não podem acessar um membro **private** de outra classe.

A configuração de acesso padrão (em que nenhum modificador de acesso é usado) é igual a **public**, a não ser quando o programa é dividido em pacotes. Um *pacote* é, basicamente, um agrupamento de classes. Os pacotes são um recurso tanto organizacional quanto de controle de acesso, mas sua discussão deve esperar até o Capítulo 8. Para os tipos de programas mostrados neste capítulo e nos anteriores, o acesso **public** é igual ao acesso padrão.

Um modificador de acesso precede o resto da especificação de tipo de membro. Isto é, ele deve começar a instrução de declaração do membro. Aqui estão alguns exemplos:

```
public String errMsg;
private accountBalance bal;

private boolean isError(byte status) { // ...
```

Para entender os efeitos de **public** e **private**, considere o programa a seguir:

```
// Acesso público versus privado.
class MyClass {
  private int alpha; // acesso privado
  public int beta; // acesso público
  int gamma; // acesso padrão

  /* Métodos para acessar alpha. Não há problema
     em um membro de uma classe acessar um membro
     privado da mesma classe.
  */
  void setAlpha(int a) {
```

```
    alpha = a;
  }

  int getAlpha() {
    return alpha;
  }
}

class AccessDemo {
  public static void main(String args[]) {
    MyClass ob = new MyClass();

    /* O acesso a alpha só é permitido por intermédio
       de seus métodos acessadores. */
    ob.setAlpha(-99);
    System.out.println("ob.alpha is " + ob.getAlpha());

    // Você não pode acessar alpha dessa forma:
//  ob.alpha = 10; // Errado! alpha é privado!     ←── Errado – alpha é privado!

    // Essas linhas estão corretas porque beta e gamma são públicos.
    ob.beta = 88;   ←──────────── Certo porque esses membros são públicos.
    ob.gamma = 99;
  }
}
```

Como você pode ver, dentro da classe **MyClass**, **alpha** é especificado como **private**, **beta** é especificado explicitamente como **public** e **gamma** usa o acesso padrão, que nesse exemplo é igual à especificação de **public**. Já que **alpha** é privado, não pode ser acessado por um código de fora de sua classe. Logo, dentro da classe **AccessDemo**, **alpha** não pode ser usado diretamente. Deve ser acessado por intermédio de seus métodos acessadores públicos: **setAlpha( )** e **getAlpha( )**. Se você removesse o símbolo de comentário do começo da linha abaixo:

```
//  ob.alpha = 10; // Errado! alpha é privado!
```

não poderia compilar esse programa devido à violação de acesso. Embora o acesso ao membro **alpha** por um código de fora de **MyClass** não seja permitido, métodos definidos dentro de **MyClass** podem acessá-lo livremente, como mostram os métodos **setAlpha( )** e **getAlpha( )**.

O ponto-chave é este: um membro privado pode ser usado livremente por outros membros de sua classe, mas não pode ser acessado por um código de fora dela.

Para ver como o controle de acesso pode ser aplicado a um exemplo mais prático, considere o programa a seguir que implementa um array **int** "resistente a falhas", em que é impedida a ocorrência de erros relacionados a limites, evitando que uma exceção de tempo de execução seja gerada. Isso é feito com o encapsulamento do array como membro privado de uma classe, sendo seu acesso permitido apenas por intermédio de métodos membros. Nessa abordagem, qualquer tentativa de acessar o array fora de seus limites pode ser evitada, com a tentativa falhando silenciosamente (com uma "leve aterrissagem" e não uma "queda"). O array resistente a falhas é implementado pela classe **FailSoftArray**, mostrada aqui:

```java
/* Esta classe implementa um array "resistente a falhas"
   que impede a ocorrência de erros de tempo de execução.
*/
class FailSoftArray {
  private int a[]; // referência ao array
  private int errval; // valor a ser retornado se get() falhar
  public int length; // length é pública

  /* Constrói o array dados seu tamanho e o valor
     a ser retornado se get() falhar. */
  public FailSoftArray(int size, int errv) {
    a = new int[size];
    errval = errv;
    length = size;
  }

  // Retorna o valor do índice especificado.
  public int get(int index) {
    if(indexOK(index)) return a[index];   // ◄──── Detecta índice fora dos limites.
    return errval;
  }

  // Insere um valor em um índice. Retorna false em caso de falha.
  public boolean put(int index, int val) {
    if(indexOK(index)) {  // ◄────
      a[index] = val;
      return true;
    }
    return false;
  }

  // Retorna true se index estiver dentro dos limites.
  private boolean indexOK(int index) {
    if(index >= 0 & index < length) return true;
    return false;
  }
}

// Demonstra o array resistente a falhas.
class FSDemo {
  public static void main(String args[]) {
    FailSoftArray fs = new FailSoftArray(5, -1);
    int x;

    // exibe falhas silenciosas
    System.out.println("Fail quietly.");
```

```
      for(int i=0; i < (fs.length * 2); i++)          O acesso ao array deve ser
        fs.put(i, i*10);                              feito por intermédio de seus
                                                      métodos de acesso.
      for(int i=0; i < (fs.length * 2); i++) {
        x = fs.get(i);
        if(x != -1) System.out.print(x + " ");
      }
      System.out.println("");

      // agora, trata as falhas
      System.out.println("\nFail with error reports.");
      for(int i=0; i < (fs.length * 2); i++)
        if(!fs.put(i, i*10))
          System.out.println("Index " + i + " out-of-bounds");

      for(int i=0; i < (fs.length * 2); i++) {
        x = fs.get(i);
        if(x != -1) System.out.print(x + " ");
        else
          System.out.println("Index " + i + " out-of-bounds");
      }
    }
  }
```

A saída do programa é mostrada abaixo:

```
Fail quietly.
0 10 20 30 40

Fail with error reports.
Index 5 out-of-bounds
Index 6 out-of-bounds
Index 7 out-of-bounds
Index 8 out-of-bounds
Index 9 out-of-bounds
0 10 20 30 40 Index 5 out-of-bounds
Index 6 out-of-bounds
Index 7 out-of-bounds
Index 8 out-of-bounds
Index 9 out-of-bounds
```

Examinemos esse exemplo com detalhes. Dentro de **FailSoftArray** são definidos três membros **private**. O primeiro é **a**, que armazena uma referência ao array que conterá realmente as informações. O segundo é **errval**, que é o valor a ser retornado quando uma chamada a **get( )** falhar. O terceiro é o método **private indexOK( )**, que determina se um índice está dentro dos limites. Portanto, esses três membros só podem ser usados por outros membros da classe **FailSoftArray**. Especificamente, **a** e **errval** só podem ser usados por outros métodos da classe e **indexOK( )** só pode ser chamado por outros membros de **FailSoftArray**. O resto dos membros da classe são **public** e podem ser chamados por qualquer código de um programa que use **FailSoftArray**.

Quando um objeto **FailSoftArray** for construído, você deve especificar o tamanho do array e o valor que deseja retornar se uma chamada a **get( )** falhar. O valor de erro deve ser um valor que de outra forma não seria armazenado no array. Após a construção, o array real referenciado por **a** e o valor de erro armazenado em **errval** não poderão ser acessados por usuários do objeto **FailSoftArray**. Logo, eles não podem ser mal utilizados. Por exemplo, o usuário não pode tentar indexar **a** diretamente e exceder seus limites. O acesso só está disponível por intermédio dos métodos **get( )** e **put( )**.

O método **indexOK( )** é **private** principalmente a título de ilustração. Seria inofensivo torná-lo **public**, porque ele não modifica o objeto. No entanto, já que é usado internamente pela classe **FailSoftArray**, pode ser **private**.

Observe que a variável de instância **length** é **public**. Isso está de acordo com a maneira como Java implementa arrays. Para obter o tamanho de um **FailSoftArray**, simplesmente use seu membro **length**.

Ao usar um array **FailSoftArray**, você deve chamar **put( )** para armazenar um valor no índice especificado e chamar **get( )** para recuperar um valor de um índice especificado. Se o índice estiver fora dos limites, **put( )** retornará **false** e **get( )** retornará **errval**.

Por conveniência, grande parte dos exemplos deste livro continuará usando o acesso padrão para a maioria dos membros. Lembre-se, no entanto, de que, no mundo real, restringir o acesso aos membros – principalmente variáveis de instância – é parte importante de uma programação orientada a objetos bem-sucedida. Como você verá no Capítulo 7, o controle de acesso é ainda mais vital quando a herança está envolvida.

Tente Isto 6-1   Melhore a classe Queue

Queue.java

Você pode usar o modificador **private** para fazer uma melhoria importante na classe **Queue** desenvolvida na seção Tente Isto 5-2 do Capítulo 5. Naquela versão, todos os membros da classe **Queue** usam o acesso padrão, que é basicamente público. Ou seja, seria possível um programa que usasse **Queue** acessar diretamente o array subjacente, possivelmente acessando seus elementos fora de ordem. Já que o que interessa em uma fila é o fornecimento de uma lista "primeiro a entrar, primeiro a sair", não é desejável permitir o acesso fora de ordem. Também seria possível um programador malicioso alterar os valores armazenados nos índices **putloc** e **getloc**, adulterando assim a fila. Felizmente, esses tipos de problemas são fáceis de evitar com a aplicação do especificador **private**.

1. Copie a classe **Queue** original da seção Tente Isto 5-2 em um novo arquivo chamado **Queue.java**.

2. Na classe **Queue**, adicione o modificador **private** ao array **q** e aos índices **putloc** e **getloc**, como mostrado aqui:

```
// Uma classe de fila de caracteres melhorada.
class Queue {
  // agora esses membros são privados
  private char q[]; // esse array contém a fila
  private int putloc, getloc; // os indices put e get
```

```
    Queue(int size) {
      q = new char[size]; // aloca memória para a fila
      putloc = getloc = 0;
    }

    // Insere um caractere na fila.
    void put(char ch) {
      if(putloc==q.length) {
        System.out.println(" - Queue is full.");
        return;
      }

      q[putloc++] = ch;
    }

    // Obtém um caractere na fila.
    char get() {
      if(getloc == putloc) {
        System.out.println(" - Queue is empty.");
        return (char) 0;
      }

      return q[getloc++];
    }
  }
```

3. A alteração de **q**, **putloc** e **getloc** do acesso padrão para o acesso privado não terá efeito sobre um programa que use **Queue** apropriadamente. Por exemplo, também funcionaria bem com a classe **QDemo** da seção Tente Isto 5-2. No entanto, impede o uso inapropriado de **Queue**, como no caso dos tipos de instruções a seguir que são inválidos:

```
Queue test = new Queue(10);

test.q[0] = 99; // errado!
test.putloc = -100; // não funcionará!
```

4. Agora que **q**, **putloc** e **getloc** são privadas, a classe **Queue** está impondo rigorosamente o atributo primeiro a entrar, primeiro a sair de uma fila.

Passe objetos para os métodos

Até agora, os exemplos deste livro têm usado tipos simples como parâmetros dos métodos. No entanto, é correta e comum a passagem de objetos para métodos. Por exemplo, o programa a seguir define uma classe chamada **Block** que armazena as dimensões de um bloco tridimensional:

```
// Objetos podem ser passados para os métodos.
class Block {
  int a, b, c;
```

```
    int volume;

    Block(int i, int j, int k) {
      a = i;
      b = j;
      c = k;
      volume = a * b * c;
    }

    // Retorna true se ob definir o mesmo bloco.
    boolean sameBlock(Block ob) {          ← Usa um tipo de objeto no parâmetro.
      if((ob.a == a) & (ob.b == b) & (ob.c == c)) return true;
      else return false;
    }

    // Retorna true se ob tiver o mesmo volume.
    boolean sameVolume(Block ob) {         ←
      if(ob.volume == volume) return true;
      else return false;
    }
}

class PassOb {
  public static void main(String args[]) {
    Block ob1 = new Block(10, 2, 5);
    Block ob2 = new Block(10, 2, 5);
    Block ob3 = new Block(4, 5, 5);

    System.out.println("ob1 same dimensions as ob2: " +
               ob1.sameBlock(ob2));        ← Passa um objeto.
    System.out.println("ob1 same dimensions as ob3: " +
               ob1.sameBlock(ob3));        ←
    System.out.println("ob1 same volume as ob3: " +
               ob1.sameVolume(ob3));       ←
  }
}
```

Esse programa gera a saída abaixo:

```
ob1 same dimensions as ob2: true
ob1 same dimensions as ob3: false
ob1 same volume as ob3: true
```

Os métodos **sameBlock( )** e **sameVolume( )** comparam o objeto **Block** passado como parâmetro para o objeto chamador. Em **sameBlock( )**, as dimensões dos objetos são comparadas e **true** é retornado apenas quando os dois blocos são iguais. Em **sameVolume( )**, os dois blocos só são comparados para sabermos se eles têm o mesmo volume. Nos dois casos, observe que o parâmetro **ob** especifica **Block** como seu tipo. Embora **Block** seja um tipo de classe criado pelo programa, é usado da mesma forma que os tipos internos de Java.

Como os argumentos são passados

Como o exemplo anterior demonstrou, é tarefa simples passar um objeto para um método. No entanto, há algumas nuances na passagem de um objeto que não são mostradas no exemplo. Em certos casos, os efeitos da passagem de um objeto serão diferentes dos vivenciados na passagem de argumentos que não sejam objetos. Para ver o porquê, você precisa de uma visão geral das duas maneiras pelas quais um argumento pode ser passado para uma sub-rotina.

A primeira maneira é a *chamada por valor*. Essa abordagem copia o *valor* de um argumento no parâmetro formal da sub-rotina. Portanto, alterações feitas no parâmetro da sub-rotina não têm efeito sobre o argumento da chamada. A segunda maneira de um argumento poder ser passado é a *chamada por referência*. Nessa abordagem, uma referência a um argumento (e não o valor do argumento) é passada para o parâmetro. Dentro da sub-rotina, essa referência é usada no acesso ao argumento real especificado na chamada. Ou seja, alterações feitas no parâmetro *afetarão* o argumento usado para chamar a sub-rotina. Como você verá, embora Java use a chamada por valor para passar argumentos, o efeito exato produzido difere entre a passagem de um tipo primitivo ou um tipo de referência.

Quando passamos um tipo primitivo, como **int** ou **double**, para um método, ele é passado por valor. Portanto, uma cópia do argumento é feita e o que ocorre ao parâmetro recebedor do argumento não tem efeito fora do método. Por exemplo, considere o programa a seguir:

```java
// Tipos primitivos são passados por valor.
class Test {
  /* Este método não causa alteração nos argumentos
     usados na chamada. */
  void noChange(int i, int j) {
    i = i + j;
    j = -j;
  }
}

class CallByValue {
  public static void main(String args[]) {
    Test ob = new Test();

    int a = 15, b = 20;

    System.out.println("a and b before call: " +
                    a + " " + b);

    ob.noChange(a, b);

    System.out.println("a and b after call: " +
                    a + " " + b);
  }
}
```

Capítulo 6   Verificação minuciosa dos métodos e classes

A saída do programa é mostrada aqui:

```
a and b before call: 15 20
a and b after call: 15 20
```

Como você pode ver, as operações que ocorrem dentro de **noChange( )** não têm efeito sobre os valores de **a** e **b** usados na chamada.

Quando passamos um objeto para um método, a situação muda drasticamente, porque os objetos são passados implicitamente por referência. Lembre-se de que, quando criamos uma variável de um tipo de classe, estamos criando uma referência a um objeto. É a referência, e não o objeto, que é realmente passada para o método. Como resultado, quando passamos essa referência para um método, o parâmetro que a recebe referencia o mesmo objeto referenciado pelo argumento. Ou seja, os objetos são passados para os métodos com o uso da chamada por referência. Alterações no objeto dentro do método *afetam* o objeto usado como argumento. Por exemplo, considere o programa abaixo:

```
// Objetos são passados por suas referências.
class Test {
  int a, b;

  Test(int i, int j) {
    a = i;
    b = j;
  }
  /* Passa um objeto. Agora, os valores ob.a e ob.b
     do objeto usados na chamada serão alterados. */
  void change(Test ob) {
    ob.a = ob.a + ob.b;
    ob.b = -ob.b;
  }
}

class PassObRef {
  public static void main(String args[]) {
    Test ob = new Test(15, 20);

    System.out.println("ob.a and ob.b before call: " +
                       ob.a + " " + ob.b);

    ob.change(ob);

    System.out.println("ob.a and ob.b after call: " +
                       ob.a + " " + ob.b);
  }
}
```

Esse programa gera a saída abaixo:

```
ob.a and ob.b before call: 15 20
ob.a and ob.b after call: 35 -20
```

Como você pode ver, nesse caso, as ações ocorridas dentro de **change( )** afetaram o objeto usado como argumento.

Pergunte ao especialista

P: Há alguma maneira de passar um tipo primitivo por referência?

R: Não diretamente. No entanto, Java define um conjunto de classes que *envolvem* tipos primitivos em objetos. Elas são **Double**, **Float**, **Byte**, **Short**, **Integer**, **Long** e **Character**. Além de permitir que um tipo primitivo seja passado por referência, essas classes encapsuladoras definem vários métodos que permitem tratar seus valores. Por exemplo, os encapsuladores de tipos numéricos incluem métodos que convertem um valor numérico de sua forma binária para um **string** legível por humanos e vice-versa.

Lembre-se de que, quando uma referência de objeto é passada para um método, a própria referência é passada com o uso da chamada por valor. No entanto, já que o valor passado referencia um objeto, a cópia desse valor continuará referenciando o mesmo objeto referenciado pelo argumento correspondente.

Retornando objetos

Um método pode retornar qualquer tipo de dado, inclusive tipos de classe. Por exemplo, a classe **ErrorMsg** mostrada aqui poderia ser usada para relatar erros. Seu método, **getErrorMsg( )**, retorna um objeto **String** contendo a descrição de um erro com base no código de erro recebido.

```
// Retorna um objeto String.
class ErrorMsg {
  String msgs[] = {
    "Output Error",
    "Input Error",
    "Disk Full",
    "Index Out-Of-Bounds"
  };

  // Retorna a mensagem de erro.
  String getErrorMsg(int i) {        ← Retorna um objeto de tipo String.
    if(i >=0 & i < msgs.length)
      return msgs[i];
    else
      return "Invalid Error Code";
  }
}

class ErrMsg {
  public static void main(String args[]) {
    ErrorMsg err = new ErrorMsg();
```

```
      System.out.println(err.getErrorMsg(2));
      System.out.println(err.getErrorMsg(19));
  }
}
```

Sua saída é mostrada abaixo:

```
Disk Full
Invalid Error Code
```

É claro que você também pode retornar objetos de classes que criar. Por exemplo, essa é uma versão retrabalhada do programa anterior que cria duas classes de erro. Uma se chama **Err** e encapsula uma mensagem de erro junto com um código de gravidade. A segunda se chama **ErrorInfo**. Ela define um método chamado **getErrorInfo( )**, que retorna um objeto **Err**.

```
// Retorna um objeto definido pelo programador.
class Err {
  String msg; // mensagem de erro
  int severity; // indicando a gravidade do erro

  Err(String m, int s) {
    msg = m;
    severity = s;
  }
}

class ErrorInfo {
  String msgs[] = {
    "Output Error",
    "Input Error",
    "Disk Full",
    "Index Out-Of-Bounds"
  };
  int howbad[] = { 3, 3, 2, 4 };

  Err getErrorInfo(int i) {  ←——————— Retorna um objeto de tipo Err.
    if(i >= 0 & i < msgs.length)
      return new Err(msgs[i], howbad[i]);
    else
      return new Err("Invalid Error Code", 0);
  }
}

class ErrInfo {
  public static void main(String args[]) {
    ErrorInfo err = new ErrorInfo();
    Err e;

    e = err.getErrorInfo(2);
    System.out.println(e.msg + " severity: " + e.severity);
```

```
    e = err.getErrorInfo(19);
    System.out.println(e.msg + " severity: " + e.severity);
  }
}
```

Aqui está a saída:

```
Disk Full severity: 2
Invalid Error Code severity: 0
```

Sempre que **getErrorInfo( )** é chamado, um novo objeto **Err** é criado e uma referência a ele é retornada para a rotina chamadora. Esse objeto é então usado dentro de **main( )** para exibir a mensagem de erro e o código de gravidade.

Quando um objeto é retornado por um método, ele continua existindo até não ser mais referenciado. Nesse momento, é alvo da coleta de lixo. Logo, um objeto não será destruído só porque o método que o criou foi encerrado.

Sobrecarga de métodos

Nesta seção, você conhecerá um dos mais fascinantes recursos Java: a sobrecarga de métodos. Em Java, dois ou mais métodos da mesma classe podem compartilhar o mesmo nome, contanto que suas declarações de parâmetros sejam diferentes. Quando é esse o caso, diz-se que os métodos são *sobrecarregados* e o processo é chamado de *sobrecarga de método*. A sobrecarga de métodos é uma das maneiras pelas quais Java implementa o polimorfismo.

Em geral, para sobrecarregar um método, só temos que declarar versões diferentes dele. O compilador se incumbe do resto. Porém, é preciso prestar atenção em uma restrição importante: o tipo e/ou a quantidade dos parâmetros de cada método sobrecarregado devem diferir. Não é o bastante dois métodos diferirem apenas em seus tipos de retorno. (Os tipos de retorno não fornecem informações suficientes em todos os casos para Java decidir que método usar.) Mas os métodos sobrecarregados também *podem* diferir em seus tipos de retorno. Quando um método sobrecarregado é chamado, sua versão cujos parâmetros coincidem com os argumentos é executada.

Aqui está um exemplo simples que ilustra a sobrecarga de métodos:

```
// Demonstra a sobrecarga de métodos.
class Overload {
  void ovlDemo() {  ◄─────────────── Primeira versão
    System.out.println("No parameters");
  }

  // Sobrecarrega ovlDemo para um parâmetro inteiro.
  void ovlDemo(int a) {  ◄─────────────── Segunda versão
    System.out.println("One parameter: " + a);
  }

  // Sobrecarrega ovlDemo para dois parâmetros inteiros.
```

```
    int ovlDemo(int a, int b) {  ◄──────────────── Terceira versão
      System.out.println("Two parameters: " + a + " " + b);
      return a + b;
    }

    // Sobrecarrega ovlDemo para dois parâmetros double.
    double ovlDemo(double a, double b) {  ◄──────────────── Quarta versão
      System.out.println("Two double parameters: " +
                         a + " " + b);
      return a + b;
    }
}

class OverloadDemo {
  public static void main(String args[]) {
    Overload ob = new Overload();
    int resI;
    double resD;

    // chama todas as versões de ovlDemo()
    ob.ovlDemo();
    System.out.println();

    ob.ovlDemo(2);
    System.out.println();

    resI = ob.ovlDemo(4, 6);
    System.out.println("Result of ob.ovlDemo(4, 6): " +
                       resI);
    System.out.println();

    resD = ob.ovlDemo(1.1, 2.32);
    System.out.println("Result of ob.ovlDemo(1.1, 2.32): " +
                       resD);
  }
}
```

Esse programa gera a saída a seguir:

```
No parameters

One parameter: 2

Two parameters: 4 6
Result of ob.ovlDemo(4, 6): 10

Two double parameters: 1.1 2.32
Result of ob.ovlDemo(1.1, 2.32): 3.42
```

Como ficou claro, **ovlDemo( )** é sobrecarregado quatro vezes. A primeira versão não usa parâmetros, a segunda recebe um parâmetro inteiro, a terceira recebe dois parâmetros inteiros e a quarta usa dois parâmetros **double**. Observe que as duas primeiras versões de **ovlDemo( )** retornam **void** e as outras duas retornam um valor. Isso é perfeitamente válido, mas, como explicado, a sobrecarga não é afetada pelo tipo de retorno de um método. Logo, a tentativa de usar as duas versões a seguir de **ovlDemo( )** causará erro.

```
// É correto usar um método ovlDemo(int).
void ovlDemo(int a) {
  System.out.println("One parameter: " + a);
}

/* Erro! Não é correto usar dois métodos ovlDemo(int)
   mesmo que os tipos de retorno sejam diferentes.
*/
int ovlDemo(int a) {
  System.out.println("One parameter: " + a);
  return a * a;
}
```

Os tipos de retorno não podem ser usados para diferenciar métodos sobrecarregados.

Como os comentários sugerem, a diferença nos tipos de retorno é insuficiente no caso da sobrecarga.

Pelo que vimos no Capítulo 2, Java fornece algumas conversões de tipo automáticas. Essas conversões também são aplicáveis a parâmetros de métodos sobrecarregados. Por exemplo, considere o seguinte:

```
/* Conversões de tipo automáticas podem afetar
     a definição do método sobrecarregado.
*/
class Overload2 {
  void f(int x) {
    System.out.println("Inside f(int): " + x);
  }

  void f(double x) {
    System.out.println("Inside f(double): " + x);
  }
}

class TypeConv {
  public static void main(String args[]) {
    Overload2 ob = new Overload2();

    int i = 10;
    double d = 10.1;

    byte b = 99;
    short s = 10;
    float f = 11.5F;

    ob.f(i); // chama ob.f(int)
    ob.f(d); // chama ob.f(double)
```

```
    ob.f(b); // chama ob.f(int) - conversão de tipo
    ob.f(s); // chama ob.f(int) - conversão de tipo
    ob.f(f); // chama ob.f(double) - conversão de tipo
  }
}
```

A saída do programa é mostrada aqui:

```
Inside f(int): 10
Inside f(double): 10.1
Inside f(int): 99
Inside f(int): 10
Inside f(double): 11.5
```

Nesse exemplo, só duas versões de **f( )** são definidas: uma com parâmetro **int** e outra com parâmetro **double**. No entanto, é possível passar para **f( )** um valor **byte**, **short** ou **float**. No caso de **byte** e **short**, Java os converte automaticamente em **int**. Logo, **f(int)** é chamado. No caso de **float**, o valor é convertido para **double** e **f(double)** é chamado.

Porém, é importante entender que as conversões automáticas só são aplicáveis quando não há correspondência direta entre um parâmetro e um argumento. Por exemplo, este é o programa anterior com a inclusão de uma versão de **f( )** que especifica um parâmetro **byte**:

```
// Adiciona f(byte).
class Overload2 {
  void f(byte x) {  ◄─────────────────────── Esta versão especifica
    System.out.println("Inside f(byte): " + x);    um parâmetro byte.
  }

  void f(int x) {
    System.out.println("Inside f(int): " + x);
  }

  void f(double x) {
    System.out.println("Inside f(double): " + x);
  }
}

class TypeConv {
  public static void main(String args[]) {
    Overload2 ob = new Overload2();

    int i = 10;
    double d = 10.1;

    byte b = 99;
    short s = 10;
    float f = 11.5F;

    ob.f(i); // chama ob.f(int)
```

```
    ob.f(d); // chama ob.f(double)

    ob.f(b); // chama ob.f(byte) - agora, sem conversão de tipo

    ob.f(s); // chama ob.f(int) - conversão de tipo
    ob.f(f); // chama ob.f(double) - conversão de tipo
  }
}
```

Agora, quando o programa é executado, a saída a seguir é produzida:

```
Inside f(int): 10
Inside f(double): 10.1
Inside f(byte): 99
Inside f(int): 10
Inside f(double): 11.5
```

Nessa versão, já que há uma variante de **f( )** que recebe um argumento **byte**, quando **f( )** é chamado com esse argumento, **f(byte)** é chamado e não ocorre a conversão automática para **int**.

A sobrecarga de métodos dá suporte ao polimorfismo, porque é uma maneira de o Java implementar o paradigma "uma interface, vários métodos". Para entender como, considere o seguinte: Em linguagens que não dão suporte à sobrecarga de métodos, cada método deve receber um nome exclusivo. No entanto, é frequente querermos implementar o mesmo método para tipos de dados diferentes. Considere a função do valor absoluto. Em linguagens que não dão suporte à sobrecarga, geralmente há três ou mais versões dessa função, cada uma com um nome um pouco diferente. Por exemplo, em C, a função **abs( )** retorna o valor absoluto de um inteiro, **labs( )** retorna o valor absoluto de um inteiro longo e **fabs( )** retorna o valor absoluto de um valor de ponto flutuante. Já que C não dá suporte à sobrecarga, cada função precisa ter seu próprio nome, ainda que as três façam essencialmente a mesma coisa. Conceitualmente, isso torna a situação mais complicada do que já é. Embora o conceito subjacente a todas as funções seja igual, temos três nomes para lembrar. Essa situação não ocorre em Java, porque todos os métodos do valor absoluto podem usar o mesmo nome. Na verdade, a biblioteca padrão de classes Java inclui um método do valor absoluto, chamado **abs( )**. Esse método é sobrecarregado pela classe Java **Math** para tratar todos os tipos numéricos. Java determina que versão de **abs( )** será chamada com base no tipo de argumento.

A vantagem da sobrecarga é ela permitir que métodos relacionados sejam acessados com o uso de um nome comum. Portanto, o nome **abs** representa a *ação geral* que está sendo executada. A seleção da versão correta *específica* para uma determinada circunstância é deixada para o compilador. Você, o programador, só tem que lembrar a operação geral que está sendo executada. Com a aplicação do polimorfismo, vários nomes foram reduzidos para um. Embora esse exemplo seja muito simples, se você expandir o conceito, verá como a sobrecarga ajuda a gerenciar uma complexidade ainda maior.

Quando você sobrecarregar um método, cada versão dele poderá executar qualquer atividade desejada. Não há uma regra declarando que os métodos sobrecarregados devem estar relacionados. No entanto, de um ponto de vista estilístico, a

Capítulo 6 Verificação minuciosa dos métodos e classes   **193**

> **Pergunte ao especialista**
>
> **P:** Já ouvi programadores de Java usarem o termo *assinatura*. Do que se trata?
>
> **R:** No contexto Java, uma assinatura é o nome de um método mais sua lista de parâmetros. Logo, para fins de sobrecarga, dois métodos da mesma classe não podem ter a mesma assinatura. É bom ressaltar que uma assinatura não inclui o tipo de retorno, já que ele não é usado por Java para a definição da sobrecarga.

sobrecarga de método implica um relacionamento. Logo, embora você possa usar o mesmo nome para sobrepor métodos não relacionados, não deve fazê-lo. Por exemplo, você poderia usar o nome **sqr** para criar métodos que retornassem o *quadrado* de um inteiro e a raiz *quadrada* de um valor de ponto flutuante. Mas essas duas operações são basicamente diferentes. A aplicação da sobrecarga de métodos dessa forma frustra seu objetivo original. Na prática, você só deve sobrepor operações intimamente relacionadas.

Sobrecarregando construtores

Como os métodos, os construtores também podem ser sobrecarregados. Isso permite a construção de objetos de várias maneiras. Por exemplo, considere o programa a seguir:

```
// Demonstra um construtor sobrecarregado.
class MyClass {
  int x;

  MyClass() {                             ←———————————— Constrói objetos de várias maneiras
    System.out.println("Inside MyClass().");
    x = 0;
  }

  MyClass(int i) {                        ←
    System.out.println("Inside MyClass(int).");
    x = i;
  }

  MyClass(double d) {                     ←
    System.out.println("Inside MyClass(double).");
    x = (int) d;
  }

  MyClass(int i, int j) {                 ←
    System.out.println("Inside MyClass(int, int).");
    x = i * j;
  }
}

class OverloadConsDemo {
```

```
    public static void main(String args[]) {
      MyClass t1 = new MyClass();
      MyClass t2 = new MyClass(88);
      MyClass t3 = new MyClass(17.23);
      MyClass t4 = new MyClass(2, 4);

      System.out.println("t1.x: " + t1.x);
      System.out.println("t2.x: " + t2.x);
      System.out.println("t3.x: " + t3.x);
      System.out.println("t4.x: " + t4.x);
    }
}
```

A saída do programa é mostrada aqui:

```
Inside MyClass().
Inside MyClass(int).
Inside MyClass(double).
Inside MyClass(int, int).
t1.x: 0
t2.x: 88
t3.x: 17
t4.x: 8
```

MyClass( ) é sobrecarregado de quatro maneiras, cada uma construindo um objeto diferentemente. O construtor apropriado é chamado de acordo com os parâmetros especificados quando a instrução **new** é executada. Ao sobrecarregar o construtor, damos ao usuário da classe flexibilidade na maneira como os objetos são construídos.

Uma das razões mais comuns para a sobrecarga de construtores é um objeto poder inicializar outro. Por exemplo, considere um programa que usa a classe **Summation** para calcular a soma de um valor inteiro:

```
// Inicializa um objeto com outro.
class Summation {
  int sum;

  // Constrói a partir de um int.
  Summation(int num) {
    sum = 0;
    for(int i=1; i <= num; i++)
      sum += i;
  }

  // Constrói a partir de outro objeto.
  Summation(Summation ob) {  ←──────── Constrói um objeto a partir de outro.
    sum = ob.sum;
  }
}

class SumDemo {
  public static void main(String args[]) {
    Summation s1 = new Summation(5);
```

```
        Summation s2 = new Summation(s1);

        System.out.println("s1.sum: " + s1.sum);
        System.out.println("s2.sum: " + s2.sum);
    }
}
```

A saída é mostrada abaixo:

```
s1.sum: 15
s2.sum: 15
```

Com frequência, como esse exemplo mostra, uma vantagem do fornecimento de um construtor que use um objeto para inicializar outro é a eficiência. Nesse caso, quando **s2** é construído, não é necessário recalcular a soma. É claro que, até mesmo em casos em que a eficiência não é um problema, geralmente é útil fornecer um construtor que faça uma cópia de um objeto.

Tente Isto 6-2   Sobrecarregue o construtor de Queue

QDemo2.java

Neste projeto, você melhorará a classe **Queue** dando a ela dois construtores adicionais. O primeiro construirá uma nova fila a partir de outra. O segundo construirá uma fila, dando a ela valores iniciais. Como você verá, a inclusão desses construtores melhora significativamente a usabilidade de **Queue**.

1. Crie um arquivo chamado **QDemo2.java** e copie a classe **Queue** atualizada da seção Tente Isto 6-1 para ele.

2. Primeiro, adicione o construtor a seguir, que constrói uma fila a partir de outra.

    ```
    // Constrói uma fila a partir de outra.
    Queue(Queue ob) {
      putloc = ob.putloc;
      getloc = ob.getloc;
      q = new char[ob.q.length];

      // copia elementos
      for(int i=getloc; i < putloc; i++)
        q[i] = ob.q[i];
    }
    ```

    Observe atentamente esse construtor. Ele inicializa **putloc** e **getloc** com os valores contidos no parâmetro **ob**. Em seguida, aloca um novo array para conter a fila e copia os elementos de **ob** para esse array. Uma vez construída, a nova fila será uma cópia idêntica da original, mas as duas serão objetos totalmente separados.

3. Agora, adicione o construtor que inicializa a fila a partir de um array de caracteres, como mostrado aqui:

    ```
    // Constrói uma fila com valores iniciais.
    Queue(char a[]) {
      putloc = 0;
    ```

```
      getloc = 0;
      q = new char[a.length];

      for(int i = 0; i < a.length; i++) put(a[i]);
    }
```

Esse construtor cria uma fila suficientemente grande para conter os caracteres de **a** e então armazena-os na fila.

4. Esta é a classe **Queue** atualizada e completa junto com a classe **QDemo2**, que a demonstra:

```
// Uma classe de fila para caracteres.
class Queue {
  private char q[]; // esse array contém a fila
  private int putloc, getloc; // os índices put e get

  // Constrói uma fila vazia dado seu tamanho.
  Queue(int size) {
    q = new char[size]; // aloca memória para a fila
    putloc = getloc = 0;
  }

  // Constrói uma fila a partir de outra.
  Queue(Queue ob) {
    putloc = ob.putloc;
    getloc = ob.getloc;
    q = new char[ob.q.length];

    // copia elementos
    for(int i=getloc; i < putloc; i++)
      q[i] = ob.q[i];
  }

  // Constrói uma fila com valores iniciais.
  Queue(char a[]) {
    putloc = 0;
    getloc = 0;
    q = new char[a.length];

    for(int i = 0; i < a.length; i++) put(a[i]);
  }

  // Insere um caractere na fila.
  void put(char ch) {
    if(putloc==q.length) {
      System.out.println(" - Queue is full.");
      return;
    }

    q[putloc++] = ch;
```

```java
  }

  // Obtém um caractere da fila.
  char get() {
    if(getloc == putloc) {
      System.out.println(" - Queue is empty.");
      return (char) 0;
    }

    return q[getloc++];
  }
}

// Demonstra a classe Queue.
class QDemo2 {
  public static void main(String args[]) {
    // constrói uma fila vazia para 10 elementos
    Queue q1 = new Queue(10);

    char name[] = {'T', 'o', 'm'};
    // constrói uma fila a partir do array
    Queue q2 = new Queue(name);

    char ch;
    int i;

    // insere alguns caracteres em q1
    for(i=0; i < 10; i++)
      q1.put((char) ('A' + i));

    // constrói uma fila a partir de outra
    Queue q3 = new Queue(q1);

    // Exibe as filas.
    System.out.print("Contents of q1: ");
    for(i=0; i < 10; i++) {
      ch = q1.get();
      System.out.print(ch);
    }

    System.out.println("\n");

    System.out.print("Contents of q2: ");
    for(i=0; i < 3; i++) {
      ch = q2.get();
      System.out.print(ch);
    }

    System.out.println("\n");
```

```
            System.out.print("Contents of q3: ");
            for(i=0; i < 10; i++) {
              ch = q3.get();
              System.out.print(ch);
            }
      }
}
```

A saída do programa é mostrada aqui:

```
Contents of q1: ABCDEFGHIJ

Contents of q2: Tom

Contents of q3: ABCDEFGHIJ
```

Recursão

Em Java, um método pode chamar a si mesmo. Esse processo se chama *recursão* e dizemos que um método é *recursivo* quando chama a si próprio. Em geral, recursão é o processo em que algo é definido a partir de si mesmo e é um pouco parecido com uma definição circular. O componente-chave do método recursivo é a instrução que executa uma chamada a ele próprio. A recursão é um mecanismo de controle poderoso.

O exemplo clássico de recursão é o cálculo do fatorial de um número. O *fatorial* de um número *N* é o produto de todos os números inteiros entre 1 e *N*. Por exemplo, o fatorial de 3 é 1 X 2 X 3, ou 6. O programa a seguir mostra uma maneira recursiva de calcular o fatorial de um número. Para fins de comparação, um equivalente não recursivo também é incluído.

```
// Um exemplo simples de recursão.
class Factorial {
  // Esta é uma função recursiva.
  int factR(int n) {
    int result;

    if(n==1) return 1;
    result = factR(n-1) * n;
    return result;            ← Executa a chamada recursiva a factR( ).
  }

  // Este é um equivalente iterativo.
  int factI(int n) {
    int t, result;

    result = 1;
    for(t=1; t <= n; t++) result *= t;
    return result;
  }
}
```

```
class Recursion {
  public static void main(String args[]) {
    Factorial f = new Factorial();

    System.out.println("Factorials using recursive method.");
    System.out.println("Factorial of 3 is " + f.factR(3));
    System.out.println("Factorial of 4 is " + f.factR(4));
    System.out.println("Factorial of 5 is " + f.factR(5));
    System.out.println();

    System.out.println("Factorials using iterative method.");
    System.out.println("Factorial of 3 is " + f.factI(3));
    System.out.println("Factorial of 4 is " + f.factI(4));
    System.out.println("Factorial of 5 is " + f.factI(5));
  }
}
```

A saída do programa é mostrada abaixo:

```
Factorials using recursive method.
Factorial of 3 is 6
Factorial of 4 is 24
Factorial of 5 is 120

Factorials using iterative method.
Factorial of 3 is 6
Factorial of 4 is 24
Factorial of 5 is 120
```

A operação do método não recursivo **factI( )** deve ter ficado clara. Ele usa um laço começando em 1 e multiplica progressivamente cada número pelo novo produto.

A operação do método recursivo **factR( )** é um pouco mais complexa. Quando **factR( )** é chamado com um argumento igual a 1, ele retorna 1; caso contrário, retorna o produto de **factR(n-1)*n**. Para avaliar essa expressão, **factR( )** é chamado com **n-1**. Esse processo se repete até **n** ser igual a 1 e as chamadas ao método começarem a retornar. Por exemplo, quando o fatorial de 2 é calculado, a primeira chamada a **factR( )** faz uma segunda chamada ser feita com o argumento 1. Essa chamada retornará 1, que será então multiplicado por 2 (o valor original de **n**). A resposta será 2. Pode ser interessante inserir instruções **println( )** em **factR( )** que exibam em que nível cada chamada está e quais são os resultados intermediários.

Quando um método chama a si próprio, é alocado espaço de armazenamento na pilha para novas variáveis e parâmetros locais e o código do método é executado com essas novas variáveis desde o início. Uma chamada recursiva não faz uma nova cópia do método. Só os argumentos são novos. À medida que cada chamada recursiva retorna, as variáveis e parâmetros locais antigos são removidos da pilha e a execução é retomada no ponto da chamada dentro do método. Poderíamos dizer que os métodos recursivos "empilham-se" para frente e para trás.

Versões recursivas de várias rotinas podem ser executadas um pouco mais lentamente do que suas equivalentes iterativas devido à sobrecarga adicional das outras chamadas de método. Muitas chamadas recursivas a um método podem causar uma saturação de pilha. Já que o armazenamento de parâmetros e variáveis locais se dá na pilha e cada nova chamada cria uma nova cópia dessas variáveis, é possível que a pilha se esgote. Se isso ocorrer, o sistema de tempo de execução Java gerará uma exceção. No entanto, provavelmente você não terá que se preocupar com esse problema a menos que uma rotina recursiva saia de controle. A principal vantagem da recursão é que alguns tipos de algoritmos podem ser implementados mais clara e simplesmente de maneira recursiva do que de maneira iterativa. Por exemplo, o algoritmo de classificação rápida é bem difícil de implementar de maneira iterativa. Além disso, alguns problemas, principalmente os relacionados à IA, parecem se prestar melhor a soluções recursivas. Quando criar métodos recursivos, você precisará de uma instrução condicional, como **if**, em algum local para forçar o método a retornar sem a chamada recursiva ser executada. Se não o fizer, quando chamar o método, ele nunca retornará. Esse tipo de erro é muito comum quando se trabalha com recursão. Use instruções **println( )** à vontade para saber o que está ocorrendo e aborte a execução se perceber que cometeu um erro.

Entendendo os membros estáticos

Haverá vezes em que você vai querer definir um membro de classe para ser usado independentemente de qualquer objeto dessa classe. Normalmente, o membro de uma classe deve ser acessado por intermédio de um objeto de sua classe, mas é possível criar um membro para ser usado por conta própria, sem referência a uma instância específica. Para criar esse membro, preceda sua declaração com a palavra-chave **static**. Quando um membro é declarado **static**, pode ser acessado antes de qualquer objeto de sua classe ser criado e sem referência a nenhum objeto. Você pode declarar tanto métodos quanto variáveis como estáticos. O exemplo mais comum de um membro **static** é **main( )**. O método **main( )** é declarado como **static**, porque deve ser chamado pela JVM quando o programa começa. Fora da classe, para usar um membro **static**, você só tem que especificar o nome de sua classe seguido pelo operador ponto. Nenhum objeto precisa ser criado. Por exemplo, se quiser atribuir o valor 10 a uma variável **static** chamada **count** pertencente à classe **Timer**, use esta linha:

```
Timer.count = 10;
```

Esse formato é semelhante ao usado no acesso a variáveis de instância comuns por meio de um objeto, exceto pelo nome da classe ser usado. Um método **static** pode ser chamado da mesma forma – com o uso do operador ponto no nome da classe.

Variáveis declaradas como **static** são, basicamente, variáveis globais. Quando um objeto é declarado, nenhuma cópia de uma variável **static** é feita. Em vez disso, todas as instâncias da classe compartilham a mesma variável **static**. Aqui está um exemplo que mostra as diferenças entre uma variável **static** e uma variável de instância:

```
// Usa uma variável estática.
class StaticDemo {
  int x; // uma variável de instância comum
  static int y; // uma variável estática
```
◄── Há uma cópia de **y** para todos os objetos compartilharem.

```java
  // Retorna a soma da variável de instância x
  // e a variável estática y.
  int sum() {
    return x + y;
  }
}

class SDemo {
  public static void main(String args[]) {
    StaticDemo ob1 = new StaticDemo();
    StaticDemo ob2 = new StaticDemo();

    // Cada objeto tem sua própria cópia de uma variável de instância.
    ob1.x = 10;
    ob2.x = 20;
    System.out.println("Of course, ob1.x and ob2.x " +
                       "are independent.");
    System.out.println("ob1.x: " + ob1.x +
                       "\nob2.x: " + ob2.x);
    System.out.println();

    // Cada objeto compartilha uma cópia de uma variável estática.
    System.out.println("The static variable y is shared.");
    StaticDemo.y = 19;
    System.out.println("Set StaticDemo.y to 19.");

    System.out.println("ob1.sum(): " + ob1.sum());
    System.out.println("ob2.sum(): " + ob2.sum());
    System.out.println();

    StaticDemo.y = 100;
    System.out.println("Change StaticDemo.y to 100");

    System.out.println("ob1.sum(): " + ob1.sum());
    System.out.println("ob2.sum(): " + ob2.sum());
    System.out.println();  }
}
```

A saída do programa é mostrada abaixo:

```
Of course, ob1.x and ob2.x are independent.
ob1.x: 10
ob2.x: 20

The static variable y is shared.
Set StaticDemo.y to 19.
ob1.sum(): 29
ob2.sum(): 39

Change StaticDemo.y to 100
ob1.sum(): 110
ob2.sum(): 120
```

Como você pode ver, a variável **static y** é compartilhada tanto por **ob1** quanto por **ob2**. Sua alteração afeta a classe inteira e não apenas uma instância.

A diferença entre um método **static** e um método comum é que o método **static** é chamado com o uso do nome de sua classe, sem nenhum objeto dela ser criado. Você já viu um exemplo disso: o método **sqrt( )**, que em Java é um método **static** da classe padrão **Math**. Este é um exemplo que cria um método **static**:

```
// Usa um método estático.
class StaticMeth {
  static int val = 1024; // uma variável estática

  // um método estático
  static int valDiv2() {
    return val/2;
  }
}

class SDemo2 {
  public static void main(String args[]) {

    System.out.println("val is " + StaticMeth.val);
    System.out.println("StaticMeth.valDiv2(): " +
                StaticMeth.valDiv2());

    StaticMeth.val = 4;
    System.out.println("val is " + StaticMeth.val);
    System.out.println("StaticMeth.valDiv2(): " +
                StaticMeth.valDiv2());
  }
}
```

A saída é mostrada aqui:

```
val is 1024
StaticMeth.valDiv2(): 512
val is 4
StaticMeth.valDiv2(): 2
```

Métodos declarados como **static** têm várias restrições:

- Só podem chamar diretamente outros métodos **static**.
- Só podem acessar diretamente dados **static**.
- Não têm uma referência **this**.

Por exemplo, na classe a seguir, o método **static valDivDenom( )** é inválido:

```
class StaticError {
  int denom = 3; // uma variável de instância comum
  static int val = 1024; // uma variável estática

  /* Erro! Não pode acessar uma variável não
     estática de dentro de um método estático. */
```

```
    static int valDivDenom() {
      return val/denom; // não será compilado!
    }
  }
```

Aqui, **denom** é uma variável de instância comum que não pode ser acessada dentro de um método **static**.

Blocos estáticos

Uma classe pode precisar de algum tipo de inicialização antes de estar pronta para criar objetos. Por exemplo, ela pode ter que estabelecer uma conexão com um site remoto. Também pode ter que inicializar certas variáveis **static** antes de seus métodos **static** serem usados. Para tratar esses tipos de situações, Java permite que você declare um bloco **static**. Um bloco **static** é executado quando a classe é carregada pela primeira vez. Portanto, ele é executado antes de a classe poder ser usada para qualquer outro fim. Aqui está um exemplo de um bloco **static**:

```
// Usa um bloco estático
class StaticBlock {
  static double rootOf2;
  static double rootOf3;

  static {                                          ← Esse bloco é
    System.out.println("Inside static block.");       executado quando a
    rootOf2 = Math.sqrt(2.0);                         classe é carregada.
    rootOf3 = Math.sqrt(3.0);
  }

  StaticBlock(String msg) {
    System.out.println(msg);
  }
}

class SDemo3 {
  public static void main(String args[]) {
    StaticBlock ob = new StaticBlock("Inside Constructor");

    System.out.println("Square root of 2 is " +
                       StaticBlock.rootOf2);
    System.out.println("Square root of 3 is " +
                       StaticBlock.rootOf3);

  }
}
```

A saída é mostrada abaixo:

```
Inside static block.
Inside Constructor
Square root of 2 is 1.4142135623730951
Square root of 3 is 1.7320508075688772
```

Como podemos ver, o bloco **static** é executado antes de qualquer objeto ser construído.

Tente Isto 6-3 — A classificação rápida

QSDemo.java

No Capítulo 5, você viu um método de classificação simples chamado classificação de bolha. Foi mencionado naquele momento que existem classificações significativamente melhores. Aqui, você desenvolverá uma versão de uma das melhores: a classificação rápida (Quicksort). A classificação rápida, inventada e nomeada por C.A.R. Hoare, é o melhor algoritmo de classificação de uso geral disponível atualmente. Não pude mostrá-lo no Capítulo 5, porque a melhor implementação da classificação rápida se baseia na recursão. A versão que desenvolveremos classifica um array de caracteres, mas a lógica pode ser adaptada para classificar qualquer tipo de objeto.

A classificação rápida se baseia na ideia de partições. O procedimento geral envolve a seleção de um valor, chamado *comparando*, e depois é feita a divisão do array em duas seções. Todos os elementos maiores ou iguais ao valor da partição são inseridos em um lado e os menores são inseridos no outro. Esse processo é repetido para cada seção remanescente até o array estar classificado. Por exemplo, dado o array **fedacb** e usando o valor **d** como comparando, a primeira passagem da classificação rápida reorganizaria o array como mostrado a seguir:

Inicial	f e d a c b
Passagem 1	b c a d e f

Esse processo é então repetido para cada seção – isto é, **bca** e **def**. Como você pode ver, o processo é essencialmente recursivo em sua natureza, e, na verdade, a implementação mais limpa da classificação rápida é recursiva.

Você pode selecionar o valor do comparando de duas maneiras. Pode selecioná-lo aleatoriamente ou achando a média de um pequeno conjunto de valores tirados do array. Para obter uma classificação ótima, deve selecionar um valor que esteja exatamente no meio do intervalo de valores. No entanto, não é fácil fazer isso na maioria dos conjuntos de dados. O pior caso é quando o valor selecionado está em uma extremidade. Mesmo assim, a classificação rápida será executada corretamente. A versão da classificação rápida que desenvolveremos seleciona o elemento do meio do array como comparando.

1. Crie um arquivo chamado **QSDemo.java**.

2. Primeiro, crie a classe **Quicksort** mostrada aqui:

```
// Tente isto 6-3: Uma versão simples da classificação rápida.
class Quicksort {

  // Define uma chamada ao método real de classificação rápida.
  static void qsort(char items[]) {
    qs(items, 0, items.length-1);
  }

  // Uma versão recursiva da classificação rápida para caracteres.
  private static void qs(char items[], int left, int right)
```

```
{
  int i, j;
  char x, y;

  i = left; j = right;
  x = items[(left+right)/2];

  do {
    while((items[i] < x) && (i < right)) i++;
    while((x < items[j]) && (j > left)) j--;

    if(i <= j) {
      y = items[i];
      items[i] = items[j];
      items[j] = y;
      i++; j--;
    }
  } while(i <= j);

  if(left < j) qs(items, left, j);
  if(i < right) qs(items, i, right);
  }
}
```

Para manter simples a interface da classificação rápida, a classe **Quicksort** fornece o método **qsort( )**, que define uma chamada ao método real de classificação rápida, **qs( )**. Isso permite que a classificação rápida seja chamada apenas com o nome do array a ser classificado, sem ser preciso fornecer uma partição inicial. Já que **qs( )** só é usado internamente, é especificado como **private**.

3. Para usar **Quicksort**, só precisamos chamar **Quicksort.qsort( )**. Já que **qsort( )** é especificado como **static**, pode ser chamado por intermédio de sua classe em vez de em um objeto. Portanto, não há necessidade de criar um objeto **Quicksort**. Após a chamada retornar, o array estará classificado. Lembre-se, essa versão só funciona para arrays de caracteres, mas você pode adaptar a lógica para classificar qualquer tipo de array.

4. Aqui está um programa que demonstra **Quicksort**:

```
// Tente isto 6-3: Uma versão simples da classificação rápida.
class Quicksort {

  // Define uma chamada ao método real de classificação rápida.
  static void qsort(char items[]) {
    qs(items, 0, items.length-1);
  }

  // Uma versão recursiva da classificação rápida para caracteres.
  private static void qs(char items[], int left, int right)
  {
    int i, j;
    char x, y;
```

```
      i = left; j = right;
      x = items[(left+right)/2];

      do {
        while((items[i] < x) && (i < right)) i++;
        while((x < items[j]) && (j > left)) j--;

        if(i <= j) {
          y = items[i];
          items[i] = items[j];
          items[j] = y;
          i++; j--;
        }
      } while(i <= j);

      if(left < j) qs(items, left, j);
      if(i < right) qs(items, i, right);
    }
  }

  class QSDemo {
    public static void main(String args[]) {
      char a[] = { 'd', 'x', 'a', 'r', 'p', 'j', 'i' };
      int i;

      System.out.print("Original array: ");
      for(i=0; i < a.length; i++)
        System.out.print(a[i]);

      System.out.println();

      // agora, classifica o array
      Quicksort.qsort(a);

      System.out.print("Sorted array: ");
      for(i=0; i < a.length; i++)
        System.out.print(a[i]);
    }
  }
```

Introdução às classes aninhadas e internas

Em Java, você pode definir uma *classe aninhada*. Trata-se de uma classe que é declarada dentro de outra. Na verdade, a classe aninhada é um tópico mais avançado. Elas não eram permitidas na primeira versão de Java. Só depois de Java 1.1 é que foram adicionadas. No entanto, é importante que você saiba o que são e como são usadas, porque elas desempenham um papel de destaque em muitos programas do mundo real.

Uma classe aninhada não existe independentemente da classe que a contém. Logo, o escopo da classe aninhada é limitado por sua classe externa. Uma classe aninhada que é declarada diretamente dentro do escopo de sua classe externa é membro dessa classe. Também é possível declarar uma classe aninhada que seja local de um bloco.

Há dois tipos gerais de classes aninhadas: as que são precedidas pelo modificador **static** e as que não o são. O único tipo em que estamos interessados neste livro é o não estático. Esse tipo de classe aninhada também é chamado de *classe interna*. Ela tem acesso a todas as variáveis e métodos de sua classe externa e pode referenciá-los diretamente, como fazem outros membros não **static** da classe externa.

Às vezes, uma classe interna é usada para fornecer um conjunto de serviços que só é usado por sua classe externa. Aqui está um exemplo que usa uma classe interna para calcular valores para sua classe externa:

```java
// Usa uma classe interna.
class Outer {
  int nums[];

  Outer(int n[]) {
    nums = n;
  }

  void analyze() {
    Inner inOb = new Inner();

    System.out.println("Minimum: " + inOb.min());
    System.out.println("Maximum: " + inOb.max());
    System.out.println("Average: " + inOb.avg());
  }

  // Esta é uma classe interna.
  class Inner {            ←——————— Uma classe interna
    int min() {
      int m = nums[0];

      for(int i=1; i < nums.length; i++)
        if(nums[i] < m) m = nums[i];

      return m;
    }

    int max() {
      int m = nums[0];
      for(int i=1; i < nums.length; i++)
        if(nums[i] > m) m = nums[i];

      return m;
    }

    int avg() {
```

```
    int a = 0;
    for(int i=0; i < nums.length; i++)
      a += nums[i];

    return a / nums.length;
  }
 }
}

class NestedClassDemo {
  public static void main(String args[]) {
    int x[] = { 3, 2, 1, 5, 6, 9, 7, 8 };
    Outer outOb = new Outer(x);

    outOb.analyze();
  }
}
```

A saída do programa é mostrada abaixo:

```
Minimum: 1
Maximum: 9
Average: 5
```

Nesse exemplo, a classe interna **Inner** calcula diversos valores a partir do array **nums**, que é membro de **Outer**. Como explicado, uma classe interna tem acesso aos membros de sua classe externa, logo, é perfeitamente aceitável **Inner** acessar o array **nums** diretamente. É claro que o contrário não é verdade. Por exemplo, não seria possível **analyze( )** chamar o método **min( )** diretamente, sem a criação de um objeto **Inner**.

Como mencionado, podemos aninhar uma classe dentro de um escopo de bloco. Isso simplesmente cria uma classe localizada que não é conhecida fora de seu bloco. O exemplo a seguir adapta a classe **ShowBits** desenvolvida na seção Tente isto 5-3 para uso como classe local.

```
// Usa ShowBits como classe local.
class LocalClassDemo {
  public static void main(String args[]) {

    // Uma versão de ShowBits como classe interna.
    class ShowBits {            ←———————— Uma classe local aninhada dentro de um método
      int numbits;

      ShowBits(int n) {
        numbits = n;
      }

      void show(long val) {
        long mask = 1;

        // desloca uma unidade para a esquerda para a posição apropriada
        mask <<= numbits-1;
```

```
      int spacer = 0;
      for(; mask != 0; mask >>>= 1) {
        if((val & mask) != 0) System.out.print("1");
        else System.out.print("0");
        spacer++;
        if((spacer % 8) == 0) {
          System.out.print(" ");
          spacer = 0;
        }
      }
      System.out.println();
    }
  }

  for(byte b = 0; b < 10; b++) {
    ShowBits byteval = new ShowBits(8);

    System.out.print(b + " in binary: ");
    byteval.show(b);
  }
 }
}
```

A saída dessa versão do programa é mostrada aqui:

```
0 in binary: 00000000
1 in binary: 00000001
2 in binary: 00000010
3 in binary: 00000011
4 in binary: 00000100
5 in binary: 00000101
6 in binary: 00000110
7 in binary: 00000111
8 in binary: 00001000
9 in binary: 00001001
```

Nesse exemplo, a classe **ShowBits** não é conhecida fora de **main( )** e, se um método que não for **main( )** tentar acessá-la, isso resultará em erro.

Um último ponto: você pode criar uma classe interna sem nome. É a chamada *classe interna anônima*. Um objeto de uma classe interna anônima é instanciado quando a classe é declarada com o uso de **new**. As classes internas anônimas são discutidas com mais detalhes no Capítulo 16.

Varargs: argumentos em quantidade variável

Em algumas situações, podemos querer criar um método que use um número variável de argumentos, de acordo com a sua aplicação exata. Por exemplo, um método que abre uma conexão com a Internet pode receber um nome de usuário, uma senha, um nome de arquivo, um protocolo, e assim por diante, mas fornecer padrões se alguma dessas informações não for passada. Nessa situação, seria conveniente passar

Pergunte ao especialista

P: O que torna uma classe aninhada **static** **diferente de uma não** static?

R: Uma classe aninhada **static** usa o modificador **static**. Por ser **static**, ela pode acessar somente outros membros **static** da classe onde está diretamente contida. Ela deve acessar outros membros da sua classe externa através de referências a objetos.

apenas os argumentos aos quais os padrões não sejam aplicáveis. Um método assim exige alguma maneira de criarmos uma lista de argumentos de tamanho variável em vez de fixo.

No passado, métodos que requeriam uma lista de argumentos de tamanho variável podiam ser tratados de duas maneiras, nenhuma especialmente amigável. Em primeiro lugar, se o número máximo de argumentos fosse pequeno e conhecido, você poderia criar versões sobrecarregadas do método, uma para cada maneira dele ser chamado. Embora isso funcione e seja adequado para algumas situações, só é aplicável a uma pequena categoria delas. Em casos em que o número máximo de possíveis argumentos era maior, ou desconhecido, uma segunda abordagem era usada na qual os argumentos eram inseridos em um array e este era passado para o método. Para ser sincero, geralmente essas duas abordagens resultavam em soluções desajeitadas, e sabia-se que uma abordagem melhor era necessária.

A partir de JDK 5, essa necessidade foi atendida pela inclusão de um recurso que simplificou a criação de métodos que demandam um número variável de argumentos. Esse recurso se chama *varargs*, que é a abreviação de "variable-length arguments". Um método que recebe um número variável de argumentos é chamado de *método de aridade variável*, ou simplesmente *método varargs*. A lista de parâmetros de um método varargs não é fixa, e sim de tamanho variável. Portanto, um método varargs pode receber um número de argumentos variável.

Aspectos básicos dos varargs

Uma lista de argumentos de tamanho variável é especificada por três pontos (...). Por exemplo, veja como criar um método chamado **vaTest( )** que recebe um número de argumentos variável:

```
// vaTest() usa um vararg.
static void vaTest(int ... v) {     ← Declara uma lista de argumentos
  System.out.println("Number of args: " + v.length);    de tamanho variável.
  System.out.println("Contents: ");

  for(int i=0; i < v.length; i++)
    System.out.println(" arg " + i + ": " + v[i]);

  System.out.println();
}
```

Observe que **v** é declarado como mostrado aqui:

```
int ... v
```

Essa sintaxe diz ao compilador que **vaTest( )** pode ser chamado com zero ou mais argumentos. Além disso, faz **v** ser declarado implicitamente como um array de tipo **int[ ]**. Portanto, dentro de **vaTest( )**, **v** é acessado com o uso da sintaxe comum dos arrays.

Este é um programa completo que demonstra **vaTest( )**:

```java
// Demonstra argumentos em quantidade variável.
class VarArgs {

  // vaTest() usa um vararg.
  static void vaTest(int ... v) {
    System.out.println("Number of args: " + v.length);
    System.out.println("Contents: ");

    for(int i=0; i < v.length; i++)
      System.out.println("  arg " + i + ": " + v[i]);

    System.out.println();
  }

  public static void main(String args[])
  {

    // Observe como vaTest() pode ser chamado
    // com um número de argumentos variável.
    vaTest(10);        // 1 argumento
    vaTest(1, 2, 3);   // 3 argumentos
    vaTest();          // nenhum argumento
  }
}
```

Chamada com diferentes números de argumentos

A saída do programa é mostrada aqui:

```
Number of args: 1
Contents:
  arg 0: 10

Number of args: 3
Contents:
  arg 0: 1
  arg 1: 2
  arg 2: 3

Number of args: 0
Contents:
```

Há duas coisas importantes que devemos observar nesse programa. Em primeiro lugar, como explicado, dentro de **vaTest( )**, **v** é tratado como um array. Isso ocorre porque **v** é um array. A sintaxe **...** diz ao compilador que um número de argumentos variável será usado e que esses argumentos serão armazenados no array referenciado por **v**. Em segundo lugar, em **main( )**, **vaTest( )** é chamado com números de argumentos diferentes, inclusive sem argumentos. Os argumentos são inseridos automaticamente em um array e passados para **v**. No caso da ausência de argumentos, o tamanho do array é zero.

Um método pode ter parâmetros "comuns" junto com um parâmetro em quantidade variável. No entanto, o parâmetro de tamanho variável deve ser o último declarado pelo método. Por exemplo, a seguinte declaração de método é perfeitamente aceitável:

```
int doIt(int a, int b, double c, int ... vals) {
```

Nesse caso, os três primeiros argumentos usados em uma chamada a **doIt( )** serão trazidos para os três primeiros parâmetros. Qualquer argumento restante será considerado pertencente a **vals**.

Aqui está uma versão retrabalhada do método **vaTest( )** que recebe um argumento comum e um de tamanho variável:

```
// Usa varargs com argumentos comuns.
class VarArgs2 {

  // Aqui, msg é um parâmetro comum
  // e v é um parâmetro varargs.
  static void vaTest(String msg, int ... v) {   ◄──── Um parâmetro "comum"
    System.out.println(msg + v.length);                e um vararg
    System.out.println("Contents: ");

    for(int i=0; i < v.length; i++)
      System.out.println("  arg " + i + ": " + v[i]);

    System.out.println();
  }

  public static void main(String args[])
  {
    vaTest("One vararg: ", 10);
    vaTest("Three varargs: ", 1, 2, 3);
    vaTest("No varargs: ");
  }
}
```

A saída do programa é esta

```
One vararg: 1
Contents:
  arg 0: 10

Three varargs: 3
Contents:
  arg 0: 1
  arg 1: 2
  arg 2: 3

No varargs: 0
Contents:
```

Lembre-se, o parâmetro varargs deve ser o último. Por exemplo, a declaração a seguir está incorreta:

```
int doIt(int a, int b, double c, int ... vals, boolean stopFlag) { // Erro!
```

Nesse caso, há uma tentativa de declarar um parâmetro comum após o parâmetro varargs, o que é inválido. Há mais uma restrição que devemos conhecer: só pode haver um parâmetro varargs. Por exemplo, a declaração seguinte também é inválida:

```
int doIt(int a, int b, double c, int ... vals, double ... morevals) { // Erro!
```

A tentativa de declarar o segundo parâmetro varargs é inválida.

Sobrecarregando métodos varargs

Podemos sobrecarregar um método que use um argumento de tamanho variável. Por exemplo, o programa a seguir sobrecarrega **vaTest( )** três vezes:

```
// Varargs e a sobrecarga.
class VarArgs3 {

  static void vaTest(int ... v) {      // Primeira versão de vaTest( )
    System.out.println("vaTest(int ...): " +
                       "Number of args: " + v.length);
    System.out.println("Contents: ");

    for(int i=0; i < v.length; i++)
      System.out.println("  arg " + i + ": " + v[i]);

    System.out.println();
  }

  static void vaTest(boolean ... v) {   // Segunda versão de vaTest( )
    System.out.println("vaTest(boolean ...): " +
                       "Number of args: " + v.length);
    System.out.println("Contents: ");

    for(int i=0; i < v.length; i++)
      System.out.println("  arg " + i + ": " + v[i]);

    System.out.println();
  }

  static void vaTest(String msg, int ... v) {   // Terceira versão de vaTest( )
    System.out.println("vaTest(String, int ...): " +
                       msg + v.length);
    System.out.println("Contents: ");

    for(int i=0; i < v.length; i++)
      System.out.println("  arg " + i + ": " + v[i]);

    System.out.println();
  }
```

```
    public static void main(String args[])
    {
      vaTest(1, 2, 3);
      vaTest("Testing: ", 10, 20);
      vaTest(true, false, false);
    }
}
```

A saída produzida pelo programa é mostrada abaixo:

```
vaTest(int ...): Number of args: 3
Contents:
  arg 0: 1
  arg 1: 2
  arg 2: 3

vaTest(String, int ...): Testing: 2
Contents:
  arg 0: 10
  arg 1: 20

vaTest(boolean ...): Number of args: 3
Contents:
  arg 0: true
  arg 1: false
  arg 2: false
```

Esse programa ilustra as duas maneiras pelas quais um método varargs pode ser sobrecarregado. Em primeiro lugar, os tipos de seu parâmetro vararg podem variar. É esse o caso de **vaTest(int...)** e **vaTest(boolean...)**. Lembre-se, os três pontos fazem o parâmetro ser tratado como um array do tipo especificado. Portanto, da mesma forma que você pode também sobrecarregar métodos usando diferentes tipos de parâmetros de array, pode sobrecarregar métodos varargs usando diferentes tipos de varargs. Nesse caso, Java usa a diferença de tipo para determinar que método sobrecarregado será chamado.

A segunda maneira de sobrecarregar um método varargs é adicionar um ou mais parâmetros comuns. É isso que foi feito com **vaTest(String, int...)**. Nesse caso, Java usa tanto a quantidade quanto o tipo dos argumentos para determinar que método chamar.

Varargs e ambiguidade

Erros inesperados podem surgir na sobrecarga de um método que use um argumento de tamanho variável. Esses erros envolvem a ambiguidade, porque é possível criar uma chamada ambígua a um método varargs sobrecarregado. Por exemplo, considere o programa a seguir:

```
// Varargs, a sobrecarga e a ambiguidade.
//
// Este programa contém um erro
// e não será compilado!
```

```
class VarArgs4 {

  // Usa um parâmetro vararg int.
  static void vaTest(int ... v) {   ◄─────────── Um vararg int
    // ...
  }

  // Usa um parâmetro vararg booleano.
  static void vaTest(boolean ... v) {   ◄─────────── Um vararg booleano
    // ...
  }

  public static void main(String args[])
  {
    vaTest(1, 2, 3); // OK
    vaTest(true, false, false); // OK

    vaTest(); // Erro: ambíguo!   ◄─────────── Ambíguo!
  }
}
```

Nesse programa, a sobrecarga de **vaTest( )** está perfeitamente correta. No entanto, o programa não será compilado devido à chamada abaixo:

```
vaTest(); // Erro: Ambíguo!
```

Já que o parâmetro vararg pode estar vazio, essa chamada poderia ser convertida em uma chamada a **vaTest(int...)** ou a **vaTest(boolean...)**. As duas também são válidas. Logo, a chamada é inerentemente ambígua.

Aqui está outro exemplo de ambiguidade. As versões sobrecarregadas de **vaTest( )** a seguir são inerentemente ambíguas ainda que uma use um parâmetro comum:

```
static void vaTest(int ... v) { // ...

static void vaTest(int n, int ... v) { // ...
```

Embora as listas de parâmetros de **vaTest( )** sejam diferentes, não há como o compilador resolver a chamada a seguir:

vaTest(1)

Ela representa uma chamada a **vaTest(int...)**, com um argumento varargs, ou uma chamada a **vaTest(int, int...)** sem argumentos varargs? Não há como o compilador responder a essa pergunta. Logo, a situação é ambígua.

Devido a erros de ambiguidade como os que acabei de mostrar, às vezes você terá que desistir da sobrecarga e usar dois nomes de método diferentes. Em alguns casos, os erros de ambiguidade também expõem uma falha conceitual no código, que você pode remediar elaborando uma solução mais cuidadosa.

✓ Teste do Capítulo 6

1. Dado o seguinte fragmento,

    ```
    class X {
      private int count;
    ```

    o fragmento a seguir está correto?

    ```
    class Y {
      public static void main(String args[]) {
        X ob = new X();

        ob.count = 10;
    ```

2. Um modificador de acesso deve _____ a declaração de um membro.

3. O complemento de uma fila é a pilha. Ela usa o acesso primeiro a entrar, último a sair, e com frequência é comparada a uma pilha de pratos. O primeiro prato colocado na mesa é o último a ser usado. Crie uma classe de pilha chamada **Stack** que possa conter caracteres. Chame os métodos que acessam a pilha de **push( )** e **pop( )**. Permita que o usuário especifique o tamanho da pilha quando ela for criada. Mantenha todos os outros membros da classe **Stack** privados. (Dica: Você pode usar a classe **Queue** como modelo; apenas altere a maneira como os dados são acessados.)

4. Dada esta classe,

    ```
    class Test {
      int a;
      Test(int i) { a = i; }
    }
    ```

    crie um método chamado **swap( )** que troque o conteúdo dos objetos referenciados por duas referências de objeto **Test**.

5. O fragmento a seguir está correto?

    ```
    class X {
      int meth(int a, int b) { ... }
      String meth(int a, int b) { ... }
    ```

6. Crie um método recursivo que exiba o conteúdo de um string de trás para frente.

7. Se todos os objetos de uma classe tiverem que compartilhar a mesma variável, como você deve declarar essa variável?

8. Por que você pode ter que usar um bloco **static**?

9. O que é uma classe interna?

10. Para que um membro só possa ser acessado por outros membros de sua classe, que modificador de acesso deve ser usado?

11. O nome de um método mais sua lista de parâmetros compõem a _____ do método.

12. Um argumento **int** é passado para um método com o uso da chamada por
    _____.

13. Crie um método varargs chamado **sum( )** que some os valores **int** passados para ele. Faça-o retornar o resultado. Demonstre seu uso.

14. Um método varargs pode ser sobrecarregado?

15. Mostre um exemplo de um método varargs sobrecarregado que seja ambíguo.

Capítulo 7

Herança

Principais habilidades e conceitos

- Entender os aspectos básicos da herança
- Chamar construtores de superclasses
- Usar **super** para acessar membros da superclasse
- Criar uma hierarquia de classes com vários níveis
- Saber quando os construtores são chamados
- Entender as referências da superclasse a objetos da subclasse
- Sobrepor métodos
- Usar métodos sobrepostos para executar o despacho dinâmico de métodos
- Usar classes abstratas
- Usar **final**
- Conhecer a classe **Object**

Herança é um dos três princípios básicos da programação orientada a objetos, porque permite a criação de classificações hierárquicas. Usando herança, você pode criar uma classe geral que defina características comuns a um conjunto de itens relacionados. Essa classe poderá então ser herdada por outras classes mais específicas, cada uma adicionando suas características exclusivas.

No jargão Java, a classe que é herdada se chama *superclasse*. A classe que herda se chama *subclasse*. Portanto, uma subclasse é uma versão especializada da superclasse. Ela herda todas as variáveis e métodos definidos pela superclasse e adiciona seus próprios elementos exclusivos.

Aspectos básicos de herança

Java dá suporte à herança, permitindo que uma classe incorpore outra em sua declaração. Isso é feito com o uso da palavra-chave **extends**. Portanto, a subclasse traz acréscimos (estende) à superclasse.

Comecemos com um exemplo curto que ilustra vários dos recursos-chave de herança. O programa a seguir cria uma superclasse chamada **TwoDShape**, que armazena a largura e a altura de um objeto bidimensional, e uma subclasse chamada **Triangle**. Observe como a palavra-chave **extends** é usada para criar uma subclasse.

```java
// Uma hierarquia de classe simples.

// Uma classe para objetos de duas dimensões.
class TwoDShape {
  double width;
  double height;

  void showDim() {
    System.out.println("Width and height are " +
                       width + " and " + height);
  }
}

// Uma subclasse de TwoDShape para triângulos.
class Triangle extends TwoDShape {     // Triangle herda TwoDShape
  String style;

  double area() {
    return width * height / 2;         // Triangle pode referenciar os membros
  }                                    // de TwoDShape como se fossem seus.

  void showStyle() {
    System.out.println("Triangle is " + style);
  }
}

class Shapes {
  public static void main(String args[]) {
    Triangle t1 = new Triangle();
    Triangle t2 = new Triangle();

    t1.width = 4.0;
    t1.height = 4.0;                   // Todos os membros de Triangle estão
    t1.style = "filled";               // disponíveis para objetos Triangle,
                                       // mesmo os herdados de TwoDShape.
    t2.width = 8.0;
    t2.height = 12.0;
    t2.style = "outlined";

    System.out.println("Info for t1: ");
    t1.showStyle();
    t1.showDim();
    System.out.println("Area is " + t1.area());

    System.out.println();

    System.out.println("Info for t2: ");
    t2.showStyle();
    t2.showDim();
    System.out.println("Area is " + t2.area());
  }
}
```

A saída desse programa é mostrada abaixo:

```
Info for t1:
Triangle is filled
Width and height are 4.0 and 4.0
Area is 8.0

Info for t2:
Triangle is outlined
Width and height are 8.0 and 12.0
Area is 48.0
```

Aqui, **TwoDShape** define os atributos de uma forma bidimensional "genérica", como um quadrado, um retângulo, um triângulo e assim por diante. A classe **Triangle** cria um tipo específico de **TwoDShape**, nesse caso, um triângulo. Ela inclui tudo que pertence a **TwoDObject** e adiciona o campo **style**, o método **area( )** e o método **showStyle( )**. O estilo do triângulo é armazenado em **style**. Pode ser qualquer string que descreva o triângulo, como "cheio", "contorno", "transparente" ou até algo como "símbolo de aviso", "isósceles" ou "arredondado". O método **area( )** calcula e retorna a área do triângulo e **showStyle( )** exibe seu estilo.

Já que **Triangle** inclui todos os membros de sua superclasse, **TwoDShape**, pode acessar **width** e **height** dentro de **area( )**. Além disso, dentro de **main( )**, os objetos **t1** e **t2** podem referenciar **width** e **height** diretamente, como se eles fizessem parte de **Triangle**. A Figura 7-1 esquematiza conceitualmente como **TwoDShape** é incorporada a **Triangle**.

Ainda que **TwoDShape** seja a superclasse de **Triangle**, ela também é uma classe autônoma totalmente independente. Ser a superclasse de uma subclasse não significa não poder ser usada separadamente. Por exemplo, o código a seguir é perfeitamente válido:

```
TwoDShape shape = new TwoDShape();

shape.width = 10;
shape.height = 20;

shape.showDim();
```

É claro que um objeto de **TwoDShape** não conhece ou acessa qualquer subclasse de **TwoDShape**.

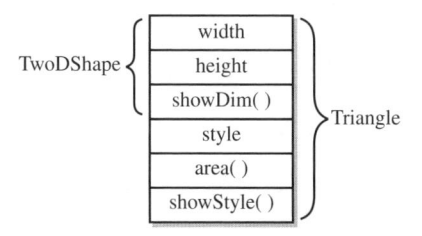

Figura 7-1 Representação conceitual da classe **Triangle**.

A forma geral de uma declaração **class** que herda uma superclasse é mostrada aqui:

class *nome-subclasse* extends *nome-superclasse* {
  // corpo da classe
}

Você só pode especificar uma única superclasse para qualquer subclasse que criar. Java não dá suporte a herança de várias superclasses na mesma subclasse. (Ao contrário de C++, em que é possível herdar várias classes base. Lembre-se disso quando converter código C++ em Java.) No entanto, você pode criar uma hierarquia de herança em que uma subclasse passe a ser a superclasse de outra subclasse. Obviamente, nenhuma classe pode ser superclasse de si mesma.

Uma grande vantagem de herança é que, uma vez que você tenha criado uma superclasse que defina os atributos comuns a um conjunto de objetos, ela poderá ser usada para criar qualquer número de subclasses mais específicas. Cada subclasse pode especificar com precisão sua própria classificação. Por exemplo, esta é outra subclasse de **TwoDShape** que encapsula retângulos:

```
// Uma subclasse de TwoDShape para retângulos.
class Rectangle extends TwoDShape {
  boolean isSquare() {
    if(width == height) return true;
    return false;
  }

  double area() {
    return width * height;
  }
}
```

A classe **Rectangle** inclui **TwoDShape** e adiciona os métodos **isSquare( )**, que determina se o retângulo é quadrado, e **area( )**, que calcula a área de um retângulo.

Acesso a membros e a herança

Como você aprendeu no Capítulo 6, com frequência a variável de instância de uma classe é declarada como **private** para não poder ser usada sem autorização ou adulterada. Herdar uma classe *não* invalida a restrição de acesso **private**. Logo, ainda que uma subclasse inclua todos os membros de sua superclasse, não poderá acessar os membros declarados como **private**. Por exemplo, se, como mostrado aqui, **width** e **height** forem tornadas privadas em **TwoDShape**, **Triangle** não poderá acessá-las:

```
// Membros privados não são herdados.

// Este exemplo não será compilado.

// Uma classe para objetos bidimensionais.
class TwoDShape {
```

```
  private double width;  // agora esses
  private double height; // membros são privados.

  void showDim() {
    System.out.println("Width and height are " +
                      width + " and " + height);
  }
}

// Subclasse de TwoDShape para triângulos.
class Triangle extends TwoDShape {
  String style;

  double area() {
    return width * height / 2; // Erro! não pode acessar
  }

  void showStyle() {
    System.out.println("Triangle is " + style);
  }
}
```

*Não pode acessar o membro **private** de uma superclasse.*

A classe **Triangle** não será compilada, porque a referência a **width** e **height** dentro do método **area( )** causa uma violação de acesso. Já que **width** e **height** foram declaradas como **private**, só podem ser acessadas por outros membros de sua classe. As subclasses não podem acessá-las.

Lembre-se de que o membro de uma classe que foi declarado como **private** permanecerá sendo privado de sua classe. Ou seja, ele não poderá ser acessado por nenhum código de fora da classe, inclusive subclasses.

À primeira vista, você pode achar que o fato de as subclasses não terem acesso aos membros privados das superclasses é uma restrição grave que impediria o uso de membros privados em muitas situações. No entanto, isso não é verdade. Como explicado no Capítulo 6, normalmente os programadores de Java usam métodos acessadores para dar acesso aos membros privados de uma classe. Aqui está uma nova versão das classes **TwoDShape** e **Triangle** que usa métodos para acessar as variáveis de instância privadas **width** e **height**:

```
// Usa métodos acessadores para configurar e examinar membros privados.

// Uma classe para objetos bidimensionais.
class TwoDShape {
  private double width;  // agora esses
  private double height; // membros são privados

  // Métodos acessadores para width e height.
  double getWidth() { return width; }
  double getHeight() { return height; }
  void setWidth(double w) { width = w; }
  void setHeight(double h) { height = h; }
```

*Métodos acessadores para **width** e **height***

```
  void showDim() {
    System.out.println("Width and height are " +
                      width + " and " + height);
  }
}

// Subclasse de TwoDShape para triângulos.
class Triangle extends TwoDShape {
  String style;

  double area() {                          ⎯ Usa métodos acessadores
    return getWidth() * getHeight() / 2;     fornecidos pela superclasse.
  }

  void showStyle() {
    System.out.println("Triangle is " + style);
  }
}

class Shapes2 {
  public static void main(String args[]) {
    Triangle t1 = new Triangle();
    Triangle t2 = new Triangle();

    t1.setWidth(4.0);
    t1.setHeight(4.0);
    t1.style = "filled";

    t2.setWidth(8.0);
    t2.setHeight(12.0);
    t2.style = "outlined";

    System.out.println("Info for t1: ");
    t1.showStyle();
    t1.showDim();
    System.out.println("Area is " + t1.area());

    System.out.println();

    System.out.println("Info for t2: ");
    t2.showStyle();
    t2.showDim();
    System.out.println("Area is " + t2.area());
  }
}
```

> **Pergunte ao especialista**
>
> **P:** Quando devo tornar privada uma variável de instância?
>
> **R:** Não há regras fixas, mas aqui estão dois princípios gerais. Se uma variável de instância for usada apenas por métodos definidos dentro de sua classe, ela deve ser privada. Se tiver que estar dentro de certos limites, deve ser privada e só estar disponível por intermédio de métodos acessadores. Dessa forma, você poderá impedir que valores inválidos sejam atribuídos.

Construtores e herança

Em uma hierarquia, é possível que tanto as superclasses quanto as subclasses tenham seus próprios construtores. Isso levanta uma questão importante: que construtor é responsável pela construção de um objeto da subclasse – o da superclasse, o da subclasse ou ambos? A resposta é esta: o construtor da superclasse constrói a parte do objeto referente à superclasse e o construtor da subclasse constrói a parte da subclasse. Faz sentido, porque a superclasse não conhece ou acessa nenhum elemento de uma subclasse. Portanto, sua construção deve ser separada. Os exemplos anteriores usaram os construtores padrão criados automaticamente por Java, logo, essa questão não foi um problema. Na prática, porém, a maioria das classes terá construtores explícitos. Agora você verá como manipular essa situação.

Quando só a subclasse define um construtor, o processo é simples: construímos apenas o objeto da subclasse. A parte do objeto referente à superclasse é construída automaticamente com o uso de seu construtor padrão. Por exemplo, aqui está uma versão retrabalhada de **Triangle** que define um construtor. Também torna **style** privada, já que agora ela é configurada pelo construtor.

```
// Adiciona um construtor a Triangle.

// Uma classe para objetos bidimensionais.
class TwoDShape {
  private double width; // agora esses
  private double height; // membros são privados.

  // Membros acessadores para width e height.
  double getWidth() { return width; }
  double getHeight() { return height; }
  void setWidth(double w) { width = w; }
  void setHeight(double h) { height = h; }

  void showDim() {
    System.out.println("Width and height are " +
                       width + " and " + height);
  }
}
```

```
// Uma subclasse de TwoDShape para triângulos.
class Triangle extends TwoDShape {
  private String style;

  // Construtor
  Triangle(String s, double w, double h) {
    setWidth(w);  ◄─────────────────────────── Inicializa a parte do objeto
    setHeight(h);                              referente a TwoDShape.

    style = s;
  }

  double area() {
    return getWidth() * getHeight() / 2;
  }

  void showStyle() {
    System.out.println("Triangle is " + style);
  }
}

class Shapes3 {
  public static void main(String args[]) {
    Triangle t1 = new Triangle("filled", 4.0, 4.0);
    Triangle t2 = new Triangle("outlined", 8.0, 12.0);

    System.out.println("Info for t1: ");
    t1.showStyle();
    t1.showDim();
    System.out.println("Area is " + t1.area());

    System.out.println();

    System.out.println("Info for t2: ");
    t2.showStyle();
    t2.showDim();
    System.out.println("Area is " + t2.area());
  }
}
```

Nesse caso, o construtor de **Triangle** inicializa os membros herdados de **TwoDShape** junto com o campo **style**.

    Quando tanto a superclasse quanto a subclasse definem construtores, o processo é um pouco mais complicado, porque os dois construtores devem ser executados. Nesse caso, você deve usar outra das palavras-chave Java, **super**, que tem duas formas gerais. A primeira chama um construtor da superclasse. A segunda é usada para acessar um membro da superclasse ocultado pelo membro de uma subclasse. Aqui, examinaremos seu primeiro uso.

Usando super para chamar construtores da superclasse

Uma subclasse pode chamar um construtor definido por sua superclasse usando a forma de **super** a seguir:

super(*lista-parâmetros*);

Lista-parâmetros especifica qualquer parâmetro requerido pelo construtor na superclasse. A primeira instrução executada dentro do construtor de uma subclasse deve sempre ser **super( )**. Para ver como **super( )** é usada, considere a versão de **TwoDShape** do programa abaixo. Ela define um construtor que inicializa **width** e **height**.

```
// Adiciona construtores a TwoDShape.
class TwoDShape {
  private double width;
  private double height;

  // Construtor parametrizado.
  TwoDShape(double w, double h) {        ←——— Construtor para TwoDShape.
    width = w;
    height = h;
  }

  // Métodos acessadores para width e heigth.
  double getWidth() { return width; }
  double getHeight() { return height; }
  void setWidth(double w) { width = w; }
  void setHeight(double h) { height = h; }

  void showDim() {
    System.out.println("Width and height are " +
                       width + " and " + height);
  }
}

// Subclasse de TwoDShape para triângulos.
class Triangle extends TwoDShape {
  private String style;

  Triangle(String s, double w, double h) {
    super(w, h); // chama construtor da superclasse
    style = s;
  }
                                        Usa super( ) para executar o construtor
                                        de TwoDShape.
  double area() {
    return getWidth() * getHeight() / 2;
  }

  void showStyle() {
    System.out.println("Triangle is " + style);
  }
```

```
}

class Shapes4 {
  public static void main(String args[]) {
    Triangle t1 = new Triangle("filled", 4.0, 4.0);
    Triangle t2 = new Triangle("outlined", 8.0, 12.0);

    System.out.println("Info for t1: ");
    t1.showStyle();
    t1.showDim();
    System.out.println("Area is " + t1.area());

    System.out.println();

    System.out.println("Info for t2: ");
    t2.showStyle();
    t2.showDim();
    System.out.println("Area is " + t2.area());
  }
}
```

Aqui, **Triangle** chama **super( )** com os parâmetros **w** e **h**. Isso faz o construtor **TwoDShape( )** ser chamado e inicializar **width** e **height** com esses valores. A classe **Triangle** não os inicializa mais, só precisa inicializar o valor que é exclusivo dela: **style**. Assim, **TwoDShape** fica livre para construir seu subobjeto da maneira que quiser. Além disso, pode adicionar funcionalidades sobre as quais as subclasses não tenham conhecimento, impedindo que o código existente seja danificado.

Toda forma de construtor definida pela superclasse pode ser chamada por **super( )**. O construtor executado será o que tiver os argumentos correspondentes. Por exemplo, estas são versões expandidas tanto de **TwoDShape** quanto de **Triangle** que incluem construtores padrão e construtores que recebem um argumento:

```
// Adiciona mais construtores a TwoDShape.
class TwoDShape {
  private double width;
  private double height;

  // Construtor padrão.
  TwoDShape() {
    width = height = 0.0;
  }

  // Construtor parametrizado.
  TwoDShape(double w, double h) {
    width = w;
    height = h;
  }

  // Constrói o objeto com altura e largura iguais.
  TwoDShape(double x) {
    width = height = x;
```

Capítulo 7 Herança

```java
  }

  // Métodos acessadores para width e heigth.
  double getWidth() { return width; }
  double getHeight() { return height; }
  void setWidth(double w) { width = w; }
  void setHeight(double h) { height = h; }

  void showDim() {
    System.out.println("Width and height are " +
                       width + " and " + height);
  }
}

// Subclasse de TwoDShape para triângulos.
class Triangle extends TwoDShape {
  private String style;

  // Construtor padrão.
  Triangle() {
    super();                ◄
    style = "none";
  }

  // Construtor
  Triangle(String s, double w, double h) {
    super(w, h); // chama construtor da superclasse ◄

    style = s;
  }

  // Construtor com um argumento.
  Triangle(double x) {
    super(x); // chama construtor da superclasse ◄

    style = "filled";
  }

  double area() {
    return getWidth() * getHeight() / 2;
  }

  void showStyle() {
    System.out.println("Triangle is " + style);
  }
}

class Shapes5 {
  public static void main(String args[]) {
    Triangle t1 = new Triangle();
    Triangle t2 = new Triangle("outlined", 8.0, 12.0);
```

Usa **super( )** para chamar as várias formas do construtor de **TwoDShape**.

```
        Triangle t3 = new Triangle(4.0);

        t1 = t2;

        System.out.println("Info for t1: ");
        t1.showStyle();
        t1.showDim();
        System.out.println("Area is " + t1.area());

        System.out.println();

        System.out.println("Info for t2: ");
        t2.showStyle();
        t2.showDim();
        System.out.println("Area is " + t2.area());

        System.out.println();

        System.out.println("Info for t3: ");
        t3.showStyle();
        t3.showDim();
        System.out.println("Area is " + t3.area());

        System.out.println();
    }
}
```

Veja a saída dessa versão:

```
Info for t1:
Triangle is outlined
Width and height are 8.0 and 12.0
Area is 48.0

Info for t2:
Triangle is outlined
Width and height are 8.0 and 12.0
Area is 48.0

Info for t3:
Triangle is filled
Width and height are 4.0 and 4.0
Area is 8.0
```

Revisemos os conceitos-chave de **super( )**. Quando uma subclasse chama **super( )**, está chamando o construtor de sua superclasse imediata. Portanto, **super( )** sempre referencia a superclasse imediatamente acima da classe chamadora. Isso é verdade mesmo em uma hierarquia de vários níveis. Além disso, **super( )** deve ser sempre a primeira instrução executada dentro de um construtor de subclasse.

Usando super para acessar membros da superclasse

Há uma segunda forma de **super** que age um pouco como **this**, exceto por referenciar sempre a superclasse da subclasse em que é usada. Essa aplicação tem a forma geral a seguir:

super.*membro*

Aqui, *membro* pode ser um método ou uma variável de instância.

Essa forma de **super** é mais aplicável a situações em que os nomes dos membros de uma subclasse ocultam membros com o mesmo nome na superclasse. Considere a seguinte hierarquia de classes simples:

```java
// Usando super para resolver o problema de ocultação de nomes.
class A {
  int i;
}

// Cria uma subclasse estendendo a classe A.
class B extends A {
  int i; // essa variável i oculta a variável i de A.

  B(int a, int b) {
    super.i = a; // i de A           Aqui, super.i referencia
    i = b; // i de B                 a variável i de A.
  }

  void show() {
    System.out.println("i in superclass: " + super.i);
    System.out.println("i in subclass: " + i);
  }
}

class UseSuper {
  public static void main(String args[]) {
    B subOb = new B(1, 2);

    subOb.show();
  }
}
```

O programa exibe o seguinte:

```
i in superclass: 1
i in subclass: 2
```

Embora a variável de instância **i** de **B** oculte a variável **i** de **A**, **super** permite o acesso à variável **i** definida na superclasse. Para chamar métodos ocultos por uma subclasse, **super** também pode ser usada.

Tente Isto 7-1   Estenda a classe Vehicle

TruckDemo.java

Para ilustrar o poder de herança, estenderemos a classe **Vehicle** desenvolvida no Capítulo 4. Como você deve lembrar, **Vehicle** encapsula informações sobre veículos, inclusive o número de passageiros que eles podem levar, sua capacidade de armazenamento de combustível e sua taxa de consumo de combustível. Podemos usar a classe **Vehicle** como ponto de partida a partir do qual classes mais especializadas serão desenvolvidas. Por exemplo, um caminhão é um tipo de veículo. Um atributo importante de um caminhão é sua capacidade de transportar carga. Logo, para criar uma classe **Truck**, podemos estender **Vehicle**, adicionando uma variável de instância que armazene a capacidade de transporte de carga. Esta é uma versão de **Vehicle** que faz isso. No processo, as variáveis de instância de **Vehicle** serão tornadas **private** e métodos acessadores serão fornecidos para a verificação e a configuração de seus valores.

1. Crie um arquivo chamado **TruckDemo.java** e copie nele a última implementação de **Vehicle** do Capítulo 4.

2. Crie a classe **Truck** como mostrado abaixo:

```
// Estende Vehicle para criar a especialização Truck.
class Truck extends Vehicle {
  private int cargocap; // capacidade de transporte de carga em libras.

  // Construtor para Truck.
  Truck(int p, int f, int m, int c) {
    /* Inicializa membros de Vehicle
       usando o construtor de Vehicle. */
    super(p, f, m);

    cargocap = c;
  }

  // Métodos acessadores para cargocap.
  int getCargo() { return cargocap; }
  void putCargo(int c) { cargocap = c; }
}
```

Aqui, **Truck** herda **Vehicle** adicionando **cargocap**, **getCargo( )** e **putCargo( )**. Portanto, **Truck** inclui todos os atributos gerais dos veículos definidos por **Vehicle** e só precisa adicionar os itens que são exclusivos de sua própria classe.

3. Agora, torne as variáveis de instância de **Vehicle** privadas, como mostrado a seguir:

```
private int passengers; // número de passageiros.
private int fuelcap;    // capacidade de armazenamento
                        // de combustível em galões.
private int mpg;        // consumo de combustível em milhas por galão
```

4. Aqui está um programa inteiro que demonstra a classe **Truck**:

```
// Tente Isto 7-1.
//
// Constrói uma subclasse de Vehicle para caminhões.
class Vehicle {
  private int passengers; // número de passageiros
  private int fuelcap;    // capacidade de armazenamento
                          // de combustível em galões.
  private int mpg;        // consumo de combustível em milhas por galão.

  // Este é um construtor para Vehicle.
  Vehicle(int p, int f, int m) {
    passengers = p;
    fuelcap = f;
    mpg = m;
  }

  // Retorna a autonomia.
  int range() {
    return mpg * fuelcap;
  }

  // Calcula o combustível necessário para uma dada distância.
  double fuelneeded(int miles) {
    return (double) miles / mpg;
  }

  // Métodos de acesso de variáveis de instância.
  int getPassengers() { return passengers; }
  void setPassengers(int p) { passengers = p; }
  int getFuelcap() { return fuelcap; }
  void setFuelcap(int f) { fuelcap = f; }
  int getMpg() { return mpg; }
  void setMpg(int m) { mpg = m; }

}

// Estende Vehicle para criar a especialização Truck.
class Truck extends Vehicle {
  private int cargocap; // capacidade de carga em libras

  // Este é um construtor para Truck.
  Truck(int p, int f, int m, int c) {
    /* Inicializa membros de Vehicle
       usando o construtor de Vehicle. */
    super(p, f, m);

    cargocap = c;
  }

  // Métodos acessadores para cargocap.
```

```java
    int getCargo() { return cargocap; }
    void putCargo(int c) { cargocap = c; }
}

class TruckDemo {
  public static void main(String args[]) {

    // constrói alguns caminhões
    Truck semi = new Truck(2, 200, 7, 44000);
    Truck pickup = new Truck(3, 28, 15, 2000);
    double gallons;
    int dist = 252;

    gallons = semi.fuelneeded(dist);

    System.out.println("Semi can carry " + semi.getCargo() +
                       " pounds.");
    System.out.println("To go " + dist + " miles semi needs " +
                       gallons + " gallons of fuel.\n");

    gallons = pickup.fuelneeded(dist);

    System.out.println("Pickup can carry " + pickup.getCargo() +
                       " pounds.");
    System.out.println("To go " + dist + " miles pickup needs " +
                       gallons + " gallons of fuel.");
  }
}
```

5. A saída desse programa é mostrada abaixo:

```
Semi can carry 44000 pounds.
To go 252 miles semi needs 36.0 gallons of fuel.

Pickup can carry 2000 pounds.
To go 252 miles pickup needs 16.8 gallons of fuel.
```

6. Muitos outros tipos de classes podem ser derivados de **Vehicle**. Por exemplo, o esboço a seguir cria uma classe off-road que armazena a distância entre o veículo e o solo.

```java
// Cria uma classe de veículo off-road
class OffRoad extends Vehicle {
  private int groundClearance; // distância do solo em polegadas

  // ...
}
```

O ponto-chave é que, quando você tiver criado uma superclasse que defina os aspectos gerais de um objeto, ela poderá ser herdada para formar classes especializadas. Cada subclasse adicionará apenas seus próprios atributos exclusivos. Essa é a essência da herança.

Criando uma hierarquia de vários níveis

Até agora, usamos hierarquias de classes simples compostas apenas por uma superclasse e uma subclasse. No entanto, podemos construir hierarquias contendo quantas camadas de herança quisermos. Como mencionado, é perfeitamente aceitável usar uma subclasse como superclasse de outra subclasse. Por exemplo, dadas três classes chamadas **A**, **B** e **C**, **C** pode ser subclasse de **B**, que é subclasse de **A**. Quando ocorre esse tipo de situação, cada subclasse herda todas as características encontradas em todas as suas superclasses. Nesse caso, **C** herda todos os aspectos de **B** e **A**.

Para ver como uma hierarquia de vários níveis pode ser útil, considere o programa a seguir. Nele, a subclasse **Triangle** é usada como superclasse para criar a subclasse chamada **ColorTriangle**. **ColorTriangle** herda todas as características de **Triangle** e **TwoDShape** e adiciona um campo chamado color, que contém a cor do triângulo.

```java
// Hierarquia de vários níveis.
class TwoDShape {
  private double width;
  private double height;

  // Construtor padrão.
  TwoDShape() {
    width = height = 0.0;
  }

  // Construtor parametrizado.
  TwoDShape(double w, double h) {
    width = w;
    height = h;
  }

  // Constrói objeto com largura e altura iguais.
  TwoDShape(double x) {
    width = height = x;
  }

  // Métodos acessadores para width e heigth.
  double getWidth() { return width; }
  double getHeight() { return height; }
  void setWidth(double w) { width = w; }
  void setHeight(double h) { height = h; }

  void showDim() {
    System.out.println("Width and height are " +
                       width + " and " + height);
  }
}

// Estende TwoDShape.
class Triangle extends TwoDShape {
```

```java
    private String style;

    // Construtor padrão.
    Triangle() {
      super();
      style = "none";
    }

    Triangle(String s, double w, double h) {
      super(w, h); // chama construtor da superclasse.

      style = s;
    }

    // Construtor com um argumento.
    Triangle(double x) {
      super(x); // chama construtor da superclasse

      style = "filled";
    }

    double area() {
      return getWidth() * getHeight() / 2;
    }

    void showStyle() {
      System.out.println("Triangle is " + style);
    }
}

// Estende Triangle.
class ColorTriangle extends Triangle {
  private String color;

  ColorTriangle(String c, String s,
                double w, double h) {
    super(s, w, h);

    color = c;
  }

  String getColor() { return color; }

  void showColor() {
    System.out.println("Color is " + color);
  }
}

class Shapes6 {
  public static void main(String args[]) {
```

ColorTriangle herda **Triangle**, que é descendente de **TwoDShape**, portanto, **ColorTriangle** inclui todos os membros de **Triangle** e **TwoDShape**.

```
        ColorTriangle t1 =
            new ColorTriangle("Blue", "outlined", 8.0, 12.0);
        ColorTriangle t2 =
            new ColorTriangle("Red", "filled", 2.0, 2.0);

        System.out.println("Info for t1: ");
        t1.showStyle();
        t1.showDim();
        t1.showColor();
        System.out.println("Area is " + t1.area());

        System.out.println();

        System.out.println("Info for t2: ");
        t2.showStyle();
        t2.showDim();
        t2.showColor();
        System.out.println("Area is " + t2.area());
    }
}
```
Um objeto **ColorTriangle** pode chamar métodos definidos por ele próprio e suas superclasses.

A saída desse programa é mostrada aqui:

```
Info for t1:
Triangle is outlined
Width and height are 8.0 and 12.0
Color is Blue
Area is 48.0

Info for t2:
Triangle is filled
Width and height are 2.0 and 2.0
Color is Red
Area is 2.0
```

Devido a herança, **ColorTriangle** pode fazer uso das classes **Triangle** e **TwoDShape** definidas anteriormente, adicionando apenas as informações extras de seu uso específico. Isso é parte do valor da herança; ela permite a reutilização de código.

O exemplo ilustra outro ponto importante: **super( )** sempre referencia o construtor da superclasse mais próxima. A instrução **super( )** de **ColorTriangle** chama o construtor de **Triangle**. A instrução **super( )** de **Triangle** chama o construtor de **TwoDShape**. Em uma hierarquia de classes, se o construtor de uma superclasse precisar de parâmetros, todas as subclasses devem passá-los "para cima na hierarquia". Isso é verdade caso a subclasse precise ou não de parâmetros.

Quando os construtores são chamados?

Na discussão anterior sobre herança e hierarquias de classes, uma pergunta importante pode ter lhe ocorrido: quando o objeto de uma subclasse é criado, o construtor de quem é executado primeiro, o da subclasse ou o definido pela superclasse? Por exemplo, dada uma subclasse chamada **B** e uma superclasse chamada **A**, o construtor de **A** é chamado antes do de **B** ou o contrário? A resposta é que em uma hierarquia de classes, os construtores concluem sua execução em ordem de derivação, da superclasse para a subclasse. Além disso, já que **super( )** deve ser a primeira instrução executada no construtor de uma subclasse, essa ordem é a mesma independentemente de **super( )** ser ou não usada. Se **super( )** não for usada, o construtor padrão (sem parâmetros) de cada superclasse será executado. O programa a seguir ilustra quando os construtores são executados:

```
// Demonstra quando os construtores são executados.

// Cria uma superclasse.
class A {
  A() {
    System.out.println("Constructing A.");
  }
}

// Cria uma subclasse estendendo a classe A.
class B extends A {
  B() {
    System.out.println("Constructing B.");
  }
}

// Cria outra subclasse estendendo B.
class C extends B {
  C() {
    System.out.println("Constructing C.");
  }
}

class OrderOfConstruction {
  public static void main(String args[]) {
    C c = new C();
  }
}
```

A saída desse programa é mostrada aqui:

```
Constructing A.
Constructing B.
Constructing C.
```

Como você pode ver, os construtores são executados em ordem de derivação.

Se pensarmos bem, faz sentido os construtores serem executados em ordem de derivação. Já que uma superclasse não tem conhecimento das subclasses, qualquer inicialização que ela precisar executar será separada e possivelmente pré-requisito de uma inicialização executada pela subclasse. Logo, ela deve concluir sua execução antes.

Referências da superclasse e objetos da subclasse

Como você sabe, Java é uma linguagem fortemente tipada. Além das conversões padrão e das promoções automáticas aplicadas aos seus tipos primitivos, a compatibilidade de tipos é imposta rigorosamente. Logo, normalmente uma variável de referência de um tipo de classe não pode referenciar um objeto de outro tipo de classe. Por exemplo, considere o programa abaixo:

```
// Este código não será compilado.
class X {
  int a;

  X(int i) { a = i; }
}

class Y {
  int a;

  Y(int i) { a = i; }
}

class IncompatibleRef {
  public static void main(String args[]) {
    X x = new X(10);
    X x2;
    Y y = new Y(5);

    x2 = x; // Correto, as duas são do mesmo tipo

    x2 = y; // Erro, não são do mesmo tipo
  }
}
```

Aqui, ainda que a classe **X** e a classe **Y** sejam estruturalmente iguais, não é possível atribuir uma referência de **X** a um objeto **Y**, porque eles têm tipos diferentes. Em geral, uma variável de referência de objeto só pode referenciar objetos de seu tipo.

No entanto, há uma exceção importante à imposição rigorosa de tipos em Java. A variável de referência de uma superclasse pode receber a referência a um objeto de qualquer subclasse derivada dessa superclasse. Em outras palavras, uma referência da superclasse pode referenciar um objeto da subclasse. Veja um exemplo:

```
// Uma referência de superclasse pode referenciar um objeto da subclasse.
class X {
  int a;

  X(int i) { a = i; }
}

class Y extends X {
  int b;

  Y(int i, int j) {
```

```
        super(j);
        b = i;
    }
}

class SupSubRef {
  public static void main(String args[]) {
    X x = new X(10);
    X x2;
    Y y = new Y(5, 6);

    x2 = x; // Correto, as duas são do mesmo tipo
    System.out.println("x2.a: " + x2.a);            Correto porque Y é subclasse de X,
                                                    logo, x2 pode referenciar y.
    x2 = y; // continua correto porque Y é derivada de X
    System.out.println("x2.a: " + x2.a);

    // Referências de X só conhecem membros de X
    x2.a = 19; // OK
//  x2.b = 27; // Erro, X não tem um membro b
  }
}
```

Aqui, **Y** é derivada de **X**, logo, é permitido que **x2** receba uma referência a um objeto **Y**.

É importante entender que é o tipo da variável de referência – e não o tipo do objeto que ela referencia – que determina os membros que podem ser acessados. Isto é, quando uma referência a um objeto da subclasse for atribuída a uma variável de referência da superclasse, você só terá acesso às partes do objeto definidas pela superclasse. É por isso que **x2** não pode acessar **b** mesmo quando referencia um objeto **Y**. Se você pensar bem, faz sentido, porque a superclasse não tem conhecimento do que uma subclasse adiciona a ela. Por essa razão, a última linha de código do programa foi desativada por um comentário.

Embora a discussão anterior possa parecer um pouco etérea, ela tem algumas aplicações práticas importantes. Uma delas será descrita agora. A outra discutiremos posteriormente neste capítulo, quando a sobreposição de métodos for abordada.

Um local importante em que referências de subclasse são atribuídas a variáveis da superclasse é quando os construtores são chamados em uma hierarquia de classes. Como você sabe, é comum uma classe definir um construtor que recebe um objeto da classe como parâmetro. Isso permite que a classe construa uma cópia de um objeto. As subclasses de uma classe assim podem se beneficiar desse recurso. Por exemplo, considere as versões a seguir de **TwoDShape** e **Triangle**. As duas adicionam construtores que recebem um objeto como parâmetro.

```
class TwoDShape {
  private double width;
  private double height;

  // Um construtor padrão.
  TwoDShape() {
```

```java
    width = height = 0.0;
  }

  // Construtor parametrizado.
  TwoDShape(double w, double h) {
    width = w;
    height = h;
  }

  // Constrói um objeto com largura e altura iguais.
  TwoDShape(double x) {
    width = height = x;
  }

  // Constrói um objeto a partir de outro.
  TwoDShape(TwoDShape ob) {     // ←────────── Constrói um objeto a partir de outro.
    width = ob.width;
    height = ob.height;
  }

  // Métodos acessadores para width e heigth.
  double getWidth() { return width; }
  double getHeight() { return height; }
  void setWidth(double w) { width = w; }
  void setHeight(double h) { height = h; }

  void showDim() {
    System.out.println("Width and height are " +
                       width + " and " + height);
  }
}

// Subclasse de TwoDShape para triângulos.
class Triangle extends TwoDShape {
  private String style;

  // Construtor padrão.
  Triangle() {
    super();
    style = "none";
  }

  // Construtor para Triangle.
  Triangle(String s, double w, double h) {
    super(w, h); // chama construtor da superclasse

    style = s;
  }

  // Construtor com um argumento.
```

```
    Triangle(double x) {
      super(x); // chama construtor da superclasse

      style = "filled";
    }

    // Constrói um objeto a partir de outro.
    Triangle(Triangle ob) {
      super(ob); // passa o objeto para o construtor de TwoDShape
      style = ob.style;
    }
```

Passa uma referência **Triangle** para o construtor de **TwoDShape**.

```
    double area() {
      return getWidth() * getHeight() / 2;
    }

    void showStyle() {
      System.out.println("Triangle is " + style);
    }
  }

  class Shapes7 {
    public static void main(String args[]) {
      Triangle t1 =
          new Triangle("outlined", 8.0, 12.0);

      // faz uma cópia de t1
      Triangle t2 = new Triangle(t1);

      System.out.println("Info for t1: ");
      t1.showStyle();
      t1.showDim();
      System.out.println("Area is " + t1.area());

      System.out.println();

      System.out.println("Info for t2: ");
      t2.showStyle();
      t2.showDim();
      System.out.println("Area is " + t2.area());
    }
  }
```

Nesse programa, **t2** é construída a partir de **t1** e, portanto, é idêntica. A saída é mostrada aqui:

```
Info for t1:
Triangle is outlined
Width and height are 8.0 and 12.0
Area is 48.0
```

```
Info for t2:
Triangle is outlined
Width and height are 8.0 and 12.0
Area is 48.0
```

Preste atenção neste construtor de **Triangle**:

```
// Constrói um objeto a partir de outro.
Triangle(Triangle ob) {
  super(ob); // passa o objeto para o construtor de TwoDShape
  style = ob.style;
}
```

Ele recebe um objeto de tipo **Triangle** e o passa (por intermédio de **super**) para este construtor de **TwoDShape**:

```
// Constrói um objeto a partir de outro.
TwoDShape(TwoDShape ob) {
  width = ob.width;
  height = ob.height;
}
```

O ponto-chave é que **TwoDShape( )** está esperando um objeto **TwoDShape**. No entanto, **Triangle( )** passa para ele um objeto Triangle. Isso funciona porque, como explicado, uma referência da superclasse pode referenciar um objeto da subclasse. Logo, é perfeitamente aceitável passar para **TwoDShape( )** a referência a um objeto de uma classe derivada de **TwoDShape**. Já que o construtor **TwoDShape( )** só está inicializando as partes do objeto da subclasse que são membros de **TwoDShape**, não importa se o objeto contém outros membros adicionados por classes derivadas.

Sobreposição de métodos

Em uma hierarquia de classes, quando um método de uma subclasse tem o mesmo tipo de retorno e assinatura de um método de sua superclasse, diz-se que o método da subclasse *sobrepõe* o método da superclasse. Quando um método sobreposto é chamado de dentro de uma subclasse, a referência é sempre à versão definida pela subclasse. A versão do método definida pela superclasse será ocultada. Considere o seguinte:

```
// Sobreposição de métodos.
class A {
  int i, j;
  A(int a, int b) {
    i = a;
    j = b;
  }

  // exibe i e j
  void show() {
    System.out.println("i and j: " + i + " " + j);
```

```
  }
}

class B extends A {
  int k;

  B(int a, int b, int c) {
    super(a, b);
    k = c;
  }

  // exibe k - esta versão sobrepõe show() em A
  void show() {  ←───────────────────         Esse método show( ) de B
    System.out.println("k: " + k);             sobrepõe o definido por A.
  }
}

class Override {
  public static void main(String args[]) {
    B subOb = new B(1, 2, 3);

    subOb.show(); // chama show() em B
  }
}
```

A saída produzida por esse programa é mostrada aqui:

```
k: 3
```

Quando **show( )** é chamado em um objeto de tipo **B**, a versão definida dentro de **B** é usada. Isto é, a versão de **show( )** de **B** sobrepõe a versão declarada em **A**.

Se quiser acessar a versão de um método sobreposto definida pela superclasse, você pode fazer isso usando **super**. Por exemplo, nessa versão de **B**, a versão de **show( )** da superclasse é chamada dentro da versão da subclasse. Isso permite que todas as variáveis de instância sejam exibidas.

```
class B extends A {
  int k;

  B(int a, int b, int c) {
    super(a, b);
    k = c;
  }                             ─────── Usa super para chamar a versão de
                                         show( ) definida pela superclasse A.
  void show() {
    super.show(); // essa instrução chama o método show() de A
    System.out.println("k: " + k);
  }
}
```

Se você usar essa versão de **show( )** no programa anterior, verá a saída a seguir:

```
i and j: 1 2
k: 3
```

Aqui, **super.show( )** chama a versão de **show( )** da superclasse.

A sobreposição de métodos só ocorre quando as assinaturas dos dois métodos são idênticas. Se não forem, os dois métodos serão apenas sobrecarregados. Por exemplo, considere uma versão modificada do exemplo anterior:

```
/* Métodos com assinaturas diferentes são
   sobrecarregados e não sobrepostos. */
class A {
  int i, j;

  A(int a, int b) {
    i = a;
    j = b;
  }

  // exibe i e j
  void show() {
    System.out.println("i and j: " + i + " " + j);
  }
}

// Cria uma subclasse estendendo a classe A.
class B extends A {
  int k;

  B(int a, int b, int c) {
    super(a, b);
    k = c;
  }

  // sobrecarrega show()
  void show(String msg) {
    System.out.println(msg + k);
  }
}

class Overload {
  public static void main(String args[]) {
    B subOb = new B(1, 2, 3);

    subOb.show("This is k: "); // chama show() em B
    subOb.show(); // chama show() em A
  }
}
```

Já que as assinaturas diferem, o método **show( )** apenas sobrecarrega o da superclasse **A**

A saída produzida pelo programa é mostrada abaixo:

```
This is k: 3
i and j: 1 2
```

A versão de **show( )** definida por **B** recebe um parâmetro tipo string. Isso torna sua assinatura diferente da existente em **A**, que não recebe parâmetros. Logo, não ocorre sobreposição (ou ocultação de nomes).

Métodos sobrepostos dão suporte ao polimorfismo

Embora os exemplos da seção anterior demonstrem a mecânica da sobreposição de métodos, eles não mostram seu poder. Na verdade, se não houvesse nada mais na sobreposição de métodos além de uma convenção de espaço de nome, então ela seria, no máximo, uma curiosidade interessante, mas de pouco valor real. No entanto, esse não é o caso. A sobreposição de métodos forma a base de um dos conceitos mais poderosos em Java: *o despacho dinâmico de método*. Despacho dinâmico de métodos é o mecanismo pelo qual a chamada a um método sobreposto é resolvida no tempo de execução em vez de no tempo de compilação. O despacho dinâmico é importante, porque é assim que Java implementa o polimorfismo no tempo de execução.

Comecemos reafirmando um princípio importante: uma variável de referência da superclasse pode referenciar um objeto da subclasse. Java usa esse fato para resolver chamadas a métodos sobrepostos no tempo de execução. Veja como: quando um método sobreposto é chamado por uma referência da superclasse, Java determina a versão desse método que será executada com base no tipo do objeto sendo referenciado no momento em que a chamada ocorre. Portanto, essa escolha é feita no tempo de execução. Quando diferentes tipos de objetos são referenciados, versões distintas de um método sobreposto são chamadas. Em outras palavras, é o tipo do objeto referenciado (e não o tipo da variável de referência) que determina a versão de um método sobreposto que será executada. Logo, se uma superclasse tiver um método sobreposto por uma subclasse, quando diferentes tipos de objetos forem referenciados por uma variável de referência da superclasse, versões distintas do método serão executadas.

Aqui está um exemplo que ilustra o despacho dinâmico de métodos:

```
// Demonstra o despacho dinâmico de métodos.

class Sup {
  void who() {
    System.out.println("who() in Sup");
  }
}

class Sub1 extends Sup {
  void who() {
    System.out.println("who() in Sub1");
  }
}
```

```
class Sub2 extends Sup {
  void who() {
    System.out.println("who() in Sub2");
  }
}

class DynDispDemo {
  public static void main(String args[]) {
    Sup superOb = new Sup();
    Sub1 subOb1 = new Sub1();
    Sub2 subOb2 = new Sub2();

    Sup supRef;

    supRef = superOb;
    supRef.who();         ◄──────────  Em cada caso, a
                                        versão de **who( )**
    supRef = subOb1;                    a ser chamada é
    supRef.who();         ◄──────────  determinada no
                                        tempo de execução
    supRef = subOb2;                    pelo tipo de objeto
    supRef.who();         ◄──────────  referenciado.
  }
}
```

A saída do programa é mostrada aqui:

```
who() in Sup
who() in Sub1
who() in Sub2
```

Esse programa cria uma superclasse chamada **Sup** com duas subclasses chamadas **Sub1** e **Sub2**. **Sup** declara um método chamado **who( )** e as subclasses o sobrepõem. Dentro do método **main( )**, objetos de tipo **Sup**, **Sub1** e **Sub2** são declarados. Além disso, uma referência de tipo **Sup**, chamada **supRef**, é declarada. O programa atribui então uma referência de cada tipo de objeto a **supRef** e usa essa referência para chamar **who( )**. Como a saída mostra, a versão de **who( )** executada é determinada pelo tipo de objeto referenciado no momento da chamada, e não pelo tipo de classe de **supRef**.

Pergunte ao especialista

P: Os métodos sobrepostos em Java são muito parecidos com as funções virtuais do C++. Há alguma semelhança?

R: Sim. Leitores familiarizados com C++ reconhecerão que os métodos sobrepostos em Java são equivalentes em finalidade e semelhantes em operação às funções virtuais de C++.

Por que sobrepor métodos?

Como mencionado anteriormente, os métodos sobrepostos permitem que Java dê suporte ao polimorfismo no tempo de execução. O polimorfismo é essencial para a programação orientada a objetos por uma razão: permite que uma classe geral especifique métodos que serão comuns a todas as suas derivadas, permitindo também que as subclasses definam a implementação específica de alguns desses métodos ou de todos eles. Os métodos sobrepostos são outra maneira de Java implementar o aspecto "uma interface, vários métodos" do polimorfismo. Parte do segredo para a aplicação bem-sucedida do polimorfismo é entender que as superclasses e subclasses formam uma hierarquia que se move da menor para a maior especialização. Quando usada corretamente, a superclasse fornece todos os elementos que uma subclasse pode usar diretamente. Também define os métodos que a classe derivada deve implementar por sua própria conta. Isso dá à subclasse flexibilidade para definir seus próprios métodos, sem deixar de impor a consistência da interface. Logo, combinando herança com os métodos sobrepostos, uma superclasse pode definir a forma geral dos métodos que serão usados por todas as suas subclasses.

Aplicando a sobreposição de métodos a TwoDShape

Para demonstrar melhor o poder da sobreposição de métodos, ela será aplicada à classe **TwoDShape**. Nos exemplos anteriores, cada classe derivada de **TwoDShape** define um método chamado **area( )**. Ou seja, pode ser mais adequado tornar **area( )** parte da classe **TwoDShape** e permitir que cada subclasse o sobreponha, definindo como a área é calculada para o tipo de forma que a classe encapsula. O programa a seguir age desse modo. Por conveniência, ele também adiciona um campo de nome a **TwoDShape**. (Isso facilita a criação de programas de demonstração.)

```java
// Usa o despacho dinâmico de métodos.
class TwoDShape {
  private double width;
  private double height;
  private String name;

  // Construtor padrão.
  TwoDShape() {
    width = height = 0.0;
    name = "none";
  }

  // Construtor parametrizado.
  TwoDShape(double w, double h, String n) {
    width = w;
    height = h;
    name = n;
  }

  // Constrói objeto com largura e altura iguais.
```

```
    TwoDShape(double x, String n) {
      width = height = x;
      name = n;
    }

    // Constrói um objeto a partir de outro.
    TwoDShape(TwoDShape ob) {
      width = ob.width;
      height = ob.height;
      name = ob.name;
    }

    // Métodos acessadores para width e heigth.
    double getWidth() { return width; }
    double getHeight() { return height; }
    void setWidth(double w) { width = w; }
    void setHeight(double h) { height = h; }

    String getName() { return name; }

    void showDim() {
      System.out.println("Width and height are " +
                        width + " and " + height);
    }
                                           Método area( ) definido por TwoDShape.
    double area() {
      System.out.println("area() must be overridden");
      return 0.0;
    }
  }

  // Subclasse de TwoDShape para triângulos.
  class Triangle extends TwoDShape {
    private String style;

    // Construtor padrão.
    Triangle() {
      super();
      style = "none";
    }

    // Construtor para Triangle.
    Triangle(String s, double w, double h) {
      super(w, h, "triangle");

      style = s;
    }

    // Construtor com um argumento.
    Triangle(double x) {
      super(x, "triangle"); // chama construtor da superclasse
```

```
    style = "filled";
  }

  // Constrói um objeto a partir de outro.
  Triangle(Triangle ob) {
    super(ob); // passa objeto para construtor de TwoDShape
    style = ob.style;
  }

  // Sobrepões area() para Triangle.
  double area() {  ◀───────────────────── Sobrepõe **area( )** para **Triangle**.
    return getWidth() * getHeight() / 2;
  }

  void showStyle() {
    System.out.println("Triangle is " + style);
  }
}

// Subclasse de TwoDShape para retângulos.
class Rectangle extends TwoDShape {
  // Construtor padrão.
  Rectangle() {
    super();
  }

  // Construtor para Rectangle.
  Rectangle(double w, double h) {
    super(w, h, "rectangle"); // chama construtor da superclasse
  }

  // Constrói um quadrado.
  Rectangle(double x) {
    super(x, "rectangle"); // chama construtor da superclasse
  }

  // Constrói um objeto a partir de outro.
  Rectangle(Rectangle ob) {
    super(ob); // passa objeto para constructor de TwoDShape
  }

  boolean isSquare() {
    if(getWidth() == getHeight()) return true;
    return false;
  }

  // Sobrepõe area() para Rectangle.
  double area() {  ◀───────────────────── Sobrepõe **area( )** para **Rectangle**.
    return getWidth() * getHeight();
  }
```

}

```
class DynShapes {
  public static void main(String args[]) {
    TwoDShape shapes[] = new TwoDShape[5];

    shapes[0] = new Triangle("outlined", 8.0, 12.0);
    shapes[1] = new Rectangle(10);
    shapes[2] = new Rectangle(10, 4);
    shapes[3] = new Triangle(7.0);
    shapes[4] = new TwoDShape(10, 20, "generic");

    for(int i=0; i < shapes.length; i++) {
      System.out.println("object is " + shapes[i].getName());
      System.out.println("Area is " + shapes[i].area());
      System.out.println();
    }
  }
}
```

A versão apropriada de **area( )** é chamada para cada forma.

A saída do programa é mostrada abaixo:

```
object is triangle
Area is 48.0

object is rectangle
Area is 100.0

object is rectangle
Area is 40.0

object is triangle
Area is 24.5

object is generic
area() must be overridden
Area is 0.0
```

Examinemos esse programa em detalhes. Em primeiro lugar, como explicado, agora **area( )** faz parte da classe **TwoDShape** e é sobreposto por **Triangle** e **Rectangle**. Dentro de **TwoDShape**, **area( )** ganha uma implementação de espaço reservado que apenas informa ao usuário que esse método deve ser sobreposto por uma subclasse. Cada sobreposição de **area( )** fornece uma implementação que é adequada ao tipo de objeto encapsulado pela subclasse. Logo, se você implementasse uma classe de elipse, por exemplo, **area( )** teria que calcular a área de uma elipse.

Há outro recurso importante no programa anterior. Observe que **shapes** é declarada em **main( )** como um array de objetos **TwoDShape**. No entanto, os elementos desse array recebem referências **Triangle**, **Rectangle** e **TwoDShape**. Isso é válido, porque, como explicado, uma referência da superclasse pode referenciar um objeto da subclasse. O programa percorre então o array, exibindo informações sobre cada objeto. Embora muito simples, esse caso ilustra o poder tanto da herança quanto da sobreposição de métodos. O tipo de objeto referenciado por uma variável de referência da superclasse é determinado no tempo de execução e tratado de acordo. Se um objeto for derivado de **TwoDShape**, sua área poderá ser obtida com uma chamada a **area( )**. A interface dessa operação é a mesma, não importando o tipo de forma usada.

Usando classes abstratas

Você pode querer criar uma superclasse que defina uma forma generalizada para ser compartilhada por todas as suas subclasses, deixando que cada subclasse insira os detalhes. Esse tipo de classe determina a natureza dos métodos que as subclasses devem implementar, mas não fornece uma implementação de um ou mais desses métodos. Uma maneira de essa situação ocorrer é quando uma superclasse não pode criar uma implementação significativa de um método. É esse o caso da versão de **TwoDShape** usada no exemplo anterior. A definição do método **area( )** é apenas um espaço reservado. Ele não calculará e exibirá a área de nenhum tipo de objeto.

Como você verá ao criar suas próprias bibliotecas de classes, é comum um método não ter definição significativa no contexto de sua superclasse. Você pode tratar essa situação de duas maneiras. Uma maneira, como mostrado no exemplo anterior, é exibir uma mensagem de aviso. Embora essa abordagem possa ser útil em certas situações – como a depuração – geralmente não é apropriada. Você pode ter métodos que precisem ser sobrepostos pela subclasse para que essa tenha algum sentido. Considere a classe **Triangle**. Ela ficaria incompleta se **area( )** não fosse definido. Nesse caso, você quer alguma maneira de assegurar que uma subclasse sobreponha realmente todos os métodos necessários. A solução Java para esse problema é o *método abstrato*.

O método abstrato é criado pela especificação do modificador de tipo **abstract**. Ele não contém corpo e, portanto, não é implementado pela superclasse. Logo, uma subclasse deve sobrepô-lo – ela não pode apenas usar a versão definida na superclasse. Para declarar um método abstrato, use esta forma geral:

abstract *tipo nome(lista-parâmetros)*;

Como ficou claro, não há um corpo de método presente. O modificador **abstract** só pode ser usado em métodos de instância. Ele não pode ser aplicado a métodos **static** ou a construtores.

Uma classe que contém um ou mais métodos abstratos também deve ser declarada como abstrata precedendo sua declaração **class** com o modificador **abstract**. Já que uma classe abstrata não define uma implementação completa, não podem existir objetos dessa classe. Logo, tentar criar um objeto de uma classe abstrata usando **new** resultará em um erro de tempo de compilação.

Quando uma subclasse herda uma classe abstrata, ela deve implementar todos os métodos abstratos da superclasse. Se não implementar, também deve ser especificada como **abstract**. Portanto, o atributo **abstract** é herdado até uma implementação completa ser obtida.

Usando uma classe abstrata, você pode melhorar a classe **TwoDShape**. Já que não há um conceito significativo de área para uma figura bidimensional indefinida, a versão a seguir do programa anterior declara **area( )** como **abstract** dentro de

TwoDShape, e **TwoDShape** como **abstract**. Ou seja, é claro que todas as classes derivadas de **TwoDShape** devem sobrepor **area( )**.

```
// Cria uma classe abstrata.
abstract class TwoDShape {          ←———————— Agora TwoDShape é abstrata.
  private double width;
  private double height;
  private String name;

  //Construtor padrão.
  TwoDShape() {
    width = height = 0.0;
    name = "none";
  }

  // Construtor parametrizado.
  TwoDShape(double w, double h, String n) {
    width = w;
    height = h;
    name = n;
  }

  // Constrói objeto com largura e altura iguais.
  TwoDShape(double x, String n) {
    width = height = x;
    name = n;
  }

  // Constrói um objeto a partir de outro.
  TwoDShape(TwoDShape ob) {
    width = ob.width;
    height = ob.height;
    name = ob.name;
  }

  // Métodos acessadores para width e heigth.
  double getWidth() { return width; }
  double getHeight() { return height; }
  void setWidth(double w) { width = w; }
  void setHeight(double h) { height = h; }

  String getName() { return name; }

  void showDim() {
    System.out.println("Width and height are " +
                       width + " and " + height);
  }

  // Agora, area( ) é abstrato.
  abstract double area();          ←———————— Transforma area( ) em
}                                             um método abstrato.
```

```java
// Subclasse de TwoDShape para triângulos.
class Triangle extends TwoDShape {
  private String style;

  // Construtor padrão.
  Triangle() {
    super();
    style = "none";
  }

  // Construtor para Triangle.
  Triangle(String s, double w, double h) {
    super(w, h, "triangle");

    style = s;
  }

  // Construtor com um argumento.
  Triangle(double x) {
    super(x, "triangle"); // chama construtor da superclasse

    style = "filled";
  }

  // Constrói um objeto a partir de outro.
  Triangle(Triangle ob) {
    super(ob); // passa objeto para construtor de TwoDShape
    style = ob.style;
  }

  double area() {
    return getWidth() * getHeight() / 2;
  }

  void showStyle() {
    System.out.println("Triangle is " + style);
  }
}

// Subclasse de TwoDShape para retângulos.
class Rectangle extends TwoDShape {
  // Construtor padrão.
  Rectangle() {
    super();
  }

  // Construtor para Rectangle.
  Rectangle(double w, double h) {
    super(w, h, "rectangle"); // chama construtor da superclasse
  }
```

```java
    // Constrói um quadrado.
    Rectangle(double x) {
      super(x, "rectangle"); // chama construtor da superclasse
    }

    // Constrói um objeto a partir de outro.
    Rectangle(Rectangle ob) {
      super(ob); // passa objeto para construtor de TwoDShape
    }

    boolean isSquare() {
      if(getWidth() == getHeight()) return true;
      return false;
    }

    double area() {
      return getWidth() * getHeight();
    }
  }

class AbsShape {
  public static void main(String args[]) {
    TwoDShape shapes[] = new TwoDShape[4];

    shapes[0] = new Triangle("outlined", 8.0, 12.0);
    shapes[1] = new Rectangle(10);
    shapes[2] = new Rectangle(10, 4);
    shapes[3] = new Triangle(7.0);

    for(int i=0; i < shapes.length; i++) {
      System.out.println("object is " +
                          shapes[i].getName());
      System.out.println("Area is " + shapes[i].area());

      System.out.println();
    }
  }
}
```

Como o programa ilustra, todas as subclasses de **TwoDShape** *devem* sobrepor **area( )**. Para confirmar isso, tente criar uma subclasse que não sobreponha **area( )**. Você verá um erro de tempo de compilação. Certamente, ainda é possível criar uma referência de objeto de tipo **TwoDShape**, o que o programa faz, contudo, não é mais possível declarar objetos de tipo **TwoDShape**. Portanto, em **main( )** o array **shapes** foi diminuído para 4, e não é mais criado um objeto **TwoDShape**.

Um último ponto: observe que **TwoDShape** ainda inclui os métodos **showDim( )** e **getName( )** e que eles não são modificados por **abstract**. É perfeitamente aceitável – na verdade, muito comum – uma classe abstrata conter métodos concretos que uma subclasse possa usar da forma em que se encontram. Só os métodos declarados como **abstract** têm que ser sobrepostos pelas subclasses.

Usando final

Mesmo com a sobreposição de métodos e a herança sendo tão poderosas e úteis, podemos querer evitar que ocorram. Por exemplo, podemos ter uma classe que encapsule o controle de algum dispositivo de hardware. Além disso, essa classe pode dar ao usuário a oportunidade de inicializar o dispositivo, fazendo uso de informações privadas. Nesse caso, não vamos querer que os usuários de nossa classe possam sobrepor o método de inicialização. Qualquer que seja a razão, em Java, com o uso da palavra-chave **final**, é fácil impedir que um método seja sobreposto ou uma classe seja herdada.

A palavra-chave final impede a sobreposição

Para impedir que um método seja sobreposto, especifique **final** como modificador no início de sua declaração. Métodos declarados como **final** não podem ser sobrepostos. O fragmento a seguir ilustra **final**:

```
class A {
  final void meth() {
    System.out.println("This is a final method.");
  }
}

class B extends A {
  void meth() { // ERRO! não pode sobrepor.
    System.out.println("Illegal!");
  }
}
```

Já que **meth( )** é declarado como **final**, não pode ser sobreposto em **B**. Se você tentar fazê-lo, ocorrerá um erro de tempo de compilação.

A palavra-chave final impede a herança

Você pode impedir que uma classe seja herdada precedendo sua declaração com **final**. A declaração de uma classe como **final** também declara implicitamente todos os seus métodos como **final**. Como era de se esperar, é inválido declarar uma classe como **abstract** e **final**, uma vez que uma classe abstrata é individualmente incompleta e depende de suas subclasses para fornecer implementações completas.

Aqui está um exemplo de uma classe **final**:

```
final class A {
  // ...
}

// A classe seguinte é inválida.
class B extends A { // ERRO! não pode criar uma subclasse de A
  // ...
}
```

Como os comentários sugerem, é inválido **B** herdar **A**, já que **A** é declarada como **final**.

Usando final com membros de dados

Além dos usos que acabei de mostrar, **final** também pode ser aplicada a variáveis membros para criar o que seriam constantes nomeadas. Se você preceder o nome da variável de uma classe com **final**, seu valor não poderá ser alterado durante todo o tempo de vida do programa. Certamente, você pode dar a essa variável um valor inicial. Por exemplo, no Capítulo 6, uma classe simples de gerenciamento de erros chamada **ErrorMsg** foi mostrada. Essa classe mapeava um string legível por humanos para um código de erro. Aqui, a versão original da classe será melhorada pelo acréscimo de constantes **final**, que representam os erros. Agora, em vez de passar para **getErrorMsg( )** um número como 2, você pode passar a constante int nomeada **DISKERR**.

```
// Retorna um objeto String.
class ErrorMsg {
  // Códigos de erro.
  final int OUTERR   = 0;
  final int INERR    = 1;   ←——————— Declara constantes final.
  final int DISKERR  = 2;
  final int INDEXERR = 3;

  String msgs[] = {
    "Output Error",
    "Input Error",
    "Disk Full",
    "Index Out-Of-Bounds"
  };

  // Retorna a mensagem de erro.
  String getErrorMsg(int i) {
    if(i >=0 & i < msgs.length)
      return msgs[i];
    else
      return "Invalid Error Code";
  }
}

class FinalD {
  public static void main(String args[]) {   ┌——— Usa constantes final.
    ErrorMsg err = new ErrorMsg();

    System.out.println(err.getErrorMsg(err.OUTERR));
    System.out.println(err.getErrorMsg(err.DISKERR));
  }
}
```

Observe como as constantes **final** são usadas em **main( )**. Uma vez que são membros da classe **ErrorMsg**, devem ser acessadas via um objeto dessa classe. É claro que também podem ser herdadas pelas subclasses e acessadas diretamente dentro delas.

Por uma questão estilística, muitos programadores de Java usam identificadores maiúsculos em constantes **final**, como no exemplo anterior, mas essa não é uma regra fixa.

Pergunte ao especialista

P: Variáveis membros **final** podem ser transformadas em static? A palavra-chave final **pode ser usada em parâmetros de métodos e variáveis locais?**

R: A resposta às duas perguntas é sim. Transformar uma variável membro **final** em **static** permite que você referencie a constante pelo nome de sua classe em vez de por um objeto. Por exemplo, se as constantes de **ErrorMsg** fossem modificadas por **static**, as instruções **println( )** de **main( )** teriam esta aparência:

```
System.out.println(err.getErrorMsg(ErrorMsg.OUTERR));
System.out.println(err.getErrorMsg(ErrorMsg.DISKERR));
```

A declaração de um parâmetro **final** impede que ele seja alterado dentro do método. A declaração de uma variável local **final** impede que ela receba um valor mais de uma vez.

A classe Object

Java define uma classe especial chamada **Object** que é uma superclasse implícita de todas as outras classes. Em outras palavras, todas as outras classes são subclasses de **Object**. Ou seja, uma variável de referência de tipo **Object** pode referenciar um objeto de qualquer outra classe. Além disso, uma vez que os arrays são implementados como classes, uma variável de tipo **Object** também pode referenciar qualquer array.

Object define os métodos a seguir, portanto, eles estão disponíveis em todos os objetos:

Método	Finalidade
Object clone( )	Cria um novo objeto igual ao objeto que está sendo clonado.
boolean equals(Object *objeto*)	Determina se um objeto é igual a outro.
void finalize()	Chamado antes de um objeto não usado ser reciclado.
Class<?> getClass( )	Obtém a classe de um objeto no tempo de execução.
int hashCode( )	Retorna o código hash associado ao objeto chamador.
void notify( )	Retoma a execução de uma thread que está esperando no objeto chamador.
void notifyAll( )	Retoma a execução de todas as threads que estão esperando no objeto chamador.
String toString()	Retorna um string que descreve o objeto.
void wait( ) void wait(long *milissegundos*) void wait(long *milissegundos*, int *nanossegundos*)	Espera outra thread de execução.

Os métodos **getClass( )**, **notify( )**, **notifyAll( )** e **wait( )** são declarados como **final**. Você pode sobrepor os outros. Vários desses métodos serão descritos posteriormente no livro. No entanto, veremos dois agora: **equals( )** e **toString( )**. O método **equals( )**

compara dois objetos. Ele retorna **true** se os objetos forem equivalentes, caso contrário, retorna **false**. O método **toString( )** retorna um string contendo a descrição do objeto em que é chamado. Além disso, esse método é chamado automaticamente quando um objeto é exibido com o uso de **println( )**. Muitas classes o sobrepõem. Isso permite que personalizem uma descrição especificamente para os tipos de objetos que criam.

Um último ponto: observe a sintaxe incomum no tipo de retorno de **getClass( )**. Ela pertence aos tipos *genéricos* Java. Os genéricos permitem que o tipo de dado usado por uma classe ou método seja especificado como parâmetro. Eles serão discutidos no Capítulo 13.

✓ Teste do Capítulo 7

1. Uma superclasse tem acesso aos membros de uma subclasse? E a subclasse pode acessar os membros de uma superclasse?

2. Crie uma subclasse de **TwoDShape** chamada **Circle**. Inclua um método **area( )** que calcule a área do círculo e um construtor que use **super** para inicializar a parte referente a **TwoDShape**.

3. Como impedir que uma subclasse tenha acesso a um membro de uma superclasse?

4. Descreva a finalidade e a aplicação das duas versões de **super** mostradas neste capítulo.

5. Dada a hierarquia a seguir:

    ```
    class Alpha { ...

    class Beta extends Alpha { ...

    Class Gamma extends Beta { ...
    ```

    Em que ordem os construtores dessas classes concluem sua execução quando um objeto **Gamma** é instanciado?

6. Uma referência da superclasse pode referenciar um objeto da subclasse. Explique por que isso é importante no âmbito da sobreposição de métodos.

7. O que é uma classe abstrata?

8. Como impedir que um método seja sobreposto? E que uma classe seja herdada?

9. Explique como a herança, a sobreposição de métodos e as classes abstratas são usadas para dar suporte ao polimorfismo.

10. Que classe é superclasse de todas as outras classes?

11. Uma classe que contém pelo menos um método abstrato deve ser declarada como abstrata. Verdadeiro ou falso?

12. Que palavra-chave é usada para criar uma constante nomeada?

Capítulo 8

Pacotes e interfaces

Principais habilidades e conceitos

- Usar pacotes
- Entender como os pacotes afetam o acesso
- Aplicar o modificador de acesso **protected**
- Importar pacotes
- Conhecer os pacotes padrão Java
- Entender os aspectos básicos da interface
- Implementar uma interface
- Aplicar referências de interface
- Entender as variáveis de interface
- Estender interfaces
- Criar métodos de interface padrão e estáticos

Este capítulo examina dois dos recursos mais inovadores de Java: os pacotes e as interfaces. *Pacotes* são grupos de classes relacionadas. Os pacotes ajudam a organizar o código e fornecem outra camada de encapsulamento. Uma *interface* define um conjunto de métodos que será implementado por uma classe. Logo, a interface fornece uma maneira de especificarmos o que uma classe fará, mas não como ela o fará. Os pacotes e as interfaces proporcionam um controle maior sobre a organização do programa.

Pacotes

Em programação, é útil agrupar partes relacionadas de um programa. Em Java, isso é feito com o uso de um pacote. O pacote serve a duas finalidades. Em primeiro lugar, fornece um mecanismo pelo qual partes relacionadas de um programa podem ser organizadas como uma unidade. As classes definidas dentro de um pacote devem ser acessadas com o uso do nome de seu pacote. Logo, um pacote fornece uma maneira de nomear um conjunto de classes. Em segundo lugar, o pacote participa do mecanismo de controle de acesso Java. Classes definidas dentro de um pacote podem se tornar privadas desse pacote sem poder ser acessadas por códigos de fora dele. Portanto, o pacote fornece um meio pelo qual classes podem ser encapsuladas. Examinemos cada recurso com um pouco mais de detalhes.

Em geral, quando nomeamos uma classe, estamos alocando um nome do espaço de nomes. Um espaço de nomes define uma região declarativa. Em Java, duas classes não podem usar nomes iguais do mesmo espaço de nomes. Logo, dentro de um determinado espaço de nomes, o nome de cada classe deve ser exclusivo. Todos os exemplos mostrados nos capítulos anteriores usaram o espaço de nomes padrão (global). Embora isso seja adequado para exemplos de programa curtos, torna-se um problema à medida que os programas crescem e o espaço de nomes padrão fica abarrotado. Em programas grandes, encontrar nomes exclusivos para cada classe pode ser difícil. Também devemos evitar que os nomes colidam com os existentes em códigos criados por outros programadores que trabalhem no mesmo projeto e com os da biblioteca Java. A solução para esses problemas é o pacote, porque ele fornece uma maneira de dividir o espaço de nomes. Quando uma classe é definida dentro de um pacote, o nome desse pacote é anexado a cada classe, evitando que os nomes colidam com os de outras classes com o mesmo nome, mas de outros pacotes.

Já que geralmente um pacote contém classes relacionadas, Java define direitos de acesso especiais para os códigos do pacote. Em um pacote, podemos definir um código acessado por outro código do mesmo pacote, mas não por código de fora do pacote. Isso permite criar grupos autônomos de classes relacionadas que mantêm sua operação privada.

Definindo um pacote

Todas as classes em Java pertencem a algum pacote. Quando não é especificada uma instrução **package**, o pacote padrão (global) é usado. O pacote padrão não tem nome, o que o torna transparente. Por isso, até agora você não precisou se preocupar com os pacotes. Embora o pacote padrão seja adequado para exemplos de programa curtos, não é apropriado para aplicativos reais. Quase sempre, você definirá um ou mais pacotes para seu código.

Para criar um pacote, insira um comando **package** no início de um arquivo-fonte Java. Assim, as classes declaradas dentro desse arquivo pertencerão ao pacote especificado. Uma vez que um pacote define um espaço de nomes, os nomes das classes que você inserir no arquivo se tornarão parte do espaço de nomes do pacote.

Esta é a forma geral da instrução **package**:

package *pct*;

Aqui, *pct* é o nome do pacote. Por exemplo, a instrução a seguir cria um pacote chamado **mypack**:

```
package mypack;
```

Java usa o sistema de arquivos para gerenciar pacotes, com cada pacote armazenado em seu próprio diretório. Por exemplo, os arquivos **.class** de qualquer classe que você declarar como parte de **mypack** devem ser armazenados em um diretório chamado **mypack**.

Como no resto em Java, há a diferenciação entre minúsculas e maiúsculas nos nomes dos pacotes. Ou seja, o diretório em que um pacote é armazenado deve ter nome exatamente igual ao do pacote. Se você tiver problemas ao testar os exemplos deste capítulo, lembre-se de verificar com cuidado os nomes de pacotes e diretórios. Geralmente são usadas minúsculas nos nomes de pacotes.

Mais de um arquivo pode incluir a mesma instrução **package**. A instrução **package** especifica apenas a que pacote pertencem as classes definidas em um arquivo. Ela não impede que classes de outros arquivos façam parte do mesmo pacote. A maioria dos pacotes do mundo real se estende por muitos arquivos.

Você pode criar uma hierarquia de pacotes. Para fazê-lo, apenas separe cada nome de pacote do nome que fica acima dele usando um ponto. A forma geral de uma instrução de pacote de vários níveis é mostrada aqui:

package *pacote1.pacote2.pacote3...pacoteN*;

Obviamente, você deve criar diretórios que deem suporte à hierarquia de pacotes criada. Por exemplo, a hierarquia

```
package alpha.beta.gamma;
```

deve ser armazenada em .../alpha/beta/gamma, onde ... indica o caminho dos diretórios especificados.

Encontrando pacotes e CLASSPATH

Como acabei de explicar, os pacotes são espelhados pelos diretórios. Isso levanta uma questão importante: como o sistema de tempo de execução Java saberá onde procurar os pacotes que você criar? A resposta tem três partes. Em primeiro lugar, por padrão, o sistema de tempo de execução Java usa o diretório de trabalho atual como seu ponto de partida. Logo, se seu pacote estiver em um subdiretório do diretório atual, ele será encontrado. Em segundo lugar, você pode especificar um caminho ou caminhos de diretório configurando a variável ambiental **CLASSPATH**. Em terceiro lugar, você pode usar a opção **-classpath** com **java** e **javac** para especificar o caminho de suas classes.

Por exemplo, consideremos a especificação de pacote a seguir:

```
package mypack
```

Para um programa encontrar **mypack**, uma entre três coisas deve ser verdadeira: o programa deve poder ser executado a partir de um diretório imediatamente acima de **mypack**, **CLASSPATH** deve ser configurada para incluir o caminho de **mypack**, ou a opção **-classpath** deve especificar o caminho de **mypack** quando o programa for executado via **java**.

A maneira mais fácil de testar os exemplos mostrados neste livro é criando os diretórios dos pacotes abaixo de seu diretório de desenvolvimento atual, inserindo os arquivos **.class** nos diretórios apropriados e então executando os programas a partir do diretório de desenvolvimento. Essa é a abordagem usada nos próximos exemplos.

Um último ponto: para evitar problemas, é melhor manter todos os arquivos **.java** e **.class** associados a um pacote no diretório desse pacote. Além disso, compile cada arquivo a partir do diretório acima do diretório do pacote.

Exemplo breve de pacote

Lembrando da discussão anterior, teste este exemplo curto de pacote. Ele cria um banco de dados de livros simples que fica contido dentro de um pacote chamado **bookpack**.

```
// Demonstração breve dos pacotes.
package bookpack;    ←——————— Esse arquivo faz parte do pacote bookpack.

class Book {    ←——————— Logo, Book faz parte de bookpack.
```

```java
    private String title;
    private String author;
    private int pubDate;

    Book(String t, String a, int d) {
      title = t;
      author = a;
      pubDate = d;
    }

    void show() {
      System.out.println(title);
      System.out.println(author);
      System.out.println(pubDate);
      System.out.println();
    }
}
                           BookDemo também faz parte de bookpack.

class BookDemo {
  public static void main(String args[]) {
    Book books[] = new Book[5];

    books[0] = new Book("Java: A Beginner's Guide",
                        "Schildt", 2014);
    books[1] = new Book("Java: The Complete Reference",
                        "Schildt", 2014);
    books[2] = new Book("The Art of Java",
                        "Schildt and Holmes", 2003);
    books[3] = new Book("Red Storm Rising",
                        "Clancy", 1986);
    books[4] = new Book("On the Road",
                        "Kerouac", 1955);

    for(int i=0; i < books.length; i++) books[i].show();
  }
}
```

Chame esse arquivo de **BookDemo.java** e insira-o em um diretório chamado **bookpack**.

Em seguida, compile o arquivo. Você pode fazer isso especificando

```
javac bookpack/BookDemo.java
```

a partir do diretório imediatamente acima de **bookpack**. Agora, tente executar a classe, usando a linha de comando a seguir:

```
java bookpack.BookDemo
```

Lembre-se, você tem que estar no diretório acima de **bookpack** quando executar esse comando. (Ou use uma das duas outras opções descritas na seção anterior para especificar o caminho de **bookpack**.)

Como explicado, agora **BookDemo** e **Book** fazem parte do pacote **bookpack**. Ou seja, **BookDemo** não pode ser executada separadamente, portanto, você não pode usar a seguinte linha de comando:

```
java BookDemo
```

Em vez disso, **BookDemo** deve ser qualificada com o nome de seu pacote.

Pacotes e o acesso a membros

Os capítulos anteriores introduziram os aspectos básicos do controle de acesso, inclusive os modificadores **private** e **public**, mas não contaram a história toda. Isso ocorreu porque os pacotes também participam do mecanismo de controle de acesso Java e uma discussão completa tinha que esperar até eles serem abordados.

A visibilidade de um elemento é determinada por sua especificação de acesso – **private**, **public**, **protected** ou padrão – e o pacote em que ele reside. Logo, a visibilidade de um elemento é determinada por sua visibilidade dentro de uma classe e sua visibilidade dentro de um pacote. Essa abordagem do controle de acesso em várias camadas dá suporte a um rico conjunto de privilégios de acesso. A Tabela 8-1 resume os vários níveis de acesso. Examinaremos cada opção individualmente.

Se o membro de uma classe não tiver um modificador de acesso explícito, poderá ser visto dentro de seu pacote, mas não fora dele. Portanto, você usará a especificação de acesso padrão para elementos que quiser manter privados para o pacote, mas públicos dentro dele.

Membros declarados explicitamente como **public** podem ser vistos em todos os locais, inclusive classes e pacotes diferentes, pois não há restrição quanto ao seu uso ou acesso. Um membro **private** só pode ser acessado por outros membros de sua classe. Ele não é afetado por sua associação a um pacote. Um membro especificado como **protected** pode ser acessado dentro de seu pacote e por todas as subclasses, inclusive subclasses de outros pacotes.

A Tabela 8-1 só se aplica a membros de classes. Uma classe de nível superior tem apenas dois níveis de acesso possíveis: padrão e público. Quando uma classe é declarada como **public**, pode ser acessada por qualquer código. Se a classe tiver acesso padrão, só poderá ser acessada por um código do mesmo pacote. A classe declarada como **public** deve residir em um arquivo de mesmo nome.

Tabela 8-1 Acesso a membros de classes

	Membro privado	Membro padrão	Membro protegido	Membro público
Visível dentro da mesma classe	Sim	Sim	Sim	Sim
Visível dentro do mesmo pacote pela subclasse	Não	Sim	Sim	Sim
Visível dentro do mesmo pacote por não subclasses	Não	Sim	Sim	Sim
Visível dentro de pacote diferente pela subclasse	Não	Não	Sim	Sim
Visível dentro de pacote diferente por não subclasses	Não	Não	Não	Sim

Exemplo de acesso a pacote

No exemplo de **package** mostrado anteriormente, tanto **Book** quanto **BookDemo** estavam no mesmo pacote, logo, não havia problema em **BookDemo** usar **Book**, porque o privilégio de acesso padrão concede acesso a todos os membros do mesmo pacote. No entanto, se **Book** estivesse em um pacote e **BookDemo** em outro, a situação seria diferente. Nesse caso, o acesso a **Book** seria negado. Para disponibilizar **Book** para outros pacotes, você deve fazer três alterações. Em primeiro lugar, **Book** deve ser declarada como **public**. Isso a tornará visível fora de **bookpack**. Em segundo lugar, seu construtor deve ser tornado **public**, e para concluir, seu método **show( )** tem que ser **public**. Isso permitirá que eles também possam ser vistos fora de **bookpack**. Portanto, para **Book** ser usada por outros pacotes, deve ser recodificada como mostrado aqui:

```
// Book recodificada para acesso público.
package bookpack;

public class Book {                    // Book e seus membros devem ser public
  private String title;                // para serem usados por outros pacotes.
  private String author;
  private int pubDate;

  // Agora é pública.
  public Book(String t, String a, int d) {
    title = t;
    author = a;
    pubDate = d;
  }

  // Agora é público.
  public void show() {
    System.out.println(title);
    System.out.println(author);
    System.out.println(pubDate);
    System.out.println();
  }
}
```

Para usar **Book** a partir de outro pacote, você deve empregar a instrução **import** descrita na próxima seção ou qualificar totalmente seu nome para que inclua a especificação de pacote completa. Por exemplo, esta é uma classe chamada **UseBook**, que está contida no pacote **bookpackext**. Ela qualifica **Book** totalmente para usá-la.

```
// Esta classe está no pacote bookpackext.
package bookpackext;

// Usa a classe Book a partir de bookpack.
class UseBook {
  public static void main(String args[]) {
    bookpack.Book books[] = new bookpack.Book[5];   // Qualifica Book com
                                                    // o nome de seu
                                                    // pacote: bookpack.
```

```
    books[0] = new bookpack.Book("Java: A Beginner's Guide",
                 "Schildt", 2014);
    books[1] = new bookpack.Book("Java: The Complete Reference",
                 "Schildt", 2014);
    books[2] = new bookpack.Book("The Art of Java",
                 "Schildt and Holmes", 2003);
    books[3] = new bookpack.Book("Red Storm Rising",
                 "Clancy", 1986);
    books[4] = new bookpack.Book("On the Road",
                 "Kerouac", 1955);

    for(int i=0; i < books.length; i++) books[i].show();
  }
}
```

Observe como cada uso de **Book** é precedido pelo qualificador **bookpack**. Sem essa especificação, **Book** não seria encontrada quando você tentasse compilar **UseBook**.

Entendendo os membros protegidos

Às vezes, iniciantes em Java ficam confusos com o significado e o uso de **protected**. Como explicado, o modificador **protected** cria um membro que pode ser acessado dentro de seu pacote e por subclasses de outros pacotes. Logo, um membro protegido por **protected** fica disponível para ser usado por todas as subclasses, mas continua protegido contra o acesso arbitrário de códigos de fora de seu pacote.

Para entender melhor os efeitos de **protected**, usemos um exemplo. Primeiro, altere a classe **Book** para que suas variáveis de instância sejam **protected**, como mostrado abaixo:

```
// Torna as variáveis de instância de Book protegidas.
package bookpack;

public class Book {
  // agora essas variáveis são protected
  protected String title;         ⎤
  protected String author;        ⎬── Agora são protected.
  protected int pubDate;          ⎦

  public Book(String t, String a, int d) {
    title = t;
    author = a;
    pubDate = d;
  }

  public void show() {
    System.out.println(title);
    System.out.println(author);
    System.out.println(pubDate);
    System.out.println();
  }
}
```

Em seguida, crie uma subclasse de **Book**, chamada **ExtBook**, e uma classe chamada **ProtectDemo** que use **ExtBook**. **ExtBook** adiciona um campo que armazena o nome do editor e vários métodos acessadores. As duas classes ficam em seu próprio pacote chamado **bookpackext**. Elas são mostradas aqui:

```java
// Demonstra protected.
package bookpackext;

class ExtBook extends bookpack.Book {
  private String publisher;

  public ExtBook(String t, String a, int d, String p) {
    super(t, a, d);
    publisher = p;
  }

  public void show() {
    super.show();
    System.out.println(publisher);
    System.out.println();
  }

  public String getPublisher() { return publisher; }
  public void setPublisher(String p) { publisher = p; }

  /* Estas instruções estão corretas porque
     subclasses podem acessar um membro protegido. */
  public String getTitle() { return title; }
  public void setTitle(String t) { title = t; }
  public String getAuthor() { return author; }         // O acesso a membros
  public void setAuthor(String a) { author = a; }      // de Book é permitido
  public int getPubDate() { return pubDate; }          // a subclasses.
  public void setPubDate(int d) { pubDate = d; }
}

class ProtectDemo {
  public static void main(String args[]) {
    ExtBook books[] = new ExtBook[5];

    books[0] = new ExtBook("Java: A Beginner's Guide",
                   "Schildt", 2014, "McGraw-Hill Professional");
    books[1] = new ExtBook("Java: The Complete Reference",
                   "Schildt", 2014, "McGraw-Hill Professional");
    books[2] = new ExtBook("The Art of Java",
                   "Schildt and Holmes", 2003,
                   "McGraw-Hill Professional");
    books[3] = new ExtBook("Red Storm Rising",
                   "Clancy", 1986, "Putnam");
    books[4] = new ExtBook("On the Road",
                   "Kerouac", 1955, "Viking");
```

```
          for(int i=0; i < books.length; i++) books[i].show();

          // Encontra livros por autor
          System.out.println("Showing all books by Schildt.");
          for(int i=0; i < books.length; i++)
            if(books[i].getAuthor() == "Schildt")
              System.out.println(books[i].getTitle());

//        books[0].title = "test title"; // Erro - não pode ser acessado
   }
}
```

↑ O acesso a um campo **protected** não é permitido a não subclasses.

Veja primeiro o código de **ExtBook**. Já que **ExtBook** estende **Book**, pode acessar os membros **protected** de **Book** mesmo estando em um pacote diferente. Logo, pode acessar **title**, **author** e **pubDate** diretamente, como faz nos métodos acessadores que cria para essas variáveis. No entanto, em **ProtectDemo**, o acesso às variáveis é negado, porque **ProtectDemo** não é subclasse de **Book**. Por exemplo, se você remover o símbolo de comentário da linha a seguir, o programa não será compilado.

```
//        books[0].title = "test title"; // Erro - não pode ser acessado
```

Importando pacotes

Ao usar uma classe de outro pacote, você pode qualificar totalmente o nome da classe com o nome do pacote, como fizeram os exemplos anteriores. No entanto, essa abordagem pode se tornar cansativa e incômoda, principalmente se as classes qualificadas estiverem aninhadas em um nível muito profundo de uma hierarquia de pacotes. Já que Java foi inventada por programadores para programadores – e programadores não gostam de estruturas entediantes – não deve surpreender o fato de existir um método mais conveniente para o uso do conteúdo de pacotes: a instrução **import**. Usando **import** você pode dar visibilidade a um ou mais membros de um pacote. Isso lhe permitirá usar esses membros diretamente, sem uma qualificação de pacote explícita.

Pergunte ao especialista

P: Sei que C++ também inclui um especificador de acesso chamado protected. Ele é semelhante ao de Java?

R: Semelhante, mas diferente. Em C++, **protected** cria um membro que pode ser acessado por subclasses, mas que de outra forma é privado. Em Java, **protected** cria um membro que pode ser acessado por qualquer código de seu pacote, mas somente por subclasses fora do pacote. Você deve ter cuidado com essa diferença ao portar códigos entre C++ e Java.

Esta é a forma geral da instrução **import**:

import *pct.nomeclasse*.

Aqui, *pct* é o nome do pacote, que pode incluir seu caminho completo, e *nomeclasse* é o nome da classe que está sendo importada. Se quiser importar o conteúdo inteiro de um pacote, use um asterisco (*) como nome da classe. Veja exemplos das duas formas:

```
import mypack.MyClass
import mypack.*;
```

No primeiro caso, a classe **MyClass** é importada de **mypack**. No segundo, todas as classes de **mypack** são importadas. Em um arquivo-fonte Java, as instruções **import** ocorrem imediatamente após a instrução **package** (se ela existir) e antes de qualquer definição de classe.

Você pode usar **import** para dar visibilidade a **bookpack** e a classe **Book** poder ser usada sem qualificação. Para fazê-lo, simplesmente adicione esta instrução **import** ao início de qualquer arquivo que use **Book**.

```
import bookpack.*;
```

Por exemplo, aqui está a classe **UseBook** recodificada para usar **import**:

```
// Demonstra import.
package bookpackext;
import bookpack.*;    ◄─────────────── Importa bookpack.

// Usa a classe Book a partir de bookpack.
class UseBook {
  public static void main(String args[]) {
    Book books[] = new Book[5];  ◄──── Agora, você pode referenciar Book
                                       diretamente, sem qualificação.
    books[0] = new Book("Java: A Beginner's Guide",
                        "Schildt", 2014);
    books[1] = new Book("Java: The Complete Reference",
                        "Schildt", 2014);
    books[2] = new Book("The Art of Java",
                        "Schildt and Holmes", 2003);
    books[3] = new Book("Red Storm Rising",
                        "Clancy", 1986);
    books[4] = new Book("On the Road",
                        "Kerouac", 1955);

    for(int i=0; i < books.length; i++) books[i].show();
  }
}
```

Observe que você não precisa mais qualificar **Book** com o nome do pacote.

Biblioteca de classes Java fica contida em pacotes

Como explicado anteriormente neste livro, Java define várias classes padrão que estão disponíveis para todos os programas. Essa biblioteca de classes costuma ser chamada de API (Application Programming Interface) Java. A API Java fica armazenada em pacotes. No topo da hierarquia de pacotes está o pacote java. Há vários subpacotes que descendem do pacote **java**. Veja alguns exemplos:

Subpacote	Descrição
java.lang	Contém várias classes de uso geral
java.io	Contém as classes de I/O
java.net	Contém as classes que dão suporte à rede
java.applet	Contém classes de criação de applets
java.awt	Contém classes que dão suporte ao Abstract Window Toolkit

Desde o começo deste livro, temos usado o pacote **java.lang**. Ele contém, entre muitas outras, a classe **System**, que usamos na exibição de saídas por meio de **println( )**. O pacote **java.lang** é único, porque é importado automaticamente para cada programa Java. É por isso que não tivemos que importar **java.lang** nos exemplos de programa anteriores. No entanto, devemos importar explicitamente os outros pacotes. Examinaremos vários pacotes nos capítulos subsequentes.

Interfaces

Na programação orientada a objetos, às vezes é útil definir o que uma classe deve fazer, mas não como ela o fará. Já vimos um exemplo disso: o método abstrato. Um método abstrato define a assinatura de um método, mas não fornece implementação. Uma subclasse deve fornecer sua própria implementação de cada método abstrato definido por sua superclasse. Portanto, um método abstrato especifica a *interface* do método, mas não a *implementação*. Embora as classes e métodos abstratos sejam úteis, podemos levar esse conceito um passo adiante. Em Java, podemos separar totalmente a interface de uma classe de sua implementação usando a palavra-chave **interface**.

Uma **interface** é sintaticamente semelhante a uma classe abstrata no fato de podermos especificar um ou mais métodos sem corpo. Estes métodos devem ser implementados por uma classe para que suas ações sejam definidas. Logo, uma interface especifica o que deve ser feito, mas não como deve ser feito. Quando uma interface é definida, não há limite para o número de classes que podem implementá-la. Além disso, uma classe pode implementar qualquer número de interfaces.

Para implementar uma interface, a classe deve fornecer corpos (implementações) para os métodos descritos nela. Cada classe é livre para determinar os detalhes de sua própria implementação. Duas classes podem implementar a mesma interface de diferentes maneiras, mas ambas darão suporte ao mesmo conjunto de métodos. Logo, um código que souber da existência da interface poderá usar objetos das duas classes, porque a interface dos objetos é a mesma. Ao fornecer a palavra-chave **interface**, Java permite que você utilize plenamente o aspecto "uma interface, vários métodos" do polimorfismo.

Antes de continuarmos, é necessário fazer uma observação importante. O JDK 8 adicionou um recurso às **interfaces** que faz uma alteração significativa em suas capacidades. Antes do JDK 8, uma interface não podia definir uma implementação. Portanto, conforme descrito, antes do JDK 8 uma interface podia definir apenas o que, mas não como. O JDK 8 muda isso. Atualmente, é possível adicionar uma *implementação padrão* ao método de uma interface. Logo, já é possível a **interface** especificar algum comportamento. No entanto, os métodos padrão constituem o que, na verdade, é um recurso de uso especial, e o intuito original da **interface** permanece o mesmo. Consequentemente, como regra geral, quase sempre você ainda criará e usará interfaces em que não haverá métodos padrão. Assim, começaremos discutindo a interface em sua forma tradicional. O método padrão será descrito no fim deste capítulo.

Esta é a forma geral simplificada de uma interface:

acesso interface *nome* {
 tipo-ret nome-método1(lista-param);
 tipo-ret nome-método2(lista-param);
 tipo var1 = valor;
 tipo var2 = valor;
 // ...
 tipo-ret nome-métodoN(lista-param);
 tipo varN = valor;
}

Aqui, acesso pode ser **public** ou não usado. Quando não é incluído um modificador de acesso, isso resulta no acesso padrão e a interface só fica disponível para outros membros de seu pacote. Quando declarada como **public**, a interface pode ser usada por qualquer código. (Quando uma **interface** é declarada como **public**, deve ficar em um arquivo de mesmo nome.) O nome da interface é *nome* e pode ser qualquer identificador válido.

Na forma tradicional de uma interface, os métodos são declarados com o uso apenas de seu tipo de retorno e assinatura. São basicamente métodos abstratos. Logo, cada classe que inclua esse tipo de **interface** deve implementar todos os seus métodos. Em uma interface, os métodos são implicitamente **public**.

As variáveis declaradas em uma **interface** não são variáveis de instância. Em vez disso, são implicitamente **public**, **final** e **static** e devem ser inicializadas. Portanto, são basicamente constantes. Aqui está o exemplo de uma definição de **interface**. Ela especifica a interface de uma classe que gera uma série de números.

```
public interface Series {
  int getNext(); // retorna o próximo número da série
  void reset(); // reinicia
  void setStart(int x); // define o valor inicial
}
```

Essa interface é declarada como **public** para poder ser implementada por códigos de qualquer pacote.

Implementando interfaces

Quando uma **interface** tiver sido definida, uma ou mais classes poderão implementá-la. Para implementar uma interface, inclua a cláusula **implements** em uma definição de classe e então crie os métodos requeridos pela interface. A forma geral de uma classe que inclui a cláusula **implements** é esta:

class *nomeclasse* extends *superclasse* implements interface {
 // corpo-classe
}

Na implementação de mais de uma interface, as interfaces são separadas por uma vírgula. Obviamente, a cláusula **extends** é opcional.

Os métodos que implementam uma interface devem ser declarados como **public**. Além disso, a assinatura de tipo do método implementador deve coincidir exatamente com a assinatura de tipo especificada na definição da **interface**.

Este é um exemplo que implementa a interface **Series** mostrada anteriormente. Ele cria uma classe chamada **ByTwos**, que gera uma série de números, onde a cada dois números temos um valor maior do que o anterior.

```java
// Implementa Series.
class ByTwos implements Series {    ← Implementa a interface Series.
  int start;
  int val;

  ByTwos() {
    start = 0;
    val = 0;
  }

  public int getNext() {
    val += 2;
    return val;
  }

  public void reset() {
    val = start;
  }

  public void setStart(int x) {
    start = x;
    val = x;
  }
}
```

Observe que os métodos **getNext( )**, **reset( )** e **setStart( )** são declarados com o uso do especificador de acesso **public**. Isso é necessário. Sempre que você implementar um método definido por uma interface, ele deve ser implementado como **public**, porque todos os membros de uma interface são implicitamente **public**.

Aqui está uma classe que demonstra **ByTwos**:

```java
class SeriesDemo {
  public static void main(String args[]) {
    ByTwos ob = new ByTwos();

    for(int i=0; i < 5; i++)
      System.out.println("Next value is " +
                          ob.getNext());

    System.out.println("\nResetting");
    ob.reset();
    for(int i=0; i < 5; i++)
```

```
      System.out.println("Next value is " +
                  ob.getNext());

    System.out.println("\nStarting at 100");
    ob.setStart(100);
    for(int i=0; i < 5; i++)
      System.out.println("Next value is " +
                  ob.getNext());
  }
}
```

A saída desse programa é mostrada abaixo:

```
Next value is 2
Next value is 4
Next value is 6
Next value is 8
Next value is 10

Resetting
Next value is 2
Next value is 4
Next value is 6
Next value is 8
Next value is 10

Starting at 100
Next value is 102
Next value is 104
Next value is 106
Next value is 108
Next value is 110
```

É permitido e comum classes que implementam interfaces definirem membros adicionais. Por exemplo, a versão a seguir de **ByTwos** adiciona o método **getPrevious( )**, que retorna o valor anterior:

```
// Implementa Series e adiciona getPrevious().
class ByTwos implements Series {
  int start;
  int val;
  int prev;

  ByTwos() {
    start = 0;
    val = 0;
    prev = -2;
  }

  public int getNext() {
    prev = val;
    val += 2;
```

```
    return val;
  }

  public void reset() {
    val = start;
    prev = start - 2;
  }

  public void setStart(int x) {
    start = x;
    val = x;
    prev = x - 2;
  }

  int getPrevious() {          ◄─────── Adiciona um método não definido por Series.
    return prev;
  }
}
```

Observe que a inclusão de **getPrevious( )** demandou uma alteração nas implementações dos métodos definidos por **Series**. No entanto, já que a interface dos métodos permaneceu igual, a alteração ocorreu normalmente e não prejudicou nenhum código preexistente. Essa é uma das vantagens das interfaces.

Como explicado, um número ilimitado de classes pode implementar uma **interface**. Por exemplo, esta é uma classe chamada **ByThrees** que gera uma série composta por múltiplos de três:

```
// Implementa Series.
class ByThrees implements Series {    ◄─────── Implementa Series de
  int start;                                   uma maneira diferente.
  int val;

  ByThrees() {
    start = 0;
    val = 0;
  }

  public int getNext() {
    val += 3;
    return val;
  }

  public void reset() {
    val = start;
  }

  public void setStart(int x) {
    start = x;
    val = x;
  }
}
```

Mais uma coisa: se uma classe incluir uma interface, mas não implementar totalmente os métodos definidos por ela, deve ser declarada como **abstract**. Não poderão ser criados objetos dessa classe, mas ela poderá ser usada como superclasse abstrata, permitindo que subclasses forneçam a implementação completa.

Usando referências de interfaces

Talvez você fique surpreso ao saber que pode declarar uma variável de referência de um tipo de interface. Em outras palavras, você pode criar uma variável de referência de interface. Uma variável assim pode referenciar qualquer objeto que implemente sua interface. Quando você chamar um método em um objeto por intermédio de uma referência de interface, a versão do método implementada pelo objeto será executada. Esse processo é semelhante ao uso de uma referência da superclasse no acesso a um objeto da subclasse, como descrito no Capítulo 7.

O exemplo a seguir ilustra o processo. Ele usa a mesma variável de referência de interface para chamar métodos em objetos tanto de **ByTwos** quanto de **ByThrees**.

```
// Demonstra referências de interface.

class ByTwos implements Series {
  int start;
  int val;

  ByTwos() {
    start = 0;
    val = 0;
  }

  public int getNext() {
    val += 2;
    return val;
  }

  public void reset() {
    val = start;
  }

  public void setStart(int x) {
    start = x;
    val = x;
  }
}

class ByThrees implements Series {
  int start;
  int val;

  ByThrees() {
    start = 0;
    val = 0;
```

```
      }

      public int getNext() {
        val += 3;
        return val;
      }

      public void reset() {
        val = start;
      }

      public void setStart(int x) {
        start = x;
        val = x;
      }
    }

    class SeriesDemo2 {
      public static void main(String args[]) {
        ByTwos twoOb = new ByTwos();
        ByThrees threeOb = new ByThrees();
        Series ob;

        for(int i=0; i < 5; i++) {
          ob = twoOb;
          System.out.println("Next ByTwos value is " +
                   ob.getNext());          ◄──── Acessa um
          ob = threeOb;                          objeto através de
          System.out.println("Next ByThrees value is " +   uma referência
                   ob.getNext());          ◄────  de interface.
        }
      }
    }
```

Em **main( )**, **ob** é declarada como referência a uma interface **Series**. Ou seja, pode ser usada para armazenar referências a qualquer objeto que implemente **Series**. Nesse caso, é usada para referenciar **twoOb** e **threeOb**, que são objetos de tipo **ByTwos** e **ByThrees**, respectivamente, ambos implementando **Series**. Uma variável de referência de **interface** só tem conhecimento dos métodos declarados por sua declaração **interface**. Logo, **ob** não pode ser usada para acessar nenhuma outra variável ou método ao qual o objeto dê suporte.

Tente Isto 8-1   Crie uma interface Queue

`ICharQ.java`
`IQDemo.java`

Para ver o poder das interfaces em ação, examinaremos um exemplo prático. Em capítulos anteriores, desenvolvemos uma classe chamada **Queue** que implementava uma fila simples de tamanho fixo para caracteres. No entanto, há muitas maneiras de implementar uma fila. Por exemplo, a fila pode ser de tamanho fixo ou pode "crescer". Pode ser linear, caso em que pode se exaurir, ou circular, quando elementos são inseridos enquanto outros são removidos.

A fila também pode estar contida em um array, uma lista encadeada, uma árvore binária e assim por diante. Não importa como a fila é implementada, sua interface permanecerá a mesma e os métodos **put( )** e **get( )** a definirão independentemente dos detalhes da implementação. Já que a interface de uma fila fica separada de sua implementação, é fácil definir uma interface de fila, deixando para cada implementação a definição das particularidades.

Neste projeto, você criará uma interface para uma fila de caracteres e três implementações. Todas as implementações usarão um array para armazenar os caracteres. Uma será a fila linear de tamanho fixo desenvolvida anteriormente. A outra será uma fila circular. Em uma fila circular quando o fim do array subjacente é alcançado, os índices get e put voltam automaticamente para o início. Logo, um número ilimitado de itens pode ser armazenado em uma fila circular contanto que também haja itens sendo removidos. A implementação final cria uma fila dinâmica, que cresce conforme necessário quando seu tamanho é excedido.

1. Crie um arquivo chamado **ICharQ.java** e insira nele a definição de interface a seguir:

    ```java
    // Interface de fila de caracteres.
    public interface ICharQ {
      // Insere um caractere na fila.
      void put(char ch);

      // Remove um caractere da fila.
      char get();
    }
    ```

    Como você pode ver, essa interface é muito simples, composta apenas por dois métodos. Qualquer classe que implementar **ICharQ** deverá implementar esses métodos.

2. Crie um arquivo chamado IQDemo.java.

3. Comece a criar IQDemo.java adicionando a classe FixedQueue mostrada aqui:

    ```java
    // Classe de fila de tamanho fixo para caracteres.
    class FixedQueue implements ICharQ {
      private char q[]; // esse array contém a fila
      private int putloc, getloc; // os indices put e get

      // Constrói uma fila vazia dado seu tamanho.
      public FixedQueue(int size) {
        q = new char[size]; // aloca memória para a fila
        putloc = getloc = 0;
      }

      // Insere um caractere na fila.
      public void put(char ch) {
        if(putloc==q.length) {
          System.out.println(" - Queue is full.");
          return;
        }
    ```

```
      q[putloc++] = ch;
   }

   // Remove um caractere da fila.
   public char get() {
      if(getloc == putloc) {
         System.out.println(" - Queue is empty.");
         return (char) 0;
      }

      return q[getloc++];
   }
}
```

Essa implementação de **ICharQ** foi adaptada da classe **Queue** mostrada no Capítulo 5 e você já deve conhecê-la.

4. Adicione a **IQDemo.java** a classe **CircularQueue** mostrada abaixo. Ela implementa uma fila circular para caracteres.

```
// Fila circular.
class CircularQueue implements ICharQ {
   private char q[]; // esse array contém a fila
   private int putloc, getloc; // os índices put e get

   // Constrói uma fila vazia dado seu tamanho.
   public CircularQueue(int size) {
      q = new char[size+1]; // aloca memória para a fila
      putloc = getloc = 0;
   }

   // Insere um caractere na fila.
   public void put(char ch) {
      /* A fila estará cheia se putloc for uma unidade
         menor do que getloc ou se putloc estiver no fim
         do array e getloc estiver no início. */
      if(putloc+1==getloc |
         ((putloc==q.length-1) & (getloc==0))) {
         System.out.println(" - Queue is full.");
         return;
      }

      q[putloc++] = ch;
      if(putloc==q.length) putloc = 0; // retrocede
   }

   // Remove um caractere da fila.
   public char get() {
      if(getloc == putloc) {
         System.out.println(" - Queue is empty.");
         return (char) 0;
```

```
    }

    char ch = q[getloc++];
    if(getloc==q.length) getloc = 0; // loop back
    return ch;
  }
}
```

A fila circular funciona reutilizando o espaço que é liberado no array quando elementos são removidos. Logo, pode armazenar um número ilimitado de elementos contanto que elementos também estejam sendo removidos. Embora conceitualmente simples – apenas redefinem o índice apropriado com zero quando o fim do array é alcançado – no início as condições de limite são um pouco confusas. Em uma fila circular, a fila não está cheia quando o fim do array subjacente é alcançado, e sim quando o armazenamento de um item faz um item não removido ser sobreposto. Portanto, **put( )** deve verificar várias condições para determinar se a fila está cheia. Como os comentários sugerem, a fila está cheia quando **putloc** é uma unidade menor do que **getloc** ou se **putloc** estiver no fim do array e **getloc** estiver no início. Como antes, a fila está vazia quando **getloc** e **putloc** são iguais. Para facilitar essas verificações, o array subjacente é criado sendo uma unidade maior do que o tamanho da fila.

5. Insira em **IQDemo.java** a classe **DynQueue** mostrada a seguir. Ela implementa uma fila "extensível" que expande seu tamanho quando o espaço acaba.

```
// Fila dinâmica.
class DynQueue implements ICharQ {
  private char q[]; // esse array contém a fila
  private int putloc, getloc; // os indices put e get

  // Constrói uma fila vazia dado seu tamanho.
  public DynQueue(int size) {
    q = new char[size]; // aloca memória para a fila
    putloc = getloc = 0;
  }

  // Insere um caractere na fila.
  public void put(char ch) {
    if(putloc==q.length) {
      // aumenta o tamanho da fila
      char t[] = new char[q.length * 2];

      // copia elementos para a nova fila
      for(int i=0; i < q.length; i++)
        t[i] = q[i];

      q = t;
    }

    q[putloc++] = ch;
  }
```

```
    // Remove um caractere da fila.
    public char get() {
      if(getloc == putloc) {
        System.out.println(" - Queue is empty.");
        return (char) 0;
      }

      return q[getloc++];
    }
}
```

Nessa implementação de fila, quando a fila está cheia, uma tentativa de armazenar outro elemento faz um novo array subjacente duas vezes maior que o original ser alocado, o conteúdo atual da fila ser copiado nesse array e uma referência ao novo array ser armazenada em **q**.

6. Para demonstrar as três implementações de **ICharQ**, insira a classe a seguir em **IQDemo.java**. Ela usa uma referência de **ICharQ** para acessar todas as filas.

```
// Demonstra a interface ICharQ.
class IQDemo {
  public static void main(String args[]) {
    FixedQueue q1 = new FixedQueue(10);
    DynQueue q2 = new DynQueue(5);
    CircularQueue q3 = new CircularQueue(10);

    ICharQ iQ;

    char ch;
    int i;

    iQ = q1;
    // Insere alguns caracteres na fila fixa.
    for(i=0; i < 10; i++)
      iQ.put((char) ('A' + i));

    // Exibe a fila.
    System.out.print("Contents of fixed queue: ");
    for(i=0; i < 10; i++) {
      ch = iQ.get();
      System.out.print(ch);
    }
    System.out.println();

    iQ = q2;
    // Insere alguns caracteres na fila dinâmica.
    for(i=0; i < 10; i++)
      iQ.put((char) ('Z' - i));

    // Exibe a fila.
    System.out.print("Contents of dynamic queue: ");
```

```
      for(i=0; i < 10; i++) {
        ch = iQ.get();
        System.out.print(ch);
      }

      System.out.println();

      iQ = q3;
      // Insere alguns caracteres na fila circular.
      for(i=0; i < 10; i++)
        iQ.put((char) ('A' + i));

      // Exibe a fila.
      System.out.print("Contents of circular queue: ");
      for(i=0; i < 10; i++) {
        ch = iQ.get();
        System.out.print(ch);
      }

      System.out.println();

      // Insere mais caracteres na fila circular.
      for(i=10; i < 20; i++)
        iQ.put((char) ('A' + i));

      // Exibe a fila.
      System.out.print("Contents of circular queue: ");
      for(i=0; i < 10; i++) {
        ch = iQ.get();
        System.out.print(ch);
      }

      System.out.println("\nStore and consume from" +
                         " circular queue.");

      // Armazena e consome itens da fila circular.
      for(i=0; i < 20; i++) {
        iQ.put((char) ('A' + i));
        ch = iQ.get();
        System.out.print(ch);
      }
    }
  }
```

7. A saída desse programa é mostrada abaixo:

```
Contents of fixed queue: ABCDEFGHIJ
Contents of dynamic queue: ZYXWVUTSRQ
Contents of circular queue: ABCDEFGHIJ
Contents of circular queue: KLMNOPQRST
Store and consume from circular queue.
ABCDEFGHIJKLMNOPQRST
```

8. Aí vão algumas práticas que você pode tentar por conta própria. Crie uma versão circular de **DynQueue**. Adicione a **ICharQ** um método **reset( )** que redefina a fila. Crie um método **static** que copie o conteúdo de um tipo de fila para outro.

Variáveis em interfaces

Como mencionado, podemos declarar variáveis em uma interface, mas elas serão implicitamente **public**, **static** e **final**. À primeira vista, você poderia pensar que, para essas variáveis, haveria uma aplicação muito limitada, mas é o contrário que acontece. Normalmente, programas grandes fazem uso de diversos valores constantes que descrevem coisas como o tamanho do array, limites, valores especiais etc. Já que um programa grande costuma ser mantido em muitos arquivos-fonte separados, é preciso haver uma maneira conveniente de disponibilizar essas constantes para cada arquivo. Em Java, as variáveis de interface oferecem uma solução.

Para definir um conjunto de constantes compartilhadas, crie uma **interface** contendo apenas as constantes, sem nenhum método. Cada arquivo que precisar de acesso às constantes só precisará "implementar" a interface. Isso dará visibilidade às constantes. Aqui está um exemplo:

```java
// Interface que contém constantes.
interface IConst {
  int MIN = 0;
  int MAX = 10;
  String ERRORMSG = "Boundary Error";
}

class IConstD implements IConst {
  public static void main(String args[]) {
    int nums[] = new int[MAX];

    for(int i=MIN; i < 11; i++) {
      if(i >= MAX) System.out.println(ERRORMSG);
      else {
        nums[i] = i;
        System.out.print(nums[i] + " ");
      }
    }
  }
}
```

(int MIN, int MAX, String ERRORMSG — Essas são constantes)

NOTA

A técinca de usar uma **interface** na definição de constantes compartilhadas é controversa. Ela foi descrita aqui apenas como complemento.

Interfaces podem ser estendidas

Uma interface pode herdar outra com o uso da palavra-chave **extends**. A sintaxe é a mesma da herança de classes. Quando uma classe implementa uma interface que herda outra interface, deve fornecer implementações de todos os métodos requeridos pela cadeia de herança das interfaces. A seguir temos um exemplo:

```
// Uma interface pode estender outra.
interface A {
  void meth1();
  void meth2();
}

// Agora a interface B inclui meth1() e meth2() e adicionará meth3().
interface B extends A {
  void meth3();
}
```
B herda A.
```
// Esta classe deve implementar tudo que pertença a A e B
class MyClass implements B {
  public void meth1() {
    System.out.println("Implement meth1().");
  }

  public void meth2() {
    System.out.println("Implement meth2().");
  }

  public void meth3() {
    System.out.println("Implement meth3().");
  }
}

class IFExtend {
  public static void main(String args[]) {
    MyClass ob = new MyClass();

    ob.meth1();
    ob.meth2();
    ob.meth3();
  }
}
```

Faça um teste e tente remover a implementação de **meth1( )** em **MyClass**. Isso causará um erro de tempo de compilação. Como mencionado anteriormente, qualquer classe que implemente uma interface deve implementar todos os métodos requeridos por ela, inclusive os herdados de outra interface.

Métodos padrão das interfaces

Como já explicado, antes de JDK 8, uma interface não podia definir uma implementação. Ou seja, em todas as versões anteriores de Java, os métodos especificados por uma interface eram abstratos e não continham corpo. Esta é a forma tradicional de interface e o tipo que as discussões anteriores usaram. O lançamento de JDK 8 mudou isso adicionando o novo recurso das **interfaces** chamado *método padrão*. Um método padrão permite que você defina uma implementação padrão de um método da interface. Em outras palavras, com o uso de um método padrão, agora é possível um método da interface fornecer um corpo, em vez de ser abstrato. Durante seu desenvolvimento, o método padrão também era chamado de *método de extensão* e provavelmente você verá os dois termos sendo usados.

Uma das principais motivações para a criação do método padrão era fornecer um meio das interfaces serem expandidas sem que isso invalidasse códigos existentes. Lembre-se, é preciso que haja implementações de todos os métodos definidos por uma interface. No passado, se um novo método fosse adicionado a uma interface popular amplamente usada, sua inclusão invalidava códigos existentes porque não eram encontradas implementações do método. O método padrão resolve esse problema fornecendo uma implementação que será usada se nenhuma outra implementação for fornecida explicitamente. Logo, a inclusão de um método padrão não invalida códigos já existentes.

Outra motivação para a criação do método padrão era o desejo de especificar métodos em um interface que fossem, basicamente, opcionais, dependendo de como a interface fosse usada. Por exemplo, uma interface poderia definir um grupo de métodos que atuassem sobre uma sequência de elementos. Um desses métodos se chamaria **remove( )** e sua finalidade seria remover um elemento da sequência. No entanto, se a interface tivesse sido projetada para dar suporte a sequências tanto modificáveis quanto não modificáveis, **remove( )** seria basicamente opcional, já que não seria usado por sequências não modificáveis. No passado, uma classe que implementasse uma sequência não modificável teria que definir uma implementação vazia de **remove( )**, ainda que ela não fosse necessária. Atualmente, pode ser especificada na interface uma implementação padrão de **remove( )** que nada faça ou relate um erro. O fornecimento desse padrão evita que uma classe usada para sequências não modificáveis tenha que definir sua própria versão de espaço reservado de **remove( )**. Portanto, ao fornecer um padrão, a interface torna opcional a implementação de **remove( )** por uma classe.

É importante destacar que a inclusão de métodos padrão não altera um aspecto-chave da interface: ela continua não podendo ter variáveis de instância. Logo, a diferença que distingue uma interface de uma classe é que a classe pode manter informações de estado e a interface não. Além disso, continua não sendo possível criar uma instância autônoma de uma **interface**. Ela deve ser implementada por uma classe. Portanto, ainda que, a partir de JDK 8, uma interface possa definir métodos padrão, ela ainda deve ser implementada por uma classe se uma instância tiver que ser criada.

Um último ponto: Como regra geral, os métodos padrão são um recurso de uso especial. As interfaces que você criar ainda serão usadas principalmente para especificar o quê e não como. No entanto, a inclusão do método padrão dá mais flexibilidade.

Fundamentos dos métodos padrão

Um método padrão de uma interface é definido de forma semelhante a como um método é definido por uma **classe**. A principal diferença é que a declaração é precedida pela palavra-chave **default**. Por exemplo, considere essa interface simples:

```
public interface MyIF {
  // Esta é uma declaração "comum" de método de uma interface.
  // Ela NÃO define uma implementação padrão.
  int getUserID();

  // Este é um método padrão. Observe que ele fornece
  // uma implementação padrão.
  default int getAdminID() {
    return 1;
  }
}
```

MyIF declara dois métodos. O primeiro, **getUserID( )**, vem de uma declaração comum de método de interface. Ele não define implementação. O segundo método é **getAdminID( )**, que inclui uma implementação padrão. Nesse caso, ele apenas retorna 1. Preste atenção na maneira como **getAdminID( )** é declarado. Sua declaração é precedida pelo modificador **default**. Esta sintaxe pode ser generalizada. Para definir um método padrão, preceda a declaração com **default**.

Já que **getAdminID( )** inclui uma implementação padrão, não é necessário que uma classe implementadora o sobreponha. Em outras palavras, se uma classe implementadora não fornecer sua própria implementação, o padrão será usado. Por exemplo, a classe **MyIFImp** mostrada a seguir é perfeitamente válida:'

```
// Implementa MyIF.
class MyIFImp implements MyIF {
  // Só o método getUserID() definido por MyIF precisa ser implementado.
  // a versão padrão de getAdminID() pode ser usada.
  public int getUserID() {
    return 100;
  }
}
```

O código abaixo cria uma instância de **MyIFImp** e usa-a para chamar tanto **getUserID( )** quanto **getAdminID( )**.

```
// Usa o método padrão.
class DefaultMethodDemo {
  public static void main(String args[]) {

    MyIFImp obj = new MyIFImp();

    // Pode chamar o método getUserID(), porque ele é
    // implementado explicitamente por MyIFImp:
    System.out.println("User ID is " + obj.getUserID());

    // Também pode chamar getAdminID(), por causa da
    // implementação padrão:
```

```
      System.out.println("Administrator ID is " + obj.getAdminID());
   }
}
```

A saída é mostrada aqui:

```
User ID is 100
Administrator ID is 1
```

Como você pode ver, a implementação padrão de **getAdminID( )** foi usada automaticamente. Não foi necessário **MyIFImp** defini-la. Logo, é opcional **getAdminID( )** ser implementado por uma classe. (É claro que sua implementação por uma classe será *necessária* se a classe precisar retornar uma ID diferente.)

É possível e comum uma classe implementadora definir sua própria implementação de um método padrão. Por exemplo, **MyIFImp2** sobrepõe **getAdminID( )**, como vemos aqui:

```
class MyIFImp2 implements MyIF {
  // Nesse caso, implementações tanto de getUserID()
  // quanto de getAdminID() são fornecidas.
  public int getUserID() {
    return 100;
  }

  public int getAdminID() {
    return 42;
  }
}
```

Agora, quando **getAdminID( )** for chamado, um valor diferente do padrão será retornado.

Um exemplo mais prático de um método padrão

Embora o exemplo anterior mostre como os métodos padrão são usados, ele não ilustra sua utilidade em um cenário mais prático. Para fazê-lo, voltemos à interface **Series** já mostrada neste capítulo. A título de discussão, suponhamos que **Series** fosse amplamente usada e muitos programas dependessem dela. Suponhamos também que por uma análise de padrões de uso, tivéssemos descoberto muitas implementações de **Series** adicionando um método que retorna um array com os próximos n elementos da série. Dada essa situação, você decidiu melhorar **Series** para que inclua esse método, chamando o novo método de **getNextArray( )** e declarando-o como vemos abaixo:

```
int[] getNextArray(int n)
```

Aqui, **n** especifica o número de elementos a serem recuperados. Antes da existência dos métodos padrão, a inclusão desse método em **Series** teria invalidado códigos anteriores porque as implementações existentes não o teriam definido. No entanto, com o fornecimento de um padrão para o novo método, ele pode ser adicionado a **Series** sem causar danos. Vejamos o processo.

Em alguns casos, quando um método padrão é adicionado a uma interface existente, sua implementação apenas relata um erro se houver uma tentativa de usá-lo. Essa abordagem é necessária com métodos padrão para os quais não possamos fornecer uma implementação que funcione em todas as situações. Esses tipos de métodos padrão definem, basicamente, código opcional. Mas, em certos casos, podemos definir um método padrão que funcione em qualquer situação. É isso que ocorre com **getNextArray( )**. Como **Series** já requer que uma classe implemente **getNext( )**, a versão padrão de **getNextArray( )** pode usá-la. Logo, aqui está uma maneira de implementer a nova versão de **Series** que inclui o método padrão **getNextArray( )**:

```
// Uma versão melhorada de Series que inclui um
// método padrão chamado getNextArray().
public interface Series {
  int getNext(); // retorna o próximo número da série

  // Retorna um array que contém os próximos
  // n elementos da série após o elemento atual.
  default int[] getNextArray(int n) {
    int[] vals = new int[n];

    for(int i=0; i < n; i++) vals[i] = getNext();
    return vals;
  }

  void reset(); // reinicia
  void setStart(int x); // define o valor inicial
}
```

Preste atenção na maneira como o método padrão **getNextArray( )** é implementado. Já que **getNext( )** faz parte da especificação original de **Series**, qualquer classe que implemente **Series** fornecerá esse método. Portanto, ele pode ser usado dentro de **getNextArray( )** para a obtenção dos próximos *n* elementos da série. Como resultado, qualquer classe que implemente a versão melhorada de **Series** poderá usar **getNextArray( )** da forma como se encontra sem precisar sobrepo-lo. Assim códigos preexistentes não são invalidados. É claro que também é possível uma classe fornecer sua própria implementação de **getNextArray( )**, se você quiser que isso ocorra.

Como o exemplo anterior mostra, o método padrão apresenta duas grandes vantagens:

- Proporciona uma maneira das interfaces evoluírem normalmente sem invalidar códigos existentes.

- Fornece funcionalidade opcional sem requerer que a classe crie uma implementação de espaço reservado quando essa funcionalidade não for necessária.

No caso de **getNextArray( )**, o segundo ponto é especialmente importante. Se uma implementação de **Series** não precisar do recurso oferecido por **getNextArray( )**, ela não terá que fornecer sua própria implementação de espaço reservado. Isto permite que um código mais limpo seja criado.

Problemas da herança múltipla

Como já explicado neste livro, Java não dá suporte à herança múltipla de classes. Agora que a interface inclui métodos padrão, talvez você queira saber se ela fornece uma maneira de burlar essa restrição. A resposta é, basicamente, não. Lembre-se, ainda há uma diferença-chave entre uma classe e uma interface: a classe pode manter informações de estado (com o uso de variáveis de instância), mas a interface não.

Apesar do descrito no parágrafo anterior, os métodos padrão oferecem um pouco do que normalmente associaríamos ao conceito de herança múltipla. Por exemplo, poderíamos ter uma classe que implementasse duas interfaces. Se cada uma das interfaces fornecesse métodos padrão, algum comportamento seria herdado das duas. Logo, até certo ponto, os métodos padrão dão suporte à herança múltipla de comportamentos. Como era de se esperar, em tal situação, é possível que ocorra um conflito de nomes.

Por exemplo, suponhamos que duas interfaces chamadas **Alpha** e **Beta** fossem implementadas por uma classe chamada **MyClass**. O que ocorreria se tanto **Alpha** quanto **Beta** fornecessem um método chamado **reset( )** para o qual as duas declarassem uma implementação padrão? A versão de **Alpha** ou a de **Beta** seria usada por **MyClass**? Ou, considere uma situação em que **Beta** estenda **Alpha**. Que versão do método padrão será usada? E se **MyClass** fornecer sua própria implementação do método? Para tratar esses e outros tipos de situações semelhantes, Java define um conjunto de regras que resolvem esses conflitos.

Em primeiro lugar, em todos os casos uma implementação de classe tem prioridade sobre uma implementação padrão de interface. Logo, se **MyClass** fornecer uma sobreposição do método padrão **reset( )**, a versão de **MyClass** será usada. Isso ocorrerá mesmo se **MyClass** implementar tanto **Alpha** quanto **Beta**. Nesse caso, os dois padrões serão sobrepostos pela implementação de **MyClass**.

Em segundo lugar, em casos em que uma classe herda duas interfaces e ambas têm o mesmo método padrão, se a classe não sobrepuser esse método, ocorrerá um erro. Continuando com o exemplo, se **MyClass** herdar tanto **Alpha** quanto **Beta**, mas não sobrepuser **reset( )**, um erro ocorrerá.

Em casos em que uma interface herda outra e as duas definem um método padrão comum, a versão do método pertencente à interface herdada tem precedência. Logo, continuando o exemplo, se **Beta** estende **Alpha**, a versão de **Beta** do método **reset( )** será usada.

É possível referenciar explicitamente uma implementação padrão usando uma nova forma de **super.** Sua forma geral é a seguinte:

NomeInterface.super.nomeMétodo( )

Por exemplo, se **Beta** quiser referenciar o padrão de **Alpha** para **reset( )**, poderá usar essa instrução:

```
Alpha.super.reset();
```

Use métodos static em uma interface

JDK 8 adicionou outro recurso novo às **interfaces**: a possibilidade de definir um ou mais métodos **static**. Como os métodos **static** de uma classe, um método static definido por uma interface pode ser chamado independentemente de qualquer objeto. Portanto, não é preciso uma implementação ou uma instância da interface para chamarmos um método **static**. Em vez disso, um método **static** é chamado com a especificação do nome da interface, seguido por um ponto e depois pelo nome do método. Esta é a forma geral:

NomeInterface.NomeMétodostatic

Observe que é semelhante à maneira como um método **static** de uma classe é chamado.

O código a seguir mostra um exemplo de método **static** em uma interface ao incluirmos um na interface **MyIF**, mostrada anteriormente. O método **static** é **getUniversalID( )**. Ele retorna zero.

```
public interface MyIF {
  // Esta é uma declaração "comum" de método de uma interface.
  // Ela NÃO define uma implementação padrão.
  int getUserID();

  // Este é um método padrão. Observe que ele fornece
  // uma implementação padrão.
  default int getAdminID() {
    return 1;
  }

  // Este é um método de interface estático.
  static int getUniversalID() {
    return 0;
  }
}
```

O método **getUniversalID( )** pode ser chamado, como vemos aqui:

```
int uID = MyIF.getUniversalID();
```

Como mencionado, nenhuma implementação ou instância de **MyIF** é necessária em uma chamada a **getUniversalID( )** porque ele é **static**.

Um último ponto: métodos de interface **static** não são herdados por uma classe implementadora ou uma subinterface.

Considerações finais sobre os pacotes e interfaces

Embora os exemplos incluídos neste livro não façam uso frequente de pacotes ou interfaces, essas duas ferramentas são parte importante do ambiente de programação Java. Praticamente todos os programas reais que você escrever em Java estarão contidos em pacotes. Provavelmente, vários também implementarão interfaces. Logo, é importante que você se acostume ao seu uso.

✓ Teste do Capítulo 8

1. Usando o código da seção Tente isto 8-1, insira a interface **ICharQ** e suas três implementações em um pacote chamado **qpack**. Mantendo a classe de demonstração de fila **IQDemo** no pacote padrão, mostre como importar e usar as classes de **qpack**.

2. O que é espaço de nomes? Por que é importante Java permitir que você divida o espaço de nomes?

3. Os pacotes são armazenados em _____.

4. Explique a diferença entre **protected** e acesso padrão.

5. Explique as duas maneiras pelas quais os membros de um pacote podem ser utilizados por outros pacotes.

6. "Uma interface, vários métodos" é um princípio-chave de Java. Que recurso o exemplifica melhor?

7. Quantas classes podem implementar uma interface? Quantas interfaces uma classe pode implementar?

8. As interfaces podem ser estendidas?

9. Crie uma interface para a classe **Vehicle** do Capítulo 7. Chame-a de **IVehicle**.

10. As variáveis declaradas em uma interface são implicitamente **static** e **final**. Elas podem ser compartilhadas com outras partes de um programa?

11. Um pacote é, basicamente, um contêiner para classes. Verdadeiro ou falso?

12. Que pacote Java padrão é importado automaticamente para um programa?

13. Que palavra-chave é usada para declarar o método padrão de uma **interface**?

14. A partir de JDK 8, é possível definir um método **static** em uma **interface**?

15. Suponhamos que a interface **ICharQ** mostrada na seção Tente Isto 8-1 já estivesse sendo usada amplamente há anos. Agora, você deseja adicionar a ela um método chamado **reset( )**, que será usado para restaurar a fila para sua condição inicial vazia. Supondo o uso de JDK 8 ou posterior, como isso pode ser feito sem invalidar códigos já existentes?

16. Como um método **static** de uma interface é chamado?

Capítulo 9

Tratamento de exceções

Principais habilidades e conceitos

- Conhecer a hierarquia de exceções
- Usar **try** e **catch**
- Entender os efeitos de uma exceção não capturada
- Usar várias instruções **catch**
- Capturar exceções de subclasse
- Aninhar blocos **try**
- Lançar uma exceção
- Saber os membros de **Throwable**
- Usar **finally**
- Usar **throws**
- Conhecer as exceções internas Java
- Criar classes de exceção personalizadas

Este capítulo discutirá o tratamento de exceções. Uma exceção é um erro que ocorre no tempo de execução. Usando o subsistema Java de tratamento de exceções, você pode tratar erros de tempo de execução de maneira estruturada e controlada. Embora a maioria das linguagens de programação modernas ofereça algum tipo de tratamento de exceções, o suporte Java é fácil de usar e flexível.

A principal vantagem do tratamento de exceções é que ele automatiza grande parte do código de tratamento de erros que antigamente tinha que ser inserido "à mão" em qualquer programa grande. Por exemplo, em algumas linguagens de computador mais antigas, os códigos de erro são retornados quando um método falha e esses valores devem ser verificados manualmente sempre que o método é chamado. Essa abordagem é, ao mesmo tempo, tediosa e propensa a erros. O tratamento de exceções otimiza o tratamento de erros, permitindo que o programa defina um bloco de código, chamado *tratador de exceções*, executado automaticamente quando um erro ocorre. Não é necessário verificar manualmente o sucesso ou a falha de cada chamada de método ou operação específica. Se um erro ocorrer, ele será processado pelo tratador de exceções.

Outra razão que torna o tratamento de exceções importante é Java definir exceções padrão para erros que são comuns nos programas, como a divisão por zero ou um arquivo não encontrado. Para reagir a esses erros, seu programa deve estar alerta a esse tipo de exceção e tratá-las. Além disso, a biblioteca de APIs Java usa intensamente exceções.

No fim das contas, ser um programador de Java bem-sucedido significa ser plenamente capaz de navegar no subsistema de tratamento de exceções Java.

Hierarquia de exceções

Em Java, todas as exceções são representadas por classes e todas as classes de exceções são derivadas de uma classe chamada **Throwable**. Logo, quando uma exceção ocorre em um programa, um objeto de algum tipo de classe de exceção é gerado. Há duas subclasses diretas de **Throwable: Exception** e **Error**. As exceções de tipo **Error** estão relacionadas a erros que ocorrem na própria máquina virtual Java e não nos programas. Esses tipos de exceções fogem ao nosso controle e geralmente os programas não lidam com elas. Portanto, não serão descritas aqui.

Erros que resultam da atividade do programa são representados por subclasses de **Exception**. Por exemplo, erros de divisão por zero, que excedem os limites do array e relacionados a arquivos se enquadram nessa categoria. Em geral, os programas devem tratar exceções desses tipos. Uma subclasse importante de **Exception** é **RuntimeException**, que é usada para representar vários tipos comuns de erros de tempo de execução.

Fundamentos do tratamento de exceções

O tratamento de exceções Java é gerenciado por cinco palavras-chave: **try**, **catch**, **throw**, **throws** e **finally**. Elas formam um subsistema interligado em que o uso de uma implica o uso de outra. No decorrer deste capítulo, examinaremos cada palavra-chave com detalhes. No entanto, é útil termos desde o início uma compreensão geral do papel que cada uma desempenha no tratamento de exceções. Resumidamente, veja como funcionam.

As instruções do programa que você quiser monitorar em busca de exceções ficarão dentro de um bloco **try**. Se uma exceção ocorrer dentro do bloco **try**, ela será *lançada*. Seu código poderá capturar essa exceção usando **catch** e tratá-la de alguma maneira racional. Exceções geradas pelo sistema são lançadas automaticamente pelo sistema de tempo de execução Java. Para lançar manualmente uma exceção, use a palavra-chave **throw**. Em alguns casos, uma exceção que é lançada para fora de um método deve ser especificada como tal por uma cláusula **throws**. Qualquer código que deva ser executado ao sair de um bloco **try** deve ser inserido em um bloco **finally**.

Pergunte ao especialista

P: Para não deixar dúvidas, você poderia descrever novamente as condições que fazem uma exceção ser gerada?

R: Exceções são geradas de três maneiras diferentes. Em primeiro lugar, a Máquina Virtual Java pode gerar uma exceção em reposta a algum erro interno sobre o qual não tenhamos controle. Normalmente, o programa não trata esses tipos de exceções. Em segundo lugar, exceções padrão, como as correspondentes à divisão por zero ou índices fora dos limites de um array, são geradas por erros no código do programa. Temos que tratar essas exceções. Em terceiro lugar, podemos gerar manualmente uma exceção usando a instrução **throw**. Independentemente de como uma exceção for gerada, ela será tratada da mesma forma.

Usando try e catch

As palavras-chave **try** e **catch** formam a base do tratamento de exceções. Elas funcionam em conjunto, ou seja, você não pode ter um **catch** sem ter um **try**. Esta é a forma geral dos blocos **try/catch** de tratamento de exceções:

try {
// bloco de código cujos erros estão sendo monitorados
}
catch (*TipoExceç1 obEx*) {
// tratador de *TipoExceç1*
}
catch (*TipoExceç2 obEx*) {
// tratador de *TipoExceç2*
}
.
.
.

Aqui, *TipoExceç* é o tipo de exceção que ocorreu. Quando uma exceção é lançada, ela é capturada pela instrução **catch** correspondente, que então a processa. Como a forma geral mostra, podemos ter mais de uma instrução **catch** associada a uma instrução **try**. O tipo da exceção determina que instrução **catch** será executada. Isto é, se o tipo de exceção especificado por uma instrução **catch** coincidir com o da exceção ocorrida, essa instrução **catch** será executada (e todas as outras serão ignoradas). Quando uma exceção é capturada, *obEx* recebe seu valor.

Agora um ponto importante: se nenhuma exceção for lançada, o bloco **try** terminará normalmente e todas as suas instruções **catch** serão ignoradas. A execução será retomada na primeira instrução após o último **catch**. Logo, as instruções **catch** só são executadas quando ocorre uma exceção.

NOTA
A partir de JDK 7, há outra forma de instrução **try** que dá suporte ao gerenciamento automático de recursos. Essa nova forma de **try** se chama ***try**-with-resources*. Ela é descrita no Capítulo 10, no contexto do gerenciamento de fluxos de I/O (como os conectados a um arquivo), porque os fluxos são um dos recursos mais usados.

Exemplo de exceção simples

Este é um exemplo simples que ilustra como monitorar uma exceção e capturá-la. Como você sabe, é um erro tentar indexar um array além de seus limites. Quando isso ocorre, a JVM lança uma **ArrayIndexOutOfBoundsException**. O programa a seguir gera intencionalmente essa exceção e então a captura:

```
// Demonstra o tratamento de exceções.
class ExcDemo1 {
  public static void main(String args[]) {
    int nums[] = new int[4];

    try {               ◄─────────────── Cria um bloco try.
```

```
      System.out.println("Before exception is generated.");

      // Gera um exceção de índice fora dos limites.
      nums[7] = 10;                                              ← Tenta indexar
      System.out.println("this won't be displayed");                excedendo o
    }                                                              limite de nums.
    catch (ArrayIndexOutOfBoundsException exc) {  ←            Captura erros nos
      // captura a exceção                                      limites do array.
      System.out.println("Index out-of-bounds!");
    }
    System.out.println("After catch statement.");
  }
}
```

Esse programa exibirá a saída abaixo:

```
Before exception is generated.
Index out-of-bounds!
After catch statement.
```

Embora bem curto, o programa anterior ilustra vários pontos-chave do tratamento de exceções. Em primeiro lugar, o código cujos erros você quer monitorar está dentro de um bloco **try**. Em segundo lugar, quando ocorre uma exceção (nesse caso, pela tentativa de indexar **nums** além de seus limites), ela é lançada fora do bloco **try** e capturada pela instrução **catch**. Nesse ponto, o controle passa para **catch** e o bloco **try** é encerrado. Isto é, **catch** não é chamada. Em vez disso, a execução do programa é transferida para ela. Logo, a instrução **println( )** que vem após o índice fora do limite nunca será executada. Após a instrução **catch** ser executada, o controle do programa continua nas instruções seguintes a **catch**. Portanto, é função do tratador de exceções remediar o problema que causou a exceção, para que a execução do programa possa continuar normalmente.

Lembre-se, se nenhuma exceção for lançada por um bloco **try**, nenhuma instrução **catch** será executada e o controle do programa será retomado após a instrução **catch**. Para confirmar isso, no programa anterior, mude a linha

```
nums[7] = 10;
```

para

```
nums[0] = 10;
```

Agora, nenhuma exceção é gerada e o bloco **catch** não é executado.

É importante entender que as exceções do código que fica dentro de um bloco **try** estão sendo monitoradas. Isso inclui exceções que podem ser geradas por um método chamado de dentro do bloco **try**. Uma exceção lançada por um método chamado de dentro de um bloco **try** pode ser capturada pelas instruções **catch** associadas a esse bloco **try** – presumindo, claro, que o próprio método não capture a exceção. Por exemplo, este é um programa válido:

```
/* Uma exceção pode ser gerada por um
   método e capturada por outro. */

class ExcTest {
```

```
// Gera uma exceção.
static void genException() {
  int nums[] = new int[4];

  System.out.println("Before exception is generated.");

  // gera uma exceção de índice fora do limite
  nums[7] = 10;   ◄──────────────────────────── A exceção é gerada aqui.
  System.out.println("this won't be displayed");
  }
}
                                                     A exceção é capturada aqui.
class ExcDemo2 {
  public static void main(String args[]) {  ◄────┘

    try {
      ExcTest.genException();
    } catch (ArrayIndexOutOfBoundsException exc) {
      // captura a exceção
      System.out.println("Index out-of-bounds!");
    }
    System.out.println("After catch statement.");
  }
}
```

Esse programa produz a saída a seguir, que é igual à produzida pela primeira versão mostrada anteriormente:

```
Before exception is generated.
Index out-of-bounds!
After catch statement.
```

Já que **genException( )** é chamado de dentro de um bloco **try**, a exceção que ele gera (e não captura) é capturada pela instrução **catch** de **main( )**. No entanto, é bom ressaltar que se **genException( )** tivesse capturado a exceção, ela nunca teria sido passada para **main( )**.

Consequências de uma exceção não capturada

Capturar uma das exceções padrão Java, como fez o programa anterior, tem um benefício adicional: impede que o programa seja encerrado de modo anormal. Quando uma exceção é lançada, ela deve ser capturada por um código em algum local. Em geral, quando o programa não captura uma exceção, ela é capturada pela JVM. O problema é que o tratador de exceções padrão da JVM encerra a execução e exibe um rastreamento de pilha e uma mensagem de erro. Por exemplo, nesta versão do exemplo anterior, a exceção de índice fora do limite não é capturada pelo programa.

```
// Deixa a JVM tratar o erro.
class NotHandled {
  public static void main(String args[]) {
    int nums[] = new int[4];
```

```
      System.out.println("Before exception is generated.");

      // gera uma exceção de índice fora do limite
      nums[7] = 10;
   }
}
```

Quando ocorre o erro de indexação do array, a execução é interrompida, e a mensagem de erro a seguir é exibida.

```
Exception in thread "main" java.lang.ArrayIndexOutOfBoundsException: 7
    at NotHandled.main(NotHandled.java:9)
```

Embora essa mensagem seja útil na depuração, no mínimo não seria algo que você gostaria que outras pessoas vissem! Por isso, é importante seu programa tratar ele próprio as exceções, em vez de depender da JVM.

Como mencionado anteriormente, o tipo da exceção deve coincidir com o tipo especificado em uma instrução **catch**. Se não coincidir, a exceção não será capturada. Por exemplo, o programa abaixo tenta capturar um erro no limite do array com a instrução **catch** de uma **ArithmeticException** (outra das exceções internas Java). Quando o limite do array é excedido, uma **ArrayIndexOutOfBoundsException** é gerada, mas não será capturada pela instrução **catch**. Isso resulta no programa sendo encerrado de modo anormal.

```
// Não funcionará!
class ExcTypeMismatch {
  public static void main(String args[]) {
    int nums[] = new int[4];           // Essa linha lança uma
                                       // ArrayIndexOutOfBoundsException.
    try {
      System.out.println("Before exception is generated.");

      //gera uma exceção de índice fora do limite
      nums[7] = 10;  ←
      System.out.println("this won't be displayed");
    }

    /* Não pode capturar um erro de limite de
       array com uma ArithmeticException. */
    catch (ArithmeticException exc) {  ← Essa linha tenta capturá-la com
      // captura a exceção                uma ArithmeticException.
      System.out.println("Index out-of-bounds!");
    }
    System.out.println("After catch statement.");
  }
}
```

A saída é mostrada aqui:

```
Before exception is generated.
Exception in thread "main" java.lang.ArrayIndexOutOfBoundsException: 7
    at ExcTypeMismatch.main(ExcTypeMismatch.java:10)
```

Como a saída mostra, a instrução **catch** de uma **ArithmeticException** não captura uma **ArrayIndexOutOfBoundsException**.

Exceções permitem que você trate erros normalmente

Um dos principais benefícios do tratamento de exceções é que ele permite que seu programa responda a um erro e então continue a ser executado. Por exemplo, considere o caso a seguir que divide os elementos de um array pelos de outro. Se uma divisão por zero ocorrer, uma **AritmethicException** será gerada. No programa, essa exceção é tratada pelo relato do erro e a execução continua. Logo, tentar dividir por zero não causa um erro abrupto de tempo de execução resultando no encerramento do programa. Em vez disso, a situação é tratada normalmente, permitindo que a execução do programa continue.

```
// Trata o erro normalmente e continua a execução.
class ExcDemo3 {
  public static void main(String args[]) {
    int numer[] = { 4, 8, 16, 32, 64, 128 };
    int denom[] = { 2, 0, 4, 4, 0, 8 };

    for(int i=0; i<numer.length; i++) {
      try {
        System.out.println(numer[i] + " / " +
                           denom[i] + " is " +
                           numer[i]/denom[i]);
      }
      catch (ArithmeticException exc) {
        // captura a exceção
        System.out.println("Can't divide by Zero!");
      }
    }
  }
}
```

A saída do programa é mostrada abaixo:

```
4 / 2 is 2
Can't divide by Zero!
16 / 4 is 4
32 / 4 is 8
Can't divide by Zero!
128 / 8 is 16
```

Esse exemplo ilustra outro ponto importante: uma vez que uma exceção foi tratada, ela é removida do sistema. Portanto, no programa, cada vez que o laço é percorrido, entramos novamente no bloco **try**; qualquer exceção anterior terá sido tratada. Isso permite que seu programa trate erros repetidos.

Usando várias instruções catch

Como mencionado, você pode associar mais de uma instrução **catch** a uma instrução **try**. Na verdade, isso é comum. No entanto, cada **catch** deve capturar um tipo de exceção diferente. Por exemplo, o programa mostrado aqui captura erros tanto de limite de array quanto de divisão por zero:

```java
// Usa várias instruções catch.
class ExcDemo4 {
  public static void main(String args[]) {
    // Aqui, numer é maior do que denom.
    int numer[] = { 4, 8, 16, 32, 64, 128, 256, 512 };
    int denom[] = { 2, 0, 4, 4, 0, 8 };

    for(int i=0; i<numer.length; i++) {
      try {
        System.out.println(numer[i] + " / " +
                           denom[i] + " is " +
                           numer[i]/denom[i]);
      }
      catch (ArithmeticException exc) {         ◄──────── Várias instruções catch
        // captura a exceção
        System.out.println("Can't divide by Zero!");
      }
      catch (ArrayIndexOutOfBoundsException exc) {  ◄──┘
        // captura a exceção
        System.out.println("No matching element found.");
      }
    }
  }
}
```

Esse programa produz a saída a seguir:

```
4 / 2 is 2
Can't divide by Zero!
16 / 4 is 4
32 / 4 is 8
Can't divide by Zero!
128 / 8 is 16
No matching element found.
No matching element found.
```

Como a saída confirma, cada instrução **catch** responde apenas ao seu tipo de exceção.

Em geral, as expressões **catch** são verificadas na ordem em que ocorrem em um programa. Só uma instrução que apresente correspondência é executada. Todos os outros blocos **catch** são ignorados.

Capturando exceções de subclasses

Há um ponto importante no uso de várias instruções **catch** relativo às subclasses. A cláusula **catch** de uma superclasse também será aplicada a qualquer uma de suas subclasses. Por exemplo, já que a superclasse de todas as exceções é **Throwable**, para capturar todas as exceções possíveis, capture **Throwable**. Se quiser capturar exceções tanto do tipo da superclasse quanto do tipo da subclasse, insira primeiro a subclasse na sequência **catch**. Se não o fizer, a instrução **catch** da superclasse também capturará todas as classes derivadas. Essa regra é autoaplicável, porque inserir a superclasse antes faz um código inalcançável ser criado, já que a cláusula **catch** da subclasse não pode ser executada. Em Java, códigos inalcançáveis são um erro.

Por exemplo, considere o programa a seguir:

```
// Subclasses devem preceder as superclasses em instruções catch.
class ExcDemo5 {
  public static void main(String args[]) {
    // Aqui, numer é mais longo do que denom.
    int numer[] = { 4, 8, 16, 32, 64, 128, 256, 512 };
    int denom[] = { 2, 0, 4, 4, 0, 8 };

    for(int i=0; i<numer.length; i++) {
      try {
        System.out.println(numer[i] + " / " +
                           denom[i] + " is " +
                           numer[i]/denom[i]);
      }
      catch (ArrayIndexOutOfBoundsException exc) {  ◄— Captura a subclasse
        // captura a exceção
        System.out.println("No matching element found.");
      }
      catch (Throwable exc) {  ◄———————————————— Captura a superclasse
        System.out.println("Some exception occurred.");
      }
    }
  }
}
```

A saída do programa é mostrada abaixo:

```
4 / 2 is 2
Some exception occurred.
16 / 4 is 4
32 / 4 is 8
Some exception occurred.
128 / 8 is 16
No matching element found.
No matching element found.
```

Pergunte ao especialista

P: Por que eu capturaria exceções da superclasse?

R: Há, claro, várias razões. Estas são algumas. Em primeiro lugar, se você adicionar uma cláusula **catch** que capture exceções de tipo **Exception**, na verdade terá adicionado uma cláusula "que captura tudo" ao seu tratador que lida com as exceções relacionadas ao programa. Essa cláusula "que captura tudo" pode ser útil em uma situação em que o encerramento anormal do programa tiver que ser evitado não importando o que ocorrer. Em segundo lugar, em algumas situações, uma categoria inteira de exceções pode ser tratada pela mesma cláusula. A captura da superclasse dessas exceções permitirá que você trate todas sem código duplicado.

Nesse caso, **catch(Throwable)** captura todas as exceções exceto **ArrayIndexOutOf-BoundsException**. O problema da captura de exceções de subclasses passa a ser mais importante quando nós mesmos criamos as exceções.

Blocos try podem ser aninhados

Um bloco **try** pode ser aninhado dentro de outro. Uma exceção gerada dentro do bloco **try** interno que não seja capturada por um **catch** associado a esse **try** será propagada para o bloco **try** externo. Por exemplo, aqui a **ArrayIndexOutOfBounds-Exception** não é capturada pelo **catch** interno e sim pelo externo:

```
// Usa um bloco try aninhado.
class NestTrys {
  public static void main(String args[]) {
    // numer é mais longo do que denom.
    int numer[] = { 4, 8, 16, 32, 64, 128, 256, 512 };
    int denom[] = { 2, 0, 4, 4, 0, 8 };

    try { // try externo                               ←───────── Blocos try aninhados
      for(int i=0; i<numer.length; i++) {
        try { // try aninhado  ←
          System.out.println(numer[i] + " / " +
                             denom[i] + " is " +
                             numer[i]/denom[i]);
        }
        catch (ArithmeticException exc) {
          // captura a exceção
          System.out.println("Can't divide by Zero!");
        }
      }
    }
    catch (ArrayIndexOutOfBoundsException exc) {
      // captura a exceção
      System.out.println("No matching element found.");
      System.out.println("Fatal error - program terminated.");
    }
  }
}
```

A saída do programa é mostrada abaixo:

```
4 / 2 is 2
Can't divide by Zero!
16 / 4 is 4
32 / 4 is 8
Can't divide by Zero!
128 / 8 is 16
No matching element found.
Fatal error - program terminated.
```

Nesse exemplo, uma exceção que pode ser tratada pelo **try** interno – um erro de divisão por zero – permite que o programa continue. No entanto, um erro de limite de array é capturado pelo **try** externo, o que encerra o programa.

Embora certamente não seja a única razão para usarmos instruções **try** aninhadas, o programa anterior mostra algo importante que pode ser generalizado. Com frequência, blocos **try** aninhados são usados para permitir que diferentes categorias de erros sejam tratadas de maneiras distintas. Alguns tipos de erros são catastróficos e não podem ser corrigidos. Outros são menores e podem ser tratados imediatamente. Você poderia usar um bloco **try** externo para capturar os erros mais graves, permitindo que blocos **try** internos tratassem os menos sérios.

Lançando uma exceção

Os exemplos anteriores capturaram exceções geradas automaticamente pela JVM. Contudo, é possível lançar manualmente uma exceção usando a instrução **throw**. Sua forma geral é mostrada a seguir:

throw *obExceç*;

Aqui, *obExceç* deve ser um objeto de uma classe de exceção derivada de **Throwable**.

Veja um exemplo que ilustra a instrução **throw** lançando manualmente uma **ArithmeticException**:

```
// Lança manualmente uma exceção.
class ThrowDemo {
  public static void main(String args[]) {
    try {
      System.out.println("Before throw.");
      throw new ArithmeticException();   ←——— Lança uma exceção.
    }
    catch (ArithmeticException exc) {
      // captura a exceção
      System.out.println("Exception caught.");
    }
    System.out.println("After try/catch block.");
  }
}
```

A saída do programa é esta:

```
Before throw.
Exception caught.
After try/catch block.
```

Observe como a **ArithmeticException** foi criada com o uso de **new** na instrução **throw**. Lembre-se, **throw** lança um objeto, logo, você deve criar um objeto para ela lançar. Isto é, você não pode apenas lançar um tipo.

Relançando uma exceção

Uma exceção capturada por uma instrução **catch** pode ser relançada para ser capturada por um **catch** externo. A razão mais provável para fazermos um relançamento dessa forma é permitir que vários tratadores acessem a exceção. Por exemplo, pode ocorrer de um tratador gerenciar um aspecto de uma exceção e um segundo tratador lidar com outro aspecto. Lembre-se de que quando relançarmos uma exceção, ela não era recapturada pela mesma instrução **catch**, mas será propaganda para a próxima instrução **catch**. O programa a seguir ilustra o relançamento de uma exceção:

```java
// Relança uma exceção.
class Rethrow {
  public static void genException() {
    // aqui, numer é mais longo do que denom
    int numer[] = { 4, 8, 16, 32, 64, 128, 256, 512 };
    int denom[] = { 2, 0, 4, 4, 0, 8 };

    for(int i=0; i<numer.length; i++) {
      try {
        System.out.println(numer[i] + " / " +
                           denom[i] + " is " +
                           numer[i]/denom[i]);
      }
      catch (ArithmeticException exc) {
        // captura a exceção
        System.out.println("Can't divide by Zero!");
      }
      catch (ArrayIndexOutOfBoundsException exc) {
        // captura a exceção
        System.out.println("No matching element found.");
        throw exc; // relança a exceção       ⟵ Relança a exceção.
      }
    }
  }
}

class RethrowDemo {
  public static void main(String args[]) {
    try {
      Rethrow.genException();
    }
    catch(ArrayIndexOutOfBoundsException exc) {  ⟵ Captura a exceção relançada.
      // recaptura a exceção
      System.out.println("Fatal error - " +
                         "program terminated.");
    }
  }
}
```

Pergunte ao especialista

P: Por que eu lançaria uma exceção manualmente?

R: Quase sempre, as exceções que lançamos são instâncias de classes de exceção que criamos. Como veremos posteriormente neste capítulo, criar nossas próprias classes de exceções nos permite tratar erros no código como parte da estratégia geral de tratamento de exceções do programa.

No programa, erros de divisão por zero são tratados localmente, por **genException( )**, mas um erro de limite de array é relançado. Nesse caso, ele é capturado por **main( )**.

Exame mais detalhado de Throwable

Até agora, capturamos exceções, mas não fizemos nada com o objeto de exceção. Como todos os exemplos anteriores mostram, uma cláusula **catch** especifica um tipo de exceção e um parâmetro. O parâmetro recebe o objeto de exceção. Já que todas as exceções são subclasses de **Throwable**, todas dão suporte aos métodos definidos por **Throwable**. Alguns dos mais usados são mostrados na Tabela 9-1.

Dos métodos definidos por **Throwable**, **printStackTrace( )** e **toString( )** estão entre os mais interessantes. Você pode exibir a mensagem de erro padrão mais um registro das chamadas de métoido que levam ao lançamento da exceção chamando **printStackTrace( )** e pode usar **toString( )** para recuperar a mensagem de erro padrão. O método **toString( )** também é chamado quando uma

Tabela 9-1 Métodos mais usados definidos por Throwable

Método	Descrição
Throwable fillInStackTrace( )	Retorna um objeto **Throwable** contendo um rastreamento de pilha completo. Esse objeto pode ser relançado.
String getLocalizedMessage( )	Retorna uma descrição localizada da exceção.
String getMessage( )	Retorna uma descrição da exceção.
void printStackTrace( )	Exibe o rastreamento de pilha.
void printStackTrace(PrintStream *fluxo*)	Envia o rastreamento de pilha para o fluxo especificado.
void printStackTrace(PrintWriter *fluxo*)	Envia o rastreamento de pilha para o fluxo especificado.
String toString( )	Retorna um objeto **String** contendo uma descrição completa da exceção. Esse método é chamado por **println( )** na exibição de um objeto **Throwable**.

exceção é usada como argumento de **println**( ). O programa a seguir demonstra esses métodos:

```
// Usando os métodos de Throwable.

class ExcTest {
  static void genException() {
    int nums[] = new int[4];

    System.out.println("Before exception is generated.");

    // gera uma exceção de índice fora do limite
    nums[7] = 10;
    System.out.println("this won't be displayed");
  }
}

class UseThrowableMethods {
  public static void main(String args[]) {

    try {
      ExcTest.genException();
    }
    catch (ArrayIndexOutOfBoundsException exc) {
      // captura a exceção
      System.out.println("Standard message is: ");
      System.out.println(exc);
      System.out.println("\nStack trace: ");
      exc.printStackTrace();
    }
    System.out.println("After catch statement.");
  }
}
```

A saída desse programa é mostrada aqui:

```
Before exception is generated.
Standard message is:
java.lang.ArrayIndexOutOfBoundsException: 7

Stack trace:
java.lang.ArrayIndexOutOfBoundsException: 7
    at ExcTest.genException(UseThrowableMethods.java:10)
    at UseThrowableMethods.main(UseThrowableMethods.java:19)
After catch statement.
```

Usando finally

Podemos querer definir um bloco de código para ser executado na saída de um bloco **try/catch**. Por exemplo, uma exceção poderia causar um erro que encerrasse o método atual, fazendo-o retornar prematuramente. No entanto, esse método pode ter aberto uma conexão de rede ou um arquivo que precise ser fechado. Esses tipos de circunstâncias são comuns em programação e Java fornece uma maneira conveniente de tratá-las: **finally**.

Para especificar um bloco de código para ser executado na saída de um bloco **try/catch**, inclua um bloco **finally** no fim de uma sequência **try/catch**. A forma geral de um bloco **try/catch** que inclui **finally** é mostrada abaixo.

```
try {
// bloco de código cujos erros estão sendo monitorados
}
catch (TipoExceç1 obEx) {
// tratador de TipoExceç1
}
catch (TipoExceç2 obEx) {
// tratador de TipoExceç2
}
//...
finally {
// código de finally
}
```

O bloco **finally** será executado sempre que a execução deixar um bloco **try/catch**, não importando as condições causadoras. Isto é, tendo o bloco **try** terminado normalmente, ou devido a uma exceção, o último código executado será o definido por **finally**. O bloco **finally** também é executado quando um código do bloco **try** ou de qualquer de suas instruções **catch** retorna do método.

Veja um exemplo de **finally**:

```java
// Usa finally.
class UseFinally {
  public static void genException(int what) {
    int t;
    int nums[] = new int[2];

    System.out.println("Receiving " + what);
    try {
      switch(what) {
        case 0:
          t = 10 / what; // gera erro de divisão por zero
          break;
        case 1:
          nums[4] = 4; // gera erro de índice de array.
          break;
        case 2:
          return; // retorna do bloco try
      }
    }
    catch (ArithmeticException exc) {
      // captura a exceção
      System.out.println("Can't divide by Zero!");
      return; // retorna de catch
    }
```

```
      catch (ArrayIndexOutOfBoundsException exc) {
        // captura a exceção
        System.out.println("No matching element found.");
      }
      finally {                                            ← Essa instrução é executada quando
        System.out.println("Leaving try.");     saímos de blocos try/catch
      }
    }
  }
}

class FinallyDemo {
  public static void main(String args[]) {

    for(int i=0; i < 3; i++) {
      UseFinally.genException(i);
      System.out.println();
    }
  }
}
```

Esta é a saída produzida pelo programa:

```
Receiving 0
Can't divide by Zero!
Leaving try.

Receiving 1
No matching element found.
Leaving try.

Receiving 2
Leaving try.
```

Como a saída mostra, independentemente de como saímos do bloco **try**, o bloco **finally** é executado.

Usando throws

Em alguns casos, quando um método gera uma exceção que ele não trata, deve declará-la em uma cláusula **throws**. A forma geral de um método que inclui uma cláusula **throws** é a seguinte:

tipo-ret nomeMét(lista-parâm) throws throws *lista-exceç* {
  // corpo
}

Aqui, *lista-exceç* é uma lista separada por vírgulas com as exceções que o método pode lançar para fora dele.

Você deve estar se perguntando por que não precisou especificar uma cláusula **throws** em alguns dos exemplos anteriores, que lançaram exceções para fora de métodos. A resposta é que exceções que são subclasses de **Error** e **RuntimeException** não precisam ser especificadas em uma lista **throws**. Java apenas presume que o método pode lançar uma. Todos os outros tipos de exceções *têm* de ser declaradas e não fazê-lo causa um erro de tempo de compilação.

Na verdade, você viu um exemplo de uma cláusula **throws** anteriormente neste livro. Como deve lembrar, ao usar entradas do teclado, teve de adicionar a cláusula

```
throws java.io.IOException
```

a **main( )**. Já podemos entender o porquê. Uma instrução de entrada pode gerar uma **IOException** e, naquele momento, você não pôde tratar a exceção. Bem, essa exceção seria lançada para fora de **main( )** e deveria ser especificada como tal. Agora que você conhece as exceções, pode tratar facilmente **IOException**.

Examinemos um exemplo que trata **IOException**. Ele cria um método chamado **prompt( )**, que exibe uma mensagem de solicitação e então lê um caractere a partir do teclado. Já que a entrada está sendo fornecida, uma **IOException** pode ocorrer. No entanto, o método **prompt( )** não trata ele próprio a **IOException**. Em vez disso, usa uma cláusula **throws**, ou seja, o método chamador deve tratá-la. No exemplo a seguir, o método chamador é **main( )** e ele lida com o erro.

```
// Usa throws.
class ThrowsDemo {
  public static char prompt(String str)
    throws java.io.IOException {         ←————— Observe a cláusula throws.

    System.out.print(str + ": ");
    return (char) System.in.read();
  }

  public static void main(String args[]) {
    char ch;

    try {
      ch = prompt("Enter a letter");     ←——— Já que o método prompt( ) pode
    }                                          lançar uma exceção, uma chamada a
    catch(java.io.IOException exc) {          ele deve ser inserida em um bloco try.
      System.out.println("I/O exception occurred.");
      ch = 'X';
    }

    System.out.println("You pressed " + ch);
  }
}
```

Aproveitando o gancho, observe que **IOException** é totalmente qualificada com o nome de seu pacote, **java.io**. Como você aprenderá no Capítulo 10, o sistema de I/O Java fica no pacote **java.io**. Logo, é aí que encontramos **IOException**. Também seria possível importar **java.io** e então referenciar **IOException** diretamente.

Três recursos das exceções adicionados recentemente

A partir de JDK 7, o mecanismo de tratamento de exceções Java foi expandido com a inclusão de três recursos. O primeiro dá suporte ao *gerenciamento automático de re-*

cursos, que automatiza o processo de liberar um recurso, como um arquivo, quando este não é mais necessário. Ele se baseia em uma forma expandida de **try**, chamada instrução *try-with-resources*, e é descrito no Capítulo 10, quando os arquivos são discutidos. O segundo recurso novo se chama *multi-catch* e o terceiro, às vezes, é chamado de *relançamento final* ou *relançamento mais preciso*. Esses dois recursos serão descritos aqui.

Multi-catch permite que duas ou mais exceções sejam capturadas pela mesma cláusula **catch**. Como você aprendeu anteriormente, é possível (na verdade, é comum) um **try** ser seguido por duas ou mais cláusulas **catch**. Embora geralmente cada cláusula **catch** forneça sua própria sequência de código, são comuns situações em que duas ou mais cláusulas **catch** executam a *mesma sequência de código*, ainda que capturem exceções diferentes. Em vez de ter de capturar cada tipo de exceção individualmente, agora você pode usar a mesma cláusula **catch** para tratar as exceções sem duplicação de código.

Para criar um multi-catch, especifique uma lista de exceções na mesma cláusula **catch**. Faça isso separando cada tipo de exceção da lista com o operador OR. Cada parâmetro multi-catch é implicitamente **final**. (Você pode especificar **final** explicitamente, se quiser, mas não é necessário.) Já que cada parâmetro multi-catch é implicitamente **final**, não pode receber um novo valor.

Veja como você pode usar o recurso multi-catch para capturar **ArithmeticException** e **ArrayIndexOutOfBoundsException** com a mesma cláusula **catch**:

```
catch(final ArithmeticException | ArrayIndexOutOfBoundsException e) {
```

Aqui está um programa simples que demonstra o uso de multi-catch:

```java
// Usa o recurso multi-catch. Nota: Este código requer JDK 7 ou
// posterior para ser compilado.
class MultiCatch {
  public static void main(String args[]) {
    int a=88, b=0;
    int result;
    char chrs[] = { 'A', 'B', 'C' };

    for(int i=0; i < 2; i++) {
      try {
        if(i == 0)
          result = a / b; // gera uma ArithmeticException
        else
          chrs[5] = 'X'; // gera uma ArrayIndexOutOfBoundsException

        // Esta cláusula catch captura as duas exceções.
      }
      catch(ArithmeticException | ArrayIndexOutOfBoundsException e) {
        System.out.println("Exception caught: " + e);
      }
    }

    System.out.println("After multi-catch.");
  }
}
```

O programa gerará uma **ArithmeticException** quando a divisão por zero for tentada, e gerará uma **ArrayIndexOutOfBoundsException** quando for feita a tentativa de acesso fora dos limites de **chrs**. As duas exceções são capturadas pela mesma instrução **catch**.

O recurso de relançamento mais preciso restringe o tipo de exceção que pode ser relançado apenas às exceções verificadas que o bloco **try** associado lança, às exceções que não sejam tratadas por uma cláusula **catch** anterior e às que sejam um subtipo ou supertipo do parâmetro. Embora esse recurso não seja usado com frequência, agora ele está disponível para uso. Para que o recurso de relançamento final seja válido, o parâmetro de **catch** deve ser **final**, ou seja, não deve receber um novo valor dentro do bloco **catch**. Ele também pode ser especificado explicitamente como **final**, mas isso não é necessário.

Exceções internas da linguagem Java

Dentro do pacote padrão **java.lang**, Java define várias classes de exceção. Algumas foram usadas pelos exemplos anteriores. As mais gerais dessas exceções são subclasses do tipo padrão **RuntimeException**. Já que **java.lang** é importado implicitamente para todos os programas Java, a maioria das exceções derivadas de **RuntimeException** fica disponível automaticamente. Além disso, não precisam ser incluídas na lista **throws** de nenhum método. No jargão Java, elas são chamadas de *exceções não verificadas*, porque o compilador não verifica se um método trata ou lança essas exceções. As exceções não verificadas definidas em **java.lang** estão listadas na Tabela 9.2. A Tabela 9-3 lista as exceções definidas por **java.lang** que

Tabela 9-2 Exceções não verificadas definidas em **java.lang**

Exceção	Significado
ArithmeticException	Erro aritmético, como a divisão de inteiros por zero.
ArrayIndexOutOfBoundsException	O índice do array está fora dos limites.
ArrayStoreException	Atribuição de um tipo incompatível a um elemento do array.
ClassCastException	Coerção inválida.
EnumConstantNotPresentException	É feita a tentativa de usar um valor de enumeração não definido.
IllegalArgumentException	Argumento inválido usado para chamar um método.
IllegalMonitorStateException	Operação de monitor inválida, como esperar em uma thread não bloqueada.
IllegalStateException	O ambiente ou o aplicativo está no estado incorreto.
IllegalThreadStateException	Operação solicitada não compatível com o estado atual da thread.
IndexOutOfBoundsException	Um índice de algum tipo está fora dos limites.
NegativeArraySizeException	Array criado com um tamanho negativo.
NullPointerException	Uso inválido de uma referência nula.
NumberFormatException	Conversão inválida de um string para um formato numérico.
SecurityException	Tentativa de violar a segurança.
StringIndexOutOfBoundsException	Tentativa de indexar fora dos limites de um string.
TypeNotPresentException	Tipo não encontrado.
UnsupportedOperationException	Uma operação sem suporte foi encontrada.

Tabela 9-3 Exceções verificadas definidas em **java.lang**

Exceção	Significado
ClassNotFoundException	Classe não encontrada.
CloneNotSupportedException	Tentativa de clonar um objeto que não implementa a interface **Cloneable**.
IllegalAccessException	O acesso a uma classe é negado.
InstatiationException	Tentativa de criar um objeto de uma interface ou classe abstrata.
InterrupledException	Uma thread foi interrompida por outra thread
NoSuchFieldException	Um campo solicitado não existe.
NoSuchMethodException	Um método solicitado não existe.
ReflectiveOperationException	Superclasse de exceções relacionadas à reflexão.

Pergunte ao especialista

P: Ouvi dizer que Java dá suporte a algo chamado exceções encadeadas. O que são elas?

R: As exceções encadeadas foram adicionadas a Java pelo JDK 1.4. O recurso de exceções encadeadas permite que você especifique uma exceção como a causa subjacente de outra. Por exemplo, imagine uma situação em que um método lançasse uma **ArithmeticException** devido a uma tentativa de divisão por zero. No entanto, a causa real do problema foi um erro de I/O, que fez o divisor ser configurado inapropriadamente. Embora o método deva mesmo lançar uma **ArithmeticException**, já que foi esse erro que ocorreu, você também pode querer informar ao código chamador que a causa subjacente foi um erro de I/O. As exceções encadeadas permitem que você trate essa e qualquer outra situação em que existam camadas de exceções.

Para permitir o uso de exceções encadeadas, dois construtores e dois métodos foram adicionados a **Throwable**. Os construtores são mostrados aqui:

Throwable(Throwable *causeExc*)
Throwable(String *msg*, Throwable *causeExc*)

Na primeira forma, *excCaus* é a exceção que causou a exceção atual, isto é, *excCaus* é a razão subjacente que fez uma exceção ocorrer. A segunda forma permite que você especifique uma descrição e uma exceção causadora. Esse dois construtores também foram adicionados às classes **Error**, **Exception** e **RuntimeException**.

Os métodos de exceção encadeada adicionados a **Throwable** são **getCause( )** e **initCause( )**. Esses métodos são mostrados abaixo:

Throwable getCause( )
Throwable initCause(Throwable *causeExc*)

O método **getCause( )** retorna a exceção causadora da exceção atual. Se não houver exceção subjacente, **null** será retornado. O método **initCause( )** associa *excCaus* à exceção chamadora e retorna uma referência à exceção. Logo, você pode associar uma causa a uma exceção após a exceção ter sido criada. Em geral, **initCause( )** é usado para definir uma causa para classes de exceção legadas que não deem suporte aos dois construtores adicionais descritos anteriormente.

As exceções encadeadas não são algo de que todo programa precise. No entanto, em casos em que o conhecimento de uma causa subjacente seja útil, elas oferecem uma solução elegante.

devem ser incluídas na lista **throws** de um método se ele puder gerar uma dessas exceções sem tratá-la. Elas se chamam *exceções verificadas*. Além das exceções de **java.lang**, Java define vários tipos de exceções associadas a outros pacotes, como **IOException**, já mencionada.

Criando subclasses de exceções

Embora as exceções internas de Java tratem os erros mais comuns, o mecanismo Java de tratamento de exceções não se limita a esses erros. Na verdade, parte do poder da abordagem que Java usa para as exceções está no tratamento dos tipos de exceções que criamos. Com o uso de exceções personalizadas, podemos gerenciar erros que tenham relação direta com nosso aplicativo. É fácil criar uma classe de exceção, só temos de definir uma subclasse de **Exception** (que, claro, é subclasse de **Throwable**). Nossas subclasses não precisam implementar nada – é sua existência no sistema de tipos que nos permite usá-las como exceções.

A classe **Exception** não define um método próprio, mas herda os métodos fornecidos por **Throwable**. Logo, todas as exceções, inclusive as criadas por nós, têm os métodos definidos por **Throwable** disponíveis para elas. Claro, podemos sobrepor um ou mais desses métodos nas subclasses de exceções que criarmos.

Aqui está um exemplo que cria uma exceção chamada **NonIntResultException**, gerada quando a divisão de dois valores inteiros produz um resultado com componente fracionário. **NonIntResultException** tem dois campos que armazenam os valores inteiros; um construtor e uma sobreposição do método **toString( )**, permitindo que a descrição da exceção seja exibida com o uso de **println( )**.

```
// Usa uma exceção personalizada.

// Cria uma exceção.
class NonIntResultException extends Exception {
  int n;
  int d;

  NonIntResultException(int i, int j) {
    n = i;
    d = j;
  }

  public String toString() {
    return "Result of " + n + " / " + d +
        " is non-integer.";
  }
}

class CustomExceptDemo {
  public static void main(String args[]) {

    // Aqui, numer contém alguns valores ímpares.
    int numer[] = { 4, 8, 15, 32, 64, 127, 256, 512 };
    int denom[] = { 2, 0, 4, 4, 0, 8 };
```

```
      for(int i=0; i<numer.length; i++) {
        try {
          if((numer[i]%2) != 0)
            throw new
              NonIntResultException(numer[i], denom[i]);

          System.out.println(numer[i] + " / " +
                             denom[i] + " is " +
                             numer[i]/denom[i]);
        }
        catch (ArithmeticException exc) {
          // captura a exceção
          System.out.println("Can't divide by Zero!");
        }
        catch (ArrayIndexOutOfBoundsException exc) {
          // captura a exceção
          System.out.println("No matching element found.");
        }
        catch (NonIntResultException exc) {
          System.out.println(exc);
        }
      }
    }
}
```

A saída do programa é mostrada abaixo:

```
4 / 2 is 2
Can't divide by Zero!
Result of 15 / 4 is non-integer.
32 / 4 is 8
Can't divide by Zero!
Result of 127 / 8 is non-integer.
No matching element found.
No matching element found.
```

Pergunte ao especialista

P: Quando devo usar o tratamento de exceções em um programa? Quando devo criar minhas próprias classes de exceção personalizadas?

R: Já que a API Java faz uso massivo de exceções para relatar erros, quase todos os programas do mundo real usam o tratamento de exceções. Essa é a parte do tratamento de exceções que a maioria dos programadores novos de Java acha fácil. É mais difícil decidir quando e como usar suas próprias exceções personalizadas. Em geral, os erros podem ser relatados de duas maneiras: com valores de retorno e exceções. Quando uma abordagem é melhor do que a outra? Uma resposta direta seria, em Java, o tratamento de exceções deve ser a norma. Certamente, retornar um código de erro é uma alternativa válida em alguns casos, mas as exceções fornecem uma maneira mais poderosa e estruturada de tratar erros. Elas são a maneira como os programadores profissionais de Java tratam erros em seu código.

Tente Isto 9-1   Adicione exceções à classe Queue

```
QueueFullException.java
QueueEmptyException.java
FixedQueue.java
QExcDemo.java
```

Neste projeto, você criará duas classes de exceções para serem usadas pelas classes de fila desenvolvidas no Projeto 8-1. Elas indicarão as condições de erro de fila cheia e fila vazia. Essas exceções podem ser lançadas pelos métodos **put( )** e **get( )**, respectivamente.

Para simplificar, o projeto adicionará as exceções à classe **FixedQueue**, mas você pode incorporá-las facilmente a outras classes de fila do Projeto 8-1.

1. Você criará dois arquivos que conterão as classes de exceção de fila. Chame o primeiro arquivo de **QueueFullException.java** e insira nele o seguinte:

   ```
   // Exceção para erros de fila cheia.
   public class QueueFullException extends Exception {
     int size;

     QueueFullException(int s) { size = s; }

     public String toString() {
       return "\nQueue is full. Maximum size is " +
           size;
     }
   }
   ```

   Uma **QueueFullException** será gerada quando for feita uma tentativa de armazenar um item em uma fila já cheia.

2. Crie o segundo arquivo, **QueueEmptyException.java**, e insira nele o código abaixo:

   ```
   // Uma exceção para erros de fila vazia.
   public class QueueEmptyException extends Exception {

     public String toString() {
       return "\nQueue is empty.";
     }
   }
   ```

   Uma **QueueEmptyException** será gerada quando for feita uma tentativa de remover um elemento de uma fila vazia.

3. Modifique a classe **FixedQueue** para que ela lance exceções quando um erro ocorrer, como mostrado aqui. Insira-a em um arquivo chamado **FixedQueue.java**.

   ```
   // Classe de fila de tamanho fixo para caracteres que usa exceções.
   class FixedQueue implements ICharQ {
     private char q[]; // esse array contém a fila
     private int putloc, getloc; // índices put e get

     // Constrói uma fila vazia dado seu tamanho.
     public FixedQueue(int size) {
       q = new char[size]; // aloca memória para a fila
   ```

```
      putloc = getloc = 0;
    }

    // Insere um caractere na fila.
    public void put(char ch)
      throws QueueFullException {

      if(putloc==q.length)
        throw new QueueFullException(q.length);

      q[putloc++] = ch;
    }

    // Remove um caractere da fila.
    public char get()
      throws QueueEmptyException {

      if(getloc == putloc)
        throw new QueueEmptyException();

      return q[getloc++];
    }
  }
```

Observe que duas etapas são necessárias para a inclusão de exceções em **FixedQueue**. Em primeiro lugar, **get( )** e **put( )** devem ter uma cláusula **throws** adicionada a suas declarações. Em segundo lugar, quando um erro ocorrer, esses métodos lançarão uma exceção. O uso de exceções permite que o código chamador trate o erro de uma maneira racional. Você deve lembrar que as versões anteriores apenas relatavam o erro. Lançar uma exceção é uma abordagem muito melhor.

4. Para testar a clase **FixedQueue** atualizada, use a classe **QExcDemo** mostrada aqui. Insira-a em um arquivo chamado **QExcDemo.java**:

```
// Demonstra as exceções de fila.
class QExcDemo {
  public static void main(String args[]) {
    FixedQueue q = new FixedQueue(10);
    char ch;
    int i;

    try {
      // excede a fila
      for(i=0; i < 11; i++) {
        System.out.print("Attempting to store : " +
                        (char) ('A' + i));
        q.put((char) ('A' + i));
        System.out.println(" - OK");
      }
      System.out.println();
    }
```

```
        catch (QueueFullException exc) {
          System.out.println(exc);
        }
        System.out.println();

        try {
          // tenta acessar elemento em fila vazia
          for(i=0; i < 11; i++) {
            System.out.print("Getting next char: ");
            ch = q.get();
            System.out.println(ch);
          }
        }
        catch (QueueEmptyException exc) {
          System.out.println(exc);
        }
      }
    }
```

5. Já que **FixedQueue** implementa a interface **ICharQ**, que define os dois métodos de fila **get( )** e **put( )**, **IcharQ** terá de ser alterada para refletir a cláusula **throws**. Essa é a interface **ICharQ** atualizada. Lembre-se, ela deve ficar em um arquivo próprio chamado **ICharQ.java**.

```
// Interface de fila de caracteres que lança exceções.
public interface ICharQ {
  // Insere um caractere na fila.
  void put(char ch) throws QueueFullException;

  // Retira um caractere da fila.
  char get() throws QueueEmptyException;
}
```

6. Agora, compile o arquivo **IQChar.java** atualizado. Em seguida, compile **FixedQueue.java**, **QueueFullException.java**, **QueueEmptyException.java** e **QExcDemo.java**. Para concluir, execute **QExcDemo**. Você verá a saída a seguir:

```
Attempting to store : A - OK
Attempting to store : B - OK
Attempting to store : C - OK
Attempting to store : D - OK
Attempting to store : E - OK
Attempting to store : F - OK
Attempting to store : G - OK
Attempting to store : H - OK
Attempting to store : I - OK
Attempting to store : J - OK
Attempting to store : K
Queue is full. Maximum size is 10

Getting next char: A
Getting next char: B
```

```
Getting next char: C
Getting next char: D
Getting next char: E
Getting next char: F
Getting next char: G
Getting next char: H
Getting next char: I
Getting next char: J
Getting next char:
Queue is empty.
```

✓ Teste do Capítulo 9

1. Que classe fica no topo da hierarquia de exceções?

2. Explique resumidamente como **try** e **catch** são usados.

3. O que está errado neste fragmento?

   ```
   // ...
   vals[18] = 10;
   catch (ArrayIndexOutOfBoundsException exc) {
     // trata erro
   }
   ```

4. O que acontece quando uma exceção não é capturada?

5. O que está errado no fragmento seguinte?

   ```
   class A extends Exception { ...

   class B extends A { ...

   // ...

   try {
     // ...
   }
   catch (A exc) { ... }
   catch (B exc) { ... }
   ```

6. Um **catch** interno pode relançar uma exceção para um **catch** externo?

7. O bloco **finally** é a última parte do código executada antes de o programa terminar. Isso é verdadeiro ou falso? Explique sua resposta.

8. Que tipo de exceções deve ser declarado explicitamente na cláusula **throws** de um método?

9. O que está errado neste fragmento?

   ```
   class MyClass { // ... }
   // ...
   throw new MyClass();
   ```

10. Na Questão 3 do Teste do Capítulo 6, você criou uma classe **Stack**. Adicione exceções personalizadas à sua classe que relatem condições de pilha cheia e pilha vazia.

11. Quais são as três maneiras pelas quais uma exceção pode ser gerada?

12. Quais são as duas subclasses diretas de **Throwable**?

13. O que é o recurso multi-catch?

14. Normalmente, um código deve capturar exceções de tipo **Error**?

Capítulo 10

Usando I/O

Principais habilidades e conceitos

- Entender o fluxo
- Saber a diferença entre fluxos de bytes e de caracteres
- Conhecer as classes de fluxos de bytes Java
- Conhecer as classes de fluxos de caracteres Java
- Conhecer os fluxos predefinidos
- Usar fluxos de bytes
- Usar fluxos de bytes para I/O de arquivo
- Fechar automaticamente um arquivo usando **try**-with-resources
- Ler e gravar dados binários
- Usar arquivos de acesso aleatório
- Usar fluxos de caracteres
- Usar fluxos de caracteres para I/O de arquivo
- Aplicar encapsuladores de tipo Java para converter strings numéricos

Desde o começo deste livro, você vem usando partes do sistema de I/O Java, como a instrução **println( )**. No entanto, fez isso sem muita explicação formal. Já que o sistema de I/O Java é baseado na hierarquia de classes, não foi possível apresentar sua teoria e detalhes sem antes discutir as classes, a herança e as exceções. Agora é hora de você ver a abordagem usada por Java para I/O.

Prepare-se, porque o sistema de I/O Java é bem grande, contendo muitas classes, interfaces e métodos. Parte da razão de seu tamanho é que Java define dois sistemas de I/O completos: um para I/O de bytes e o outro para I/O de caracteres. Não será possível discutir todos os aspectos de I/O Java aqui. (Um livro inteiro poderia ser facilmente dedicado ao sistema de I/O Java!) No entanto, este capítulo apresentará os recursos mais usados e importantes. Felizmente, o sistema de I/O Java é coeso e coerente; uma vez que você entenda seus aspectos básicos, o resto será fácil de dominar.

Antes de começarmos, é necessário fazer uma observação importante. As classes de I/O descritas neste capítulo dão suporte à I/O de arquivo e à I/O de console com base em texto. Elas não são usadas para criar interfaces gráficas de usuário (GUIs). Logo, você não as usará para criar aplicativos de janelas, por exemplo. No entanto, Java *inclui* um suporte significativo à construção de interfaces gráficas de usuário. Os aspectos básicos da programação de GUIs são encontrados no Capítulo

15, onde os applets são introduzidos, no Capítulo 16, que oferece uma introdução a Swing, e no Capítulo 17, que apresenta uma visão geral de JavaFX. (Swing e JavaFX são dois kits de ferramentas Java para GUIs.)

I/O Java é baseado em fluxos

Os programas Java executam I/O por intermédio de fluxos. Um fluxo de I/O é uma abstração que produz ou consome informações. Ele é vinculado a um dispositivo físico pelo sistema de I/O Java. Todos os fluxos se comportam igualmente, mesmo que os dispositivos físicos aos quais estejam vinculados sejam diferentes. Logo, as mesmas classes e métodos de I/O podem ser aplicados a qualquer tipo de dispositivo. Por exemplo, os mesmos métodos usados para gravação no console também podem ser usados na gravação em um arquivo em disco. Java implementa os fluxos de I/O dentro de hierarquias de classes definidas no pacote **java.io**.

Fluxos de bytes e fluxos de caracteres

Versões modernas de Java definem dois tipos de fluxos de I/O: de bytes e de caracteres. (A versão original de Java definia só o fluxo de bytes, mas os fluxos de caracteres foram rapidamente adicionados.) Os fluxos de bytes fornecem um meio conveniente para o tratamento de entrada e saída de bytes. Eles são usados, por exemplo, na leitura ou gravação de dados binários. São especialmente úteis no trabalho com arquivos. Os fluxos de caracteres foram projetados para o tratamento da entrada e saída de caracteres. Eles usam o Unicode e, portanto, podem ser internacionalizados. Além disso, em alguns casos, os fluxos de caracteres são mais eficientes do que os fluxos de bytes.

O fato de Java definir dois tipos de fluxos diferentes aumenta muito o sistema de I/O, porque dois conjuntos de hierarquias de classes separados (um para bytes e outro para caracteres) são necessários. O grande número de classes pode fazer o sistema de I/O parecer mais assustador do que realmente é. Lembre-se apenas de que a funcionalidade dos fluxos de bytes é, em grande parte, equivalente à funcionalidade dos fluxos de caracteres.

Outra coisa: no nível mais baixo, todo I/O continua orientado a bytes. Os fluxos baseados em caracteres apenas fornecem um meio conveniente e eficiente de tratamento de caracteres.

Classes de fluxos de bytes

Os fluxos de bytes são definidos com uso de duas hierarquias de classes. No topo delas estão duas classes abstratas: **InputStream** e **OutputStream**. **InputStream** define as características comuns a fluxos de entrada de bytes e **OutputStream** descreve o comportamento dos fluxos de saída de bytes.

A partir de **InputStream** e **OutputStream**, são criadas muitas subclasses concretas que oferecem funcionalidade variada e tratam os detalhes de leitura e gravação em vários dispositivos, como os arquivos em disco. As classes de fluxo de bytes são mostradas na Tabela 10-1. Não se intimide com o número de classes diferentes. Uma vez que você conseguir usar um fluxo de bytes, os outros serão fáceis de dominar.

Tabela 10-1 Classes de fluxo de bytes

Classe de fluxo de bytes	Significado
BufferedInputStream	Fluxo de entrada armazenado em buffer
BufferedOutputStream	Fluxo de saída armazenado em buffer
ByteArrayInputStream	Fluxo de entrada que lê de um array de bytes
ByteArrayOutputStream	Fluxo de saída que grava em um array de bytes
DataInputStream	Fluxo de entrada que contém métodos para a leitura dos tipos de dados padrão Java
DataOutputStream	Fluxo de saída que contém métodos para a gravação dos tipos de dados padrão Java
FileInputStream	Fluxo de entrada que lê de um arquivo
FileOutputStream	Fluxo de saída que grava em um arquivo
FilterInputStream	Implementa **InputStream**
FilterOutputStream	Implementa **OutputStream**
InputStream	Classe abstrata que descreve a entrada em fluxo
ObjectInputStream	Fluxo de entrada para objetos
ObjectOutputStream	Fluxo de saída para objetos
OutputStream	Classe abstrata que descreve a saída em fluxo
PipedInputStream	Pipe de entrada
PipedOutputStream	Pip de saída
PrintStream	Fluxo de saída que contém **print( )** e **println( )**
PushbackInputStream	Fluxo de entrada que permite que bytes sejam retornados para o fluxo
SequenceInputStream	Fluxo de entrada que é uma combinação de dois ou mais fluxos de entrada que serão lidos sequencialmente, um após o outro

Classes de fluxos de caracteres

Os fluxos de caracteres são definidos com o uso de duas hierarquias de classes encabeçadas pelas seguintes duas classes abstratas: **Reader** e **Writer**. **Reader** é usada para entrada e **Writer** para saída. As classes concretas derivadas de **Reader** e **Writer** operam com fluxos de caracteres Unicode.

De **Reader** e **Writer** são derivadas muitas subclasses concretas que tratam várias situações de I/O. Em geral, as classes baseadas em caracteres são equivalentes às classes baseadas em bytes. As classes de fluxos de caracteres são mostradas na Tabela 10-2.

Tabela 10-2 Classes de I/O de fluxo de caracteres

Classe de fluxo de caracteres	Significado
BufferedReader	Fluxo de caractere de entrada armazenado em buffer
BufferedWriter	Fluxo de caractere de saída armazenado em buffer
CharArrayReader	Fluxo de entrada que lê de um array de caracteres
CharArrayWriter	Fluxo de saída que grava em um array de caracteres
FileReader	Fluxo de entrada que lê de um arquivo
FileWriter	Fluxo de saída que grava em um arquivo
FilterReader	Leitor filtrado
FilterWriter	Gravador filtrado
InputStreamReader	Fluxo de entrada que converte bytes em caracteres
LineNumberReader	Fluxo de entrada que conta linhas
OutputStreamWriter	Fluxo de saída que converte caracteres em bytes
PipedReader	Pipe de entrada
PipedWriter	Pipe de saída
PrintWriter	Fluxo de saída que contém **print( )** e **println( )**
PushbackReader	Fluxo de entrada que permite que caracteres sejam retornados para o fluxo
Reader	Classe abstrata que descreve a entrada de caracteres em fluxo
StringReader	Fluxo de entrada que lê de um string
StringWriter	Fluxo de saída que grava em um string
Writer	Classe abstrata que descreve a saída de caracteres em fluxo

Fluxos predefinidos

Como você sabe, todos os programas Java importam automaticamente o pacote **java.lang**. Esse pacote define uma classe chamada **System**, que encapsula vários aspectos do ambiente de tempo de execução. Entre outras coisas, ela contém três variáveis de fluxo predefinidas, chamadas **in**, **out** e **err**. Esses campos são declarados como **public**, **final** e **static** dentro de **System**, ou seja, podem ser usados por qualquer parte do programa e sem referência a um objeto **System** específico.

System.out é o fluxo de saída básico; por padrão, ele usa o console. **System.in** é a entrada básica que, por padrão, é o teclado. **System.err** é o fluxo de erro básico que, por padrão, também usa o console. No entanto, esses fluxos podem ser redirecionados para qualquer dispositivo de I/O compatível.

System.in é um objeto de tipo **InputStream**; **System.out** e **System.err** são objetos de tipo **PrintStream**. Eles são fluxos de bytes, mesmo que normalmente sejam usados na leitura e gravação de caracteres no console. São fluxos de bytes e não de caracteres, porque os fluxos predefinidos faziam parte da especificação original de Java, que não incluía os fluxos de caracteres. Como veremos, é possível encapsulá-los em fluxos baseados em caracteres, se desejado.

Usando os fluxos de bytes

Começaremos nosso estudo de I/O Java com os fluxos de bytes. Como explicado, no topo da hierarquia de fluxos de bytes estão as classes **InputStream** e **OutputStream**. A Tabela 10-3 mostra os métodos de **InputStream** e a Tabela 10-4 mostra os de **OutputStream**. Em geral, os métodos de **InputStream** e **OutputStream** podem lançar uma **IOException** em caso de erro. Os métodos definidos por essas duas classes abstratas estão disponíveis para todas as suas subclasses. Logo, formam um conjunto mínimo de funções de I/O que todos os fluxos de bytes terão.

Lendo a entrada do console

Originalmente, a única maneira de ler entradas do console era usar um fluxo de bytes e muitos códigos Java ainda usam somente fluxos de bytes. Atualmente, você pode usar fluxos de bytes ou de caracteres. Para códigos comerciais, o método preferido de leitura de entradas no console é com um fluxo orientado a caracteres. Isso facilita a internacionalização e a manutenção do programa. Também é mais conveniente operar diretamente com caracteres em vez de fazer conversões repetidas entre caracteres e bytes. No entanto, para exemplos de programas, programas utilitários simples de uso próprio e aplicativos que lidem com entradas brutas do teclado, é aceitável usar os fluxos de bytes. Logo, I/O de console que faz uso de fluxos de bytes será examinada aqui.

Tabela 10-3 Métodos definidos por **InputStream**

Método	Descrição
int available( )	Retorna o número de bytes de entrada atualmente disponíveis para leitura.
void close( )	Fecha a origem da entrada. Tentativas de leitura adicionais gerarão uma **IOException**.
void mark(int *numBytes*)	Insere uma marca no ponto atual do fluxo de entrada que permanecerá válida até *numBytes* bytes serem lidos.
boolean markSupported( )	Retorna **true** se **mark( )**/**reset( )** tiverem suporte no fluxo chamador.
int read( )	Retorna uma representação em inteiros do próximo byte disponível da entrada. É retornado −1 quando o fim do fluxo é alcançado.
int read(byte *buffer*[ ])	Tenta ler até *buffer.length* bytes em *buffer* e retorna o número de bytes que foram lidos com sucesso. É retornado −1 quando o fim do fluxo é alcançado.
int read(byte *buffer*[ ], int *deslocamento*, int *numBytes*)	Tenta ler até *numBytes* bytes em *buffer* começando em *buffer*[*deslocamento*] e retornando o número de bytes lidos com sucesso. É retornado −1 quando o fluxo é alcançado.
void reset( )	Volta o ponteiro da entrada à marca definida anteriormente.
long skip(long *numBytes*)	Ignora (isto é, salta) *numBytes* bytes da entrada, retornando o número de bytes ignorados.

Tabela 10-4   Métodos definidos por **OutputStream**

Método	Descrição
void close( )	Fecha o fluxo de saída. Tentativas de gravação adicionais gerarão uma **IOException**.
void flush( )	Faz qualquer saída que tiver sido armazenada em buffer ser enviada para seu destino, isto é, esvazia o buffer de saída.
void write(int *b*)	Grava um único byte em um fluxo de saída. Observe que o parâmetro é um **int**, e isso permite que você chame **write( )** com expressões sem ter que convertê-las novamente para **byte**.
void write(byte *buffer*[ ])	Grava um array de bytes completo em um fluxo de saída.
void write(byte *buffer*[ ], int *deslocamento*, int *numBytes*)	Grava um subconjunto de **numBytes** bytes a partir do array **buffer**, começando em **buffer**[**deslocamento**].

Já que **System.in** é instância de **InputStream**, temos automaticamente acesso aos métodos definidos por **InputStream**. Infelizmente, **InputStream** só define um método de entrada, **read( )**, que lê bytes. Há três versões de **read( )**, que são mostradas abaixo:

int read( ) throws IOException
int read(byte *dados*[ ]) throws IOException
int read(byte *dados*[ ], int *início*, int *max*) throws IOException

No Capítulo 3, você viu como usar a primeira versão de **read( )** para ler um único caractere a partir do teclado (a partir de **System.in**). Ela retorna –1 quando o fim do fluxo é alcançado. A segunda versão lê bytes no fluxo de entrada e os insere em *dados* até o array ficar cheio, o fim do fluxo ser alcançado ou um erro ocorrer. Ela retorna o número de bytes lidos ou –1 quando o fim do fluxo é alcançado. A terceira versão lê a entrada em *dados* começando no local especificado por *início*. Até *max* bytes podem ser armazenados. Ela retorna o número de bytes lidos ou –1 quando o fim do fluxo é alcançado. Todas lançam uma **IOException** quando um erro ocorre. Na leitura a partir de **System.in**, o pressionamento de ENTER gera uma condição de fim de fluxo.

Aqui está um programa que demonstra a leitura de um array de bytes a partir de **System.in**. Observe que qualquer exceção de I/O que posa ser gerada é lançada para fora de **main( )**. Essa abordagem é comum na leitura a partir do console, mas você pode tratar esses tipos de erros por conta própria, se quiser.

```
// Lê um array de bytes a partir do teclado.

import java.io.*;

class ReadBytes {
  public static void main(String args[])
    throws IOException {
    byte data[] = new byte[10];

    System.out.println("Enter some characters.");
```

```
         System.in.read(data);    ←————————  Lê um array de bytes a partir do teclado.
         System.out.print("You entered: ");
         for(int i=0; i < data.length; i++)
            System.out.print((char) data[i]);
   }
}
```

    Veja um exemplo de execução:

```
Enter some characters.
Read Bytes
You entered: Read Bytes
```

Gravando a saída do console

Como no caso da entrada do console, originalmente Java só fornecia fluxos de bytes para a saída no console. Java 1.1 adicionou os fluxos de caracteres. Para obtenção de um código mais portável, fluxos de caracteres são recomendados. No entanto, já que **System.out** é um fluxo de bytes, a saída no console baseada em bytes ainda é amplamente usada. Na verdade, todos os programas deste livro vistos até agora a usaram! Logo, ela será examinada aqui.

    A saída no console é obtida mais facilmente com os métodos **print( )** e **println( )**, que você já conhece. Esses métodos são definidos pela classe **PrintStream** (que é o tipo do objeto referenciado por **System.out**). Mesmo com **System.out** sendo um fluxo de bytes, é aceitável usar esse fluxo para saídas simples no console.

    Já que **PrintStream** é um fluxo de saída derivado de **OutputStream**, ele também implementa o método de baixo nível **write( )**. Portanto, é possível gravar no console usando **write( )**. A forma mais simples de **write( )** definida por **PrintStream** é mostrada abaixo:

void write(int *valbyte*)

Esse método grava o byte especificado por *valbyte* no arquivo. Embora *valbyte* seja declarada como um inteiro, só os 8 bits de ordem inferior são gravados. Veja um exemplo curto que usa **write( )** para exibir o caractere X seguido por uma nova linha:

```
// Demonstra System.out.write().
class WriteDemo {
  public static void main(String args[]) {
    int b;

    b = 'X';
    System.out.write(b);    ←————————  Exibe um byte na tela.
    System.out.write('\n');
  }
}
```

    Você não usará **write( )** com frequência para gravar a saída no console (embora possa ser útil em algumas situações), já que **print( )** e **println( )** são bem mais fáceis de usar.

    PrintStream fornece dois métodos de saída adicionais: **printf( )** e **format( )**. Os dois proporcionam um controle minucioso sobre o formato dos dados gravados.

Por exemplo, você pode especificar o número de casas decimais exibidas, a largura de campo mínima ou o formato de um valor negativo. Embora esses métodos não sejam usados nos exemplos deste livro, são recursos que você vai querer examinar ao progredir em seu conhecimento de Java.

Lendo e gravando arquivos usando fluxos de bytes

Java fornece várias classes e métodos que permitem a leitura e gravação de arquivos. É claro que os tipos de arquivos mais comuns são os em disco. Em Java, todos os arquivos são orientados a bytes e a linguagem fornece métodos para a leitura e gravação de bytes em um arquivo. Logo, é muito comum ler e gravar arquivos usando fluxos de bytes. No entanto, Java permite o encapsulamento de um fluxo de arquivo orientado a bytes dentro de um objeto baseado em caracteres, o que será mostrado posteriormente neste capítulo.

Para criar um fluxo de bytes vinculado a um arquivo, use **FileInputStream** ou **FileOutputStream**. Para abrir um arquivo, simplesmente crie um objeto de uma dessas classes, especificando o nome do arquivo como argumento do construtor. Uma vez que o arquivo for aberto, você poderá ler e gravar nele.

Gerando entradas em um arquivo

Um arquivo é aberto para gerar entradas com a criação de um objeto **FileInputStream**. O construtor abaixo é muito usado:

FileInputStream(String *nomeArquivo*) throws FileNotFoundException

Aqui, *nomeArquivo* especifica o nome do arquivo que você deseja abrir. Se ele não existir, uma **FileNotFoundException** será lançada. **FileNotFoundException** é subclasse de **IOException**.

Para ler em um arquivo, você pode usar **read( )**. A versão que usaremos é a mostrada a seguir:

int read( ) throws IOException

Sempre que é chamado, **read( )** lê um único byte no arquivo e o retorna como um valor inteiro. Ela retorna –1 quando o fim do fluxo é alcançado e lança uma **IOException** quando ocorre um erro. Portanto, essa versão de **read( )** é igual à usada na leitura a partir do console.

Quando tiver terminado de usar um arquivo, você deve fechá-lo chamando o método **close( )**. Sua forma geral é mostrada abaixo:

void close( ) throws IOException

O fechamento de um arquivo libera os recursos do sistema alocados para ele, permitindo que sejam usados por outro arquivo. Não fechar um arquivo pode resultar em "vazamentos de memória", porque recursos não usados permanecem alocados.

O programa a seguir usa **read( )** para acessar e exibir o conteúdo de um arquivo de texto, cujo nome é especificado como argumento de linha de comando. Repare como os blocos **try/catch** tratam os erros de I/O que podem ocorrer.

```java
/* Exibe um arquivo de texto.

   Para usar este programa, especifique
   o nome do arquivo que deseja ver.
   Por exemplo, para ver um arquivo chamado
   TEST.TXT, use a linha de comando abaixo.

   java ShowFile TEST.TXT
*/

import java.io.*;

class ShowFile {
  public static void main(String args[])
  {
    int i;
    FileInputStream fin;

    // Primeiro verifica se um arquivo foi especificado.
    if(args.length != 1) {
      System.out.println("Usage: ShowFile File");
      return;
    }

    try {
      fin = new FileInputStream(args[0]);    ←——————— Abre o arquivo.
    } catch(FileNotFoundException exc) {
      System.out.println("File Not Found");
      return;
    }

    try {
      // lê bytes até o EOF ser alcançado
      do {
        i = fin.read();    ←——————— Lê o arquivo.
        if(i != -1) System.out.print((char) i);
      } while(i != -1);    ←——————— Quando i for igual a –1, o fim
    } catch(IOException exc) {                        do arquivo foi alcançado.
      System.out.println("Error reading file.");
    }

    try {
      fin.close();    ←——————— Fecha o arquivo.
    } catch(IOException exc) {
      System.out.println("Error closing file.");
    }
  }
}
```

Observe que o exemplo anterior fecha o fluxo após o bloco **try** que lê o arquivo terminado. Embora ocasionalmente essa abordagem seja útil, Java dá suporte a uma variação que com frequência é uma opção melhor. A variação chama **close( )** dentro de um bloco **finally**. Nessa abordagem, todos os métodos que acessam o arquivo ficam dentro de um bloco **try** e o bloco **finally** é usado para fechar o arquivo. Dessa forma, independentemente de como o bloco **try** termine, o arquivo será fechado. Usando o exemplo anterior, vejamos como o bloco **try** que lê o arquivo pode ser recodificado:

```
try {
  do {
    i = fin.read();
    if(i != -1) System.out.print((char) i);
  } while(i != -1);
} catch(IOException exc) {
  System.out.println("Error Reading File");
} finally {
  // Fecha o arquivo quando está para sair do bloco try.
  try {
    fin.close();
  } catch(IOException exc) {
    System.out.println("Error Closing File");
  }
}
```

Usa uma cláusula **finally** para fechar o arquivo.

Em geral, uma vantagem dessa abordagem é que, se o código que acessa um arquivo for encerrado devido a alguma exceção não relacionada à I/O, mesmo assim o arquivo será fechado pelo bloco **finally**. Embora não seja uma questão importante nesse exemplo (ou na maioria dos outros exemplos de programa) porque o programa simplesmente termina se uma exceção inesperada ocorrer, isso pode ser uma grande fonte de problemas em programas maiores. O uso de **finally** evita esse incômodo.

Às vezes, é mais fácil encapsular as partes de um programa referentes à abertura e ao acesso do arquivo dentro do mesmo bloco **try** (em vez de separar as duas) e então usar um bloco **finally** para fechar o arquivo. Por exemplo, aqui está outra maneira de escrever o programa **ShowFile**:

```
/* Esta variação encapsula o código que abre
   e acessa o arquivo dentro do mesmo bloco try.
   O arquivo é fechado pelo bloco finally.
*/

import java.io.*;

class ShowFile {
  public static void main(String args[])
  {
    int i;
    FileInputStream fin = null;
```

Aqui, **fin** é inicializada com **null**.

```
      // Primeiro, confirma se um nome de arquivo foi especificado.
      if(args.length != 1) {
        System.out.println("Usage: ShowFile filename");
        return;
      }

      // a seguir abre um arquivo, lê caracteres até EOF ser alcançado
      // e então fecha o arquivo via um bloco finally.
      try {
        fin = new FileInputStream(args[0]);

        do {
          i = fin.read();
          if(i != -1) System.out.print((char) i);
        } while(i != -1);

      } catch(FileNotFoundException exc) {
        System.out.println("File Not Found.");
      } catch(IOException exc) {
        System.out.println("An I/O Error Occurred");
      } finally {
        // Fecha o arquivo em todos os casos.
        try {
          if(fin != null) fin.close();       ←——————— Só fecha fin se não for null.
        } catch(IOException exc) {
          System.out.println("Error Closing File");
        }
      }
    }
}
```

Nessa abordagem, observe que **fin** é inicializada com **null**. Em seguida, no bloco **finally**, o arquivo só é fechado se **fin** não for **null**. Isso funciona porque **fin** só será diferente de **null** se o arquivo for aberto com sucesso. Logo, **close( )** não será chamado se uma exceção ocorrer na abertura do arquivo.

É possível compactar um pouco mais a sequência **try/catch** do exemplo anterior. Já que **FileNotFoundException** é subclasse de **IOException**, ela não precisa ser capturada separadamente. Por exemplo, essa cláusula catch poderia ser usada para capturar as duas exceções, eliminando a necessidade de captura de **FileNotFoundException** separadamente. Nesse caso, a mensagem de exceção padrão, que descreve o erro, é exibida.

```
...
} catch(IOException exc) {
  System.out.println("I/O Error: " + exc);
} finally {
...
```

> **Pergunte ao especialista**
>
> **P:** Notei que read( ) retorna –1 quando se chega ao fim do arquivo, mas que não tem um valor de retorno especial para um erro de arquivo. Por que não?
>
> **R:** Em Java, erros são tratados por exceções. Portanto, se **read( )**, ou qualquer outro método de I/O, retornar um valor, não ocorreu erro. Essa é uma maneira muito mais limpa do que tratar erros de I/O usando códigos de erro especiais.

Nessa abordagem, qualquer erro, inclusive de abertura de arquivo, será tratado pela única instrução **catch** existente. Devido à sua concisão, essa é a abordagem usada pela maioria dos exemplos de I/O do livro. No entanto, é preciso cuidado, porque ela não será apropriada se quisermos lidar separadamente com uma falha de abertura de arquivo, como pode ocorrer se um usuário digitar errado o nome do arquivo. Em tal situação, poderíamos solicitar o nome correto, por exemplo, antes de entrar em um bloco **try** que acesse o arquivo.

Gravando em um arquivo

Para abrir um arquivo para saída, crie um objeto **FileOutputStream**. Aqui estão dois construtores normalmente utilizados:

FileOutputStream(String *nomeArquivo*) throws FileNotFoundException

FileOutputStream(String *nomeArquivo*, boolean *incluir*)
    throws FileNotFoundException

Se o arquivo não puder ser criado, uma **FileNotFoundException** será lançada. Na primeira forma, quando um arquivo de saída é aberto, qualquer arquivo preexistente com o mesmo nome é destruído. Na segunda forma, se *incluir* for igual a **true**, a saída será acrescida ao fim do arquivo. Caso contrário, o arquivo será sobreposto.

Para gravar em um arquivo, você usará o método **write( )**. Sua forma mais simples é mostrada aqui:

void write(int *valbyte*) throws IOException

Esse método grava o byte especificado por *valbyte* no arquivo. Embora *valbyte* seja declarada como um inteiro, só os 8 bits de ordem inferior são gravados no arquivo. Se um erro ocorrer durante a gravação, uma **IOException** será lançada.

Uma vez que você tiver terminado de usar um arquivo de saída, deve fechá-lo usando o método **close( )**, mostrado abaixo:

void close( ) throws IOException

O fechamento de um arquivo libera os recursos do sistema alocados para ele, permitindo que sejam usados por outro arquivo. Também assegura que saídas remanescentes em um buffer de saída sejam realmente gravadas no dispositivo físico.

Capítulo 10   Usando I/O   **333**

O exemplo a seguir copia um arquivo de texto. Os nomes dos arquivos de origem e destino são especificados na linha de comando:

```
/* Copia um arquivo de texto.
   Para usar esse programa, especifique o nome do
   arquivo de origem e do arquivo de destino.
   Por exemplo, para copiar um arquivo chamado FIRST.TXT
   em um arquivo chamado SECOND.TXT, use a linha de comando
   a seguir.

   java CopyFile FIRST.TXT SECOND.TXT
*/

import java.io.*;

class CopyFile {
  public static void main(String args[]) throws IOException
  {
    int i;
    FileInputStream fin = null;
    FileOutputStream fout = null;

    // Primeiro verifica se os dois arquivos foram especificados.
    if(args.length != 2) {
      System.out.println("Usage: CopyFile from to");
      return;
    }

    // Copia um arquivo.
    try {
      // Tenta abrir os arquivos.
      fin = new FileInputStream(args[0]);
      fout = new FileOutputStream(args[1]);

      do {
        i = fin.read();              // Lê bytes em um arquivo
        if(i != -1) fout.write(i);   // e grava-os em outro.
      } while(i != -1);

    } catch(IOException exc) {
      System.out.println("I/O Error: " + exc);
    } finally {
      try {
        if(fin != null) fin.close();
      } catch(IOException exc) {
        System.out.println("Error Closing Input File");
      }
      try {
```

```
            if(fout != null) fout.close();
        } catch(IOException exc) {
            System.out.println("Error Closing Output File");
        }
      }
    }
}
```

Fechando automaticamente um arquivo

Na seção anterior, os exemplos de programas fizeram chamadas explícitas a **close( )** para fechar um arquivo quando ele não era mais necessário. É assim que os arquivos têm sido fechados desde que Java foi criada. Como resultado, essa abordagem está disseminada nos códigos existentes. Além disso, ela é válida e útil, porém, a partir de JDK 7, Java incluiu uma novidade que oferece uma maneira mais otimizada de gerenciar recursos, como os fluxos de arquivo, automatizando o processo de fechamento. Ela se baseia em outra versão da instrução **try** chamada *try-with-resources*, e que também é conhecida como *gerenciamento automático de recursos*. A principal vantagem do **try**-with-resources é a de ele impedir a ocorrência de situações em que um arquivo (ou outro recurso) não é liberado quando não é mais necessário. Como explicado, esquecer de fechar um arquivo pode resultar em vazamentos de memória e levar a outros problemas.

A instrução **try**-with-resources tem a seguinte forma geral:

try (*especificação-recurso*) {
 // usa o recurso
}

Aqui, *especificação-recurso* é uma instrução que declara e inicializa um recurso, como um arquivo. Ela é composta por uma declaração de variável, em que a variável é inicializada com uma referência ao objeto que está sendo gerenciado. Quando o bloco **try** termina, o recurso é liberado automaticamente. Ou seja, no caso de um arquivo, ele é fechado automaticamente. (Logo, não há necessidade de chamar **close( )** explicitamente.) Uma instrução **try**-with-resources também pode incluir cláusulas **catch** e **finally**.

A instrução **try**-with-resources só pode ser usada com os recursos que implementam a interface **AutoCloseable** definida por **java.lang**. Essa interface define o método **close( )**. **AutoCloseable** é herdada pela interface Closeable definida por **java.io**. As duas interfaces são implementadas pelas classes de fluxo, inclusive **FileInputStream** e **FileOutputStream**. Portanto, **try**-with-resources pode ser usada no trabalho com fluxos, o que inclui os fluxos de arquivo.

Como primeiro exemplo do fechamento automático de um arquivo, esta é uma versão retrabalhada do programa **ShowFile** que o usa:

```
/* Esta versão do programa ShowFile usa uma instrução try-with-resources
   para fechar automaticamente um arquivo quando ele não é mais necessário.
*/

import java.io.*;
```

```
class ShowFile {
  public static void main(String args[])
  {
    int i;

    // Primeiro, confirma se um nome de arquivo foi especificado.
    if(args.length != 1) {
      System.out.println("Usage: ShowFile filename");
      return;
    }

    // O código a seguir usa try-with-resources para abrir um arquivo
    // e depois fechá-lo automaticamente quando o bloco try é deixado.
    try(FileInputStream fin = new FileInputStream(args[0])) {    ← Bloco try-with-resources

      do {
        i = fin.read();
        if(i != -1) System.out.print((char) i);
      } while(i != -1);

    } catch(IOException exc) {
      System.out.println("I/O Error: " + exc);
    }
  }
}
```

No programa, preste atenção em como o arquivo é aberto com a instrução **try--with-resources**:

```
try(FileInputStream fin = new FileInputStream(args[0])) {
```

Observe como a parte de **try** referente à especificação do recurso declara um **FileInputStream** chamado **fin**, que então recebe uma referência ao arquivo aberto por seu construtor. Logo, nessa versão do programa, a variável **fin** é local do bloco **try**, sendo criada quando entramos nele. Quando saímos de **try**, o arquivo associado a **fin** é fechado automaticamente por uma chamada implícita a **close( )**. Não precisamos chamar **close( )** explicitamente, ou seja, não vamos esquecer de fechar o arquivo. Essa é uma vantagem-chave do gerenciamento automático de recursos.

É importante entender que o recurso declarado na instrução **try** é implicitamente **final**, isto é, você não pode redefinir o recurso após ele ter sido criado. Além disso, o escopo do recurso está limitado à instrução **try**-with-resources.

Você pode gerenciar mais de um recurso dentro da mesma instrução **try**. Para fazê-lo, simplesmente separe cada especificação de recurso com um ponto e vírgula. O programa a seguir mostra um exemplo. Ele refaz o programa **CopyFile** mostrado anteriormente, para que use a mesma instrução **try**-with-resources para gerenciar tanto **fin** quanto **fout**.

```
/* Versão de CopyFile que usa try-with-resources.
   Ela demonstra dois recursos (nesse caso arquivos)
   gerenciados pela mesma instrução try.
```

```
*/

import java.io.*;

class CopyFile {
  public static void main(String args[]) throws IOException
  {
    int i;

    // Primeiro, confirma se os dois arquivos foram especificados.
    if(args.length != 2) {
      System.out.println("Usage: CopyFile from to");
      return;
    }

    // Abre e gerencia dois arquivos com a instrução try.
    try (FileInputStream fin = new FileInputStream(args[0]);
         FileOutputStream fout = new FileOutputStream(args[1]))
    {

      do {
        i = fin.read();
        if(i != -1) fout.write(i);
      } while(i != -1);

    } catch(IOException exc) {
      System.out.println("I/O Error: " + exc);
    }
  }
}
```

Gerencia dois recursos.

Nesse programa, observe como os arquivos de entrada e saída são abertos dentro de **try**:

```
try (FileInputStream fin = new FileInputStream(args[0]);
     FileOutputStream fout = new FileOutputStream(args[1]))
{
```

Quando esse bloco **try** terminar, tanto **fin** quanto **fout** terão sido fechados. Se você comparar essa versão do programa com a versão anterior, verá que ela é muito mais curta. A otimização do código-fonte é um benefício adicional de **try--with-resources**.

Há outro aspecto de **try**-with-resources que precisa ser mencionado. Em geral, quando um bloco try é executado, é possível que uma exceção ocorrida nele leve à outra exceção quando o recurso é fechado em uma cláusula **finally**. No caso de uma instrução **try** "comum", a exceção original é perdida, sendo substituída pela segunda exceção. No entanto, em uma instrução **try**-with-resources, a segunda exceção é suprimida, mas não é perdida. Em vez disso, ela é adicionada à lista de exceções *suprimidas* associadas à primeira exceção. A lista de exceções suprimidas pode ser obtida com o uso do método **getSupressed( )** definido por **Throwable**.

Devido a essas vantagens, **try**-with-resources será usada pelos exemplos restantes deste capítulo. Contudo, também é muito importante que você conheça a abordagem tradicional já mostrada em que **close( )** é chamado explicitamente. Há várias razões para isso. Em primeiro lugar, há códigos legados que ainda se baseiam na abordagem tradicional. É importante que todos os programadores de Java conheçam bem e saibam usar a abordagem tradicional para fazer a manutenção e atualização desses códigos mais antigos. Em segundo lugar, durante algum tempo, você pode ter de trabalhar em um ambiente anterior ao JDK 7. Nessa situação, a instrução **try-with-resources** não estará disponível e a abordagtem tradicional deve ser empregada. Para concluir, podem surgir casos em que o fechamento explícito de um recurso seja mais apropriado do que a abordagem automatizada. À parte o que já foi visto, se você estiver usando o JDK 7, o JDK 8, ou uma versão posterior, provavelmente vai querer usar a nova abordagem automatizada para gerenciar recursos. Ela oferece uma alternativa otimizada e robusta à abordagem tradicional.

Lendo e gravando dados binários

Até agora, lemos e gravamos apenas bytes contendo caracteres ASCII, mas é possível – na verdade, comum – ler e gravar outros tipos de dados. Por exemplo, poderíamos querer criar um arquivo contendo **int**s, **double**s ou **short**s. Para ler e gravar valores binários de tipos primitivos Java, usaremos **DataInputStream** e **DataOutputStream**.

DataOutputStream implementa a interface **DataOutput**. Essa interface define métodos que gravam todos os tipos primitivos Java em um arquivo. É importante entender que esses dados são gravados usando seu formato binário interno, e não sua forma textual legível por humanos. Vários métodos de saída normalmente usados para tipos primitivos Java são mostrados na Tabela 10-5. Todos lançam uma **IOException** em caso de falha.

Este é o construtor de **DataOutputStream**. Observe que ele se baseia em uma instância de **OutputStream**.

DataOutputStream(OutputStream *fluxoSaída*)

Aqui, *fluxoSaída* é o fluxo em que os dados são gravados. Para gravar saídas em um arquivo, você pode usar o objeto criado por **FileOutputStream** para esse parâmetro.

Tabela 10-5 Métodos de saída mais usados definidos por **DataOutputStream**

Método de saída	Finalidade
void writeBoolean(boolean *val*)	Grava o **boolean** especificado por *val*.
void writeByte(int *val*)	Grava o byte de ordem inferior especificado por *val*.
void writeChar(int *val*)	Grava o valor especificado por *val* como um **char**.
void writeDouble(double *val*)	Grava o **double** especificado por *val*.
void writeFloat(float *val*)	Grava o **float** especificado por *val*.
void writeInt(int *val*)	Grava o **int** especificado por *val*.
void writeLong(long *val*)	Grava o **long** especificado por *val*.
void writeShort(int *val*)	Grava o valor especificado por *val* como um **short**.

Tabela 10-6 Métodos de entrada mais usados definidos por DataIntputStream

Método de entrada	Finalidade
boolean readBoolean()	Lê um **boolean**.
byte readByte()	Lê um **byte**.
char readChar()	Lê um **char**.
double readDouble()	Lê um **double**.
float readFloat()	Lê um **float**.
int readInt()	Lê um **int**.
long readLong()	Lê um **long**.
short readShort()	Lê um **short**.

DataInputStream implementa a interface **DataInput**, que fornece métodos para a leitura de todos os tipos primitivos Java. Esses métodos são mostrados na Tabela 10-6 e todos podem lançar uma **IOException**. **DataInputStream** usa uma instância de InputStream como base, sobrepondo-a com métodos que leem os diversos tipos de dados Java. Lembre-se de que **DataInputStream** lê os dados em seu formato binário e não em sua forma legível por humanos. O construtor de **DataInputStream** é mostrado abaixo:

DatainputStream(InputStream *fluxoEntrada*)

Aqui, *fluxoEntrada* é o fluxo vinculado à instância de **DataInputStream** que está sendo criada. Para ler entradas em um arquivo, você pode usar o objeto criado por **FileInputStream** para esse parâmetro.

Este é um programa que demonstra **DataOutputStream** e **DataInputStream**. Ele grava e depois lê vários tipos de dados em um arquivo.

```
// Grava e depois lê dados binários.

import java.io.*;

class RWData {
  public static void main(String args[])
  {
    int i = 10;
    double d = 1023.56;
    boolean b = true;

    // Grava alguns valores.
    try (DataOutputStream dataOut =
           new DataOutputStream(new FileOutputStream("testdata")))
    {
```

```java
      System.out.println("Writing " + i);
      dataOut.writeInt(i);          ◄

      System.out.println("Writing " + d);
      dataOut.writeDouble(d);  ◄
                                                        Grava dados
      System.out.println("Writing " + b);               binários.
      dataOut.writeBoolean(b);  ◄

      System.out.println("Writing " + 12.2 * 7.4);
      dataOut.writeDouble(12.2 * 7.4);  ◄
    }
    catch(IOException exc) {
      System.out.println("Write error.");
      return;
    }

    System.out.println();

    // Agora os lê.
    try (DataInputStream dataIn =
            new DataInputStream(new FileInputStream("testdata")))
    {
      i = dataIn.readInt();  ◄
      System.out.println("Reading " + i);

      d = dataIn.readDouble();  ◄
      System.out.println("Reading " + d);
                                                        Lê dados
      b = dataIn.readBoolean();  ◄                      binários.
      System.out.println("Reading " + b);

      d = dataIn.readDouble();  ◄
      System.out.println("Reading " + d);
    }
    catch(IOException exc) {
      System.out.println("Read error.");
    }
  }
}
```

A saída do programa é mostrada aqui.

```
Writing 10
Writing 1023.56
Writing true
Writing 90.28

Reading 10
Reading 1023.56
Reading true
Reading 90.28
```

Tente Isto 10-1   Utilitário de comparação de arquivos

CompFiles.java

Este projeto desenvolve um utilitário de comparação de arquivos simples, porém útil. Ele funciona abrindo os dois arquivos que serão comparados e, então, lendo e comparando cada conjunto de bytes correspondente. Se uma discrepância for encontrada, os arquivos são diferentes. Se o fim de cada arquivo for alcançado ao mesmo tempo e se não for encontrada uma discrepância, os arquivos são iguais. Observe que ele usa uma instrução **try**-with-resources para fechar automaticamente os arquivos.

1. Crie um arquivo chamado **CompFiles.java**.
2. Em **CompFiles.java**, adicione o programa a seguir:

```java
/*
    Tente Isto 10-1

    Compara dois arquivos.

    Para usar este programa, especifique os nomes dos
    arquivos a serem comparados na linha de comando.

    java CompFile FIRST.TXT SECOND.TXT
*/

import java.io.*;

class CompFiles {
  public static void main(String args[])
  {
    int i=0, j=0;

    // Primeiro confirma se os dois arquivos foram especificados.
    if(args.length !=2 ) {
      System.out.println("Usage: CompFiles f1 f2");
      return;
    }

    // Compara os arquivos.
    try (FileInputStream f1 = new FileInputStream(args[0]);
         FileInputStream f2 = new FileInputStream(args[1]))
    {
      // Verifica o conteúdo de cada arquivo.
      do {
        i = f1.read();
        j = f2.read();
        if(i != j) break;
      } while(i != -1 && j != -1);

      if(i != j)
        System.out.println("Files differ.");
```

```
      else
        System.out.println("Files are the same.");
    } catch(IOException exc) {
      System.out.println("I/O Error: " + exc);
    }
  }
}
```

3. Para testar **CompFiles**, primeiro copie **CompFiles**.java para um arquivo chamado **temp**. Em seguida, use esta linha de comando:

   ```
   java CompFiles CompFiles.java temp
   ```

   O programa relatará se os arquivos são iguais. Agora, compare **CompFiles.java** com **CopyFile.java** (mostrado anteriormente) usando a seguinte linha de comando:

   ```
   java CompFiles CompFiles.java CopyFile.java
   ```

   Esses arquivos diferem e **CompFiles** relatará isso.

4. Por sua própria conta, tente melhorar **CompFiles** com várias opções. Por exemplo, adicione uma opção que ignore a caixa das letras. Outra ideia é fazer **CompFiles** exibir a posição dentro do arquivo que os torna diferentes.

Arquivos de acesso aleatório

Até o momento, usamos *arquivos sequenciais*, que são arquivos acessados de maneira estritamente linear, um byte após o outro. No entanto, Java também nos permite acessar o conteúdo de um arquivo em ordem aleatória. Para fazer isso, usaremos **RandomAccessFile**, que encapsula um arquivo de acesso aleatório. **RandomAccessFile** não é derivada de **InputStream** ou **OutputStream**. Em vez disso, ela implementa as interfaces **DataInput** e **DataOutput**, que definem os métodos básicos de I/O. Ela também dá suporte a solicitações de posicionamento – isto é, podemos posicionar o *ponteiro de arquivo* dentro do arquivo. O construtor que usaremos é mostrado abaixo:

RandomAccessFile(String *nomeArquivo*, String *acesso*)
    throws FileNotFoundException

Aqui, o nome do arquivo é passado em *nomeArquivo*, e *acesso* determina que tipo de acesso de arquivo é permitido. Se for "r", o arquivo poderá ser lido, mas não gravado. Se for "rw", o arquivo será aberto no modo de leitura-gravação.

O método **seek( )**, mostrado a seguir, é usado para definir a posição atual do ponteiro dentro do arquivo:

void seek(long *novaPos*) throws IOException

Aqui, *novaPos* especifica a nova posição, em bytes, do ponteiro a partir do início do arquivo. Após uma chamada a **seek( )**, a próxima operação de leitura ou gravação ocorrerá na nova posição no arquivo.

RandomAccessFile implementa os métodos **read( )** e **write( )**. Também imlementa as interfaces **DataInput** e **DataOutput**, ou seja, métodos de leitura e gravação dos tipos primitivos, como **readInt( )** e **writeDouble( )**, estão disponíveis.

Este é um exemplo que demonstra I/O de acesso aleatório. Ele grava seis **doubles** em um arquivo e então os lê em ordem não sequencial.

```java
// Demonstra arquivos de acesso aleatório.

import java.io.*;

class RandomAccessDemo {
  public static void main(String args[])
  {
    double data[] = { 19.4, 10.1, 123.54, 33.0, 87.9, 74.25 };
    double d;

    // Abre e usa um arquivo de acesso aleatório.
    try (RandomAccessFile raf = new RandomAccessFile("random.dat", "rw"))
    {
      // Grava valores no arquivo.
      for(int i=0; i < data.length; i++) {
        raf.writeDouble(data[i]);
      }

      // Agora, lê valores específicos
      raf.seek(0); // busca o primeiro double
      d = raf.readDouble();
      System.out.println("First value is " + d);

      raf.seek(8); // busca o segundo double
      d = raf.readDouble();
      System.out.println("Second value is " + d);

      raf.seek(8 * 3); // busca o quarto double
      d = raf.readDouble();
      System.out.println("Fourth value is " + d);

      System.out.println();

      // Agora, lê os valores alternadamente.
      System.out.println("Here is every other value: ");
      for(int i=0; i < data.length; i+=2) {
        raf.seek(8 * i); // busca o i-ésimo double
        d = raf.readDouble();
        System.out.print(d + " ");
      }
    }
    catch(IOException exc) {
      System.out.println("I/O Error: " + exc);
    }
  }
}
```

Abre arquivo de acesso aleatório.

Usa **seek( )** para configurar o ponteiro do arquivo.

A saída do programa é mostrada aqui.

```
First value is 19.4
Second value is 10.1
Fourth value is 33.0

Here is every other value:
19.4 123.54 87.9
```

Observe como cada valor é localizado. Já que os valores **double** tem 8 bytes, cada valor começa a cada 8 bytes. Logo, o primeiro valor fica localizado em zero, o segundo começa no byte 8, o terceiro no byte 16 e assim por diante. Consequentemente, para ler o quarto valor, o programa busca o local 24.

Pergunte ao especialista

P: Ao examinar a documentação fornecida por JDK, encontrei uma classe chamada Console. Posso usar essa classe para executar I/O baseado no console?

R: Uma resposta direta seria sim. A classe **Console** foi adicionada por JDK 6 e é usada na leitura e gravação no console. **Console** é basicamente uma classe de conveniência, porque grande parte de sua funcionalidade está disponível em **System.in** e **System.out**. No entanto, seu uso pode simplificar alguns tipos de interações com o console, principalmente na leitura de strings.

    Console não fornece construtores. Em vez disso, um objeto **Console** é obtido com uma chamada a **System.console( )**. Ele é mostrado aqui.

```
static Console console()
```

Se um console estiver disponível, uma referência a ele será retornada. Caso contrário, **null** será retornado. Pode não haver sempre um console disponível, como quando um programa é executado como tarefa de segundo plano. Logo, se **null** for retornado, não será possível executar a I/O de console.

    Console define vários métodos que executam I/O, como **readLine( )** e **printf( )**. Também define um método chamado **readPassword( )**, que pode ser usado na obtenção de uma senha. Ele permite que o aplicativo leia uma senha sem ecoar o que é digitado. Você também pode obter uma referência aos objetos **Reader** e **Writer** associados ao console. Em geral, **Console** é uma classe que pode ser útil em alguns tipos de aplicativos.

Usando os fluxos baseados em caracteres da linguagem Java

Como as seções anteriores mostraram, os fluxos de bytes Java são ao mesmo tempo poderosos e flexíveis. Porém, não são a maneira ideal de realizar I/O baseado em caracteres. Para esse fim, Java define as classes de fluxos de caracteres. No topo da hierarquia de fluxos de caracteres, estão as classes abstratas **Reader** e **Writer**. A Tabela 10-7 mostra os métodos de **Reader** e a Tabela 10-8 mostra os de **Writer**. A maioria dos métodos pode lançar uma **IOException** em caso de erro. Os métodos

Tabela 10-7   Métodos definidos por **Reader**

Método	Descrição
abstract void close( )	Fecha a origem da entrada. Tentativas de leitura adicionais gerarão uma **IOException**.
void mark(int *numChars*)	Insere uma marca no ponto atual do fluxo de entrada que permanecerá válida até *numChars* caracteres serem lidos.
boolean markSupported( )	Retorna **true** se **mark( )**/**reset( )** tiverem suporte no fluxo chamador.
int read( )	Retorna uma representação em inteiros do próximo caractere disponível do fluxo de entrada chamador. É retornado −1 quando o fim do fluxo é alcançado.
int read(char *buffer*[ ])	Tenta ler até *buffer.length* caracteres em *buffer* e retorna o número de caracteres que foram lidos com sucesso. É retornado −1 quando o fim do fluxo é alcançado.
abstract int read(char *buffer*[], int *deslocamento*, int *numChars*)	Tenta ler até *numChars* caracteres em buffer começando em *buffer*[*deslocamento*] e retornando o número de caracteres lidos com sucesso. É retornado −1 quando o fim do fluxo é alcançado.
int read(CharBuffer *buffer*)	Tenta preencher o buffer especificado por *buffer*, retornando o número de caracteres lidos com sucesso. É retornado −1 quando o fim do fluxo é alcançado. **CharBuffer** é uma classe que encapsula uma sequência de caracteres, como um string.
boolean ready( )	Retorna **true** se a próxima solicitação de entrada não tiver de esperar. Caso contrário, retorna **false**.
void reset( )	Volta o ponteiro da entrada à marca definida anteriormente.
long skip(long *numChars*)	Ignora *numChars* caracteres da entrada, retornando o número de caracteres ignorados.

definidos por essas duas classes abstratas estão disponíveis para todas as suas subclasses. Logo, formam um conjunto mínimo de funções de I/O que todos os fluxos de caracteres terão.

Entrada do console com o uso de fluxos de caracteres

Para códigos que serão internacionalizados, obter entradas do console com o uso de fluxos Java baseados em caracteres é uma maneira melhor e mais conveniente de ler caracteres no teclado do que usar os fluxos de bytes. No entanto, já que **System.in** é um fluxo de bytes, você terá de encapsulá-lo em algum tipo de **Reader**. A melhor classe para a leitura de entradas do console é **BufferedReader**, que dá suporte a um fluxo de entrada armazenado em buffer. Contudo, você não pode construir um **BufferedReader** diretamente a partir de **System.in**. Em vez disso, primeiro deve convertê-lo em um fluxo de caracteres. Para fazê-lo, usará **InputStreamReader**, que converte bytes em caracteres. Para obter um objeto **InputStreamReader** vinculado a **System.in**, use o construtor mostrado a seguir:

InputStreamReader(InputStream *fluxoEntrada*)

Tabela 10-8 Métodos definidos por **Writer**

Método	Descrição
Writer append(char *ch*)	Acrescenta *ch* ao fim do fluxo de saída chamador. Retorna uma referência ao fluxo chamador.
Writer append(CharSequence *chars*)	Acrescenta *chars* ao fim do fluxo de saída chamador. Retorna uma referência ao fluxo chamador. **CharSequence** é uma interface que define operações somente de leitura em uma sequência de caracteres.
Writer append(CharSequence *chars*, int *início*, int *fim*)	Acrescenta a sequência de *chars* começando em *início* e terminando em *fim* ao fim do fluxo de saída chamador. Retorna uma referência ao fluxo chamador. **CharSequence** é uma interface que define operações somente de leitura em uma sequência de caracteres.
abstract void close( )	Fecha o fluxo de saída. Tentativas de gravação adicionais gerarão uma **IOException**.
abstract void flush( )	Faz qualquer saída que tiver sido armazenada em buffer ser enviada para seu destino, isto é, esvazia o buffer de saída.
void write(int *ch*)	Grava um único caractere no fluxo de saída chamador. Observe que o parâmetro é um **int**, o que permite que você chame **write( )** com expressões sem ter que convertê-las novamente para **char**.
void write(char *buffer*[ ])	Grava um array de caracteres completo no fluxo de saída chamador.
abstract void write(char *buffer*[], int *deslocamento*, int *numChars*)	Grava um subconjunto de *numChars* caracteres a partir do array *buffer* começando em *buffer*[*deslocamento*] no fluxo de saída chamador.
void write(String *str*)	Grava *str* no fluxo de saída chamador.
void write(String *str*, int *deslocamento*, int *numChars*)	Grava um subconjunto de *numChars* caracteres do array *str*, começando no deslocamento especificado.

Já que System.in referencia um objeto de tipo **InputStream**, pode ser usado em *fluxoEntrada*.

Em seguida, usando o objeto produzido por **InputSreamReader**, construa um **BufferedReader** com o construtor mostrado abaixo:

BufferedReader(Reader *leitorEntrada*)

Aqui, *fluxoEntrada* é o fluxo vinculado à instância de **BufferedReader** que está sendo criada. Se juntarmos tudo, a linha de código a seguir cria um **BufferedReader** conectado ao teclado.

```
BufferedReader br = new BufferedReader(new
                    InputStreamReader(System.in));
```

Após essa instrução ser executada, **br** será um fluxo baseado em caracteres vinculado ao console por **System.in**.

Lendo caracteres

Caracteres podem ser lidos a partir de **System.in** com o uso do método **read( )** definido por **BufferedReader** de maneira semelhante a como são lidos com o uso de fluxos de bytes. Veja três versões de **read( )** suportadas por **BufferedReader**.

int read( ) throws IOException
int read(char *dados*[ ]) throws IOException
int read(char *dados*[ ], int *início*, int *max*) throws IOException

A primeira versão de **read( )** lê um único caractere Unicode. Ela retorna –1 quando o fim do fluxo é alcançado. A segunda versão lê carateres no fluxo de entrada e os insere em *dados* até o array ficar cheio, o fim do fluxo ser alcançado ou um erro ocorrer. Ela retorna o número de caracteres lidos ou –1 no fim do fluxo. A terceira versão lê a entrada em *dados* começando no local especificado por *início*. Podem ser armazenados até *max* caracteres. Ela retorna o número de caracteres lidos ou –1 quando o fim do fluxo é alcançado. Todas lançam uma **IOException** em caso de erro. Na leitura a partir de **System.in**, o pressionamento de ENTER gera uma condição de fim de fluxo.

O programa a seguir demonstra **read( )** lendo caracteres do console até o usuário digitar um ponto. Observe que qualquer exceção de I/O que possa ocorrer é simplesmente lançada para fora de **main( )**. Como mencionado anteriormente neste capítulo, essa abordagem é comum na leitura a partir do console. É claro que você pode tratar esses tipos de erro deixando-os sob controle do programa, se quiser.

```java
// Usa um BufferedReader para ler caracteres do console.
import java.io.*;

class ReadChars {
  public static void main(String args[])
    throws IOException
  {
    char c;
    BufferedReader br = new
        BufferedReader(new
            InputStreamReader(System.in));

    System.out.println("Enter characters, period to quit.");

    // lê caracteres
    do {
      c = (char) br.read();
      System.out.println(c);
    } while(c != '.');
  }
}
```

Cria um **BufferedReader** vinculado a **System.in**.

Aqui está um exemplo da execução:

```
Enter characters, period to quit.
One Two.
O
n
e

T
w
o
.
```

Lendo strings

Para ler um string no teclado, use a versão de **readLine( )** que é membro da classe **BufferedReader**. Sua forma geral é mostrada a seguir:

String readLine( ) throws IOException

Ela retorna um objeto **String** contendo os caracteres lidos. Quando é feita uma tentativa de leitura no fim do fluxo, retorna **null**.

O programa abaixo demonstra **BufferedReader** e o método **readLine( )**. Ele lê e exibe linhas de texto até a palavra "stop" ser inserida.

```java
// Lê um string no console usando um BufferedReader.
import java.io.*;

class ReadLines {
  public static void main(String args[])
    throws IOException
  {
    // cria um BufferedReader usando System.in
    BufferedReader br = new BufferedReader(new
                        InputStreamReader(System.in));
    String str;

    System.out.println("Enter lines of text.");
    System.out.println("Enter 'stop' to quit.");
    do {
      str = br.readLine();         ⟵———— Usa o método readLine( ) de BufferedReade
      System.out.println(str);          para ler uma linha de texto
    } while(!str.equals("stop"));
  }
}
```

Saída do console com o uso de fluxos de caracteres

Embora ainda seja permitido usar **System.out** em Java para gravações no console, seu uso mais recomendado é para fins de depuração ou para exemplos de programa como os encontrados neste livro. Para programas do mundo real, o melhor método de gravação no console quando se usa Java é com um fluxo **PrintWriter**. **PrintWriter** é uma das classes baseadas em caracteres. Como explicado, usar uma classe baseada em caracteres para a saída no console facilita a internacionalização do programa.

PrintWriter define vários construtores. Usaremos o mostrado abaixo:

PrintWriter(OutputStream *fluxoSaída*, boolean *fazLiberação*)

Aqui, *fluxoSaída* é um objeto de tipo **OutputStream** e *fazLiberação* controla se Java descarregará o fluxo de saída sempre que um método **println( )** (entre outros) for chamado. Se *fazLiberação* for **true**, a descarga automática ocorrerá. Se for **false**, a descarga não será automática.

PrintWriter dá suporte aos métodos **print( )** e **println( )** para todos os tipos inclusive **Object**. Logo, você pode usar esses métodos da mesma maneira como seriam usados com **System.out**.

Se um argumento não for de tipo primitivo, os métodos de **PrintWriter** chamarão o método **toString( )** do objeto e então exibirão o resultado.

Para gravar no console usando um **PrintWriter**, especifique **System.out** como fluxo de saída e descarregue o fluxo após cada chamada a **println( )**. Por exemplo, esta linha de código cria um **PrintWriter** conectado à saída no console.

```
PrintWriter pw = new PrintWriter(System.out, true);
```

O aplicativo a seguir ilustra o uso de um **PrintWriter** para o tratamento da saída no console.

```
// Demonstra PrintWriter.
import java.io.*;

public class PrintWriterDemo {
  public static void main(String args[]) {
    PrintWriter pw = new PrintWriter(System.out, true);
    int i = 10;
    double d = 123.65;

    pw.println("Using a PrintWriter.");
    pw.println(i);
    pw.println(d);

    pw.println(i + " + " + d + " is " + (i+d));
  }
}
```

*Cria um **PrintWriter** vinculado a **System.out***

A saída desse programa é:

```
Using a PrintWriter.
10
123.65
10 + 123.65 is 133.65
```

Lembre-se de que não há nada errado em usar **System.out** para gravar saídas de texto simples no console quando estamos aprendendo Java ou depurando programas. No entanto, o uso de **PrintWriter** facilita a internacionalização de aplicativos do mundo real. Já que não ganhamos nada em usar um **PrintWriter** nos exemplos de programas mostrados neste livro, por conveniência, continuaremos a utilizar **System.out** para gravar no console.

I/O de arquivo com o uso de fluxos de caracteres

Embora o tratamento de arquivos orientado a bytes seja mais comum, é possível usar fluxos baseados em caracteres para esse fim. A vantagem dos fluxos de caracteres é que eles operam diretamente sobre os caracteres Unicode. Logo, se quisermos armazenar texto Unicode, certamente os fluxos de caracteres serão a melhor opção. Em geral, para executar I/O de arquivo baseada em caracteres, usamos as classes **FileReader** e **FileWriter**.

Usando um FileWriter

FileWriter cria um objeto **Writer** que podemos usar para fazer gravações em um arquivo. Os dois construtores mais usados são mostrados abaixo:

FileWriter(String *nomeArquivo*) throws IOException
FileWriter(String *nomeArquivo*, boolean *incluir*) throws IOException

Aqui, *nomeArquivo* é o nome do caminho completo de um arquivo. Se *incluir* for igual a **true**, a saída será acrescida ao fim do arquivo. Caso contrário, o arquivo será sobreposto. Os dois construtores lançam uma **IOException** em caso de falha. **FileWriter** é derivada de **OutputStreamWriter** e **Writer**, logo, tem acesso aos métodos definidos por essas classes.

A seguir, temos um utilitário 'teclado para disco' simples que lê linhas de texto inseridas a partir do teclado e grava-as em um arquivo chamado "test.txt". O texto é lido até o usuário inserir a palavra "stop". Um **FileWriter** é usado para as gravações no arquivo.

```java
// Utilitário 'teclado para disco' simples que demonstra um FileWriter.

import java.io.*;

class KtoD {
  public static void main(String args[])
  {

    String str;
    BufferedReader br =
          new BufferedReader(
            new InputStreamReader(System.in));

    System.out.println("Enter text ('stop' to quit).");

    try (FileWriter fw = new FileWriter("test.txt"))   ◄— Cria um **FileWriter**.
    {
      do {
        System.out.print(": ");
        str = br.readLine();
```

```
            if(str.compareTo("stop") == 0) break;

            str = str + "\r\n"; // adiciona nova linha
            fw.write(str);                                    ◄──── Grava strings no arquivo.
        } while(str.compareTo("stop") != 0);
      } catch(IOException exc) {
        System.out.println("I/O Error: " + exc);
      }
    }
  }
```

Usando um FileReader

A classe **FileReader** cria um objeto **Reader** que pode ser usado na leitura do conteúdo de um arquivo. O construtor mais usado é mostrado abaixo:

FileReader(String *nomeArquivo*) throws FileNotFoundException

Aqui, *nomeArquivo* é o nome do caminho completo de um arquivo. O construtor lança uma **FileNotFoundException** se o arquivo não existir. **FileReader** é derivada de **InputStreamReader** e **Reader**. Logo, tem acesso aos métodos definidos por essas classes.

O programa a seguir cria um utilitário "disco para tela" simples que lê um arquivo de texto chamado "test.txt" e exibe seu conteúdo na tela, portanto, ele complementa o utilitário "teclado para disco" mostrado na seção anterior.

```
// Utilitário 'disco para tela' simples que demonstra um FileReader.

import java.io.*;

class DtoS {
  public static void main(String args[]) {
    String s;                                                          Cria um FileReader.

    // Cria e usa um FileReader encapsulado em um BufferedReader.
    try (BufferedReader br = new BufferedReader(new FileReader("test.txt"))) ◄──
    {
      while((s = br.readLine()) != null) {   ◄──── Lê linhas no arquivo e as exibe na tela.
        System.out.println(s);
      }
    } catch(IOException exc) {
      System.out.println("I/O Error: " + exc);
    }
  }
}
```

Nesse exemplo, observe que **FileReader** está encapsulado em um **BufferedReader**. Logo, ele tem acesso a **readLine( )**. Além disso, o fechamento do **BufferedReader**, nesse caso representado por **br**, fecha automaticamente o arquivo.

Pergunte ao especialista

P: Ouvi falar de outro pacote de I/O chamado NIO. Pode me falar sobre ele?

R: Originalmente chamado de *New I/O*, o pacote NIO foi adicionado a Java por JDK 1.4. Ele dá suporte à abordagem de operações de I/O baseadas em canais. As classes NIO ficam no pacote **java.nio** e em seus pacotes subordinados, como **java.nio.channels** e **java.nio.charset**.

NIO se baseia em dois itens básicos: *buffers* e *canais*. O buffer armazena dados, o canal representa uma conexão aberta com um dispositivo de I/O, como um arquivo ou um soquete. Em geral, para usar o novo sistema de I/O, temos que obter um canal com um dispositivo de I/O e um buffer para armazenar dados. Então operamos com o buffer, inserindo ou exibindo dados quando necessário.

Duas outras entidades usadas pelo NIO são os conjuntos de caracteres e os seletores. Um *conjunto de caracteres* define a maneira como os bytes são mapeados para caracteres. Podemos codificar uma sequência de caracteres na forma de bytes usando um *codificador*. E podemos decodificar uma sequência de bytes para a forma de caracteres usando um *decodificador*. Um *selector* dá suporte à I/O baseada em chaves, sem bloqueio e multiplexada. Em outras palavras, os seletores nos permitem executar I/O por vários canais. Eles são mais aplicáveis a canais baseados em soquetes.

A partir de JDK 7, NIO sofreu melhorias profundas, de tal monta que o termo *NIO. 2* costuma ser usado. As melhorias incluíram três pacotes novos (**java.nio.file**, **java.nio.file.attribute** e **java.nio.file.spi**); várias classes, interfaces e métodos novos; e o suporte direto à I/O baseada em fluxos. Os acréscimos expandiram as maneiras como NIO pode ser usado, principalmente com arquivos.

É importante entender que NIO não substitui as classes de I/O encontradas em **java.io**, que estão sendo discutidas neste capítulo. Em vez disso, as classes NIO foram projetadas para complementar o sistema de I/O padrão, oferecendo uma abordagem alternativa, que pode ser benéfica em algumas circunstâncias.

Usando os encapsuladores de tipos da linguagem Java para converter strings numéricos

Antes de deixarmos o tópico I/O, examinaremos uma técnica útil na leitura de strings numéricos. Como você sabe, o método **println( )** de Java fornece uma maneira convencional de exibição de vários tipos de dados no console, inclusive valores numéricos de tipos internos, como **int** e **double**. Logo, **println( )** converte automaticamente valores numéricos para sua forma legível por humanos. No entanto, métodos como **read( )** não fornecem uma funcionalidade paralela que leia e converta um string contendo um valor numérico para seu formato binário interno. Por exemplo, não há uma versão de **read( )** que leia um string como "100" e o converta automaticamente para o valor binário correspondente que possa ser armazenado em uma variável **int**. Em vez disso, Java fornece várias outras maneiras de executar essa tarefa. Talvez a mais fácil seja usar um dos *encapsuladores de tipos* Java.

Os encapsuladores de tipos Java são classes que encapsulam, ou *empacotam*, os tipos primitivos. Eles são necessários porque os tipos primitivos não são objetos. Isso limita seu uso. Por exemplo, um tipo primitivo não pode ser passado por referência. Para suprir essa necessidade, Java fornece classes que correspondem a cada um dos tipos primitivos.

Elas são **Double**, **Float**, **Long**, **Integer**, **Short**, **Byte**, **Character** e **Boolean**. Essas classes oferecem um amplo conjunto de métodos que nos permite integrar totalmente os tipos primitivos à hierarquia de objetos Java. Como benefício adicional, os encapsuladores numéricos também definem métodos que convertem um string numérico no equivalente binário correspondente. Vários desses métodos de conversão são mostrados aqui. Todos retornam um valor binário correspondente ao string.

Encapsulador	Método de conversão
Double	static double parseDouble(String *str*) throws NumberFormatException
Float	static float parseFloat(String *str*) throws NumberFormatException
Long	static long parseLong(String *str*) throws NumberFormatException
Integer	static int parseInt(String *str*) throws NumberFormatException
Short	static short parseShort(String *str*) throws NumberFormatException
Byte	static byte parseByte(String *str*) throws NumberFormatException

Os encapsuladores de inteiros também oferecem um segundo método de análise que nos permite especificar a base numérica.

Os métodos de análise fornecem uma maneira fácil de converter um valor numérico, lido como um string a partir do teclado ou de um arquivo de texto, em seu formato interno apropriado. Por exemplo, o programa a seguir demonstra **parseInt( )** e **parseDouble( )**. Ele calcula a média de uma lista de números inseridos pelo usuário. Primeiro, pergunta ao usuário quantos valores entrarão no cálculo da média. Em seguida, lê esse número usando **readLine( )** e usa **parseInt( )** para converter o string em um inteiro. Depois, insere os valores, usando **parseDouble( )** para converter os strings em seus equivalentes double.

```
/* Este programa calcula a média de uma lista de números
   inseridos pelo usuário. */

import java.io.*;

class AvgNums {
  public static void main(String args[])
    throws IOException
  {
    // cria um BufferedReader usando System.in
    BufferedReader br = new
      BufferedReader(new InputStreamReader(System.in));
    String str;
    int n;
    double sum = 0.0;
    double avg, t;

    System.out.print("How many numbers will you enter: ");
```

```
      str = br.readLine();
      try {
        n = Integer.parseInt(str);    ◄──────── Converte o string em int.
      }
      catch(NumberFormatException exc) {
        System.out.println("Invalid format");
        n = 0;
      }

      System.out.println("Enter " + n + " values.");
      for(int i=0; i < n ; i++) {
        System.out.print(": ");
        str = br.readLine();
        try {
          t = Double.parseDouble(str);  ◄──────── Converte o string em double.
        } catch(NumberFormatException exc) {
          System.out.println("Invalid format");
          t = 0.0;
        }
        sum += t;
      }
      avg = sum / n;
      System.out.println("Average is " + avg);
  }
}
```

Aqui está um exemplo da execução:

```
How many numbers will you enter: 5
Enter 5 values.
: 1.1
: 2.2
: 3.3
: 4.4
: 5.5
Average is 3.3
```

Pergunte ao especialista

P: O que mais as classes encapsuladoras de tipos primitivos podem fazer?

R: Os encapsuladores de tipos primitivos fornecem vários métodos que ajudam a integrar os tipos primitivos à hierarquia de objetos. Por exemplo, muitos mecanismos de armazenamento fornecidos pela biblioteca Java, inclusive mapeamentos, listas e conjuntos, só trabalham com objetos. Logo, para armazenarmos um **int** em uma lista, ele deve ser encapsulado em um objeto. Além disso, todos os encapsuladores de tipos têm um método chamado **compareTo( )**, que compara o valor contido dentro do encapsulador; **equals( )**, que vê se dois valores são iguais, além de métodos que retornam o valor do objeto de várias formas. O tópico dos encapsuladores de tipos será retomado no Capítulo 12, quando o autoboxing for discutido.

Tente Isto 10-2 — Criando um sistema de ajuda baseado em disco

`FileHelp.java`

Na seção Tente Isto 4-1, criamos uma classe **Help** que exibia informações sobre as instruções de controle Java. Naquela implementação, as informações de ajuda estavam armazenadas dentro da própria classe e o usuário selecionava a ajuda em um menu de opções numeradas.

Embora essa abordagem funcione perfeitamente, com certeza não é a maneira ideal de criar um sistema de ajuda. Por exemplo, para que as informações de ajuda possam ser expandidas ou alteradas, o código-fonte do programa deve ser modificado. Além disso, a seleção do tópico por número em vez de por nome é tediosa e inadequada para listas de tópicos longas. Aqui, corrigiremos essas deficiências criando um sistema de ajuda baseado em disco.

O sistema de ajuda baseado em disco armazena informações em um arquivo de ajuda. O arquivo de ajuda é um arquivo de texto padrão que pode ser alterado ou expandido à vontade, sem alteração do programa de ajuda. O usuário obtém ajuda sobre um tópico digitando seu nome. O sistema de ajuda procura o tópico no arquivo. Se ele for encontrado, informações serão exibidas.

1. Crie o arquivo de ajuda que será usado pelo sistema. O arquivo de ajuda é um arquivo de texto padrão organizado desta forma:

    #nome-tópico1
    info-tópico

    #nome-tópico2
    info tópico

    .
    .
    .

    #nome-tópicoN
    info-tópico

    O nome de cada tópico deve ser precedido por um símbolo # e deve estar em uma linha própria. Anteceder o nome dos tópicos com um símbolo # permite que o programa encontre rapidamente o início de cada tópico. Após o nome do tópico, teremos algum número de linhas de informações sobre ele. No entanto, é preciso que haja uma linha em branco entre o fim das informações de um tópico e o início do próximo tópico e não podemos ter espaços no fim de nenhuma linha dos tópicos da ajuda.

    Aqui está um arquivo de ajuda simples que você pode usar para testar o sistema de ajuda baseado em disco. Ele armazena informações sobre instruções de controle Java.

    ```
    #if
    if(condition) statement;
    else statement;
    ```

```
#switch
switch(expression) {
  case constant:
    statement sequence
    break;
    // ...
}

#for
for(init; condition; iteration) statement;

#while
while(condition) statement;

#do
do {
  statement;
} while (condition);

#break
break; or break label;

#continue
continue; or continue label;
```

Chame esse arquivo de **helpfile.txt**.

2. Crie um arquivo chamado **FileHelp.java**
3. Comece a criar a nova classe **Help** com estas linhas de código.

   ```
   class Help {
     String helpfile; // nome do arquivo de ajuda

     Help(String fname) {
       helpfile = fname;
     }
   ```

   O nome do arquivo de ajuda é passado para o construtor de **Help** e armazenado na variável de instância **helpfile**. Já que cada instância de **Help** terá sua própria cópia de **helpfile**, cada uma pode usar um arquivo diferente. Logo, você pode criar diferentes conjuntos de arquivos de ajuda para conjuntos de tópicos distintos.

4. Adicione o método **helpOn( )** mostrado aqui à classe **Help**. Esse método recupera ajuda sobre o tópico especificado.

   ```
   // Exibe ajuda sobre um tópico.
   boolean helpOn(String what) {
     int ch;
     String topic, info;
   ```

```java
    // Abre o arquivo de ajuda.
    try (BufferedReader helpRdr =
            new BufferedReader(new FileReader(helpfile)))
    {
      do {
        // lê caracteres até um # ser encontrado
        ch = helpRdr.read();

        // agora, vê se os tópicos coincidem
        if(ch == '#') {
          topic = helpRdr.readLine();
          if(what.compareTo(topic) == 0) { // tópico encontrado
            do {
              info = helpRdr.readLine();
              if(info != null) System.out.println(info);
            } while((info != null) &&
                   (info.compareTo("") != 0));
            return true;
          }
        }
      } while(ch != -1);
    }
    catch(IOException exc) {
      System.out.println("Error accessing help file.");
      return false;
    }
    return false; // tópico não encontrado
  }
```

A primeira coisa que devemos observar é que **helpOn( )** trata ele próprio todas as exceções de I/O possíveis e não inclui uma cláusula **throws**. Ao tratar suas próprias exceções, ele impede que essa carga seja passada para todos os códigos que o usam. Logo, os outros códigos podem simplesmente chamar **helpOn( )** sem ter de encapsular essa chamada em um bloco **try/catch**.

O arquivo de ajuda é aberto com o uso de um **FileReader** que está encapsulado em um **BufferedReader**. Já que o arquivo de ajuda contém texto, o uso de um fluxo de caracteres permite que o sistema de ajuda seja internacionalizado com mais eficiência.

O método **helpOn( )** funciona assim: um string contendo o nome do tópico é passado no parâmetro **what**; o arquivo de ajuda é então aberto. Em seguida, o arquivo é pesquisado em busca de uma correspondência entre **what** e um de seus tópicos. Lembre-se, no arquivo, cada tópico é precedido por um símbolo #, logo, o laço de busca procura #s. Quando encontra, verifica se o tópico que vem após o símbolo # coincide com o passado em **what**. Se coincidir, as informações associadas a esse tópico serão exibidas. Se uma ocorrência for encontrada, **helpOn( )** retornará **true**. Caso contrário, retornará **false**.

5. A classe **Help** também fornece um método chamado **getSelection( )**. Ele solicita um tópico e retorna o string inserido pelo usuário.

```
// Acessa um tópico da Ajuda.
String getSelection() {
  String topic = "";

  BufferedReader br = new BufferedReader(
         new InputStreamReader(System.in));

  System.out.print("Enter topic: ");
  try {
    topic = br.readLine();
  }
  catch(IOException exc) {
    System.out.println("Error reading console.");
  }
  return topic;
}
```

Esse método cria um **BufferedReader** vinculado a **System.in**. Em seguida, solicita o nome de um tópico, lê o tópico e retorna-o para o chamador.

6. O sistema de ajuda inteiro baseado em disco é mostrado aqui:

```
/*
   Tente Isto 10-2

   Programa de juda que usa um arquivo em disco para
   armazenar informações de ajuda.
*/

import java.io.*;

/* A classe Help abre um arquivo de ajuda,
   procura um tópico e exibe as informações
   associadas a esse tópico.
   Observe que ela mesma trata todas as exceções
   de I/O, evitando ser preciso chamar um
   código que faça isso. */
class Help {
  String helpfile; // Nome do arquivo de ajuda

  Help(String fname) {
    helpfile = fname;
  }

  // Exibe ajuda sobre um tópico.
  boolean helpOn(String what) {
    int ch;
    String topic, info;

    // Abre o arquivo de ajuda.
    try (BufferedReader helpRdr =
           new BufferedReader(new FileReader(helpfile)))
```

```java
    {
      do {
        // lê caracteres até um # ser encontrado
        ch = helpRdr.read();

        // agora, vê se os tópicos coincidem
        if(ch == '#') {
          topic = helpRdr.readLine();
          if(what.compareTo(topic) == 0) { // tópico encontrado
            do {
              info = helpRdr.readLine();
              if(info != null) System.out.println(info);
            } while((info != null) &&
                    (info.compareTo("") != 0));
            return true;
          }
        }
      } while(ch != -1);
    }
    catch(IOException exc) {
      System.out.println("Error accessing help file.");
      return false;
    }
    return false; // tópico não encontrado
  }

  // Acessa um tópico da Ajuda.
  String getSelection() {
    String topic = "";

    BufferedReader br = new BufferedReader(
            new InputStreamReader(System.in));

    System.out.print("Enter topic: ");
    try {
      topic = br.readLine();
    }
    catch(IOException exc) {
      System.out.println("Error reading console.");
    }
    return topic;
  }
}

// Demonstra o sistema de ajuda baseado em arquivo.
class FileHelp {
  public static void main(String args[]) {
    Help hlpobj = new Help("helpfile.txt");
    String topic;

    System.out.println("Try the help system. " +
```

```
                           "Enter 'stop' to end.");
      do {
        topic = hlpobj.getSelection();

        if(!hlpobj.helpOn(topic))
          System.out.println("Topic not found.\n");

      } while(topic.compareTo("stop") != 0);
    }
  }
```

Pergunte ao especialista

P: Além dos métodos parse **definidos pelos encapsuladores de tipos primitivos, há outra maneira fácil de converter um string numérico inserido pelo teclado para o formato binário equivalente?**

R: Sim! Outra maneira de converter um string numérico em seu formato binário interno é usando um dos métodoso definidos pela classe **Scanner**, empacotada em **java.util**. **Scanner** lê a entrada formatada (isto é, legível por humanos) e a converte para sua forma binária. **Scanner** pode ser usada na leitura de entradas de várias fontes, inclusive do console e de arquivos. Portanto, você pode usá-la para ler um string numérico inserido pelo teclado e atribuir seu valor a uma variável. Embora **Scanner** contenha recursos demais para os descrevermos com detalhes, o exemplo a seguir ilustra seu uso básico.

Para usar **Scanner** na leitura a partir do teclado, primeiro você deve criar um objeto **Scanner** vinculado à entrada do console. Para fazê-lo, usará o construtor abaixo:

Scanner(InputStream *origem*)

Ele cria um **Scanner** que usa o fluxo especificado por *origem* como fonte de entrada. Você pode usar esse construtor para criar um **Scanner** vinculado à entrada do console, como mostrado aqui:

```
Scanner conin = new Scanner(System.in);
```

Isso funciona porque **System.in** é um objeto de tipo **InputStream**. Após essa linha ser executada, conin poderá ser usada na leitura de entradas do teclado.

Uma vez que você tiver criado um **Scanner**, é só usá-lo para ler entradas numéricas. Veja o procedimento geral:

1. Determine se um tipo específico de entrada está disponível chamando um dos métodos **hasNextX** de **Scanner**, onde X é o tipo de dado desejado.

2. Se a entrada estiver disponível, leia-a chamando um dos métodos **nextX** de **Scanner**.

Como o exemplo anterior indica, **Scanner** define dois conjuntos de métodos que nos permitem ler entradas. O primeiro é composto pelos métodos **hasNext**. Ele inclui métodos como **hasNextInt( )** e **hasNextDouble( )**. Todos os métodos **hasNext** retornam **true** quando o tipo de dado desejado é o próximo item disponível no fluxo de dados, caso contrário retornam **false**. Por exemplo, chamar **hasNextInt( )** só retorna **true** se o próximo item do fluxo for um inteiro na forma legível por humanos. Se o dado desejado estiver disponível, podemos lê-lo chamando um dos métodos **next** de **Scanner**, como **nextInt( )** ou **nextDouble( )**. Esses métodos convertem a forma dos dados legível por humanos em sua representação binária interna e retornam o resultado. Por exemplo, para ler um inteiro, chame **nextInt( )**.

A sequência a seguir mostra como ler um inteiro a partir do teclado.

```
Scanner conin = new Scanner(System.in);
int i;

if (conin.hasNextInt()) i = conin.nextInt();
```

Usando esse código, se você inserir o número **123** no teclado, **i** conterá o valor 123.

Tecnicamente, você pode chamar um método **next** sem antes chamar um método **hasNext**. No entanto, pode não ser uma boa ideia. Se um método **next** não puder encontrar o tipo de dado que estiver procurando, lançará uma **InputMismatchException**. Logo, é melhor confirmar primeiro se o tipo de dado desejado está disponível chamando um método **hasNext** antes de chamar o método **next** correspondente.

✓ Teste do Capítulo 10

1. Por que Java define fluxos tanto de bytes quanto de caracteres?
2. Já que a entrada e a saída do console são baseadas em texto, por que Java ainda usa fluxos de bytes para esse fim?
3. Mostre como abrir um arquivo para a leitura de bytes.
4. Mostre como abrir um arquivo para a leitura de caracteres.
5. Mostre como abrir um arquivo para I/O de acesso aleatório.
6. Como podemos converter um string numérico como "123.23" em seu equivalente binário?
7. Escreva um programa que copie um arquivo de texto. No processo, faça-o converter todos os espaços em hifens. Use as classes de fluxos de bytes de arquivo. Use a abordagem tradicional para fechar um arquivo chamando **close( )** explicitamente.
8. Reescreva o programa descrito na Questão 7 para que use as classes de fluxos de caracteres. Dessa vez, use a instrução **try**-with-resources para fechar automaticamente o arquivo.
9. Que tipo de fluxo é **System.in**?
10. O que o método **read( )** de **InputStream** retorna quando o fim do fluxo é alcançado?
11. Que tipo de fluxo é usado na leitura de dados binários?
12. **Reader** e **Writer** estão no topo da hierarquia de classes _____.

13. A instrução **try**-with-resources é usada para _____ _____ _____.

14. Quando usamos o método tradicional de fechamento de arquivo, geralmente fechar um arquivo dentro de um bloco **finally** é uma boa abordagem. Verdadeiro ou falso?

Capítulo 11

Programação com várias threads

Principais habilidades e conceitos

- Entender os fundamentos da criação de várias threads
- Conhecer a classe **Thread** e a interface **Runnable**
- Criar uma thread
- Criar várias threads
- Determinar quando uma thread termina
- Usar prioridades de threads
- Entender a sincronização de threads
- Usar métodos sincronizados
- Usar blocos sincronizados
- Promover a comunicação entre threads
- Suspender, retomar e interromper threads

Embora Java contenha muitos recursos inovadores, um dos mais empolgantes é o suporte interno à *programação com várias threads**. Um programa com várias threads contém duas ou mais partes que podem ser executadas ao mesmo tempo. Cada parte de um programa assim se chama *thread* e cada thread define um caminho de execução separado. Logo, o uso de várias threads é um tipo de multitarefa especializada.

Fundamentos do uso de várias threads

Há dois tipos distintos de multitarefa: baseada em processos e baseada em threads. É importante entender a diferença entre os dois. Um processo é, em essência, um programa que está sendo executado. Portanto, a multitarefa *baseada em processos* é o recurso que permite que o computador execute dois ou mais programas ao mesmo tempo. Por exemplo, é a multitarefa baseada em processos que nos permite executar o compilador Java ao mesmo tempo em que estamos usando um editor de texto ou navegando na Internet. Na multitarefa baseada em processos, um programa é a menor unidade de código que pode ser despachada pelo agendador.

Em um ambiente multitarefa *baseado em threads*, a thread é a menor unidade de código que pode ser despachada. Ou seja, o mesmo programa pode executar duas ou mais tarefas ao mesmo tempo. Por exemplo, um editor de texto pode formatar texto ao mesmo tempo em que está imprimindo, contanto que essas duas ações estejam sendo executadas por duas threads separadas. Embora os programas Java façam uso

---

* N. de R.T.: Em inglês, *multithreads*.

de ambientes multitarefa baseados em processos, a multitarefa baseada em processos não é controlada por Java, mas a multitarefa com várias threads sim.

Uma vantagem importante do uso de várias threads é que ele permite a criação de programas muito eficientes, porque podemos utilizar o tempo ocioso que está presente em quase todos os programas. Como você deve saber, a maioria dos dispositivos de I/O, sejam portas de rede, unidades de disco ou o teclado, é muito mais lenta do que a CPU. Logo, com frequência o programa gasta grande parte de seu tempo de execução esperando receber ou enviar informações de ou para um dispositivo. Usando várias threads, o programa pode executar outra tarefa durante seu tempo ocioso. Por exemplo, enquanto uma parte do programa está enviando um arquivo pela Internet, outra parte pode estar lendo entradas no teclado, e ainda outra pode estar armazenando em buffer o próximo bloco de dados a ser enviado.

Sabemos que, nos últimos anos, os sistemas multiprocessadores e multicore se tornaram lugar comum, apesar de os sistemas com um único processador ainda serem muito usados. É importante entender que os recursos multithread de Java funcionam nos dois tipos de sistema. Em um sistema single-core, a execução concorrente de threads compartilha a CPU, com cada thread recebendo uma fração de tempo. Logo, em um sistema single-core, duas ou mais threads não são executadas realmente ao mesmo tempo, o tempo ocioso da CPU é que é utilizado. No entanto, em sistemas multiprocessadores/multicore, é possível duas ou mais threads serem executadas simultaneamente. Em muitos casos, isso pode melhorar ainda mais a eficiência do programa e aumentar a velocidade de certas operações.

Uma thread pode estar em um entre vários estados: pode estar *em execução*, e pode estar *pronta para execução* assim que conseguir tempo da CPU. Uma thread em execução pode estar *suspensa*, que é uma interrupção temporária em sua execução. Posteriormente, ela pode ser *retomada*. A thread também pode estar *bloqueada* quando espera um recurso, e pode ser *encerrada*, caso em que sua execução termina e não pode ser retomada.

Junto com a multitarefa baseada em threads, vem a necessidade de um tipo especial de recurso chamado *sincronização*, que permite que a execução de threads seja coordenada de certas formas bem definidas. Java tem um subsistema completo dedicado à sincronização e seus recursos-chave também serão descritos aqui.

Se você tiver programado para sistemas operacionais como o Windows, já deve conhecer a programação com várias threads. No entanto, o fato de Java gerenciar threads com elementos da linguagem torna a criação de várias threads especialmente conveniente. Muitos dos detalhes são tratados automaticamente.

A classe Thread e a interface Runnable

O sistema de várias threads de Java tem como base a classe **Thread** e a interface que a acompanha, **Runnable**. As duas estão empacotadas em **java.lang**. **Thread** encapsula uma thread de execução. Para criar uma nova **thread**, o programa deve estender **Thread** ou implementar a interface **Runnable**.

A classe **Thread** define vários métodos que ajudam a gerenciar as threads. Aqui estão alguns dos mais comuns (eles serão examinados com mais detalhes quando forem usados):

Método	Significado
final String getName( )	Obtém o nome de uma thread.
final int getPriority( )	Obtém a prioridade de uma thread.
final boolean isAlive( )	Determina se uma thread ainda está em execução.
final void join( )	Espera uma thread terminar.
void run( )	Ponto de entrada da thread.
static void sleep(long *milissegundos*)	Suspende uma thread pelo período de milissegundos especificado.
void start( )	Inicia uma thread chamando seu método **run( )**.

Todos os processos têm pelo menos uma thread de execução, que geralmente é chamada de *thread principal*, já que é ela que é executada quando o programa começa. Logo, foi a thread principal que todos os exemplos de programa anteriores do livro usaram. A partir da thread principal, você pode criar outras threads.

Criando uma thread

Você pode criar uma thread instanciando um objeto de tipo **Thread**. A classe **Thread** encapsula um objeto que é executável. Como mencionado, Java define duas maneiras pelas quais você pode criar um objeto executável:

- Você pode implementar a interface **Runnable**.
- Você pode estender a classe **Thread**.

A maioria dos exemplos deste capítulo usará a abordagem que implementa **Runnable**. No entanto, a seção Tente Isto 11-1 mostra como implementar uma thread estendendo **Thread**. Lembre-se: as duas abordagens usam a classe **Thread** para instanciar, acessar e controlar a thread. A única diferença é como uma classe para threads é criada.

A interface **Runnable** concebe uma unidade de código executável. Você pode construir uma thread em qualquer objeto que implementar a interface **Runnable**. **Runnable** só define um método, chamado **run( )**, que é declarado assim:

```
public void run( )
```

Dentro de **run( )**, você definirá o código que constitui a nova thread. É importante saber que **run( )** pode chamar outros métodos, usar outras classes e declarar variáveis da mesma forma que a thread principal. A única diferença é que **run( )** estabelece o ponto de entrada de uma thread de execução concorrente dentro do programa. Essa thread terminará quando **run( )** retornar.

Após ter criado uma classe que implementa **Runnable**, você poderá instanciar um objeto de tipo **Thread** em um objeto dessa classe. **Thread** define vários construtores, o que usaremos primeiro é mostrado aqui:

Thread(Runnable *obThread*)

Nesse construtor, *obThread* é a instância de uma classe que implementa a interface **Runnable**. Isso define onde a execução da thread começará.

Uma vez criada, a nova thread só começará a ser executada quando você chamar seu método **start( )**, que é declarado dentro de **Thread**. Basicamente, **start( )** executa uma chamada a **run( )**. O método **start( )** é mostrado abaixo:

void start( )

Veja um exemplo que cria uma nova thread e começa a executá-la:

```java
// Cria uma thread implementando Runnable.

class MyThread implements Runnable {        // Objetos de MyThread podem ser
  String thrdName;                          // executados em suas próprias
                                            // threads, porque MyThread
  MyThread(String name) {                   // implementa Runnable.
    thrdName = name;
  }

  // Ponto de entrada da thread.
  public void run() {        // Threads começam a ser executadas aqui.
    System.out.println(thrdName + " starting.");
    try {
      for(int count=0; count < 10; count++) {
        Thread.sleep(400);
        System.out.println("In " + thrdName +
                       ", count is " + count);
      }
    }
    catch(InterruptedException exc) {
      System.out.println(thrdName + " interrupted.");
    }
    System.out.println(thrdName + " terminating.");
  }
}

class UseThreads {
  public static void main(String args[]) {
    System.out.println("Main thread starting.");

    // Primeiro, constrói um objeto MyThread.
    MyThread mt = new MyThread("Child #1");     // Cria um objeto executável.

    // Em seguida, constrói uma thread a partir desse objeto.
    Thread newThrd = new Thread(mt);            // Constrói uma thread nesse objeto.

    // Para concluir, começa a execução da thread.
    newThrd.start();        // Começa a executar a thread.

    for(int i=0; i<50; i++) {
```

```
      System.out.print(".");
      try {
        Thread.sleep(100);
      }
      catch(InterruptedException exc) {
        System.out.println("Main thread interrupted.");
      }
    }

    System.out.println("Main thread ending.");
  }
}
```

Examinemos esse programa com detalhes. Primeiro, **MyThread** implementa **Runnable**, ou seja, um objeto de tipo **MyThread** fica disponível para ser usado como uma thread e pode ser passado para o construtor de **Thread**.

Dentro de **run( )**, é estabelecido um laço que conta de 0 a 9. Observe a chamada a **sleep( )**. O método **sleep( )** faz a thread em que é chamado suspender a execução pelo período de milissegundos especificado. Sua forma geral é mostrada aqui:

static void sleep(long *milissegundos*) throws InterruptedException

O período em milissegundos da suspensão é especificado em *milissegundos*. Esse método pode lançar uma **InterruptedException**. Logo, as chamadas feitas a ele devem ser encapsuladas em um bloco **try**. O método **sleep( )** também tem uma segunda forma, que permite a especificação do período em milissegundos e nanossegundos se for preciso esse nível de precisão. Em **run( )**, **sleep( )** pausa a thread por 400 milissegundos a cada passagem pelo laço. Isso permite que a thread seja executada com lentidão suficiente para observarmos sua execução.

Dentro de **main( )**, um novo objeto **Thread** é criado pela sequência de instruções a seguir:

```
// Primeiro, construa um objeto MyThread.
MyThread mt = new MyThread("Child #1");

// A seguir, construa uma thread a partir desse objeto.
Thread newThrd = new Thread(mt);

// Finalmente inicie a execução da thread.
newThrd.start();
```

Como os comentários sugerem, primeiro um objeto de **MyThread** é criado. Esse objeto é então usado para construir um objeto **Thread**. Isso é possível porque **MyThread** implementa **Runnable**. Para concluir, a execução da nova thread é iniciada com uma chamada a **start( )**, o que faz o método **run( )** da thread filha ser executado. Após chamar **start( )**, a execução retorna para **main( )** e entra no laço **for**. Observe que esse laço itera 50 vezes, pausando 100 milissegundos sempre que é percorrido. As duas threads continuam sendo executadas, compartilhando a CPU em sistemas de CPU única, até seus laços terminarem. A saída produzida por esse programa é mostrada abaixo. Devido a diferenças entre os ambientes de computação, a saída que você verá pode diferir um pouco da mostrada aqui:

```
Main thread starting.
.Child #1 starting.
...In Child #1, count is 0
....In Child #1, count is 1
....In Child #1, count is 2
...In Child #1, count is 3
....In Child #1, count is 4
....In Child #1, count is 5
....In Child #1, count is 6
...In Child #1, count is 7
....In Child #1, count is 8
....In Child #1, count is 9
Child #1 terminating.
............Main thread ending.
```

Há outro ponto interessante a ser observado nesse primeiro exemplo das threads. Para ilustrar o fato de que a thread principal e a thread **mt** estão sendo executadas ao mesmo tempo, não podemos deixar que **main( )** termine antes de **mt** ter terminado. Aqui, isso é feito por intermédio das diferenças de ritmo entre as duas threads. Já que as chamadas a **sleep( )** dentro do laço for de **main( )** causam um retardo total de 5 segundos (50 iterações vezes 100 milissegundos), mas o retardo total dentro do laço de **run( )** é de apenas 4 segundos (10 iterações vezes 400 milissegundos), **run( )** terminará cerca de 1 segundo antes de **main( )**. Como resultado, tanto a thread principal quanto a thread mt serão executadas ao mesmo tempo até **mt** terminar. Cerca de 1 segundo depois, **main( )** terminará.

Embora esse uso das diferenças de ritmo para assegurar que **main( )** termine por último seja suficiente nesse exemplo simples, não é algo muito usado na prática. Java fornece maneiras muito melhores de esperar uma thread terminar. No entanto, é suficiente para os próximos programas. Posteriormente neste capítulo, você verá uma maneira melhor de uma thread esperar outra terminar.

Outra coisa: em um programa com várias threads, geralmente é melhor a thread principal ser a última a terminar. Como regra geral, um programa continua a ser executado até todos as suas threads terem terminado. Logo, fazer a thread principal terminar por último não é um requisito. No entanto, costuma ser boa prática – principalmente na primeira vez que ouvimos falar das threads.

Algumas melhorias simples

Embora o programa anterior seja perfeitamente válido, algumas melhorias simples o tornarão mais eficiente e fácil de usar. Em primeiro lugar, é possível fazer a thread começar a ser executada assim que for criada. No caso de **MyThread**, isso é feito pela instanciação de um objeto **Thread** dentro do construtor de **MyThread**. Em segundo lugar, não há necessidade de **MyThread** armazenar o nome da thread, já que é possível dar um nome a uma thread quando ela é criada. Para fazê-lo, use esta versão do construtor de **Thread**:

Thread(Runnable *obThread*, String *nome*)

Aqui, *nome* passa a ser o nome da thread.

Pergunte ao especialista

P: Você diz que em um programa com várias threads, geralmente é melhor que a thread principal termine por último. Pode explicar?

R: A thread principal é um local conveniente para o encerramento regular do programa, como o fechamento de arquivos. Também fornece um ponto de saída bem definido para o programa. Logo, com frequência faz sentido ela terminar por último. Felizmente, como você verá em breve, é muito fácil fazer a thread principal esperar até as threads filhas terminarem.

Você pode obter o nome de uma thread chamando o método **getName( )** definido por **Thread**. Sua forma geral é mostrada aqui:

final String getName( )

Embora não seja necessário no programa a seguir, você pode definir o nome de uma thread após ela ser criada usando **setName( )**, que é mostrado abaixo:

final void setName(String *nomeThread*)

Aqui, *nomeThread* especifica o nome da thread.

Esta é a versão melhorada do programa anterior:

```
// MyThread melhorada.

class MyThread implements Runnable {
  Thread thrd;  ←──────────── Uma referência ao objeto thread é armazenada em thrd.

  // Constrói uma nova thread.
  MyThread(String name) {
    thrd = new Thread(this, name);  ←──────── A thread é nomeada quando é criada.
    thrd.start(); // inicia a thread  ←────── Começa a executar a thread.
  }

  // Começa a execução da nova thread.
  public void run() {
    System.out.println(thrd.getName() + " starting.");
    try {
      for(int count=0; count<10; count++) {
        Thread.sleep(400);
        System.out.println("In " + thrd.getName() +
                    ", count is " + count);
      }
    }
    catch(InterruptedException exc) {
      System.out.println(thrd.getName() + " interrupted.");
    }
    System.out.println(thrd.getName() + " terminating.");
  }
}
```

```
class UseThreadsImproved {
  public static void main(String args[]) {
    System.out.println("Main thread starting.");

    MyThread mt = new MyThread("Child #1");

    for(int i=0; i < 50; i++) {          ← Agora a thread começa
      System.out.print(".");                quando é criada.
      try {
        Thread.sleep(100);
      }
      catch(InterruptedException exc) {
        System.out.println("Main thread interrupted.");
      }
    }

    System.out.println("Main thread ending.");
  }
}
```

Essa versão produz a mesma saída de antes. Observe que a thread é armazenada em **thrd** dentro de **MyThread**.

Tente Isto 11-1   Estendendo Thread

ExtendThread.java

A implementação de **Runnable** é uma maneira de criar uma classe que possa instanciar objetos de thread. A extensão de **Thread** é outra. Neste projeto, você verá como estender **Thread** criando um programa funcionalmente idêntico ao programa **UseThreadsImproved**.

Se uma classe estender **Thread**, ela deve sobrepor o método **run( )**, que é o ponto de entrada da nova thread. Também deve chamar **start( )** para começar a execução da nova thread. Podemos sobrepor outros métodos de **Thread**, mas não é obrigatório.

1. Crie um arquivo chamado **ExtendThread**.java. Copie nesse arquivo o código do segundo exemplo das threads (Use**ThreadsImproved.java**).

2. Altere a declaração de **MyThread** para que estenda **Thread** em vez de implementar **Runnable**, como mostrado aqui:

   ```
   class MyThread extends Thread {
   ```

3. Remova esta linha:

   ```
   Thread thrd;
   ```

   A variável **thrd** não é mais necessária, já que **MyThread** inclui uma instância de **Thread** e pode referenciar a si mesma.

4. Altere o construtor de **MyThread** para que fique com a seguinte aparência:

   ```
   // Constrói uma nova thread.
   MyThread(String name) {
   ```

```
    super(name); // nomeia a thread
    start(); // inicia a thread
}
```

Como você pode ver, primeiro **super** é usada para chamar esta versão do construtor de **Thread**:

Thread(String *nome*);

Aqui, *nome* é o nome da thread.

5. Altere **run( )** para que chame **getName( )** diretamente, sem qualificá-lo com a variável **thrd**. Sua aparência deve ser a seguinte:

```
// Começa a execução da nova thread.
public void run() {
  System.out.println(getName() + " starting.");
  try {
    for(int count=0; count < 10; count++) {
      Thread.sleep(400);
      System.out.println("In " + getName() +
                         ", count is " + count);
    }
  }
  catch(InterruptedException exc) {
    System.out.println(getName() + " interrupted.");
  }

  System.out.println(getName() + " terminating.");
}
```

6. Abaixo, temos o programa completo que agora estende **Thread** em vez de implementar **Runnable**. A saída é a mesma de antes.

```
/*
   Tente Isto 11-1

   Estende Thread.
*/
class MyThread extends Thread {

  // Constrói uma nova thread.
  MyThread(String name) {
    super(name); // nomeia a thread
    start(); // inicia a thread
  }

  // Começa a execução da nova thread.
  public void run() {
    System.out.println(getName() + " starting.");
    try {
      for(int count=0; count < 10; count++) {
        Thread.sleep(400);
        System.out.println("In " + getName() +
```

```
                                    ", count is " + count);
          }
        }
        catch(InterruptedException exc) {
          System.out.println(getName() + " interrupted.");
        }

        System.out.println(getName() + " terminating.");
      }
    }

    class ExtendThread {
      public static void main(String args[]) {
        System.out.println("Main thread starting.");

        MyThread mt = new MyThread("Child #1");

        for(int i=0; i < 50; i++) {
          System.out.print(".");
          try {
            Thread.sleep(100);
          }
          catch(InterruptedException exc) {
            System.out.println("Main thread interrupted.");
          }
        }

        System.out.println("Main thread ending.");
      }
    }
```

Criando várias threads

Os exemplos anteriores criaram apenas uma thread filha. No entanto, seu programa pode gerar quantas threads precisar. Por exemplo, o programa a seguir cria três threads filhas:

```
// Cria várias threads.

class MyThread implements Runnable {
  Thread thrd;

  // Constrói uma nova thread.
  MyThread(String name) {
    thrd = new Thread(this, name);

    thrd.start(); // inicia a thread
  }

  // Começa a execução da nova thread.
```

```java
    public void run() {
      System.out.println(thrd.getName() + " starting.");
      try {
        for(int count=0; count < 10; count++) {
          Thread.sleep(400);
          System.out.println("In " + thrd.getName() +
                             ", count is " + count);
        }
      }
      catch(InterruptedException exc) {
        System.out.println(thrd.getName() + " interrupted.");
      }
      System.out.println(thrd.getName() + " terminating.");
    }
}

class MoreThreads {
  public static void main(String args[]) {
    System.out.println("Main thread starting.");

    MyThread mt1 = new MyThread("Child #1");
    MyThread mt2 = new MyThread("Child #2");   ←——— Cria e começa a executar
    MyThread mt3 = new MyThread("Child #3");         três threads.

    for(int i=0; i < 50; i++) {
      System.out.print(".");
      try {
        Thread.sleep(100);
      }
      catch(InterruptedException exc) {
        System.out.println("Main thread interrupted.");
      }
    }

    System.out.println("Main thread ending.");
  }
}
```

Um exemplo da saída desse programa é mostrado abaixo:

```
Main thread starting.
Child #1 starting.
.Child #2 starting.
Child #3 starting.
...In Child #3, count is 0
In Child #2, count is 0
In Child #1, count is 0
....In Child #1, count is 1
In Child #2, count is 1
In Child #3, count is 1
....In Child #2, count is 2
In Child #3, count is 2
```

Pergunte ao especialista

P: Por que Java tem duas maneiras de criar threads filhas (estendendo Thread ou implementando Runnable), e qual abordagem é melhor?

R: A classe **Thread** define vários métodos que podem ser sobrepostos por uma classe derivada. Entre eles, o único que deve ser sobreposto é **run( )**. É claro que esse é o mesmo método requerido quando implementamos **Runnable**. Alguns programadores Java acham que as classes só devem ser estendidas quando estão sendo melhoradas ou modificadas de alguma forma. Logo, se não sobrepusermos nenhum dos outros métodos de **Thread**, pode ser melhor simplesmente implementar **Runnable**. Além disso, ao implementar **Runnable**, estamos permitindo que a thread herde uma classe que não seja Thread.

```
In Child #1, count is 2
...In Child #1, count is 3
In Child #2, count is 3
In Child #3, count is 3
....In Child #1, count is 4
In Child #3, count is 4
In Child #2, count is 4
....In Child #1, count is 5
In Child #3, count is 5
In Child #2, count is 5
...In Child #3, count is 6
.In Child #2, count is 6
In Child #1, count is 6
...In Child #3, count is 7
In Child #1, count is 7
In Child #2, count is 7
....In Child #2, count is 8
In Child #1, count is 8
In Child #3, count is 8
....In Child #1, count is 9
Child #1 terminating.
In Child #2, count is 9
Child #2 terminating.
In Child #3, count is 9
Child #3 terminating.
............Main thread ending.
```

Como você pode ver, uma vez iniciados, todas as três threads filhas compartilham a CPU. Observe que as threads são iniciados na ordem em que são criadas. No entanto, nem sempre isso ocorre, Java pode agendar a execução de threads como quiser. É claro que, devido a diferenças no 'timing' ou no ambiente, a saída exata exibida pelo programa pode diferir, logo, não se surpreenda ao ver resultados diferentes quando testar o programa.

Determinando quando uma thread termina

Costuma ser útil saber quando uma thread terminou. Por exemplo, nos exemplos anteriores, a título de ilustração foi útil manter a thread principal ativa até as outras threads terminarem. Nesses exemplos, conseguimos isso fazendo a thread principal entrar em suspensão por mais tempo do que as threads filhas que ela gerou. É claro que dificilmente essa seria uma solução satisfatória ou que pudesse ser generalizada!

Felizmente, **Thread** fornece dois meios pelos quais você pode determinar se uma thread terminou. O primeiro é chamar o método **isAlive( )** na thread. Sua forma geral é mostrada aqui:

final boolean isAlive( )

O método **isAlive( )** retorna **true** se a thread em que foi chamado ainda estiver sendo executada. Caso contrário, retorna **false**. Para testar **isAlive( )**, substitua a versão de **MoreThreads** mostrada no programa anterior por esta:

```
// Usa isAlive().
class MoreThreads {
  public static void main(String args[]) {
    System.out.println("Main thread starting.");

    MyThread mt1 = new MyThread("Child #1");
    MyThread mt2 = new MyThread("Child #2");
    MyThread mt3 = new MyThread("Child #3");

    do {
      System.out.print(".");
      try {
        Thread.sleep(100);
      }
      catch(InterruptedException exc) {
        System.out.println("Main thread interrupted.");
      }
    } while (mt1.thrd.isAlive() ||
             mt2.thrd.isAlive() ||   ◄──── Espera até todas as threads terminarem.
             mt3.thrd.isAlive());

    System.out.println("Main thread ending.");
  }
}
```

Essa versão produz uma saída semelhante a da versão anterior, porém **main( )** termina assim que as outras threads terminam. A diferença é que ela usa **isAlive( )** para esperar as threads filhas terminarem. Outra maneira de esperar uma thread terminar é chamar o método **join( )**, mostrado aqui:

final void join() throws InterruptedException

Esse método espera até que a thread em que foi chamado termine. Seu nome vem do fato da thread que fez a chamada ter de esperar até a thread especificada se *juntar* a ela. Formas adicionais de **join( )** nos permitem indicar o período de tempo máximo que queremos esperar até que a thread especificada termine.

Veja um programa que usa **join( )** para assegurar que a thread principal seja a última a terminar:

```java
// Usa join().

class MyThread implements Runnable {
  Thread thrd;

  // Constrói uma nova thread.
  MyThread(String name) {
    thrd = new Thread(this, name);
    thrd.start(); // inicia a thread
  }

  // Começa a execução da nova thread.
  public void run() {
    System.out.println(thrd.getName() + " starting.");
    try {
      for(int count=0; count < 10; count++) {
        Thread.sleep(400);
        System.out.println("In " + thrd.getName() +
                           ", count is " + count);
      }
    }
    catch(InterruptedException exc) {
      System.out.println(thrd.getName() + " interrupted.");
    }
    System.out.println(thrd.getName() + " terminating.");
  }
}

class JoinThreads {
  public static void main(String args[]) {
    System.out.println("Main thread starting.");

    MyThread mt1 = new MyThread("Child #1");
    MyThread mt2 = new MyThread("Child #2");
    MyThread mt3 = new MyThread("Child #3");

    try {
      mt1.thrd.join();
      System.out.println("Child #1 joined.");
      mt2.thrd.join();
      System.out.println("Child #2 joined.");
      mt3.thrd.join();
      System.out.println("Child #3 joined.");
    }
```

Espera até a thread especificada terminar

```
      catch(InterruptedException exc) {
        System.out.println("Main thread interrupted.");
      }
      System.out.println("Main thread ending.");
   }
}
```

Um exemplo da saída desse programa é mostrado aqui. Lembre-se de que, quando você testar o programa, sua saída exata pode variar um pouco.

```
Main thread starting.
Child #1 starting.
Child #2 starting.
Child #3 starting.
In Child #2, count is 0
In Child #1, count is 0
In Child #3, count is 0
In Child #2, count is 1
In Child #3, count is 1
In Child #1, count is 1
In Child #2, count is 2
In Child #1, count is 2
In Child #3, count is 2
In Child #2, count is 3
In Child #3, count is 3
In Child #1, count is 3
In Child #3, count is 4
In Child #2, count is 4
In Child #1, count is 4
In Child #3, count is 5
In Child #1, count is 5
In Child #2, count is 5
In Child #3, count is 6
In Child #2, count is 6
In Child #1, count is 6
In Child #3, count is 7
In Child #1, count is 7
In Child #2, count is 7
In Child #3, count is 8
In Child #2, count is 8
In Child #1, count is 8
In Child #3, count is 9
Child #3 terminating.
In Child #2, count is 9
Child #2 terminating.
In Child #1, count is 9
Child #1 terminating.
Child #1 joined.
Child #2 joined.
Child #3 joined.
Main thread ending.
```

Como você pode ver, quando as chamadas a **join( )** retornam, as threads não estão mais sendo executadas.

Prioridades das threads

Cada thread tem associada a ela uma configuração de prioridade. A prioridade de uma thread determina, em parte, quanto tempo de CPU ela receberá em relação a outras threads ativas. Em geral, durante um determinado período, threads de baixa prioridade recebem pouco tempo. Threads de alta prioridade recebem muito tempo. Como era de se esperar, o tempo de CPU que uma thread recebe tem impacto profundo sobre suas características de execução e sua interação com outras threads sendo executadas atualmente no sistema.

É importante entender que outros fatores além da prioridade afetam quanto tempo de CPU a thread receberá. Por exemplo, se uma thread de alta prioridade estiver esperando algum recurso, talvez uma entrada do teclado, ela será bloqueada, e uma thread de prioridade mais baixa será executada. No entanto, quando a thread de alta prioridade ganhar acesso ao recurso, poderá interceptar a thread de baixa prioridade e retomar a execução. Outro fator que afeta o agendamento de threads é a maneira como o sistema operacional implementa a multitarefa. (Consulte a seção "Pergunte ao Especialista" no fim desta seção). Logo, não é porque você deu prioridade alta a uma thread e prioridade baixa a outra que uma thread será necessariamente executada com mais rapidez ou frequência do que a outra. Simplesmente, a thread de alta prioridade tem mais chances de acessar a CPU.

Quando uma thread filha é iniciada, sua configuração de prioridade é igual à da thread mãe. Você pode alterar a prioridade de uma thread chamando o método **setPriority( )**, que é membro de **Thread**. Esta é sua forma geral:

final void setPriority(int *nível*)

Aqui, *nível* especifica a nova configuração de prioridade da thread que fez a chamada. O valor de *nível* deve estar dentro do intervalo **MIN_PRIORITY** e **MAX_PRIORITY**. Atualmente, esses valores são 1 e 10, respectivamente. Para retornar uma thread para a prioridade padrão, especifique **NORM_PRIORITY**, que atualmente é 5. Essas prioridades estão definidas como variáveis **estáticas e finais** dentro de **Thread**.

Você pode obter a configuração de prioridade atual chamando o método **getPriority( )** de **Thread**, mostrado abaixo:

final int getPriority( )

O exemplo a seguir demonstra duas threads com prioridades diferentes. As threads são criadas como instâncias de **Priority**. O método **run( )** contém um laço que conta o número de iterações. O laço para quando a contagem alcança 10.000.000 ou a variável estática **stop** é igual a **true**. Inicialmente, **stop** é configurada com false, mas a primeira thread a chegar ao fim da contagem configura **stop** com **true**. Isso faz a segunda thread terminar em sua próxima fração de tempo. A cada passagem do laço o string de **currentName** é comparado com o nome da thread que está sendo executada. Se não coincidirem é porque ocorreu uma alternância de tarefa. Sempre que ocorre uma alternância de tarefa, o nome da nova thread é exibido e atribuído à

currentName. A exibição de cada alternância de threads permite que você saiba (de modo muito preciso) quando a thread obteve acesso à CPU. Quando as duas threads terminam, é exibido o número de iterações de cada laço.

```java
// Demonstra as prioridades das threads.

class Priority implements Runnable {
  int count;
  Thread thrd;

  static boolean stop = false;
  static String currentName;

  /* Constrói uma nova thread. Observe que
     esse construtor não inicia realmente
     a execução das threads. */

  Priority(String name) {
    thrd = new Thread(this, name);
    count = 0;
    currentName = name;
  }

  // Começa a execução da nova thread.
  public void run() {
    System.out.println(thrd.getName() + " starting.");
    do {
      count++;

      if(currentName.compareTo(thrd.getName()) != 0) {
        currentName = thrd.getName();
        System.out.println("In " + currentName);
      }

    } while(stop == false && count < 10000000);   ◄─── A primeira thread a
    stop = true;                                         alcançar 10.000.000
                                                         interrompe todas as
    System.out.println("\n" + thrd.getName() +           threads.
                      " terminating.");
  }
}

class PriorityDemo {
  public static void main(String args[]) {
    Priority mt1 = new Priority("High Priority");
    Priority mt2 = new Priority("Low Priority");

    // define as prioridades
    mt1.thrd.setPriority(Thread.NORM_PRIORITY+2);   Dá a **mt1** uma
    mt2.thrd.setPriority(Thread.NORM_PRIORITY-2);  ◄─── prioridade mais
                                                         alta que a de **mt2**.
```

```
      // inicia as threads
      mt1.thrd.start();
      mt2.thrd.start();

      try {
        mt1.thrd.join();
        mt2.thrd.join();

      }
      catch(InterruptedException exc) {
        System.out.println("Main thread interrupted.");
      }
      System.out.println("\nHigh priority thread counted to " +
                         mt1.count);
      System.out.println("Low priority thread counted to " +
                         mt2.count);
  }
}
```

Aqui está um exemplo de execução em um sistema single-core:

```
High Priority starting.
In High Priority
Low Priority starting.
In Low Priority
In High Priority

High Priority terminating.

Low Priority terminating.

High priority thread counted to 10000000
Low priority thread counted to 8183
```

Nessa execução, a thread de alta prioridade obteve grande parte do tempo da CPU. É claro que a saída exata produzida por esse programa dependerá da velocidade da CPU, do número de CPUs do sistema, do sistema operacional que está sendo executado e de quantas tarefas mais estão em execução no sistema.

Pergunte ao especialista

P: A implementação da multitarefa por parte do sistema operacional afeta o tempo de CPU que uma thread vai receber?

R: Além da configuração de prioridade de uma thread, o fator mais importante que afeta a execução de threads é a maneira como o sistema operacional implementa a multitarefa e o agendamento. Alguns sistemas operacionais usam a multitarefa com preempção em que cada thread recebe uma fração de tempo, pelo menos ocasionalmente. Outros sistemas usam o agendamento sem preempção em que uma thread deve abandonar a execução para outra ser executada. Em sistemas sem preempção, é fácil uma thread assumir o controle, impedindo que outras sejam executadas.

Sincronização

Quando várias threads são usadas, às vezes é necessário coordenar as atividades de duas ou mais. O processo que faz isso se chama *sincronização*. A razão mais comum para o uso da sincronização é para quando duas ou mais threads precisam de acesso a um recurso compartilhado que só pode ser usado por uma thread de cada vez. Por exemplo, quando uma thread está gravando em um arquivo, uma segunda thread deve ser impedida de gravar ao mesmo tempo. Outra razão para usarmos a sincronização é quando uma thread está esperando um evento causado por outra thread. Nesse caso, é preciso que haja um meio da primeira thread ser mantida em estado suspenso até o evento ocorrer. Então, a thread em espera deve retomar a execução.

Essencial para a sincronização em Java é o conceito de *monitor*, que controla o acesso a um objeto. Um monitor funciona implementando o conceito de bloqueio. Quando um objeto é bloqueado por uma thread, nenhuma outra thread pode ganhar acesso a ele. Quando a thread termina, o objeto é desbloqueado e fica disponível para ser usado por outra thread.

Todos os objetos em Java têm um monitor. Esse recurso existe dentro da própria linguagem Java. Logo, todos os objetos podem ser sincronizados. A sincronização é suportada pela palavra-chave **synchronized** e alguns métodos bem definidos que todos os objetos têm. Já que a sincronização foi projetada em Java desde o início, é muito mais fácil de usar do que parece. Na verdade, para muitos programas, a sincronização de objetos é quase transparente.

Há duas maneiras de você sincronizar seu código. Ambas envolvem o uso da palavra-chave **synchronized** e serão examinadas aqui.

Usando métodos sincronizados

Você pode sincronizar o acesso a um método modificando-o com a palavra-chave **synchronized**. Quando esse método for chamado, a thread chamadora entrará no monitor do objeto, que então será bloqueado. Enquanto ele estiver bloqueado, nenhuma outra thread poderá entrar no método ou em qualquer outro método sincronizado definido pela classe do objeto. Quando a thread retornar do método, o monitor desbloqueará o objeto, permitindo que ele seja usado pela próxima thread. Logo, a sincronização é obtida sem que você faça praticamente nenhum esforço de programação.

O programa a seguir demonstra a sincronização controlando o acesso a um método chamado **sumArray( )**, que soma os elementos de um array de inteiros.

```
// Usa a sincronização para controlar o acesso.

class SumArray {
  private int sum;

  synchronized int sumArray(int nums[]) {    ◄──────── sumArray é sincronizado
    sum = 0; // redefine sum

    for(int i=0; i<nums.length; i++) {
      sum += nums[i];
```

```java
      System.out.println("Running total for " +
          Thread.currentThread().getName() +
          " is " + sum);
      try {
        Thread.sleep(10); // permite a alternância de tarefas
      }
      catch(InterruptedException exc) {
        System.out.println("Thread interrupted.");
      }
    }
    return sum;
  }
}

class MyThread implements Runnable {
  Thread thrd;
  static SumArray sa = new SumArray();
  int a[];
  int answer;

  // Constrói uma nova thread.
  MyThread(String name, int nums[]) {
    thrd = new Thread(this, name);
    a = nums;
    thrd.start(); // inicia a thread
  }

  // Começa a execução da nova thread.
  public void run() {
    int sum;

    System.out.println(thrd.getName() + " starting.");

    answer = sa.sumArray(a);
    System.out.println("Sum for " + thrd.getName() +
                 " is " + answer);

    System.out.println(thrd.getName() + " terminating.");
  }
}

class Sync {
  public static void main(String args[]) {
    int a[] = {1, 2, 3, 4, 5};

    MyThread mt1 = new MyThread("Child #1", a);
    MyThread mt2 = new MyThread("Child #2", a);

    try {
      mt1.thrd.join();
      mt2.thrd.join();
```

```
      }
      catch(InterruptedException exc) {
        System.out.println("Main thread interrupted.");
      }

   }
}
```

A saída do programa é mostrada aqui. (A saída exata pode ser diferente em seu computador.)

```
Child #1 starting.
Running total for Child #1 is 1
Child #2 starting.
Running total for Child #1 is 3
Running total for Child #1 is 6
Running total for Child #1 is 10
Running total for Child #1 is 15
Sum for Child #1 is 15
Child #1 terminating.
Running total for Child #2 is 1
Running total for Child #2 is 3
Running total for Child #2 is 6
Running total for Child #2 is 10
Running total for Child #2 is 15
Sum for Child #2 is 15
Child #2 terminating.
```

Examinemos esse programa com detalhes. O programa cria três classes: a primeira é **SumArray**. Ela contém o método **sumArray( )**, que soma um array de inteiros. A segunda classe é **MyThread**, que usa um objeto **static** de tipo **SumArray** para obter a soma de um array de inteiros. Esse objeto se chama sa e, já que é **static**, há apenas uma cópia dele compartilhada por todas as instâncias de **MyThread**. Para concluir, a classe **Sync** cria duas threads e as faz calcular a soma de um array de inteiros.

Dentro de **sumArray( )**, **sleep( )** é chamado para permitir que ocorra uma alternância intencional de tarefas, se puder ocorrer uma – mas não pode. Já que **sumArray( )** é sincronizado, só pode ser usado por uma thread de cada vez. Logo, quando a segunda thread filha começa a ser executada, ela não entra em **sumArray( )** até que a primeira thread filha tenha acabado de usá-lo. Isso assegura que o resultado correto seja produzido.

Para entender melhor os efeitos de **synchronized**, tente removê-la da declaração de **sumArray( )**. Após fazê-lo, **sumArray** não será mais sincronizado e um número ilimitado de threads poderá usá-lo ao mesmo tempo. O problema é que o total atual é armazenado em sum, que será alterada por cada thread que chamar **sumArray( )** por intermédio do objeto estático sa. Logo, quando duas threads chamam **sa.sumArray( )** ao mesmo tempo, resultados incorretos são produzidos porque sum reflete a soma feita pelas duas threads juntas. Por exemplo, aqui está um exemplo da saída do programa após **synchronized** ser removida da declaração de **sumArray( )**. (A saída exata pode ser diferente em seu computador.)

```
Child #1 starting.
Running total for Child #1 is 1
Child #2 starting.
Running total for Child #2 is 1
Running total for Child #1 is 3
Running total for Child #2 is 5
Running total for Child #2 is 8
Running total for Child #1 is 11
Running total for Child #2 is 15
Running total for Child #1 is 19
Running total for Child #2 is 24
Sum for Child #2 is 24
Child #2 terminating.
Running total for Child #1 is 29
Sum for Child #1 is 29
Child #1 terminating.
```

Como a saída mostra, as duas threads filhas estão chamando **sa.sumArray( )** ao mesmo tempo e o valor de sum foi corrompido. Antes de prosseguir, examinemos os pontos-chave de um método sincronizado:

- Um método sincronizado é criado quando precedemos sua declaração com **synchronized**.

- Para qualquer objeto dado, uma vez que um método sincronizado tiver sido chamado, o objeto será bloqueado e nenhum método sincronizado no mesmo objeto poderá ser usado por outra thread de execução.

- Outras threads que tentarem chamar um objeto sincronizado em uso entrarão em estado de espera até o objeto ser desbloqueado.

- Quando uma thread deixa o método sincronizado, o objeto é desbloqueado.

A instrução synchronized

Embora a criação de métodos **synchronized** dentro das classes que criamos seja um meio fácil e eficaz de obter sincronização, ele não funciona em todos os casos. Por exemplo, podemos querer sincronizar o acesso a algum método que não seja modificado por **synchronized**. Isso pode ocorrer por querermos usar uma classe que não foi criada por nós, e sim por terceiros, e não termos acesso ao código-fonte. Logo, não é possível adicionar **synchronized** aos métodos apropriados dentro da classe. Como o acesso a um objeto dessa classe pode ser sincronizado? Felizmente, é muito fácil resolver esse problema: só temos de inserir as chamadas aos métodos definidos por essa classe dentro de um bloco **synchronized**.

Esta é a forma geral de um bloco **synchronized**:

```
synchronized(refobj) {
  // instruções a serem sincronizadas
}
```

Capítulo 11 Programação com várias threads

Aqui, *refobj* é uma referência ao objeto que está sendo sincronizado. Uma vez que entrarmos em um bloco sincronizado, nenhuma outra thread poderá chamar um método sincronizado no objeto referenciado por *refobj* até sairmos do bloco.

Por exemplo, outra maneira de sincronizar as chamadas a **sumArray( )** é chamá-lo de dentro de um bloco sincronizado, como mostrado na versão seguinte do programa:

```
// Usa um bloco sincronizado para controlar o acesso a sumArray.
class SumArray {
  private int sum;

  int sumArray(int nums[]) {          ◄────────── Aqui, sumArray()
    sum = 0; // redefine sum                      não é sincronizado.

    for(int i=0; i<nums.length; i++) {
      sum += nums[i];
      System.out.println("Running total for " +
              Thread.currentThread().getName() +
              " is " + sum);
      try {
        Thread.sleep(10); // permite a alternancia de tarefas
      }
      catch(InterruptedException exc) {
        System.out.println("Thread interrupted.");
      }
    }
    return sum;
  }
}

class MyThread implements Runnable {
  Thread thrd;
  static SumArray sa = new SumArray();
  int a[];
  int answer;

  // Constrói uma nova thread.
  MyThread(String name, int nums[]) {
    thrd = new Thread(this, name);
    a = nums;
    thrd.start(); // inicia a thread
  }

  // Começa a execução da nova thread.
  public void run() {
    int sum;

    System.out.println(thrd.getName() + " starting.");

    // sincroniza as chamadas a sumArray()
    synchronized(sa) {   ◄────────── Aqui, as chamadas a sumArray( )
                                     em sa são sincronizadas.
```

```
      answer = sa.sumArray(a);
    }
    System.out.println("Sum for " + thrd.getName() +
                       " is " + answer);

    System.out.println(thrd.getName() + " terminating.");
  }
}

class Sync {
  public static void main(String args[]) {
    int a[] = {1, 2, 3, 4, 5};

    MyThread mt1 = new MyThread("Child #1", a);
    MyThread mt2 = new MyThread("Child #2", a);

    try {
      mt1.thrd.join();
      mt2.thrd.join();
    } catch(InterruptedException exc) {
      System.out.println("Main thread interrupted.");
    }
  }
}
```

Essa versão produz uma saída correta e igual à mostrada anteriormente que usa um método sincronizado.

Pergunte ao especialista

P: Ouvi falar em algo chamado "utilitário de concorrência". O que é? Além disso, o que é a Estrutura Fork/Join?

R: Os utilitários de concorrência, que estão empacotados em **java.util.concurrent** (e seus subpacotes), dão suporte à programação concorrente. Entre vários outros itens, eles oferecem sincronizadores, pools de threads, gerenciadores de execução e bloqueios que expandem o controle sobre a execução de threads. Um dos recursos mais interessantes da API de concorrência é a estrutura Fork/Join.

A estrutura Fork/Join dá suporte ao que costuma ser chamado de *programação paralela*. Esse é o nome normalmente dado às técnicas que se beneficiam de computadores que contêm dois ou mais processadores (inclusive sistemas multicore) e subdividem uma tarefa em subtarefas, com cada subtarefa sendo executada em seu próprio processador. Como era de se esperar, essa abordagem pode levar a uma taxa de transferência e a um desempenho significativamente melhores. A principal vantagem da estrutura Fork/Join é ser fácil de usar; ela otimiza o desenvolvimento de códigos com várias threads que se adaptam automaticamente para utilizar os vários processadores de um sistema. Logo, facilita a criação de soluções concorrentes para algumas tarefas comuns de programação, como a execução de operações com os elementos de um array. Os utilitários de concorrência em geral, e a estrutura Fork/Join especificamente, são recursos que você vai querer explorar após ganhar mais experiência no uso de várias threads.

Comunicação entre threads com o uso de notify( ), wait( ) e notifyAll( )

Considere a situação a seguir. Uma thread chamada T está sendo executada dentro de um método sincronizado e precisa de acesso a um recurso chamado R que por enquanto está indisponível. O que T deve fazer? Se entrar em algum tipo de laço de sondagem à espera de R, T bloqueará o objeto, impedindo que outras threads o acessem. Essa não é uma solução ótima, porque invalida parcialmente as vantagens de programar em um ambiente com várias threads. Uma solução melhor é fazer T abandonar temporariamente o controle do objeto, permitindo que outra thread seja executada. Quando R estiver disponível, T pode ser notificado e retomar a execução. Essa abordagem se baseia em alguma forma de comunicação entre threads em que uma thread pode notificar outra que está bloqueada e ser notificada para retomar a execução. Java dá suporte à comunicação entre threads com os métodos **wait( )**, **notify( )** e **notifyAll( )**.

Os métodos **wait( )**, **notify( )** e **notifyAll( )** fazem parte de todos os objetos porque são implementados pela classe **Object**. Esses métodos só devem ser chamados de dentro de um contexto **synchronized**. É assim que são usados: quando a execução de uma thread é bloqueada temporariamente, ela chama **wait( )**. Isso faz a thread entrar em suspensão e o monitor desse objeto ser liberado, permitindo que outra thread use o objeto. A thread em suspensão poderá ser ativada posteriormente quando outra thread entrar no mesmo monitor e chamar **notify( )** ou **notifyAll( )**.

A seguir, temos as diversas formas de **wait( )** definidas por **Object**:

final void wait( ) throws InterruptedException

final void wait(long *milis*) throws InterruptedException

final void wait(long *milis*, int *nanos*) throws InterruptedException

A primeira forma espera até haver uma notificação. A segunda espera até haver uma notificação ou o período especificado em milissegundos expirar. A terceira forma permite a especificação do período de espera em nanossegundos.

Estas são as formas gerais de **notify( )** e **notifyAll( )**:

final void notify( )

final void notifyAll( )

Uma chamada a **notify( )** retoma a execução de uma thread que estava esperando. Uma chamada a **notifyAll( )** notifica todas as threads, com a de prioridade mais alta ganhando acesso ao objeto.

Antes de examinarmos um exemplo que use **wait( )**, é preciso fazer uma observação importante. Embora normalmente **wait( )** espere até **notify( )** ou **notifyAll( )** ser chamado, em casos muitos raros há a possibilidade da thread que está esperando ser ativada devido a uma *ativação falsa*. As condições que levam a uma ativação falsa são complexas e não fazem parte do escopo deste livro. No entanto, a Oracle recomenda que, devido à possibilidade remota de ativação falsa, chamadas a **wait( )**

ocorram dentro de um laço que verifique a condição que a thread está esperando. O próximo exemplo mostra essa técnica.

Exemplo que usa wait( ) e notify( )

Para entender a necessidade e a aplicação de **wait( )** e **notify( )**, criaremos um programa que simula o tique-taque de um relógio exibindo as palavras Tick e Tock na tela. Para fazê-lo, criaremos uma classe chamada **TickTock** contendo dois métodos: **tick( )** e **tock( )**. O método **tick( )** exibe a palavra "Tick" e **tock( )** exibe "Tock". Para o relógio ser executado, duas threads são criadas, uma que chama **tick( )** e outra que chama **tock( )**. O objetivo é fazer as duas threads serem executadas de maneira que a saída do programa exiba um "tique-taque" coerente – isto é, um padrão repetido de um tique seguido por um taque.

```
// Usa wait() e notify() para similar um relógio funcionando.

class TickTock {

  String state; // contém o estado do relógio

  synchronized void tick(boolean running) {
    if(!running) { // interrompe o relógio
      state = "ticked";
      notify(); // notifica qualquer thread que estiver esperando
      return;
    }

    System.out.print("Tick ");

    state = "ticked"; // define o estado atual com ticked

    notify(); // permite que tock() seja executado       ◄─────── tick( ) notifica tock( ).
    try {
      while(!state.equals("tocked"))
        wait(); // espera tock() terminar       ◄─────── tick( ) espera tock( ).
    }
    catch(InterruptedException exc) {
      System.out.println("Thread interrupted.");
    }
  }

  synchronized void tock(boolean running) {
    if(!running) { // interrompe o relógio
      state = "tocked";
      notify(); // notifica qualquer thread que estiver esperando
      return;
    }

    System.out.println("Tock");

    state = "tocked"; // define o estado atual com tocked
```

```
      notify(); // permite que tick() seja executado      tock( ) notifica
      try {                                               tick( ).
        while(!state.equals("ticked"))
          wait(); // espera tick() terminar      tock( ) espera tick( ).
      }
      catch(InterruptedException exc) {
        System.out.println("Thread interrupted.");
      }
    }
  }
}

class MyThread implements Runnable {
  Thread thrd;
  TickTock ttOb;

  // Constrói uma nova thread.
  MyThread(String name, TickTock tt) {
    thrd = new Thread(this, name);
    ttOb = tt;
    thrd.start(); // inicia a thread
  }

  // Começa a execução da nova thread.
  public void run() {

    if(thrd.getName().compareTo("Tick") == 0) {
      for(int i=0; i<5; i++) ttOb.tick(true);
      ttOb.tick(false);
    }
    else {
      for(int i=0; i<5; i++) ttOb.tock(true);
      ttOb.tock(false);
    }
  }
}

class ThreadCom {
  public static void main(String args[]) {
    TickTock tt = new TickTock();
    MyThread mt1 = new MyThread("Tick", tt);
    MyThread mt2 = new MyThread("Tock", tt);

    try {
      mt1.thrd.join();
      mt2.thrd.join();
    } catch(InterruptedException exc) {
      System.out.println("Main thread interrupted.");
    }
  }
}
```

Aqui está a saída produzida pelo programa:

```
Tick Tock
Tick Tock
Tick Tock
Tick Tock
Tick Tock
```

Examinemos com detalhes esse programa. A parte central do relógio é a classe **TickTock**. Ela contém dois métodos, **tick( )** e **tock( )**, que se comunicam para assegurar que um tique seja sempre seguido de um taque, que é sempre seguido por um tique e assim por diante. Observe o campo **state**. Quando o programa está sendo executado, **state** contém o string "ticked" ou "tocked", que indica o estado atual do relógio. Em **main( )**, um objeto **TickTock** chamado **tt** é criado e então usado para iniciar duas threads de execução.

As threads são baseadas em objetos de tipo **MyThread**. O construtor de **MyThread** recebe dois argumentos. O primeiro passa a ser o nome da thread. Ele será "Tick" ou "Tock". O segundo é uma referência ao objeto **TickTock**, que é **tt** nesse caso. Dentro do método **run( )** de **MyThread**, se o nome da thread for "Tick", chamadas a **tick( )** serão feitas. Se o nome da thread for "Tock", o método **tock( )** será chamado. Cinco chamadas que passam **true** como argumento são feitas a cada método. O relógio será executado enquanto true for passado. Uma chamada final que passa **false** a cada método interrompe o relógio.

A parte mais importante do programa se encontra nos métodos **tick( )** e **tock( )** de **TickTock**. Começaremos com o método **tick( )**, que, por conveniência, é mostrado aqui.

```
synchronized void tick(boolean running) {
  if(!running) { // interrompe o relógio
    state = "ticked";
    notify(); // notifica qualquer thread que estiver esperando
    return;
  }

  System.out.print("Tick ");

  state = "ticked"; // define o estado atual com ticked

  notify(); // permite que tock() seja executado
  try {
    while(!state.equals("tocked"))
      wait(); // espera tock() terminar
  }
  catch(InterruptedException exc) {
    System.out.println("Thread interrupted.");
  }
}
```

Primeiro, observe que **tick( )** é modificado por synchronized. Lembre-se, **wait( )** e **notify( )** só são aplicáveis a métodos sincronizados. O método começa verificando o valor do parâmetro **running**. Esse parâmetro é usado para fornecer o desligamento normal do relógio. Se for **false**, o relógio foi desligado. Nesse caso, state será configurada com "ticked" e uma chamada a **notify( )** será feita para permitir que threads em espera sejam executadas. Voltaremos a esse ponto em breve.

Supondo que o relógio esteja funcionando quando **tick( )** for executado, a palavra "Tick" será exibida, state será configurada com "ticked" e uma chamada a notify( ) ocorrerá. A chamada a **notify( )** permite que uma thread esperando no mesmo objeto seja executada. Em seguida, **wait( )** é chamado dentro de um laço **while**. A chamada a **wait( )** faz **tick( )** ser suspenso até outra thread chamar **notify( )**. Logo, o laço não iterará até que outra thread chame **notify( )** no mesmo objeto. Como resultado, quando **tick( )** é chamado, ele exibe um "Tick", permite que outra thread seja executada e então entra em suspensão.

O laço **while** que chama **wait( )** verifica o valor de **state**, esperando que seja "tocked", o que só ocorrerá após o método **tock( )** ser executado. Como explicado, o uso de um laço **while** para verificar essa condição impede que uma ativação falsa reinicie a thread incorretamente. Se **state** não contiver "tocked" quando **wait( )** voltar, uma ativação falsa ocorreu e **wait( )** será chamado novamente.

O método **tock( )** é uma cópia exata de **tick( )**, exceto por exibir "Tock" e configurar state com "tocked". Logo, quando alcançado, ele exibe "Tock", chama **notify( )** e espera. Se vistas como um par, uma chamada a **tick( )** só pode ser seguida por uma chamada a **tock( )**, que só pode ser seguida por uma chamada a **tick( )** e assim por diante. Portanto, os dois métodos são mutuamente sincronizados.

A razão da chamada a **notify( )** quando o relógio é interrompido é permitir que uma chamada final a **wait( )** seja bem-sucedida. Lembre-se, tanto **tick( )** quanto **tock( )** executam uma chamada a **wait( )** após exibir sua mensagem. O problema é que, quando o relógio for interrompido, um dos métodos ainda estará esperando. Logo, uma chamada final a **notify( )** é necessária para o método em espera ser executado. Como teste, tente remover a chamada a **notify( )** e veja o que acontece. Como você verá, o programa "travará" e será preciso pressionar ctrl-c para sair. Isso ocorre porque quando a chamada final a **tock( )** chama **wait( )**, não há uma chamada correspondente a **notify( )** que permita que **tock( )** seja concluído. Portanto, **tock( )** fica apenas ali, esperando para sempre.

Antes de prosseguir, se tiver alguma dúvida sobre se as chamadas a **wait( )** e **notify( )** são realmente necessárias para fazer o "relógio" funcionar direito, insira a seguinte versão de **TickTock** no programa anterior. Nela, todas as chamadas a **wait( )** e **notify( )** foram removidas.

```
// Nenhuma chamada a wait() ou notify().
class TickTock {

  String state; // contém o estado do relógio

  synchronized void tick(boolean running) {
    if(!running) { // interrompe o relógio
      state = "ticked";
      return;
    }

    System.out.print("Tick ");

    state = "ticked"; // define o estado atual com ticked
```

```
    }

    synchronized void tock(boolean running) {
      if(!running) { // interrompe o relógio
        state = "tocked";
        return;
      }

      System.out.println("Tock");

      state = "tocked"; // define o estado atual com tocked
    }
  }
```

Após a substituição, a saída produzida pelo programa será essa:

```
Tick Tick Tick Tick Tick Tock
Tock
Tock
Tock
Tock
```

Fica claro que os métodos **tick( )** e **tock( )** não estão mais trabalhando em conjunto!

> ### Pergunte ao especialista
>
> **P:** Vi o termo *deadlock* ser aplicado a programas multithread com comportamento incorreto. O que é e como posso evitar? Além disso, o que é uma *condição de corrida* e como também posso evitá-la?
>
> **R:** Deadlock é uma situação em que uma thread espera outra thread fazer algo, mas essa outra thread está esperando a primeira. Logo, as duas threads estão suspensas, esperando uma pela outra, e nenhuma é executada. Essa situação é análoga a duas pessoas muito educadas, ambas insistindo que a outra passe primeiro pela porta!
>
> Parece fácil evitar deadlocks, mas não é. Por exemplo, pode ocorrer um deadlock de maneira indireta. Com frequência, não conhecemos a causa do deadlock apenas olhando o código-fonte do programa, porque threads executadas incorretamente podem interagir de maneiras complexas no tempo de execução. Para evitar deadlock, precisamos de uma programação cuidadosa e testes abrangentes. Lembre-se de que, se um programa com várias threads "travar", a causa provável é um deadlock.
>
> Uma condição de corrida ocorre quando duas (ou mais) threads tentam acessar um recurso compartilhado ao mesmo tempo sem sincronização apropriada. Por exemplo, uma thread poderia estar gravando um novo valor em uma variável ao mesmo tempo em que outra estaria aumentando seu valor atual. Sem sincronização, o novo valor da variável dependerá da ordem em que as threads forem executadas. (A segunda thread incrementará o valor original ou o novo valor gravado pela primeira thread?) Em situações como essa, diz-se que os duas threads estão "disputando corrida", com o resultado final sendo determinado pela thread que terminar primeiro. Como no deadlock, uma condição de corrida pode ocorrer de maneiras difíceis de descobrir. A solução é a prevenção: uma programação cuidadosa que sincronize apropriadamente o acesso a recursos compartilhados.

Suspendendo, retomando e encerrando threads

Às vezes é útil suspender a execução de uma thread. Por exemplo, uma thread separada pode ser usada para exibir a hora do dia. Se o usuário não quiser um relógio, sua thread pode ser suspensa. Seja qual for o caso, é uma simples questão de suspender uma thread. Uma vez suspensa, também só temos de reiniciá-la.

O mecanismo de suspensão, encerramento e retomada de threads difere entre as versões antigas de Java e as versões mais modernas, a partir de Java 2. Antes de Java 2, os programas usavam **suspend( )**, **resume( )** e **stop( )**, que são métodos definidos por **Thread**, para pausar, reiniciar e encerrar a execução de uma thread. Eles têm as formas a seguir:

final void resume( )

final void suspend( )

final void stop( )

Embora esses métodos pareçam uma abordagem perfeitamente sensata e conveniente para o gerenciamento da execução de threads, eles não devem mais ser usados. Vejamos o porquê. O método **suspend( )** da classe **Thread** foi substituído em Java 2. Isso foi feito porque às vezes **suspend( )** pode causar problemas sérios que envolvem deadlock. O método **resume( )** também foi substituído; ele não causa problemas, mas não pode ser usado sem o método **suspend( )** como complemento. O métod **stop( )** da classe **Thread** também foi substituído em Java 2. A razão é que esse método às vezes tambem pode causar problemas sérios.

Já que agora não é possível usar os métodos **suspend( )**, **resume( )** e **stop( )** para controlar uma thread, à primeira vista você pode achar que não há uma maneira de pausar, reiniciar ou encerrar threads. No entanto, felizmente, esse não é o caso. A thread deve ser projetada de modo que o método **run( )** verifique periodicamente se ela deve suspender, retomar ou encerrar sua própria execução. Normalmente, isso pode ser feito com o estabelecimento de duas variáveis flag: uma para suspender e retomar e outra para encerrar. Para a suspensão e retomada, se o flag estiver configurado com "em execução", o método **run( )** deve continuar permitindo que a thread seja executada. Se essa variável for configurada com "suspender", a thread deve pausar. Quanto ao flag de encerramento, se ele for configurado com "encerrar", a thread deve terminar.

O exemplo a seguir mostra uma maneira de implementar suas próprias versões de **suspend( )**, **resume( )** e **stop( )**:

```
// Suspendendo, retomando e encerrando uma thread.

class MyThread implements Runnable {
  Thread thrd;

  boolean suspended;    ◄──────────── Suspende a thread quando igual a true.
  boolean stopped;      ◄──────────── Encerra a thread quando igual a true.

  MyThread(String name) {
    thrd = new Thread(this, name);
```

```java
      suspended = false;
      stopped = false;
      thrd.start();
   }

   // Este é o ponto de entrada da thread.
   public void run() {
      System.out.println(thrd.getName() + " starting.");
      try {
        for(int i = 1; i < 1000; i++) {
          System.out.print(i + " ");
          if((i%10)==0) {
            System.out.println();
            Thread.sleep(250);
          }

          // Usa um bloco sincronizado para verificar suspended e stopped.
          synchronized(this) {    ←
            while(suspended) {
              wait();
            }                        Esse bloco sincronizado verifica
            if(stopped) break;       suspended e stopped.
          }
        }
      } catch (InterruptedException exc) {
        System.out.println(thrd.getName() + " interrupted.");
      }
      System.out.println(thrd.getName() + " exiting.");
   }

   // Encerra a thread.
   synchronized void mystop() {
     stopped = true;

     // O código a seguir assegura que uma thread suspensa possa ser encerrada.
     suspended = false;
     notify();
   }

   // Suspende a thread.
   synchronized void mysuspend() {
     suspended = true;
   }

   // Retoma a thread.
   synchronized void myresume() {
     suspended = false;
     notify();
   }
}
```

```
class Suspend {
  public static void main(String args[]) {
    MyThread ob1 = new MyThread("My Thread");

    try {
      Thread.sleep(1000); // permite que a thread ob1 comece a ser executada

      ob1.mysuspend();
      System.out.println("Suspending thread.");
      Thread.sleep(1000);

      ob1.myresume();
      System.out.println("Resuming thread.");
      Thread.sleep(1000);

      ob1.mysuspend();
      System.out.println("Suspending thread.");
      Thread.sleep(1000);

      ob1.myresume();
      System.out.println("Resuming thread.");
      Thread.sleep(1000);

      ob1.mysuspend();
      System.out.println("Stopping thread.");
      ob1.mystop();
    } catch (InterruptedException e) {
      System.out.println("Main thread Interrupted");
    }

    // espera a thread terminar
    try {
      ob1.thrd.join();
    } catch (InterruptedException e) {
      System.out.println("Main thread Interrupted");
    }

    System.out.println("Main thread exiting.");
  }
}
```

Um exemplo da saída desse programa é mostrado abaixo. (Você pode obter uma saída um pouco diferente).

```
My Thread starting.
1 2 3 4 5 6 7 8 9 10
11 12 13 14 15 16 17 18 19 20
21 22 23 24 25 26 27 28 29 30
31 32 33 34 35 36 37 38 39 40
Suspending thread.
```

```
Resuming thread.
41 42 43 44 45 46 47 48 49 50
51 52 53 54 55 56 57 58 59 60
61 62 63 64 65 66 67 68 69 70
71 72 73 74 75 76 77 78 79 80
Suspending thread.
Resuming thread.
81 82 83 84 85 86 87 88 89 90
91 92 93 94 95 96 97 98 99 100
101 102 103 104 105 106 107 108 109 110
111 112 113 114 115 116 117 118 119 120
Stopping thread.
My Thread exiting.
Main thread exiting.
```

É assim que o programa funciona. A classe de threads **MyThread** define duas variáveis booleanas, **suspended** e **stopped**, que controlam a suspensão e o encerramento de uma thread. Ambas são inicializadas com **false** pelo construtor. O método **run( )** contém um bloco de instruções **synchronized** que verifica **suspended**. Se essa variável for **true**, o método **wait( )** será chamado para suspender a execução da thread. Para suspender a execução da thread, chame **mysuspend( )**, que configura **suspended** com **true**. Para retomar a execução, chame **myresume( )**, que configura **suspended** com false e chama **notify( )** para reiniciar a thread.

Para encerrar a thread, chame **mystop( )**, que configura **stopped** com **true**. O método **mystop( )** também configura **suspended** com **false** e então chama **notify( )**. Essas etapas são necessárias para o encerramento de uma thread suspensa.

Pergunte ao especialista

P: O uso de várias threads parece uma ótima maneira de melhorar a eficiência de meus programas. Pode me dar algumas dicas de como usá-las de maneira eficaz?

R: O segredo para o uso eficiente de várias threads é pensar ao mesmo tempo em vez de sequencialmente. Por exemplo, se você tiver dois subsistemas totalmente independentes dentro de um programa, considere transformá-los em threads individuais. No entanto, é preciso tomar cuidado. Se você criar threads demais, pode piorar o desempenho de seu programa em vez de melhorá-lo. Lembre-se, a sobrecarga está associada à mudança de contexto. Se você criar threads demais, mais tempo da CPU será gasto com mudanças de contexto do que na execução de seu programa!

Tente Isto 11-2 Use a thread principal

`UseMain.java`

Todos os programas Java têm pelo menos uma thread de execução, chamada thread principal, que é fornecida ao programa automaticamente quando ele começa a ser executado. Até agora, usamos a thread principal sem lhe dar destaque. Neste projeto, veremos que ela pode ser tratada como todas as outras threads.

1. Crie um arquivo chamado **UseMain.java**.
2. Para acessar a thread principal, você deve obter um objeto **Thread** que a referencie. Isso é feito com uma chamada ao método **currentThread( )**, que é membro **static** de **Thread**. Sua forma geral é mostrada aqui:

   static Thread currentThread( )

   Esse método retorna uma referência à thread em que é chamado. Logo, se você chamar **currentThread( )** enquanto a execução estiver dentro da thread principal, obterá uma referência a essa thread. Uma vez que tiver essa referência, poderá controlar a thread principal como qualquer outra thread.

3. Insira o programa a seguir no arquivo. Ele obtém uma referência à thread principal e então acessa e define seu nome e prioridade.

```java
/*
    Tente Isto 11-2

    Controlando a thread principal.
*/

class UseMain {
  public static void main(String args[]) {
    Thread thrd;

    // Acessa a thread principal.
    thrd = Thread.currentThread();

    // Exibe o nome da thread principal.
    System.out.println("Main thread is called: " +
                       thrd.getName());

    // Exibe a prioridade da thread principal.
    System.out.println("Priority: " +
                       thrd.getPriority());

    System.out.println();

    // Define nome e prioridade.
    System.out.println("Setting name and priority.\n");
    thrd.setName("Thread #1");
    thrd.setPriority(Thread.NORM_PRIORITY+3);

    System.out.println("Main thread is now called: " +
                       thrd.getName());

    System.out.println("Priority is now: " +
                       thrd.getPriority());
  }
}
```

4. A saída do programa é mostrada abaixo:

```
Main thread is called: main
Priority: 5

Setting name and priority.

Main thread is now called: Thread #1
Priority is now: 8
```

5. Você deve tomar cuidado com as operações executadas na thread principal. Por exemplo, se adicionar o código a seguir ao fim de **main( )**, o programa nunca terminará, porque ficará esperando a thread principal terminar!

```
try {
   thrd.join();
} catch(InterruptedException exc) {
  System.out.println("Interrupted");
}
```

✓ Teste do Capítulo 11

1. Como o uso de várias threads Java permite escrever programas mais eficientes?
2. O uso de várias threads é suportado pela classe _____ e pela interface _____.
3. Na criação de um objeto executável, por que pode ser melhor estender **Thread** em vez de implementar **Runnable**?
4. Mostre como podemos usar **join( )** para esperar um objeto de thread chamado **MyThrd** terminar.
5. Mostre como configurar uma thread chamada **MyThrd** com três níveis acima da prioridade normal.
6. Qual é o efeito da inclusão da palavra-chave **synchronized** em um método?
7. Os métodos **wait( )** e **notify( )** são usados na execução da _____.
8. Altere a classe **TickTock** para que ela marque o tempo de verdade. Isto é, faça cada tique levar meio segundo e cada taque levar mais meio segundo. Logo, cada tique-taque levará um segundo. (Não se preocupe com o tempo necessário para alternar tarefas, etc.)
9. Por que você não pode usar **suspend**, **resume( )** e **stop( )** em programas novos?
10. Que método definido por **Thread** obtém o nome de uma thread?
11. O que **isAlive( )** retorna?
12. Por sua própria conta, tente adicionar sincronização à classe **Queue** desenvolvida em capítulos anteriores para que seja seguro usá-la com várias threads.

Capítulo 12

Enumerações, autoboxing, importação estática e anotações

Principais habilidades e conceitos

- Entender os fundamentos da enumeração
- Usar os recursos de enumeração baseados em classes
- Aplicar os métodos **values( )** e **valueof( )** a enumerações
- Criar enumerações que tenham construtores, variáveis de instância e métodos
- Empregar os métodos **ordinal( )** e **compareTo( )** que as enumerações herdam de **Enum**
- Usar os encapsuladores de tipos Java
- Saber os aspectos básicos do autoboxing e autounboxing
- Usar autoboxing com métodos
- Entender como autoboxing funciona com expressões
- Aplicar a importação estática
- Ter uma visão geral das anotações

Este capítulo discutirá as enumerações, o autoboxing, a importação estática e as anotações. Embora nenhum desses recursos faça parte da definição Java original e tenham sido adicionados por JDK 5, eles melhoraram significativamente o poder e a usabilidade da linguagem. No caso das enumerações e do autoboxing, ambos supriram o que, na época, eram necessidades de longa data. A importação estática otimizou o uso de membros estáticos. As anotações expandiram os tipos de informação que podem ser embutidos dentro de um arquivo-fonte. Coletivamente, esses recursos oferecem uma maneira melhor de resolver problemas comuns de programação. Na verdade, sua importância é tal que, atualmente, é difícil imaginar Java sem eles. Também serão discutidos neste capítulo os encapsuladores de tipos Java.

Enumerações

Em sua forma mais simples, uma *enumeração* é uma lista de constantes nomeadas que define um novo tipo de dado. Um objeto de um tipo de enumeração só pode conter os valores definidos pela lista. Logo, uma enumeração fornece uma maneira de definirmos precisamente um novo tipo de dado que tem um número fixo de valores válidos.

As enumerações são comuns no dia a dia. Por exemplo, uma enumeração das moedas usadas nos Estados Unidos teria o penny, nickel, dime, half-dollar e dollar. Uma enumeração dos meses do ano seria composta pelos nomes que vão de janeiro a dezembro. Uma enumeração dos dias da semana conteria domingo, segunda, terça, quarta, quinta, sexta e sábado.

Do ponto de vista da programação, as enumerações são úteis sempre que precisamos definir um conjunto de valores que representam um grupo de itens. Por exemplo, podemos usar uma enumeração para representar um conjunto de códigos de status, como sucesso, em espera, falha e nova tentativa, que indiquem o progresso de alguma ação. No passado, esses valores eram definidos com variáveis de tipo **final**, mas as enumerações oferecem uma abordagem mais estruturada.

Fundamentos da enumeração

Uma enumeração é criada com o uso da palavra-chave **enum**. Por exemplo, aqui está uma enumeração simples que lista vários meios de transporte:

```
// Enumeração de meios de transporte.
enum Transport {
   CAR, TRUCK, AIRPLANE, TRAIN, BOAT
}
```

Os identificadores **CAR**, **TRUCK**, etc., são chamados de *constantes de enumeração*. Cada identificador é declarado implicitamente como membro público estático de **Transport**. Além disso, o tipo das constantes de enumeração é o mesmo da enumeração em que elas são declaradas, que nesse caso é **Transport**. Logo, na linguagem Java, essas constantes são chamadas de *autotipadas*, onde "auto" representa a enumeração que as contêm.

Uma vez que você tiver definido uma enumeração, poderá criar uma variável desse tipo. No entanto, ainda que as enumerações definam um tipo de classe, você não pode instanciar uma **enum** usando **new**. Em vez disso, deve declarar e usar uma variável de enumeração de maneira semelhante ao que faria com os tipos primitivos. Por exemplo, esta linha declara **tp** como uma variável de tipo de enumeração **Transport**:

```
Transport tp;
```

Já que **tp** é de tipo **Transport**, os únicos valores que ela pode receber são os definidos pela enumeração. Por exemplo, esta linha atribui a **tp** o valor **AIRPLANE**.

```
tp = Transport.AIRPLANE;
```

Observe que o símbolo **AIRPLANE** é qualificado por **Transport**.

Duas constantes de enumeração podem ser comparadas em busca de igualdade com o uso do operador relacional ==. Por exemplo, esta instrução compara o valor de **tp** com a constante **TRAIN**:

```
if(tp == Transport.TRAIN) // ...
```

O valor de uma enumeração também pode ser usado no controle de uma instrução **switch**. Obviamente, todas as instruções **case** devem usar constantes da mesma **enum** usada pela expressão **switch**. Por exemplo, este **switch** é perfeitamente válido:

```
// Usa uma enum para controlar uma instrução switch.
switch(tp) {
  case CAR:
    // ...
  case TRUCK:
    // ...
```

Observe que, nas instruções **case**, os nomes das constantes de enumeração são usados sem qualificação pelo nome do tipo de enumeração, isto é, **TRUCK**, e não **Transport.TRUCK**, é usado. Isso ocorre porque o tipo da enumeração na expressão **switch** já especificou implicitamente o tipo **enum** das constantes case. Não há necessidade de qualificar as constantes nas instruções **case** com o nome de seu tipo **enum**. Na verdade, tentar fazê-lo causará um erro de compilação.

Quando uma constante de enumeração é exibida, como em uma instrução **println**( ), seu nome compõe a saída. Por exemplo, dada a seguinte instrução:

```
System.out.println(Transport.BOAT);
```

o nome **BOAT** é exibido.

O programa a seguir reúne todas as peças e demonstra a enumeração **Transport**:

```
// Enumeração de meios de transporte.
enum Transport {
   CAR, TRUCK, AIRPLANE, TRAIN, BOAT    ←———————— Declara uma enumeração.
}

class EnumDemo {
  public static void main(String args[])
  {
    Transport tp;    ←———————— Declara uma referência Transport.

    tp = Transport.AIRPLANE;    ←———————— Atribui a tp a constante AIRPLANE.

    // Exibe um valor da enum.
    System.out.println("Value of tp: " + tp);
    System.out.println();

    tp = Transport.TRAIN;

    // Compara dois valores da enum.
    if(tp == Transport.TRAIN)    ←———————— Compara dois objetos
      System.out.println("tp contains TRAIN.\n");          Transport em busca
                                                           de igualdade.

    // Usa uma enum para controlar uma instrução switch.
    switch(tp) {    ←———————— Usa uma enumeração para
      case CAR:              controlar uma instrução switch.
        System.out.println("A car carries people.");
        break;
```

```
      case TRUCK:
        System.out.println("A truck carries freight.");
        break;
      case AIRPLANE:
        System.out.println("An airplane flies.");
        break;
      case TRAIN:
        System.out.println("A train runs on rails.");
        break;
      case BOAT:
        System.out.println("A boat sails on water.");
        break;
    }
  }
}
```

A saída do programa é mostrada aqui:

```
Value of tp: AIRPLANE

tp contains TRAIN.

A train runs on rails.
```

Antes de prosseguirmos, é preciso ressaltar uma questão estilística: as constantes de **Transport** usam maiúsculas. (Logo, usamos **CAR** e não **car**.) No entanto, o uso de maiúsculas não é obrigatório, ou seja, não há uma regra que exija que as constantes de enumeração estejam em maiúsculas. Já que com frequência as enumerações substituem variáveis de tipo **final**, que tradicionalmente têm usado maiúsculas, alguns programadores também acham apropriado escrever as constantes de enumeração em maiúsculas. É claro que há outros pontos de vista e estilos. Os exemplos deste livro usarão maiúsculas nas constantes de enumeração, a título de consistência.

As enumerações Java são tipos de classe

Embora os exemplos anteriores mostrem o mecanismo de criação e uso de uma enumeração, eles não mostram todos os seus recursos. Diferentemente da maneira como as enumerações são implementadas em algumas linguagens, *Java implementa enumerações como tipos de classe*. Mesmo que não instanciemos uma **enum** usando **new**, seu comportamento é semelhante ao de outras classes. O fato de **enum** definir uma classe permite que a enumeração Java tenha poderes que as enumerações de outras linguagens não têm. Por exemplo, podemos lhe dar construtores, adicionar métodos e variáveis de instância e até implementar interfaces.

Métodos values( ) e valueOf( )

Todas as enumerações têm automaticamente dois métodos predefinidos: **values( )** e **valueOf( )**. Suas formas gerais são mostradas aqui:

public static *tipo-enum*[ ] values( )

public static *tipo-enum* valueOf(String *str*)

O método **values( )** retorna um array contendo uma lista com as constantes de enumeração. O método **valueOf( )** retorna a constante de enumeração cujo valor corresponde ao string passado em *str*. Nos dois casos, *tipo-enum* é o tipo da enumeração. Por exemplo, no caso da enumeração **Transport** mostrada anteriormente, o tipo de retorno de **Transport.valueOf("TRAIN")** é **Transport**. O valor retornado é TRAIN. O programa a seguir demonstra os métodos **values( )** e **valueOf( )**.

```
// Usa os métodos de enumeração internos.

// Enumeração de meios de transporte.
enum Transport {
  CAR, TRUCK, AIRPLANE, TRAIN, BOAT
}

class EnumDemo2 {
  public static void main(String args[])
  {
    Transport tp;

    System.out.println("Here are all Transport constants");

    // usa values()
    Transport allTransports[] = Transport.values();    ◄——— Obtém um array
    for(Transport t : allTransports)                         de constantes
      System.out.println(t);                                 **Transport**.

    System.out.println();

    // usa valueOf()
    tp = Transport.valueOf("AIRPLANE");    ◄——————— Obtém a constante de
    System.out.println("tp contains " + tp);         nome **AIRPLANE**.
  }
}
```

A saída do programa é dada a seguir:

```
Here are all Transport constants
CAR
TRUCK
AIRPLANE
TRAIN
BOAT

tp contains AIRPLANE
```

Observe que esse programa usa um laço **for** de estilo for-each para percorrer o array de constantes obtido pela chamada a **values( )**. A título de ilustração, a variável **allTransports** foi criada e recebeu uma referência ao array da enumeração. No entanto, essa etapa não é necessária porque for poderia ter sido escrito como mostrado aqui, eliminando a necessidade da variável **allTransports**:

```
for(Transport t : Transport.values())
  System.out.println(t);
```

Agora, observe como o valor correspondente ao nome **AIRPLANE** foi obtido pela chamada a **valueOf( )**:

```
tp = Transport.valueOf("AIRPLANE");
```

Como explicado, **valueOf( )** retorna o valor da enumeração associado ao nome da constante representado como um string.

Construtores, métodos, variáveis de instância e enumerações

É importante entender que cada constante de enumeração é um objeto de seu tipo de enumeração. Logo, uma enumeração pode definir construtores, adicionar métodos e ter variáveis de instância. Quando definimos um construtor para uma **enum**, ele é chamado quando cada constante de enumeração é criada. Cada constante pode chamar qualquer método definido pela enumeração e terá sua própria cópia de qualquer variável de instância também definida pela enumeração. A versão a seguir de **Transport** ilustra o uso de um construtor, uma variável de instância e um método. Ela atribui a cada meio de transporte uma velocidade típica.

```
// Usa um construtor, uma variável de instância e um método com a enumeração.
enum Transport {
  CAR(65), TRUCK(55), AIRPLANE(600), TRAIN(70), BOAT(22);  ←—— Observe os valores
                                                              de inicialização.
  private int speed; // velocidade típica de cada meio de transporte ←—┐
                                                  Adiciona uma variável de instância.
  // Construtor
  Transport(int s) { speed = s; }  ←———— Adiciona um construtor.

  int getSpeed() { return speed; }  ←———— Adiciona um método.
}

class EnumDemo3 {
  public static void main(String args[])
  {
    Transport tp;

    // Exibe a velocidade de um avião.
    System.out.println("Typical speed for an airplane is " +
                   Transport.AIRPLANE.getSpeed() +  ←—— Obtém a velocidade
                   " miles per hour.\n");                chamando
                                                         getSpeed( ).
```

```
    // Exibe todos os meios de transporte e velocidades.
    System.out.println("All Transport speeds: ");
    for(Transport t : Transport.values())
      System.out.println(t + " typical speed is " +
                         t.getSpeed() +
                         " miles per hour.");
  }
}
```

A saída é mostrada aqui:

```
Typical speed for an airplane is 600 miles per hour.

All Transport speeds:
CAR typical speed is 65 miles per hour.
TRUCK typical speed is 55 miles per hour.
AIRPLANE typical speed is 600 miles per hour.
TRAIN typical speed is 70 miles per hour.
BOAT typical speed is 22 miles per hour.
```

Essa versão de **Transport** adiciona três coisas. A primeira é a variável de instância **speed**, que é usada para conter a velocidade de cada meio de transporte. A segunda é o construtor de **Transport**, que recebe a velocidade de um meio de transporte. A terceira é o método **getSpeed( )**, que retorna o valor de **speed**.

Quando a variável **tp** é declarada em **main( )**, o construtor de **Transport** é chamado uma vez para cada constante especificada. Observe como os argumentos do construtor são especificados, sendo colocados em parênteses após cada constante, como mostrado abaixo:

```
CAR(65), TRUCK(55), AIRPLANE(600), TRAIN(70), BOAT(22);
```

Esses valores são passados para o parâmetro **s** de **Transport( )**, que então atribui o valor a **speed**. Há algo mais que devemos observar sobre a lista de constantes de enumeração: ela termina com um ponto e vírgula, isto é, a última constante, **BOAT**, é seguida, por um ponto de vírgula. Quando uma enumeração contém outros membros, a lista deve terminar em um ponto e vírgula.

Já que cada constante de enumeração tem sua própria cópia de **speed**, você pode obter a velocidade de um meio de transporte especificado chamando **getSpeed( )**. Por exemplo, em **main( )** a velocidade de um avião é obtida pela chamada a seguir:

```
Transport.AIRPLANE.getSpeed()
```

A velocidade de cada meio de transporte é obtida quando percorremos a enumeração usando um laço for. Já que há uma cópia de **speed** para cada constante de enumeração, o valor associado a uma constante fica separado e é diferente do valor associado a outra constante. Esse é um conceito poderoso, que só está disponível quando enumerações são implementadas como classes, como ocorre em Java.

Embora o exemplo anterior só tenha um construtor, uma **enum** pode oferecer duas ou mais formas sobrecarregadas, como qualquer outra classe.

> **Pergunte ao especialista**
>
> **P:** Já que as enumerações foram adicionadas a Java, devo evitar usar variáveis de tipo final? Em outras palavras, as enumerações tornaram as variáveis final obsoletas?
>
> **R:** Não. As enumerações são apropriadas quando trabalhamos com listas de itens que devem ser representados por identificadores. Uma variável **final** é apropriada quando temos um valor constante, como o tamanho de um array, que será usado em muitos locais. Logo, cada uma tem seu uso próprio. A vantagem das enumerações é que as variáveis de tipo **final** não são obrigadas a fazer um trabalho para o qual não são a opção ideal.

Duas restrições importantes

Há duas restrições aplicadas às enumerações. Em primeiro lugar, uma enumeração não pode herdar outra classe. Em segundo lugar, um tipo **enum** não pode ser uma superclasse, ou seja, não pode ser estendido. Fora isso, **enum** terá um comportamento semelhante ao de qualquer outro tipo de classe. O segredo é lembrar que cada constante de enumeração é um objeto da classe em que é definida.

Enumerações herdam Enum

Apesar de não podermos herdar uma superclasse ao declarar uma **enum**, todas as enumerações herdam uma automaticamente: **java.lang.Enum**. Essa classe define vários métodos que estão disponíveis para uso de todas as enumerações. Quase nunca precisamos usar esses métodos, mas há dois que podemos empregar ocasionalmente: **ordinal( )** e **compareTo( )**.

O método **ordinal( )** obtém um valor que indica a posição de uma constante de enumeração na lista de constantes. Ele é chamado de *valor ordinal*. O método **ordinal( )** é mostrado aqui:

final int ordinal( )

Ele retorna o valor ordinal da constante chamadora. Os valores ordinais começam em zero. Logo, na enumeração **Transport**, **CAR** tem valor ordinal zero, **TRUCK** tem valor ordinal 1, **AIRPLANE** tem valor ordinal 2 e assim por diante.

Você pode comparar o valor ordinal de duas constantes da mesma enumeração usando o método **compareTo( )**. Ele tem a seguinte forma geral:

final int compareTo(*tipo-enum* e)

Aqui, *tipo-enum* é o tipo da enumeração e *e* é a constante que está sendo comparada à constante chamadora. Lembre-se, tanto a constante chamadora quanto *e* devem ser da mesma enumeração. Se a constante chamadora tiver valor ordinal menor do que o de *e*, **compareTo( )** retornará um valor negativo. Se os dois valores ordinais forem iguais, zero será retornado. Se a constante chamadora tiver valor ordinal maior do que o de *e*, um valor positivo será retornado.

O programa a seguir demonstra **ordinal( )** e **compareTo( )**:

```java
// Demonstra ordinal() e compareTo().

// Enumeração de meios de transporte.
enum Transport {
  CAR, TRUCK, AIRPLANE, TRAIN, BOAT
}

class EnumDemo4 {
  public static void main(String args[])
  {
    Transport tp, tp2, tp3;

    // Obtém todos os valores ordinais usando ordinal().
    System.out.println("Here are all Transport constants" +
                       " and their ordinal values: ");
    for(Transport t : Transport.values())
      System.out.println(t + " " + t.ordinal());   ◄──────── Obtém os valores
                                                             ordinais.
    tp = Transport.AIRPLANE;
    tp2 = Transport.TRAIN;
    tp3 = Transport.AIRPLANE;
                                    Compara valores ordinais.
    System.out.println();

    // Demonstra compareTo()
    if(tp.compareTo(tp2) < 0)  ◄──
      System.out.println(tp + " comes before " + tp2);

    if(tp.compareTo(tp2) > 0)
      System.out.println(tp2 + " comes before " + tp);

    if(tp.compareTo(tp3) == 0)
      System.out.println(tp + " equals " + tp3);
  }
}
```

A saída do programa é mostrada abaixo:

```
Here are all Transport constants and their ordinal values:
CAR 0
TRUCK 1
AIRPLANE 2
TRAIN 3
BOAT 4

AIRPLANE comes before TRAIN
AIRPLANE equals AIRPLANE
```

Capítulo 12   Enumerações, autoboxing, importação estática e anotações   **409**

Tente Isto 12-1   Semáforo controlado por computador

`TrafficLightDemo.java`

As enumerações são particularmente úteis quando o programa precisa de um conjunto de constantes com valores reais arbitrários, contanto que sejam diferentes. Esse tipo de situação surge com frequência quando programamos. Um caso comum envolve o tratamento dos estados em que algum dispositivo pode se encontrar. Por exemplo, suponhamos que estivéssemos escrevendo um programa para controlar um semáforo. O código do semáforo deve percorrer automaticamente os três estados do sinal: verde, amarelo e vermelho. Além disso, deve permitir que outro código saiba a cor atual do sinal e deixe a cor ser configurada com um valor inicial conhecido. Ou seja, os três estados devem ser representados de alguma forma. Embora possamos representar esses três estados com valores inteiros (por exemplo, os valores 1, 2 e 3) ou com strings (como "vermelho", "verde" e "amarelo"), uma enumeração oferece uma abordagem muito melhor. O uso de enumeração resulta em código mais eficiente do que se strings representassem os estados e mais estruturado do que se inteiros os representassem.

Neste projeto, você criará a simulação de um semáforo automático, como o que acabou de ser descrito. O projeto demonstrará não só uma enumeração em ação, mas também outro exemplo do uso de várias threads e de sincronização.

1. Crie um arquivo chamado **TrafficLightDemo.java**.

2. Comece definindo uma enumeração chamada **TrafficLightColor** que represente os três estados do sinal, como mostrado aqui:

   ```
   // Enumeração com as cores de um semáforo.
   enum TrafficLightColor {
      RED, GREEN, YELLOW
   }
   ```

   Sempre que a cor do sinal for necessária, seu valor na enumeração será usado.

3. Em seguida, defina **TrafficLightSimulator**, como mostrado abaixo. **TrafficLightSimulator** é a classe que encapsula a simulação do semáforo.

```
// Semáforo computadorizado.
class TrafficLightSimulator implements Runnable {
  private Thread thrd; // contém a thread que executa a simulação
  private TrafficLightColor tlc; // contém a cor do sinal
  boolean stop = false; // configura com true para interromper a simulação
  boolean changed = false; // true quando o sinal mudou

  TrafficLightSimulator(TrafficLightColor init) {
    tlc = init;

    thrd = new Thread(this);
    thrd.start();
  }

  TrafficLightSimulator() {
```

```
    tlc = TrafficLightColor.RED;

  thrd = new Thread(this);
  thrd.start();
}
```

Observe que **TrafficLightSimulator** implementa **Runnable**. Isso é necessário porque uma thread separada é usada na execução de cada sinal. Essa thread percorrerá as cores. Dois construtores são criados. O primeiro permite a especificação da cor inicial do semáforo, o segundo tem como padrão o vermelho. Os dois iniciam uma nova thread para executar o semáforo.

Agora, examine as variáveis de instância. Uma referência à thread do semáforo é armazenada em **thrd**. A cor atual do semáforo é armazenada em **tlc**. A variável **stop** é usada para interromper a simulação. Inicialmente, ela é configurada com **false**. O semáforo será executado até essa variável ser configurada com **true**. A variável **changed** é igual a **true** quando o sinal muda.

4. Adicione o método **run( )**, mostrado a seguir, que começa a execução do semáforo:

```
// Inicia o semáforo.
public void run() {
  while(!stop) {
    try {
      switch(tlc) {
        case GREEN:
          Thread.sleep(10000); // verde por 10 segundos
          break;
        case YELLOW:
          Thread.sleep(2000); // amarelo por 2 segundos
          break;
        case RED:
          Thread.sleep(12000); // vermelho por 12 segundos
          break;
      }
    } catch(InterruptedException exc) {
      System.out.println(exc);
    }
    changeColor();
  }
}
```

Esse método percorre o semáforo pelas cores. Primeiro, ele entra em suspensão durante um período apropriado, baseado na cor atual. Depois, chama **changeColor( )** para mudar para a próxima cor da sequência.

5. Agora, adicione o método **changeColor( )**, como mostrado aqui:

```
// Muda a cor.
synchronized void changeColor() {
  switch(tlc) {
```

```
      case RED:
        tlc = TrafficLightColor.GREEN;
        break;
      case YELLOW:
        tlc = TrafficLightColor.RED;
        break;
      case GREEN:
        tlc = TrafficLightColor.YELLOW;
    }

    changed = true;
    notify(); // sinaliza que a cor mudou
  }
```

A instrução **switch** examina a cor armazenada atualmente em **tlc** e então atribui a próxima cor da sequência. Observe que esse método é sincronizado. Isso é necessário porque ele chama **notify( )** para sinalizar que ocorreu uma mudança de cor. (Lembre-se de que **notify( )** só pode ser chamado a partir de um contexto sincronizado.)

6. O próximo método é **waitForChange( )**, que espera até a cor do sinal ser mudada.

```
// Espera até uma mudança de sinal ocorrer.
synchronized void waitForChange() {
  try {
    while(!changed)
      wait(); // espera o sinal mudar
    changed = false;
  } catch(InterruptedException exc) {
    System.out.println(exc);
  }
}
```

Esse método apenas chama **wait( )**. A chamada não retornará até **changeColor( )** executar uma chamada a **notify( )**. Logo, **waitForChange( )** não retornará até o sinal mudar.

7. Para concluir, adicione os métodos **getColor( )**, que retorna a cor atual do sinal, e **cancel( )**, que interrompe a thread do semáforo configurando **stop** com **true**. Esses métodos são mostrados abaixo:

```
// Retorna a cor atual.
synchronized TrafficLightColor getColor() {
  return tlc;
}

// Interrompe o semáforo.
synchronized void cancel() {
  stop = true;
}
```

8. Aqui está o código reunido em um programa completo que demonstra o semáforo:

```java
// Tente Isto 12-1

// Uma simulação de um semáforo que usa uma enumeração
// para descrever as cores das luzes.

// Enumeração com as cores de um semáforo.
enum TrafficLightColor {
  RED, GREEN, YELLOW
}

// Semáforo computadorizado.
class TrafficLightSimulator implements Runnable {
  private Thread thrd; // contém a thread que executa a simulação
  private TrafficLightColor tlc; // contém a cor do sinal
  boolean stop = false; // configura com true para interromper a simulação
  boolean changed = false; // true quando o sinal mudou

  TrafficLightSimulator(TrafficLightColor init) {
    tlc = init;

    thrd = new Thread(this);
    thrd.start();
  }

  TrafficLightSimulator() {
    tlc = TrafficLightColor.RED;

    thrd = new Thread(this);
    thrd.start();
  }

  // Inicia o semáforo.
  public void run() {
    while(!stop) {
      try {
        switch(tlc) {
          case GREEN:
            Thread.sleep(10000); // verde por 10 segundos
            break;
          case YELLOW:
            Thread.sleep(2000); // amarelo por 2 segundos
            break;
          case RED:
            Thread.sleep(12000); // vermelho por 12 segundos
            break;
        }
      } catch(InterruptedException exc) {
```

Capítulo 12   Enumerações, autoboxing, importação estática e anotações

```java
      System.out.println(exc);
    }
    changeColor();
  }
}

// Muda a cor.
synchronized void changeColor() {
  switch(tlc) {
    case RED:
      tlc = TrafficLightColor.GREEN;
      break;
    case YELLOW:
      tlc = TrafficLightColor.RED;
      break;
    case GREEN:
      tlc = TrafficLightColor.YELLOW;
  }

  changed = true;
  notify(); // sinaliza que a cor mudou
}

// Espera até uma mudança de sinal ocorrer.
synchronized void waitForChange() {
  try {
    while(!changed)
      wait(); // espera o sinal mudar
    changed = false;
  } catch(InterruptedException exc) {
    System.out.println(exc);
  }
}

// Retorna a cor atual.
synchronized TrafficLightColor getColor() {
  return tlc;
}

// Interrompe a semáforo.
synchronized void cancel() {
  stop = true;
}
}

class TrafficLightDemo {
  public static void main(String args[]) {
    TrafficLightSimulator tl =
      new TrafficLightSimulator(TrafficLightColor.GREEN);

    for(int i=0; i < 9; i++) {
```

```
            System.out.println(tl.getColor());
            tl.waitForChange();
        }

        tl.cancel();
    }
}
```

A saída a seguir é produzida. Como você pode ver, o semáforo percorre as cores na ordem verde, amarelo e vermelho:

```
GREEN
YELLOW
RED
GREEN
YELLOW
RED
GREEN
YELLOW
RED
```

Observe como o uso da enumeração no programa simplifica e adiciona estrutura ao código que precisa saber o estado do semáforo. Já que o sinal só pode ter três estados (vermelho, verde ou amarelo), o uso de uma enumeração assegura que só esses valores sejam válidos, impedindo assim a má utilização acidental.

9. Podemos melhorar o programa anterior beneficiando-nos dos recursos de classe de uma enumeração. Por exemplo, adicionando um construtor, uma variável de instância e um método a **TrafficLightColor**, podemos melhorar significativamente a programação anterior. Essa melhoria será deixada como exercício. Consulte a questão 4 do Teste.

Autoboxing

A partir de JDK 5, Java incluiu dois recursos muito úteis: *autoboxing* e *autounboxing*. Eles simplificam e otimizam bastante códigos que têm de converter tipos primitivos em objetos e vice-versa. Já que essas situações são encontradas com frequência em código Java, os benefícios do autoboxing/unboxing afetam quase todos os programadores de Java. Como você verá no Capítulo 13, esses recursos também trazem grandes contribuições à usabilidade dos genéricos.

O autoboxing/unboxing está diretamente relacionado aos encapsuladores de tipos Java e à maneira como os valores são movidos para dentro e para fora da instância de um encapsulador. Portanto, começaremos com uma visão geral dos encapsuladores de tipos e do processo de empacotar e desempacotar valores manualmente.

Encapsuladores de tipos

Como você sabe, Java usa tipos primitivos, como **int** ou **double**, para armazenar os tipos de dados básicos suportados pela linguagem. Tipos primitivos, em vez de objetos, são usados para representar esses valores por questões de desempenho. O uso de objetos para esses tipos básicos adicionaria uma sobrecarga inaceitável até mesmo ao cálculo mais simples. Logo, os tipos primitivos não fazem parte da hierarquia de objetos e não herdam **Object**.

Apesar dos benefícios oferecidos ao desempenho pelos tipos primitivos, podemos precisar de uma representação na forma de objeto. Por exemplo, não podemos passar um tipo primitivo por referência para um método. Além disso, muitas das estruturas de dados padrão implementadas por Java operam em objetos, ou seja, não podemos usar essas estruturas de dados para armazenar tipos primitivos. Para tratar essas (e outras) situações, Java fornece *encapsuladores de tipos*, que são classes que encapsulam um tipo primitivo dentro de um objeto. As classes encapsuladoras de tipos foram introduzidas brevemente no Capítulo 10. Aqui, as examinaremos com mais detalhes.

Os encapsuladores de tipos são **Double**, **Float**, **Long**, **Integer**, **Short**, **Byte**, **Character** e **Boolean**, que ficam no pacote **java.lang**. Essas classes oferecem um amplo conjunto de métodos que nos permite integrar totalmente os tipos primitivos à hierarquia de objetos Java.

Provavelmente, os encapsuladores de tipos mais usados sejam os que representam valores numéricos. Eles são **Byte**, **Short**, **Integer**, **Long**, **Float** e **Double**. Todos os encapsuladores de tipos numéricos herdam a classe abstrata **Number**. **Number** declara métodos que retornam o valor de um objeto em cada um dos tipos numéricos diferentes. Esses métodos são mostrados aqui:

byte byteValue( )

double doubleValue( )

float floatValue( )

int intValue( )

long longValue( )

short shortValue( )

Por exemplo, **doubleValue( )** retorna o valor de um objeto na forma de um **double**, **floatValue( )** retorna o valor como um **float** e assim por diante. Esses métodos são implementados por todos os encapsuladores de tipos numéricos.

Cada um dos encapsuladores de tipos numéricos define construtores que permitem que um objeto seja construído a partir de um valor dado, ou a partir da representação desse valor na forma de string. Por exemplo, estes são os construtores definidos para **Integer** e **Double**:

Integer(int *num*)

Integer(String *str*) throws NumberFormatException

Double(double *num*)

Double(String *str*) throws NumberFormatException

Se *str* não tiver um valor numérico válido, uma **NumberFormatException** será lançada.

Todos os encapsuladores de tipos sobrepõem o método **toString( )**. Ele retorna a forma legível por humanos do valor contido dentro do encapsulador. Isso nos permite exibir o valor passando um objeto encapsulador de tipo para **println( )**, por exemplo, sem precisar convertê-lo em seu tipo primitivo.

O processo de encapsular um valor dentro de um objeto se chama *boxing*. Antes de JKD 5, o boxing era feito manualmente, com o programador construindo de maneira explícita a instância de um encapsulador com o valor desejado. Por exemplo, a linha seguinte encapsula manualmente o valor 100 em um **Integer**:

```
Integer iOb = new Integer(100);
```

Nesse exemplo, um novo objeto **Integer** com o valor 100 é criado explicitamente e uma referência a ele é atribuída a **iOb**.

O processo de extrair o valor de um encapsulador de tipo se chama *unboxing*. Novamente, antes de JDK 5, o unboxing também ocorria manualmente, com o programador chamando de maneira explícita um método no encapsulador para obter seu valor. Por exemplo, a linha seguinte extrai manualmente o valor de **iOb** para um **int**.

```
int i = iOb.intValue();
```

Aqui, **intValue( )** retorna o valor encapsulado dentro de **iOb** como um **int**.

O programa a seguir demonstra os conceitos anteriores:

```
// Demonstra o boxing e o unboxing manuais com um encapsulador de tipo.
class Wrap {
  public static void main(String args[]) {

    Integer iOb = new Integer(100);   ◄——— Encapsula manualmente o valor 100.

    int i = iOb.intValue();   ◄——— Extrai manualmente o valor de iOb.

    System.out.println(i + " " + iOb); // exibe 100 100
  }
}
```

Esse programa encapsula o valor inteiro 100 dentro de um objeto **Integer** chamado **iOb**. Em seguida, obtém esse valor chamando **intValue( )** e armazena o resultado em **i**. Para concluir, exibe os valores de **i** e **iOb**, ambos iguais a 100.

O mesmo procedimento geral usado pelo exemplo anterior no boxing e unboxing manual de valores era requerido por todas as versões de Java anteriores a JDK 5 e ainda pode ser encontrado em código legado. O problema é que ele é tedioso e propenso a erros, porque exige que o programador crie manualmente o objeto apropriado ao encapsulamento de um valor e obtenha explicitamente o tipo primitivo apropriado quando seu valor é necessário. Felizmente, o autoboxing/unboxing melhora muito esses procedimentos essenciais.

Capítulo 12   Enumerações, autoboxing, importação estática e anotações   **417**

Fundamentos do autoboxing

Autoboxing é o processo pelo qual um tipo primitivo é encapsulado (embalado) automaticamente no encapsulador de tipo equivalente sempre que um objeto desse tipo é necessário. Não há necessidade de construir explicitamente um objeto. Autounboxing é o processo pelo qual o valor de um objeto embalado é extraído (desembalado) automaticamente de um encapsulador de tipo quando seu valor é necessário. Não há necessidade de chamar um método como **intValue( )** ou **doubleValue( )**.

A inclusão do autoboxing e do autounboxing otimiza bastante a codificação de vários algoritmos, removendo o tédio de encapsular e extrair valores manualmente. Também ajuda a evitar erros. Com o autoboxing, não é necessário construir manualmente um objeto para encapsular um tipo primitivo. Você só tem de atribuir esse valor a uma referência do encapsulador de tipo. Java constrói automaticamente o objeto. Por exemplo, esta é a maneira moderna de construir um objeto **Integer** com o valor 100:

```
Integer iOb = 100; // faz o autobox de um int
```

Observe que o objeto não é criado explicitamente com o uso de **new**. Java trata isso para você, automaticamente.

Para fazer o unbox de um objeto, apenas atribua a referência desse objeto a uma variável de tipo primitivo. Por exemplo, para fazer o unbox de **iOb**, você pode usar a seguinte linha:

```
int i = iOb; // autounbox
```

Java cuida dos detalhes para você.

O programa a seguir demonstra as instruções anteriores:

```
// Demonstra o autoboxing/unboxing.
class AutoBox {
  public static void main(String args[]) {

    Integer iOb = 100; // faz o autobox de um int

    int i = iOb; // autounbox

    System.out.println(i + " " + iOb); // exibe 100 100
  }
}
```

Faz o autobox e depois o autounbox do valor 100.

Autoboxing e os métodos

Além do simples caso de atribuições, o autoboxing ocorre automaticamente sempre que um tipo primitivo deve ser convertido em um objeto, e o autounboxing ocorre sempre que um objeto deve ser convertido em um tipo primitivo. Logo, o autoboxing/unboxing pode ocorrer quando um argumento é passado para um método ou quando um valor é retornado por um método. Por exemplo, considere o seguinte:

```
// O autoboxing/unboxing ocorre com parâmetros
// e valores de retorno de métodos.

class AutoBox2 {
```

```
// Esse método tem um parâmetro Integer.
static void m(Integer v) {     ◄─────────────── Recebe um Integer.
  System.out.println("m() received " + v);
}

// Esse método retorna um int.
static int m2() {  ◄─────────────── Retorna um int.
  return 10;
}
                                    Retorna um Integer.
// Esse método retorna um Integer.
static Integer m3() {  ◄───────────┘
  return 99; // faz o autoboxing de 99 para um Integer.
}

public static void main(String args[]) {

  // Passa um int para m(). Já que m() tem um parâmetro Integer,
  // o valor int passado é encapsulado automaticamente.
  m(199);

  // Aqui, iOb recebe o valor int retornado por m2().
  // Esse valor é encapsulado automaticamente para
  // poder ser atribuído a iOb.
  Integer iOb = m2();
  System.out.println("Return value from m2() is " + iOb);

  // Em seguida, m3() é chamado. Ele retorna um valor Integer
  // que é encapsulado automaticamente em um int.
  int i = m3();
  System.out.println("Return value from m3() is " + i);

  // Agora, Math.sqrt() é chamado com iOb como argumento.
  // Nesse caso, iOb sofre autounboxing e seu valor é promovido
  // a double, que é o tipo que sqrt() precisa.
  iOb = 100;
  System.out.println("Square root of iOb is " + Math.sqrt(iOb));
  }
}
```

Esse programa exibe o resultado a seguir:

```
m() received 199
Return value from m2() is 10
Return value from m3() is 99
Square root of iOb is 10.0
```

No programa, observe que **m( )** especifica um parâmetro **Integer**. Dentro de **main( )**, **m( )** recebe o valor **int** 199. Já que **m( )** está esperando um **Integer**, esse valor sofre boxing automático. Em seguida, **m2( )** é chamado. Ele retorna o valor **int** 10. Esse valor **int** é atribuído a **iOb** em **main( )**. Como **iOb** é um **Integer**, o valor retornado por **m2( )** sofre autoboxing. Agora, **m3( )** é chamado. Ele retorna um

Integer que é extraído automaticamente para um **int**. Para concluir, **Math.sqrt( )** é chamado com **iOb** como argumento. Nesse caso, **iOb** sofre autounboxing e seu valor é promovido a **double**, já que esse é o tipo esperado por **Math.sqrt( )**.

Autoboxing/unboxing ocorre em expressões

Em geral, o autoboxing e o unboxing ocorrem sempre que uma conversão para um objeto ou a partir de um objeto é necessária; isso se aplica a expressões. Dentro de uma expressão, um objeto numérico sofre unboxing automático. O resultado da expressão é encapsulado novamente, se preciso. Por exemplo, considere o programa a seguir:

```
// Autoboxing/unboxing ocorre dentro de expressões.

class AutoBox3 {
  public static void main(String args[]) {
    Integer iOb, iOb2;
    int i;

    iOb = 99;
    System.out.println("Original value of iOb: " + iOb);

    // O trecho a seguir faz o unboxing automático
    // de iOb, executa o incremento e encapsula
    // o resultado novamente em iOb.
    ++iOb;
    System.out.println("After ++iOb: " + iOb);

    // Aqui, iOb sofre unboxing, seu valor é aumentado em 10 e o
    // resultado é encapsulado e armazenado novamente em iOb
    iOb += 10;
    System.out.println("After iOb += 10: " + iOb);

    // Agora, iOb sofre unboxing, a expressão é
    // avaliada e o resultado é encapsulado novamente
    // e atribuído a iOb2.
    iOb2 = iOb + (iOb / 3);
    System.out.println("iOb2 after expression: " + iOb2);

    // A mesma expressão é avalada, mas o
    // resultado não é encapsulado.
    i = iOb + (iOb / 3);
    System.out.println("i after expression: " + i);
  }
}
```

Autoboxing/unboxing ocorre em expressões.

A saída é mostrada abaixo:

```
Original value of iOb: 99
After ++iOb: 100
After iOb += 10: 110
iOb2 after expression: 146
i after expression: 146
```

Preste atenção nesta linha:

```
++iOb;
```

Ela faz o valor de **iOb** ser incrementado. Funciona do seguinte modo: **iOb** sofre unboxing, o valor é incrementado e o resultado é encapsulado novamente.

Graças ao autounboxing, você pode usar objetos numéricos inteiros, como um **Integer**, para controlar uma instrução **switch**. Por exemplo, considere o fragmento a seguir:

```
Integer iOb = 2;

switch(iOb) {
  case 1: System.out.println("one");
    break;
  case 2: System.out.println("two");
    break;
  default: System.out.println("error");
}
```

Quando a expressão **switch** é avaliada, **iOb** sofre unboxing e seu valor **int** é obtido.

Como os exemplos do programa mostram, graças ao autoboxing/unboxing, é intuitivo e fácil usar objetos numéricos em uma expressão. Com versões anteriores de Java, um código assim teria envolvido coerções e chamadas a métodos como **intValue( )**.

Advertência

Uma vez que temos o autoboxing e o autounboxing, alguém poderia ficar tentado a usar apenas objetos como **Integer** ou **Double**, abandonando totalmente os tipos primitivos. Por exemplo, com o autoboxing/unboxing podemos escrever um código como este:

```
// Uso inadequado do autoboxing/unboxing!
Double a, b, c;

a = 10.2;
b = 11.4;
c = 9.8;

Double avg = (a + b + c) / 3;
```

Nesse exemplo, objetos de tipo **Double** contêm valores, cuja média é calculada e o resultado atribuído a outro objeto **Double**. Embora esse código esteja tecnicamente correto e, na verdade, funcione de maneira apropriada, é uma aplicação bastante inadequada do autoboxing/unboxing. É muito menos eficiente do que um código equivalente escrito com o uso do tipo primitivo **double**. Isso ocorre porque cada operação de autoboxing e autounboxing adiciona uma sobrecarga que não existe quando o tipo primitivo é usado.

Em geral, devemos restringir o uso de encapsuladores de tipos apenas aos casos em que a representação de um tipo primitivo na forma de objeto seja requerida. O autoboxing/unboxing não foi adicionado a Java como uma maneira "sorrateira" de eliminar os tipos primitivos.

Capítulo 12   Enumerações, autoboxing, importação estática e anotações

Importação estática

Java dá suporte a um uso expandido da palavra-chave **import**. Se colocarmos a palavra-chave **static** depois de **import**, uma instrução **import** poderá ser usada para importar os membros estáticos de uma classe ou interface. Isso se chama *importação estática*. Quando a importação estática é usada, podemos referenciar membros estáticos diretamente por seus nomes, sem a necessidade de qualificá-los com o nome de sua classe. Esse método simplifica e encurta a sintaxe necessária ao uso de um membro estático.

Para entender a utilidade da importação estática, comecemos com um exemplo que *não* a usa. O programa a seguir calcula as soluções de uma equação quadrática, que tem esta forma:

$$ax^2 + bx + c = 0$$

O programa usa dois métodos estáticos da classe interna Java **Math** de cálculos matemáticos, que faz parte de **java.lang**. O primeiro é **Math.pow( )**, que retorna um valor elevado a uma potência especificada. O segundo é **Math.sqrt( )**, que retorna a raiz quadrada de seu argumento.

```
// Encontra as soluções de uma equação quadrática.
class Quadratic {
  public static void main(String args[]) {

    // a, b e c representam os coeficientes da
    // equação quadrática: ax² +bx + c = 0
    double a, b, c, x;

    // Resolve 4x² + x - 3 = 0 para achar x.
    a = 4;
    b = 1;
    c = -3;

    // Encontra a primeira solução.
    x = (-b + Math.sqrt(Math.pow(b, 2) - 4 * a * c)) / (2 * a);
    System.out.println("First solution: " + x);

    // Encontra a segunda solução.
    x = (-b - Math.sqrt(Math.pow(b, 2) - 4 * a * c)) / (2 * a);
    System.out.println("Second solution: " + x);
  }
}
```

Já que **pow( )** e **sqrt( )** são métodos estáticos, devem ser chamados com o uso do nome de sua classe, **Math**, o que resulta em uma expressão um pouco confusa:

```
x = (-b + Math.sqrt(Math.pow(b, 2) - 4 * a * c)) / (2 * a);
```

Além disso, pode ser tedioso ter de especificar o nome da classe sempre que **pow( )** ou **sqrt( )** (ou qualquer um dos outros métodos matemáticos Java, como **sin( )**, **cos( )** e **tan( )**) for usado.

Você pode eliminar o incômodo de especificar o nome da classe usando a importação estática, como mostrado na versão a seguir do programa anterior:

```
// Usa a importação estática para tornar sqrt() e pow() visíveis.
import static java.lang.Math.sqrt;      ← Usa a importação estática para
import static java.lang.Math.pow;        ← tornar sqrt( ) e pow( ) visíveis.

class Quadratic {
  public static void main(String args[]) {

    // a, b e c representam os coeficientes da
    // equação quadrática: ax² +bx + c = 0
    double a, b, c, x;

    // Resolve 4x² + x - 3 = 0 para achar x.
    a = 4;
    b = 1;
    c = -3;

    // Encontra a primeira solução.
    x = (-b + sqrt(pow(b, 2) - 4 * a * c)) / (2 * a);
    System.out.println("First solution: " + x);

    // Encontra a segunda solução.
    x = (-b - sqrt(pow(b, 2) - 4 * a * c)) / (2 * a);
    System.out.println("Second solution: " + x);
  }
}
```

Nessa versão, os nomes **sqrt** e **pow** ganham visibilidade por intermédio das instruções de importação estática abaixo:

```
import static java.lang.Math.sqrt;
import static java.lang.Math.pow;
```

Depois das instruções, não é mais necessário qualificar **sqrt( )** e **pow( )** com o nome de sua classe. Logo, a expressão pode ser especificada de maneira mais conveniente, como mostrado aqui:

```
x = (-b + sqrt(pow(b, 2) - 4 * a * c)) / (2 * a);
```

Como você pode ver, essa forma é consideravelmente menor e mais fácil de ler.

Há duas formas gerais da instrução **import static**. A primeira, que é usada pelo exemplo anterior, torna visível um único nome. Sua forma geral é mostrada abaixo:

import static *pct.nome-tipo.nome-membro-estático*;

Aqui, *nome-tipo* é o nome da classe ou interface que contém o membro estático desejado. O nome completo do pacote é especificado por *pct*. O nome do membro é especificado por *nome-membro-estático*.

Capítulo 12 Enumerações, autoboxing, importação estática e anotações

O segundo tipo de importação estática importa todos os membros estáticos. Sua forma geral é mostrada abaixo:

import static *pct.nome-tipo*.*;

Se você utilizar muitos campos ou métodos estáticos definidos por uma classe, essa forma lhe permitirá torná-los visíveis sem ser preciso especificar cada um individualmente. Logo, o programa anterior poderia ter usado apenas essa instrução **import** para dar visibilidade tanto a **pow( )** quanto a **sqrt( )** (e a *todos os outros* membros estáticos de **Math**):

```
import static java.lang.Math.*;
```

Certamente, o uso da importação estática não está restrito apenas à classe **Math** ou aos métodos. Por exemplo, esta instrução dá visibilidade ao campo estático **System.out**:

```
import static java.lang.System.out;
```

Depois dessa instrução, você pode exibir a saída no console sem que seja necessário qualificar **out** com **System**, como mostrado aqui:

```
out.println("After importing System.out, you can use out directly.");
```

Se a importação de **System.out** como acabei de mostrar é uma boa ideia, é algo que se presta à debate. Embora encurte a instrução, não está mais imediatamente claro para alguém que leia o programa que o **out** que está sendo referenciado é **System.out**.

A importação estática pode ser conveniente, mas é importante não usá-la de maneira abusiva. Lembre-se, uma razão para Java organizar suas bibliotecas em pacotes é evitar colisões de espaço de nome. Quando você importar membros estáticos, estará trazendo-os para o espaço de nome global. Logo, estará aumentando a possibilidade de ocorrência de conflitos de espaço de nome e a inadvertida ocultação de outros nomes. Se estiver usando um membro estático uma ou duas vezes no programa, é melhor não importá-lo. Além disso, alguns nomes estáticos, como **System.out**, são tão conhecidos que talvez seja preferível não importá-los. A importação estática foi projetada para situações em que você estiver usando um membro estático repetidamente, como na execução de uma série de cálculos numéricos. Você deve usar esse recurso, mas sem abusar.

Pergunte ao especialista

P: Usando a importação estática, posso importar os membros estáticos das classes que eu criar?

R: Sim, você pode utilizar a importação estática para importar os membros estáticos das classes e interfaces que criar. Isso será particularmente conveniente quando definir vários membros estáticos usados com frequência em todo um programa grande. Por exemplo, se uma classe definir várias constantes **static final** para estabelecer limites, o uso da importação estática para lhes dar visibilidade evitará muita digitação tediosa.

Anotações (metadados)

Java fornece um recurso que nos permite embutir informações complementares em um arquivo-fonte. Essas informações, chamadas de *anotação*, não alteram as ações de um programa. No entanto, podem ser usadas por várias ferramentas durante o desenvolvimento e a implantação, por exemplo, uma anotação pode ser processada por um gerador de código-fonte, pelo compilador ou por uma ferramenta de implantação. O termo *metadados* também é usado para fazer referência a esse recurso, mas o termo anotação é o mais descritivo e normalmente mais usado.

A anotação é um tópico grande e sofisticado e não faz parte do escopo deste livro abordá-la com detalhes. Porém, uma visão geral é dada aqui para que você conheça o conceito.

NOTA
Uma discussão detalhada dos metadados e anotações pode ser encontrada em meu livro *Java: The Complete Reference, Ninth Edition* (Oracle Press/McGraw-Hill Professional, 2014).

Uma anotação é criada com um mecanismo baseado na **interface**. Aqui está um exemplo simples:

```
// Exemplo de anotação simples.
@interface MyAnno {
  String str();
  int val();
}
```

Esse exemplo declara uma anotação chamada **MyAnno**. Observe o símbolo @ que precede a palavra-chave **interface**. Ele informa ao compilador que um tipo de anotação está sendo declarado. Em seguida, observe os dois membros **str( )** e **val( )**. Todas as anotações são compostas somente por declarações de métodos. No entanto, não fornecemos corpos para esses métodos. Em vez disso, Java implementa os métodos. Além do mais, os métodos agem como campos.

Todos os tipos de anotações estendem automaticamente a interface **Annotation**. Logo, **Annotation** é uma superinterface de todas as anotaçoes; ela é declarada dentro do pacote **java.lang.annotation**.

Originalmente, as anotações eram usadas para comentar apenas declarações. Quando usadas dessa forma, qualquer tipo de declaração pode ter uma anotação associada. Por exemplo, classes, métodos, campos, parâmetros e constantes **enum** podem ter anotações. Até mesmo a anotação pode ter uma anotação. Nesses casos, a anotação precede o resto da declaração. A partir de JDK 8, também podemos comentar o *uso de um tipo*, como o tipo de retorno de um método ou de uma coerção.

Quando aplicamos uma anotação, fornecemos valores aos seus membros. Por exemplo, aqui está um exemplo de **MyAnno** sendo aplicada a um método:

```
// Anotação de um método.
@MyAnno(str = "Annotation Example", val = 100)
public static void myMeth() { // ...
```

Essa anotação está vinculada ao método **myMeth( )**. Observe com atenção sua sintaxe. O nome da anotação, precedido por um @, é seguido por uma lista entre parênteses com inicializações de membros. Para um membro receber um valor, ele é atribuído ao seu nome. Logo, no exemplo, o string "Annotation Example" é atribuído ao membro **str** de **MyAnno**. Observe que não há parênteses após **str** nessa atribuição. Quando o membro de uma anotação recebe um valor, só seu nome é usado. Portanto, os membros da anotação parecem campos nesse contexto.

As anotações que não têm parâmetros são chamadas de *anotações marcadoras*. Elas são especificadas sem a passagem de nenhum argumento e sem o uso de parênteses. Sua única finalidade é a de marcar um item com algum atributo.

Java define muitas anotações internas. A maioria é especializada, mas nove são de uso geral. Quatro são importadas de **java.lang.annotation**: **@Retention**, **@Documented**, **@Target** e **@Inherited**. Cinco, **@Override**, **@Deprecated**, **@SafeVarargs**, **@FunctionalInterface** e **@SupressWarnings**, estão incluídas em **java.lang**. Elas são mostradas na Tabela 12-1.

Tabela 12-1   Anotações internas de uso geral

Anotação	Descrição
@Retention	Especifica a política de retenção associada à anotação. A política de retenção determina quanto tempo uma anotação estará presente durante o processo de compilação e implantação.
@Documented	Anotação marcadora que informa a uma ferramenta que uma anotação deve ser documentada. Foi projetada para ser usada apenas como anotação de uma declaração de anotação.
@Target	Especifica os tipos de itens aos quais uma anotação pode ser aplicada. Foi projetada para ser usada apenas como anotação de outra anotação. @**Target** recebe um argumento, que deve ser uma constante ou um array de constantes da enumeração **ElementType**, que define várias constantes, como **CONSTRUCTOR**, **FIELD** e **METHOD**. O argumento determina os tipos de declarações aos quais a anotação pode ser aplicada. Se @**Target** não for especificada, a anotação poderá ser usada em qualquer declaração.
@Inherited	Anotação marcadora que faz a anotação de uma superclasse ser herdada por uma subclasse.
@Override	Um método com a anotação @**Override** deve sobrepor o método de uma superclasse. Se não o fizer, isso resultará em um erro de tempo de compilação. É usada para assegurar que um método da superclasse seja realmente sobreposto e não apenas sobrecarregado. É uma anotação marcadora.
@Deprecated	Anotação marcadora que indica que uma declaração está obsoleta e foi substituída por uma forma mais nova.
@SafeVarargs	Anotação marcadora que indica que não ocorrerá nenhuma ação insegura relacionada a um parâmetro varargs de um método ou construtor. Só pode ser aplicada a construtores ou métodos estáticos ou finais.
@SupressWarnings	Especifica que um ou mais avisos que podem ser emitidos pelo compilador devem ser suprimidos. Os avisos a serem suprimidos são especificados por nome, na forma de string.
@FunctionalInterface	Anotação marcadora que é usada para comentar uma declaração de interface. Indica que a interface comentada é *funcional*, ou seja, é uma interface que contém um e somente um método abstrato. As interfaces funcionais são usadas por expressões lambda. (Consulte o Capítulo 14 para ver detalhes sobre as interfaces funcionais.) É importante entender que @**FunctionalInterface** é apenas informativa. Qualquer interface com exatamente um método abstrato é, por definição, uma interface funcional.

NOTA

JDK 8 adicionou **@Repeatable** e **@Native** a **java.lang.annotation**. **@Repeatable** dá suporte a anotações repetíveis, que são anotações que podem ser aplicadas mais de uma vez ao mesmo item. **@Native** é usada para comentar o campo de uma constante acessado por código executável (isto é, nativo). As duas são anotações de uso especial que não fazem parte do escopo deste livro.

Eis um exemplo que usa **@Deprecated** para marcar a classe **MyClass** e o método **getMsg( )**. Quando você tentar compilar esse programa, avisos relatarão o uso dos elementos substituídos.

```
// Exemplo que usa @Deprecated.

// Substitui uma classe.
@Deprecated   ◄─────────────── Marca uma classe como substituída.
class MyClass {
  private String msg;

  MyClass(String m) {
    msg = m;
  }

  // Substitui o método de uma classe.
  @Deprecated  ◄──────────┐
  String getMsg() {       │
    return msg;           Marca um método como substituído.
  }

  // ...
}

class AnnoDemo {
  public static void main(String args[]) {
    MyClass myObj = new MyClass("test");

    System.out.println(myObj.getMsg());
  }
}
```

✓ Teste do Capítulo 12

1. Diz-se que as constantes de enumeração são *autotipadas*. O que isso significa?

2. Que classe todas as enumerações herdam automaticamente?

3. Dada a enumeração a seguir, escreva um programa que use **values( )** para exibir uma lista das constantes e seus valores ordinais.

   ```
   enum Tools {
     SCREWDRIVER, WRENCH, HAMMER, PLIERS
   }
   ```

Capítulo 12 Enumerações, autoboxing, importação estática e anotações

4. A simulação de semáforo desenvolvida na seção Tente isto 12-1 pode ser melhorada com algumas alterações simples que se beneficiem dos recursos de classe da enumeração. Na versão mostrada, a duração de cada sinal era controlada pela classe **TrafficLightSimulator** com os valores sendo embutidos no método **run( )**. Altere isso para que a duração de cada sinal seja armazenada pelas constantes da enumeração **TrafficLightColor**. Para fazê-lo, você terá que adicionar um construtor, uma variável de instância privada e um método chamado **getDelay( )**. Após fazer essas alterações, que melhorias observou? Por sua própria conta, consegue pensar em mais melhorias? (Dica: tente usar valores ordinais para alternar as cores dos sinais em vez de usar uma instrução **switch**.)

5. Defina boxing e unboxing. Como o autoboxing/unboxing afeta essas ações?

6. Altere o fragmento a seguir para que use o autoboxing.

    ```
    Short val = new Short(123);
    ```

7. Diga em suas próprias palavras o que faz a importação estática.

8. O que a instrução seguinte faz?

    ```
    import static java.lang.Integer.parseInt;
    ```

9. A importação estática foi projetada para situações especiais ou é boa prática dar visibilidade a todos os membros estáticos de todas as classes?

10. Uma anotação é sintaticamente baseada em uma _____.

11. O que é uma anotação marcadora?

12. Uma anotação só pode ser aplicada a métodos. Isso é verdadeiro ou falso?

Capítulo 13

Tipos genéricos

Principais habilidades e conceitos

- Entender as vantagens dos tipos genéricos
- Criar uma classe genérica
- Aplicar parâmetros de tipo limitado
- Usar argumentos curingas
- Aplicar curingas limitados
- Criar um método genérico
- Criar um construtor genérico
- Criar uma interface genérica
- Utilizar tipos brutos
- Aplicar a inferência de tipos com o operador losango
- Entender a técnica *erasure*
- Evitar erros de ambiguidade
- Conhecer as restrições dos genéricos

Desde sua versão original, muitos recursos novos foram adicionados a Java. Todos melhoraram e expandiram seu escopo, mas o que teve impacto particularmente profundo e extenso foi o tipo *genérico*, porque seus efeitos foram sentidos em toda a linguagem. Por exemplo, os genéricos adicionaram um elemento de sintaxe totalmente novo e causaram mudanças em muitas das classes e métodos da API principal. Não é exagero dizer que sua inclusão basicamente reformulou a natureza de Java.

O tópico "genéricos" é muito extenso e parte dele é avançado demais para entrar no escopo deste livro. No entanto, um conhecimento básico dos genéricos é necessário a todos os programadores Java. À primeira vista, a sintaxe dos genéricos pode parecer um pouco complicada, mas não se preocupe, os genéricos são muito fáceis de usar. Quando você terminar este capítulo, terá uma noção dos conceitos-chave que estão por trás dos genéricos e terá conhecimento suficiente para usá-los de maneira eficaz em seus próprios programas.

Fundamentos dos tipos genéricos

Na verdade, com o termo *genéricos* queremos nos referir aos *tipos parametrizados*. Os tipos parametrizados são importantes porque nos permitem criar classes, inter-

> **Pergunte ao especialista**
>
> **P:** Ouvi dizer que os genéricos Java são semelhantes aos templates de C++. É isso mesmo?
>
> **R:** Sim, os genéricos Java são semelhantes aos templates de C++. O que Java chama de tipo parametrizado, C++ chama de template. No entanto, os genéricos Java e os templates C++ não são iguais e há algumas diferenças básicas entre as duas abordagens de tipos genéricos. Geralmente, a abordagem Java é mais fácil de usar.
> Uma advertência: se você tiver experiência em C++, é importante não tirar conclusões precipitadas sobre como os genéricos funcionam em Java. As duas abordagens de código genérico diferem de maneiras sutis, mas básicas.

faces e métodos em que o tipo de dado usado é especificado como parâmetro. Uma classe, interface ou método que opera sobre um parâmetro de tipo é chamado de *genérico*, como em *classe genérica* ou *método genérico*.

Uma vantagem importante do código genérico é que ele funciona automaticamente com o tipo de dado passado para seu parâmetro de tipo. Muitos algoritmos são logicamente iguais, não importando o tipo de dado ao qual estão sendo aplicados. Por exemplo, uma classificação rápida é igual classificando itens de tipo **Integer**, **String**, **Object** ou **Thread**. Com os genéricos, você pode definir um algoritmo uma única vez, independentemente do tipo de dado, e então aplicá-lo a uma ampla variedade de tipos de dados sem nenhum esforço adicional.

É importante entender que Java sempre permitiu a criação de classes, interfaces e métodos generalizados usando referências de tipo **Object**. Já que **Object** é a superclasse de todas as outras classes, uma referência **Object** pode referenciar qualquer tipo de objeto. Logo, em códigos anteriores aos genéricos, classes, interfaces e métodos generalizados usavam referências **Object** para operar com vários tipos de dados. O problema é que eles não faziam isso com *segurança de tipos*, já que coerções eram necessárias para converter explicitamente **Object** no tipo de dado que estava sendo tratado. Portanto, era possível gerar acidentalmente discrepâncias de tipo. Os genéricos adicionam a segurança de tipos que estava faltando, porque tornam essas coerções automáticas e implícitas. Resumindo, eles expandem nossa habilidade de reutilizar código e nos permitem fazê-lo de maneira segura e confiável.

Exemplo simples de genérico

Antes de discutir mais teoria, é melhor examinarmos um exemplo simples de genérico. O programa a seguir define duas classes. A primeira é a classe genérica **Gen** e a segunda é **GetDemo**, que usa **Gen**.

```
// Classe genérica simples.
// Aqui, T é um parâmetro de tipo que
// será substituído pelo tipo real quando
// um objeto de tipo Gen for criado.
class Gen<T> {                ← Declara uma classe genérica. T é o
  T ob; // declara um objeto de tipo T      parâmetro de tipo genérico.
```

```java
    // Passa para o construtor uma
    // referência a um objeto de tipo T
    Gen(T o) {
      ob = o;
    }

    // Retorna ob.
    T getob() {
      return ob;
    }

    // Exibe o tipo de T.
    void showType() {
      System.out.println("Type of T is " +
                         ob.getClass().getName());
    }
  }

// Demonstra a classe genérica.
class GenDemo {
  public static void main(String args[]) {
    // Cria uma referência Gen para Integers.
    Gen<Integer> iOb;                              ◄──────────── Cria uma referência a um
                                                                 objeto de tipo Gen<Integer>.
    // Cria um objeto Gen<Integer> e atribui sua
    // referência a iOb. Observe o uso do autoboxing no
    // encapsulamento do valor 88 dentro de um objeto Integer.
    iOb = new Gen<Integer>(88);                    ◄──────────── Instancia um objeto
                                                                 de tipo Gen<Integer>.
    // Exibe o tipo de dado usado por iOb.
    iOb.showType();

    // Obtém o valor de iOb. Observe
    // que nenhuma coerção é necessária.
    int v = iOb.getob();
    System.out.println("value: " + v);             Cria uma referência e um
                                                   objeto de tipo Gen<String>.
    System.out.println();

    // Cria um objeto Gen para Strings.
    Gen<String> strOb = new Gen<String>("Generics Test"); ◄─────

    // Exibe o tipo de dado usado por strOb.
    strOb.showType();

    // Obtém o valor de strOb. Novamente, observe
    // que nenhuma coerção é necessária.
    String str = strOb.getob();
    System.out.println("value: " + str);
  }
}
```

A saída produzida pelo programa é mostrada abaixo:

```
Type of T is java.lang.Integer
value: 88

Type of T is java.lang.String
value: Generics Test
```

Examinemos esse programa com detalhes. Primeiro, observe como **Gen** é declarada pela linha a seguir:

```
class Gen<T> {
```

Aqui, **T** é o nome de um *parâmetro de tipo*. Esse nome é usado como espaço reservado para o tipo real que será passado para **Gen** quando um objeto for criado. Logo, **T** será usado dentro de **Gen** sempre que o parâmetro de tipo for necessário. Observe que **T** está dentro de < >. Essa sintaxe pode ser generalizada. Sempre que um parâmetro de tipo estiver sendo declarado, ele será especificado dentro de colchetes angulares (< >). Já que **Gen** usa um parâmetro de tipo, é uma classe genérica.

Na declaração de **Gen**, não há um significado especial no nome **T**. Qualquer identificador válido poderia ter sido usado, mas o uso de **T** é tradicional. Além disso, é recomendável que os nomes dos parâmetros de tipo tenham apenas um caractere: uma letra maiúscula. Outros nomes de parâmetros de tipo normalmente usados são V e E.

Em seguida, **T** é usado para declarar um objeto chamado **ob**, como mostrado abaixo:

```
T ob; // declara um objeto de tipo T
```

Como explicado, **T** é um espaço reservado para o tipo real que será especificado quando um objeto **Gen** for criado. Logo, **ob** será um objeto do tipo passado para **T**. Por exemplo, se o tipo **String** for passado para **T**, então, nesse caso, **ob** será de tipo **String**.

Agora, considere o construtor de **Gen**:

```
Gen(T o) {
  ob = o;
}
```

Observe que seu parâmetro, **o**, é de tipo **T**. Ou seja, o tipo real de o será determinado pelo tipo passado para **T** quando um objeto **Gen** for criado. Além disso, já que tanto o parâmetro o quanto a variável membro **ob** são de tipo **T**, ambos terão o mesmo tipo quando da criação de um objeto **Gen**.

O parâmetro de tipo **T** também pode ser usado para especificar o tipo de retorno de um método, como ocorre com o método **getob( )**, mostrado aqui:

```
T getob() {
  return ob;
}
```

Já que **ob** também é de tipo **T**, seu tipo é compatível com o tipo de retorno especificado por **getob( )**.

O método **showType( )** exibe o tipo de **T**. Ele faz isso chamando **getName( )** no objeto Clas retornado pela chamada a **getClass( )** em **ob**. Não usamos esse recurso antes, logo, vamos examiná-lo em detalhes. Você deve lembrar que, no Capítulo 7, vimos que a classe **Object** define o método **getClass( )**. Portanto, **getClass( )** é membro de todos os tipos de classe. Ele retorna um objeto **Class** correspondente ao tipo de classe do objeto em que foi chamado. **Class** é uma classe definida dentro de **java.lang** que encapsula informações sobre outra classe. Ela define vários métodos que podem ser usados na obtenção de informações sobre uma classe no tempo de execução. Entre eles, está o método **getName( )**, que retorna uma representação do nome da classe na forma de string.

A classe **GenDemo** demonstra a classe genérica **Gen**. Primeiro, ela cria uma versão de **Gen** para inteiros, como vemos abaixo:

```
Gen<Integer> iOb;
```

Examine bem essa declaração. Primeiro, observe que o tipo **Integer** é especificado dentro de colchetes angulares após Gen. Nesse caso, **Integer** é um *argumento de tipo* que é passado para o parâmetro de tipo de **Gen**, que é **T**. Isso cria uma versão de **Gen** em que todas as referências a **T** são convertidas para referências a **Integer**. Logo, para essa declaração, **ob** é de tipo **Integer** e o tipo de retorno de **getob( )** também.

Antes de prosseguirmos, é preciso dizer que o compilador Java não cria realmente versões diferentes de **Gen** ou de qualquer outra classe genérica. Embora seja útil pensar assim, não é o que acontece. Em vez disso, o compilador remove todas as informações do tipo genérico, substituindo pelas coerções necessárias, para fazer o código se *comportar como se* uma versão específica de **Gen** fosse criada. Logo, na verdade, há apenas uma versão de **Gen** no programa. O processo de remover informações do tipo genérico se chama *erasure* e ele será discutido posteriormente neste capítulo.

A próxima linha atribui a **iOb** uma referência a uma instância de uma versão **Integer** da classe **Gen**.

```
iOb = new Gen<Integer>(88);
```

Observe que quando o construtor de **Gen** é chamado, o argumento de tipo **Integer** também é especificado. Isso é necessário porque o objeto (nesse caso, **iOb**) ao qual a referência está sendo atribuída é de tipo **Gen<Integer>**. Logo, a referência retornada por **new** também deve ser de tipo **Gen<Integer>**. Se não for, ocorrerá um erro de tempo de compilação. Por exemplo, a atribuição a seguir causará um erro de tempo de compilação:

```
iOb = new Gen<Double>(88.0); // Erro!
```

Já que **iOb** é de tipo **Gen<Integer>**, não pode ser usada para referenciar um objeto de **Gen<Double>**. Esse tipo de verificação é um dos principais benefícios dos genéricos porque assegura a segurança dos tipos.

Como os comentários do programa informam, a atribuição

```
iOb = new Gen<Integer>(88);
```

faz uso do autoboxing para encapsular o valor 88, que é um **int**, em um **Integer**. Isso funciona porque **Gen<Integer>** cria um construtor que recebe um argumento

Integer. Já que um **Integer** é esperado, Java encapsulará automaticamente 88 dentro dele. É claro que a atribuição também poderia ter sido escrita explicitamente, da seguinte forma:

```
iOb = new Gen<Integer>(new Integer(88));
```

No entanto, não teríamos vantagem usando essa versão.

Em seguida, o programa exibe o tipo de **ob** dentro de **iOb**, que é **Integer**. Depois, obtém o valor de **ob** usando a linha abaixo:

```
int v = iOb.getob();
```

Como o tipo de retorno de **getob( )** é **T**, que foi substituído por **Integer** quando **iOb** foi declarada, ele também é **Integer**, que é encapsulado em **int** quando atribuído a **v** (que é um **int**). Logo, não há necessidade de converter o tipo de retorno de **getob( )** para Integer.

Agora, GenDemo declara um objeto de tipo Gen<String>:

```
Gen<String> strOb = new Gen<String>("Generics Test");
```

Como o argumento de tipo é **String**, **T** é substituído por **String** dentro de **Gen**. Isso cria (conceitualmente) uma versão **String** de **Gen**, como as linhas restantes do programa demonstram.

Genéricos só funcionam com tipos de referência

Na declaração de uma instância de um tipo genérico, o argumento de tipo passado para o parâmetro de tipo deve ser um tipo de referência. Você não pode usar um tipo primitivo, como **int** ou **char**. Por exemplo, com **Gen**, é possível passar qualquer tipo de classe para **T**, mas você não pode passar um tipo primitivo para **T**. Logo, a declaração a seguir é inválida:

```
Gen<int> intOb = new Gen<int>(53); // Erro, não pode usar um tipo primitivo
```

Certamente, não poder especificar um tipo primitivo não é uma restrição grave, porque você pode usar os encapsuladores de tipos (como fez o exemplo anterior) para encapsular um tipo primitivo. Além disso, o mecanismo Java de autoboxing e autounboxing torna o uso do encapsulador de tipos transparente.

Tipos genéricos diferem de acordo com seus argumentos de tipo

Um ponto-chave que devemos entender sobre os tipos genéricos é que uma referência de uma versão específica de um tipo genérico não tem compatibilidade de tipo com outra versão do mesmo tipo genérico. Por exemplo, supondo o programa que acabei de mostrar, a linha de código abaixo está errada e não será compilada:

```
iOb = strOb; // Errado!
```

Ainda que tanto **iOb** quanto **strOb** sejam de tipo **Gen<T>**, são referências a tipos diferentes porque seus argumentos de tipo diferem. Isso faz parte da maneira como os genéricos adicionam segurança de tipos e evitam erros.

Classe genérica com dois parâmetros de tipo

Você pode declarar mais de um parâmetro de tipo em um tipo genérico. Para especificar dois ou mais parâmetros de tipo, apenas use uma lista separada por vírgulas. Por exemplo, a classe **TwoGen** abaixo é uma variação da classe **Gen** que tem dois parâmetros de tipo:

```
// Classe genérica simples com
// dois parâmetros de tipos: T e V.
class TwoGen<T, V> {         ←──────── Usa dois parâmetros de tipo.
  T ob1;
  V ob2;

  // Passa para o construtor referências
  // a objetos de tipo T e V.
  TwoGen(T o1, V o2) {
    ob1 = o1;
    ob2 = o2;
  }

  // Exibe os tipos de T e V.
  void showTypes() {
    System.out.println("Type of T is " +
                       ob1.getClass().getName());

    System.out.println("Type of V is " +
                       ob2.getClass().getName());
  }

  T getob1() {
    return ob1;
  }

  V getob2() {
    return ob2;
  }
}

// Demonstra TwoGen.
class SimpGen {
  public static void main(String args[]) {

    TwoGen<Integer, String> tgObj =   ←──  Aqui, Integer é passado para T
      new TwoGen<Integer, String>(88, "Generics");   e String é passado para V.

    // Exibe os tipos.
    tgObj.showTypes();

    // Obtém e exibe valores.
    int v = tgObj.getob1();
```

```
      System.out.println("value: " + v);

      String str = tgObj.getob2();
      System.out.println("value: " + str);
   }
}
```

A saída desse programa é mostrada abaixo:

```
Type of T is java.lang.Integer
Type of V is java.lang.String
value: 88
value: Generics
```

Observe como **TwoGen** é declarada:

```
class TwoGen<T, V> {
```

Ela especifica dois parâmetros de tipo, **T** e **V**, separados por uma vírgula. Já que há dois parâmetros de tipo, dois argumentos de tipo devem ser passados para **TwoGen** quando um objeto for criado, como mostrado a seguir:

```
TwoGen<Integer, String> tgObj =
  new TwoGen<Integer, String>(88, "Generics");
```

Nesse caso, **T** é substituído por **Integer** e **V** é substituído por **String**. Embora aqui os dois argumentos de tipo sejam diferentes, é possível que ambos sejam iguais. Por exemplo, a linha de código a seguir é válida:

```
TwoGen<String, String> x = new TwoGen<String, String>("A", "B");
```

Nesse exemplo, tanto **T** quanto **V** seriam de tipo **String**. Claro, se os argumentos de tipo fossem sempre iguais, dois parâmetros de tipo seriam desnecessários.

A forma geral de uma classe genérica

A sintaxe dos genéricos mostrada nos exemplos anteriores pode ser generalizada. Esta é a sintaxe de declaração de uma classe genérica:

class *nome-classe*<*lista-parâm-tipo*> { // ...

E esta é a sintaxe completa de declaração de uma referência a uma classe genérica e criação de uma instância genérica:

nome-classe<*lista-arg-tipo*> *nome-var* =
    new *nome-classe*<*lista-arg-tipo*>(*lista-arg-cons*);

Tipos limitados

Nos exemplos anteriores, os parâmetros de tipo podiam ser substituídos por qualquer tipo de classe. Em muitos casos isso é bom, mas às vezes é útil limitar os tipos que podem ser passados para um parâmetro de tipo. Por exemplo, suponhamos que você quisesse criar uma classe genérica que armazenasse um valor numérico e pudesse executar várias funções matemáticas, como calcular o recíproco ou obter o componente fracionário. Você também quer usar a classe para calcular esses valores para qualquer tipo de número, inclusive **Integer**, **Float** e **Double**. Logo, quer especificar o tipo dos números genericamente, usando um parâmetro de tipo. Para criar essa classe, você poderia testar algo assim:

```
// NumericFns tenta (sem sucesso) criar uma
// classe genérica que possa executar várias
// funções numéricas, como calcular o recíproco ou o
// componente fracionário, dado qualquer tipo de número.
class NumericFns<T> {
  T num;

  // Passa para o construtor uma referência
  // a um objeto numérico.
  NumericFns(T n) {
    num = n;
  }

  // Retorna o recíproco.
  double reciprocal() {
    return 1 / num.doubleValue(); // Erro!
  }

  // Retorna o componente fracionário.
  double fraction() {
    return num.doubleValue() - num.intValue(); // Erro!
  }

  // ...
}
```

Infelizmente, como foi escrita, **NumericFns** não será compilada, porque os dois métodos gerarão erros de tempo de compilação. Primeiro, examinemos o método **reciprocal( )**, que tenta retornar o recíproco de **num**. Para fazê-lo, ele deve dividir 1 pelo valor de **num**. O valor de num é obtido com uma chamada a **doubleValue( )**, que obtém a versão **double** do objeto numérico armazenado em **num**. Já que todas as classes numéricas, como Integer e **Double**, são subclasses de **Number**, e **Number** define o método **doubleValue( )**, esse método está disponível para todas as classes de encapsuladores numéricos. O problema é que o compilador não tem como saber que você pretende criar objetos **NumericFns** usando somente tipos numéricos. Logo, quando você tentar compilar **NumericFns**, um erro será relatado indicando que o método **doubleValue( )** é desconhecido. O mesmo tipo de erro ocorre duas vezes em **fraction( )**, que deve chamar tanto **doubleValue( )** quanto **intValue( )**. As duas chamadas resultam em mensagens de erro declarando que esses métodos são desconhecidos. Para resolver esse problema, você precisa de alguma maneira de dizer ao compilador que pretende passar apenas tipos numéricos para **T**. Além disso, precisa de uma maneira de *assegurar* que *só* tipos numéricos sejam realmente passados.

Para tratar essas situações, Java fornece os *tipos limitados*. Na especificação de um parâmetro de tipo, você pode criar um limite superior declarando a superclasse da qual todos os argumentos de tipo devem derivar. Isso é feito com o uso de uma cláusula **extends** na especificação do parâmetro de tipo, como mostrado aqui:

<*T* extends *superclasse*>

Essa sintaxe especifica que *T* só pode ser substituído pela *superclasse*, ou por subclasses da *superclasse*. Logo, *superclasse* define um limite superior no qual ela também se inclui.

Você pode usar um limite superior para corrigir a classe **NumericFns** mostrada anteriormente especificando **Number** como o limite, como vemos abaixo:

```
// Nesta versão de NumericFns, o argumento de
// tipo de T deve ser Number ou uma classe
// derivada de Number.
class NumericFns<T extends Number> {      ◄──────── Nesse caso, o argumento
  T num;                                             de tipo deve ser Number ou
                                                     uma subclasse de Number.

  // Passa para o construtor uma referência
  // a um objeto numérico.
  NumericFns(T n) {
    num = n;
  }

  // Retorna o recíproco.
  double reciprocal() {
    return 1 / num.doubleValue();
  }

  // Retorna o componente fracionário.
  double fraction() {
    return num.doubleValue() - num.intValue();
  }

  // ...
}

// Demonstra NumericFns.
class BoundsDemo {
  public static void main(String args[]) {
                                                   Integer pode ser usado porque
    NumericFns<Integer> iOb =      ◄──────────── é subclasse de Number.
                  new NumericFns<Integer>(5);

    System.out.println("Reciprocal of iOb is " +
                       iOb.reciprocal());
    System.out.println("Fractional component of iOb is " +
                       iOb.fraction());

    System.out.println();
```

```
        NumericFns<Double> dOb =              ← Double também pode ser usado.
                    new NumericFns<Double>(5.25);

        System.out.println("Reciprocal of dOb is " +
                            dOb.reciprocal());
        System.out.println("Fractional component of dOb is " +
                            dOb.fraction());


        // Essa parte não será compilada porque String
        // não é subclasse de Number.
//      NumericFns<String> strOb = new NumericFns<String>("Error");  ←
    }
}
```

String não pode ser usado porque não é subclasse de **Number**.

A saída é mostrada aqui:

```
Reciprocal of iOb is 0.2
Fractional component of iOb is 0.0

Reciprocal of dOb is 0.19047619047619047
Fractional component of dOb is 0.25
```

Observe como **NumericFns** agora é declarada por esta linha:

```
class NumericFns<T extends Number> {
```

Já que agora o tipo **T** é limitado por **Number**, o compilador Java sabe que todos os objetos de tipo **T** podem chamar **doubleValue( )**; porque esse é um método declarado por **Number**. Isso já é por si só uma grande vantagem. No entanto, como bônus, a restrição de **T** também impede que objetos **NumericFns** não numéricos sejam criados. Por exemplo, se você remover os símbolos de comentário da linha do fim do programa e tentar recompilar, verá erros de tempo de compilação, porque **String** não é subclasse de **Number**.

Os tipos limitados são particularmente úteis quando é necessário assegurar que um parâmetro de tipo seja compatível com outro. Por exemplo, considere a classe a seguir chamada **Pair**, que armazena dois objetos que devem ser compatíveis:

```
class Pair<T, V extends T> {    ← Aqui, V deve ser do mesmo tipo
    T first;                      de T ou uma subclasse de T.
    V second;

    Pair(T a, V b) {
        first = a;
        second = b;
    }

    // ...
}
```

Observe que **Pair** usa dois parâmetros de tipo, **T** e **V**, e que **V** estende **T**. Ou seja, **V** será igual a **T** ou a uma subclasse de **T**. Isso assegura que os dois argumentos do construtor de **Pair** sejam objetos do mesmo tipo ou de tipos relacionados. Por exemplo, as construções a seguir são válidas:

```
// Isto está certo porque T e V são Integer.
Pair<Integer, Integer> x = new Pair<Integer, Integer>(1, 2);

// Isto está certo porque Integer é uma subclasse de Number.
Pair<Number, Integer> y = new Pair<Number, Integer>(10.4, 12);
```

No entanto, a mostrada aqui não é válida:

```
// Esta linha causa um erro, porque String não é
// subclasse de Number
Pair<Number, String> z = new Pair<Number, String>(10.4, "12");
```

Nesse caso, **String** não é subclasse de **Number**, o que viola o limite especificado por **Pair**.

Usando argumentos curingas

Mesmo sendo útil, às vezes a segurança de tipos pode invalidar construções perfeitamente aceitáveis. Dada a classe **NumericFns** mostrada no fim da seção anterior, suponhamos que você quisesse adicionar um método chamado **absEqual( )** que retornasse verdadeiro se dois objetos **NumericFns** contivessem números cujos valores absolutos fossem iguais. Além disso, você quer que esse método funcione apropriadamente, não importando o tipo de número que cada objeto contém. Por exemplo, se um objeto tiver o valor **Double** 1,25 e o outro tiver o valor Float -1,25, **absEqual( )** retornará verdadeiro. Uma maneira de implementar **absEqual( )** é passar para ele um argumento **NumericFns** e então comparar o valor absoluto desse argumento com o valor absoluto do objeto chamador, só retornando verdadeiro se os valores forem iguais. Digamos que você quisesse poder chamar **absEqual( )**, como mostrado aqui:

```
NumericFns<Double> dOb = new NumericFns<Double>(1.25);
NumericFns<Float> fOb = new NumericFns<Float>(-1.25);

if(dOb.absEqual(fOb))
   System.out.println("Absolute values are the same.");
else
   System.out.println("Absolute values differ.");
```

À primeira vista, criar **absEqual( )** parece uma tarefa fácil. Infelizmente, os problemas começam a surgir assim que tentamos declarar um parâmetro de tipo **NumericFns**. Que tipo devemos especificar como parâmetro de **NumericFns**? Inicialmente, poderíamos pensar em uma solução como a dada a seguir, em que **T** é usado como parâmetro de tipo:

```
// Este código não funcionará!
// Determina se os valores absolutos de dois objetos são iguais.
boolean absEqual(NumericFns<T> ob) {
   if(Math.abs(num.doubleValue()) ==
      Math.abs(ob.num.doubleValue()) return true;
```

```
    return false;
}
```

Aqui, o método padrão **Math.abs( )** é usado para obter o valor absoluto de cada número e então os valores são comparados. O problema dessa abordagem é que ela só funcionará com outros objetos **NumericFns** cujo tipo for igual ao do objeto chamador. Por exemplo, se o objeto chamador for de tipo **NumericFns<Integer>**, o parâmetro ob também deve ser de tipo **NumericFns<Integer>**. Ele não pode ser usado para comparar um objeto de tipo **NumericFns<Double>**. Portanto, essa abordagem não cria uma solução geral (isto é, genérica).

Para criar um método **absEqual( )** genérico, você deve usar outro recurso dos genéricos Java: o *argumento curinga*. O argumento curinga é especificado pelo símbolo **?** e representa um tipo desconhecido. Com o uso de um curinga, veja uma maneira de criar o método **absEqual( )**:

```
// Determina se os valores absolutos de
// dois objetos são iguais.
boolean absEqual(NumericFns<?> ob) {  ◄──────── Observe o curinga.
  if(Math.abs(num.doubleValue()) ==
      Math.abs(ob.num.doubleValue())) return true;

  return false;
}
```

Aqui, **NumericFns<?>** equivale a qualquer tipo de objeto **NumericFns**, permitindo que dois objetos **NumericFns**, sejam quais forem, tenham seus valores absolutos comparados. O programa a seguir demonstra isso:

```
// Usa um curinga.
class NumericFns<T extends Number> {
  T num;

  // Passa para o construtor uma referência
  // a um objeto numérico.
  NumericFns(T n) {
    num = n;
  }

  // Retorna o recíproco.
  double reciprocal() {
    return 1 / num.doubleValue();
  }

  // Retorna o componente fracionário.
  double fraction() {
    return num.doubleValue() - num.intValue();
  }

  // Determina se os valores absolutos de
  // dois objetos são iguais.
  boolean absEqual(NumericFns<?> ob) {
    if(Math.abs(num.doubleValue()) ==
```

```
                Math.abs(ob.num.doubleValue())) return true;

    return false;
  }

  // ...
}

// Demonstra um curinga.
class WildcardDemo {
  public static void main(String args[]) {

    NumericFns<Integer> iOb =
                    new NumericFns<Integer>(6);

    NumericFns<Double> dOb =
                    new NumericFns<Double>(-6.0);

    NumericFns<Long> lOb =
                    new NumericFns<Long>(5L);

    System.out.println("Testing iOb and dOb.");
    if(iOb.absEqual(dOb))
      System.out.println("Absolute values are equal.");
    else
      System.out.println("Absolute values differ.");

    System.out.println();

    System.out.println("Testing iOb and lOb.");
    if(iOb.absEqual(lOb))
      System.out.println("Absolute values are equal.");
    else
      System.out.println("Absolute values differ.");

  }
}
```

Nesta chamada, o tipo curinga equivale a **Double**.

Nesta chamada, o curinga equivale a **Long**.

A saída é mostrada abaixo:

```
Testing iOb and dOb.
Absolute values are equal.

Testing iOb and lOb.
Absolute values differ.
```

No programa, observe estas duas chamadas a **absEqual( )**:

```
if(iOb.absEqual(dOb))

if(iOb.absEqual(lOb))
```

Na primeira chamada, **iOb** é um objeto de tipo **NumericFns<Integer>** e **dOb** é um objeto de tipo **NumericFns<Double>**. No entanto, com o uso de um curinga, é possível **iOb** passar **dOb** na chamada a **absEqual( )**. O mesmo se aplica à segunda chamada, em que um objeto de tipo **NumericFns<Long>** é passado.

Um último ponto: é importante entender que o curinga não afeta os tipos de objetos **NumericFns** que podem ser criados. Isso é controlado pela cláusula **extends** na declaração de **NumericFns**. O curinga apenas equivale a qualquer objeto **NumericFns** *válido*.

Curingas limitados

Os argumentos curingas podem ser limitados de maneira semelhante a como fizemos com o parâmetro de tipo. Um curinga limitado é particularmente importante quando estamos criando um método projetado para operar somente com objetos que sejam subclasses de uma superclasse específica. Para entender o porquê, examinemos um exemplo simples. Considere o conjunto de classes a seguir:

```
class A {
  // ...
}

class B extends A {
  // ...
}

class C extends A {
  // ...
}

// Observe que D NÃO estende A.
class D {
  // ...
}
```

Aqui, a classe A é estendida pelas classes B e C, mas não por D.

Em seguida, considere a classe genérica simples mostrada abaixo:

```
// Classe genérica simples.
class Gen<T> {
  T ob;

  Gen(T o) {
    ob = o;
  }
}
```

Gen usa um parâmetro de tipo, que especifica o tipo de objeto armazenado em **ob**. Já que **T** é ilimitado, seu tipo é irrestrito. Isto é, **T** pode ser de qualquer tipo de classe.

Agora, suponhamos que você quisesse criar um método que recebesse como argumento qualquer tipo de objeto **Gen** contanto que seu parâmetro de tipo seja **A** ou subclasse de **A**. Em outras palavras, você quer criar um método que opere somente com objetos de **Gen**<*tipo*>, onde *tipo* é **A** ou subclasse de **A**. Para fazê-lo, deve usar um curinga limitado. Por exemplo, veja um método chamado **test( )** que só aceita como argumento objetos **Gen** cujo parâmetro de tipo é **A** ou subclasse de **A**:

```
// Aqui, o símbolo ? equivalerá a A ou a
// qualquer tipo de classe que estenda A.
static void test(Gen<? extends A> o) {
  // ...
}
```

A classe a seguir demonstra os tipos de objetos **Gen** que podem ser passados para **test( )**.

```
class UseBoundedWildcard {
  // Aqui, o símbolo ? equivalerá a A ou a
  // qualquer tipo de classe que estenda A.
  static void test(Gen<? extends A> o) {   ←———— Usa um curinga limitado.
    // ...
  }

  public static void main(String args[]) {
    A a = new A();
    B b = new B();
    C c = new C();
    D d = new D();

    Gen<A> w = new Gen<A>(a);
    Gen<B> w2 = new Gen<B>(b);
    Gen<C> w3 = new Gen<C>(c);
    Gen<D> w4 = new Gen<D>(d);

    // Estas chamadas a test() estão corretas.
    test(w);
    test(w2);          Essas chamadas são válidas porque w,
    test(w3);          w2 e w3 são subclasses de A.

    // Não pode chamar test() com w4 porque
    // ele não é um objeto de uma classe que
    // herde A.
//    test(w4); // Error!   ←———— Não é válido porque w4 não é subclasse de A.
  }
}
```

Em **main( )**, objetos de tipo **A**, **B**, **C** e **D** são criados. Em seguida, eles são usados na criação de quatro objetos **Gen**, um para cada tipo. Para concluir, quatro chamadas a **test( )** são feitas, com a última sendo desativada por um comentário. As três primeiras chamadas são válidas porque **w**, **w2** e **w3** são objetos **Gen** cujo tipo é **A** ou subclasse de **A**. No entanto, a última chamada a **test( )** não é válida, porque **w4** é um objeto de tipo **D**, que não é derivado de **A**. Logo, o curinga limitado de **test( )** não aceitará **w4** como argumento.

> **Pergunte ao especialista**
>
> **P:** Posso converter uma instância de uma classe genérica em outra?
>
> **R:** Sim, você pode converter uma instância de uma classe genérica em outra, mas só se as duas forem compatíveis e seus argumentos de tipo forem iguais. Por exemplo, imagine uma classe genérica chamada **Gen** declarada da forma a seguir:
>
> ```
> class Gen<T> { // ...
> ```
>
> Em seguida, suponha que x fosse declarada como mostrado aqui:
>
> ```
> Gen<Integer> x = new Gen<Integer>();
> ```
>
> Então, esta conversão seria válida:
>
> ```
> (Gen<Integer>) x // válido
> ```
>
> porque **x** é uma instância de **Gen<Integer>**. Mas esta conversão
>
> ```
> (Gen<Long>) x // inválido
> ```
>
> não é válida, porque **x** não é instância de **Gen<Long>**.

Em geral, para estabelecer o limite superior de um curinga, usamos o tipo de expressão abaixo:

<? extends *superclasse*>

onde *superclasse* é o nome da classe que serve como limite superior. Lembre-se, essa é uma cláusula inclusiva porque a classe que forma o limite superior (especificada por superclasse) também faz parte do limite.

Você também pode especificar um limite inferior para um curinga adicionando uma cláusula super à sua declaração. Esta é a forma geral:

<? super *subclasse*>

Nesse caso, só classes que sejam superclasses de *subclasse* são argumentos aceitáveis. A cláusula é inclusiva.

Métodos genéricos

Como os exemplos anteriores mostraram, os métodos de uma classe genérica podem fazer uso do parâmetro de tipo da classe e, portanto, são automaticamente genéricos de acordo com o parâmetro de tipo. Entretanto, podemos declarar um método genérico que use um ou mais parâmetros de tipo exclusivamente seus. Além disso, podemos criar um método genérico embutido em uma classe não genérica.

O programa a seguir declara uma classe não genérica chamada **GenericMethodDemo** e um método genérico estático dentro dessa classe chamado **arraysEqual( )**. Esse método determina se dois arrays contêm os mesmos elementos, na mesma ordem. Pode ser usado para comparar dois arrays, sejam eles quais forem, contanto que sejam de tipos iguais ou compatíveis e seus elementos sejam comparáveis.

```
// Demonstra um método genérico simples.
class GenericMethodDemo {

  // Determina se o conteúdo de dois arrays é igual.
  static <T extends Comparable<T>, V extends T> boolean
    arraysEqual(T[] x, V[] y) {   ◄──────────────────── Método genérico
    // Se o tamanho dos arrays for diferente, os arrays também serão.
    if(x.length != y.length) return false;

    for(int i=0; i < x.length; i++)
      if(!x[i].equals(y[i])) return false; // os arrays são diferentes

    return true; // os conteúdos dos arrays são equivalentes
  }

  public static void main(String args[]) {

    Integer nums[] = { 1, 2, 3, 4, 5 };
    Integer nums2[] = { 1, 2, 3, 4, 5 };
    Integer nums3[] = { 1, 2, 7, 4, 5 };
    Integer nums4[] = { 1, 2, 7, 4, 5, 6 };

    if(arraysEqual(nums, nums))   ◄────
      System.out.println("nums equals nums");

    if(arraysEqual(nums, nums2))
      System.out.println("nums equals nums2");

    if(arraysEqual(nums, nums3))
      System.out.println("nums equals nums3");

    if(arraysEqual(nums, nums4))
      System.out.println("nums equals nums4");

    // Cria um array de Doubles
    Double dvals[] = { 1.1, 2.2, 3.3, 4.4, 5.5 };

    // Essa parte não será compilada, porque nums
    // e dvals não são do mesmo tipo.
//     if(arraysEqual(nums, dvals))
//       System.out.println("nums equals dvals");
  }
}
```

Os argumentos de tipo de **T** e **V** são determinados implicitamente quando o método é chamado.

A saída do programa é mostrada aqui:

```
nums equals nums
nums equals nums2
```

Examinemos **arraysEqual( )** mais de perto. Em primeiro lugar, observe como ele é declarado pela linha a seguir:

```
static <T extends Comparable<T>, V extends T> boolean arraysEqual(T[] x, V[] y) {
```

Os parâmetros de tipo são declarados *antes* do tipo de retorno do método. Observe também que **T** estende **Comparable<T>**. **Comparable** é uma interface declarada em **java.lang**. Uma classe que implementa **Comparrable** define objetos que podem ser ordenados. Logo, usar um limite superior **Comparable** assegura que **arraysEqual( )** só possa ser usado com objetos que possam ser comparados. **Comparable** é genérica e seu parâmetro de tipo especifica o tipo dos objetos que ela compara. (Em breve, você verá como criar uma interface genérica.) Em seguida, observe que o tipo **V** tem como limite superior **T**. Portanto, **V** deve ser igual ao tipo **T** ou ser subclasse de **T**. Esse relacionamento impõe que **arraysEqual( )** só seja chamado com argumentos compatíveis entre si. Observe também que **arraysEqual( )** é estático, o que permite que seja chamado independentemente de qualquer objeto. É bom ressaltar, no entanto, que os métodos genéricos podem ser estáticos ou não estáticos. Não há restrições com relação a isso.

Agora, observe como **arraysEqual( )** é chamado dentro de **main( )** com o uso da sintaxe de chamada comum, sem necessidade de especificação de argumentos de tipo. Isso ocorre porque os tipos dos argumentos são identificados automaticamente e os tipos de **T** e **V** são ajustados de acordo. Por exemplo, na primeira chamada:

```
if(arraysEqual(nums, nums))
```

o tipo de elemento do primeiro argumento é **Integer**, o que faz **T** ser substituído por Integer. O tipo de elemento do segundo argumento também é **Integer**, o que também o faz substituir **V**. Logo, a chamada a **arraysEqual( )** é válida e os dois arrays podem ser comparados.

Vejamos então o código desativado por comentário, mostrado a seguir:

```
//    if(arraysEqual(nums, dvals))
//       System.out.println("nums equals dvals");
```

Se você remover o símbolo de comentário e tentar compilar o programa, verá uma mensagem de erro. Isso ocorre porque o parâmetro de tipo **V** é limitado por **T** na cláusula extends da declaração de **V**. Ou seja, **V** deve ser igual ao tipo **T** ou ser subclasse de **T**. Nesse caso, o primeiro argumento é de tipo Integer, o que transforma **T** em **Integer**, mas o segundo argumento é de tipo **Double**, que não é subclasse de **Integer**. Isso invalida a chamada a **arraysEqual( )** e resulta em um erro de discrepância de tipos no tempo de compilação.

A sintaxe usada na criação de **arraysEqual( )** pode ser generalizada. Esta é a sintaxe de um método genérico:

<lista-parâm-tipo> tipo-ret nome-mét(lista-parâm) { // ...

Não importa o caso, lista-parâm-tipo é sempre uma lista de parâmetros de tipo separada por vírgulas. Observe que, para um método genérico, a lista de parâmetros de tipo precede o tipo de retorno.

Construtores genéricos

Um construtor pode ser genérico, mesmo se sua classe não o seja. Por exemplo, no programa a seguir, a classe **Summation** não é genérica, mas seu construtor é.

```
// Usa um construtor genérico.
class Summation {
  private int sum;

  <T extends Number> Summation(T arg) {            ← Construtor genérico
    sum = 0;

    for(int i=0; i <= arg.intValue(); i++)
      sum += i;
  }

  int getSum() {
    return sum;
  }
}

class GenConsDemo {
  public static void main(String args[]) {
    Summation ob = new Summation(4.0);

    System.out.println("Summation of 4.0 is " +
                       ob.getSum());
  }
}
```

A classe **Summation** calcula e encapsula a soma do valor numérico passado para seu construtor. Lembre-se de que o total de *N* é igual à soma de todos os números inteiros entre 0 e *N*. Já que **Summation( )** especifica um parâmetro de tipo que é limitado por **Number**, um objeto **Summation** pode ser construído com o uso de qualquer tipo numérico, inclusive **Integer**, **Float** ou **Double**. Qualquer que seja o tipo numérico usado, seu valor será convertido em **Integer** com uma chamada a **intValue( )** e a soma será calculada. Portanto, não é necessário que a classe **Summation** seja genérica; só um construtor genérico é necessário.

Interfaces genéricas

Como vimos no programa **GenericMethodDemo** apresentado anteriormente, uma interface pode ser genérica. Neste exemplo, a interface padrão **Comparable<T>** foi usada para sabermos se elementos de dois arrays podem ser comparados. É claro que também podemos definir nossas próprias interfaces genéricas. As interfaces genéricas são especificadas como as classes genéricas. Abaixo, temos um exemplo. Ele cria uma interface chamada **Containment**, que pode ser implementada por classes que armazenem um ou mais valores. Também declara um método chamado **contains( )** que determina se um valor especificado está contido no objeto chamador.

```
// Exemplo de interface genérica.

// Uma interface genérica que lida com armazenamento.
// Esta interface requer que a classe usuária
// tenha um ou mais valores.
interface Containment<T> {   ←──────────────────── Interface genérica.
  // O método contains() verifica se um item
  // especificado está contido dentro de um
  // objeto que implementa Containment.
  boolean contains(T o);
}

// Implementa Containment usando um array
// para armazenar os valores.
class MyClass<T> implements Containment<T> {   ←── Toda classe que implemente
  T[] arrayRef;                                      uma interface genérica
                                                     também deve ser genérica.
  MyClass(T[] o) {
    arrayRef = o;
  }

  // Implementa contains()
  public boolean contains(T o) {
    for(T x : arrayRef)
      if(x.equals(o)) return true;
    return false;
  }
}

class GenIFDemo {
  public static void main(String args[]) {
    Integer x[] = { 1, 2, 3 };

    MyClass<Integer> ob = new MyClass<Integer>(x);

    if(ob.contains(2))
      System.out.println("2 is in ob");
    else
      System.out.println("2 is NOT in ob");

    if(ob.contains(5))
      System.out.println("5 is in ob");
    else
      System.out.println("5 is NOT in ob");

    // A parte a seguir não é válida porque ob
    // é um objeto Containment de tipo Integer e
    // 9.25 é um valor Double.
//    if(ob.contains(9.25)) // Inválido!
//      System.out.println("9.25 is in ob");
  }
}
```

A saída é mostrada aqui:

```
2 is in ob
5 is NOT in ob
```

Embora a maioria dos aspectos desse programa seja de fácil compreensão, algumas observações importantes devem ser feitas. Primeiro, observe que **Containment** é declarada assim:

```
interface Containment<T> {
```

Normalmente, uma interface genérica é declarada da mesma forma que uma classe genérica. No caso em questão, o parâmetro de tipo **T** especifica o tipo dos objetos contidos.

Em seguida, **Containment** é implementada por **MyClass**. Observe a declaração de **MyClass**, mostrada aqui:

```
class MyClass<T> implements Containment<T> {
```

Em geral, quando uma classe implementa uma interface genérica, essa classe também deve ser genérica, pelo menos ao ponto de usar um parâmetro de tipo passado para a interface. Por exemplo, a tentativa a seguir de declarar **MyClass** está incorreta:

```
class MyClass implements Containment<T> { // Errado!
```

Essa declaração está errada, porque **MyClass** não declara um parâmetro de tipo, ou seja, não há como passar um para **Containment**. O identificador **T** é desconhecido e o compilador relatará um erro. É claro que se uma classe implementar um *tipo específico* de interface genérica, como mostrado abaixo:

```
class MyClass implements Containment<Double> { // Correto!
```

a classe que o está implementando não precisa ser genérica.

Como era de se esperar, o(s) parâmetro(s) de tipo especificado(s) por uma interface genérica pode(m) ser limitado(s). Isso nos permite limitar o tipo de dado para o qual a interface pode ser implementada. Por exemplo, se quiséssemos limitar **Containment** aos tipos numéricos, poderíamos declará-la assim:

```
interface Containment<T extends Number> {
```

Nesse caso, qualquer classe usuária deve passar para **Containment** um argumento de tipo com o mesmo limite. Por exemplo, agora **MyClass** deve ser declarada como mostrado aqui:

```
class MyClass<T extends Number> implements Containment<T> {
```

Preste atenção na maneira como o parâmetro de tipo **T** é declarado por **MyClass** e então passado para **Containment**. Já que agora **Containment** requer um tipo que estenda **Number**, a classe que a está implementando (**MyClass** neste exemplo) deve especificar o mesmo limite. Além disso, uma vez que esse limite seja estabelecido, não há necessidade de especificá-lo novamente na cláusula **implements**. Na verdade, seria errado fazê-lo. Por exemplo, a declaração seguinte está incorreta e não será compilada:

```
// Este código está errado!
class MyClass<T extends Number>
  implements Containment<T extends Number> { // Errado!
```

Uma vez que o parâmetro de tipo tiver sido estabelecido, ele será passado para a interface sem nenhuma modificação.

Esta é a sintaxe generalizada de uma interface genérica:

interface *nome-interface<lista-parâm-tipo>* { // ...

Aqui, *lista-parâm-tipo* é uma lista de parâmetros de tipo separada por vírgulas. Quando uma interface genérica for implementada, você deve especificar os argumentos de tipo, como mostrado abaixo:

class *nome-classe<lista-parâm-tipo>*
     implements *nome-interface<lista-parâm-tipo>* {

Tente Isto 13-1   Crie uma fila genérica

```
IGenQ.java
QueueFullException.java
QueueEmptyException.java
GenQueue.java
GenQDemo.java
```

Uma das vantagens mais arrojadas que os genéricos trazem à programação é a possibilidade de construção de um código confiável e reutilizável. Como mencionado no início deste capítulo, muitos algoritmos são iguais, não importando o tipo de dados em que são usados. Por exemplo, uma fila funciona da mesma forma, seja para inteiros, strings ou objetos **File**. Em vez de criar uma classe de fila separada para cada tipo de objeto, você pode construir uma solução genérica para ser usada com qualquer tipo. Portanto, o ciclo de desenvolvimento composto por projeto, codificação, teste e depuração só ocorrerá uma vez quando você criar uma solução genérica – e não repetidamente, sempre que uma fila for necessária para um novo tipo de dado.

Neste projeto, você adaptará o exemplo de fila que vem desenvolvendo desde a seção Tente isto 5-2 tornando-a genérica. O projeto representa a evolução final da fila. Ele inclui uma interface genérica que define as operações da fila, duas classes de exceção e uma implementação da fila: uma fila de tamanho fixo. Certamente, você pode fazer testes com outros tipos de filas genéricas, como uma fila genérica dinâmica ou uma fila genérica circular, basta seguir as orientações do exemplo mostrado aqui.

Como na versão anterior mostrada na seção Tente Isto 9-1, este projeto organiza o código da fila em um conjunto de arquivos separados: um para a interface, um para cada exceção da fila, um para a implementação da fila fixa e um para o programa que a demonstra. Essa organização reflete a maneira como o projeto seria organizado no mundo real.

1. A primeira etapa da criação de uma fila genérica é criar uma interface genérica que descreva as duas operações da fila: inserção e retirada. A versão genérica da interface de fila se chama **IGenQ** e é mostrada abaixo. Insira essa interface em um arquivo chamado **IGenQ.java**.

```java
// Interface de fila genérica.
public interface IGenQ<T> {
  // Insere um item na fila.
  void put(T ch) throws QueueFullException;
```

```
    // Retira um item da fila.
    T get() throws QueueEmptyException;
}
```

Observe que o tipo de dado armazenado pela fila é especificado pelo parâmetro de tipo genérico **T**.

2. Em seguida, crie os arquivos **QueueFullException**.java e **QueueEmptyException.java**. Insira em cada arquivo a classe correspondente, como mostrado aqui:

```
// Exceção para erros de fila cheia.
public class QueueFullException extends Exception {
  int size;

  QueueFullException(int s) { size = s; }

  public String toString() {
    return "\nQueue is full. Maximum size is " +
        size;
  }
}

// Exceção para erros de fila vazia.
public class QueueEmptyException extends Exception {

  public String toString() {
    return "\nQueue is empty.";
  }
}
```

Essas classes encapsulam os dois erros da fila: quando ela está cheia ou vazia. Não são classes genéricas, porque são iguais, não importando o tipo de dado armazenado em uma fila. Logo, as duas filas serão como as que você usou na seção Tente Isto 9-1.

3. Agora, crie um arquivo chamado **GenQueue.java**. Nesse arquivo, insira o código a seguir, que implementa uma fila de tamanho fixo:

```
// Classe genérica de uma fila de tamanho fixo.
class GenQueue<T> implements IGenQ<T> {
  private T q[]; // esse array contém a fila
  private int putloc, getloc; // índices de inserção e retirada

  // Constrói uma fila vazia com o array dado.
  public GenQueue(T[] aRef) {
    q = aRef;
    putloc = getloc = 0;
  }

  // Insere um item na fila.
  public void put(T obj)
    throws QueueFullException {
```

```
      if(putloc==q.length)
        throw new QueueFullException(q.length);

      q[putloc++] = obj;
    }

    // Retira um item da fila.
    public T get()
      throws QueueEmptyException {

      if(getloc == putloc)
        throw new QueueEmptyException();

      return q[getloc++];
    }
}
```

GenQueue é uma classe genérica com parâmetro de tipo **T**, que especifica o tipo de dado armazenado na fila. Observe que **T** também é passado para a interface **IGenQ**.

O construtor de **GenQueue** recebe uma referência a um array que será usado para conter a fila. Logo, para construir um **GenQueue**, primeiro você terá de criar um array de tipo compatível com os objetos a serem armazenados e de tamanho suficiente para conter a quantidade a ser inserida na fila.

Por exemplo, a sequência a seguir mostra como criar uma fila contendo strings:

```
String strArray[] = new String[10];
GenQueue<String> strQ = new GenQueue<String>(strArray);
```

4. Crie um arquivo chamado **GenQDemo.java** e insira o código a seguir nele. O programa a seguir demonstra a fila genérica.

```
/*
    Tente Isto 13-1

    Demonstra uma classe genérica de fila.
*/
class GenQDemo {
  public static void main(String args[]) {
    // Cria uma fila de inteiros.
    Integer iStore[] = new Integer[10];
    GenQueue<Integer> q = new GenQueue<Integer>(iStore);

    Integer iVal;

    System.out.println("Demonstrate a queue of Integers.");
    try {
      for(int i=0; i < 5; i++) {
        System.out.println("Adding " + i + " to q.");
        q.put(i); // adiciona o valor inteiro à q Código
```

```java
      }
    }
    catch (QueueFullException exc) {
      System.out.println(exc);
    }
    System.out.println();

    try {
      for(int i=0; i < 5; i++) {
        System.out.print("Getting next Integer from q: ");
        iVal = q.get();
        System.out.println(iVal);
      }
    }
    catch (QueueEmptyException exc) {
      System.out.println(exc);
    }

    System.out.println();

    // Cria uma fila Double.
    Double dStore[] = new Double[10];
    GenQueue<Double> q2 = new GenQueue<Double>(dStore);

    Double dVal;

    System.out.println("Demonstrate a queue of Doubles.");
    try {
      for(int i=0; i < 5; i++) {
        System.out.println("Adding " + (double)i/2 +
                      " to q2.");
        q2.put((double)i/2); // adiciona o valor double à q2
      }
    }
    catch (QueueFullException exc) {
      System.out.println(exc);
    }
    System.out.println();

    try {
      for(int i=0; i < 5; i++) {
        System.out.print("Getting next Double from q2: ");
        dVal = q2.get();
        System.out.println(dVal);
      }
    }
    catch (QueueEmptyException exc) {
      System.out.println(exc);
    }
  }
}
```

5. Compile o programa e execute-o. Você verá a saída mostrada aqui:

```
Demonstrate a queue of Integers.
Adding 0 to q.
Adding 1 to q.
Adding 2 to q.
Adding 3 to q.
Adding 4 to q.

Getting next Integer from q: 0
Getting next Integer from q: 1
Getting next Integer from q: 2
Getting next Integer from q: 3
Getting next Integer from q: 4

Demonstrate a queue of Doubles.
Adding 0.0 to q2.
Adding 0.5 to q2.
Adding 1.0 to q2.
Adding 1.5 to q2.
Adding 2.0 to q2.

Getting next Double from q2: 0.0
Getting next Double from q2: 0.5
Getting next Double from q2: 1.0
Getting next Double from q2: 1.5
Getting next Double from q2: 2.0
```

6. Por sua própria conta, tente converter as classes **CircularQueue** e **DynQueue** da seção Tente isto 8-1 em classes genéricas.

Tipos brutos e código legado

Já que o suporte aos genéricos não existia antes do JDK 5, era necessário que Java fornecesse algum meio dos códigos antigos anteriores aos genéricos fazerem a transição. Resumindo, os códigos legados anteriores aos genéricos tinham que ser ao mesmo tempo funcionais e compatíveis com os genéricos. Ou seja, os códigos pré-genéricos devem funcionar com os genéricos e os códigos genéricos têm de funcionar com os códigos pré-genéricos.

Para realizar a transição para os genéricos, Java permite que uma classe genérica seja usada sem nenhum argumento de tipo. Isso cria um *tipo bruto* para a classe. Esse tipo bruto é compatível com códigos legados, que não têm conhecimento dos genéricos. A principal desvantagem do uso do tipo bruto é a segurança de tipos dos genéricos ser perdida.

Veja um exemplo que mostra um tipo bruto em ação:

```
// Demonstra um tipo bruto.
class Gen<T> {
  T ob; // declara um objeto de tipo T
```

```
    // Passa para o construtor uma referência
    // a um objeto de tipo T.
    Gen(T o) {
      ob = o;
    }

    // Retorna ob.
    T getob() {
      return ob;
    }
  }

  // Demonstra o tipo bruto.
  class RawDemo {
    public static void main(String args[]) {

      // Cria um objeto Gen para Integers.
      Gen<Integer> iOb = new Gen<Integer>(88);

      // Cria um objeto Gen para Strings.
      Gen<String> strOb = new Gen<String>("Generics Test");

      // Cria um objeto Gen de tipo bruto e dá a ele
      // um valor Double.
      Gen raw = new Gen(new Double(98.6));

      // Essa coerção é necessária porque o tipo é desconhecido.
      double d = (Double) raw.getob();
      System.out.println("value: " + d);

      // O uso de um tipo bruto pode levar a exceções
      // de tempo de execução. Aqui estão alguns exemplos.

      // A coerção a seguir causa um erro de tempo de execução!
  //    int i = (Integer) raw.getob(); // erro de tempo de execução

      // Essa atribuição sobrepõe a segurança de tipos.
      strOb = raw; // Correto, mas pode gerar erros
  //    String str = strOb.getob(); // erro de tempo de execução

      // Essa atribuição também sobrepõe a segurança de tipos.
      raw = iOb; // Correto, mas pode gerar erros
  //    d = (Double) raw.getob(); // erro de tempo de execução
    }
  }
```

Quando não é fornecido um argumento de tipo, um tipo bruto é criado.

Os tipos brutos sobrepõem a segurança de tipos

Esse programa contém várias coisas interessantes. Primeiro, um tipo bruto da classe genérica **Gen** é criado pela declaração a seguir:

```
Gen raw = new Gen(new Double(98.6));
```

Observe que nenhum argumento de tipo é especificado. Isso cria um objeto **Gen** cujo tipo **T** é substituído por **Object**.

Um tipo bruto não garante a segurança de tipos. Logo, uma variável de tipo bruto pode receber uma referência a qualquer tipo de objeto **Gen**. O inverso também é permitido, onde uma variável de um tipo **Gen** específico pode receber uma referência a um objeto **Gen** bruto. No entanto, as duas operações são potencialmente inseguras, porque o mecanismo de verificação de tipos dos genéricos é ignorado.

Essa falta de segurança de tipos é ilustrada pelas linhas desativadas por comentário no fim do programa. Examinemos cada caso. Primeiro, considere a situação a seguir:

```
//    int i = (Integer) raw.getob(); // erro de tempo de execução
```

Nessa instrução, o valor de **ob** dentro de **raw** é obtido e induzido para **Integer**. O problema é que **raw** contém um valor **Double** e não um valor inteiro. No entanto, isso não pode ser detectado no tempo de compilação, porque o tipo de **raw** é desconhecido. Logo, essa instrução falha no tempo de execução.

A próxima sequência atribui a **strOb** (uma referência de tipo **Gen<String>**) uma referência a um objeto Gen bruto:

```
    strOb = raw; // Correto, mas pode provocar erros
//    String str = strOb.getob(); // erro de tempo de execução
```

A atribuição está sintaticamente correta, mas é questionável. Já que **strOb** é de tipo **Gen<String>**, supõe-se que contenha um **String**. No entanto, após a atribuição, o objeto referenciado por **strOb** armazena um **Double**. Logo, quando for feita uma tentativa de atribuir o conteúdo de **strOb** a **str**, isso resultará em um erro de tempo de execução, porque agora **strOb** contém um **Double**. Ou seja, a atribuição de uma referência bruta a uma referência genérica ignora o mecanismo de segurança de tipos.

A sequência abaixo inverte o caso anterior:

```
    raw = iOb; // Correto, mas pode provocar erros
//    d = (Double) raw.getob(); // erro de tempo de execução
```

Aqui, uma referência genérica é atribuída a uma variável de referência bruta. Embora seja sintaticamente correto, pode levar a problemas, como ilustrado pela segunda linha. Nesse caso, agora **raw** referencia um objeto que contém um objeto **Integer**, mas a coerção assume que ele contém um **Double**. Esse erro não pode ser evitado no tempo de compilação. Em vez disso, causa erro de tempo de execução.

Devido ao risco inerente ao uso dos tipos brutos, **javac** exibe *avisos de não verificação* quando um tipo bruto é usado de uma maneira que possa ameaçar a segurança de tipos. No programa anterior, essas linhas geram avisos de não verificação:

```
Gen raw = new Gen(new Double(98.6));
```

```
strOb = raw; // correto, mas pode provocar erros
```

Na primeira linha, é o uso de **Gen** sem um argumento de tipo que gera o aviso. Na segunda linha, é a atribuição de uma referência bruta a uma variável genérica que o gera.

À primeira vista, poderíamos achar que essa linha também deve gerar um aviso de não verificação, mas ela não gera:

```
raw = iOb; // correto, mas pode provocar erros
```

Nenhum aviso do compilador é emitido, porque a atribuição não causa mais *danos* à segurança de tipos dos que os já ocorridos quando **raw** foi criada.

Um último ponto: você deve limitar o uso de tipos brutos aos casos em que tiver de combinar código legado com código genérico mais recente. Os tipos brutos são apenas um recurso de transição e não algo que deva ser usado em código novo.

Inferência de tipos com o operador losango

A partir de JDK 7, podemos encurtar a sintaxe usada na criação de uma instância de um tipo genérico. Para começar, lembremos da classe **TwoGen** mostrada anteriormente neste capítulo. Uma parte será mostrada aqui por conveniência. Observe que ela usa dois tipos genéricos.

```
class TwoGen<T, V> {
  T ob1;
  V ob2;

  // Passa para o constructor uma referência
  // a um objeto de tipo T.
  TwoGen(T o1, V o2) {
    ob1 = o1;
    ob2 = o2;
  }
  // ...
}
```

Em versões de Java anteriores a JDK 7, para criar uma instância de **TwoGen**, temos de usar uma instrução semelhante a essa:

```
TwoGen<Integer, String> tgOb =
  new TwoGen<Integer, String>(42, "testing");
```

Aqui, os argumentos de tipo (que são **Integer** e **String**) são especificados duas vezes: primeiro, quando **tgOb** é declarada, e depois, quando uma instância de **TwoGen** é criada via **new**. Já que os genéricos foram introduzidos por JDK 5, essa é a forma requerida por todas as versões de Java anteriores a JDK 7. Embora não haja nada de errado com essa forma, ela é um pouco mais verbosa do que precisaria ser. Como na cláusula **new**, o tipo dos argumentos pode ser inferido facilmente, não há razão para que eles sejam especificados uma segunda vez. Para resolver essa situação, JDK 7 adicionou um elemento sintático que nos permite evitar a segunda especificação.

A partir de JDK 7, a declaração anterior pode ser reescrita como mostrado abaixo:

```
TwoGen<Integer, String> tgOb = new TwoGen<>(42, "testing");
```

Observe que a parte que cria a instância usa simplesmente <>, que é uma lista de argumentos de tipo. Isso se chama operador *losango*. Ele solicita ao compilador que infira os argumentos de tipo requeridos pelo construtor na expressão **new**. A principal vantagem dessa sintaxe de inferência de tipos é que ela encurta o que às vezes gera instruções de declaração muito longas. É particularmente útil para tipos genéricos que especificam limites.

O exemplo anterior pode ser generalizado. Quando a inferência de tipos é utilizada, a sintaxe para a declaração de criação de uma referência e de uma instância genéricas tem a forma geral a seguir:

nome-classe<lista-arg-tipo> nome-var = new *nome-classe< >(lista-arg-cons)*;

Aqui, a lista de argumentos de tipo da cláusula **new** está vazia.

Embora seja mais usada em instruções de declaração, a inferência de tipos também pode ser aplicada à passagem de parâmetros. Por exemplo, se o método a seguir for adicionado a **TwoGen**:

```
boolean isSame(TwoGen<T, V> o) {
  if(ob1 == o.ob1 && ob2 == o.ob2) return true;
  else return false;
}
```

a chamada abaixo sera válida:

```
if(tgOb.isSame(new TwoGen<>(42, "testing"))) System.out.println("Same");
```

Nesse caso, os argumentos de tipo passados para **isSame( )** podem ser inferidos a partir dos tipos dos parâmetros. Eles não precisam ser especificados novamente.

Já que o operador losango foi adicionado por JDK 7 e não funcionará com compiladores mais antigos, os outros exemplos de genéricos deste livro continuarão usando a sintaxe completa na declaração de instâncias de classes genéricas. Assim, funcionarão com qualquer compilador Java que dê suporte aos genéricos. O uso da sintaxe completa também deixa muito claro o que está sendo criado, o que é útil quando o exemplo de código é mostrado. É claro que, em um código seu, o uso da sintaxe de inferência de tipos otimizará as declarações.

Erasure

Geralmente, não é necessário o programador saber os detalhes de como o compilador Java transforma o código-fonte em código-objeto. No entanto, no caso dos genéricos, algum conhecimento geral do processo é importante, já que ele explica por que os recursos genéricos funcionam como funcionam – e por que às vezes seu comportamento surpreende. Logo, é útil discutirmos brevemente como os genéricos são implementados em Java.

Uma restrição importante que conduziu a maneira de os genéricos serem adicionados à Java foi a necessidade de compatibilidade com versões anteriores da linguagem. Resumindo: o código genérico tinha que ser compatível com códigos não genéricos preexistentes. Logo, qualquer alteração na sintaxe da linguagem Java, ou em JVM, não poderia invalidar códigos mais antigos. A maneira de Java implementar os genéricos respeitando essa restrição é com a técnica *erasure*.

Em geral, é assim que o erasure funciona. Quando o código Java é compilado, todas as informações de tipos genéricos são removidas (em inglês, erased). Ou seja, é feita a substituição dos parâmetros de tipo por seu tipo limitado, que é **Object** quando nenhum limite explícito é especificado, e a aplicação das coerções apropriadas (como determinado pelos argumentos de tipo) para que seja mantida a compatibilidade com os tipos especificados pelos argumentos. O compilador também impõe a compatibilidade de tipos. Essa abordagem dos genéricos não permite que existam parâmetros de tipo no tempo de execução. Eles são simplesmente um mecanismo do código-fonte.

Erros de ambiguidade

A inclusão dos genéricos fez surgir um novo tipo de erro contra o qual você deve se proteger: *a ambiguidade*. Erros de ambiguidade ocorrem quando o erasure faz duas declarações genéricas aparentemente distintas produzirem o mesmo tipo, causando um conflito. Veja um exemplo que envolve a sobrecarga de métodos:

```
// Ambiguidade causada por erasure
// em métodos sobrecarregados.
class MyGenClass<T, V> {
  T ob1;
  V ob2;

  // ...

  // Esses dois métodos sobrecarregados são
  // ambíguos e não serão compilados.
  void set(T o) {
    ob1 = o;
  }

  void set(V o) {
    ob2 = o;
  }
}
```

Esses dois métodos são inerentemente ambíguos.

Observe que **MyGenClass** declara dois tipos genéricos: **T** e **V**. Dentro de **MyGenClass**, é feita uma tentativa de sobrecarregar **set( )** com base em parâmetros de tipo **T** e **V**. Isso é considerado correto porque **T** e **V** parecem ser tipos diferentes. No entanto, há dois problemas de ambiguidade aqui.

Em primeiro lugar, do modo que **MyGenClass** foi criada, não é necessário que **T** e **V** sejam tipos diferentes. Por exemplo, é perfeitamente correto (em princípio) construir um objeto **MyGenClass** como mostrado abaixo:

```
MyGenClass<String, String> obj = new MyGenClass<String, String>()
```

Nesse caso, tanto **T** quanto **V** serão substituídos por **String**. Isso torna as duas versões de **set( )** idênticas, o que, certamente, é um erro.

O segundo e mais grave problema é que a remoção de tipos de **set( )** reduz as duas versões ao seguinte:

```
void set(Object o) { // ...
```

Logo, a sobrecarga de **set( )** como tentada em **MyGenClass** é inerentemente ambígua. A solução nesse caso é usar dois nomes de método distintos em vez de tentar sobrecarregar **set( )**.

Algumas restrições dos genéricos

Há algumas restrições das quais você deve lembrar ao usar genéricos. Elas envolvem a criação de objetos de um parâmetro de tipo, membros estáticos, exceções e arrays. Todas serão examinadas aqui.

Parâmetros de tipos não podem ser instanciados

Não é possível criar uma instância de um parâmetro de tipo. Por exemplo, considere a classe a seguir:

```
// Não é possível criar uma instância de T.
class Gen<T> {
  T ob;
  Gen() {
    ob = new T(); // Inválido!!!
  }
}
```

Aqui, não é válido tentar criar uma instância de **T**. A razão deve ser fácil de entender: o compilador não tem como saber que tipo de objeto criar. **T** é simplesmente um espaço reservado.

Restrições aos membros estáticos

Nenhum membro **static** pode usar um parâmetro de tipo declarado pela classe externa. Por exemplo, os dois membros **static** dessa classe não são válidos:

```
class Wrong<T> {
  // Errado, não há variáveis estáticas de tipo T.
  static T ob;

  // Errado, nenhum método estático pode usar T.
  static T getob() {
    return ob;
  }
}
```

Embora você não possa declarar membros **static** que usem um parâmetro de tipo declarado pela classe que os contêm, *pode* declarar métodos genéricos **static**, que definam seus próprios parâmetros de tipo, como foi feito anteriormente neste capítulo.

Restrições aos arrays genéricos

Há duas restrições importantes dos genéricos aplicáveis aos arrays. Em primeiro lugar, você não pode instanciar um array cujo tipo do elemento seja um parâmetro de tipo. Em segundo lugar, não pode criar um array de referências genéricas específicas de um tipo. O pequeno programa a seguir mostra as duas situações:

```
// Genéricos e arrays.
class Gen<T extends Number> {
  T ob;

  T vals[]; // Correto

  Gen(T o, T[] nums) {
    ob = o;

    // Esta instrução não é válida.
//  vals = new T[10]; // não pode criar um array de tipo T

    // Mas esta instrução está correta.
    vals = nums; // É correto atribuir referências de um array existente
  }
}

class GenArrays {
  public static void main(String args[]) {
    Integer n[] = { 1, 2, 3, 4, 5 };

    Gen<Integer> iOb = new Gen<Integer>(50, n);

    // Não pode criar um array de referências genéricas específicas de um tipo..
//  Gen<Integer> gens[] = new Gen<Integer>[10]; // Errado!

    // Isso é correto.
    Gen<?> gens[] = new Gen<?>[10]; // Correto
  }
}
```

Como o programa mostra, é válido declarar uma referência a um array de tipo **T**, como esta linha faz:

```
T vals[]; // OK
```

Mas você não pode instanciar um array de tipo **T**, como esta linha desativada por comentário tenta:

```
// vals = new T[10]; // não pode criar um array de tipo T
```

Não podemos criar um array de tipo **T**, porque não há como o compilador saber que tipo de array deve ser realmente criado. No entanto, podemos passar para **Gen( )** uma referência a um array de tipo compatível quando um objeto for criado e atribuir essa referência a **vals**, como o programa faz nesta linha:

```
vals = nums; // Correto atribuir referência a array existente
```

Isso funciona porque o array passado para **Gen( )** tem um tipo conhecido, que será o mesmo tipo de **T** no momento de criação do objeto. Dentro de **main( )**, observe que você não pode declarar um array de referências a um tipo genérico específico. Isto é, a linha a seguir

```
// Gen<Integer> gens[] = new Gen<Integer>[10]; // Errado!
```

não será compilada.

Restrições a exceções genéricas

Uma classe genérica não pode estender **Throwable**. Ou seja, você não pode criar classes de exceção genéricas.

Continuando seu estudo sobre genéricos

Como mencionado no início, este capítulo forneceu conhecimento suficiente para você usar os genéricos de maneira eficaz em seus próprios programas. No entanto, há muitas questões secundárias e casos especiais que não foram abordados aqui. Os leitores mais interessados nos genéricos podem querer aprender como eles afetam as hierarquias de classes, as comparações de tipos no tempo de execução e a sobreposição, por exemplo. Discussões desses e outros tópicos podem ser encontradas em meu livro *Java: The Complete Reference*, Ninth Edition (Oracle Press/McGraw-Hill Professional, 2014).

✓ Teste do Capítulo 13

1. Os genéricos são importantes para Java porque permitem a criação de código

    A. Com segurança de tipos

    B. Reutilizável

    C. Confiável

    D. Todas as alternativas acima

2. Um tipo primitivo pode ser usado como argumento de tipo?

3. Mostre como declarar uma classe chamada **FlightSched** que use dois parâmetros genéricos.

4. Usando a resposta à Questão 3, altere o segundo parâmetro de tipo de **FlightSched** para que seja preciso estender **Thread**.

5. Agora, altere **FlightSched** para que seu segundo parâmetro de tipo seja subclasse do primeiro parâmetro de tipo.

6. No que diz respeito aos genéricos, o que é o símbolo **?** e o que ele faz?

7. O argumento curinga pode ser limitado?

8. Um método genérico chamado **MyGen( )** tem um parâmetro de tipo. Além disso, **MyGen( )** tem um parâmetro cujo tipo é o do parâmetro de tipo. Ele

também retorna um objeto desse parâmetro de tipo. Mostre como declarar **MyGen( )**.

9. Dada a interface genérica a seguir

   ```
   interface IGenIF<T, V extends T> { // ...
   ```

   mostre a declaração de uma classe chamada **MyClass** que implemente **IGenIF**.

10. Dada uma classe genérica chamada **Counter<T>**, mostre como criar um objeto de seu tipo bruto.

11. Existem parâmetros de tipo no tempo de execução?

12. Converta a solução dada à Questão 10 do Teste do Capítulo 9 para que seja genérica. No processo, crie uma interface de pilha chamada **IGenStack** que defina genericamente as operações **push( )** e **pop( )**.

13. O que é <>?

14. Como a linha a seguir pode ser simplificada?

    ```
    MyClass<Double,String> obj = new MyClass<Double,String>(1.1,"Hi");
    ```

Capítulo 14

Expressões lambda e referências de método

Principais habilidades e conceitos

- Conhecer a forma geral de uma expressão lambda
- Entender a definição de uma interface funcional
- Usar lambdas de expressão
- Usar lambdas de bloco
- Usar interfaces funcionais genéricas
- Entender a captura de variáveis em uma expressão lambda
- Lançar uma exceção a partir de uma expressão lambda
- Entender a referência de método
- Entender a referência de construtor
- Conhecer as interfaces funcionais predefinidas de **java.util.function**

Com o lançamento de JDK 8, um novo recurso foi adicionado à linguagem Java que melhorou muito seu poder de expressão. Este recurso é a *expressão lambda*. Além de as expressões lambda adicionarem novos elementos de sintaxe à linguagem, elas otimizam a maneira como certas estruturas comuns são implementadas. De maneira muito semelhante ao modo como a inclusão dos genéricos remodelou Java anos atrás, as expressões lambda estão remodelando Java hoje. Elas são realmente muito importantes.

A inclusão das expressões lambda também ajudou a produzir outros recursos novos de Java. Você já viu um deles – o método padrão – que foi descrito no Capítulo 8. Ele permite definir um comportamento padrão para o método de uma interface. Outro exemplo é a referência de método, descrita posteriormente neste capítulo, que permite referenciar um método sem executá-lo. Além disso, a inclusão das expressões lambda resultou na incorporação de novos recursos à biblioteca de APIs.

Fora os benefícios que as expressões lambda trazem para a linguagem, há outra razão para elas serem um acréscimo tão importante. Nos últimos anos, as expressões lambda se tornaram um ponto de destaque no projeto de linguagens de computador. Por exemplo, elas foram adicionadas a linguagens como C# e C++. Sua inclusão em Java ajudou-a a continuar sendo a linguagem dinâmica e inovadora esperada pelos programadores. Este capítulo fará uma introdução a esse empolgante novo recurso.

Introdução às expressões lambda

O segredo para o entendimento da expressão lambda são duas estruturas. A primeira é a própria expressão lambda. A segunda é a interface funcional. Comecemos com uma definição simples de cada uma.

Basicamente, uma *expressão lambda* é um método anônimo (isto é, não nomeado). No entanto, esse método não é executado por conta própria: ele é usado para implementar um método definido por uma interface funcional. Logo, a expressão lambda resulta em uma forma de classe anônima. As expressões lambda também costumam ser chamadas de *closures*.

Uma *interface funcional* é aquela que contém um e somente um método abstrato. Geralmente, esse método especifica a finalidade pretendida para a interface. Portanto, a interface funcional costuma representar uma única ação. Por exemplo, a interface padrão **Runnable** é uma interface funcional porque só define um método: **run( )**. Logo, **run( )** define a ação de **Runnable**. Além disso, uma interface funcional define o *tipo de destino* de uma expressão lambda. Este é um ponto-chave: uma expressão lambda só pode ser usada em um contexto em que um tipo de destino seja especificado. Outra coisa: às vezes a interface funcional é chamada de *tipo SAM*, onde SAM é a abreviação de *Single Abstract Method*.

Agora examinaremos mais detalhadamente as expressões lambda e as interfaces funcionais.

NOTA
Uma interface funcional pode especificar qualquer método público definido por **Object**, como **equals( )**, sem afetar seu status de "interface funcional". Os métodos públicos de **Object** são considerados membros implícitos de uma interface funcional porque são implementados automaticamente por uma instância da interface.

Fundamentos das expressões lambda

A expressão lambda introduz um novo elemento de sintaxe e operador na linguagem Java. O novo operador, também chamado de *operador lambda* ou *operador seta*, é –>. Ele divide uma expressão lambda em duas partes. O lado esquerdo especifica qualquer parâmetro requerido pela expressão lambda. No lado direito temos o *corpo lambda*, que especifica as ações da expressão lambda. Java define dois tipos de corpo lambda. Um tipo é composto por uma única expressão e o outro por um bloco de código. Começaremos com as lambdas que definem uma única expressão.

Seria útil examinarmos alguns exemplos de expressões lambda antes de continuar. Comecemos com aquele que provavelmente é o tipo mais simples de expressão lambda que pode ser criado. Ele produz um valor constante e é mostrado abaixo:

```
() -> 98.6
```

Esta expressão lambda não tem parâmetros, logo, a lista de parâmetros está vazia. Ela retorna o valor constante 98.6. O tipo de retorno é inferido como **double**. Portanto, ela é semelhante ao método a seguir:

```
double myMeth() { return 98.6; }
```

Certamente, o método definido por uma expressão lambda não tem um nome.

Uma expressão lambda um pouco mais interessante seria:

```
() -> Math.random() * 100
```

Esta expressão lambda obtém um valor pseudoaleatório com **Math.random( )**, multiplica-o por 100 e retorna o resultado. Ela também não requer um parâmetro.

Quando uma expressão lambda requer um parâmetro, ele é especificado na lista de parâmetros do lado esquerdo do operador lambda. Aqui está um exemplo simples:

```
(n) -> 1.0 / n
```

Esta expressão lambda retorna o recíproco do valor do parâmetro **n**. Logo, se **n** for 4.0, o recíproco é 0.25. Embora seja possível especificar explicitamente o tipo de um parâmetro, como o de **n**, com frequência não é preciso fazer isso porque, em muitos casos, seu tipo pode ser inferido. Como um método nomeado, uma expressão lambda pode especificar quantos parâmetros forem necessários.

Qualquer tipo válido pode ser usado como tipo de retorno de uma expressão lambda. Por exemplo, essa expressão lambda retorna **true** se o valor do parâmetro **n** for par, caso contrário retorna **false**.

```
(n) -> (n % 2)==0
```

Logo, o tipo de retorno da expressão é **boolean**.

Mais uma coisa antes de prosseguirmos. Quando uma expressão lambda tem apenas um parâmetro, não é necessário colocar seu nome entre parênteses quando ele é especificado no lado esquerdo do operador lambda. Por exemplo, esta também é uma maneira válida de escrever a expressão lambda que acabamos de ver:

```
n -> (n % 2)==0
```

Por coerência, este livro colocará todas as listas de parâmetros de expressões lambda entre parênteses, mesmo quando elas tiverem apenas um parâmetro. É claro que, se quiser, você pode adotar um estilo diferente.

Interfaces funcionais

Como mencionado, uma interface funcional é aquela que especifica apenas um método abstrato. Antes de continuar, lembre-se de que vimos no Capítulo 8 que nem todos os métodos de interfaces são abstratos. A partir de JDK 8, é possível que uma interface tenha um ou mais métodos padrão. Os métodos padrão *não* são abstratos. Também não são **static**. Logo, um método de interface só é abstrato quando não especifica uma implementação. Ou seja, uma interface funcional pode incluir métodos padrão e/ou **static**, mas em todos os casos ela deve ter um, e somente um, método abstrato. Já que métodos de interface não padrão e não **static** são implicitamente abstratos, não há necessidade de usar o modificador **abstract** (embora você possa especificá-lo, se quiser).

Aqui está um exemplo de uma interface funcional:

```
interface MyValue {
  double getValue();
}
```

Nesse caso, o método **getValue( )** é implicitamente abstrato e é o único método definido por **MyValue**. Portanto, **MyValue** é uma interface funcional e sua função é definida por **getValue( )**.

Como mencionado anteriormente, uma expressão lambda não é executada por conta própria. Em vez disso, ela forma a implementação do método abstrato definido pela interface funcional que especifica seu tipo de destino. Como resultado, uma expressão lambda só pode ser especificada em um contexto em que um tipo de destino seja definido. Um desses contextos é criado quando a expressão lambda é atribuída a uma referência de interface funcional. Outros contextos que envolvem tipos de destino são na inicialização de variáveis, em instruções **return** e em argumentos de métodos, para citar alguns.

Vejamos um exemplo simples. Primeiro, uma referência à interface funcional **MyValue** é declarada:

```
// Cria uma referência a uma instância de MyValue.
MyValue myVal;
```

Em seguida, uma expressão lambda é atribuída a essa referência de interface.

```
// Usa uma expressão lambda em um contexto de atribuição.
myVal = () -> 98.6;
```

Esta expressão lambda é compatível com **getValue( )** porque, como **getValue( )**, não tem parâmetros e retorna um resultado **double**. Em geral, o tipo do método abstrato definido pela interface funcional e o tipo da expressão lambda devem ser compatíveis. Se não forem, ocorrerá um erro de tempo de compilação.

Você deve ter percebido que as duas etapas anteriores podem ser combinadas em uma única instrução, se desejado:

```
MyValue myVal = () -> 98.6;
```

Aqui, **myVal** é inicializada com a expressão lambda.

Quando uma expressão lambda ocorre em um contexto de tipo de destino, é criada automaticamente a instância de uma classe que implemente a interface funcional, com a expressão lambda definindo o comportamento do método abstrato declarado pela interface. Quando esse método é chamado com o tipo de destino, a expressão lambda é executada. Logo, uma expressão lambda fornece uma maneira de transformarmos um segmento de código em um objeto.

No exemplo anterior, a expressão lambda passa a ser a implementação do método **getValue( )**. Como resultado, o código a seguir exibe o valor 98.6:

```
// Chama getValue(), que é implementado pela
// expressão lambda atribuída anteriormente.
System.out.println("A constant value: " + myVal.getValue());
```

Já que a expressão lambda atribuída a **myVal** retorna o valor 98.6, esse é o valor obtido quando **getValue( )** é chamado.

Se a expressão lambda tiver um ou mais parâmetros, o método abstrato da interface funcional também deve usar o mesmo número de parâmetros. Por exemplo, aqui está uma interface funcional chamada **MyParamValue**, que permite a passagem de um valor para **getValue( )**:

```
interface MyParamValue {
  double getValue(double v);
}
```

Você pode usar essa interface para implementar a expressão lambda do cálculo do recíproco mostrada na seção anterior. Por exemplo:

```
MyParamValue myPval = (n) -> 1.0 / n;
```

Agora pode usar **myPval** desta forma:

```
System.out.println("Reciprocal of 4 is " + myPval.getValue(4.0));
```

Aqui, **getValue( )** é implementado pela expressão lambda referenciada por **myPval**, que retorna o recíproco do argumento. Nesse caso, 4.0 é passado para **getValue( )**, que retorna 0.25.

Há mais uma coisa interessante nesse exemplo. Observe que o tipo de **n** não é especificado. Seu tipo é inferido a partir do contexto. Nesse caso, o tipo é inferido a partir do tipo do parâmetro do método **getValue( )** como definido pela interface **MyParamValue( )**, que é **double**. Também é possível especificar explicitamente o tipo de um parâmetro em uma expressão lambda. Por exemplo, esta também é uma maneira válida de escrever o código anterior:

```
(double n) -> 1.0 / n;
```

Aqui, **n** é especificado explicitamente como **double**. Em geral, não é necessário especificar explicitamente o tipo.

Antes de prosseguirmos, é importante enfatizar um ponto-chave: para uma expressão lambda ser usada em um contexto de tipo de destino, o tipo do método abstrato e o tipo da expressão lambda devem ser compatíveis. Por exemplo, se o método abstrato especificar dois parâmetros **int**, a expressão lambda deve especificar dois parâmetros cujo tipo seja explicitamente **int** ou possa ser implicitamente inferido como **int** pelo contexto. Em geral, o tipo e número de parâmetros da expressão lambda devem ser compatíveis com os parâmetros do método e seu tipo de retorno.

As expressões lambda em ação

Considerando a discussão anterior, examinemos alguns exemplos simples que colocam em prática os conceitos básicos das expressões lambda. O primeiro exemplo reúne em um programa completo os elementos mostrados na última seção para você executar e testar.

```
// Demonstra duas expressões lambda simples.

// Uma interface funcional.
interface MyValue {
  double getValue();
}

// Outra interface funcional.
interface MyParamValue {
  double getValue(double v);
}

class LambdaDemo {
  public static void main(String args[])
```

Interfaces funcionais

Capítulo 14 Expressões lambda e referências de método

```
{
  MyValue myVal;   // declara uma referência de interface

  // Aqui, a expressão lambda é simplesmente uma expressão de constante.
  // Quando ela é atribuída a myVal, é construída a instância
  // de uma classe em que a expressão lambda implementa o
  // método getValue() de MyValue.
  myVal = () -> 98.6;    ◄─────────────── Uma expressão lambda simples

  // Chama getValue(), que é fornecido pela
  // expressão lambda atribuída anteriormente.
  System.out.println("A constant value: " + myVal.getValue());

  // Agora, cria uma expressão lambda parametrizada e a atribui
  // a uma referência de MyParamValue. Essa expressão lambda retorna
  // o recíproco de seu argumento.
  MyParamValue myPval = (n) -> 1.0 / n;   ◄─── Uma expressão lambda
                                               que tem um parâmetro

  // Chama getValue() por intermédio da referência de myPval.
  System.out.println("Reciprocal of 4 is " + myPval.getValue(4.0));
  System.out.println("Reciprocal of 8 is " + myPval.getValue(8.0));

  // Uma expressão lambda deve ser compatível com o método definido
  // pela interface funcional. Logo, essas instruções não funcionarão:
//  myVal = () -> "three"; // Erro! String não é compatível com double!
//  myPval = () -> Math.random(); // Erro! O parâmetro é necessário!
  }
}
```

Um exemplo de saída do programa é mostrado a seguir:

```
A constant value: 98.6
Reciprocal of 4 is 0.25
Reciprocal of 8 is 0.125
```

Como mencionado, a expressão lambda deve ser compatível com o método abstrato que ela implementa. Portanto, as linhas desativadas por comentário no fim do programa anterior não são válidas. A primeira porque um valor de tipo **String** não é compatível com **double**, que é o tipo de retorno requerido por **getValue( )**. A segunda porque o método **getValue(int)** de **MyParamValue** requer um parâmetro, que não foi fornecido.

Um aspecto-chave da interface funcional é que ela pode ser usada com qualquer expressão lambda com a qual seja compatível. Por exemplo, considere o programa a seguir. Ele define uma interface funcional chamada **NumericTest** que declara o método abstrato **test( )**. Esse método tem dois parâmetros **int** e retorna um resultado **boolean**. Sua função é determinar se os dois argumentos passados atendem uma condição. Ele retorna o resultado do teste. Em **main( )**, três testes diferentes são criados com o uso de expressões lambda. Um verifica se o primeiro argumento pode ser dividido exatamente pelo segundo, o outro determina se o primeiro argumento é menor do que o segundo, e o terceiro retorna **true** se os valores absolutos dos argumentos forem iguais. Observe que as expressões lambda que implementam esses testes têm dois parâmetros e retornam um resultado **boolean**. É claro que isso é necessário já que **test( )** tem dois parâmetros e retorna um resultado **boolean**.

```java
// Usa a mesma interface funcional com três expressões lambda diferentes.

// Interface funcional que usa dois parâmetros int e
// retorna um resultado boolean.
interface NumericTest {
  boolean test(int n, int m);
}

class LambdaDemo2 {
  public static void main(String args[])
  {
    // Esta expressão lambda determina se um número
    // é fator de outro.
    NumericTest isFactor = (n, d) -> (n % d) == 0;

    if(isFactor.test(10, 2))
      System.out.println("2 is a factor of 10");
    if(!isFactor.test(10, 3))
      System.out.println("3 is not a factor of 10");
    System.out.println();

    // Esta expressão lambda retorna true se o
    // primeiro argumento for menor do que o segundo.
    NumericTest lessThan = (n, m) -> (n < m);

    if(lessThan.test(2, 10))
      System.out.println("2 is less than 10");
    if(!lessThan.test(10, 2))
      System.out.println("10 is not less than 2");
    System.out.println();

    // Esta expressão lambda retorna true se os
    // valores absolutos dos argumentos forem iguais.
    NumericTest absEqual = (n, m) -> (n < 0 ? -n : n) == (m < 0 ? -m : m);

    if(absEqual.test(4, -4))
      System.out.println("Absolute values of 4 and -4 are equal.");
    if(!lessThan.test(4, -5))
      System.out.println("Absolute values of 4 and -5 are not equal.");
    System.out.println();
  }
}
```

Usa a mesma interface funcional com três expressões lambda diferentes.

A saída é mostrada aqui:

```
2 is a factor of 10
3 is not a factor of 10

2 is less than 10
10 is not less than 2

Absolute values of 4 and -4 are equal.
Absolute values of 4 and -5 are not equal.
```

Como o programa ilustra, já que as três expressões lambda são compatíveis com **test( )**, todas podem ser executadas por intermédio de uma referência a **NumericTest**. Na verdade, não precisamos usar três variáveis de referência **NumericTest** diferentes porque a mesma variável poderia ser usada nos três testes. Por exemplo, poderíamos criar a variável **myTest** e usá-la para referenciar um teste de cada vez, como mostrado aqui:

```
NumericTest myTest;

myTest = (n, d) -> (n % d) == 0;
if(myTest.test(10, 2))
  System.out.println("2 is a factor of 10");
// ...
myTest = (n, m) -> (n < m);
if(myTest.test(2, 10))
  System.out.println("2 is less than 10");
//...
myTest = (n, m) -> (n < 0 ? -n : n) == (m < 0 ? -m : m);
if(myTest.test(4, -4))
  System.out.println("Absolute values of 4 and -4 are equal.");
// ...
```

Obviamente usar variáveis de referência diferentes chamadas **isFactor**, **lessThan** e **absEqual**, como faz o programa original, deixa claro qual expressão lambda cada variável referencia.

Há outro ponto interessante no programa anterior. Observe como os dois parâmetros são especificados para as expressões lambda. Por exemplo, aqui está uma que determina se um número é fator de outro:

```
(n, d) -> (n % d) == 0
```

Observe que **n** e **d** estão separados por vírgula. Em geral, sempre que mais de um parâmetro são requeridos, eles são especificados, separados por vírgulas, em uma lista entre parênteses no lado esquerdo do operador lambda.

Embora os exemplos anteriores tenham usado valores primitivos como tipos dos parâmetros e tipo de retorno do método abstrato definido por uma interface funcional, não há restrições quanto a isso. Por exemplo, o programa a seguir declara uma interface funcional chamada **StringTest**. Ela tem um método chamado **test( )** que usa dois parâmetros **String** e retorna um resultado **boolean**. Logo, ele pode ser usado para testar alguma condição relacionada a strings. Abaixo, foi criada uma expressão lambda que determina se um string está contido em outro:

```java
// Uma interface funcional que testa dois strings.
interface StringTest {
  boolean test(String aStr, String bStr);
}

class LambdaDemo3 {
  public static void main(String args[])
  {
    // Esta expressão lambda determina se um string faz
    // parte de outro.
    StringTest isIn = (a, b) -> a.indexOf(b) != -1;

    String str = "This is a test";

    System.out.println("Testing string: " + str);

    if(isIn.test(str, "is a"))
      System.out.println("'is a' found.");
    else
      System.out.println("'is a' not found.");

    if(isIn.test(str, "xyz"))
      System.out.println("'xyz' Found");
    else
      System.out.println("'xyz' not found");
  }
}
```

A saída é mostrada aqui:

```
Testing string: This is a test
'is a' found.
'xyz' not found
```

Observe que a expressão lambda usa o método **indexOf( )** definido pela classe **String** para determinar se um string faz parte de outro. Isto funciona porque os parâmetros **a** e **b** são considerados pela inferência de tipos como de tipo **String**. Logo, é permitido chamar um método da classe **String** em **a**.

> **Pergunte ao especialista**
>
> **P:** Antes, você mencionou que posso declarar explicitamente o tipo de um parâmetro em uma expressão lambda se necessário. Em casos em que a expressão lambda precisar de dois ou mais parâmetros, devo especificar os tipos de todos os parâmetros ou posso deixar que um ou mais usem a inferência de tipos?
>
> **R:** Em casos em que você precisar declarar explicitamente o tipo de um parâmetro, todos os parâmetros da lista devem ter os tipos declarados. Por exemplo, isto é válido:
>
> ```
> (int n, int d) -> (n % d) == 0
> ```
>
> Mas isto não:
>
> ```
> (int n, d) -> (n % d) == 0
> ```
>
> E nem isto:
>
> ```
> (n, int d) -> (n % d) == 0
> ```

Expressões lambda de bloco

O corpo das expressões lambda mostradas nos exemplos anteriores eram compostos por uma única expressão. Estes tipos de corpos lambda são chamados de *corpos de expressão* e as expressões lambda que têm corpos de expressão às vezes são chamadas de *lambdas de expressão*. Em um corpo de expressão, o código do lado direito do operador lambda deve ser composto por uma única expressão, que passa a ser o valor da lambda de expressão. Embora as lambdas de expressões sejam muito úteis, a situação pode demandar mais de uma expressão. Para lidar com esses casos, Java dá suporte a um segundo tipo de expressão lambda em que o código do lado direito do operador lambda é composto por um bloco de código que pode conter mais de uma instrução. Este tipo de corpo lambda é chamado de *corpo de bloco*. Expressões lambda que têm corpos de bloco também são conhecidas como *lambdas de bloco*.

Uma lambda de bloco expande os tipos de operações que podem ser efetuadas com uma expressão lambda porque permite que o corpo da expressão contenha várias instruções. Por exemplo, em uma lambda de bloco você pode declarar variáveis, usar laços, especificar instruções **if** e **switch**, criar blocos aninhados e assim por diante. É fácil criar uma lambda de bloco. Apenas coloque o corpo entre chaves como faria com qualquer outro bloco de instruções.

Exceto por permitir a inclusão de várias instruções, as lambdas de blocos são usadas de maneira semelhante às lambdas de expressão. Uma diferença importante, no entanto, é que você deve usar explicitamente uma instrução **return** para retornar um valor. Isso é necessário porque o corpo de uma lambda de bloco não representa uma única expressão.

Vejamos um exemplo que usa uma lambda de bloco para encontrar o menor fator positivo de um valor **int**. Ele usa uma interface chamada **NumericFunc** que tem um método de nome **func( )**; o método recebe um argumento **int** e retorna um resultado **int**. Logo, **NumericFunc** dá suporte a uma função numérica de valores de tipo **int**.

```
// Uma lambda de bloco que encontra o menor fator positivo
// de um valor int.

interface NumericFunc {
  int func(int n);
}

class BlockLambdaDemo {
  public static void main(String args[])
  {

    // Esta lambda de bloco retorna o menor fator positivo de um valor.
    NumericFunc smallestF = (n) -> {
      int result = 1;

      // Obtém o valor absoluto de n.
      n = n < 0 ? -n : n;

      for(int i=2; i <= n/i; i++)
        if((n % i) == 0) {
          result = i;
          break;
        }

      return result;
    };

    System.out.println("Smallest factor of 12 is " + smallestF.func(12));
    System.out.println("Smallest factor of 11 is " + smallestF.func(11));
  }
}
```

Uma expressão lambda de bloco

A saída é mostrada aqui:

```
Smallest factor of 12 is 2
Smallest factor of 11 is 1
```

No programa, observe que a lambda de bloco declara uma variável chamada **result**, usa um laço **for** e tem uma instrução **return**. Esses elementos são válidos dentro do corpo de uma lambda de bloco. Na verdade, o corpo de bloco de uma expressão lambda é semelhante ao corpo de um método. Outra coisa: quando uma instrução **return** ocorre dentro de uma expressão lambda, ela apenas causa o retorno da expressão, não faz o método externo retornar.

Interfaces funcionais genéricas

A expressão lambda não pode especificar parâmetros de tipo. Logo, ela não pode ser genérica. (É claro que, devido à inferência de tipos, todas as expressões lambda exibem algumas qualidades "que lembram os genéricos".) No entanto, a interface funcional associada a uma expressão lambda pode ser genérica. Nesse caso, o tipo de destino da expressão lambda é determinado, em parte, pelo argumento ou argumentos de tipo especificados quando uma referência de interface funcional é declarada.

Para entender o valor das interfaces funcionais genéricas, considere isto: anteriormente neste capítulo, duas interfaces funcionais diferentes foram criadas, uma chamada **NumericTest** e a outra chamada **StringTest**. Elas foram usadas para determinar se dois valores atendiam uma condição. Para fazê-lo, ambas definiam um método chamado **test( )** que usava dois parâmetros e retornava um resultado **boolean**. No caso de **NumericTest**, os valores testados eram inteiros. Em **StringTest**, os valores eram de tipo **String**. Logo, a única diferença entre os dois métodos era o tipo de dado com o qual operavam. Essa situação é perfeita para os genéricos. Em vez de termos duas interfaces funcionais cujos métodos só diferem em seus tipos de dados, podemos declarar uma interface genérica para tratar as duas circunstâncias. O programa a seguir mostra essa abordagem:

```java
// Usa uma interface funcional genérica.

// Interface funcional genérica com dois parâmetros que
// retorna um resultado boolean.
interface SomeTest<T> {                    ─── Uma interface funcional genérica
  boolean test(T n, T m);
}

class GenericFunctionalInterfaceDemo {
  public static void main(String args[])
  {
    // Esta expressão lambda determina se um inteiro
    // é fator de outro.
    SomeTest<Integer> isFactor = (n, d) -> (n % d) == 0;

    if(isFactor.test(10, 2))
      System.out.println("2 is a factor of 10");
    System.out.println();

    // A próxima expressão lambda determina se um Double
    // é fator de outro.
    SomeTest<Double> isFactorD = (n, d) -> (n % d) == 0;

    if(isFactorD.test(212.0, 4.0))
      System.out.println("4.0 is a factor of 212.0");
    System.out.println();

    // Esta expressão lambda determina se um string
    // faz parte de outro.
    SomeTest<String> isIn = (a, b) -> a.indexOf(b) != -1;

    String str = "Generic Functional Interface";

    System.out.println("Testing string: " + str);
```

```
      if(isIn.test(str, "face"))
        System.out.println("'face' is found.");
      else
        System.out.println("'face' not found.");
  }
}
```

A saída é mostrada aqui:

```
2 is a factor of 10

4.0 is a factor of 212.0

Testing string: Generic Functional Interface
'face' is found.
```

No programa, a interface funcional genérica **SomeTest** é declarada assim:

```
interface SomeTest<T> {
  boolean test(T n, T m);
}
```

Aqui, **T** especifica o tipo dos dois parâmetros de **test( )**. Ou seja, ele é compatível com qualquer expressão lambda que use dois parâmetros do mesmo tipo e retorne um resultado **boolean**.

A interface **SomeTest** é usada para fornecer uma referência a três tipos de lambdas diferentes. A primeira usa o tipo **Integer**, a segunda usa o tipo **Double** e a terceira usa o tipo **String**. Logo, a mesma interface funcional pode ser usada para referenciar as lambdas **isFactor**, **isFactorD** e **isIn**. Só o tipo de argumento passado para **SomeTest** é diferente.

Só por curiosidade, a interface **NumericFunc** mostrada na seção anterior também pode ser reescrita como uma interface genérica. Isso foi deixado como exercício ao final do capítulo.

Tente Isto 14-1   Passe uma expressão lambda como argumento

> LambdaArgumentDemo.java

Uma expressão lambda pode ser usada em qualquer contexto que forneça um tipo de destino. Os contextos de destino usados pelos exemplos anteriores foram de atribuição e inicialização. Outro seria quando uma expressão lambda é passada como argumento. Na verdade, passar uma expressão lambda como argumento é comum no uso de lambdas. Além disso, é uma aplicação muito poderosa porque fornece uma maneira de passarmos código executável como argumento de um método, o que aumenta bastante o poder de expressão de Java.

Para ilustrar o processo, este projeto cria três funções de strings que executam as operações a seguir: invertem um string, invertem a caixa das letras do string e substituem espaços por hifens. Essas funções são implementadas como expressões lambda da interface funcional **StringFunc**. Elas são então passadas como o primeiro argumento de um método chamado **changeStr( )**. Este método aplica a função à string passada como seu segundo argumento e retorna o resultado. Logo, **changeStr( )** pode ser usado na aplicação de várias funções de string diferentes.

1. Crie um arquivo chamado **LambdaArgumentDemo.java**.

2. Adicione a interface funcional **StringFunc** ao arquivo, como mostrado aqui:

```
interface StringFunc {
  String func(String str);
}
```

Esta interface define o método **func( )**, que recebe um **String** como argumento e também retorna um **String**. Ou seja, **func( )** pode atuar sobre um string e retornar o resultado.

3. Comece a classe **LambdaArgumentDemo** definindo o método **changeStr( )**, como mostrado abaixo:

```
class LambdaArgumentDemo {

  // Este método tem uma interface funcional como tipo de seu
  // primeiro parâmetro. Logo, pode receber uma referência a
  // qualquer instância dessa interface, inclusive uma instância
  // criada por uma expressão lambda. O segundo parâmetro
  // especifica o string a ser alterado.
  static String changeStr(StringFunc sf, String s) {
    return sf.func(s);
  }
}
```

Como o comentário indica, **changeStr( )** tem dois parâmetros. O tipo do primeiro é **StringFunc**. Ou seja, ele pode receber uma referência a qualquer instância de **StringFunc**. Logo, pode receber uma referência a uma instância criada por uma expressão lambda que seja compatível com **StringFunc**. O string a ser alterado é passado para **s**. O string resultante é retornado.

4. Comece o método **main( )** como mostrado a seguir:

```
public static void main(String args[])
{
  String inStr = "Lambda Expressions Expand Java";
  String outStr;

  System.out.println("Here is input string: " + inStr);
```

Aqui, **inStr** referencia o string que será alterado e **outStr** receberá o string modificado.

5. Defina uma expressão lambda que inverta os caracteres de um string e atribua-a a uma referência **StringFunc**. Observe que esse é outro exemplo de uma lambda de bloco.

```
// Define uma expressão lambda que inverte o conteúdo de um
// string e a atribui a uma variável de referência StringFunc.
StringFunc reverse = (str) -> {
  String result = "";
```

```
     for(int i = str.length()-1; i >= 0; i--)
       result += str.charAt(i);

   return result;
  }
};
```

6. Chame **changeStr( )**, passando para ele a expressão lambda **reverse** e a variável **inStr**. Atribua o resultado a **outStr** e exiba-o.

```
// Passa reverse como primeiro argumento de changeStr()
// Passa o string de entrada como segundo argumento.
outStr = changeStr(reverse, inStr);
System.out.println("The string reversed: " + outStr);
```

Já que o primeiro parâmetro de **changeStr( )** é de tipo **StringFunc**, a expressão lambda **reverse** pode ser passada para ele. Lembre-se, uma expressão lambda faz uma instância de seu tipo de destino ser criada, que nesse caso é **StringFunc**. Logo, a expressão lambda nos fornece uma maneira de passar uma sequência de código para um método.

7. Termine o programa adicionando a expressão lambda que substitui espaços por hifens e a que inverte a caixa das letras, como mostrado a seguir. Observe que essas duas expressões lambda estão embutidas na chamada a **changeStr( )** em vez de usarem uma variável **StringFunc** separada.

```
// Esta expressão lambda substitui espaços por hifens.
// Ela está embutida diretamente na chamada a changeStr().
outStr = changeStr((str) -> str.replace(' ', '-'), inStr);
System.out.println("The string with spaces replaced: " + outStr);

// Esta lambda de bloco inverte a caixa dos caracteres do string
// Ela também está embutida diretamente na chamada a changeStr().
outStr = changeStr((str) -> {
                    String result = "";
                    char ch;

                    for(int i = 0; i < str.length(); i++ ) {
                      ch = str.charAt(i);
                      if(Character.isUpperCase(ch))
                        result += Character.toLowerCase(ch);
                      else
                        result += Character.toUpperCase(ch);
                    }
                    return result;
                  }, inStr);

  System.out.println("The string in reversed case: " + outStr);
  }
}
```

Como é possível ver no código, embutir a expressão lambda que substitui espaços por hifens na chamada a **changeStr( )** é ao mesmo tempo conveniente e fácil de entender. Isso ocorre porque trata-se de uma lambda de expressão curta que simplesmente chama **replace( )** para substituir espaços por hifens. O método **replace( )** é outro método definido pela classe **String**. A versão usada aqui recebe como argumentos o caractere a ser substituído e seu substituto. Ela retorna um string modificado.

A título de ilustração, a expressão lambda que inverte a caixa das letras de um string também foi embutida na chamada a **changeStr( )**. No entanto, nesse caso, foi produzido um código um pouco confuso e difícil de seguir. Geralmente, é melhor atribuir esse tipo de expressão lambda a uma variável de referência separada (como fizemos na expressão lambda de inversão de strings) e então passar a variável para o método. Mas é tecnicamente correto passar uma lambda de bloco como argumento, como o exemplo mostra.

Mais uma coisa: observe que a expressão lambda de inversão da caixa das letras usa os métodos **static isUpperCase( )**, **toUpperCase( )** e **toLowerCase** definidos por **Character**. Lembre-se, **Character** é uma classe encapsuladora de tipos **char**. O método **isUpperCase( )** retorna **true** se seu argumento for uma letra maiúscula, caso contrário retorna **false**. Os métodos **toUpperCase( )** e **toLowerCase( )** executam a ação indicada e retornam o resultado. Além desses métodos, **Character** define vários outros que tratam ou testam caracteres. Se quiser, examine-os por conta própria.

8. Aqui está todo o código reunido em um programa completo.

```
// Usa uma expressão lambda como argumento de um método.

interface StringFunc {
  String func(String str);
}

class LambdaArgumentDemo {

  // Este método tem uma interface funcional como tipo de seu
  // primeiro parâmetro. Logo, pode receber uma referência a
  // qualquer instância dessa interface, inclusive uma instância
  // criada por uma expressão lambda. O segundo parâmetro
  // especifica o string a ser alterado.
  static String changeStr(StringFunc sf, String s) {
    return sf.func(s);
  }

  public static void main(String args[])
  {
    String inStr = "Lambda Expressions Expand Java";
    String outStr;

    System.out.println("Here is input string: " + inStr);

    // Define uma expressão lambda que inverte o conteúdo de um
    // string e a atribui a uma variável de referência StringFunc.
    StringFunc reverse = (str) -> {
```

```
      String result = "";

    for(int i = str.length()-1; i >= 0; i--)
      result += str.charAt(i);

    return result;
  };

  // Passa reverse como primeiro argumento de changeStr().
  // Passa o string de entrada como segundo argumento.
  outStr = changeStr(reverse, inStr);
  System.out.println("The string reversed: " + outStr);


  // Esta expressão lambda substitui espaços por hifens.
  // Ela está embutida diretamente na chamada a changeStr().
  outStr = changeStr((str) -> str.replace(' ', '-'), inStr);
  System.out.println("The string with spaces replaced: " + outStr);

  // Esta lambda de bloco inverte a caixa dos cacteres do string.
  // Ela também está embutida diretamente na chamada a changeStr().
  outStr = changeStr((str) -> {
                       String result = "";
                       char ch;

                       for(int i = 0; i < str.length(); i++ ) {
                         ch = str.charAt(i);
                         if(Character.isUpperCase(ch))
                            result += Character.toLowerCase(ch);
                         else
                            result += Character.toUpperCase(ch);
                       }
                       return result;
                     }, inStr);

    System.out.println("The string in reversed case: " + outStr);
  }
}
```

A saída a seguir é produzida.

```
Here is input string: Lambda Expressions Expand Java
The string reversed: avaJ dnapxE snoisserpxE adbmaL
The string with spaces replaced: Lambda-Expressions-Expand-Java
The string in reversed case: lAMBDA eXPRESSIONS eXPAND jAVA
```

Pergunte ao especialista

P: Além da inicialização de variáveis, da atribuição e da passagem de argumentos, que outras situações constituem um contexto de tipo de destino para uma expressão lambda?

R: Coerções, o operador **?**, inicializadores de arrays, instruções **return** e as próprias expressões lambda também podem servir como contextos de tipo de destino.

Expressões lambda e a captura de variáveis

As variáveis definidas pelo escopo que contém uma expressão lambda podem ser acessadas dentro da expressão. Por exemplo, uma expressão lambda pode usar uma variável de instância ou uma variável **static** definida pela classe que a contém. A expressão lambda também tem acesso a **this** (explícita e implicitamente), que referencia a instância chamadora da classe que contém a expressão. Logo, uma expressão lambda pode acessar ou configurar o valor de uma variável de instância ou **static** e chamar um método definido pela classe externa.

No entanto, quando uma expressão lambda usa uma variável local do escopo em que se encontra, é criada uma situação especial chamada *captura de variável*. Nesse caso, a expressão lambda só pode usar variáveis locais que sejam *efetivamente finais*. Uma variável efetivamente final é aquela cujo valor não muda após ser atribuído. Esse tipo de variável não precisa ser declarada explicitamente como **final**, mas não é errado fazê-lo. (O parâmetro **this** de um escopo de contenção é automaticamente final, e as expressões lambda não têm esse parâmetro por conta própria.)

É importante saber que uma variável local do escopo externo não pode ser modificada pela expressão lambda. Isso removeria seu status de efetivamente final, tornando sua captura inválida.

O programa a seguir ilustra a diferença entre variáveis efetivamente finais e variáveis locais mutáveis:

```
// Exemplo de captura de uma variável local do escopo externo.

interface MyFunc {
  int func(int n);
}

class VarCapture {
  public static void main(String args[])
  {
    // Uma variável local que pode ser capturada.
    int num = 10;

    MyFunc myLambda = (n) -> {
      // Este uso de num está correto. Ele não modifica num.
      int v = num + n;

      // Porém, a instrução a seguir não é válida porque tenta
      // modificar o valor de num.
```

```
//   num++;

    return v;
  };

  // Usa a expressão lambda. Esta instrução exibirá 18.
  System.out.println(myLambda.func(8));

  // A linha a seguir também causaria um erro, porque removeria de
  // num o status de efetivamente final.
//   num = 9;
  }
}
```

Como o comentário indica, **num** é efetivamente final e, portanto, pode ser usada dentro de **myLambda**. É por isso que a instrução **println( )** exibe o número 18. Quando **func( )** é chamado com o argumento 8, o valor de **v** dentro da expressão lambda é definido pela adição de **num** (que é 10) ao valor passado para **n** (que é 8). Logo, **func( )** retorna 18. Isso funciona porque **num** não é modificada após ser inicializada. Porém, se **num** fosse modificada dentro da expressão lambda ou fora dela, perderia seu status de efetivamente **final**, o que causaria um erro e o programa não seria compilado.

É importante enfatizar que uma expressão lambda pode usar e modificar uma variável de instância da classe chamadora. Ela só não pode usar uma variável local do escopo que a contém, a não ser que essa variável seja efetivamente final.

Lance uma exceção de dentro de uma expressão lambda

Uma expressão lambda pode lançar uma exceção. Se ela lançar uma exceção verificada, no entanto, essa exceção deve ser compatível com as exceções listadas na cláusula **throws** do método abstrato da interface funcional. Por exemplo, se uma expressão lambda lançar uma **IOException**, o método abstrato da interface funcional deve listar **IOException** em uma cláusula **throws**. Esta situação é demonstrada pelo programa a seguir:

```
import java.io.*;

interface MyIOAction {
  boolean ioAction(Reader rdr) throws IOException;
}

class LambdaExceptionDemo {

  public static void main(String args[])
  {
    double[] values = { 1.0, 2.0, 3.0, 4.0 };
```

```
// Esta lambda de bloco pode lançar uma IOException.
// Logo, a IOException deve ser especificada em uma cláusula
// throws de ioAction( ) em MyIOAction.
MyIOAction myIO = (rdr) -> {          ← Esta expressão
  int ch = rdr.read(); // pode lançar IOException   lambda pode
  // ...                                            lançar uma
  return true;                                      exceção.
};
  }
}
```

Já que uma chamada a **read( )** pode resultar em uma **IOException**, o método **ioAction( )** da interface funcional **MyIOAction** deve incluir **IOException** em uma cláusula **throws**. Sem ela, o programa não será compilado porque a expressão lambda não será mais compatível com **ioAction( )**. Para comprovar isso, apenas remova a cláusula **thorws** e tente compilar o programa. Como verá, isso resultará em um erro.

Pergunte ao especialista

P: Uma expressão lambda pode usar um parâmetro que seja um array?

R: Sim. Entretanto, quando o tipo do parâmetro é inferido, o parâmetro da expressão lambda *não* é especificado com o uso da sintaxe comum dos arrays. Em vez disso, ele é especificado com um nome simples, como **n**, e não **n[ ]**. Lembre-se, o tipo do parâmetro de uma expressão lambda será inferido a partir do contexto de destino. Logo, se o contexto de destino demandar um array, o tipo será inferido automaticamente como um array. Para entender melhor, vejamos um exemplo curto.

Abaixo, temos uma interface funcional genérica chamada **MyTransform**, que pode ser usada para aplicarmos alguma transformação aos elementos de um array.

```
// Uma interface functional.
interface MyTransform<T> {
  void transform(T[] a);
}
```

Observe que o parâmetro do método **transform( )** é um array de tipo **T**. Agora, considere a expressão lambda a seguir que usa **MyTransform** para converter os elementos de um array de valores **Double** em suas raízes quadradas:

```
MyTransform<Double> sqrts = (v) -> {
  for(int i=0; i < v.length; i++) v[i] = Math.sqrt(v[i]);
};
```

Aqui, o tipo de **a** em **transform( )** é **Double[ ]**, porque **Double** é especificado como o parâmetro de tipo de **MyTransform** quando **sqrts** é declarada. Portanto, o tipo de **v** na expressão lambda é inferido como **Double[ ]**. Não é necessário (ou válido) especificá-lo como **v[ ]**.

Um último ponto: é válido declarar o parâmetro da expressão lambda como **Double[ ] v**, porque assim declaramos explicitamente o tipo do parâmetro. No entanto, isso não traz vantagem alguma nesse caso.

Referências de método

Há um recurso importante relacionado às expressões lambda chamado *referência de método*. Uma referência de método fornece uma maneira de referenciarmos um método sem executá-lo. Esse recurso está relacionado às expressões lambda porque, como elas, requer um contexto de tipo de destino composto por uma interface funcional compatível. Quando avaliada, uma referência de método também cria uma instância de uma interface funcional. Há diferentes tipos de referências de método. Começaremos com as referências a métodos **static**.

Referências a métodos static

Uma referência a um método **static** é criada com a especificação do nome do método precedido pelo nome de sua classe, com a sintaxe geral abaixo:

NomeClasse::nomeMétodo

Observe que o nome da classe é separado do nome do método por dois pontos duplos. Os dois pontos duplos (::) são um novo separador adicionado a Java por JDK 8 expressamente para esse fim. Essa referência de método pode ser usada em qualquer local em que seja compatível com seu tipo de destino.

O programa a seguir demonstra a referência de método **static**. Para fazer isso primeiro ele declara uma interface funcional chamada **IntPredicate** que tem um método chamado **test( )**. Esse método tem um parâmetro **int** e retorna um resultado **boolean**. Logo, pode ser usado para testar um valor inteiro em relação a alguma condição. Em seguida, o programa cria uma classe chamada **MyIntPredicates**, que define três métodos **static**, todos verificando se um valor atende a uma condição. Os métodos se chamam **isPrime( )**, **isEven( )** e **isPositive( )** e cada método executa o teste indicado por seu nome. Dentro de **MethodRefDemo**, é criado um método chamado **numTest( )** que tem como seu primeiro parâmetro uma referência a **IntPredicate**. Seu segundo parâmetro especifica o inteiro que está sendo testado. Dentro de **main( )**, três testes diferentes são realizados com **numTest( )**, sendo passada uma referência de método para o teste ser executado.

```
// Demonstra uma referência a um método estático.

// Interface funcional para predicados numéricos que opera com
// valores inteiros.
interface IntPredicate {
  boolean test(int n);
}

// Esta classe define três métodos estáticos que verificam um inteiro
// em relação a alguma condição.
class MyIntPredicates {
  // Um método estático que retorna true quando um número é primo.
  static boolean isPrime(int n) {
```

```
    if(n < 2) return false;

    for(int i=2; i <= n/i; i++) {
      if((n % i) == 0)
        return false;
    }
    return true;
  }

  // Um método estático que retorna true quando um número é par.
  static boolean isEven(int n) {
    return (n % 2) == 0;
  }

  // Um método estático que retorna true quando um número é positivo.
  static boolean isPositive(int n) {
    return n > 0;
  }
}

class MethodRefDemo {

  // Este método tem uma interface funcional como tipo de seu
  // primeiro parâmetro. Logo, pode receber uma referência a
  // qualquer instância dessa interface, inclusive uma criada
  // por uma referência de método.
  static boolean numTest(IntPredicate p, int v) {
    return p.test(v);
  }

  public static void main(String args[])
  {
    boolean result;

    // Aqui, uma referência ao método isPrime é passada para numTest().
    result = numTest(MyIntPredicates::isPrime, 17);
    if(result) System.out.println("17 is prime.");

    // Em seguida, uma referência ao método isEven é usada.
    result = numTest(MyIntPredicates::isEven, 12);
    if(result) System.out.println("12 is even.");

    // Agora, uma referência ao método isPositive é passada.
    result = numTest(MyIntPredicates::isPositive, 11);
    if(result) System.out.println("11 is positive.");
  }
}
```

Usa referências a um método **static**.

A saída é mostrada abaixo:

```
17 is prime.
12 is even.
11 is positive.
```

Preste atenção nesta linha do programa:

```
result = numTest(MyIntPredicates::isPrime, 17);
```

Aqui, uma referência ao método **static isPrime( )** é passada como primeiro argumento para **numTest( )**. Isso funciona porque **isPrime** é compatível com a interface funcional **IntPredicate**. Portanto, a expressão **MyIntPredicates::isPrime** produz uma referência a um objeto em que **isPrime( )** fornece a implementação do método **test( )** de **IntPredicate**. As outras duas chamadas a **numTest( )** funcionam da mesma forma.

Referências a métodos de instância

Uma referência a um método de instância é criada em um objeto específico por essa sintaxe básica:

refObj::nomeMétodo

Como você pode ver, a sintaxe é semelhante à usada para um método **static**, exceto por ser empregada uma referência de objeto em vez de um nome de classe. Logo, o método para o qual a referência aponta opera em relação a *refObj*. O programa a seguir ilustra isso. Ele usa a mesma interface **IntPredicate** e o mesmo método **test( )** do programa anterior. No entanto, cria uma classe chamada **MyIntNum**, que armazena um valor **int** e define o método **isFactor( )** para determinar se o valor passado é fator do valor armazenado pela instância de **MyIntNum**. O método **main( )** cria então duas intâncias de **MyIntNum**. Em seguida, chama **numTest( )**, passando uma referência ao método **isFactor( )** e o valor a ser verificado. Em todos os casos, a referência de método opera em relação ao objeto específico.

```java
// Usa uma referência a um método de instância.

// Interface funcional para predicados numéricos que opera com
// valores inteiros.
interface IntPredicate {
  boolean test(int n);
}

// Esta classe armazena um valor int e define o método de
// instância isFactor(), que retorna true quando seu argumento
// é fator do valor armazenado.
class MyIntNum {
  private int v;

  MyIntNum(int x) { v = x; }

  int getNum() { return v; }
```

Capítulo 14 Expressões lambda e referências de método

```
  // Retorna true se n for fator de v.
  boolean isFactor(int n) {
    return (v % n) == 0;
  }
}

class MethodRefDemo2 {

  public static void main(String args[])
  {
    boolean result;

    MyIntNum myNum = new MyIntNum(12);
    MyIntNum myNum2 = new MyIntNum(16);

    // Aqui, uma referência ao método isFactor é criada em myNum.
    IntPredicate ip = myNum::isFactor;      ◄───────────── Uma referência a um
                                                           método de instância.
    // Agora, ela é usada para chamar isFactor() via test().
    result = ip.test(3);
    if(result) System.out.println("3 is a factor of " + myNum.getNum());


    // Desta vez, uma referência ao método isFactor é criada em myNum2.
    // e usada para chamar isFactor() via test().
    ip = myNum2::isFactor;  ◄
    result = ip.test(3);
    if(!result) System.out.println("3 is not a factor of " + myNum2.
getNum());
  }
}
```

Este programa produz a saída a seguir:

```
3 is a factor of 12
3 is not a factor of 16
```

Observe esta linha do programa:

```
IntPredicate ip = myNum::isFactor;
```

Aqui, a referência de método atribuída a **ip** aponta para um método de instância **isFactor( )** em **myNum**. Assim, quando **test( )** for chamado por intermédio dessa referência, como vemos abaixo:

```
result = ip.test(3);
```

o método chamará **iFactor( )** em **myNum**, que é o obeto especificado quando a referência de método foi criada. A mesma situação ocorre com o método de referência **myNum2::isFactor**, exceto por **isFactor( )** ser chamado em **myNum2**. Isto é confirmado pela saída.

Também é possível tratar uma situação em que você queira especificar um método de instância que possa ser usado com qualquer objeto de uma determinada classe – e não apenas um objeto especificado. Nesse caso, você criará uma referência de método como mostrado a seguir:

NomeClasse::nomeMétodoInstância

Aqui, o nome da classe é usado em vez de um objeto específico, ainda que um método de instância seja mencionado. Nesta versão, o primeiro parâmetro da interface funcional é o objeto chamador e o segundo é o parâmetro especificado pelo método (se houver algum). Abaixo temos um exemplo. Ele reformula o exemplo anterior. Primeiro, substitui **IntPredicate** pela interface **MyIntNumPredicate**. Nesse caso, o primeiro parâmetro de **test( )** é de tipo **MyIntNum**. Ele será usado para receber o objeto que está sendo tratado. Isso permite que o programa crie uma referência ao método de instância **isFactor( )** que possa ser usada com qualquer objeto **MyIntNum**.

```
// Usa uma referência de método de instâcia para referenciar
// qualquer instância.

// Interface funcional para predicados numéricos que opera com um
// objeto de tipo MyIntNum e um valor inteiro.
interface MyIntNumPredicate {
  boolean test(MyIntNum mv, int n);
}

// Esta classe armazena um valor int e define o método
// de instância isFactor(), que retorna true quando seu
// argumento é fator do valor armazenado.
class MyIntNum {
  private int v;

  MyIntNum(int x) { v = x; }

  int getNum() { return v; }

  // Retorna true se n for fator de v.
  boolean isFactor(int n) {
    return (v % n) == 0;
  }
}

class MethodRefDemo3 {
  public static void main(String args[])
  {
    boolean result;

    MyIntNum myNum = new MyIntNum(12);
```

```
    MyIntNum myNum2 = new MyIntNum(16);

    // Esta instrução faz inp referenciar o método de
    // instância isFactor().
    MyIntNumPredicate inp = MyIntNum::isFactor;   ⬅ Referência de método
                                                    para qualquer objeto
                                                    de tipo MyIntNum
    // A instrução a seguir chama isFactor() em myNum.
    result = inp.test(myNum, 3);
    if(result)
      System.out.println("3 is a factor of " + myNum.getNum());

    // A próxima instrução chama isFactor() em myNum2.
    result = inp.test(myNum2, 3);
    if(!result)
      System.out.println("3 is a not a factor of " + myNum2.getNum());
  }
}
```

Pergunte ao especialista

P: Como devo especificar uma referência a um método genérico?

R: Geralmente, devido à inferência de tipos, não precisamos especificar explicitamente o argumento de tipo de um método genérico para obter uma referência a ele, mas Java inclui uma sintaxe para o tratamento dos casos em que isso é feito. Por exemplo, se tivéssemos:

```
interface SomeTest<T> {
  boolean test(T n, T m);
}

class MyClass {
  static <T> boolean myGenMeth(T x, T y) {
    boolean result = false;
    // ...
    return result;
  }
}
```

a instrução a seguir seria válida:

```
SomeTest<Integer> mRef = MyClass::<Integer>myGenMeth;
```

Aqui, o argumento de tipo do método genérico **MyGenMeth** é especificado explicitamente. Observe que o argumento ocorre após o símbolo ::. Essa sintaxe pode ser generalizada: quando um método genérico é especificado como uma referência de método, seu argumento de tipo vem depois dos dois pontos duplos e antes do nome do método. Em casos em que uma classe genérica é especificada, o argumento de tipo vem após o nome da classe e antes de ::.

A saída é essa:

```
3 is a factor of 12
3 is a not a factor of 16
```

Atenção a essa linha do programa:

```
MyIntNumPredicate inp = MyIntNum::isFactor;
```

Ela cria uma referência ao método de instância **isFactor( )** que funcionará com qualquer objeto de tipo **MyIntNum**. Por exemplo, quando **test( )** for chamado via **inp**, como mostrado aqui:

```
result = inp.test(myNum, 3);
```

isso resultará em uma chamada a **myNum.isFactor(3)**. Em outras palavras, **myNum** passa a ser o objeto em que **isFactor(3)** é chamado.

Referências de construtor

Da mesma forma que você pode criar referências a métodos, também pode criar referências a construtores. Esta é a forma geral da sintaxe usada:

nomeclasse::new

Esta referência pode ser atribuída a qualquer referência de interface funcional que defina um método compatível com o construtor. Veja um exemplo simples:

```
// Demonstra uma referência de constructor.

// MyFunc é uma interface funcional cujo método retorna
// uma referência MyClass.
interface MyFunc {
   MyClass func(String s);
}

class MyClass {
  private String str;

  // Este construtor recebe um argumento.
  MyClass(String s) { str = s; }

  // Este é o construtor padrão.
  MyClass() { str = ""; }

  // ...

  String getStr() { return str; }
}

class ConstructorRefDemo {
```

```
public static void main(String args[])
{
  // Cria uma referência ao construtor de MyClass.
  // Já que o método func() de MyFunc recebe um argumento,
  // new referencia o construtor parametrizado de MyClass
  // e não o construtor padrão.
  MyFunc myClassCons = MyClass::new;   ◄─────────── Uma referência de construtor

  // Cria uma instância de MyClass usando essa referência de construtor.
  MyClass mc = myClassCons.func("Testing");

  // Usa a instância de MyClass recém criada.
  System.out.println("str in mc is " + mc.getStr( ));
}
}
```

A saída é mostrada aqui:

```
str in mc is Testing str in mc is Testing
```

No programa, observe que o método **func( )** de **MyFunc** retorna uma referência de tipo **MyClass** e tem um parâmetro **String**. Agora, observe que **MyClass** define dois construtores. O primeiro especifica um parâmetro de tipo **String**. O segundo é o construtor padrão sem parâmetros. Examinemos então a linha abaixo:

```
MyFunc myClassCons = MyClass::new;
```

Aqui, a expressão **MyClass::new** cria uma referência a um construtor de **MyClass**. Nesse caso, já que o método **func( )** de **MyFunc** usa um parâmetro **String**, o construtor que está sendo referenciado é **MyClass(String s)** por ser equivalente. Observe também que a referência a esse construtor é atribuída a uma referência **MyFunc** chamada **MyClassCons**. Após essa instrução ser executada, **MyClassCons** poderá ser usada para criar uma instância de **MyClass**, como essa linha mostra:

```
MyClass mc = myClassCons.func("Testing");
```

Na verdade, **MyClassCons** passou a ser outra maneira de chamar **MyClass(String s)**.

Se você quisesse que **MyClass::new** usasse o construtor padrão de **MyClass**, teria de usar uma interface funcional que definisse um método que não tivesse parâmetros. Por exemplo, se definir **MyFunc2**, como mostrado aqui:

```
interface MyFunc2 {
   MyClass func();
}
```

então, a linha a seguir atribuirá a **MyClassCons** uma referência ao construtor padrão (isto é, sem parâmetros) de **MyClass**.

```
MyFunc2 myClassCons = MyClass::new;
```

Em geral, o construtor usado quando **::new** é especificado é aquele cujos parâmetros coincidem com os definidos pela interface funcional.

Pergunte ao especialista

P: **Posso declarar uma referência de construtor que crie um array?**

R: Sim. Para criar a referência de construtor de um array, use esta estrutura:

tipo[ ]::*new*

Nesta sintaxe, *tipo* especifica o tipo do objeto que está sendo criado. Por exemplo, supondo o uso da forma de **MyClass** mostrada anteriormente e dada a interface **MyClassArrayCreator** mostrada abaixo:

```
interface MyClassArrayCreator {
    MyClass[] func(int n);
}
```

o código a seguir cria um array de objetos **MyClass** e dá a cada elemento um valor inicial:

```
MyClassArrayCreator mcArrayCons = MyClass[]::new;
MyClass[] a = mcArrayCons.func(3);
for(int i=0; i < 3; i++)
  a[i] = new MyClass(i);
```

Aqui, a chamada a **func(3)** faz um array de três elementos ser criado. Este exemplo pode ser generalizado. Qualquer interface funcional que for usada para criar um array deve conter um método com um único parâmetro **int** e que retorne uma referência ao array com o tamanho especificado.

Também podemos criar uma interface funcional genérica para ser usada com outros tipos de classes, como visto abaixo:

```
interface MyArrayCreator<T> {
    T[] func(int n);
}
```

Por exemplo, poderíamos criar um array de cinco objetos **Thread** como esse:

```
MyArrayCreator<Thread> mcArrayCons = Thread[]::new;
Thread[] thrds = mcArrayCons.func(5);
```

Um último ponto: no caso da criação de uma referência de construtor de uma classe genérica, você pode especificar o parâmetro de tipo como faria normalmente, após o nome da classe. Por exemplo, se **MyGenClass** for declarada assim:

```
MyGenClass<T> { // ...
```

o código a seguir criará uma referência de construtor com argumento de tipo **Integer**.

```
MyGenClass<Integer>::new;
```

Graças à inferência de tipos, nem sempre é preciso especificar o argumento de tipo, mas podemos fazê-lo quando necessário.

Interfaces funcionais predefinidas

Até agora, os exemplos deste capítulo definiram suas próprias interfaces funcionais para que os conceitos básicos que compõem as expressões lambda e as interfaces funcionais pudessem ser claramente ilustrados. Em muitos casos, no entanto, você não precisará definir sua própria interface funcional porque JDK 8 adicionou um novo pacote chamado **java.util.function** que fornece várias interfaces predefinidas. Aqui está uma amostra:

Interface	Finalidade
UnaryOperator<T>	Aplica uma operação unária a um objeto de tipo **T** e retorna o resultado, que também é de tipo **T**. Seu método se chama **apply( )**.
BinaryOperator<T>	Aplica uma operação a dois objetos de tipo **T** e retorna o resultado, que também é de tipo **T**. Seu método se chama **apply( )**.
Consumer<T>	Aplica uma operação em um objeto de tipo **T**. Seu método se chama **accept( )**.
Supplier<T>	Retorna um objeto de tipo **T**. Seu método se chama **get( )**.
Function<T, R>	Aplica uma operação a um objeto de tipo **T** e retorna o resultado como um objeto de tipo **R**. Seu método se chama **apply( )**.
Predicate<T>	Determina se um objeto de tipo **T** se enquadra em alguma restrição. Retorna um valor **boolean** que indica o resultado. Seu método se chama **test( )**.

O programa a seguir mostra a interface **Predicate** em ação. Ele usa **Predicate** como interface funcional de uma expressão lambda que determina se um número é par. O método abstrato de **Predicate** se chama **test( )** é é mostrado aqui:

boolean test(T *val*)

Ele retorna **true** se *val* estiver de acordo com alguma restrição ou condição. Como usado abaixo, retornará **true** se *val* for par.

```
// Usa a interface funcional interna Predicate.

// Importa a interface Predicate.
import java.util.function.Predicate;

class UsePredicateInterface {
  public static void main(String args[])
  {

    // Esta expressão lambda usa Predicate<Integer> para
    // determinar se um número é par.
    Predicate<Integer> isEven = (n) -> (n %2) == 0;   // ← Usa a interface
                                                      //   interna Predicate.
    if(isEven.test(4)) System.out.println("4 is even");
```

```
    if(!isEven.test(5)) System.out.println("5 is odd");
  }
}
```

O programa produz a seguinte saída:

```
4 is even
5 is odd
```

Pergunte ao especialista

P: No início deste capítulo, você mencionou que a inclusão de expressões lambda resultava em novos recursos sendo incorporados à biblioteca de APIs. Pode dar um exemplo?

R: Uma das melhorias mais importantes feitas na biblioteca de APIs Java e adicionada por JDK 8 é o novo pacote de fluxos **java.util.stream**. Este pacote define várias classes de fluxos, a mais geral delas é **Stream**. No que diz respeito a **java.util.stream**, um *fluxo* é um canal de dados. Logo, um fluxo representa uma sequência de objetos. Além disso, um fluxo dá suporte a muitos tipos de operações e permite a criação do *pipeline* que executará uma série de ações nos dados. Com frequência, essas ações são representadas por expressões lambda. Por exemplo, usando a API de fluxos, podemos construir sequências de ações conceitualmente parecidas com o tipo de consulta a banco de dados para o qual usaríamos SQL. Em muitos casos, essas ações podem ser executadas em paralelo, fornecendo assim um alto nível de eficiência, principalmente quando grandes conjuntos de dados estão envolvidos. Resumindo, a API de fluxos fornece um meio poderoso de se tratar dados de uma maneira eficiente e ainda assim fácil de usar. Um último ponto: embora os fluxos suportados pela nova API tenham algumas semelhanças com os fluxos de I/O descritos no Capítulo 10, eles não são iguais.

✓ Teste do Capítulo 14

1. Qual é o operador lambda?
2. O que é uma interface funcional?
3. Como as interfaces funcionais e as expressões lambda estão relacionadas?
4. Quais são os dois tipos gerais de expressões lambda?
5. Mostre uma expressão lambda que retorne **true** se um número estiver entre 10 e 20, extremos incluídos.
6. Crie uma interface funcional que dê suporte à expressão lambda da questão 5. Chame a interface de **MyTest** e seu método abstrato de **testing( )**.
7. Crie uma lamda de bloco que calcule o fatorial de um valor inteiro. Demonstre seu uso. Use a interface **NumericFunc**, mostrada neste capítulo, como interface funcional.

8. Crie uma interface funcional genérica chamada **MyFunc<T>**. Chame seu método abstrato de **func( )**. Faça **func( )** retornar uma referência de tipo **T**. Ele também deve usar um parâmetro de tipo **T**. (Logo, **MyFunc** será uma versão genérica da interface **NumericFunc** mostrada no capítulo.) Demonstre seu uso reescrevendo a resposta da Questão 7 para que inclua **MyFunc<T>** em vez de **NumericFunc**.

9. Usando o programa mostrado na seção Tente Isto 14-1, crie uma expressão lambda que remova todos os espaços de um string e retorne o resultado. Demonstre esse método passando-o para **changeStr( )**.

10. Uma expressão lambda pode usar uma variável local? Se puder, que restrição deve ser respeitada?

11. Se uma expressão lambda lançar uma exceção verificada, o método abstrato da interface funcional deve ter uma cláusula **throws** que inclua essa exceção. Verdadeiro ou falso?

12. O que é uma referência de método?

13. Quando avaliada, uma referência de método cria uma instância da _____ fornecida por seu contexto de destino.

14. Dada uma classe chamada **MyClass** contendo um método **static** chamado **myStaticMethod( )**, mostre como especificar uma referência a esse método.

15. Dada uma classe chamada **MyClass** contendo um método de instância chamado **myInstMethod( )** e supondo a existência de um objeto de **MyClass** chamado **mcObj**, mostre como criar uma referência ao método **myInstMethod( )** em **mcObj**.

16. No programa **MethodRefDemo,** adicione um novo método a **MyIntNum** chamado **hasCommonFactor( )**. Faça-o retornar **true** se seu argumento **int** e o valor armazenado no objeto **MyIntNum** chamador tiverem pelo menos um fator em comum. Por exemplo, 9 e 12 têm um fator comum, que é 3, mas 9 e 16 não têm um fator comum. Demonstre **hasCommonFactor( )** via uma referência de método.

17. Como uma referência de construtor é especificada?

18. Java define várias interfaces funcionais predefinidas em que pacote?

Capítulo 15

Applets, eventos e tópicos diversos

Principais habilidades e conceitos

- Entender os aspectos básicos dos applets
- Conhecer a arquitetura do applet
- Criar um esqueleto de applet
- Inicializar e encerrar applets
- Atualizar applets
- Exibir informações na janela de status
- Passar parâmetros para um applet
- Conhecer a classe **Applet**
- Entender o modelo de delegação de eventos
- Usar o modelo de delegação de eventos
- Conhecer as outras palavras-chave Java

Ensinar os elementos da linguagem Java é o principal objetivo deste livro, e nesse aspecto, já quase terminamos. Os 14 capítulos anteriores abordaram os recursos Java definidos pela linguagem, como suas palavras-chave, sintaxe, estrutura de blocos, regras de conversão de tipos e assim por diante. A essa altura, você tem conhecimento suficiente para escrever programas Java sofisticados e úteis. No entanto, há duas partes básicas da programação Java que não são definidas pelas palavras-chave, mas por classes de API e técnicas especializadas: são os applets e os eventos.

Gostaria de deixar claro que os applets e o tratamento de eventos são tópicos muito extensos. Uma abordagem completa e detalhada dos dois não faz parte do escopo deste livro. Aqui, você aprenderá seus fundamentos e encontrará vários exemplos, mas só superficialmente. Após terminar o capítulo, no entanto, terá uma base para aprimorar o conhecimento.

Este capítulo termina com uma descrição das palavras-chave Java restantes, como **instanceOf** e **native**, que não foram descritas em nenhum local do livro. Essas palavras-chave são úteis em programação mais avançada, mas serão resumidas aqui como complemento.

Aspectos básicos dos applets

Os applets diferem dos tipos de programa mostrados nos capítulos anteriores. Como mencionado no Capítulo 1, eles são programas pequenos projetados para transmissão pela Internet e execução dentro de um navegador. Já que a máquina virtual Java se encarrega da execução de todos os programas Java, inclusive applets, os applets oferecem uma maneira razoavelmente segura de baixar e executar dinamicamente programas pela Web.

Antes de começarmos, é necessário explicar dois tipos gerais de applets: os baseados no Abstract Window Toolkit (AWT) e os baseados em Swing. Tanto AWT quanto Swing dão suporte à criação de uma interface gráfica de usuário (GUI). AWT é o kit de ferramentas de GUI original e Swing é uma alternativa leve. Este capítulo descreverá applets baseados em AWT. (Swing será introduzido no Capítulo 16.) É importante entender, no entanto, que os applets baseados em Swing usam a mesma arquitetura dos applets baseados em AWT. Além disso, Swing fica acima de AWT. Logo, as informações e técnicas apresentadas aqui descrevem a base da programação de applets e grande parte dela se aplica aos dois tipos de applets.

Examinaremos um applet simples antes de discutir teorias ou detalhes. Ele executa uma tarefa: exibe o string "Java makes applets easy" dentro de uma janela.

```
// Applet simples baseado em AWT.
import java.awt.*;  ◄──────────── Observe essas instruções import.
import java.applet.*;

public class SimpleApplet extends Applet {
  public void paint(Graphics g) {
    g.drawString("Java makes applets easy.", 20, 20);
  }
}
```
└─ Essa frase é exibida na janela do applet

O applet começa com duas instruções **import**. A primeira importa as classes do AWT. Os applets baseados em AWT interagem com o usuário por meio de AWT e não por classes de I/O baseadas no console. AWT dá suporte a uma interface gráfica de usuário limitada baseada em janela. Como era de se esperar, ele é grande e sofisticado. Uma discussão completa demandaria um livro só sobre o assunto. Felizmente, já que criaremos apenas applets muito simples, usaremos AWT de maneira limitada. A outra instrução **import** importa o pacote **applet**. Esse pacote contém a classe **Applet**. Qualquer applet baseado em AWT que criarmos deve ser subclasse de **Applet**.

A próxima linha do programa declara a classe **SimpleApplet**. Essa classe deve ser declarada como **public**, porque será acessada por código externo.

Dentro de **SimpleApplet**, **paint( )** é declarado. Esse método é definido pela classe **Component** (que é subclasse de **Applet**) de AWT e é sobreposto pelo applet. O método **paint( )** é chamado sempre que o applet tem de exibir sua saída. Isso pode ocorrer por várias razões. Por exemplo, a janela em que o applet está sendo executado pode ser sobreposta por outra janela e depois aparecer novamente. Ou, ainda, a janela do applet pode ser minimizada e então restaurada. O método também é chamado quando o applet começa a ser executado. Qualquer que seja a causa, sempre que o applet tiver que exibir sua saída, **paint( )** será chamado. O método **paint( )** tem um parâmetro de tipo **Graphics**. Esse parâmetro contém o contexto gráfico, que descreve o ambiente gráfico em que o applet está sendo executado. O contexto é usado sempre que a saída do applet é requerida.

Dentro de **paint( )**, há uma chamada a **drawString( )**, que é membro da classe **Graphics**. Esse método exibe um string começando no local X,Y especificado. Ele tem a forma geral a seguir:

void drawString(String *mensagem*, int *x*, int *y*)

Aqui, *mensagem* é o string a ser exibido começando em *x,y*. Em uma janela Java, o canto superior esquerdo é o local 0,0. A chamada a **drawString( )** no applet faz a mensagem ser exibida começando no local 20,20.

Observe que o applet não tem um método **main( )**. Diferentemente dos programas mostrados anteriormente neste livro, os applets não começam a ser executados em **main( )**. Na verdade, a maioria dos applets sequer tem um método **main( )**. Em vez disso, um applet começa a ser executado quando o nome de sua classe é passado para um navegador ou outro programa habilitado para a execução de applets.

Após você ter digitado o código-fonte de **SimpleApplet**, poderá fazer a compilação da mesma forma que compilaria outros programas. No entanto, a execução de **SimpleApplet** envolve um processo diferente. Há duas maneiras pelas quais você pode executar um applet: dentro de um navegador ou com uma ferramenta de desenvolvimento especial que exiba applets. A ferramenta fornecida com o JDK Java padrão se chama **appletviewer** e a usaremos para executar os applets desenvolvidos neste capítulo. Certamente, você também pode executá-los em seu navegador, mas o **appletviewer** é muito mais fácil de usar durante o desenvolvimento.

NOTA

A partir do lançamento de Java 7, atualização 21, os applets Java devem ser assinados para que não ocorram avisos de segurança quando executados em um navegador. Na verdade, em alguns casos, o applet pode ser impedido de entrar em execução. Applets armazenados no sistema de arquivos local, como os que você criaria ao compilar os exemplos deste livro, são especialmente afetados por essa alteração. Você pode ter de ajustar as configurações de segurança no Painel de Controle Java para executar um applet local em um navegador. Quando este texto foi escrito, a Oracle estava fazendo recomendações contra o uso de applets locais, aconselhando que os applets fossem executados por intermédio de um servidor web. Além disso, applets locais não assinados podem ter (e provavelmente terão) sua execução bloqueada no futuro. Em geral, para applets que serão distribuídos via Internet, como os aplicativos comerciais, assinar é quase uma exigência. Os conceitos e técnicas requeridos pela assinatura de applets (e outros tipos de programas Java) não fazem parte do escopo deste livro. No entanto, uma grande quantidade de informações pode ser obtida no site da Oracle. Para concluir, como mencionado, a maneira mais fácil de testar os exemplos de applets é usar o **appletviewer**.

Uma maneira de executar um applet (em um navegador Web ou no **appletviewer**) é criar um pequeno arquivo de texto HTML contendo uma tag que o carregue. Quando este livro foi redigido, a Oracle recomendava o uso da tag APPLET para esse fim. (A tag OBJECT também pode ser usada e há outras estratégias de implantação disponíveis. Consulte a documentação Java para ver as informações mais recentes.) Com o uso da tag APPLET, este é o arquivo HTML que executará **SimpleApplet**:

```
<applet code="SimpleApplet" width=200 height=60>
</applet>
```

As instruções **width** e **height** especificam as dimensões da área de exibição usada pelo applet.

Para executar **SimpleApplet** com o visualizador de applets, você terá que executar esse arquivo HTML. Por exemplo, se o arquivo HTML anterior se chamasse **StartApp.html**, a linha de comando a seguir executaria **SimpleApplet**:

```
C:\>appletviewer StartApp.html
```

Embora não haja nada errado com o uso de um arquivo HTML autônomo para a execução de um applet, há uma maneira mais fácil: apenas inclua um comentário contendo a tag APPLET perto do início do arquivo de código-fonte de seu applet. Se você usar esse método, o arquivo-fonte de **SimpleApplet** ficará com a aparência a seguir:

```
import java.awt.*;
import java.applet.*;
/*
<applet code="SimpleApplet" width=200 height=60>
</applet>
*/

public class SimpleApplet extends Applet {
  public void paint(Graphics g) {
    g.drawString("Java makes applets easy.", 20, 20);
  }
}
```

— Este HTML é usado pelo **appletviewer** para execução do applet.

Agora, você pode executar o applet passando o nome do arquivo-fonte para o **appletviewer**. Por exemplo, esta linha de comando exibirá **SimpleApplet**:

```
C:>appletviewer SimpleApplet.java
```

A janela produzida por **SimpleApplet**, como exibida pelo **appletviewer**, pode ser vista na ilustração a seguir:

```
Applet Viewer: SimpleApplet
Applet
   Java makes applets easy.


Applet started.
```

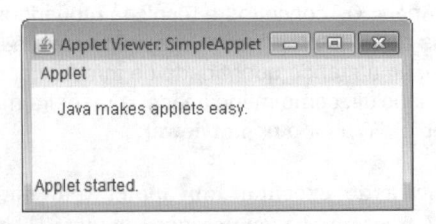

Ao usar o **appletviewer**, lembre-se de que ele fornece a moldura da janela. Applets executados em um navegador não terão uma moldura visível.

Recapitulemos os pontos-chave do applet:

- Todos os applets baseados em AWT são subclasses de **Applet**.
- Os applets não precisam de um método **main( )**.
- Os applets devem ser executados em um visualizador de applets ou em um navegador compatível com Java.
- I/O do usuário não é executado com as classes Java de I/O de fluxo. Em vez disso, os apples usam a interface fornecida por um framework de GUI.

Organização e elementos essenciais dos applets

Embora o applet anterior seja perfeitamente válido, um applet tão simples tem pouco valor. Antes de você criar applets úteis, deve saber mais sobre como os applets são organizados, que métodos usam e como interagem com o sistema de tempo de execução.

A arquitetura do applet

Em geral, um applet é um programa baseado em GUI. Como tal, sua arquitetura é diferente dos programas de console mostrados na primeira parte deste livro. Se você conhece a programação de GUIs, se sentirá à vontade criando applets. Caso contrário, há alguns conceitos-chave que deve entender.

Em primeiro lugar, os applets são acionados por eventos e lembram um conjunto de rotinas de serviço de interrupção. É assim que o processo funciona: o applet espera até que um evento ocorra. O sistema de tempo de execução notifica o applet sobre um evento chamando um tratador de eventos que o applet forneceu. Quando isso ocorre, o applet tem que tomar uma medida apropriada e então devolver rapidamente o controle para o sistema. Esse é um ponto crucial. Geralmente, o applet não deve entrar em um "modo" de operação em que mantenha o controle por um período extenso. Ele deve executar ações específicas em resposta aos eventos e devolver o controle para o sistema de execução. Em situações em que o applet tenha que executar uma tarefa repetitiva por sua própria conta (por exemplo, fazendo uma mensagem rolar ao longo da tela), você deve iniciar uma thread de execução adicional.

Em segundo lugar, é o usuário que inicia a interação com um applet – e não o contrário. Em um programa de console, quando o programa precisa de entradas, ele avisa o usuário e então chama algum método de inserção de entradas. Não é assim que ocorre em um applet. Em vez disso, o usuário interage com o applet como e quando quiser. Essas interações são enviadas para o applet como eventos aos quais ele deve responder. Por exemplo, quando o usuário clica com o mouse dentro da janela do applet, um evento de clique no mouse é gerado. Se o usuário pressionar uma tecla enquanto a janela do applet estiver com o foco de inserção de entradas, um evento do teclado será gerado. Os applets podem conter vários controles, como botões de ação e caixas de seleção. Quando o usuário interage com um desses controles, um evento é gerado.

Embora a arquitetura de um applet não seja tão fácil de entender como a de um programa de console, Java a simplifica ao máximo. Se você já tiver criado programas para Windows (ou outro sistema operacional baseado em GUI), sabe o quanto esse ambiente pode ser assustador. Felizmente, Java fornece uma abordagem muito mais limpa e fácil de dominar.

Esqueleto de applet completo

Apesar de a classe **SimpleApplet** mostrada anteriormente ser um applet, ela não contém todos os elementos requeridos pela maioria deles. Na verdade, todos os applets, exceto os mais simples, sobrepõem um conjunto de métodos que fornecem o mecanismo básico pelo qual o navegador ou o visualizador de applets interage com o applet e controla sua execução. Esses métodos de ciclo de vida são **init( )**, **start( )**, **stop( )** e **destroy( )** e são definidos por **Applet**. Normalmente um quinto método, **paint( )**, é sobreposto por applets baseados em AWT mesmo não sendo um método de ciclo de vida. Ele é herdado da classe **Component** de AWT e, já que implementações padrão de todos esses métodos são fornecidas, os applets não precisam sobrepor os métodos que não usam. Esses quatro métodos de ciclo de vida mais **paint( )** foram reunidos no esboço abaixo:

```java
// Esboço de applet baseado em AWT.
import java.awt.*;
import java.applet.*;
/*
<applet code="AppletSkel" width=300 height=100>
</applet>
*/

public class AppletSkel extends Applet {
  // Primeiro chamado.
  public void init() {
    // inicialização
  }

  /* Segundo a ser chamado, após init(). Também
     é chamado sempre que o applet é reiniciado. */
  public void start() {
    // inicia ou retoma a execução
  }

  // Chamado quando o applet é interrompido.
  public void stop() {
    // suspende a execução
  }

  /* Chamado quando o applet é encerrado. Este
     é o último método executado. */
  public void destroy() {
    // executa atividades de encerramento
```

```
    }

    // Chamado quando a janela de um applet baseado em AWT deve ser restaurada.
    public void paint(Graphics g) {
      // volta a exibir o conteúdo da janela
    }
}
```

Embora esse esboço não faça nada, ele pode ser compilado e executado. Logo, pode ser usado como ponto de partida para os applets que você criar.

NOTA

A sobreposição de **paint( )** quase sempre ocorre em applets baseados em AWT. Applets do Swing usam um mecanismo de atualização diferente.

Inicialização e encerramento do applet

É importante saber a ordem em que os diversos métodos mostrados no esboço são executados. Quando um applet é iniciado, os métodos a seguir são chamados nessa sequência:

1. **init( )**
2. **start( )**
3. **paint( )**

Quando um applet é encerrado, ocorre a sequência de chamadas de método abaixo:

1. **stop( )**
2. **destroy( )**

Examinemos esses métodos com mais detalhes.

O método **init( )** é o primeiro a ser chamado. Em **init( )**, seu applet inicializará variáveis e executará qualquer outra atividade de inicialização.

O método **start( )** é chamado após **init( )**. Também é chamado para reiniciar um applet após ele ter sido interrompido, como quando o usuário retorna a uma página Web já exibida que contém um applet. Logo, **start( )** pode ser chamado mais de uma vez durante o ciclo de vida de um applet.

O método **paint( )** já foi descrito e é chamado sempre que a saída de um applet baseado em AWT tem que ser exibida novamente.

Quando a página que contém o applet é abandonada, o método **stop( )** é chamado. Você usará **stop( )** para suspender qualquer thread filha criada pelo applet e executar outras atividades necessárias à inserção do applet em um estado ocioso seguro. Lembre-se, uma chamada a **stop( )** não significa que o applet será encerrado, porque ele pode ser reiniciado com uma chamada a **start( )** se o usuário voltar à página.

O método **destroy( )** é chamado quando o applet não é mais necessário. Ele é usado para executar qualquer operação de encerramento requerida pelo applet.

Solicitando atualização

Como regra geral, um applet baseado em AWT só exibe saídas em sua janela quando seu método **paint( )** é chamado pelo sistema de tempo de execução. Isso levanta uma questão interessante: como o applet pode fazer sua janela ser atualizada quando as informações mudam? Por exemplo, se um applet está exibindo um banner móvel, que mecanismo ele usa para atualizar a janela sempre que o banner rola? Lembre-se de que uma das restrições básicas de arquitetura impostas a um applet é que ele deve devolver o controle rapidamente para o sistema Java de tempo de execução. Ele não pode criar um laço dentro de **paint( )** que role repetidamente o banner; isso impediria que o controle passasse novamente para o sistema de tempo de execução. Dada essa restrição, parece que, na melhor das hipóteses, será difícil exibir saídas na janela do applet. Felizmente, não é esse o caso. Sempre que seu applet tiver que atualizar as informações exibidas em sua janela, ele apenas chamará **repaint( )**.

O método **repaint( )** é definido pela classe **Component** de AWT. Ele faz o sistema de tempo de execução chamar o método **paint( )** do applet. Logo, para que outra parte de seu applet exiba saídas na janela, armazene a saída e então chame **repaint( )**. Isso acionará uma chamada ao método **paint( )**, que poderá exibir as informações armazenadas. Por exemplo, se parte de seu applet tiver que exibir um string, poderá armazená-lo em uma variável String e então chamar **repaint( )**. Dentro de **paint( )**, você exibirá o string usando **drawString( )**.

A versão mais simples de **repaint( )** é a mostrada abaixo:

void repaint( )

Essa versão faz a janela inteira ser atualizada.

Outra versão de **repaint( )** especifica a região que será atualizada:

void repaint(int *esquerda*, int *topo*, int *largura*, int *altura*)

Aqui, as coordenadas do canto superior esquerdo da região são especificadas por *esquerda* e *topo* e a largura e a altura são passadas em *largura* e *altura*. Essas dimensões são especificadas em pixels. Você pode poupar tempo se especificar a região a ser exibida novamente, porque as atualizações da janela são caras em termos de tempo. Se só precisar atualizar uma pequena parte da janela, será mais eficiente redesenhar apenas essa região.

Um exemplo que demonstra **repaint( )** pode ser encontrado na seção Tente Isto 15-1.

Pergunte ao especialista

P: É possível um método que não seja paint( ) ou update( ) **exibir saídas na janela de um applet?**

R: Sim. Para fazê-lo, você deve obter um contexto gráfico chamando **getGraphics( )** (definido por **Component**) e então usá-lo para exibir saídas na janela. No entanto, na maioria dos aplicativos baseados em AWT, é melhor e mais fácil exibir a saída com **paint( )** e chamar **repaint( )** quando o conteúdo mudar.

Método update( )

Há outro método relacionado à atualização chamado **update( )** que seu applet poderia sobrepor. Esse método é definido pela classe **Component** e é chamado quando o applet solicita que uma parte de sua janela seja redesenhada. A versão padrão de **update( )** apenas chama **paint( )**. No entanto, você pode sobrepor o método **update( )** para que ele execute uma atualização mais sutil, mas essa é uma técnica avançada que não faz parte do escopo do livro. Além disso, a sobreposição de **update( )** só é aplicável a applets baseados em AWT.

Tente Isto 15-1   Applet de banner simples

`Banner.java`

Apresentarei um applet de banner simples para demonstrar **repaint( )**. Esse applet rola uma mensagem, da direita para a esquerda, ao longo de sua janela. Uma vez que a rolagem da mensagem é uma tarefa repetitiva, ela é executada por uma thread separada, criada pelo applet quando este é inicializado. Os banners são recursos populares na Web e este projeto mostra como usar um applet Java para criar um.

1. Crie um arquivo chamado **Banner.java**.
2. Comece a criação do applet de banner com as linhas a seguir:

```
/*
    Tente isto 15-1
    Applet de banner simples.

    Este applet cria uma thread que rola a
    mensagem contida em msg da direita para
    a esquerda ao longo de sua janela.
*/
import java.awt.*;
import java.applet.*;
/*
<applet code="Banner" width=300 height=50>
</applet>
*/

public class Banner extends Applet implements Runnable {
  String msg = " Java Rules the Web ";
  Thread t;
  boolean stopFlag;

  // Inicializa t com null.
  public void init() {
    t = null;
  }
```

Observe que **Banner** estende **Applet**, como esperado, mas também implementa **Runnable**. Isso é necessário já que o applet criará uma segunda thread de execução que será usada para rolar o banner. A mensagem que será rolada no banner está contida na variável **String msg**. Uma referência à thread que executa o applet está armazenada em **t**. A variável booleana **stopFlag** é usada para interromper o **applet**. Dentro de **init( )**, a variável de referência de thread **t** é configurada com **null**.

3. Adicione o método **start( )** mostrado a seguir:

```
// Inicia a thread
public void start() {
  t = new Thread(this);
  stopFlag = false;
  t.start();
}
```

O sistema de tempo de execução chama **start( )** para iniciar a execução do applet. Dentro de **start( )**, uma nova thread de execução é criada e atribuída à variável **Thread t**. A variável **stopFlag** é então configurada com false e, em seguida, e thread é iniciada por uma chamada a **t.start( )**. Lembre-se de que **t.start( )** chama um método definido por **Thread**, que faz **run( )** ser executado. Ele não aciona uma chamada à versão de **start( )** definida por **Applet**. São dois métodos diferentes.

4. Adicione o método **run( )**, como mostrado aqui:

```
// Ponto de entrada da thread que executa o banner.
public void run() {
  // Exibe novamente o banner
  for( ; ; ) {
    try {
      repaint();
      Thread.sleep(250);
      if(stopFlag)
        break;
    } catch(InterruptedException exc) {}
  }
}
```

Em **run( )**, é feita uma chamada a **repaint( )**. Isso faz o método **paint( )** ser chamado e o conteúdo de **msg** ser girado e exibido. Entre cada iteração, **run( )** entra em suspensão por um quarto de segundo. O método **run( )** produz o resultado final do conteúdo de **msg** ser rolado da direita para a esquerda em uma exibição móvel constante. A variável **stopFlag** é verificada a cada iteração. Quando ela é igual a **true**, o método **run( )** é encerrado.

5. Adicione o código de **stop( )** e **paint( )**, como mostrado abaixo:

```
// Pausa o banner.
public void stop() {
  stopFlag = true;
```

```
      t = null;
}

// Exibe o banner.
public void paint(Graphics g) {
  char ch;

  ch = msg.charAt(0);
  msg = msg.substring(1, msg.length());
  msg += ch;
  g.drawString(msg, 50, 30);
}
```

Se um navegador estiver exibindo o applet quando uma nova página for visualizada, o método **stop( )** será chamado para configurar **stopFlag** com true e fazer **run( )** ser encerrado. Ele também configura **t** com **null**. Logo, não há mais uma referência ao objeto **Thread** e ele pode ser reciclado na próxima vez que o coletor de lixo for executado. Esse é o mecanismo usado para encerrar a thread quando sua página não está mais sendo exibida. Quando o applet é exibido novamente, **start( )** é chamado mais uma vez, iniciando uma nova thread para executar o banner. Dentro de **paint( )**, a mensagem é girada e então exibida.

6. O applet de banner inteiro é mostrado aqui:

```
/*
   Tente isto 15-1

   Applet de banner simples.

   Este applet cria uma thread que rola a
   mensagem contida em msg da direita para
   a esquerda ao longo de sua janela.
*/
import java.awt.*;
import java.applet.*;
/*
<applet code="Banner" width=300 height=50>
</applet>
*/

public class Banner extends Applet implements Runnable {
  String msg = " Java Rules the Web ";
  Thread t;
  boolean stopFlag;

  // Inicializa t com null.
  public void init() {
    t = null;
  }

  // Inicia a thread
```

```java
public void start() {
  t = new Thread(this);
  stopFlag = false;
  t.start();
}

// Ponto de entrada da thread que executa o banner.
public void run() {
  // Exibe novamente o banner
  for( ; ; ) {
    try {
      repaint();
      Thread.sleep(250);
      if(stopFlag)
        break;
    } catch(InterruptedException exc) {}
  }
}

// Pausa o banner.
public void stop() {
  stopFlag = true;
  t = null;
}

// Exibe o banner.
public void paint(Graphics g) {
  char ch;

  ch = msg.charAt(0);
  msg = msg.substring(1, msg.length());
  msg += ch;
  g.drawString(msg, 50, 30);
  }
}
```

Um exemplo da saída é mostrado abaixo:

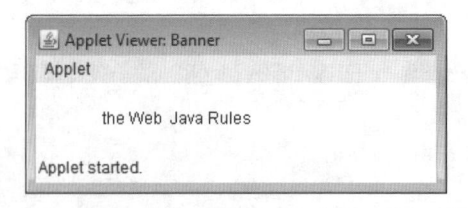

```
Applet Viewer: Banner
Applet

        the Web Java Rules

Applet started.
```

Usando a janela de status

Além de exibir informações em sua janela, o applet também pode exibir uma mensagem na janela de status do navegador ou visualizador de applets em que estiver sendo executado. Para fazê-lo, chame **showStatus( )**, que é definido por **Applet**, com o string que deseja exibir. A forma geral de **showStatus( )** é a seguinte:

void showStatus(String *msg*)

Aqui, *msg* é o string o ser exibido.

A janela de status é um bom local para darmos ao usuário um retorno sobre o que está ocorrendo no applet, sugerirmos opções ou possivelmente relatarmos alguns tipos de erros. Também é de grande ajuda na depuração, porque fornece uma meio fácil de exibirmos informações sobre o applet.

O applet a seguir demonstra **showStatus( )**:

```
// Usando a janela de status.
import java.awt.*;
import java.applet.*;
/*
<applet code="StatusWindow" width=300 height=50>
</applet>
*/

public class StatusWindow extends Applet{
  // Exibe a mensagem na janela do applet.
  public void paint(Graphics g) {
    g.drawString("This is in the applet window.", 10, 20);
    showStatus("This is shown in the status window.");
  }
}
```

Um exemplo da saída do programa é mostrado abaixo:

Passando parâmetros para applets

Você pode passar parâmetros para seu applet. Para fazê-lo, use o atributo PARAM da tag APPLET, especificando o nome e o valor do parâmetro. Para recuperar um parâmetro, use o método

getParameter( ), definido por **Applet**. Sua forma geral é a seguinte:

String getParameter(String *nomeParam*)

Aqui, *nomeParam* é o nome do parâmetro. Ele retorna o valor do parâmetro especificado na forma de um objeto **String**. Logo, no caso de valores numéricos e **boolean**, você terá que converter o string em seus formatos internos. Se o parâmetro especificado não puder ser encontrado, **null** será retornado. Portanto, certifique-se de confirmar se o valor retornado por **getParameter**( ) é válido. Além disso, verifique parâmetros convertidos em um valor numérico, confirmando se ocorreu uma conversão válida.

Veja um exemplo que demonstra a passagem de parâmetros:

```
// Passa um parâmetro para um applet.
import java.awt.*;
import java.applet.*;

/*
<applet code="Param" width=300 height=80>
<param name=author value="Herb Schildt">
<param name=purpose value="Demonstrate Parameters">
<param name=version value=2>
</applet>
*/

public class Param extends Applet {
  String author;
  String purpose;
  int ver;

  public void start() {
    String temp;

    author = getParameter("author");
    if(author == null) author = "not found";

    purpose = getParameter("purpose");
    if(purpose == null) purpose = "not found";

    temp = getParameter("version");
    try {
      if(temp != null)
        ver = Integer.parseInt(temp);
      else
        ver = 0;
    } catch(NumberFormatException exc) {
        ver = -1; // código de erro
    }
  }

  public void paint(Graphics g) {
    g.drawString("Purpose: " + purpose, 10, 20);
    g.drawString("By: " + author, 10, 40);
    g.drawString("Version: " + ver, 10, 60);
  }
}
```

Esses parâmetros HTML são passados para o applet.

É importante verificar se o parâmetro existe!

Também é importante verificar se as conversões numéricas foram bem-sucedidas.

Um exemplo da saída desse programa é mostrado a seguir:

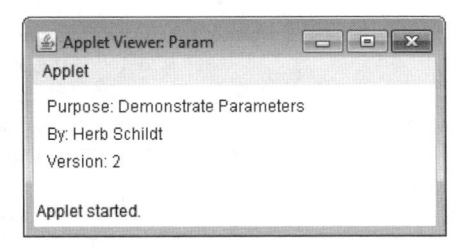

```
Applet Viewer: Param
Applet
Purpose: Demonstrate Parameters
By: Herb Schildt
Version: 2

Applet started.
```

A classe Applet

Como mencionado, todos os applets baseados em AWT são subclasses da classe **Applet**. **Applet** herda as superclasses a seguir definidas por AWT: **Component**, **Container** e **Panel**. Logo, um applet tem acesso a toda a funcionalidade de AWT.

Além dos descritos nas seções anteriores, **Applet** contém vários outros métodos que proporcionam um controle detalhado sobre a execução do applet. Todos os métodos definidos por **Applet** podem ser vistos na Tabela 15-1.

Tabela 15-1   Métodos definidos por **Applet**

Método	Descrição
void destroy( )	Chamado pelo navegador imediatamente antes de um applet ser encerrado. O applet sobreporá esse método se tiver que executar alguma limpeza antes de sua destruição.
AccessibleContext getAccessibleContext( )	Retorna o contexto de acessibilidade do objeto chamador.
AppletContext getAppletContext( )	Retorna o contexto associado ao applet.
String getAppletInfo( )	Retorna um string que descreve o applet.
AudioClip getAudioClip(URL *url*)	Retorna um objeto **AudioClip** que encapsula o clipe de áudio encontrado no local especificado por *url*.
AudioClip getAudioClip(URL *url*, String *nomeClipe*)	Retorna um objeto **AudioClip** que encapsula o clipe de áudio encontrado no local especificado por *url* e tendo o nome especificado por *nomeClipe*.
URL getCodeBase( )	Retorna o URL associado ao applet chamador.
URL getDocumentBase( )	Retorna o URL do documento HTML que chama o applet.
Image getImage(URL *url*)	Retorna um objeto **Image** que encapsula a imagem encontrada no local especificado por *url*.
Image getImage(URL *url*, String *nomeImagem*)	Retorna um objeto **Image** que encapsula a imagem encontrada no local especificado por *url* e tendo o nome especificado por *nomeImagem*.

(continua)

Tabela 15-1 *Continuação*

Método	Descrição
Locale getLocale( )	Retorna um objeto **Locale** que é usado por várias classes e métodos que levam em consideração a configuração regional.
String getParameter(String *nomeParam*)	Retorna o parâmetro associado a *nomeParam*. **null** é retornado quando o parâmetro especificado não é encontrado.
String[ ] [ ] getParameterInfo( )	Sobreposições desse método devem retornar uma tabela **String** com a descrição dos parâmetros reconhecidos pelo applet. Cada entrada da tabela deve ser composta por três strings contendo o nome do parâmetro, uma descrição de seu tipo e/ou intervalo e uma explicação de sua finalidade. A implementação padrão retorna **null**.
void init( )	Esse método é chamado quando um applet começa a ser executado. É o primeiro método chamado para qualquer applet.
boolean isActive( )	Retorna **true** se o applet tiver sido iniciado. Retorna **false** se o applet tiver sido interrompido.
boolean isValidateRoot( )	Retorna, **true** que indica que um applet é uma raiz válida.
static final AudioClip newAudioClip(URL, *url*)	Retorna um objeto **AudioClip** que encapsula o clipe de áudio encontrado no local especificado por *url*. Esse método é semelhante a **getAudioClip( )** mas é estático e pode ser executado sem a necessidade de um objeto **Applet**.
void play(URL *url*)	Se um clipe de áudio for encontrado no local especificado por *url*, ele será reproduzido.
void play(URL *url*, String *nomeClipe*)	Se um clipe de áudio for encontrado no local especificado por *url* e com o nome especificado por *nomeClipe*, ele será reproduzido.
void resize(Dimension *dim*)	Redimensiona o applet de acordo com as dimensões especificadas por dim. **Dimension** é uma classe armazenada dentro de **java.awt**. Ela contém dois campos inteiros: **width** e **height**.
void resize(int *largura*, int *altura*)	Redimensiona o applet de acordo com as dimensões especificadas por largura e altura.
final void setStub(AppletStub *objStub*)	Torna *objStub* o stub do applet. Esse método é usado pelo sistema de tempo de execução e geralmente não é chamado pelo applet. Um *stub* é um código pequeno que fornece a vinculação entre o applet e o navegador.
void showStatus(String *str*)	Exibe *str* na janela de status do navegador ou visualizador de applets. Se o navegador não der suporte a uma janela de status, não ocorrerá nenhuma ação.

(continua)

Tabela 15-1 *Continuação*

Método	Descrição
void start( )	Chamado pelo navegador quando um applet deve iniciar (ou retomar) a execução. É chamado automaticamente após **init( )** quando um applet é iniciado pela primeira vez.
void stop( )	Chamado pelo navegador para suspender a execução do applet. Uma vez interrompido, um applet é reiniciado quando o navegador chama **start( )**.

Tratamento de eventos

Em Java, programas de GUI, como os applets, são acionados por eventos. Logo, o tratamento de eventos é a essência de uma programação de GUI bem-sucedida. A maioria dos eventos aos quais o programa responde é gerada pelo usuário. Esses eventos são passados para o programa de várias maneiras, com o método específico dependendo do evento. Há vários tipos de eventos, inclusive os gerados pelo mouse, o teclado e vários controles, como um botão de ação. Eventos baseados em AWT têm suporte no pacote **java.awt.event**.

Antes de começarmos, é necessário mencionar que não será possível discutir o mecanismo Java de tratamento de eventos em sua totalidade. O tratamento de eventos é um tópico extenso com muitos recursos e atributos especiais e uma discussão completa não faz parte do escopo deste livro. No entanto, a visão geral apresentada aqui o ajudará a ter uma noção básica.

Modelo de delegação de eventos

A abordagem moderna do tratamento de eventos se baseia no *modelo de delegação de eventos*. Esse modelo define mecanismos padrão e coerentes para a geração e o processamento de eventos. Seu conceito é bem simples: uma *fonte* gera um evento e o envia para um ou mais *ouvintes*. Nesse esquema, o ouvinte apenas espera até receber um evento. Uma vez recebido, o ouvinte processa o evento e então retorna. A vantagem desse design é que a lógica que processa eventos fica claramente separada da lógica da interface de usuário que os gera. Um elemento da interface de usuário pode "delegar" o processamento de um evento para um código separado. No modelo de delegação de eventos, os ouvintes devem se registrar em uma fonte para receber a notificação de um evento.

Eventos

No modelo de delegação, o evento é um objeto que descreve uma mudança de estado em uma fonte. Entre outras razões, um evento pode ser gerado como consequência de uma pessoa estar em interação com os elementos de uma interface gráfica de usuário, como pressionar um botão, inserir um caractere via teclado, selecionar um item em uma lista e clicar com o mouse.

Fontes de eventos

Uma fonte de evento é um objeto que gera um evento. A fonte deve registrar ouvintes para que esses recebam notificações sobre um tipo de evento específico. Cada tipo de evento tem seu próprio método de registro. Esta é a forma geral:

public void add*Tipo*Listener(*Tipo*Listener *el*)

Aqui, *Tipo* é o nome do evento e *el* é uma referência ao ouvinte do evento. Por exemplo, o método que registra um ouvinte de evento do teclado se chama **addKeyListener( )**. O método que registra um ouvinte de movimento do mouse se chama **addMouseMotionListener( )**. Quando ocorre um evento, todos os ouvintes registrados são notificados e recebem uma cópia do objeto de evento.

A fonte também deve fornecer um método que permita ao ouvinte cancelar o interesse em um tipo específico de evento. Esta é a forma geral do método:

public void remove*Tipo*Listener(*Tipo*Listener *el*)

Aqui, *Tipo* é o nome do evento e *el* é uma referência ao ouvinte do evento. Por exemplo, para remover um ouvinte de teclado, você chamaria **removeKeyListener( )**.

Os métodos que adicionam ou removem ouvintes são fornecidos pela fonte que gera os eventos. Por exemplo, a classe **Component** fornece métodos para a inclusão e a remoção de ouvintes de eventos do mouse e do teclado.

Ouvintes de eventos

Um *ouvinte* é um objeto que é notificado quando um evento ocorre. Ele tem dois requisitos principais. Em primeiro lugar, precisa ter sido registrado em uma ou mais fontes para receber notificações sobre tipos específicos de eventos. Em segundo lugar, deve implementar métodos para o recebimento e o processamento dessas notificações.

Os métodos que recebem e processam eventos de AWT foram definidos em um conjunto de interfaces, como as encontradas em **java.awt.event**. Por exemplo, a interface **MouseMotionListener** define métodos que recebem notificações quando o mouse é arrastado ou movido. Qualquer objeto pode receber e processar um ou os dois eventos se fornecer uma implementação dessa interface.

Classes de eventos

As classes que representam eventos formam as bases do mecanismo Java de tratamento de eventos. Na raiz da hierarquia Java de classes de eventos está **EventObject**, que faz parte de **java.util**. Ela é a superclasse de todos os eventos. A classe **AWTEvent**, definida dentro do pacote **java.awt**, é subclasse de **EventObject**. Ela é (direta ou indiretamente) a superclasse de todos os eventos baseados em AWT usados pelo modelo de delegação de eventos.

O pacote **java.awt.event** define muitos tipos de eventos que são gerados por vários elementos da interface de usuário. A Tabela 15-2 enumera os mais utilizados e fornece uma breve descrição de quando são gerados.

Tabela 15-2 Classes de eventos mais usadas de **java.awt.event**

Classe de evento	Descrição
ActionEvent	Gerado quando um botão é pressionado, um item de lista recebe dois cliques ou um item de menu é selecionado.
AdjustmentEvent	Gerado quando uma barra de rolagem é manipulada.
ComponentEvent	Gerado quando um componente é oculto, movido, redimensionado ou fica visível.
ContainerEvent	Gerado quando um componente é adicionado ou removido em um contêiner.
FocusEvent	Gerado quando um componente ganha ou perde foco do teclado.
InputEvent	Superclasse abstrata de todas as classes de eventos de entrada de componentes.
ItemEvent	Gerado quando uma caixa de seleção ou um item de lista é clicado; também ocorre quando é feita a seleção de uma opção ou um item de menu selecionável é marcado ou desmarcado.
KeyEvent	Gerado quando uma entrada do teclado é recebida.
MouseEvent	Gerado quando o mouse é arrastado ou movido, ou seu botão é clicado, pressionado ou solto; também é gerado quando o mouse entra ou sai de um componente.
MouseWheelEvent	Gerado quando a roda do mouse é movida.
TextEvent	Gerado quando o valor de uma área ou campo de texto é alterado.
WindowEvent	Gerado quando uma janela é ativada, fechada, desativada, desiconificada, iconificada, aberta ou abandonada.

Interfaces de ouvintes de eventos

Os ouvintes de eventos recebem notificações de eventos. Os ouvintes baseados em AWT são criados com a implementação de uma ou mais interfaces definidas pelo pacote **java.awt.event**. Quando um evento ocorre, sua fonte chama o método apropriado definido pelo ouvinte e fornece um objeto de evento como argumento. A Tabela 15-3 lista as interfaces de ouvintes mais usadas e apresenta uma breve descrição dos métodos que elas definem.

Tabela 15-3 Interfaces de ouvintes de eventos mais usadas

Interface	Descrição
ActionListener	Define um método para o recebimento de eventos de ação. Os eventos de ação são gerados por elementos como botões de ação e menus.
AdjustmentListener	Define um método para o recebimento de eventos de ajuste, como os produzidos por uma barra de rolagem.
ComponentListener	Define quatro métodos para o reconhecimento de quando um componente foi oculto, movido, redimensionado ou exibido.

(continua)

Tabela 15-3 *Continuação*

Interface	Descrição
ContainerListener	Define dois métodos para o reconhecimento de quando um componente foi adicionado ou removido em um contêiner.
FocusListener	Define dois métodos para o reconhecimento de quando um componente ganhou ou perdeu foco do teclado.
ItemListener	Define um método para o reconhecimento de quando o estado de um item mudou. Um evento de item é gerado por uma caixa de seleção, por exemplo.
KeyListener	Define três métodos para o reconhecimento de quando uma tecla foi pressionada, solta ou digitada.
MouseListener	Define cinco métodos para o reconhecimento de quando o mouse teve seu botão clicado, entrou em um componente, saiu de um componente, teve seu botão pressionado ou seu botão foi solto.
MouseMotionListener	Define dois métodos para o reconhecimento de quando o mouse foi arrastado ou movido.
MouseWheelListener	Define um método para o reconhecimento de quando a roda do mouse foi movida.
TextListener	Define um método para o reconhecimento de quando um valor de texto mudou.
WindowListener	Define sete métodos para o reconhecimento de quando uma janela foi ativada, fechada, desativada, desiconificada, iconificada, aberta ou abandonada.

Usando o modelo de delegação de eventos

Agora que você teve uma visão geral do modelo de delegação de eventos e seus diversos componentes, é hora de vê-lo na prática. Na verdade, é muito fácil programar applets com o uso do modelo de delegação de eventos. Apenas siga as duas etapas seguintes:

1. Implemente a interface apropriada no ouvinte para que ele receba o tipo de evento desejado.

2. Implemente o código de registro e cancelamento de registro (se necessário) do ouvinte como destinatário das notificações de eventos.

Lembre-se de que uma fonte pode gerar vários tipos de eventos. Cada evento deve ser registrado separadamente. Além disso, um objeto pode se registrar para receber vários tipos de eventos, mas deve implementar todas as interfaces necessárias para recebê-los.

Para ver como o modelo de delegação funciona na prática, examinaremos um exemplo que trata um dos geradores de eventos mais usados: o mouse. O exemplo mostrará como tratar os eventos básicos do mouse e de movimentos do mouse. (É bom ressaltar que também é possível tratar eventos da roda do mouse, mas isso será deixado como exercício.)

Tratando eventos do mouse e de seus movimentos

Para tratar eventos do mouse e de seus movimentos, você deve implementar as interfaces **MouseListener** e **MouseMotionListener**. A interface **MouseListener** define cinco métodos. Se um botão do mouse for clicado, **mouseClicked( )** será chamado. Quando o mouse entra em um componente, é chamado o método **mouseEntered( )**. Quando ele sai, **mouseExited( )** é chamado. Os métodos **mousePressed( )** e **mouseReleased( )** são chamados quando um botão do mouse é pressionado e solto, respectivamente. As formas gerais desses métodos são mostradas abaixo:

void mouseClicked(MouseEvent *me*)

void mouseEntered(MouseEvent *me*)

void mouseExited(MouseEvent *me*)

void mousePressed(MouseEvent *me*)

void mouseReleased(MouseEvent *me*)

A interface **MouseMotionListener** define dois métodos. O método **mouseDragged( )** é chamado várias vezes conforme o mouse é arrastado. O método **mouseMoved( )** é chamado várias vezes à medida que o mouse é movido. Suas formas gerais são essas:

void mouseDragged(MouseEvent *me*)

void mouseMoved(MouseEvent *me*)

O objeto **MouseEvent** passado em *me* descreve o evento. **MouseEvent** define vários métodos que você pode usar para obter informações sobre o que ocorreu. Possivelmente, os métodos mais usados de **MouseEvent** sejam **getX( )** e **getY( )**. Eles retornam as coordenadas X e Y do mouse (em relação à janela) quando o evento ocorreu. Suas formas são mostradas aqui:

int getX( )

int getY( )

O próximo exemplo usará esses métodos para exibir o local em que o mouse está atualmente.

Applet de evento de mouse simples

O applet a seguir demonstra o tratamento dos eventos básicos do mouse. Ele exibe as coordenadas atuais do mouse na janela de status. Sempre que um botão é pressionado, a palavra "Down" é exibida no local em que se encontra o ponteiro do mouse. Sempre que o botão é solto, a palavra "Up" é mostrada. Se um botão for clicado, a mensagem "Mouse clicked." aparecerá no canto superior esquerdo da área de exibição do applet.

Pergunte ao especialista

P: Você diz que os métodos getX( ) e getY( ) definidos por MouseEvent retornam as coordenadas do mouse em relação à janela. Há métodos que retornem o local em relação à tela (isto é, o local absoluto)?

R: Sim. **MouseEvent** define métodos que obtêm as coordenadas X e Y do mouse em relação à tela. Eles são mostradas abaixo:

int getXOnScreen( )

int getYOnScreen( )

Você pode achar interessante fazer testes com esses métodos usando-os em substituição a **getX( )** e **getY( )** no applet MouseEvents mostrado a seguir.

Quando o mouse entra ou sai da janela do applet, uma mensagem é exibida no canto superior esquerdo de sua área de exibição. Quando arrastamos o mouse, é exibido um *, que acompanha o ponteiro enquanto o mouse é arrastado. Observe que as duas variáveis, **mouseX** e **mouseY**, armazenam o local do mouse quando ocorre um evento de botão pressionado, botão solto ou mouse arrastado. Essas coordenadas são então usadas por **paint( )** na exibição de saídas no local das ocorrências.

```java
// Demonstra os tratadores de eventos do mouse.
import java.awt.*;
import java.awt.event.*;
import java.applet.*;
/*
<applet code="MouseEvents" width=300 height=100>
</applet>
*/

public class MouseEvents extends Applet
  implements MouseListener, MouseMotionListener {

  String msg = "";
  int mouseX = 0, mouseY = 0; // coordenadas do mouse

  public void init() {
    addMouseListener(this);
    addMouseMotionListener(this);    // Registra esta classe como ouvinte de eventos do mouse
  }

  // trata cliques no mouse.
  public void mouseClicked(MouseEvent me) {   // Este e os outros tratadores de eventos respondem a eventos do mouse.
    mouseX = 0;
    mouseY = 10;
    msg = "Mouse clicked.";
    repaint();
  }
```

```java
// trata a entrada do mouse na janela.
public void mouseEntered(MouseEvent me) {
  mouseX = 0;
  mouseY = 10;
  msg = "Mouse entered.";
  repaint();
}

// Trata a saída do mouse da janela.
public void mouseExited(MouseEvent me) {
  mouseX = 0;
  mouseY = 10;
  msg = "Mouse exited.";
  repaint();
}

// Trata o pressionamento de botão.
public void mousePressed(MouseEvent me) {
  // salva coordenadas
  mouseX = me.getX();
  mouseY = me.getY();
  msg = "Down";
  repaint();
}

// Trata a soltura do botão.
public void mouseReleased(MouseEvent me) {
  // salva coordenadas
  mouseX = me.getX();
  mouseY = me.getY();
  msg = "Up";
  repaint();
}

// Trata o mouse sendo arrastado.
public void mouseDragged(MouseEvent me) {
  // salva coordenadas
  mouseX = me.getX();
  mouseY = me.getY();
  msg = "*";
  showStatus("Dragging mouse at " + mouseX + ", " + mouseY);
  repaint();
}

// Trata o mouse sendo movido.
public void mouseMoved(MouseEvent me) {
  // exibe status
  showStatus("Moving mouse at " + me.getX() + ", " +
            me.getY());
}
```

```
// Exibe msg na janela do applet no local X, Y atual.
public void paint(Graphics g) {
  g.drawString(msg, mouseX, mouseY);
}
}
```

Um exemplo da saída desse programa é mostrado a seguir:

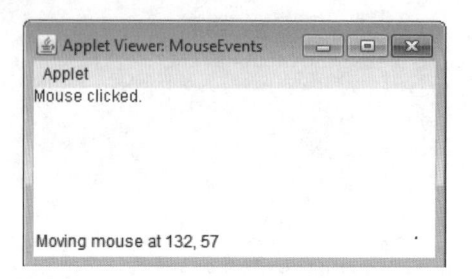

```
Applet Viewer: MouseEvents
Applet
Mouse clicked.




Moving mouse at 132, 57
```

Examinemos esse exemplo detalhadamente. A classe **MouseEvents** estende **Applet** e implementa as interfaces **MouseListener** e **MouseMotionListener**. Essas duas interfaces contêm métodos que recebem e processam os diversos tipos de eventos do mouse. Observe que o applet é ao mesmo tempo a fonte e o ouvinte desses eventos. Isso funciona porque **Component**, que fornece os métodos **addMouseListener( )** e **addMouseMotionListener( )**, é superclasse de **Applet**. É uma situação comum para os applets serem tanto a fonte quanto o ouvinte de eventos.

Dentro de **init( )**, o applet se registra como ouvinte de eventos do mouse. Isso é feito com o uso dos métodos **addMouseListener( )** e **addMouseMotionListener( )**, que são membros de **Component**. Eles são mostrados abaixo:

void addMouseListener(MouseListener *ml*)

void addMouseMotionListener(MouseMotionListener *mml*)

Aqui, *ml* é uma referência ao objeto que recebe eventos do mouse e *mml* é uma referência ao objeto que recebe eventos de movimento do mouse. Nesse programa, o mesmo objeto é usado para as duas referências.

O applet implementa então todos os métodos definidos pelas interfaces **MouseListener** e **MouseMotionListener**. Eles são os tratadores dos diversos eventos do mouse. Cada método trata seu evento e depois retorna.

Mais palavras-chave Java

Antes de terminar este capítulo, temos que discutir rapidamente mais algumas palavras-chave Java:

- **transient**
- **volatile**
- **instanceof**

- **native**
- **strictfp**
- **assert**

Normalmente, essas palavras-chave são usadas em programas mais avançados do que os encontrados neste livro. No entanto, uma visão geral de cada uma delas será apresentada para que você conheça sua finalidade.

Modificadores transient e volatile

As palavras-chave **transient** e **volatile** são modificadores de tipo que tratam situações um pouco mais especializadas. Quando uma variável de instância é declarada como **transient**, seu valor não precisa persistir quando um objeto é armazenado. Logo, um campo **transient** é aquele que não afeta o estado persistente de um objeto.

O modificador **volatile** informa ao compilador que uma variável pode ser alterada inesperadamente por outras partes do programa. Uma dessas situações envolve programas com várias threads. Em um programa com várias threads, às vezes duas ou mais threads compartilham a mesma variável. A título de eficiência, cada thread pode manter sua própria cópia da variável compartilhada, possivelmente em um registro da CPU. A cópia real (ou *mestra*) da variável é atualizada em vários momentos, como quando um método **synchronized** é alcançado. Embora essa abordagem funcione bem, em certas situações, pode ser inapropriada. Em alguns casos, tudo o que importa é que a cópia mestra de uma variável reflita sempre o estado atual e que ele seja usado por todas as threads. Para assegurar que isso ocorra, declare a variável como **volatile**.

instanceof

Às vezes, é útil saber o tipo de um objeto durante o tempo de execução. Por exemplo, você pode ter uma thread que gere vários tipos de objetos e outra que os processe. Nessa situação, pode ser útil que a thread processadora saiba o tipo de cada objeto ao recebê-lo. Outra situação em que é importante conhecer o tipo de um objeto no tempo de execução envolve a coerção. Em Java, uma coerção inválida causa um erro de tempo de execução e muitas coerções inválidas podem ser detectadas no tempo de compilação. No entanto, hierarquias de classes podem produzir coerções inválidas que só são detectadas no tempo de execução. Uma vez que uma referência da superclasse pode referenciar objetos da subclasse, nem sempre é possível saber a partir do tempo de compilação se uma coerção envolvendo uma referência da superclasse é ou não válida. A palavra-chave **instanceof** resolve esses tipos de problemas. O operador **instanceof** tem a seguinte forma geral:

refobj instanceof *tipo*

Aqui, *refobj* é uma referência à instância de uma classe e *tipo* é um tipo de classe ou interface. Se o objeto referenciado por *refobj* for do tipo especificado ou puder ser convertido para o tipo especificado, o operador **instanceof** produzirá como resultado **true**; caso contrário, seu resultado será **false**. Logo, **instanceof** é o meio pelo qual o programa pode obter informações de tipo de um objeto no tempo de execução.

strictfp

Uma das palavras-chave mais estranhas é **stricfp**. Quando Java 2 foi lançada vários anos atrás, o modelo de cálculo de ponto flutuante ficou menos rigoroso. Especificamente, o novo modelo não requer o truncamento de certos valores intermediários que ocorrem durante um cálculo. Isso evita o estouro positivo ou negativo em alguns casos. Quando modificar uma classe, método ou interface com strictfp, você estará assegurando que os cálculos de ponto flutuante (e, portanto, todos os truncamentos) ocorram de maneira precisa como ocorriam em versões anteriores de Java. Quando uma classe é modificada por **strictfp**, todos os seus métodos também são modificados automaticamente.

assert

A palavra-chave **assert** é usada durante o desenvolvimento do programa na criação de uma *asserção*, uma condição que deve ser verdadeira durante a execução do programa. Por exemplo, se tivéssemos um método que precisasse sempre retornar um valor inteiro positivo, poderíamos verificar isso declarando que o valor de retorno é maior do que zero com o uso de uma instrução **assert**. No tempo de execução, se a condição for realmente verdadeira, nenhuma ação ocorrerá. No entanto, se a condição for falsa, um **AssertionError** será lançado. As asserções costumam ser usadas durante os testes para sabermos se alguma condição esperada está sendo atendida. Geralmente, elas não são usadas em código liberado.

A palavra-chave **assert** tem duas formas. A primeira é mostrada abaixo:

assert *condição*;

Aqui, *condição* é uma expressão que deve produzir um resultado booleano. Se o resultado for verdadeiro, a asserção é verdadeira e nenhuma outra ação ocorrerá. Se a condição for falsa, a asserção falhou e um objeto **AssertionError** padrão será lançado. Por exemplo,

```
assert n > 0;
```

Se **n** for menor ou igual a zero, um **AssertionError** será lançado. Caso contrário, não ocorrerá nenhuma ação.

A segunda forma de assert é esta:

assert *condição* : *expr*;

Nessa versão, *expr* é um valor que é passado para o construtor de **AssertionError**. Esse valor será convertido em seu formato string e exibido se uma asserção falhar. Normalmente, especificamos um string para *expr*, mas qualquer expressão de um tipo diferente de **void** é permitida contanto que defina uma conversão de string correta.

Para ativar a verificação de asserções no tempo de execução, você deve especificar a opção **-ea**. Por exemplo, para ativar o uso de asserções para a classe **Sample**, execute-a usando a linha seguinte:

```
java -ea Sample
```

As asserções são muito úteis durante o desenvolvimento, porque otimizam o tipo de verificação de erro que é comum nos testes. Mas tenha cuidado – você não deve depender de uma asserção para executar qualquer ação que seja exigida realmente pelo programa. Isso não deve ser feito porque normalmente o código liberado é executado com as asserções desativadas e as expressões não serão avaliadas.

Métodos nativos

Apesar de raro, em alguns momentos podemos querer chamar uma sub-rotina escrita em uma linguagem que não seja Java. Normalmente, esse tipo de sub-rotina existe como código executável para a CPU e o ambiente em que estamos trabalhando – isto é, código nativo. Por exemplo, poderíamos querer chamar uma sub-rotina de código nativo para obter um tempo de execução mais rápido, ou querer usar uma biblioteca especializada de terceiros, como um pacote estatístico. No entanto, já que os programas Java são compilados para bytecode, que é então interpretado (ou compilado dinamicamente) pelo sistema de tempo de execução Java, parece impossível chamar uma sub-rotina de código nativo de dentro do programa Java. Felizmente, essa conclusão é falsa. Java fornece a palavra-chave **native**, que é usada para declarar métodos de código nativo. Uma vez declarados, esses métodos podem ser chamados de dentro do programa Java como chamaríamos qualquer outro método Java.

Para declarar um método nativo, preceda-o com o modificador **native**, mas não defina nenhum corpo para o método. Por exemplo:

```
public native int meth() ;
```

Uma vez que você tiver declarado um método nativo, deve fornecer o método e seguir uma série de etapas um pouco complexas para vinculá-lo a seu código Java.

Pergunte ao especialista

P: Já que estamos no tópico das palavras-chave, tenho uma pergunta sobre this. Às vezes, vejo que há uma forma de this que usa parênteses. Por exemplo,

```
this(x);
```

Pode me dizer o que essa instrução faz?

R: A forma de **this** a que você está se referindo permite que um construtor chame outro dentro da mesma classe. A forma geral desse uso de **this** é mostrada aqui:

this(*lista-arg*)

Quando **this( )** é executado, o construtor sobrecarregado que tem a mesma lista de parâmetros especificada por *lista-arg* é executado primeiro. Em seguida, se houver alguma instrução dentro do construtor original, ela será executada. A chamada a **this( )** deve ser a primeira instrução dentro do construtor. Veja um exemplo simples:

```
class MyClass {
  int a;
  int b;

  // Inicializa a e b individualmente.
  MyClass(int i, int j) {
    a = i;
```

```
    b = j;
  }

  // Usa this() para inicializar a e b com o mesmo valor.
  MyClass(int i) {
    this(i, i); // Chama MyClass(i, i)
  }
}
```

Em **MyClass**, somente o primeiro construtor atribui realmente um valor a **a** e **b**. O segundo apenas chama o primeiro. Portanto, quando a instrução seguinte é executada:

```
MyClass mc = new MyClass(8);
```

a chamada a **MyClass(8)** executa **this(8, 8)**, que seria o mesmo que uma chamada a **MyClass(8, 8)**.

Chamar construtores sobrecarregados usando **this( )** pode ser útil, porque evita a duplicação desnecessária de código. No entanto, é preciso ter cuidado. Construtores que chamam **this( )** são executados um pouco mais lentamente do que os que contêm todo o seu código de inicialização em sequência. Isso ocorre porque o mecanismo de chamada e retorno usado quando o segundo construtor é chamado adiciona sobrecarga. Lembre-se de que a criação de objetos afeta todos os usuários da classe. Se a classe for usada para criar grandes quantidades de objetos, é preciso comparar cuidadosamente os benefícios de um código menor e o maior tempo necessário à criação de um objeto. À medida que você for ganhando mais experiência em Java, esses tipos de decisões parecerão mais fáceis de tomar.

Há duas restrições das quais é preciso lembrar ao usar **this( )**. Em primeiro lugar, você não pode usar nenhuma variável de instância da classe do construtor em uma chamada a **this( )**. Em segundo, não pode usar **super( )** e **this( )** no mesmo construtor porque as duas devem ser a primeira instrução do construtor.

✓ Teste do Capítulo 15

1. Que método é chamado quando um applet é executado pela primeira vez? E qual é chamado quando ele é removido do sistema?

2. Explique por que um applet deve usar várias threads se for executado continuamente.

3. Melhore o projeto da seção Tente isto 15-1 para que exiba o string passado como parâmetro. Adicione um segundo parâmetro que especifique o retardo (em milissegundos) existente entre cada giro da mensagem.

4. Desafio extra: crie um applet que exiba a hora atual, atualizada a cada segundo. Para fazê-lo, você deverá pesquisar um pouco. Aí vai uma dica para ajudá-lo a começar: uma maneira de obter a hora atual é usar um objeto **Calendar**, que faz parte do pacote **java.util**. (Lembre-se, a Oracle fornece documentação on-line de todas as classes padrão da linguagem Java). Você já deve ter chegado a um ponto em que pode examinar a classe **Calendar** por sua própria conta e usar seus métodos para resolver esse problema.

5. Explique resumidamente o modelo Java de delegação de eventos.

6. Um ouvinte de eventos deve se registrar em uma fonte?

7. Desafio extra: **drawLine( )** é outro método de exibição da linguagem Java. Ele desenha uma linha entre dois pontos com a cor selecionada. Esse método faz parte da classe **Graphics**. Usando **drawLine( )**, crie um programa que rastreie o movimento do mouse. Se o botão for pressionado, faça o programa desenhar uma linha contínua até o botão ser solto.

8. Descreva brevemente a palavra-chave **assert**.

9. Cite uma razão que explique por que um método nativo pode ser útil para alguns tipos de programas.

10. Desafio extra: tente adicionar o suporte de **MouseWheelEvent** ao applet **MouseEvents** mostrado na seção "Usando o modelo de delegação de eventos". Para fazê-lo, implemente a interface **MouseWheelListener** e adicione o applet como ouvinte desse evento usando **addMouseWheelListener( )**. Você terá de usar a documentação de APIs Java para encontrar detalhes desses itens. Nenhuma reposta será dada a essa questão. Você deve usar suas habilidades para fornecer sua própria solução.

Capítulo 16

Introdução a Swing

Principais habilidades e conceitos

- Saber as origens e a filosofia de design de Swing
- Conhecer os componentes e contêineres de Swing
- Saber os aspectos básicos do gerenciador de leiaute
- Criar, compilar e executar um aplicativo simples de Swing
- Usar **JButton**
- Trabalhar com **JTextField**
- Criar um **JCheckBox**
- Trabalhar com **JList**
- Usar classes internas anônimas ou expressões lambda para tratar eventos
- Criar um applet Swing

Com exceção dos exemplos de applets mostrados no Capítulo 15, todos os programas deste livro se basearam no console, ou seja, não fizeram uso de uma interface gráfica de usuário (GUI). Embora os programas de console sejam ótimos no ensino dos aspectos básicos de Java e em alguns tipos de programas, como em códigos no lado do servidor, na vida real a maioria dos aplicativos é baseada em GUI. Quando este texto foi escrito, a GUI Java mais amplamente usada era baseada em Swing.

Swing define uma coleção de classes e interfaces que dá suporte a um rico conjunto de componentes visuais, como botões, campos de texto, painéis de rolagem, caixas de seleção, árvores e tabelas, para citar alguns. Coletivamente, esses controles podem ser usados na construção de interfaces gráficas poderosas e ainda assim fáceis de usar. Devido ao seu uso disseminado, Swing é algo que todos os programadores de Java devem conhecer. Logo, este capítulo fornece uma introdução a esse importante framework de GUI.

É importante dizer, desde o início, que Swing é um tópico muito extenso que requer um livro inteiro só sobre ele. Este capítulo só vai abordá-lo superficialmente. No entanto, o material apresentado aqui fornecerá uma compreensão geral de Swing, inclusive de sua história, conceitos básicos e filosofia de design. Em seguida, introduzirá os cinco componentes mais usados em Swing: rótulo, botão de ação, campo de texto, caixa de seleção e lista. O capítulo termina mostrando como criar um applet baseado em Swing. Embora este capítulo descreva apenas uma pequena parte dos recursos de Swing, após lê-lo, você poderá começar a criar programas simples baseados em GUI e também terá uma base para continuar seu estudo de Swing.

Antes de prosseguirmos, é preciso mencionar que um novo framework de GUI chamado JavaFX foi criado recentemente para Java. JavaFX fornece uma abordagem poderosa, otimizada e flexível que simplifica a criação de GUIs visualmente atraentes. Como tal, ele está sendo visto como a plataforma do futuro. Devido à sua importância, uma introdução é fornecida no Capítulo 17. É claro que Swing ainda continuará sendo usado por muito tempo, em parte por causa da grande quantidade de código legado que existe para ele. Logo, tanto Swing quanto JavaFX devem fazer parte das tarefas dos programadores de Java de agora em diante.

NOTA
Para ver uma introdução mais abrangente a Swing, consulte meu livro *Swing: A Beginner's Guide* (McGraw-Hill Professional, 2007).

Origens e filosofia de design de Swing

Swing não existia nos primórdios da linguagem Java. Em vez disso, ele foi uma resposta às deficiências presentes no subsistema de GUI original da linguagem: Abstract Window Toolkit (AWT). AWT define um conjunto básico de componentes que dá suporte a uma interface gráfica usável, mas limitada. Uma das razões da natureza limitada de AWT é o fato de ele converter seus diversos componentes visuais nos equivalentes, ou *pares*, específicos da plataforma. Ou seja, a aparência de um componente AWT é definida pela plataforma e não por Java. Já que os componentes AWT usam recursos de código nativo, são considerados *pesados*.

O uso de pares nativos gera vários problemas. Em primeiro lugar, devido às diferenças entre os sistemas operacionais, um componente pode aparecer, ou até mesmo agir, diferentemente em plataformas distintas. Essa variabilidade potencial ameaçava a filosofia de abrangência total de Java: escreva uma vez, execute em qualquer local. Em segundo lugar, a aparência de cada componente era fixa (porque é definida pela plataforma) e não podia ser (facilmente) alterada. Em terceiro lugar, o uso de componentes pesados gerava algumas restrições incômodas. Por exemplo, um componente pesado era sempre opaco.

Não muito tempo após o lançamento original de Java, ficou claro que as limitações e restrições presentes em AWT eram graves o suficiente para que uma abordagem melhor fosse necessária. A solução foi Swing. Introduzido em 1997, Swing foi incluído como parte de Java Foundation Classes (JFC). Inicialmente, ele estava disponível para uso com Java 1.1 como uma biblioteca separada. No entanto, a partir de Java 1.2, Swing (e o resto do JFC) foi totalmente integrado a Java.

Swing resolve as limitações associadas aos componentes de AWT com o uso de dois recursos-chave: *componentes leves* e *aparência adaptável*. Embora sejam amplamente transparentes para o programador, esses dois recursos formam a base da filosofia de design Swing e são a razão de grande parte de seu poder e flexibilidade. Examinemos cada um.

Com pouquíssimas exceções, os componentes de Swing são *leves*, ou seja, o componente é escrito totalmente em Java. Ele não depende de pares específicos da plataforma. Os componentes leves apresentam algumas vantagens importantes, inclusive eficiência e flexibilidade. Além disso, um componente leve não é transformado em pares específicos da plataforma; a aparência de cada componente é determinada pelo Swing, e não pelo sistema operacional subjacente. Assim, cada componente pode funcionar de maneira coerente em qualquer plataforma.

Já que cada componente de Swing é gerado por código Java em vez de por pares específicos da plataforma, é possível separar a aparência e a lógica de um componente e é isso que Swing faz. A separação da aparência fornece uma vantagem significativa: permite alterar a maneira como o componente é gerado sem afetar nenhum de seus outros aspectos. Em outras palavras, é possível "conectar" uma nova aparência a qualquer componente sem criar nenhum efeito colateral no código que faz uso dele.

Java fornece aparências, como metal e Nimbus, que estão disponíveis para todos os usuários de Swing. A aparência metal também é chamada de *aparência Java*. Ela é uma aparência independente da plataforma que está disponível em todos os ambientes de execução Java. Também é a aparência padrão. Portanto, a aparência padrão Java (metal) será usada pelos exemplos deste capítulo.

Swing pode fornecer uma aparência adaptável porque usa uma versão modificada da arquitetura clássica modelo-exibição-controlador (*MVC, model-view-controller*). Na terminologia MVC, *modelo* são as informações de estado associadas ao componente. Por exemplo, no caso de uma caixa de seleção, o *modelo* contém um campo que indica se a caixa está marcada ou desmarcada. *Exibição* determina como o componente será exibido na tela, incluindo qualquer aspecto que seja afetado pelo estado atual do modelo. *Controlador* determina como o componente reagirá ao usuário. Por exemplo, quando o usuário clicar em uma caixa de seleção, o controlador reagirá alterando o modelo para refletir a escolha (marcada ou desmarcada). Isso resultará na atualização da exibição. Com a separação do componente em um modelo, um modo de exibição e um controlador, a implementação específica de um pode ser alterada sem afetar os outros dois. Por exemplo, diferentes implementações da exibição podem gerar o mesmo componente de maneiras distintas sem afetar o modelo ou o controlador.

Embora a arquitetura MVC e os princípios existentes por trás dela sejam conceitualmente sólidos, o alto nível de separação entre a exibição e o controlador não seria benéfico para os componentes de Swing. Em vez disso, Swing usa uma versão modificada do MVC que combina a exibição e o controlador na mesma entidade lógica chamada *delegação de UI*. Por essa razão, a abordagem de Swing é chamada de arquitetura *modelo-delegação* ou arquitetura de *modelo separável*. Logo, embora a arquitetura de componentes de Swing seja baseada no MVC, ela não usa a implementação clássica. Mesmo que você não trabalhe diretamente com modelos ou delegação de UI neste capítulo, eles estarão presentes em segundo plano.

À medida que você avançar pelo capítulo, verá que, mesmo com Swing incorporando muitos conceitos de design sofisticados, ele é fácil de usar. Na verdade, alguém poderia dizer que a facilidade de uso de Swing é a vantagem mais importante. Resumindo, Swing torna gerenciável a quase sempre difícil tarefa de desenvolver a interface de usuário do programa. Isso permitirá que você se concentre na GUI propriamente dita, em vez de nos detalhes da implementação.

> **Pergunte ao especialista**
>
> **P:** Você diz que Swing define uma GUI superior à baseada em AWT. Ou seja, Swing substitui o AWT?
>
> **R:** Não, Swing não substitui AWT. Swing se baseia nos fundamentos fornecidos por AWT. Logo, o AWT ainda é uma parte crucial de Java. Swing também usa o mesmo mecanismo de tratamento de eventos de AWT (que foi descrito no Capítulo 15). Embora este capítulo não exija conhecimento em AWT, você precisa conhecer bem sua estrutura e recursos se quiser dominar totalmente Swing.

Componentes e contêineres

Uma GUI de Swing é composta por dois itens principais: *componentes* e *contêineres*. No entanto, essa distinção é em grande parte conceitual, porque todos os contêineres também são componentes. A diferença entre os dois pode ser detectada em sua finalidade: com o significado dado usualmente ao termo, um componente é um controle visual independente, como um botão de ação ou campo de texto. Um contêiner contém um grupo de componentes. Logo, um contêiner é um tipo especial de componente que é projetado para conter outros componentes. Além disso, para um componente ser exibido, ele deve estar dentro de um contêiner. Portanto, todas as GUIs de Swing terão pelo menos um contêiner. Já que os contêineres são componentes, também podem conter outros contêineres. Isso permite que Swing defina a chamada *hierarquia de contenção*, no topo da qual deve haver um *contêiner de nível superior*.

Componentes

Em geral, os componentes de Swing são derivados da classe **JComponent**. (As únicas exceções são os quatro contêineres de nível superior, descritos na próxima seção.) **JComponente** fornece a funcionalidade que é comum a todos os componentes, por exemplo, dá suporte à aparência adaptável. **JComponent** também herda as classes **Container** e Component de AWT. Logo, um componente de Swing se baseia em e é compatível com um componente de AWT.

Todos os componentes de Swing são representados por classes definidas dentro do pacote **javax.swing**. A tabela a seguir mostra os nomes das classes de componentes Swing (inclusive as usadas como contêineres):

JApplet	JButton	JCheckBox	JCheckBoxMenuItem
JColorChooser	JComboBox	JComponent	JDesktopPane
JDialog	JEditorPane	JFileChooser	JFormattedTextField
JFrame	JInternalFrame	JLabel	JLayer
JLayeredPane	JList	JMenu	JMenuBar
JMenuItem	JOptionPane	JPanel	JPasswordField
JPopupMenu	JProgressBar	JRadioButton	JRadioButtonMenuItem
JRootPane	JScrollBar	JScrollPane	JSeparator
JSlider	JSpinner	JSplitPane	JTabbedPane

JTable	JTextArea	JTextField	JTextPane
JTogglebutton	JToolBar	JToolTip	JTree
JViewPort	JWindow		

Observe que todas as classes de componentes começam com a letra **J**. Por exemplo, a classe de rótulo é **JLabel**, a classe de botão de ação é **JButton** e a classe de caixa de seleção é **JCheckBox**. Este capítulo introduzirá os cinco componentes mais usados: **JLabel**, **JButton**, **JTextField**, **JCheckBox** e **JList**. Uma vez que você entender sua operação básica, será fácil aprender a usar os outros.

Contêineres

Swing define dois tipos de contêineres. Primeiro, temos os contêineres de nível superior: **JFrame**, **JApplet**, **JWindow** e **JDialog**. Esses contêineres não herdam **JComponent**, no entanto, herdam as classes **Component** e **Container** de AWT. Diferentemente de outros componentes de Swing, que são leves, os contêineres de nível superior são pesados. Isso os torna um caso especial na biblioteca de componentes de Swing.

Como o nome sugere, um contêiner de nível superior deve estar no topo de uma hierarquia de contenção. Ele não fica contido em nenhum outro contêiner. Além disso, toda hierarquia de contenção deve começar com um contêiner de nível superior. O mais usado para aplicativos é **JFrame**, o usado para applets é **JApplet**.

O segundo tipo de contêiner com suporte em Swing é o contêiner leve. Os contêineres leves *herdam* **JComponent**. Exemplos de contêineres leves são **JPanel**, **JScrollPane** e **JRootPane**. Geralmente, os contêineres leves são usados para organizar e gerenciar coletivamente grupos de componentes relacionados, porque um contêiner leve pode estar contido dentro de outro contêiner. Logo, você pode usar contêineres leves para criar subgrupos de controles relacionados dentro de um contêiner externo.

Painéis do contêiner de nível superior

Cada contêiner de nível superior define um conjunto de *painéis*. No topo da hierarquia, temos uma instância de **JRootPane**. **JRootPane** é um contêiner leve cuja finalidade é a de gerenciar os outros painéis. Ele também ajuda a gerenciar a barra de menus opcional. Os painéis que compõem o painel raiz se chamam *painel de vidro*, *painel de conteúdo* e *painel em camadas*.

O painel de vidro é o painel de nível superior. Ele fica acima de todos os outros painéis e os cobre totalmente. Permite o gerenciamento de eventos do mouse que afetem o contêiner inteiro (e não um controle individual) ou a geração de algo acima de outro componente, por exemplo. Na maioria dos casos, não precisamos usá-lo diretamente. O painel em camadas permite que os componentes recebam um valor de profundidade. Esse valor determina como os componentes serão sobrepostos. (Logo, o painel em camadas nos permite especificar uma ordem Z para um componente, embora geralmente isso não seja necessário.) O painel em camadas contém o painel de conteúdo e a barra de menus (opcional). Apesar de o painel de vidro e de os painéis em camadas fazerem parte da operação de um contêiner de nível superior e desempenharem papéis importantes, muito do que fornecem ocorre em segundo plano.

O painel com o qual seu aplicativo interagirá mais é o painel de conteúdo, porque é a ele que você adicionará componentes visuais. Em outras palavras, quando você adicionar um componente, como um botão, a um contêiner de nível superior, o adicionará ao painel de conteúdo. Portanto, o painel de conteúdo contém os componentes com os quais o usuário interage.

Gerenciadores de leiaute

Antes de você começar a escrever um programa Swing, há mais uma coisa que precisa conhecer: o *gerenciador de leiaute*. O gerenciador de leiaute controla a posição dos componentes dentro de um contêiner. Java oferece vários gerenciadores de leiaute. A maioria é fornecida por AWT (dentro de **java.awt**), mas Swing adiciona alguns por conta própria. Todos os gerenciadores de leiaute são instâncias de uma classe que implementa a interface **LayoutManager**. (Algumas também implementam a interface **LayoutManager2**). Aqui está uma lista de alguns dos gerenciadores de leiaute disponíveis para o programador de Swing:

FlowLayout	Leiaute simples que posiciona os componentes da esquerda para a direita e de cima para baixo. (Posiciona os componentes da direita para a esquerda em algumas configurações regionais).
BorderLayout	Posiciona os componentes no centro ou nas bordas do contêiner. É o leiaute padrão para um painel de conteúdo.
GridLayout	Dispõe os componentes dentro de uma grade.
GridBagLayout	Dispõe componentes de tamanhos diferentes dentro de uma grade flexível.
BoxLayout	Dispõe os componentes vertical ou horizontalmente dentro de uma caixa.
SpringLayout	Dispõe os componentes de acordo com um conjunto de restrições.

Na verdade, o tópico dos gerenciadores de leiaute é muito extenso e não é possível examiná-lo com detalhes neste livro. Felizmente, este capítulo só usa dois gerenciadores – **BorderLayout** e **FlowLayout** – e ambos são muito fáceis de usar.

BorderLayout é o gerenciador de leiaute padrão para o painel de conteúdo. Ele implementa um estilo de leiaute que define cinco locais onde um componente pode ser adicionado. O primeiro é o centro, os outros quatro são os lados (isto é, bordas), que se chamam norte, sul, leste e oeste. Por padrão, quando você adicionar um componente ao painel de conteúdo, o adicionará ao centro. Para adicionar um componente em uma das outras regiões, especifique seu nome.

Embora o leiaute de borda seja útil em algumas situações, com frequência um gerenciador de leiaute mais flexível é necessário. Um dos mais simples é **FlowLayout**. Um leiaute de fluxo dispõe os componentes em uma linha de cada vez, de cima para baixo. Quando uma linha fica cheia, o leiaute avança para a próxima linha. Embora esse esquema forneça pouco controle sobre a inserção de componentes, ele é muito fácil de usar. No entanto, cuidado ao redimensionar o quadro, porque a posição dos componentes mudará.

Um primeiro programa Swing simples

Os programas Swing diferem dos programas de console mostrados anteriormente neste livro e também diferem dos applets baseados em AWT mostrados no Capítulo 15. Além dos programas Swing usarem o conjunto de componentes de Swing para realizar a interação com o usuário, eles têm requisitos especiais relacionados ao uso de threads. A melhor maneira de entendermos a estrutura de um programa Swing é trabalhar com um exemplo. Há dois tipos de programas Java em que Swing costuma ser usado. O primeiro é o aplicativo desktop. O segundo é o applet. Esta seção mostrará como criar um aplicativo Swing. A criação de um applet Swing será descrita posteriormente no capítulo.

Embora curto, o programa a seguir mostra uma maneira de criar um aplicativo Swing. No processo, demonstra vários recursos-chave. Ele usa dois componentes de Swing: **JFrame** e **JLabel**. **JFrame** é o contêiner de nível superior normalmente usado em aplicativos Swing. **JLabel** é o componente de Swing que cria um rótulo, que é um componente que exibe informações. O rótulo é o componente mais simples de Swing porque é passivo, isto é, não responde a entradas do usuário, ele apenas exibe saídas. O programa usa um contêiner **JFrame** para armazenar uma instância de **JLabel**. O rótulo exibe uma mensagem de texto curta.

```
// Programa Swing simples.

import javax.swing.*;    ◄────────── Os programas Swing devem importar javax.swing.

class SwingDemo {

  SwingDemo() {
                                                          Cria um contêiner.
    // Cria um contêiner JFrame.
    JFrame jfrm = new JFrame("A Simple Swing Application");  ◄──┘

    // Fornece um tamanho inicial para o quadro.
    jfrm.setSize(275, 100);  ◄────────── Define as dimensões do quadro.

    // Encerra o programa quando o usuário fecha o aplicativo.
    jfrm.setDefaultCloseOperation(JFrame.EXIT_ON_CLOSE);  ◄────── Encerra
                                                                 quando
    // Cria um rótulo baseado em texto.                          fechado.
    JLabel jlab = new JLabel(" Swing defines the modern Java GUI.");  ◄─┐
                                                          Cria um rótulo do Swing
    // Adiciona o rótulo ao painel de conteúdo.
    jfrm.add(jlab);  ◄────────── Adiciona o rótulo ao painel de conteúdo.

    // Exibe o quadro.
    jfrm.setVisible(true);  ◄────────── Torna o quadro visível.
  }

  public static void main(String args[]) {
    // Cria o quadro na thread de despacho de evento.
    SwingUtilities.invokeLater(new Runnable() {
```

```
      public void run() {
        new SwingDemo();           ← SwingDemo deve ser criado na
      }                              thread de despacho de evento.
    });
  }
}
```

Os programas Swing são compilados e executados da mesma forma que outros aplicativos Java. Logo, para compilar esse programa, você pode usar a linha de comando a seguir:

`javac SwingDemo.java`

Para executar o programa, use esta linha de comando:

`Java SwingDemo`

Quando o programa for executado, produzirá a janela mostrada na Figura 16-1.

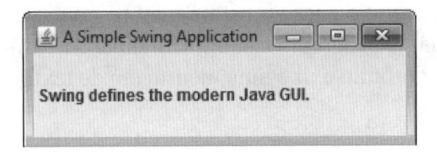

Figura 16-1 Janela produzida pelo programa **SwingDemo**.

Primeiro exemplo de Swing linha a linha

Já que o programa **SwingDemo** ilustra vários conceitos-chave de Swing, o examinaremos com cuidado, linha a linha. O programa começa importando o pacote a seguir:

`import javax.swing.*;`

O pacote **javax.swing** contém os componentes e modelos definidos por Swing. Por exemplo, ele define classes que implementam rótulos, botões, controles de edição e menus. Esse pacote será incluído em todos os programas que usarem Swing.

Em seguida, o programa declara a classe **SwingDemo** e um construtor para ela. É no construtor que grande parte da ação do programa ocorre. Ele começa criando um **JFrame**, usando a linha de código a seguir:

`JFrame jfrm = new JFrame("A Simple Swing Application.");`

Esse código cria um contêiner chamado **jfrm** que define uma janela retangular com uma barra de título, botões fechar, minimizar, maximizar, restaurar e um menu de sistema. Portanto, cria uma janela de nível superior padrão. O título da janela é passado para o construtor.

A janela é então dimensionada com o uso da seguinte instrução:

`jfrm.setSize(275, 100);`

O método **setSize( )** define as dimensões da janela, que são especificadas em pixels. Sua forma geral é mostrada aqui:

void setSize(int *largura*, int *altura*)

Nesse exemplo, a largura da janela é configurada com 275 e a altura com 100.

Por padrão, quando uma janela de nível superior é fechada (como quando o usuário clica na caixa Fechar), ela é removida da tela, mas o aplicativo não é encerrado. Embora esse comportamento padrão seja útil em algumas situações, não é o que a maioria dos aplicativos precisa. Em vez disso, geralmente queremos que o aplicativo inteiro seja encerrado quando sua janela de nível superior é fechada. Há algumas maneiras de fazê-lo. A mais fácil é chamar **setDefaultCloseOperation( )**, como faz o programa:

```
jfrm.setDefaultCloseOperation(JFrame.EXIT_ON_CLOSE);
```

Após essa chamada ser executada, o fechamento da janela fará o aplicativo inteiro ser encerrado. A forma geral de **setDefaultCloseOperation( )** é mostrada aqui:

void setDefaultCloseOperation(int *o que se deseja*)

O valor passado em *o que se deseja* determina o que ocorrerá quando a janela for fechada. Há várias outras opções além de **JFrame.EXIT_ON_CLOSE**. Eles são mostrados abaixo:

JFrame.DISPOSE_ON_CLOSE

JFrame.HIDE_ON_CLOSE

JFrame.DO_NOTHING_ON_CLOSE

Seus nomes refletem suas ações. Essas constantes foram declaradas em **WindowConstants**, uma interface declarada no pacote **javax.swing** que é implementada por **JFrame**.

A próxima linha de código cria um componente **JLabel**:

```
JLabel jlab = new JLabel(" Swing defines the modern Java GUI.");
```

JLabel é o componente de Swing mais fácil de usar, porque não aceita entradas do usuário, apenas exibe informações, que podem ser compostas por texto, ícone ou uma combinação dos dois. O rótulo criado pelo programa contém só texto, que é passado para seu construtor.

Agora, temos uma linha de código que adiciona o rótulo ao painel de conteúdo do quadro:

```
jfrm.add(jlab);
```

Como explicado anteriormente, todos os contêineres de nível superior têm um painel de conteúdo em que os componentes são armazenados. Logo, para adicionar um componente a um quadro, você deve adicioná-lo ao seu painel de conteúdo. Isso é feito com uma chamada a **add( )** na referência **JFrame** (**jfrm** nesse caso). O método **add( )** tem várias versões. A forma geral da usada pelo programa é mostrada aqui:

Component add(Component *comp*)

Por padrão, o painel de conteúdo associado a um **JFrame** usa leiaute de borda. Essa versão de **add( )** adiciona o componente (nesse caso, um rótulo) ao centro. Outras versões permitem a especificação de uma das regiões de borda. Quando um componente é adicionado ao centro, seu tamanho é ajustado automaticamente para caber na região central.

A última instrução do construtor de **SwingDemo** faz a janela ficar visível.

```
jfrm.setVisible(true);
```

O método **setVisible( )** tem esta forma geral:

void setVisible(boolean *flag*)

Se *flag* for igual a **true**, a janela será exibida, caso contrário, ela sera ocultada. Por padrão, **JFrame** é invisível, logo, devemos chamar **setVisible(true)** para exibi-lo.

Dentro de **main( )**, um objeto **SwingDemo** é criado, o que exibe a janela e o rótulo. Observe que o construtor de **SwingDemo** é chamado com as linhas de código a seguir:

```
SwingUtilities.invokeLater(new Runnable() {
  public void run() {
    new SwingDemo();
  }
});
```

Pergunte ao especialista

P: Vi programas Swing que usam um método chamado getContentPane( ) ao adicionar um componente ao painel de conteúdo. Que método é esse? Preciso usá-lo?

R: Essa pergunta nos leva a uma questão histórica importante. Antes de JDK 5, ao adicionar um componente ao painel de conteúdo, não podíamos chamar o método **add( )** diretamente em uma instância de **JFrame**. Em vez disso, tínhamos que chamar **add( )** explicitamente no painel de conteúdo do objeto **JFrame**. O painel de conteúdo pode ser obtido com uma chamada a **getContentPane( )** em uma instância de **JFrame**. O método **getContentPane( )** é mostrado abaixo:

Container getContentPane( )

Ele retorna uma referência **Container** ao painel de conteúdo. O método **add( )** era então chamado nessa referência para adicionar um componente ao painel. Logo, no passado, você teria que usar a instrução a seguir para adicionar **jlab** a **jfrm**:

```
jfrm.getContentPane().add(jlab); // estilo antigo
```

Aqui, primeiro **getContentPane( )** obtém uma referência ao painel de conteúdo e então **add( )** adiciona o componente ao contêiner vinculado a esse painel. Esse mesmo procedimento também era requerido em chamadas a **remove( )** para a remoção de um componente e **setLayout( )** para a definição do gerenciador de leiaute do painel de conteúdo. Você verá chamadas explícitas a **getContentPane( )** com frequência em códigos anteriores à versão 5.0. Atualmente, não é mais necessário usar **getContentPane( )**, você pode chamar apenas **add( )**, **remove( )** e **setLayout( )** diretamente em **JFrame**, porque esses métodos foram alterados para operarem automaticamente com o painel de conteúdo.

Essa sequência faz um objeto **SwingDemo** ser criado na *thread de despacho de evento* em vez de na thread principal do aplicativo. Vejamos o porquê. Em geral, os programas Swing são acionados por eventos, por exemplo, quando um usuário interage com um componente, um evento é gerado. O evento é passado para o aplicativo com uma chamada a um tratador de eventos que o aplicativo define. No entanto, o tratador é executado na thread de despacho de evento fornecida por Swing e não na thread principal do aplicativo. Logo, embora os tratadores de eventos sejam definidos pelo programa, eles são chamados em uma thread que não foi criada por ele. Para evitarmos problemas (como duas threads diferentes tentando atualizar o mesmo componente ao mesmo tempo), todos os componentes de GUI de Swing devem ser criados e atualizados a partir da thread de despacho de evento e não da thread principal do aplicativo, mas **main( )** é executado na thread principal. Portanto, **main( )** não pode instanciar diretamente um objeto **SwingDemo**. Em vez disso, deve criar um objeto **Runnable** para ser executado na thread de despacho do evento e fazer esse objeto criar a GUI.

Para permitir que o código da GUI seja criado na thread de despacho de evento, você deve usar dois métodos definidos pela classe **SwingUtilities**. Os métodos são **invokeLater( )** e **invokeAndWait( )**. Eles são mostrados abaixo:

static void invokeLater(Runnable *obj*)

static void invokeAndWait(Runnable *obj*)
    throws InterruptedException, InvocationTargetException

Pergunte ao especialista

P: Você diz que é possível adicionar um componente a outras regiões de um leiaute de borda com o uso de uma versão sobrecarregada de add( ). Pode explicar?

R: Como explicado, **BorderLayout** implementa um estilo de leiaute que define cinco locais aos quais um componente pode ser adicionado. O primeiro é o centro, os outros quatro são os lados (isto é, bordas), que se chamam norte, sul, leste e oeste. Por padrão, quando você adicionar um componente ao painel de conteúdo, o adicionará ao centro. Para especificar um dos outros locais, use a seguinte forma de **add( )**:

void add(Component *comp*, Object *loc*)

Nessa versão, *comp* é o componente a ser adicionado e *loc* especifica o local de inserção. Normalmente o valor de *loc* é um dos listados a seguir:

BorderLayout.CENTER	BorderLayout.EAST	BorderLayout.NORTH
BorderLayout.SOUTH	BorderLayout.WEST	

Em geral, **BorderLayout** é mais útil na criação de um **JFrame** contendo um componente centralizado (que pode ser um grupo de componentes contido dentro de um dos contêineres leves de Swing) com um componente de cabeçalho e/ou rodapé associado. Em outras situações, um dos outros gerenciadores de leiaute Java será mais apropriado.

Aqui, *obj* é um objeto **Runnable** que terá seu método **run( )** chamado pela thread de despacho de evento. A diferença entre os dois métodos é que **invokeLater( )** retorna imediatamente e **invokeAndWait( )** espera até *obj*.**run( )** retornar. Você pode usar esses métodos para chamar um método que construa a GUI de seu aplicativo Swing ou sempre que precisar modificar o estado da GUI a partir de código não executado pela thread de despacho de evento. Normalmente, vai querer usar **invokeLater( )**, como faz o programa anterior. No entanto, quando estiver construindo a GUI inicial de um applet, pode querer usar **invokeAndWait( )**. (A criação de applets Swing será descrita posteriormente neste capítulo.)

Mais uma coisa: o programa anterior não responde a nenhum evento porque **JLabel** é um componente passivo. Em outras palavras, um **JLabel** não gera nenhum evento. Logo, o programa anterior não inclui nenhum tratador de eventos, mas todos os outros componentes geram eventos aos quais o programa deve responder, como os exemplos subsequentes deste capítulo mostram.

Use JButton

Um dos controles mais usados de Swing é o botão de ação. Um botão de ação é uma instância de **JButton**. **JButton** herda a classe abstrata **AbstractButton**, que define a funcionalidade comum a todos os botões. Os botões de ação de Swing podem conter texto, imagem ou ambos, mas este livro só usa botões baseados em texto.

JButton fornece vários construtores. O usado aqui é

JButton(String *msg*)

Nesse caso, *msg* especifica o string que será exibido dentro do botão.

Quando um botão de ação é pressionado, ele gera um **ActionEvent**. A classe **ActionEvent** é definida por AWT e também é usada por Swing. **JButton** fornece os métodos a seguir, que são usados para adicionar ou remover o ouvinte de uma ação:

void addActionListener (ActionListener *al*)

void removeActionListener (ActionListener *al*)

Aqui, *al* especifica um objeto que receberá notificações de eventos. Esse objeto deve ser instância de uma classe que implemente a interface **ActionListener**.

A interface **ActionListener** só define um método: **actionPerformed( )**. Ele é mostrado abaixo:

void actionPerformed(ActionEvent *ae*)

Esse método é chamado quando um botão é pressionado. Em outras palavras, ele é o tratador de eventos chamado quando ocorre um evento de pressionamento de botão. A implementação de **actionPerformed( )** deve responder rapidamente ao evento e retornar. Como regra geral, os tratadores de eventos não devem se ocupar de operações longas porque isso retarda o aplicativo inteiro. Se um procedimento demorado precisar ser executado, uma thread separada deve ser criada para esse fim.

Usando o objeto **ActionEvent** passado para **actionPerformed( )**, você pode obter várias informações úteis relacionadas ao evento de pressionamento de botão. A usada por este capítulo é o string do *comando de ação* associado ao botão. Por padrão, esse é o string exibido dentro do botão. O comando de ação é obtido com uma chamada ao método **getActionCommand( )** no objeto de evento. Esta é sua declaração:

String getActionCommand( )

O comando de ação identifica o botão, logo, quando são usados dois ou mais botões dentro do mesmo aplicativo, o comando de ação fornece uma maneira fácil de determinarmos que botão foi pressionado.

O programa a seguir demonstra como criar um botão de ação e responder a eventos de pressionamento de botão. A Figura 16-2 mostra como o exemplo aparece na tela.

```java
// Demonstra um botão de ação e trata eventos de ação.

import java.awt.*;
import java.awt.event.*;
import javax.swing.*;

class ButtonDemo implements ActionListener {

  JLabel jlab;

  ButtonDemo() {

    // Cria um contêiner JFrame.
    JFrame jfrm = new JFrame("A Button Example");

    // Especifica FlowLayout como gerenciador de leiaute.
    jfrm.setLayout(new FlowLayout());

    // Fornece um tamanho inicial para o quadro.
    jfrm.setSize(220, 90);

    // Encerra o programa quando o usuário fecha o aplicativo.
    jfrm.setDefaultCloseOperation(JFrame.EXIT_ON_CLOSE);

    // Cria dois botões.
    JButton jbtnUp = new JButton("Up");          // Cria dois botões de ação.
    JButton jbtnDown = new JButton("Down");

    // Adiciona ouvintes de ação.
    jbtnUp.addActionListener(this);              // Adiciona ouvintes de
    jbtnDown.addActionListener(this);            // ação para os botões.
```

```
    // Adiciona os botões ao painel de conteúdo.
    jfrm.add(jbtnUp);
    jfrm.add(jbtnDown);

    // Cria um rótulo.
    jlab = new JLabel("Press a button.");

    // Adiciona o rótulo ao quadro.
    jfrm.add(jlab);

    // Exibe o quadro.
    jfrm.setVisible(true);
  }

  // Trata eventos de botão.
  public void actionPerformed(ActionEvent ae) {
    if(ae.getActionCommand().equals("Up"))
      jlab.setText("You pressed Up.");
    else
      jlab.setText("You pressed down. ");
  }

  public static void main(String args[]) {
    // Cria o quadro na thread de despacho de evento.
    SwingUtilities.invokeLater(new Runnable() {
      public void run() {
        new ButtonDemo();
      }
    });
  }
}
```

Examinemos detalhadamente o que há de novo nesse programa. Primeiro, observe que agora ele importa tanto o pacote **java.awt** quanto **java.awt.event**. O pacote **java.awt** é necessário porque contém a classe **FlowLayout**, que dá suporte ao gerenciador de leiaute de fluxo. O pacote **java.awt.event** é necessário porque define a interface **ActionListener** e a classe **ActionEvent**.

Em seguida, a classe **ButtonDemo** é declarada. Observe que ela implementa **ActionListener**, ou seja, objetos **ButtonDemo** podem ser usados para receber eventos de ação. Depois, uma referência **JLabel** é declarada. Essa referência será usada dentro do método **actionPerformed( )** para exibir que botão foi pressionado.

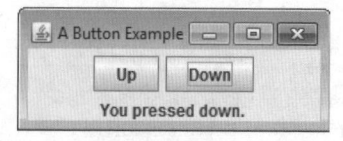

Figura 16-2   Saída do programa **ButtonDemo**.

O construtor de **ButtonDemo** começa criando um **JFrame** chamado **jfrm**. Ele então define o gerenciador de leiaute do painel de conteúdo de **jfrm** como **FlowLayout**, como mostrado aqui:

```
jfrm.setLayout(new FlowLayout());
```

Como explicado anteriormente, por padrão, o painel de conteúdo usa **BorderLayout** como seu gerenciador de leiaute, mas, para muitos aplicativos, **FlowLayout** é mais conveniente. Lembre-se, um leiaute de fluxo dispõe os componentes em uma linha de cada vez, de cima para baixo. Quando uma linha fica cheia, o leiaute avança para a próxima linha. Embora esse esquema forneça pouco controle sobre a inserção de componentes, ele é muito fácil de usar. No entanto, cuidado ao redimensionar o quadro, porque a posição dos componentes mudará.

Após definir o tamanho e a operação de fechamento padrão, **ButtonDemo( )** cria dois botões, como mostrado aqui:

```
JButton jbtnUp = new JButton("Up");
JButton jbtnDown = new JButton("Down");
```

O primeiro botão conterá o texto "Up" e o segundo conterá "Down".

Agora, a instância de **ButtonDemo** referenciada via **this** é adicionada ao ouvinte de ação dos botões pelas duas linhas seguintes:

```
jbtnUp.addActionListener(this);
jbtnDown.addActionListener(this);
```

Essa abordagem significa que o objeto que criou os botões também receberá notificações quando um botão for pressionado.

Sempre que um botão é pressionado, ele gera um evento de ação e todos os ouvintes registrados são notificados com uma chamada ao método **actionPerformed( )**. O objeto **ActionEvent** que representa o evento de botão é passado como parâmetro. No caso de **ButtonDemo**, o evento é passado para esta implementação de **actionPerformed( )**:

```
// Trata eventos de botão.
public void actionPerformed(ActionEvent ae) {
  if(ae.getActionCommand().equals("Up"))
    jlab.setText("You pressed Up.");
  else
    jlab.setText("You pressed down. ");
}
```

O evento que ocorreu é passado via **ae**. Dentro do método, o comando de ação associado ao botão que gerou o evento é obtido com uma chamada a **getActionCommand( )**. (Lembre-se, por padrão, o comando de ação é igual ao texto exibido no botão.) Com base no conteúdo desse string, o texto do rótulo é configurado para exibir que botão foi pressionado.

Um último ponto: lembre-se de que **actionPerformed( )** é chamado na thread de despacho de evento, como já explicado. Ele deve retornar rapidamente para evitar retardar o aplicativo.

Trabalhe com JTextField

Outro controle muito usado é **JTextField**. Ele permite que o usuário insira uma linha de texto. **JTextField** herda a classe abstrata **JTextComponent**, que é a superclasse de todos os componentes de texto. Ele define vários construtores, dentre eles, o que usaremos é mostrado abaixo:

JTextField(int *cols*)

Aqui, *cols* especifica a largura do campo de texto em colunas. É importante entender que é possível inserir um string maior do que o número de colunas. O tamanho físico do campo de texto na tela é que terá *cols* colunas de largura.

Quando você pressionar ENTER ao digitar em um campo de texto, um **ActionEvent** será gerado. Portanto, **JTextField** fornece os métodos **addActionListener( )** e **removeActionListener( )**. Para tratar eventos de ação, você deve implementar o método **actionPerformed( )** definido pela interface **ActionListener**. O processo é semelhante ao tratamento de eventos de ação gerados por um botão, como descrito anteriormente.

Como **JButton**, **JTextField** tem um string de comando de ação associado. Por padrão, o comando de ação é o conteúdo atual do campo de texto, no entanto, raramente esse padrão é usado. Em vez disso, geralmente configuramos o comando de ação com um valor fixo de nossa própria escolha chamando o método **setActionCommand( )**, mostrado aqui:

void setActionCommand(String *cmd*)

O string passado em *cmd* é o novo comando de ação. O texto do campo não é afetado. Uma vez que você configurar o string do comando de ação, ele permanecerá o mesmo não importando o que foi inserido no campo de texto. Você pode querer configurar explicitamente o comando de ação para fornecer uma maneira de o campo de texto ser reconhecido como fonte de um evento de ação. Isso será particularmente importante quando outro controle do mesmo quadro também gerar eventos de ação e você quiser usar o mesmo tratador para processar os dois eventos. A configuração do comando de ação proporciona uma maneira de diferenciá-los. Além disso, se você não configurar o comando de ação associado a um campo de texto, o conteúdo do campo pode coincidir com o comando de ação de outro componente.

Pergunte ao especialista

P: Você explicou que o comando de ação associado a um campo de texto pode ser configurado com uma chamada a setActionCommand( ). **Posso usar esse método para configurar o comando de ação associado a um botão de ação?**

R: Sim. Como explicado, por padrão, o comando de ação associado a um botão de ação é o nome do botão. Para configurar o comando de ação com um valor diferente, você pode usar o método **setActionCommand( )**. Funciona da mesma forma para **JButton** e **JTextField**.

Para obter o string exibido atualmente no campo de texto, chame o método **getText( )** na instância de **JTextField**. Ele é declarado assim:

String getText( )

Você pode configurar o texto de **JTextField** chamando **setText( )**, como mostrado abaixo:

void setText(String *texto*)

Aqui, *texto* é o string que será inserido no campo de texto.

O programa a seguir demonstra **JTextField**. Ele contém um campo de texto, um botão de ação e dois rótulos. Um rótulo solicita ao usuário que insira texto no campo. Se o usuário pressionar ENTER enquanto o foco estiver no campo de texto, o conteúdo do campo será obtido e exibido dentro de um segundo rótulo. O botão de ação se chama Reverse. Quando pressionado, ele inverte o conteúdo do campo de texto. Um exemplo da saída é mostrado na Figura 16-3.

```java
// Usa um campo de texto.

import java.awt.*;
import java.awt.event.*;
import javax.swing.*;

class TFDemo implements ActionListener {

  JTextField jtf;
  JButton jbtnRev;
  JLabel jlabPrompt, jlabContents;

  TFDemo() {

    // Cria um contêiner JFrame.
    JFrame jfrm = new JFrame("Use a Text Field");

    // Especifica FlowLayout como gerenciador de leiaute.
    jfrm.setLayout(new FlowLayout());

    // Fornece um tamanho inicial para o quadro.
    jfrm.setSize(240, 120);

    // Encerra o programa quando o usuário fecha o aplicativo.
    jfrm.setDefaultCloseOperation(JFrame.EXIT_ON_CLOSE);

    // Cria um campo de texto.
    jtf = new JTextField(10);   // Cria um campo de texto com largura de 10 colunas.

    // Define os comandos de ação do campo de texto.
    jtf.setActionCommand("myTF");   // Define os comandos de ação do campo de texto.

    // Cria o botão Reverse.
    JButton jbtnRev = new JButton("Reverse");
```

```java
    // Adiciona ouvintes de ação.
    jtf.addActionListener(this);
    jbtnRev.addActionListener(this);
```
Adiciona ouvintes de ação para o campo de texto e o botão.

```java
    // Cria os rótulos.
    jlabPrompt = new JLabel("Enter text: ");
    jlabContents = new JLabel("");

    // Adiciona os componentes ao painel de conteúdo.
    jfrm.add(jlabPrompt);
    jfrm.add(jtf);
    jfrm.add(jbtnRev);
    jfrm.add(jlabContents);

    // Exibe o quadro.
    jfrm.setVisible(true);
  }

  // Trata eventos de ação.
  public void actionPerformed(ActionEvent ae) {
```
Esse método trata eventos do botão e do campo de texto.

```java
    if(ae.getActionCommand().equals("Reverse")) {
      // O botão reverse foi pressionado.
      String orgStr = jtf.getText();
      String resStr = "";
```
Usa o comando de ação para determinar que componente gerou o evento.

```java
      // Inverte o string do campo de texto.
      for(int i=orgStr.length()-1; i >=0; i--)
        resStr += orgStr.charAt(i);

      // Armazena o string invertido no campo de texto.
      jtf.setText(resStr);
    } else
      // Enter foi pressionado enquanto o foco estava
      // no campo de texto.
      jlabContents.setText("You pressed ENTER. Text is: " +
                      jtf.getText());

  }

  public static void main(String args[]) {
    // Cria o quadro na thread de despacho de evento.
    SwingUtilities.invokeLater(new Runnable() {
      public void run() {
        new TFDemo();
      }
    });
  }
}
```

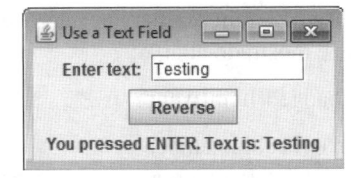

Figura 16-3 Exemplo de saída do programa **TFDemo**.

Grande parte do programa deve ser familiar, mas alguns trechos merecem atenção especial. Primeiro, observe que o comando de ação associado ao campo de texto é configurado com "myTF" pela linha a seguir:

```
jtf.setActionCommand("myTF");
```

Após essa linha ser executada, o string do comando de ação será sempre "myTF", não importando o texto que estiver atualmente no campo. Portanto, o comando de ação gerado por **jtf** não entrará acidentalmente em conflito com o comando de ação associado ao botão de ação Reverse. O método **actionPerformed( )** faz uso desse fato para determinar que evento ocorreu. Se o string do comando de ação for "Reverse", isso só pode significar uma coisa: que o botão de ação Reverse foi pressionado Caso contrário, o comando de ação foi gerado pelo usuário ao pressionar ENTER enquanto o campo de texto estava com o foco para inserção de entradas.

Para concluir, observe a linha a seguir do método **actionPerformed( )**:

```
jlabContents.setText("You pressed ENTER. Text is: " +
                jtf.getText());
```

Como explicado, quando o usuário pressiona ENTER enquanto o foco está dentro do campo de texto, um **ActionEvent** é gerado e enviado para todos os ouvintes de ação registrados, por intermédio do método **actionPerformed( )**. Em **TFDemo**, esse método apenas obtém o texto contido atualmente no campo chamando **getText( )** em **jtf**. Em seguida, exibe o texto usando o rótulo referenciado por **jlabContents**.

Crie um JCheckBox

Depois do botão de ação, talvez o controle mais usado seja a caixa de seleção. Em Swing, uma caixa de seleção é um objeto de tipo **JCheckBox**. **JCheckBox** herda **AbstractButton** e **JToggleButton**. Logo, uma caixa de seleção é, essencialmente, um tipo especial de botão.

JCheckBox define vários construtores. O usado aqui é

JCheckBox(String *str*)

Ele cria uma caixa de seleção que tem como rótulo o texto especificado por *str*.

Quando uma caixa de seleção é marcada ou desmarcada (isto é, quando a selecionamos ou cancelamos a seleção), um evento de item é gerado. Os eventos de item são representados pela classe **ItemEvent** e são tratados por classes que implementam a interface **ItemListener**. Essa interface especifica só um método: **itemState-Changed( )**, que é mostrado abaixo:

void itemStateChanged(ItemEvent *ie*)

O evento de item é recebido em *ie*.

Para obter uma referência ao item que mudou, chame **getItem( )** no objeto **ItemEvent**. Esse método é mostrado a seguir:

Object getItem( )

A referência retornada deve ser convertida para a classe de componente que está sendo tratada, que nesse caso é **JCheckBox**.

Você pode obter o texto associado a uma caixa de seleção chamando **getText( )**. Para configurar o texto após uma caixa de seleção ser criada, chame **setText( )**. Esses métodos funcionam da mesma forma que funcionam para o componente **JButton**, descrito anteriormente.

A maneira mais fácil de determinar o estado de uma caixa de seleção é chamar o método **isSelected( )**, mostrado abaixo:

boolean isSelected( )

Ele retorna verdadeiro se a caixa de seleção estiver marcada; caso contrário retorna falso.

O programa a seguir demonstra caixas de seleção. Ele cria três caixas de seleção chamadas Alpha, Beta e Gamma. Sempre que o estado de uma caixa muda, a ação atual é exibida. A lista de todas as caixas de seleção marcadas atualmente também é exibida. Um exemplo da saída é mostrado na Figura 16-4.

```java
// Demonstra caixas de seleção.

import java.awt.*;
import java.awt.event.*;
import javax.swing.*;

class CBDemo implements ItemListener {

  JLabel jlabSelected;
  JLabel jlabChanged;
  JCheckBox jcbAlpha;
  JCheckBox jcbBeta;
  JCheckBox jcbGamma;

  CBDemo() {
    // Cria um contêiner JFrame.
    JFrame jfrm = new JFrame("Demonstrate Check Boxes");

    // Especifica FlowLayout como gerenciador de leiaute.
    jfrm.setLayout(new FlowLayout());
```

```java
    // Fornece um tamanho inicial para o quadro.
    jfrm.setSize(280, 120);

    // Encerra o programa quando o usuário fecha o aplicativo.
    jfrm.setDefaultCloseOperation(JFrame.EXIT_ON_CLOSE);

    // Cria rótulos vazios.
    jlabSelected = new JLabel("");
    jlabChanged = new JLabel("");

    // Cria caixas de seleção.
    jcbAlpha = new JCheckBox("Alpha");     // ← Cria as caixas de seleção.
    jcbBeta = new JCheckBox("Beta");
    jcbGamma = new JCheckBox("Gamma");

    // Eventos gerados pelas caixas de seleção
    // são tratados pelo método itemStateChanged()
    // implementado por CBDemo.
    jcbAlpha.addItemListener(this);
    jcbBeta.addItemListener(this);
    jcbGamma.addItemListener(this);

    // Adiciona as caixas de seleção e rótulos ao painel de conteúdo.
    jfrm.add(jcbAlpha);
    jfrm.add(jcbBeta);
    jfrm.add(jcbGamma);
    jfrm.add(jlabChanged);
    jfrm.add(jlabSelected);

    // Exibe o quadro.
    jfrm.setVisible(true);
  }

  // Esse é o tratador das caixas de seleção.
  public void itemStateChanged(ItemEvent ie) {   // ← Trata eventos de item das caixas de seleção.
    String str = "";

    // Obtém uma referência à caixa de seleção
    // que causou o evento.
    JCheckBox cb = (JCheckBox) ie.getItem();   // ← Obtém uma referência à caixa de seleção que mudou.

    // Relata que caixa de seleção mudou.
    if(cb.isSelected())   // ← Determina o que ocorreu.
      jlabChanged.setText(cb.getText() + " was just selected.");
    else
      jlabChanged.setText(cb.getText() + " was just cleared.");

    // Relata todas as caixas selecionadas.
    if(jcbAlpha.isSelected()) {
```

```
      str += "Alpha ";
    }
    if(jcbBeta.isSelected()) {
      str += "Beta ";
    }
    if(jcbGamma.isSelected()) {
      str += "Gamma";
    }

    jlabSelected.setText("Selected check boxes: " + str);
  }

  public static void main(String args[]) {
    // Cria o quadro na thread de despacho de evento.
    SwingUtilities.invokeLater(new Runnable() {
      public void run() {
        new CBDemo();
      }
    });
  }
}
```

O principal ponto de interesse nesse programa é o tratador de eventos de item, **itemStateChanged( )**. Ele executa duas ações: primeiro, relata se a caixa de seleção foi marcada ou desmarcada; depois, exibe todas as caixas de seleção marcadas. Inicialmente ele obtém uma referência à caixa de seleção que gerou o **ItemEvent**, como mostrado aqui:

```
JCheckBox cb = (JCheckBox) ie.getItem();
```

A conversão para **JCheckBox** é necessária porque **getItem( )** retorna uma referência de tipo **Object**. Em seguida, **itemStateChanged( )** chama **isSelected( )** em **cb** para determinar o estado atual da caixa de seleção. Se **isSelected( )** retornar verdadeiro, isso significa que o usuário marcou a caixa de seleção. Caso contrário, a caixa de seleção foi desmarcada. Agora ele configura o rótulo **jlabChanged** para que reflita o que ocorreu.

Para concluir, **itemStateChanged( )** verifica o estado 'marcado' de cada caixa de seleção, construindo um string com os nomes das caixas marcadas. Ele exibe esse string no rótulo **jlabSelected**.

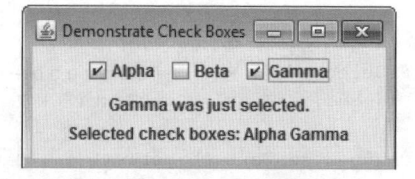

Figura 16-4 Exemplo de saída do programa CBDemo.

Trabalhe com JList

O último componente que examinaremos é **JList**. Essa é a classe de lista básica do Swing, ela dá suporte à seleção de um ou mais itens em uma lista. Embora geralmente a lista seja composta por strings, é possível criar uma lista de quase todos os objetos que possam ser exibidos. **JList** é tão amplamente usada em Java que é muito improvável que você ainda não tenha visto uma.

No passado, os itens de uma **JList** eram representados como referências **Object**. No entanto, com o lançamento do JDK 7, **JList** tornou-se genérica, e agora é declarada da seguinte forma:

class JList<E>

Aqui, **E** representa o tipo dos itens da lista. Como resultado, agora **JList** tem segurança de tipos.

JList fornece vários construtores. O usado aqui é

JList(E[ ] *itens*)

Ele cria uma **JList** contendo os itens do array especificado por *itens*.

Embora uma **JList** funcione apropriadamente sozinha, quase sempre ela é encapsulada dentro de um **JScrollPane**, que é um contêiner que fornece automaticamente a rolagem de seu conteúdo. Este é o construtor que usaremos:

JScrollPane(Component *comp*)

Aqui, *comp* especifica o componente a ser rolado, que nesse caso será uma **JList**. Quando você encapsular uma **JList** em um **JScrollPane**, listas longas serão automaticamente roláveis, isso simplifica o design da GUI. Também facilita alterar o número de entradas de uma lista sem ser preciso alterar o tamanho do componente **JList**.

Uma **JList** gera um **ListSelectionEvent** quando o usuário faz ou altera uma seleção. Esse evento também é gerado quando o usuário desmarca um item. Ele é tratado com a implementação de **ListSelectionListener**, que faz parte do pacote **javax.swing.event**. Esse ouvinte especifica apenas um método, chamado **valueChanged( )**, mostrado abaixo:

void valueChanged(ListSelectionEvent *le*)

Aqui, *le* é uma referência ao objeto que gerou o evento. Embora **ListSelectionEvent** forneça alguns métodos, normalmente examinamos o objeto **JList** para determinar o que ocorreu. **ListSelectionEvent** também faz parte do pacote **javax.swing.event**.

Por padrão, **JList** permite que o usuário selecione vários intervalos de itens dentro da lista, mas você pode alterar esse comportamento chamando o método **setSelectionMode( )**, definido por **JList**. Ele é mostrado abaixo:

void setSelectionMode(int *modo*)

Aqui, *modo* especifica o modo de seleção. Ele deve ser um dos valores seguintes definidos pela interface **ListSelectionModel** (que fica no pacote **javax.swing**):

SINGLE_SELECTION

SINGLE_INTERVAL_SELECTION

MULTIPLE_INTERVAL_SELECTION

A seleção padrão de múltiplos intervalos permite que o usuário selecione vários intervalos de itens dentro de uma lista. Na seleção de intervalo único, o usuário só pode selecionar um intervalo de itens. Na seleção simples, só pode selecionar um item. É claro que os outros dois modos permitem a seleção de um único item, mas eles também permitem que um intervalo seja selecionado.

Você pode obter o índice do primeiro item selecionado, que também será o índice do único item selecionado quando o modo de seleção simples for usado, chamando o método **getSelectedItem( )**, mostrado abaixo:

int getSelectedIndex( )

A indexaçao começa em zero, logo, se o primeiro item estiver selecionado, esse método retornará 0. Se nenhum item estiver selecionado, -1 será retornado.

Podemos obter um array contendo todos os itens selecionados chamando o método **getSelectedIndices( )**, mostrado a seguir:

int[ ] getSelectedIndices( )

No array retornado, os índices estarão na ordem do menor para o maior. Se um array de tamanho zero for retornado é porque nenhum item foi selecionado.

O programa a seguir demonstra uma **JList** simples, contendo uma lista de nomes. Sempre que um nome é selecionado na lista, é gerado um **ListSelectionEvent**, que é manipulado pelo método **valueChanged( )** definido por **ListSelectionListener**. Ele responde obtendo o índice do item selecionado e exibindo o nome correspondente. Um exemplo da saída é mostrado na Figura 16-5.

```
// Demonstra uma JList simples.

import javax.swing.*;
import javax.swing.event.*;
import java.awt.*;
import java.awt.event.*;

class ListDemo implements ListSelectionListener {

  JList<String> jlst;
  JLabel jlab;
  JScrollPane jscrlp;
```

```java
    // Cria um array de nomes.
    String names[] = { "Sherry", "Jon", "Rachel",        ┐
                       "Sasha", "Josselyn", "Randy",      │ Esse array será exibido
                       "Tom", "Mary", "Ken",              │ em uma JList.
                       "Andrew", "Matt", "Todd" };        ┘

  ListDemo() {
    // Cria um contêiner JFrame.
    JFrame jfrm = new JFrame("JList Demo");

    // Especifica um leiaute de fluxo.
    jfrm.setLayout(new FlowLayout());

    // Fornece um tamanho inicial para o quadro.
    jfrm.setSize(200, 160);

    // Encerra o programa quando o usuário fecha o aplicativo.
    jfrm.setDefaultCloseOperation(JFrame.EXIT_ON_CLOSE);

    // Cria uma JList.
    jlst = new JList<String>(names);  ◄──────────── Cria a lista.

    // Define o modo de seleção da lista com a seleção simples.
    jlst.setSelectionMode(ListSelectionModel.SINGLE_SELECTION);  ◄─┐
                                                                   │ Muda para o modo
    // Adiciona a lista a um painel de rolagem.                    │ de seleção simples.
    jscrlp = new JScrollPane(jlst);  ◄─────────────────────────────┘
                                    Encapsula a lista em um painel de rolagem.
    // Define um tamanho para o painel de rolagem.
    jscrlp.setPreferredSize(new Dimension(120, 90));

    // Cria um rótulo para exibir a seleção.
    jlab = new JLabel("Please choose a name");

    // Adiciona o tratador da seleção.
    jlst.addListSelectionListener(this);  ◄─── Ouve eventos de seleção na lista.

    // Adiciona a lista e o rótulo ao painel de conteúdo.
    jfrm.add(jscrlp);
    jfrm.add(jlab);

    // Exibe o quadro.
    jfrm.setVisible(true);                    Trata eventos de seleção na lista.
  }                                                            │
                                                               │
  // Trata eventos de seleção na lista.                        │
  public void valueChanged(ListSelectionEvent le) {  ◄─────────┘
    // Obtém o índice do item alterado.
    int idx = jlst.getSelectedIndex();  ◄──────── Obtém o índice do item
                                                  marcado/desmarcado.
    // Exibe a seleção, se um item foi selecionado.
```

```
    if(idx != -1)
      jlab.setText("Current selection: " + names[idx]);
    else // Caso contrário, solicita novamente que seja feita a seleção.
      jlab.setText("Please choose a name");
  }

  public static void main(String args[]) {
    // Cria o quadro na thread de despacho de evento.
    SwingUtilities.invokeLater(new Runnable() {
      public void run() {
        new ListDemo();
      }
    });
  }
}
```

Examinemos detalhadamente esse programa. Primeiro, observe o array **names** quase no início. Ele é inicializado com uma lista de strings que contêm vários nomes. Dentro de **ListDemo( )**, uma **JList** chamada **jlst** é construída com o uso do array names. Como mencionado, quando o construtor do array é usado (como nesse caso), uma instância de **JList** é criada automaticamente com o conteúdo do array. Logo, a lista conterá os nomes de **names**.

Em seguida, o modo de seleção é configurado com a seleção simples, ou seja, só um item de cada vez pode ser selecionado nessa lista. Agora, **jlst** é encapsulada dentro de um **JScrollPane** e o tamanho do painel de rolagem é configurado com 120 por 90. Isso cria um painel de rolagem compacto, mas fácil de usar. Em Swing, o método **setPreferredSize( )** define o tamanho ideal de um componente. Cuidado, já que alguns gerenciadores de leiaute podem ignorar essa definição, mas geralmente o tamanho determina as dimensões do componente.

Um evento de seleção na lista ocorre sempre que o usuário seleciona um item ou muda o item selecionado. Dentro do tratador de eventos **valueChanged( )**, o índice do item selecionado é obtido com uma chamada a **getSelectedIndex( )**. Já que a lista foi configurada com o modo de seleção simples, esse também é o índice do único item selecionado. Esse índice é então usado na indexação do array **names** para obtermos o nome selecionado. Observe que o valor do índice é comparado com –1. Lembre-se, esse é o valor retornado quando nenhum item foi selecionado. Será esse o caso quando o tratador de eventos de seleção for chamado se o usuário tiver desmarcado um item. Não esqueça: um evento de seleção é gerado quando o usuário marca ou desmarca um item.

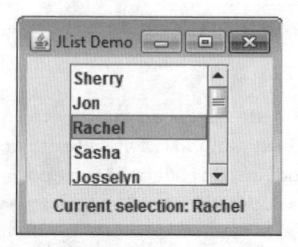

Figura 16-5   Saída do programa **ListDemo**.

Tente Isto 16-1   Utilitário de comparação de arquivos baseado em Swing

SwingFC.java

Embora você conheça pouco o Swing, pode usá-lo para criar um aplicativo prático. Em Tente isto 10-1 você criou um utilitário de comparação de arquivos baseado no console. Este projeto criará uma versão do programa baseada em Swing. Como você verá, dar a esse aplicativo uma interface de usuário baseada em Swing melhorará significativamente sua aparência e o tornará mais fácil de usar. Veja a aparência da versão de Swing:

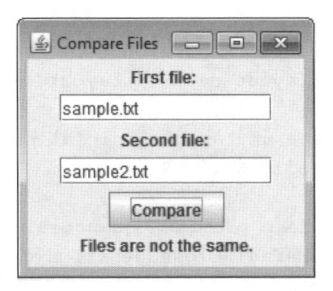

Já que Swing otimiza a criação de programas baseados em GUI, você pode ficar surpreso com como é fácil criar este programa:

1. Comece criando um arquivo chamado **SwingFC.java** e então insira o comentário e as instruções **import** a seguir:

```
/*
    Tente Isto 16-1

    Utilitário de comparação de arquivos baseado em Swing.
*/

import java.awt.*;
import java.awt.event.*;
import javax.swing.*;
import java.io.*;
```

2. Em seguida, crie a classe **SwingFC** como mostrada aqui:

```
class SwingFC implements ActionListener {

    JTextField jtfFirst;  // contém o nome do primeiro arquivo
    JTextField jtfSecond; // contém o nome do segundo arquivo

    JButton jbtnComp; // botão para comparar os arquivos

    JLabel jlabFirst, jlabSecond; // exibe avisos
    JLabel jlabResult; // exibe resultados e mensagens de erro
```

Os nomes dos arquivos a serem comparados são inseridos nos campos de texto definidos por **jtfFirst** e **jtfSecond**. Para comparar os arquivos, o usuário deve pressionar o botão **jbtnComp**. Mensagens de aviso são exibidas em **jlabFirst** e **jlabSecond**. Os resultados da comparação, ou qualquer mensagem de erro, são exibidos em **jlabResult**.

3. Codifique o construtor de **SwingFC** da forma a seguir:

```java
SwingFC() {

  // Cria um contêiner JFrame.
  JFrame jfrm = new JFrame("Compare Files");

  // Especifica FlowLayout como gerenciador de leiaute.
  jfrm.setLayout(new FlowLayout());

  // Fornece um tamanho inicial para o quadro.
  jfrm.setSize(200, 190);

  // Encerra o programa quando o usuário fecha o aplicativo.
  jfrm.setDefaultCloseOperation(JFrame.EXIT_ON_CLOSE);

  // Cria os campos de texto para os nomes de arquivo.
  jtfFirst = new JTextField(14);
  jtfSecond = new JTextField(14);

  // Define os comandos de ação para os campos de texto.
  jtfFirst.setActionCommand("fileA");
  jtfSecond.setActionCommand("fileB");

  // Cria o botão Compare.
  JButton jbtnComp = new JButton("Compare");

  // Adiciona um ouvinte de ação para o botão Compare.
  jbtnComp.addActionListener(this);

  // Cria os rótulos.
  jlabFirst = new JLabel("First file: ");
  jlabSecond = new JLabel("Second file: ");
  jlabResult = new JLabel("");

  // Adiciona os componentes ao painel de conteúdo.
  jfrm.add(jlabFirst);
  jfrm.add(jtfFirst);
  jfrm.add(jlabSecond);
  jfrm.add(jtfSecond);
  jfrm.add(jbtnComp);
  jfrm.add(jlabResult);

  // Exibe o quadro.
  jfrm.setVisible(true);
}
```

Você deve conhecer grande parte do código desse construtor. No entanto, observe uma coisa: um ouvinte de ação é adicionado apenas ao botão de ação **jbtn-Compare**. Não são adicionados ouvintes de ação aos campos de texto. Veja por quê: o conteúdo dos campos de texto só é necessário quando o botão Compare é pressionado, em nenhum outro momento seu conteu´do é necessário. Logo, não há porque responder a eventos de campos de texto. Ao criar mais programas Swing, você verá que isso costuma ocorrer quando se usa um campo de texto.

4. Comece a criar o tratador de eventos **actionPerformed( )**, como mostrado a seguir. Esse método é chamado quando o botão Compare é pressionado.

```java
// Compara os arquivos quando o botão Compare é pressionado.
public void actionPerformed(ActionEvent ae) {
  int i=0, j=0;

  // Primeiro, confirma se os dois nomes de
  // arquivo foram inseridos.
  if(jtfFirst.getText().equals("")) {
    jlabResult.setText("First file name missing.");
    return;
  }
  if(jtfSecond.getText().equals("")) {
    jlabResult.setText("Second file name missing.");
    return;
  }
```

O método começa confirmando se o usuário inseriu um nome de arquivo em cada um dos campos de texto. Se não tiver inserido, o nome de arquivo ausente será relatado e o tratador retornará.

5. Agora, termine **actionPerformed( )** adicionando o código que abre realmente os arquivos e então os compara.

```java
// Compara arquivos. Usa try-with-resources para gerenciar os arquivos.
try (FileInputStream f1 = new FileInputStream(jtfFirst.getText());
     FileInputStream f2 = new FileInputStream(jtfSecond.getText()))
{
  // Verifica o conteúdo de cada arquivo.
  do {
    i = f1.read();
    j = f2.read();
    if(i != j) break;
  } while(i != -1 && j != -1);

  if(i != j)
    jlabResult.setText("Files are not the same.");
  else
    jlabResult.setText("Files compare equal.");
} catch(IOException exc) {
  jlabResult.setText("File Error");
}
}
```

6. Termine **SwingFC** adicionando o método **main( )** a seguir.

```
public static void main(String args[]) {
  // Cria o quadro na thread de despacho de evento.
  SwingUtilities.invokeLater(new Runnable() {
    public void run() {
    new SwingFC();
    }
  });
  }
}
```

7. O programa inteiro de comparação de arquivos baseado em Swing é mostrado aqui:

```
/*
    Tente Isto 16-1

    Utilitário de comparação de arquivos baseado em Swing.

*/

import java.awt.*;
import java.awt.event.*;
import javax.swing.*;
import java.io.*;

class SwingFC implements ActionListener {

  JTextField jtfFirst;  // contém o nome do primeiro arquivo
  JTextField jtfSecond; // contém o nome do segundo arquivo

  JButton jbtnComp; // botão para comparar os arquivos

  JLabel jlabFirst, jlabSecond; // exibe avisos
  JLabel jlabResult; // exibe resultados e mensagens de erro

  SwingFC() {

    // Create a new JFrame container.
    JFrame jfrm = new JFrame("Compare Files");

    // Especifica FlowLayout como gerenciador de leiaute.
    jfrm.setLayout(new FlowLayout());

    // Fornece um tamanho inicial para o quadro.
    jfrm.setSize(200, 190);

    // Encerra o programa quando o usuário fecha o aplicativo.
    jfrm.setDefaultCloseOperation(JFrame.EXIT_ON_CLOSE);

    // Cria os campos de texto para os nomes de arquivo.
```

```java
    jtfFirst = new JTextField(14);
    jtfSecond = new JTextField(14);

    // Define os comandos de ação para os campos de texto.
    jtfFirst.setActionCommand("fileA");
    jtfSecond.setActionCommand("fileB");

    // Cria o botão Compare.
    JButton jbtnComp = new JButton("Compare");

    // Adiciona um ouvinte de ação para o botão Compare.
    jbtnComp.addActionListener(this);

    // Cria os rótulos.
    jlabFirst = new JLabel("First file: ");
    jlabSecond = new JLabel("Second file: ");
    jlabResult = new JLabel("");

    // Adiciona os componentes ao painel de conteúdo.
    jfrm.add(jlabFirst);
    jfrm.add(jtfFirst);
    jfrm.add(jlabSecond);
    jfrm.add(jtfSecond);
    jfrm.add(jbtnComp);
    jfrm.add(jlabResult);

    // Exibe o quadro.
    jfrm.setVisible(true);
}

// Compara os arquivos quando o botão Compare é pressionado.
public void actionPerformed(ActionEvent ae) {
    int i=0, j=0;

    // Primeiro, confirma se os dois nomes de arquivo
    // foram inseridos.
    if(jtfFirst.getText().equals("")) {
        jlabResult.setText("First file name missing.");
        return;
    }
    if(jtfSecond.getText().equals("")) {
        jlabResult.setText("Second file name missing.");
        return;
    }

    // Compara arquivos. Usa try-with-resources para gerenciar os arquivos.
    try (FileInputStream f1 = new FileInputStream(jtfFirst.getText());
         FileInputStream f2 = new FileInputStream(jtfSecond.getText()))
    {
        // Verifica o conteúdo de cada arquivo.
        do {
```

```
          i = f1.read();
          j = f2.read();
          if(i != j) break;
      } while(i != -1 && j != -1);

      if(i != j)
        jlabResult.setText("Files are not the same.");
      else
        jlabResult.setText("Files compare equal.");
    } catch(IOException exc) {
      jlabResult.setText("File Error");
    }
  }
}

  public static void main(String args[]) {
    // Cria o quadro na thread de despacho de evento.
    SwingUtilities.invokeLater(new Runnable() {
      public void run() {
        new SwingFC();
      }
    });
  }
}
```

Use classes internas anônimas ou expressões lambda para tratar eventos

Até agora, os programas deste capítulo usaram uma abordagem simples e direta de tratamento de eventos em que a classe principal do aplicativo implementa ela própria a interface de ouvinte e todos os eventos são enviados para uma instância dessa classe. Embora isso seja perfeitamente aceitável, não é a única maneira de tratar eventos. Por exemplo, poderíamos usar classes de ouvinte separadas. Assim, classes diferentes tratariam eventos distintos e ficariam separadas da classe principal do aplicativo. No entanto, duas outras abordagens oferecem alternativas poderosas. Na primeira, podemos implementar ouvintes com o uso de *classes internas anônimas*. Ou então, em alguns casos, podemos usar uma expressão lambda para tratar um evento. Examinemos cada abordagem.

As classes internas anônimas são classes internas que não têm um nome. Em vez disso, uma instância da classe é gerada "dinamicamente" quando necessário. As classes internas anônimas facilitam muito a implementação de alguns tipos de tratadores de eventos, por exemplo, dado um **JButton** chamado **jbtn**, você poderia implementar um ouvinte de ação para ele da seguinte forma:

```
jbtn.addActionListener(new ActionListener() {
  public void actionPerformed(ActionEvent ae) {
```

```
      // Trata o evento de ação aqui.
   }
});
```

Nesse exemplo, é criada uma classe interna anônima que implementa a interface **ActionListener**. Preste atenção na sintaxe: o corpo da classe interna começa após a chave que vem depois de new **ActionListener( )**. Observe também que a chamada a **addActionListener( )** termina com um parêntese de fechamento e um ponto e vírgula como de praxe. As mesmas sintaxe e abordagem básicas são usadas na criação de uma classe interna anônima para qualquer tratador de eventos. É claro que, para diferentes eventos, você especificará ouvintes distintos e implementará métodos diferentes.

Uma vantagem do uso de uma classe interna anônima é que o componente que chama os métodos da classe já é conhecido. Por exemplo, no caso que acabamos de ver, não há necessidade de chamar **getActionCommand( )** para determinar que componente gerou o evento, porque essa implementação de **actionPerformed( )** só será chamada por eventos gerados por **jbtn**. Veremos as classes internas anônimas em ação no applet Swing mostrado na próxima seção.

No caso de um evento cujo ouvinte defina uma interface funcional, você pode tratar o evento com uma expressão lambda. Por exemplo, eventos de ação podem ser tratados com uma expressão lambda porque **ActionListener** define somente um método abstrato, **actionPerformed( )**. O uso de uma expressão lambda na implementação de **ActionListener** fornece uma alternativa compacta à declaração explícita de uma classe interna anônima. Presumindo novamente um **JButton** chamado jbtn, você poderia implementar um ouvinte de ação assim:

```
jbtn.addActionListener((ae) -> {
   // Trata o evento de ação aqui.
});
```

Como na abordagem de classe interna anônima, o objeto que gera o evento é conhecido. Nesse caso, a expressão lambda é aplicada apenas ao botão **jbtn**.

É claro que em casos em que um evento pode ser tratado com uma única expressão, não é necessário usar uma lambda de bloco. Por exemplo, aqui está um tratador de evento de ação para o botão Up do programa **ButtonDemo** mostrado anteriormente. Ele só precisa de uma expressão lambda.

```
jbtnUp.addActionListener((ae) -> jlab.setText("You pressed Up."));
```

Observe como esse código é mais curto se comparado com o da abordagem original. Ele também é mais curto do que se usássemos uma classe interna anônima explicitamente.

Em geral, podemos usar uma expressão lambda para tratar um evento quando seu ouvinte define uma interface funcional. Por exemplo, **ItemListener** também é uma interface funcional. O que vai definir se o mais apropriado é usar a abordagem tradicional, uma classe interna anônima ou uma expressão lambda é a natureza do aplicativo. Para conhecer melhor cada caso, faça os tratadores de eventos dos exemplos anteriores usarem expressões lambda ou classes internas anônimas.

Crie um applet Swing

Os exemplos de programa anteriores eram aplicativos baseados em Swing. O segundo tipo de programa que usa Swing é o applet. Os applets baseados em Swing são semelhantes aos applets baseados em AWT descritos no Capítulo 15, mas com uma diferença importante: um applet Swing estende **JApplet** em vez de **Applet**. **JApplet** é derivada de Applet, logo, inclui toda a funcionalidade encontrada em **Applet** e adiciona o suporte a Swing. **JApplet** é um contêiner Swing de nível superior, assim, contém os diversos painéis descritos anteriormente. Como resultado, todos os componentes são adicionados ao painel de conteúdo de **JApplet** da mesma forma que componentes são adicionados ao painel de conteúdo de **JFrame**.

Os applets Swing usam os mesmos quatro métodos de ciclo de vida descritos no Capítulo 15: **init( )**, **start( )**, **stop( )** e **destroy( )**. Obviamente, você só deve sobrepor os requeridos por seu applet. Em geral, a atualização da tela é feita em Swing de maneira diferente de como é feita em AWT. Portanto, geralmente um applet Swing não sobrepõe o método **paint( )**.

Outra informação: toda a interação com componentes em um applet Swing deve ocorrer na thread de despacho de evento, como descrito na seção anterior. A questão das threads se aplica a todos os programas Swing.

Aqui está um exemplo de um applet Swing. Ele fornece a mesma funcionalidade do exemplo do botão de ação mostrado anteriormente neste capítulo, mas faz isso na forma de applet. Ele também usa classes internas anônimas para implementar os tratadores de eventos de ação. A Figura 16-6 mostra o programa quando executado pelo **visualizador de applets**.

```
// Applet simples baseado em Swing

import javax.swing.*;
import java.awt.*;
import java.awt.event.*;

/*
Esta HTML pode ser usada para iniciar o applet:

<applet code="MySwingApplet" width=200 height=80>
</applet>
*/

public class MySwingApplet extends JApplet {
   JButton jbtnUp;
   JButton jbtnDown;

   JLabel jlab;

   // Inicializa o applet.
   public void init() {
      try {
```

Applets Swing devem estender **JApplet**.

```java
      SwingUtilities.invokeAndWait(new Runnable () {     // ← Usa
        public void run() {                               // invokeAndWait( )
          makeGUI(); // inicializa a GUI                  // para criar a GUI.
        }
      });
    } catch(Exception exc) {
      System.out.println("Can't create because of "+ exc);
    }
  }

  // Esse applet não precisa sobrepor start(), stop()
  // ou destroy().

  // Configura e inicializa a GUI.
  private void makeGUI() {
    // Configura o applet para usar o leiaute de fluxo.
    setLayout(new FlowLayout());

    // Cria dois botões.
    jbtnUp = new JButton("Up");
    jbtnDown = new JButton("Down");

    // Adiciona um ouvinte de ação para o botão Up.
    jbtnUp.addActionListener(new ActionListener() {
      public void actionPerformed(ActionEvent ae) {
        jlab.setText("You pressed Up.");
      }
    });                                                    // Usa classes
                                                           // internas
    // Adiciona um ouvinte de ação para o botão Down.      // anônimas para
    jbtnDown.addActionListener(new ActionListener() {      // tratar eventos
      public void actionPerformed(ActionEvent ae) {        // de botão.
        jlab.setText("You pressed down.");
      }
    });

    // Adiciona os botões ao painel de conteúdo.
    add(jbtnUp);
    add(jbtnDown);

    // Cria um rótulo baseado em texto.
    jlab = new JLabel("Press a button.");

    // Adiciona o rótulo ao painel de conteúdo.
    add(jlab);
  }
}
```

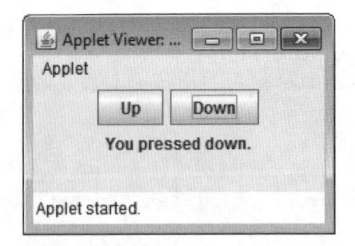

Figura 16-6 Saída do exemplo de applet Swing.

Há várias coisas importantes a se observar nesse applet. Em primeiro lugar, **MySwingApplet** estende **JApplet**. Como explicado, todos os applets baseados em Swing estendem **JApplet** em vez de **Applet**. Em segundo lugar, o método **init( )** inicializa os componentes de Swing na thread de despacho de evento fazendo uma chamada a **makeGUI( )**. Observe que isso é feito com o uso de **invokeAndWait( )** em vez de **invokeLater( )**. Os applets têm que usar **invokeAndWait( )** porque o método **init( )** não deve retornar até o processo de inicialização inteiro terminar. Na verdade, o método **start( )** só pode ser chamado depois da inicialização, ou seja, a GUI deve ser totalmente construída.

Dentro de **makeGUI( )**, os dois botões e o rótulo são criados e os ouvintes de ação são adicionados aos botões. Observe que classes internas anônimas são usadas para implementar os tratadores de eventos de ação. Você pode usá-las como modelo para implementar outros tratadores de eventos. Uma das principais vantagens é que o objeto que causa o evento é conhecido porque é o objeto em que a classe interna anônima é instanciada. Portanto, não é necessário obter o comando de ação para determinar que botão gerou o evento. (O uso de uma expressão lambda também forneceria a mesma vantagem.) Para concluir, os componentes são adicionados ao painel de conteúdo. Embora seja um exemplo bem simples, essa mesma abordagem geral pode ser empregada na construção de qualquer GUI Swing a ser usada por um applet.

✓ Teste do Capítulo 16

1. Em geral, os componentes de AWT são pesados e os componentes de Swing são _____.

2. A aparência de um componente de Swing pode ser alterada? Se pode, que recurso permite isso?

3. Qual é o contêiner de nível superior mais usado para um aplicativo?

4. Os contêineres de nível superior possuem vários painéis. A qual deles os componentes são adicionados?

5. Mostre como construir um rótulo contendo a mensagem "Select an entry from the list".

6. Toda a interação com os componentes da GUI deve ocorrer em que thread?

7. Qual é o comando de ação padrão associado a um **JButton**? Como ele pode ser alterado?

8. Que evento é gerado quando um botão de ação é pressionado?
9. Mostre como criar um campo de texto com 32 colunas.
10. **JTextField** pode ter seu comando de ação configurado? Se sim, como?
11. Que componente de Swing cria uma caixa de seleção? Que evento é gerado quando uma caixa de seleção é marcada ou desmarcada?
12. **JList** exibe uma lista de itens na qual o usuário pode fazer uma seleção. Verdadeiro ou falso?
13. Que evento é gerado quando o usuário marca ou desmarca um item em uma **JList**?
14. Que método define o modo de seleção de uma **JList**? E qual obtém o índice do primeiro item selecionado?
15. Para criar um applet baseado em Swing, que classe você deve herdar?
16. Geralmente, applets baseados em Swing usam **invokeAndWait( )** para criar a GUI inicial. Verdadeiro ou falso?
17. Adicione uma caixa de seleção ao comparador de arquivos desenvolvido na seção Tente isto 15-1 com o texto a seguir: Show position of mismatch. Quando essa caixa for marcada, faça o programa exibir o local do primeiro ponto nos arquivos em que ocorreu uma discrepância.
18. Altere o programa **ListDemo** para que ele permita que vários itens da lista sejam selecionados.
19. Desafio extra: converta a classe Help desenvolvida na seção Tente isto 4-1 em um programa de GUI baseado em Swing. Exiba as palavras-chave (**for**, **while**, **switch** e assim por diante) em uma **JList**. Quando o usuário selecionar uma, exiba a sintaxe da palavra-chave. Para exibir várias linhas de texto dentro de um rótulo, você pode usar HTML. Ao fazê-lo, deve começar o texto com a sequência **<html>**. Assim ele será formatado automaticamente como descrito pela marcação. Além de outros benefícios, o uso de HTML permite a criação de rótulos que se estendem por duas ou mais linhas, por exemplo, o código a seguir cria um rótulo que exibe duas linhas de texto, com o string "Top" acima do string "Bottom".

```
JLabel jlabhtml = new JLabel("<html>Top<br>Bottom</html>");
```

A resposta desse exercício não será fornecida. Você chegou a um nível em que está pronto para aplicar suas habilidades em Java por conta própria!

Capítulo 17

Introdução a JavaFX

Principais habilidades e conceitos

- Entender os conceitos de JavaFX referentes a palco, cena, nó e grafo de cena
- Conhecer os métodos JavaFX de ciclo de vida
- Conhecer a forma geral de um aplicativo JavaFX
- Saber como iniciar um aplicativo JavaFX
- Criar um **Label**
- Usar **Button**
- Tratar eventos
- Usar **CheckBox**
- Trabalhar com **ListView**
- Criar um **TextField**
- Adicionar efeitos
- Aplicar transformações

No universo acelerado da computação, a mudança é constante e a arte e a ciência de programar continuam evoluindo e avançando. Logo, não deve surpreender o fato de os frameworks Java também participarem desse processo. Você deve lembrar de que o framework original de GUI era AWT. Ele foi rapidamente seguido por Swing, que oferecia uma abordagem bem superior. Embora Swing tenha obtido muito sucesso, pode ser difícil criar o "apelo visual" que muitos dos aplicativos atuais demandam. Além disso, a base conceitual que sustenta o design de frameworks de GUI tem avançado. Para atender melhor as demandas da GUI moderna e os avanços do design de GUIs, uma nova abordagem era necessária. O resultado é JavaFX, a nova geração de framework de GUI Java. Este capítulo fornece uma introdução a esse poderoso novo sistema.

É importante mencionar que o desenvolvimento de JavaFX ocorreu em duas fases principais. JavaFX original se baseava em uma linguagem de scripts chamada *JavaFX Script*. No entanto, JavaFX Script foi descontinuada. A partir do lançamento de JavaFX 2.0, o framework foi programado na própria linguagem Java e fornece uma API abrangente. JavaFX foi integrado a Java desde JDK 7, update 4. A última versão é JavaFX 8, que foi incluída com JDK 8. (O número da versão é 8 para coincidir com a de JDK. Logo, os números 3 a 7 foram saltados.) Já que, quando este texto foi escrito, JavaFX 8 representava a última versão de JavaFX, essa é a versão discutida aqui. Portanto, quando o termo *JavaFX* é usado, ele se refere a JavaFX 8.

Antes de começar, seria útil responder a uma pergunta que surge naturalmente quando se fala em JavaFX: JavaFX foi projetado como substituto de Swing? A resposta é, basicamente, *sim*. Porém, por algum tempo Swing ainda fará parte da programação Java. Isso ocorre porque há uma grande quantidade de código legado de Swing. e muitos programadores aprenderam a programar usando-o. Contudo, JavaFX está assumindo claramente a posição de plataforma do futuro. Espera-se que em poucos anos, JavaFX substitua Swing em novos projetos e muitos aplicativos baseados em Swing migrem para o novo framework. Resumindo: JavaFX é algo que nenhum programador de Java pode ignorar.

NOTA
Este capítulo presume que você tenha conhecimento dos aspectos básicos das GUIs, inclusive o tratamento de eventos, como introduzido nos Capítulos 15 e 16.

Conceitos básicos de JavaFX

Antes de você poder criar um aplicativo JavaFX, há vários conceitos e recursos importantes que precisa entender. Embora JavaFX tenha semelhanças com as outras GUIs Java, de AWT e Swing, também tem diferenças significativas. Por exemplo, como em Swing, os componentes JavaFX são leves e os eventos são tratados de uma maneira simples e fácil de gerenciar. No entanto, a organização geral de JavaFX e o relacionamento de seus componentes principais são muito diferentes do que ocorre em Swing e AWT. Logo, é recomendável ler cuidadosamente as próximas seções.

Os pacotes JavaFX

O framework JavaFX está contido em pacotes que começam com o prefixo **javafx**. Quando este texto foi escrito, havia mais de 30 pacotes JavaFX na biblioteca de APIs. Aqui estão quatro exemplos: **javafx.application**, **javafx.stage**, **javafx.scene** e **javafx.scene.layout**. Mesmo usando apenas alguns pacotes JavaFX neste capítulo, você vai precisar de tempo para conhecer seus recursos. JavaFX oferece um amplo conjunto de funcionalidades.

As classes Stage e Scene

A metáfora básica implementada por JavaFX é o *palco*. Como no caso de uma peça de teatro real, um palco contém uma *cena*. Logo, de um modo geral, um palco define um espaço e uma cena define o que vai entrar nesse espaço. Ou, visto de outra forma, um palco é um contêiner para cenas e uma cena é um contêiner para os itens que a compõem. Como resultado, todos os aplicativos JavaFX têm pelo menos um palco e uma cena. Estes elementos encontram-se encapsulados na API JavaFX pelas classes **Stage** e **Scene**. Para criar um aplicativo JavaFX, você adicionará, no mínimo, um objeto **Scene** a um **Stage**. Examinemos essas duas classes com mais detalhes.

Stage é um contêiner de nível superior. Todos os aplicativos JavaFX têm acesso automático a um **Stage**, chamado de *palco principal*. O palco principal é fornecido pelo sistema de tempo de execução quando um aplicativo JavaFX é iniciado. Embora você possa criar outros palcos, para muitos aplicativos, o palco principal será o único requerido.

Como mencionado, **Scene** é um contêiner para os itens que compõem a cena. Eles podem ser controles, como botões de ação e caixas de seleção, texto e elementos gráficos. Para criar uma cena, você adicionará esses elementos a uma instância de **Scene**.

Nós e grafos de cena

Os elementos individuais de uma cena são chamados de *nós*. Por exemplo, um controle de botão de ação é um nó. No entanto, os nós também podem ser compostos por grupos de nós. Além disso, um nó pode ter um nó filho. Nesse caso, um nó com um filho é chamado de *nó pai* ou *nó ramificado*. Nós sem filhos são nós terminais e são chamados de *folhas*. O conjunto de todos os nós de uma cena cria o que chamamos de *grafo de cena*, que compõe uma *árvore*.

Há um tipo especial de nó no grafo de cena chamado *nó raiz*. É o nó de nível superior, sendo o único nó do grafo de cena que não tem um pai. Logo, com exceção do nó raiz, todos os outros nós têm pais, e todos os nós descendem direta ou indiretamente do nó raiz.

A classe base de todos os nós é **Node**. Há várias outras classes que são, direta ou indiretamente, subclasses de **Node**. Entre elas estão **Parent**, **Group**, **Region** e **Control**, para citar algumas.

Leiautes

JavaFX fornece vários painéis de leiaute que gerenciam o processo de inserção de elementos em uma cena. Por exemplo, a classe **FlowPane** fornece um leiaute de fluxo e a classe **GridPane** dá suporte a um leiaute baseado em grade com linhas e colunas. Vários outros leiautes, como **BorderPane** (que é semelhante ao leiaute **BorderLayout** de AWT), estão disponíveis. Todos herdam **Node**. Os leiautes fazem parte do pacote **javafx.scene.layout**.

A classe Application e os métodos de ciclo de vida

Um aplicativo JavaFX deve ser subclasse da classe **Application**, que fica no pacote **javafx.application**. Portanto, a classe de seu aplicativo estenderá **Application**. A classe **Application** define três métodos de ciclo de vida que o aplicativo pode sobrepor. Eles se chamam **init( )**, **start( )** e **stop( )** e são mostrados aqui, na ordem em que são chamados:

void init( )

abstract void start(Stage *palcoPrincipal*)

void stop( )

O método **init( )** é chamado quando o aplicativo entra em execução. Ele é usado para processar várias inicializações. Como será explicado, *não podemos*, no entanto, usá-lo para criar um palco ou construir uma cena. Se não forem necessárias inicializações, esse método não precisa ser sobreposto porque uma versão padrão vazia é fornecida.

O método **start( )** é chamado após **init( )**. É nele que o aplicativo é iniciado e *podemos* usá-lo na construção e definição de uma cena. Ele recebe uma referência a um objeto **Stage**. Trata-se do palco fornecido pelo sistema de tempo de execução, sendo o palco principal. Observe que esse método é abstrato. Logo, deve ser sobreposto pelo aplicativo.

Quando o aplicativo é encerrado, o método **stop( )** é chamado. É nele que podemos executar tarefas de limpeza ou encerramento. Em casos em que essas ações não são necessárias, uma versão padrão vazia é fornecida.

Iniciando um aplicativo JavaFX

Para iniciar um aplicativo JavaFX independente, você deve chamar o método **launch( )** definido por **Application**. Ele tem duas formas: Aqui está a usada neste capítulo:

public static void launch(String ... *args*)

Nela, *args* é uma lista de strings possivelmente vazia que costuma especificar argumentos de linha de comando. Quando chamado, **launch( )** faz o aplicativo ser construído, seguido por chamadas a **init( )** e **start( )**. O método **launch( )** não retornará antes do aplicativo ser encerrado. Esta versão de **launch( )** inicia a subclasse de **Application** a partir da qual **launch( )** é chamado. A segunda forma de **launch( )** permite especificar uma classe diferente da classe externa para ser iniciada.

Antes de prosseguirmos, é necessário fazer uma observação importante: aplicativos JavaFX empacotados com o uso da ferramenta **javafxpackager** (ou uma ferramenta equivalente de um IDE) não precisam incluir a chamada a **launch( )**. No entanto, muitas vezes sua inclusão simplifica o ciclo de teste/depuração e permite que o programa seja usado sem a criação de um arquivo JAR. Logo, ele foi incluído nos programas deste capítulo.

Esqueleto de aplicativo JavaFX

Todos os aplicativos JavaFX compartilham o mesmo esboço básico. Logo, antes de examinar mais recursos de JavaFX, seria útil vermos a aparência desse esboço. Além de mostrar a forma geral de um aplicativo JavaFX, o esboço também ilustra como iniciar o aplicativo e demonstra quando os métodos de ciclo de vida são chamados. Uma mensagem informando quando cada método de ciclo de vida é chamado é exibida no console. O esboço completo é mostrado abaixo:

```
// Esboço de um aplicativo JavaFX.

import javafx.application.*;
import javafx.scene.*;
import javafx.stage.*;
import javafx.scene.layout.*;

public class JavaFXSkel extends Application {

  public static void main(String[] args) {

    System.out.println("Launching JavaFX application.");

    // Inicia o aplicativo JavaFX chamando launch().
```

```
    launch(args);
  }

  // Sobrepõe o método init().
  public void init() {
    System.out.println("Inside the init() method.");
  }

  // Sobrepõe o método start().
  public void start(Stage myStage) {

    System.out.println("Inside the start() method.");

    // Fornece um título para o palco.
    myStage.setTitle("JavaFX Skeleton.");

    // Cria um nó raiz. Nesse caso, um leiaute de fluxo é usado,
    // mas existem várias alternativas.
    FlowPane rootNode = new FlowPane();   ←──────── Cria um nó raiz.

    // Cria uma cena.
    Scene myScene = new Scene(rootNode, 300, 200);  ←──────── Cria uma cena.

    // Define a cena no palco.
    myStage.setScene(myScene);   ←──────── Define a cena no palco.

    // Exibe o palco e sua cena.
    myStage.show();   ←──────── Exibe o palco.
  }

  // Sobrepõe o método stop().
  public void stop() {
    System.out.println("Inside the stop() method.");
  }
}
```

Embora o esboço seja bem curto, pode ser compilado e executado. Ele produz uma janela vazia. Porém, também produz a saída a seguir no console:

```
Launching JavaFX application.
Inside the init() method.
Inside the start() method.
```

Quando você fechar a janela, esta mensagem será exibida no console:

```
Inside the stop() method.
```

É claro que, em um programa real, normalmente os métodos de ciclo de vida não exibiriam nada em **System.out**. Eles o fazem aqui apenas para ilustrar quando cada método é chamado. Além disso, como explicado anteriormente, você só precisará sobrepor os métodos **init( )** e **stop( )** se seu aplicativo tiver que executar ações especiais de inicialização ou encerramento. Caso contrário, pode usar as implementações padrão desses métodos fornecidas pela classe **Application**.

Examinemos esse programa com detalhes. Ele começa importando quatro pacotes. O primeiro é **javafx.application**, que contém a classe **Application**. A classe **Scene** faz parte do pacote **javafx.scene** e **Stage** fica em **javafx.stage**. O pacote **javafx.scene.layout** fornece vários painéis de leiaute. O usado pelo programa é **FlowPane**.

Em seguida, a classe de aplicativo **JavaFXSkel** é criada. Observe que ela estende **Application**. Como explicado, **Application** é a classe a partir da qual todos os aplicativos JavaFX são derivados. **JavaFXSkel** contém quatro métodos. O primeiro é **main( )**. Ele é usado para iniciar o aplicativo via uma chamada a **launch( )**. Repare que o parâmetro **args** de **main( )** é passado para o método **launch( )**. Embora essa seja uma abordagem comum, você pode passar um conjunto de parâmetros diferente para **launch( )** ou não passar argumentos. Outra coisa: **launch( )** é requerido por um aplicativo independente, mas não em outros casos. Quando ele não é necessário, **main( )** também não é. No entanto, por razões já explicadas, tanto **main( )** quanto **launch( )** foram incluídos nos programas deste capítulo.

Quando o aplicativo é iniciado, primeiro o método **init( )** é chamado pelo sistema de tempo de execução de JavaFX. A título de ilustração, ele apenas exibe uma mensagem em **System.out**, mas normalmente seria usado para inicializar algum aspecto do aplicativo. É claro que, se não forem necessárias inicializações, não será preciso sobrepor **init( )** porque uma implementação padrão vazia será fornecida. É importante enfatizar que **init( )** não pode ser usado para criar as partes de palco ou cena de uma GUI. Em vez disso, esses itens devem ser construídos e exibidos pelo método **start( )**.

Após **init( )** terminar, o método **start( )** é executado. É nele que a cena inicial é criada e definida no palco principal. Examinemos esse método linha a linha. Primeiro, observe que **start( )** tem um parâmetro de tipo **Stage**. Quando **start( )** é chamado, esse parâmetro recebe uma referência ao palco principal. É nesse palco que você definirá uma cena para o aplicativo.

Após ser exibida uma mensagem no console informando que **start( )** começou a ser executado, ele define o título do palco usando essa chamada a **setTitle( )**:

```
myStage.setTitle("JavaFX Skeleton.");
```

Embora essa etapa não seja obrigatória, ela é habitual em aplicativos independentes. O título passa a ser o nome da janela principal do aplicativo.

Em seguida, o nó raiz de uma cena é criado. O nó raiz é o único nó de um grafo de cena que não tem um pai. Nesse caso, um **FlowPane** é usado como nó raiz, mas há várias outras classes que podem ser usadas como raiz.

```
FlowPane rootNode = new FlowPane();
```

Como mencionado, um **FlowPane** usa o leiaute de fluxo. Trata-se de um leiaute em que os elementos são posicionados linha a linha, havendo quebra de linha quando necessário. (Logo, seu funcionamento é muito parecido com o da classe **FlowLayout** usada por AWT e Swing.) Nesse caso, um fluxo horizontal é usado, mas é possível especificar um fluxo vertical. Embora não seja necessário nesse esboço, também é possível especificar outras propriedades de leiaute, como uma lacuna vertical e uma horizontal entre os elementos, e um alinhamento.

A linha a seguir usa o nó raiz para construir um objeto **Scene**:

```
Scene myScene = new Scene(rootNode, 300, 200);
```

Scene fornece várias versões de seu construtor. A usada aqui cria uma cena que tem a raiz especificada com a largura e altura fornecidas. Ela é mostrada abaixo:

Scene(Parent *nóraiz*, double *largura*, double *altura*)

Observe que o tipo de *nóraiz* é **Parent**. Ele é subclasse de **Node** e encapsula nós que podem ter filhos. Observe também que a largura e a altura são valores **double**. Isso permite que você passe valores fracionários, se necessário. No esboço, a raiz é **rootNode**, a largura é 300 e a altura é 200.

A próxima linha do programa define **myScene** como cena de **myStage**:

```
myStage.setScene(myScene);
```

Aqui, **setScene( )** é um método definido por **Stage** que configura a cena com aquela especificada por seu argumento.

Em casos em que você não fizer uso adicional da cena, pode combinar as duas etapas anteriores, como mostrado abaixo:

```
myStage.setScene(new Scene(rootNode, 300, 200));
```

Devido à sua concisão, essa forma será usada pela maioria dos exemplos subsequentes.

A última linha de **start( )** exibe o palco e sua cena.

```
myStaqe.show();
```

Na verdade, **show( )** exibe a janela que foi criada pelo palco e a cena.

Quando você fechar o aplicativo, sua janela será removida da tela e o método **stop( )** será chamado pelo sistema de tempo de execução de JavaFX. Nesse caso, o método **stop( )** exibe apenas uma mensagem no console, ilustrando quando é chamado. No entanto, normalmente **stop( )** não exibiria nada. Além disso, se seu aplicativo não precisar tratar ações de encerramento, não há razão para sobrepor **stop( )** porque uma implementação padrão vazia é fornecida.

Compilando e executando um programa JavaFX

Uma vantagem importante de JavaFX é que o mesmo programa poder ser executado em vários ambientes de execução diferentes. Por exemplo, você pode executar um programa JavaFX como um aplicativo desktop autônomo, dentro de um navegador web ou como um aplicativo Web Start. No entanto, arquivos auxiliares diferentes podem ser necessários em alguns casos, como um arquivo HTML ou um arquivo Java Network Launch Protocol (JNLP).

Em geral, um programa JavaFX é compilado como qualquer outro programa Java. No entanto, dependendo do ambiente de execução de destino, algumas etapas adicionais podem ser necessárias. Logo, muitas vezes a maneira mais fácil de compilar um aplicativo JavaFX é usando um Ambiente de Desenvolvimento Integrado (IDE) que dê pleno suporte à programação com JavaFX. Se você quiser compilar e testar os aplicativos JavaFX mostrados neste capítulo, pode fazer isso facilmente usando as ferramentas de linha de comando. Apenas compile e execute o aplicativo como faria normalmente, empregando **javac** e **java**. Isso criará um aplicativo independente para ser executado no desktop.

A thread do aplicativo

Na discussão anterior, foi mencionado que você não pode usar o método **init( )** para construir um palco ou cena. Você também não pode criar esses itens dentro do construtor do aplicativo. A razão é que a construção de um palco ou cena deve ser feita na *thread do aplicativo*. Porém, o construtor do aplicativo e o método **init( )** são chamados na thread principal, também chamada de *thread iniciadora*. Logo, não podem ser usados na construção de um palco ou cena. Em vez disso, você deve usar o método **start( )**, como o esboço demonstra, para criar a GUI inicial porque **start( )** é chamado na thread do aplicativo.

Qualquer alteração na GUI exibida atualmente também deve ser feita na thread do aplicativo. Felizmente, em JavaFX, os eventos são enviados para o programa nessa thread. Portanto, tratadores de eventos podem ser usados para interagir com a GUI. O método **stop( )** também é chamado na thread do aplicativo.

Um controle JavaFX simples: o rótulo

O principal ingrediente da maioria das interfaces de usuário é o controle, já que ele permite ao usuário interagir com o aplicativo. Como era de se esperar, JavaFX fornece uma rica variedade de controles. O controle mais simples é o rótulo porque ele apenas exibe uma mensagem ou uma imagem. Além de ser muito fácil de usar, o rótulo é uma boa maneira de introduzirmos as técnicas necessárias na construção de um grafo de cena.

O rótulo JavaFX é uma instância da classe **Label**, que fica no pacote **javafx.scene.control**. Ele herda **Labeled** e **Control**, entre outras classes. A classe **Labeled** define vários recursos que são comuns a todos os elementos rotulados (isto é, os que podem conter texto) e **Control** define recursos relacionados a todos os controles.

O construtor de **Label** que usaremos é mostrado aqui:

Label(String *str*)

O string a ser exibido é especificado por *str*.

Uma vez que você tiver criado um rótulo (ou qualquer outro controle), ele deve ser adicionado ao conteúdo da cena, ou seja, deve ser adicionado ao grafo de cena. Para fazê-lo, primeiro é preciso chamar o método **getChildren( )** no nó raiz do grafo. Ele retorna uma lista de nós filhos na forma de uma **ObservableList<Node>**. **ObservableList** fica no pacote **javafx.collections** e herda **java.util.List**, que faz parte do Collections Framework de Java. **List** define um conjunto que representa uma lista de objetos. Embora uma discussão de **List** e do Collections Framework não faça parte do escopo deste livro, é fácil usar **ObservableList** para adicionar nós filhos. Apenas chame **add( )** na lista de nós filhos retornada por **getChildren( )**, passando uma referência ao nó a ser adicionado, que nesse caso é um rótulo.

O programa a seguir demonstra a discussão anterior criando um aplicativo JavaFX simples que exibe um rótulo:

```
// Demonstra um rótulo JavaFX.

import javafx.application.*;
import javafx.scene.*;
import javafx.stage.*;
```

```
import javafx.scene.layout.*;
import javafx.scene.control.*;

public class JavaFXLabelDemo extends Application {

  public static void main(String[] args) {

    // Inicia o aplicativo JavaFX chamando launch().
    launch(args);
  }

  // Sobrepõe o método start().
  public void start(Stage myStage) {

    // Fornece um título para o palco.
    myStage.setTitle("Use a JavaFX label.");

    // Usa um FlowPane para o nó raiz.
    FlowPane rootNode = new FlowPane();

    // Cria uma cena.
    Scene myScene = new Scene(rootNode, 300, 200);

    // Define a cena no palco.
    myStage.setScene(myScene);

    // Cria um rótulo.
    Label myLabel = new Label("JavaFX is a powerful GUI");

    // Adiciona o rótulo ao grafo de cena.
    rootNode.getChildren().add(myLabel);

    // Exibe o palco e sua cena.
    myStage.show();
  }
}
```

Pergunte ao especialista

P: Você explicou como adicionar um nó ao grafo de cena. Há uma maneira de remover um?

R: Sim, para remover um controle do grafo de cena, chame **remove( )** na **ObservableList**. Por exemplo,

```
rootNode.getChildren().remove(myLabel);
```

remove **myLabel** da cena. Em geral, **ObservableList** dá suporte a um amplo conjunto de métodos de gerenciamento de lista. Aqui estão dois exemplos: você pode determinar se a lista está vazia chamando **isEmpty( )**. e pode obter o número de nós da lista chamando **size( )**. Se quiser, explore **ObservableList** por conta própria ao avançar em seu estudo de JavaFX.

Este programa produz a saída a seguir:

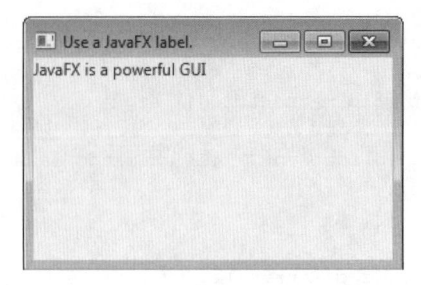

[Janela: "Use a JavaFX label." contendo "JavaFX is a powerful GUI"]

Preste atenção nessa linha do programa:

```
rootNode.getChildren().add(myLabel);
```

Ela adiciona o rótulo à lista de filhos dos quais **rootNode** é pai. Embora essa linha pudesse ser separada em suas partes individuais se necessário, muitas vezes você a verá como mostrado aqui.

Antes de prosseguir, seria útil destacar que **ObservableList** fornece um método chamado **addAll( )** que pode ser usado na inclusão de dois ou mais filhos ao grafo de cena em uma única chamada. Você verá um exemplo em breve.

Usando botões e eventos

Embora o programa da seção anterior apresente um exemplo simples do uso de um controle JavaFX e da construção de um grafo de cena, ele não mostra como tratar eventos. O tratamento de eventos é importante porque a maioria dos controles de GUI gera eventos que são tratados pelo programa. Por exemplo, botões, caixas de seleção e listas geram eventos quando são usados. Em muitos aspectos, o tratamento de eventos em JavaFX é semelhante ao tratamento de eventos em Swing como mostrado no capítulo anterior, porém é mais otimizado. Um controle normalmente usado é o botão. Isso torna o evento de botão um dos mais manipulados. Logo, um botão é uma boa maneira de introduzirmos o tratamento de eventos em JavaFX. Os fundamentos do tratamento de eventos e do botão serão, portanto, descritos juntos.

Aspectos básicos de Event

A classe base dos eventos JavaFX é **Event**, que fica no pacote **javafx.event**. **Event** herda **java.util.EventObject**, ou seja, os eventos JavaFX compartilham a mesma funcionalidade básica de outros eventos Java. Várias subclasses são definidas para **Event**. A que usaremos aqui é **ActionEvent**. Ela encapsula eventos de ação gerados por um botão.

Em geral, JavaFX usa o que seria, na verdade, a abordagem do modelo de delegação de eventos aplicada ao tratamento de eventos. Para tratar um evento, primeiro você deve registrar o tratador que age como ouvinte do evento. Quando o evento ocorre, o ouvinte é chamado. Ele deve então responder ao evento e retornar. Neste aspecto, os eventos JavaFX são gerenciados de maneira semelhante aos eventos de Swing.

Os eventos são tratados com a implementação da interface **EventHandler**, que também está no pacote **javafx.event**. Trata-se de uma interface genérica com a forma a seguir:

Interface EventHandler<T extends Event>

Aqui, **T** especifica o tipo de evento com o qual o tratador lidará. É definido um método, chamado **handle( )**, que recebe o objeto de evento como parâmetro. Podemos vê-lo abaixo:

void handle(T *objEvento*)

Nesse caso, *objEvento* é o evento que foi gerado. Normalmente, os tratadores de eventos são implementados por intermédio de classes internas anônimas ou expressões lambda, mas você pode usar classes independentes para esse fim se for mais apropriado para seu aplicativo (por exemplo, se um tratador de eventos lidar com eventos de mais de uma fonte).

Introdução ao controle de botão

Em JavaFX, o controle de botão de ação é fornecido pela classe **Button**, que fica em **javafx.scene.control**. **Button** herda uma lista bem longa de classes base que inclui **ButtonBase**, **Labeled**, **Region**, **Control**, **Parent** e **Node**. Se você examinar a documentação da API de **Button**, verá que grande parte de sua funcionalidade vem de suas classes base. Além disso, ela dá suporte a um amplo conjunto de opções. No entanto, aqui usaremos sua forma padrão. Os botões podem conter texto, elementos gráficos ou ambos. Neste exemplo, usaremos botões baseados em texto.

O construtor de **Button** que usaremos é mostrado abaixo:

Button(String *str*)

Nesse caso, *str* é a mensagem que é exibida no botão.

Quando um botão é pressionado, um **ActionEvent** é gerado. **ActionEvent** faz parte do pacote **javafx.event**. Você pode registrar um ouvinte para esse evento chamando o método **setOnAction( )** no botão. Ele tem essa forma geral:

final void setOnAction(EventHandler<ActionEvent> *tratador*)

Aqui, *tratador* é o tratador que está sendo registrado. Como mencionado, você usará com frequência uma classe interna anônima ou uma expressão lambda no tratador. O método **setOnAction( )** define a propriedade **onAction**, que armazena uma referência ao tratador. Como em todos os outros casos de tratamento de eventos em Java, seu tratador deve responder ao evento o mais rápido possível e então retornar. Se ele demorar, ocorrerá um retardo perceptível no aplicativo. Para operações demoradas, você deve usar uma thread de execução separada.

Demonstrando o tratamento de eventos e o botão

O programa a seguir demonstra o tratamento de eventos e o controle **Button**. Ele usa dois botões e um rótulo. Os botões se chamam Up e Down. Sempre que um botão é pressionado, o conteúdo do rótulo é ativado para exibir que botão foi afetado. Logo, funciona de maneira semelhante ao exemplo de **JButton** do capítulo anterior. Pode ser interessante comparar o código dos dois exemplos.

```java
// Demonstra eventos e botões de JavaFX.

import javafx.application.*;
import javafx.scene.*;
import javafx.stage.*;
import javafx.scene.layout.*;
import javafx.scene.control.*;
import javafx.event.*;
import javafx.geometry.*;

public class JavaFXEventDemo extends Application {

  Label response;

  public static void main(String[] args) {

    // Inicia o aplicativo JavaFX chamando launch().
    launch(args);
  }

  // Sobrepõe o método start().
  public void start(Stage myStage) {

    // Fornece um título para o palco.
    myStage.setTitle("Use JavaFX Buttons and Events.");

    // Usa um FlowPane para o nó raiz. Nesse caso,
    // lacunas horizontais e verticais de valor 10.
    FlowPane rootNode = new FlowPane(10, 10);

    // Centraliza os controles na cena.
    rootNode.setAlignment(Pos.CENTER);

    // Cria uma cena.
    Scene myScene = new Scene(rootNode, 300, 100);

    // Define a cena no palco.
    myStage.setScene(myScene);

    // Cria um rótulo.
    response = new Label("Push a Button");

    // Cria dois botões de ação.
    Button btnUp = new Button("Up");           // ← Cria dois botões de ação.
    Button btnDown = new Button("Down");       // ←
```

```
        // Trata os eventos de ação do botão Up.
        btnUp.setOnAction(new EventHandler<ActionEvent>() {
          public void handle(ActionEvent ae) {
            response.setText("You pressed Up.");
          }
        });

        // Trata os eventos de ação do botão Down.
        btnDown.setOnAction(new EventHandler<ActionEvent>() {
          public void handle(ActionEvent ae) {
            response.setText("You pressed Down.");
          }
        });

        // Adiciona o rótulo e os botões ao grafo de cena.
        rootNode.getChildren().addAll(btnUp, btnDown, response);

        // Exibe o palco e sua cena.
        myStage.show();
      }
    }
```

Cria tratadores de eventos de ação para os botões.

Um exemplo da saída desse programa é mostrado aqui:

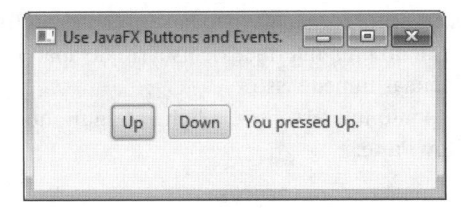

Examinemos algumas partes-chave do programa. Primeiro, observe como os botões são criados por essas duas linhas:

```
Button btnUp = new Button("Up");
Button btnDown = new Button("Down");
```

Elas criam dois botões baseados em texto. O primeiro exibe o string Up; o segundo exibe Down.

Em seguida, é definido um tratador de eventos de ação para cada um dos botões. A sequência do botão Up é essa:

```
// Trata os eventos de ação do botão Up.
btnUp.setOnAction(new EventHandler<ActionEvent>() {
  public void handle(ActionEvent ae) {
    response.setText("You pressed Up.");
  }
});
```

Como explicado, os botões respondem a eventos de tipo **ActionEvent**. Para um tratador ser registrado para esses eventos, o método **setOnAction( )** é chamado no botão. Ele usa uma classe interna anônima para implementar a interface **EventHandler**. (Lembre-se, **EventHandler** define apenas o método **handle( )**.) Dentro de **handle( )**, o texto do rótulo **response** é configurado para refletir o fato do botão Up ter sido pressionado. Observe que isso é feito com uma chamada ao método **setText( )** no rótulo. Os eventos são tratados pelo botão Down da mesma maneira.

Após os tratadores de eventos serem definidos, o rótulo **response** e os botões **btnUp** e **btnDown** são adicionados ao grafo de cena com o uso de uma chamada a **addAll( )**.

```
rootNode.getChildren().addAll(btnUp, btnDown, response);
```

O método **addAll( )** adiciona uma lista de nós ao nó pai chamador. É claro que esses nós poderiam ter sido adicionados por três chamadas separadas a **add( )**, mas o método **addAll( )** é mais conveniente nessa situação.

Há mais duas coisas interessantes nesse programa relacionadas à maneira como os controles são exibidos na janela. A primeira é que quando o nó raiz é criado, essa instrução é usada:

```
FlowPane rootNode = new FlowPane(10, 10);
```

Aqui, o construtor de **FlowPane** recebe dois valores. Eles especificam a lacuna horizontal e a lacuna vertical que serão deixadas ao redor dos elementos na cena. Se essas lacunas não forem especificadas, dois elementos (por exemplo, dois botões) serão posicionados de tal forma que não haverá espaço entre eles. Logo, os controles ficarão juntos, criando uma interface de usuário de aparência muito duvidosa. A especificação de lacunas impede isso.

O segundo ponto interessante é a linha a seguir, que define o alinhamento dos elementos no **FlowPane**:

```
rootNode.setAlignment(Pos.CENTER);
```

Nesse caso, o alinhamento dos elementos é centralizado. Isso é feito com uma chamada a **setAlignment( )** no **FlowPane**. O valor **Pos.CENTER** especifica que tanto um centro vertical quanto um centro horizontal serão usados. Outros alinhamentos são possíveis. **Pos** é uma enumeração que especifica constantes de alinhamento. Ela faz parte do pacote **javafx.geometry**.

Antes de prosseguirmos, é preciso fazer mais uma observação. O programa anterior usou classes internas anônimas para tratar eventos de botão. No entanto, já que a interface **EventHandler** define apenas um método abstrato, **handle( )**, uma expressão lambda poderia ter sido passada para **setOnAction( )**. Por exemplo, abaixo temos o tratador do botão Up, reescrito para usar uma lambda.

```
btnUp.setOnAction( (ae) ->
                response.setText("You pressed Up.")
            );
```

Observe que a expressão lambda é mais compacta do que a classe interna anônima. (Você usará expressões lambda quando modificar esse exemplo como parte do exercício 10 do teste do capítulo.)

Mais três controles JavaFX

JavaFX define um rico conjunto de controles, que fazem parte do pacote **javafx.scene.control**. Você já viu dois deles: **Label** e **Button**. Agora, veremos mais três: **CheckBox**, **ListView** e **TextField**. Como seus nomes sugerem, eles dão suporte a uma caixa de seleção, um controle de lista e um campo de texto. Combinados, fornecem uma amostra representativa dos controles JavaFX. Eles também ajudam a demonstrar várias técnicas comuns. Uma vez que você conhecer os aspectos básicos, poderá explorar os outros controles por conta própria.

Os controles descritos aqui fornecem funcionalidades semelhantes às dos controles de Swing apresentados no capítulo anterior. Conforme você avançar pela seção, pode ser interessante comparar a maneira como esses controles são implementados pelos dois frameworks.

CheckBox

Em JavaFX, a caixa de seleção fica encapsulada na classe **CheckBox**. Sua superclasse imediata é **ButtonBase**. Logo, trata-se de um tipo especial de botão. É claro que você conhece as caixas de seleção já que elas são controles amplamente usados, mas a caixa de seleção JavaFX é um pouco mais sofisticada do que parece à primeira vista. Isso ocorre porque **CheckBox** dá suporte a três estados. Os dois primeiros são 'marcado' e 'desmarcado', como era de se esperar, e esse é o comportamento padrão. O terceiro estado é *indeterminado* (também chamado de *indefinido*). Normalmente esse estado é usado para indicar que o estado da caixa de seleção não foi definido ou que não é relevante para uma situação específica. Para usar o estado indeterminado, você terá que ativá-lo explicitamente. Este procedimento é demonstrado na seção Tente Isto 17-1. Aqui, examinaremos a operação tradicional de **CheckBox**.

Este é o construtor de **CheckBox** que usaremos:

CheckBox(String *str*)

Ele cria uma caixa de seleção que tem o texto especificado por *str* como rótulo. Como os outros botões, uma **CheckBox** gera um evento de ação quando é selecionada.

O programa a seguir demonstra as caixas de seleção. Ele exibe quatro caixas de seleção que representam diferentes tipos de computadores, rotulados como Smartphone, Tablet, Notebook e Desktop. Sempre que o estado de uma caixa de seleção muda, um evento de ação é gerado. Ele é tratado com a exibição do novo estado (marcado ou desmarcado) e a exibição de uma lista de todas as caixas selecionadas.

```
// Demonstra caixas de seleção.

import javafx.application.*;
import javafx.scene.*;
import javafx.stage.*;
import javafx.scene.layout.*;
import javafx.scene.control.*;
import javafx.event.*;
import javafx.geometry.*;
```

```java
public class CheckboxDemo extends Application {

  CheckBox cbSmartphone;
  CheckBox cbTablet;
  CheckBox cbNotebook;
  CheckBox cbDesktop;

  Label response;
  Label selected;

  String computers;

  public static void main(String[] args) {

    // Inicia o aplicativo JavaFX chamando launch().
    launch(args);
  }

  // Sobrepõe o método start().
  public void start(Stage myStage) {

    // Fornece um título para o palco.
    myStage.setTitle("Demonstrate Check Boxes");

    // Usa um FlowPane vertical para o nó raiz. Nesse caso,
    // lacunas horizontais e verticais de valor 10.
    FlowPane rootNode = new FlowPane(Orientation.VERTICAL, 10, 10);

    // Centraliza os controles na cena.
    rootNode.setAlignment(Pos.CENTER);

    // Cria uma cena.
    Scene myScene = new Scene(rootNode, 230, 200);

    // Define a cena no palco.
    myStage.setScene(myScene);

    Label heading = new Label("What Computers Do You Own?");

    // Cria um rótulo que relatará a mudança de
    // estado de uma caixa de seleção.
    response = new Label("");

    // Cria um rótulo que listará todas as caixas de seleção marcadas.
    selected = new Label("");

    // Cria as caixas de seleção.
    cbSmartphone = new CheckBox("Smartphone");
    cbTablet = new CheckBox("Tablet");
    cbNotebook = new CheckBox("Notebook");
    cbDesktop = new CheckBox("Desktop");
```

Cria caixas de seleção.

```java
// Trata eventos de ação das caixas de seleção.
cbSmartphone.setOnAction(new EventHandler<ActionEvent>() {
  public void handle(ActionEvent ae) {
    if(cbSmartphone.isSelected())
      response.setText("Smartphone was just selected.");
    else
      response.setText("Smartphone was just cleared.");

    showAll();
  }
});

cbTablet.setOnAction(new EventHandler<ActionEvent>() {
  public void handle(ActionEvent ae) {
    if(cbTablet.isSelected())
      response.setText("Tablet was just selected.");
    else
      response.setText("Tablet was just cleared.");

    showAll();
  }
});

cbNotebook.setOnAction(new EventHandler<ActionEvent>() {
  public void handle(ActionEvent ae) {
    if(cbNotebook.isSelected())
      response.setText("Notebook was just selected.");
    else
      response.setText("Notebook was just cleared.");

    showAll();
  }
});

cbDesktop.setOnAction(new EventHandler<ActionEvent>() {
  public void handle(ActionEvent ae) {
    if(cbDesktop.isSelected())
      response.setText("Desktop was just selected.");
    else
      response.setText("Desktop was just cleared.");

    showAll();
  }
});

// Adiciona controles ao grafo de cena.
rootNode.getChildren().addAll(heading, cbSmartphone, cbTablet,
                              cbNotebook, cbDesktop, response, selected);

// Exibe o palco e sua cena.
```

Trata eventos das caixas de seleção.

```
    myStage.show();

    showAll();
}

// Atualiza e exibe as seleções.
void showAll() {
  computers = "";
  if(cbSmartphone.isSelected()) computers = "Smartphone ";      Usa isSelected( )
  if(cbTablet.isSelected()) computers += "Tablet ";             para determinar o
  if(cbNotebook.isSelected()) computers += "Notebook ";         estado das caixas
  if(cbDesktop.isSelected()) computers += "Desktop";            de seleção.

  selected.setText("Computers selected: " + computers);
  }
}
```

Um exemplo da saída é mostrado abaixo:

A operação desse programa é simples. Sempre que uma caixa de seleção é alterada, um **ActionEvent** é gerado. Primeiro os tratadores desses eventos relatam se a caixa de seleção foi marcada ou desmarcada. Para fazê-lo, eles chamam o método **isSelected( )** na fonte do evento. Ele retorna **true** se a caixa de seleção foi marcada e **false** se foi desmarcada. Em seguida, o método **showAll( )** é chamado e exibe todas as caixas de seleção marcadas.

Há outro ponto interessante no programa. Observe que ele usa um painel de fluxo vertical no leiaute, como mostrado aqui:

```
FlowPane rootNode = new FlowPane(Orientation.VERTICAL, 10, 10);
```

Por padrão, **FlowPane** flui horizontalmente. Um fluxo vertical é criado com a passagem do valor **Orientation.VERTICAL** como primeiro argumento para o construtor de **FlowPane**.

Tente Isto 17-1 — Use o estado indeterminado de CheckBox

`CheckboxDemo.java`

Como explicado, por padrão, **CheckBox** implementa dois estados: marcado e desmarcado. No entanto, **CheckBox** também dá suporte a um terceiro estado, 'indeterminado', que pode ser usado para indicar que o estado da caixa ainda não foi definido ou que uma opção não é aplicável a uma situação. O estado indeterminado de uma caixa de seleção deve ser ativado explicitamente. Ele não é fornecido por padrão. Além disso, o tratador de eventos da caixa de seleção também deve tratar o estado indeterminado. O projeto ilustra o processo. Ele o faz adicionando suporte ao estado indeterminado na caixa de seleção **Smartphone** do programa **CheckboxDemo** que acabamos de ver.

1. Para ativar o estado indeterminado em uma caixa de seleção, chame o método **setAllowIndeterminate( )**, mostrado aqui:

   final void setAllowIndeterminate(boolean *ativar*)

   Se *ativar* for igual a **true**, o estado indeterminado será ativado. Caso contrário, ficará desativado. Quando o estado indeterminado é ativado, o usuário pode selecionar entre os estados marcado, desmarcado e indeterminado. Portanto, para ativar o estado indeterminado na caixa de seleção **Smartphone**, adicione esta linha:

   ```
   cbSmartphone.setAllowIndeterminate(true);
   ```

2. Para determinar se uma caixa de seleção se encontra no estado indeterminado, chame o método **isIndeterminate( )**, visto abaixo:

   final boolean isIndeterminate( )

   Ele retorna **true** se o estado da caixa de seleção for indeterminado; caso contrário, retorna **false**. O tratador de eventos da caixa de seleção terá que confirmar se o estado é indeterminado. Para que isso ocorra, adicione-o ao tratador de eventos de **Smartphone**, desta forma:

   ```java
   cbSmartphone.setOnAction(new EventHandler<ActionEvent>() {
     public void handle(ActionEvent ae) {
       if(cbSmartphone.isIndeterminate())
         response.setText("Smartphone state is indeterminate.");
       else if(cbSmartphone.isSelected())
         response.setText("Smartphone was just selected.");
       else
         response.setText("Smartphone was just cleared.");

       showAll();
     }
   });
   ```

3. Após fazer essas alterações, compile e execute o programa. Agora, você pode configurar o estado da caixa de seleção **Smartphone** como indeterminado, como mostrado aqui:

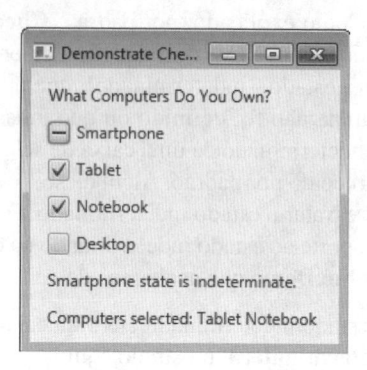

```
Demonstrate Che...
What Computers Do You Own?
[—] Smartphone
[✓] Tablet
[✓] Notebook
[ ] Desktop
Smartphone state is indeterminate.
Computers selected: Tablet Notebook
```

ListView

Outro controle muito usado é a exibição de lista, que em JavaFX é encapsulada por **ListView**. Uma **ListView** exibe uma lista de entradas onde podemos selecionar uma ou mais delas. Um recurso muito útil de **ListView** é o fato de barras de rolagem serem adicionadas automaticamente quando o número de itens da lista excede a quantidade que pode ser exibida dentro das dimensões do controle. Já que consegue fazer uso eficiente de um espaço limitado da tela, **ListView** é uma alternativa popular a outros tipos de controles de seleção.

ListView é uma classe genérica declarada como mostrado a seguir:

class ListView<T>

Aqui, **T** especifica o tipo de entradas armazenadas na lista. Com frequência, são entradas de tipo **String**, mas outros tipos também são permitidos.

Este é o construtor de **ListView** que usaremos:

ListView(ObservableList<T> *lista*)

A lista de itens a ser exibida é especificada por *lista*. Trata-se de um objeto de tipo **ObservableList**. Como explicado anteriormente, **ObservableList** dá suporte a uma lista de objetos. Por padrão, uma **ListView** só permite que um item de cada vez seja selecionado na lista. Você pode permitir que sejam feitas seleções múltiplas alterando o modo de seleção, mas usaremos o modo padrão de seleção única.

Provavelmente a maneira mais fácil de criar uma **ObservableList** para usarmos em uma **ListView** seja com o método factory **observableArrayList( )**, que é um método **static** definido pela classe **FXCollections** (pertencente ao pacote **javafx.collections**). A versão que usaremos é:

static <E> ObservableList<E> observableArrayList(E ... *elementos*)

Nesse caso, **E** especifica o tipo dos elementos, que são passados via *elementos*.

Embora **ListView** forneça um tamanho padrão, podemos definir uma altura e/ou largura que atendam melhor nossas necessidades. Uma maneira de fazê-lo é chamando os métodos **setPrefHeight( )** e **setPrefWidth( )**, mostrados aqui:

final void setPrefHeight(double *altura*)

final void setPrefWidth(double *largura*)

Alternativamente, você pode usar uma única chamada e definir as duas dimensões ao mesmo tempo usando o método **setPrefSize( )**, mostrado abaixo:

void setPrefSize(double *largura*, double *altura*)

Há duas maneiras básicas de se usar uma **ListView**. Podemos ignorar eventos gerados pela lista e simplesmente obter a seleção que foi feita quando o programa precisar dela ou monitorar a lista em busca de alterações registrando um ouvinte de alterações. Isso nos permitiria responder sempre que o usuário mudasse uma seleção na lista. Usaremos a segunda abordagem.

Um ouvinte de alterações é suportado pela interface **ChangeListener**, que faz parte do pacote **javafx.beans.value**. Ela define apenas um método, chamado **changed( )**. Podemos vê-lo abaixo:

void changed(ObservableValue<? extends T> *alterado*, T *valAntigo*, T *valNovo*)

Nesse caso, *alterado* é a instância de **ObservableValue<T>** que encapsula um objeto a ser monitorado em busca de alterações. Os parâmetros *valAntigo* e *valNovo* passam o valor anterior e o novo valor, respectivamente. Logo, aqui, *valNovo* contém uma referência ao item da lista que acabou de ser selecionado.

Para ouvir eventos de alteração, primeiro você deve obter o modelo de seleção usado pela **ListView**. Isso é feito com uma chamada ao método **getSelectionModel( )** na lista. Ele é mostrado a seguir:

final MultipleSelectionModel<T> getSelectionModel( )

Este método retorna uma referência ao modelo de seleção. **MultipleSelectionModel** é uma classe que define o modelo usado para múltiplas seleções e que herda **SelectionModel**. No entanto, várias seleções só são permitidas em uma **ListView** se o modo de seleção múltipla estiver ativado.

Usando o modelo retornado por **getSelectionModel( )**, você obterá uma referência à propriedade de item selecionado definidora do que ocorre quando um elemento da lista é marcado. Isso é feito com uma chamada ao método **selectedItemProperty( )**, mostrado abaixo:

final ReadOnlyObjectProperty<T> selectedItemProperty( )

Você adicionará o ouvinte de alterações a essa propriedade usando o método **addListener( )** na propriedade retornada. O método **addListener( )** é mostrado aqui:

void addListener(ChangeListener<? super T> *ouvinte*)

Neste caso, **T** especifica o tipo da propriedade.

O exemplo a seguir demonstra a discussão anterior. Ele cria uma lista que exibe tipos de computadores, permitindo que o usuário selecione um. Quando um é escolhido, a seleção é exibida.

```java
// Demonstra uma exibição de lista.

import javafx.application.*;
import javafx.scene.*;
import javafx.stage.*;
import javafx.scene.layout.*;
import javafx.scene.control.*;
import javafx.geometry.*;
import javafx.beans.value.*;
import javafx.collections.*;

public class ListViewDemo extends Application {

  Label response;

  public static void main(String[] args) {

    // Inicia o aplicativo JavaFX chamando launch().
    launch(args);
  }

  // Sobrepõe o método start().
  public void start(Stage myStage) {

    // Fornece um título para o palco.
    myStage.setTitle("ListView Demo");

    // Usa um FlowPane para o nó raiz. Nesse caso,
    // lacunas horizontais e verticais de valor 10.
    FlowPane rootNode = new FlowPane(10, 10);

    // Centraliza os controles na cena.
    rootNode.setAlignment(Pos.CENTER);

    // Cria uma cena.
    Scene myScene = new Scene(rootNode, 200, 120);

    // Define a cena no palco.
    myStage.setScene(myScene);

    // Cria um rótulo.
    response = new Label("Select Computer Type");

    // Cria uma ObservableList com as entradas da lista.
    ObservableList<String> computerTypes =
      FXCollections.observableArrayList("Smartphone", "Tablet", "Notebook",
```

```
                               "Desktop" );
                                                    Cria uma lista que exibe os
    // Cria a lista.                                itens de computerTypes.
    ListView<String> lvComputers = new ListView<String>(computerTypes);

    // Define os melhores tamanho e altura.
    lvComputers.setPrefSize(100, 70);

    // Obtém o modelo de seleção da lista.
    MultipleSelectionModel<String> lvSelModel =
                              lvComputers.getSelectionModel();

    // Usa um ouvinte de alterações para responder a uma
    // mudança de seleção na lista.
    lvSelModel.selectedItemProperty().addListener(  ◄── Trata eventos de alteração.
                              new ChangeListener<String>() {
      public void changed(ObservableValue<? extends String> changed,
                      String oldVal, String newVal) {

        // Exibe a seleção.
        response.setText("Computer selected is " + newVal);
      }
    });

    // Adiciona o rótulo e a lista ao grafo de cena.
    rootNode.getChildren().addAll(lvComputers, response);

    // Exibe o palco e sua cena.
    myStage.show();
  }
}
```

Um exemplo da saída é mostrado abaixo:

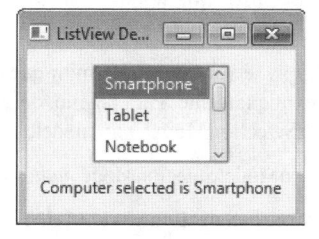

Observe que uma barra de rolagem vertical foi incluída para que a lista possa ser rolada e exibir todas as suas entradas. Como mencionado, quando o conteúdo de uma **ListView** excede seu tamanho, uma barra de rolagem é adicionada automaticamente. Isso torna a **ListView** um controle muito conveniente.

No programa, preste atenção a como a **ListView** é construída. Primeiro, uma **ObservableList** é criada por essa linha:

```
ObservableList<String> computerTypes =
  FXCollections.observableArrayList("Smartphone", "Tablet", "Notebook",
                                    "Desktop" );
```

Ela usa o método **observableArrayList( )** para criar uma lista de strings. Em seguida, a **ObservableList** é usada para inicializar uma **ListView**, como mostrado aqui:

```
ListView<String> lvComputers = new ListView<String>(computerTypes);
```

O programa então define a largura e altura ideais do controle.

Agora, observe como o modelo de seleção é obtido por **lvComputers**:

```
MultipleSelectionModel<String> lvSelModel =
                                lvComputers.getSelectionModel();
```

Como explicado, **ListView** usa **MultipleSelectionModel**, até mesmo quando apenas uma única seleção é permitida. O método **selectedItemProperty( )** é então chamado no modelo e um ouvinte de alterações é registrado, como vemos abaixo:

```
lvSelModel.selectedItemProperty().addListener(
                                new ChangeListener<String>() {
  public void changed(ObservableValue<? extends String> changed,
                      String oldVal, String newVal) {

    // Exibe a seleção.
    response.setText("Computer selected is " + newVal);
  }
});
```

Uma dica interessante é que o mesmo mecanismo básico usado na escuta e tratamento de eventos de alteração pode ser aplicado a qualquer controle que gere esses eventos.

Pergunte ao especialista

P: O devo fazer para permitir que sejam feitas múltiplas seleções em uma **ListView**?

R: Ao usar uma **ListView**, se você quiser permitir que mais de um item seja selecionado, deve solicitar isso explicitamente. Para fazê-lo, deve definir o modo de seleção chamando o método **setSelectionMode( )** no modelo da **ListView**. Sua assinatura é:

final void setSelectionMode(SelecionMode *modo*)

Nesse caso, *modo* deve ser **SelectionMode.MULTIPLE** ou **SelectionMode.SINGLE**. Para permitir múltiplas seleções, use **SelectionMode.MULTIPLE**.

Uma maneira de obter uma lista dos itens selecionados é chamar o método **getSelectedItems( )** no modelo de seleção. Ele é mostrado aqui:

ObservableList<T> getSelectedItems( )

Este método retorna uma **ObservableList** com os itens. Você pode então percorrer a lista retornada usando um laço **for** de estilo for-each, por exemplo, para examiná-los.

TextField

Controles como **Button**, **CheckBox** e **ListView** são, claro, muito úteis, mas todos implementam um meio de selecionar uma opção ou ação predeterminada. No entanto, você pode querer que o usuário insira um string de sua escolha. Para oferecer esse tipo de entrada, JavaFX tem vários controles baseados em texto. O que examinaremos é **TextField**. Ele permite que uma linha de texto seja inserida. Logo, é útil para a obtenção de nomes, strings de ID, endereços e assemelhados. Como todos os controles de texto JavaFX, **TextField** herda **TextInputControl**, que define grande parte de sua funcionalidade.

TextField define dois construtores. O primeiro é o construtor padrão, que cria um campo de texto vazio com o tamanho padrão. O segundo permite especificar o conteúdo inicial do campo. Aqui, usaremos o construtor padrão.

Embora o tamanho padrão de um **TextField** às vezes seja adequado, com frequência é melhor especificar seu tamanho. Isso é feito com uma chamada ao método **setPrefColumnCount( )**, mostrado abaixo:

final void setPrefColumnCount(int *colunas*)

O valor de *colunas* é usado por **TextField** na determinação de seu tamanho.

Você pode definir o texto de um campo de texto chamando **setText( )** e obter o texto atual chamando **getText( )**. Além dessas operações básicas, **TextField** suporta vários outros recursos que você pode querer explorar, como recortar, colar e acrescentar. Você também pode selecionar uma parte do texto sob controle do programa.

Uma opção especialmente útil de **TextField** é a definição de uma mensagem de solicitação dentro do campo de texto quando o usuário tenta usar um campo em branco. Para fazê-lo, chame o método **setPromptText( )**, mostrado aqui:

final void setPromptText(String *str*)

Nesse caso, *str* é o string exibido no campo de texto quando um texto não é inserido. Ele é exibido em baixa intensidade (como em um tom de cinza).

Quando o usuário pressiona enter ainda dentro de um **TextField**, um evento de ação é gerado. Embora geralmente seja útil tratar esse evento, em alguns casos, o programa obtém o texto apenas quando ele é necessário, em vez de tratar eventos de ação. As duas abordagens são demonstradas pelo programa a seguir. Ele cria um campo de texto que solicita um nome. Quando o usuário pressiona enter enquanto o campo de texto está com o foco de entrada, ou quando ele pressiona o botão Get Name, o string é obtido e exibido. Observe que uma mensagem de solicitação também é incluída.

```
// Demonstra um campo de texto.

import javafx.application.*;
import javafx.scene.*;
import javafx.stage.*;
import javafx.scene.layout.*;
import javafx.scene.control.*;
import javafx.event.*;
import javafx.geometry.*;
```

```java
public class TextFieldDemo extends Application {

  TextField tf;
  Label response;

  public static void main(String[] args) {

    // Inicia o aplicativo JavaFX chamando launch().
    launch(args);
  }

  // Sobrepõe o método start().
  public void start(Stage myStage) {

    // Fornece um título para o palco.
    myStage.setTitle("Demonstrate a TextField");

    // Usa um FlowPane para o nó raiz. Nesse caso,
    // lacunas horizontais e verticais de valor 10.
    FlowPane rootNode = new FlowPane(10, 10);

    // Centraliza os controles na cena.
    rootNode.setAlignment(Pos.CENTER);

    // Cria uma cena.
    Scene myScene = new Scene(rootNode, 230, 140);

    // Define a cena no palco.
    myStage.setScene(myScene);

    // Cria um rótulo que relatará o estado da
    // caixa de seleção escolhida.
    response = new Label("Enter Name: ");

    // Cria um botão para obtenção do texto.
    Button btnGetText = new Button("Get Name");

    // Cria um campo de texto.
    tf = new TextField();   ◄──────────── Cria um campo de texto.

    // Define a solicitação.
    tf.setPromptText("Enter a name.");  ◄──── Define a mensagem de
                                              solicitação do campo de texto.

    // Define o número de colunas desejado.
    tf.setPrefColumnCount(15);  ◄──────── Define a largura do campo
                                          de texto em colunas.

    // Usa uma expressão lambda para tratar eventos de ação do campo de
    // texto. Eventos de ação são gerados quando ENTER é pressionado
    // enquanto o campo de texto está com foco de recebimento
    // de entrada. Nesse caso, o texto do campo é obtido e exibido
```

```
        tf.setOnAction( (ae) -> response.setText("Enter pressed. Name is: " +
                                        tf.getText()));       Trata eventos
                                                              de ação do
        // Usa uma expressão lambda para obter o texto do campo   campo de texto.
        // quando o botão é pressionado.
        btnGetText.setOnAction((ae) ->
                            response.setText("Button pressed. Name is: " +
                                        tf.getText()));

        // Usa um separador para organizar melhor o leiaute.
        Separator separator = new Separator();
        separator.setPrefWidth(180);

        // Adiciona os controles ao grafo de cena.
        rootNode.getChildren().addAll(tf, btnGetText, separator, response);

        // Exibe o palco e sua cena.
        myStage.show();
    }
}
```

Um exemplo da saída é mostrado aqui:

Observe que expressões lambda são usadas no programa como tratadores de eventos. Cada tratador é composto por uma única chamada de método. Isso os torna candidatos perfeitos para o uso de expressões lambda.

┌─ **Pergunte ao especialista** ───────────────────────────

P: A que outros controles de texto JavaFX dá suporte?

R: Os outros controles de texto são **TextArea**, que dá suporte a textos de várias linhas, e **PasswordField**, que pode ser usado para a inserção de senhas. O **HTMLEditor** também é útil.

Introdução aos efeitos e transformações

Uma grande vantagem de JavaFX é podermos alterar a aparência de um controle (ou de qualquer nó do grafo de cena) pela aplicação de um *efeito* e/ou de uma *transformação*. Tanto os efeitos quanto as transformações nos ajudam a dar à GUI a aparência moderna e sofisticada que os usuários esperam. Como veremos, a facilidade com a qual os efeitos e/ou transformações podem ser usados em JavaFX é uma de suas características mais marcantes. Embora o tópico dos efeitos e transformações seja muito extenso, a introdução a seguir lhe dará uma ideia dos benefícios que eles fornecem.

Efeitos

Os efeitos são suportados pela classe abstrata **Effect** e suas subclasses concretas, que se encontram no pacote **javafx.scene.effect**. Com eles, você poderá personalizar a maneira como o nó de um grafo de cena será exibido. Vários efeitos internos são fornecidos. Aqui está uma amostra:

Bloom	Aumenta o brilho das partes mais brilhantes de um nó.
BoxBlur	Diminui a nitidez de um nó.
DropShadow	Exibe uma sombra que aparece atrás do nó.
Glow	Produz um efeito fosforescente.
InnerShadow	Exibe uma sombra dentro de um nó.
Lighting	Cria os efeitos de sombra de uma fonte de luz.
Reflection	Exibe uma reflexão.

Estes e outros efeitos são fáceis de usar e estão disponíveis para qualquer **Node**, inclusive controles. É claro que, dependendo do controle, alguns efeitos serão mais apropriados do que outros.

Para definir um efeito em um nó, chame o método **setEffect( )**, que é definido por **Node**. Ele é mostrado abaixo:

final void setEffect(Effect *efeito*)

Nesse caso, *efeito* é o efeito que será aplicado. Para não especificar um efeito, passe **null**. Logo, para adicionar um efeito a um nó, primeiro temos que criar uma instância desse efeito e então passá-la para **setEffect( )**. Concluída essa etapa, o efeito será usado sempre que o nó for gerado (se for suportado pelo ambiente). Para demonstrar o poder dos efeitos, usaremos dois deles: **Reflection** e **BoxBlur**. No entanto, o processo de adicionar um efeito é basicamente o mesmo não importando o efeito escolhido.

BoxBlur diminui a nitidez do nó em que é usado. Seu nome é **BoxBlur** por usar uma técnica de desfoque baseada no ajuste de pixels dentro de uma região retangular. O nível de desfoque somos nós que controlamos. Para usar um efeito de desfoque, primeiro devemos criar uma instância de **BoxBlur**. **BoxBlur** fornece dois construtores. Este é o que usaremos:

BoxBlur(double *largura*, double *altura*, int *iterações*)

Aqui, *largura* e *altura* especificam o tamanho da caixa em que um pixel será desfocado. Esses valores devem estar entre 0 e 255, inclusive. Normalmente, se encontram na extremidade inferior desse intervalo. O número de vezes que o efeito de desfoque será aplicado é especificado por *iterações*, que deve estar entre 0 e 3, inclusive. Também é suportado um construtor padrão, que configura a largura e a altura com 5.0 e as iterações com 1.

Após uma instância de **BoxBlur** ser criada, a largura e a altura da caixa podem ser alteradas com o uso dos métodos **setWidth( )** e **setHeight( )**, mostrados abaixo:

final void setWidth(double *largura*)

final void setHeight(double *altura*)

O número de iterações pode ser alterado com uma chamada a **setIterations( )**:

final void setIterations(int *iterações*)

Usando esses métodos, você pode alterar o efeito de desfoque durante a execução de seu programa.

Reflection produz um efeito que simula a reflexão do nó em que é chamado. É particularmente útil em texto, como o contido em um rótulo, e nos permite controlar como a reflexão será exibida. Por exemplo, podemos definir a opacidade tanto da parte superior quanto da parte inferior da reflexão. Também podemos definir o espaço entre a imagem e sua reflexão, e o nível de reflexão. Tais características podem ser definidas por esse construtor de **Reflection**:

Reflection(double *deslocamento*, double *fração*, double *opacidadeSuperior*, *opacidadeInferior*)

Aqui, *deslocamento* especifica a distância entre a parte inferior da imagem e sua reflexão. O nível de reflexão que será exibido é especificado como uma fração, definida por *fração*. Ele deve estar entre 0 e 1.0. A opacidade superior e inferior é especificada por *opacidadeSuperior* e *opacidadeInferior*. Os dois valores devem estar entre 0 e 1.0. Também é fornecido um construtor padrão, que configura o deslocamento com 0, o nível com 0.75, a opacidade superior com 0.5 e a opacidade inferior com 0.

O deslocamento, o nível de reflexão e as opacidades também podem ser alterados durante a execução do programa. Por exemplo, as opacidades são definidas com o uso dos métodos **setTopOpacity( )** e **setBottomOpacity( )**, mostrados aqui:

final void setTopOpacity(double *opacidade*)

final void setBottomOpacity(double *opacidade*)

O deslocamento é alterado com uma chamada a **setTopOffset( )**:

final void setTopOffset(double *deslocamento*)

O nível de reflexão pode ser definido com uma chamada a **setFraction( )**:

final void setFraction(double *nível*)

Estes métodos nos permitem ajustar a reflexão durante a execução do programa.

Transformações

As transformações são suportadas pela classe abstrata **Transform**, que faz parte do pacote **javafx.scene.transform**. Quatro de suas subclasses são **Rotate**, **Scale**, **Shear** e **Translate**. Elas fazem o que seus nomes sugerem. (Outra subclasse é **Affine**, mas normalmente usamos uma ou mais das classes de transformação anteriores.) É possível executar mais de uma transformação em um nó. Por exemplo, poderíamos fazê-lo girar e mudar de tamanho. As transformações são suportadas pela classe **Node** como descrito a seguir.

Uma maneira de adicionar uma transformação a um nó é adicioná-la à lista de transformações mantidas por ele. Essa lista é obtida com uma chamada ao método **getTransforms( )**, que é definido por **Node**. Ele é mostrado abaixo:

final ObservableList<Transform> getTransforms( )

Este método retorna uma referência à lista de transformações. Para adicionar uma transformação, apenas inclua-a na lista chamando **add( )**. Você pode limpar a lista chamando **clear( )** e usar **remove( )** para remover um elemento específico.

Em alguns casos, podemos especificar uma transformação diretamente com a configuração de uma das propriedades de **Node**. Por exemplo, podemos definir o ângulo de rotação de um nó, com o ponto pivô sendo o seu centro, chamando **setRotate( )** e passando o ângulo desejado. É possível definir um redimensionamento usando **setScaleX( )** e **setScaleY( )** e reposicionar um nó usando **setTranslateX( )** e **setTranslateY( )**. (Transformações no eixo Z também podem ser suportadas pela plataforma.) No entanto, o uso da lista de transformações oferece maior flexibilidade e essa é a abordagem demonstrada aqui.

Para demonstrar o uso de transformações, usaremos as classes **Rotate** e **Scale**. (Em geral, as outras transformações são usadas da mesma forma.) **Rotate** gira um nó em um determinado ângulo ao redor de um ponto especificado. Estes valores podem ser definidos quando uma instância de **Rotate** é criada. Por exemplo, esse é o construtor de **Rotate**:

Rotate(double *ângulo*, double *x*, double *y*)

Nesse caso, *ângulo* especifica de quantos graus será o giro. O centro da rotação, chamado de *ponto pivô*, é especificado por *x* e *y*.

Também podemos usar o construtor padrão e definir os valores de rotação após um objeto **Rotate** ser criado, o que o programa de demonstração mostrado na próxima seção ilustrará. Isso é feito com o uso dos métodos **setAngle( )**, **setPivotX( )** e **setPivotY( )**, vistos abaixo:

final void setAngle(double *ângulo*)

final void setPivotX(double *x*)

final void setPivotY(double *y*)

Como antes, *ângulo* especifica de quantos graus será o giro e o centro de rotação é especificado por *x* e *y*. Usando esses métodos, você pode girar um nó durante a execução do programa. Isso deve criar um efeito de forte apelo.

Scale redimensiona um nó de acordo com um fator de escala. Logo, ela altera o tamanho de um nó. Essa classe define vários construtores. O que usaremos é:

Scale(double *fatorLargura*, double *fatorAltura*)

Aqui, *fatorLargura* especifica o fator de escala aplicado à largura do nó e *fatorAltura* especifica o fator de escala aplicado à altura. Estes fatores podem ser alterados após uma instância de **Scale** ser criada com o uso dos métodos **setX( )** e **setY( )**, mostrados a seguir:

final void setX(double *fatorLargura*)

final void setY(double *fatorAltura*)

Da mesma forma, *fatorLargura* especifica o fator de escala aplicado à largura do nó e *fatorAltura* especifica o fator de escala aplicado à altura. Você pode usar esses métodos para alterar o tamanho de um controle durante a execução do programa, possivelmente para chamar a atenção para ele.

Demonstrando os efeitos e transformações

O programa a seguir demonstra o uso de efeitos e transformações. Ele o faz criando três botões e um rótulo. Os botões se chamam Rotate, Scale e Blur. Sempre que um botão é pressionado, o efeito ou transformação correspondente é aplicado a ele. Especificamente, sempre que você pressionar Rotate, o botão será girado em 15 graus, quando pressionar Scale, o tamanho do botão mudará e quando pressionar Blur, o botão perderá progressivamente a nitidez. O rótulo ilustra o efeito de reflexão. Ao examinar o programa, você verá como é fácil personalizar a aparência de sua GUI. Pode ser interessante fazer testes, tentando usar diferentes transformações ou efeitos ou testando os efeitos em diferentes tipos de nós e não só em botões.

```
// Demonstra a rotação, o redimensionamento, a reflexão e o desfoque.

import javafx.application.*;
import javafx.scene.*;
import javafx.stage.*;
import javafx.scene.layout.*;
import javafx.scene.control.*;
import javafx.event.*;
import javafx.geometry.*;
import javafx.scene.transform.*;
import javafx.scene.effect.*;
import javafx.scene.paint.*;

public class EffectsAndTransformsDemo extends Application {

  double angle = 0.0;
  double scaleFactor = 0.4;
  double blurVal = 1.0;
```

Java para Iniciantes

```java
// Cria efeitos e transformações iniciais.
Reflection reflection = new Reflection();
BoxBlur blur = new BoxBlur(1.0, 1.0, 1);
Rotate rotate = new Rotate();
Scale scale = new Scale(scaleFactor, scaleFactor);
```
⎯ Cria os efeitos e transformações.

```java
// Cria botões de ação.
Button btnRotate = new Button("Rotate");
Button btnBlur = new Button("Blur off");
Button btnScale = new Button("Scale");

Label reflect = new Label("Reflection Adds Visual Sparkle");

public static void main(String[] args) {

    // Inicia o aplicativo JavaFX chamando launch().
    launch(args);
}

// Sobrepõe o método start().
public void start(Stage myStage) {

    // Fornece um título para o palco.
    myStage.setTitle("Effects and Transforms Demo");

    // Usa um FlowPane para o nó raiz. Nesse caso,
    // lacunas verticais e horizontais iguais a 20 são usadas.
    FlowPane rootNode = new FlowPane(20, 20);

    // Centraliza os controles na cena.
    rootNode.setAlignment(Pos.CENTER);

    // Cria uma cena.
    Scene myScene = new Scene(rootNode, 300, 120);

    // Define a cena no palco.
    myStage.setScene(myScene);

    // Adiciona rotação à lista de transformações do botão Rotate.
    btnRotate.getTransforms().add(rotate);
```
⎯ Adiciona rotação ao botão **btnRotate**.

```java
    // Adiciona redimensionamento à lista de transformações do botão Scale.
    btnScale.getTransforms().add(scale);
```
⎯ Adiciona redimensionamento ao botão **btnScale**.

```java
    // Define o efeito de reflexão no rótulo.
    reflection.setTopOpacity(0.7);
    reflection.setBottomOpacity(0.3);
    reflect.setEffect(reflection);
```
⎯ Define a reflexão no rótulo **reflect**.

```java
    // Trata os eventos de ação do botão Rotate.
    btnRotate.setOnAction(new EventHandler<ActionEvent>() {
      public void handle(ActionEvent ae) {
        // Sempre que o botão é pressionado, ele é girado 30 graus
        // ao redor de seu centro.
        angle += 15.0;

        rotate.setAngle(angle);
        rotate.setPivotX(btnRotate.getWidth()/2);
        rotate.setPivotY(btnRotate.getHeight()/2);
      }
    });

    // Trata os eventos de ação do botão Scale.
    btnScale.setOnAction(new EventHandler<ActionEvent>() {
      public void handle(ActionEvent ae) {
        // Sempre que o botão é pressionado, sua escala muda.
        scaleFactor += 0.1;
        if(scaleFactor > 2.0) scaleFactor = 0.4;

        scale.setX(scaleFactor);
        scale.setY(scaleFactor);

      }
    });

    // Trata os eventos de ação do botão Blur.
    btnBlur.setOnAction(new EventHandler<ActionEvent>() {
      public void handle(ActionEvent ae) {
        // Sempre que o botão é pressionado, seu status de desfoque muda.
        if(blurVal == 10.0) {
          blurVal = 1.0;
          btnBlur.setEffect(null);       // ←——————— Remove o desfoque do botão btnBlur
          btnBlur.setText("Blur off");
        } else {
          blurVal++;
          btnBlur.setEffect(blur);       // ←——————— Diminui a nitidez do botão btnBlur.
          btnBlur.setText("Blur on");
        }
        blur.setWidth(blurVal);
        blur.setHeight(blurVal);
      }
    });

    // Adiciona o rótulo e os botões ao grafo de cena.
    rootNode.getChildren().addAll(btnRotate, btnScale, btnBlur, reflect);

    // Exibe o palco e sua cena.
    myStage.show();
  }
}
```

Um exemplo da saída é mostrado aqui:

Antes de sairmos do tópico dos efeitos e transformações, seria útil mencionar que vários deles são particularmente interessantes quando usados em um nó **Text**. **Text** é uma classe do pacote **javafx.scene.text**. Ela cria um nó composto por texto. Já que é um nó, o texto pode ser facilmente alterado como uma unidade e vários efeitos e transformações podem ser aplicados.

O que há mais?

Parabéns! Se você leu e colocou em prática os 17 capítulos anteriores, pode se autointitular programador de Java. Certamente, ainda há muitas coisas a aprender sobre Java, suas bibliotecas e seus subsistemas, mas agora você tem uma base sólida para desenvolver seu conhecimento e se especializar.

Estes são alguns dos tópicos sobre os quais é recomendável aprender mais:

- JavaFX e Swing – ambos são uma parte importante do ambiente de programação Java atual.
- Tratamento de eventos.
- Classes Java de rede.
- Classes Java utilitárias, principalmente sua Collections Framework, que simplifica várias tarefas de programação comuns.
- API Concurrent, que oferece controle detalhado sobre aplicativos de alto desempenho com várias threads.
- Java Beans, que dão suporte à criação de componentes de software em Java.
- Métodos nativos
- Servlets. Se você pretende criar aplicativos Web de alto desempenho, é bom conhecer os servlets. Eles são para o servidor o que os applets são para o navegador.

Para continuar seu estudo de Java, recomendo meu livro *Java: The Complete Reference, Ninth Edition* (Oracle Press/McGraw-Hill Professional, 2014). Nele encontrará uma abordagem abrangente da linguagem, suas principais bibliotecas e muitos outros exemplos de programas.

✓ Teste do Capítulo 17

1. Qual é o nome do pacote de nível superior do framework JavaFX?
2. Dois conceitos essenciais de JavaFX são o palco e a cena. Que classes os encapsulam?
3. Um grafo de cena é composto por _____.
4. A classe base de todos os nós é _____.
5. Que classe todos os aplicativos JavaFX estendem?
6. Quais são os três métodos JavaFX de ciclo de vida?
7. Em que método de ciclo de vida você pode construir o palco de um aplicativo?
8. O método **launch( )** é chamado para iniciar um apicativo JavaFX independente. Verdadeiro ou falso?
9. Quais são os nomes das classes JavaFX que dão suporte a um rótulo e um botão?
10. Uma maneira de encerrar um aplicativo JavaFX independente é chamando **Platform.exit( )**. **Platform** pertence ao pacote **javafx.Application**. Quando chamado, **exit( )** encerra imediatamente o programa. Com isso em mente, altere o programa **JavaFXEventDemo** mostrado neste capítulo para que ele tenha dois botões chamados Run e Exit. Se Run for pressionado, faça o programa exibir essa opção em um rótulo. Se Exit for pressionado, faça o programa terminar. Use expressões lambda como tratadores de eventos.
11. Que controle de **JavaFX** implementa uma caixa de seleção?
12. **ListView** é um controle que exibe uma lista de arquivos de diretório do sistema de arquivos local. Verdadeiro ou falso?
13. Converta o programa de comparação de arquivos baseado em Swing da seção Tente Isto 16-1 para que use JavaFX. No processo, faça uso de outro recurso de JavaFX: a possibilidade de acionar um evento de ação em um botão sob controle do programa. Isso é feito com uma chamada a **fire( )** na instância do botão. Por exemplo, supondo um botão chamado **MyButton**, o método a seguir acionaria um evento de ação nele: **myButton.fire( )**. Use esse fato ao implementar os tratadores de eventos dos campos de texto contendo os nomes dos arquivos a serem comparados. Se o usuário pressionar enter quando estiver em um desses campos, simplesmente acione um evento de ação no botão Compare. O código de tratamento de eventos do botão Compare executará então a comparação de arquivos.
14. Modifique o programa **EffectsAndTransformsDemo** de modo que o botão Rotate também seja desfocado. Use um desfoque de largura e altura 5 e uma contagem de iterações igual a 2.
15. Por sua própria conta, teste outros efeitos e transformações. Por exemplo, teste o efeito **Glow** e a transformação **Translate**.

16. Continue progredindo em seu estudo de Java. Uma boa maneira de começar é examinando os principais pacotes Java, como **java.lang**, **java.util** e **java.net**. Escreva exemplos de programas que demonstrem suas várias classes e interfaces. Geralmente, a melhor maneira de se tornar um ótimo programador de Java é codificar muito.

Apêndice A

Respostas dos testes

Capítulo 1: Fundamentos da linguagem Java

1. **O que é bytecode e por que ele é importante para o uso de Java em programação na Internet?**

    Bytecode é um conjunto de instruções altamente otimizado que é executado pela Máquina Virtual Java. Ele ajuda Java a fornecer portabilidade e segurança.

2. **Quais são os três princípios básicos da programação orientada a objetos?**

    Encapsulamento, polimorfismo e herança.

3. **Onde os programas Java começam a ser executados?**

    Os programas Java começam a ser executados em **main( )**.

4. **O que é uma variável?**

    Uma variável é um local nomeado na memória. O conteúdo de uma variável pode ser alterado durante a execução de um programa.

5. **Qual dos nomes de variável a seguir é inválido?**

    A variável inválida é a da opção **D**. Nomes de variável não podem começar com um dígito.

6. **Como se cria um comentário de linha única? E um comentário de várias linhas?**

    Um comentário de linha única começa com // e termina no fim da linha. Um comentário de várias linhas começa com /* e termina com */.

7. **Mostre a forma geral da instrução if. Mostre também a do laço for.**

    Forma geral de **if**:

    if(*condição*) *instrução*

    Forma geral de **for**:

    for(*inicialização*; *condição*; *iteração*) *instrução*;

8. **Como se cria um bloco de código?**

    Um bloco de código começa com uma chave de abertura e termina com uma chave de fechamento.

9. **A gravidade da Lua é de cerca de 17% à da Terra. Crie um programa que calcule seu peso efetivo na Lua.**

    ```
    /*
       Calcula seu peso na Lua.

       Chame este arquivo de Moon.java.
    */
    class Moon {
      public static void main(String args[]) {
        double earthweight; // peso na Terra
        double moonweight;  // peso na Lua
    ```

```
            earthweight = 165;

            moonweight = earthweight * 0.17;

            System.out.println(earthweight +
                       " earth-pounds is equivalent to " +
                       moonweight + " moon-pounds.");

        }
    }
```

10. Adapte o código da seção Tente isto 1-2 para que ele exiba uma tabela de conversões de polegadas para metros. Exiba 12 pés de conversões, polegada a polegada. Gere uma linha em branco a cada 12 polegadas. (Um metro é igual à aproximadamente 39,37 polegadas.)

```
/*
    Este programa exibe uma tabela de
    conversão de polegadas para metros.

    Chame-o de InchToMeterTable.java.
*/
class InchToMeterTable {
  public static void main(String args[]) {
    double inches, meters;
    int counter;

    counter = 0;
    for(inches = 1; inches <= 144; inches++) {
      meters = inches / 39.37; // converte para metros
      System.out.println(inches + " inches is " +
                         meters + " meters.");

      counter++;
      // a cada 12 linhas, exibe uma linha em branco
      if(counter == 12) {
        System.out.println();
        counter = 0; // zera o contador de linhas
      }
    }
  }
}
```

11. Se você cometer um engano na digitação ao inserir seu programa, isso vai resultar em que tipo de erro?

Erro de sintaxe.

12. É importante o local onde inserimos uma instrução em uma linha?

Não, Java é uma linguagem de forma livre.

Capítulo 2: Introdução aos tipos de dados e operadores

1. Por que Java especifica rigorosamente o intervalo e o comportamento de seus tipos primitivos?

   Java especifica rigorosamente o intervalo e o comportamento de seus tipos primitivos para assegurar portabilidade entre as plataformas.

2. Qual é o tipo de caractere usado em Java e em que ele é diferente do tipo de caractere usado por outras linguagens de programação?

   O tipo de caractere de Java é o **char**. Os caracteres Java são Unicode em vez de ASCII, que é usado por outras linguagens de programação.

3. Um valor **boolean** pode ter o valor que você quiser já que qualquer valor diferente de zero é verdadeiro. Verdadeiro ou falso?

   Falso. Um valor booleano deve ser **true** ou **false**.

4. Dada esta saída,

   ```
   One
   Two
   Three
   ```

   usando um único string, mostre a instrução **println( )** que a produziu.

   ```
   System.out.println("One\nTwo\nThree");
   ```

5. O que está errado no fragmento a seguir?

   ```
   for(i = 0; i < 10; i++) {
     int sum;

     sum = sum + i;
   }
   System.out.println("Sum is: " + sum);
   ```

   Há dois erros básicos no fragmento. Em primeiro lugar, **sum** é criada sempre que o bloco definido pelo laço **for** é alcançado e destruída na saída. Logo, ela não manterá seu valor entre as iterações. Não adianta tentar usar sum para armazenar um acumulado das iterações. Em segundo lugar, **sum** não será conhecida fora do bloco em que é declarada, portanto, a referência a ela na instrução **println( )** é inválida.

6. Explique a diferença entre as formas prefixada e posfixada do operador de incremento.

   Quando o operador de incremento preceder seu operando, Java executará o incremento antes de obter o valor do operando para que seja usado pelo resto da expressão. Se o operador vier após o operando, Java obterá seu valor antes de incrementar.

7. Mostre como um AND de curto-circuito pode ser usado para impedir um erro de divisão por zero.

   ```
   if((b != 0) && (val / b)) ...
   ```

8. Em uma expressão, a que tipo são promovidos **byte** e **short**?

   Em uma expressão, **byte** e **short** são promovidos a **int**.

9. Em geral, quando uma coerção é necessária?

Uma coerção é necessária na conversão entre tipos incompatíveis ou quando uma conversão redutora está ocorrendo.

10. Escreva um programa que encontre todos os números primos entre 2 e 100.

```java
// Encontra os números primos entre 2 e 100.
class Prime {
  public static void main(String args[]) {
    int i, j;
    boolean isprime;

    for(i=2; i < 100; i++) {
      isprime = true;

      // vê se o número tem divisão exata
      for(j=2; j <= i/j; j++)
        // se tiver, não é primo
        if((i%j) == 0) isprime = false;

      if(isprime)
        System.out.println(i + " is prime.");
    }
  }
}
```

11. O uso de parênteses adicionais afeta o desempenho do programa?

Não.

12. Um bloco define um escopo?

Sim.

Capítulo 3: Instruções de controle de programa

1. Escreva um programa que leia caracteres do teclado até um ponto ser recebido. Faça-o contar o número de espaços. Relate o total no fim do programa.

```java
// Conta espaços.
class Spaces {
  public static void main(String args[])
    throws java.io.IOException {

    char ch;
    int spaces = 0;

    System.out.println("Enter a period to stop.");

    do {
      ch = (char) System.in.read();
      if(ch == ' ') spaces++;
```

```
      } while(ch != '.');

      System.out.println("Spaces: " + spaces);
   }
}
```

2. Mostre a forma geral da escada **if-else-if**.

   if(*condição*)
     instrução;
   else if(*condição*)
     instrução;
   else if(*condição*)
     instrução;
   .
   .
   .
   else
     instrução;

3. Dado o código

   ```
   if(x < 10)
     if(y > 100) {
       if(!done) x = z;
       else y = z;
     }
   else System.out.println("error"); // qual if?
   ```

   a que **if** o último **else** está associado?

   O último **else** está associado a **if(y > 100)**.

4. Mostre a instrução **for** de um laço que conte de 1000 a 0 em intervalos de –2.

   ```
   for(int i = 1000; i >= 0; i -= 2) // ...
   ```

5. O fragmento a seguir é válido?

   ```
   for(int i = 0; i < num; i++)
     sum += i;

   count = i;
   ```

   Não, **i** não é conhecida fora do laço **for** em que é declarada.

6. Explique o que **break** faz. Certifique-se de explicar suas duas formas.

   Um break sem rótulo causa o encerramento da instrução switch ou do laço imediatamente externo.

   Um break com rótulo faz o controle ser transferido para o fim do bloco rotulado.

7. No fragmento a seguir, após a instrução **break** ser executada, o que é exibido?

   ```
   for(i = 0; i < 10; i++) {
     while(running) {
       if(x<y) break;
   ```

```
    // ...
  }
  System.out.println("after while");
}
System.out.println("After for");
```

Após **break** ser executada, o string "after while" é exibido.

8. O que o fragmento abaixo exibe?

    ```
    for(int i = 0; i<10; i++) {
      System.out.print(i + " ");
      if((i%2) == 0) continue;
      System.out.println();
    }
    ```

    A resposta é esta:

    ```
    0 1
    2 3
    4 5
    6 7
    8 9
    ```

9. Nem sempre a expressão de iteração de um laço necessita alterar a variável de controle de laço segundo um valor fixo. Em vez disso, a variável de controle pode mudar de alguma maneira arbitrária. Usando esse conceito, escreva um programa que use um laço **for** para gerar e exibir a progressão 1, 2, 4, 8, 16, 32 e assim por diante.

    ```
    /* Usa um laço for para gerar a progressão

        1 2 4 8 16, ...
    */
    class Progress {
      public static void main(String args[]) {

        for(int i = 1; i < 100; i += i)
          System.out.print(i + " ");

      }
    }
    ```

10. As letras minúsculas ASCII ficam separadas das maiúsculas por um intervalo igual a 32. Logo, para converter uma letra minúscula em maiúscula, temos de subtrair 32 dela. Use essa informação para escrever um programa que leia caracteres do teclado. Ele deve converter todas as letras minúsculas em maiúsculas e todas as letras maiúsculas em minúsculas, exibindo o resultado. Não faça alterações em nenhum outro caractere. O programa será encerrado quando o usuário inserir um ponto. No fim, ele deve exibir quantas alterações ocorreram na caixa das letras.

    ```
    // Altera a caixa das letras.
    class CaseChg {
    ```

```
      public static void main(String args[])
        throws java.io.IOException {
        char ch;
        int changes = 0;

        System.out.println("Enter period to stop.");

        do {
          ch = (char) System.in.read();
          if(ch >= 'a' & ch <= 'z') {
            ch -= 32;
            changes++;
            System.out.println(ch);
          }
          else if(ch >= 'A' & ch <= 'Z') {
            ch += 32;
            changes++;
            System.out.println(ch);
          }
        } while(ch != '.');
        System.out.println("Case changes: " + changes);
      }
    }
```

11. O que é um laço infinito?

    Um laço infinito é aquele que é executado incessantemente.

12. No uso de **break** com um rótulo, este deve estar em um bloco que contenha **break**?

    Sim.

Capítulo 4: Introdução às classes, objetos e métodos

1. Qual é a diferença entre uma classe e um objeto?

   Classe é uma abstração lógica que descreve a forma e o comportamento de um objeto. Objeto é uma instância física da classe.

2. Como uma classe é definida?

   Uma classe é definida com o uso da palavra-chave **class**. Dentro da instrução **class**, você deve especificar o código e os dados que compõem a classe.

3. Cada objeto tem sua própria cópia de quê?

   Cada objeto de classe tem sua própria cópia das variáveis de instância da classe.

4. Usando duas instruções separadas, mostre como declarar um objeto de nome **counter** de uma classe chamada **MyCounter**.

   ```
   MyCounter counter;
   counter = new MyCounter();
   ```

5. Mostre como um método chamado **myMeth( )** será declarado se tiver um tipo de retorno **double** e dois parâmetros **int** chamados **a** e **b**.

   ```
   double myMeth(int a, int b) { // ...
   ```

6. Como um método deve retornar se um valor for retornado?

   Um método que retorna um valor deve retornar por intermédio da instrução **return**, passando o valor de retorno ao fazer isso.

7. Que nome tem um construtor?

   Um construtor tem o mesmo nome de sua classe.

8. O que **new** faz?

   O operador **new** aloca memória para um objeto e o inicializa usando seu construtor.

9. O que é coleta de lixo e como ela funciona? O que é **finalize( )**?

   Coleta de lixo é o mecanismo que recicla objetos não utilizados para que sua memória possa ser reutilizada. O método **finalize( )** de um objeto é chamado imediatamente antes de ele ser reciclado.

10. O que é **this**?

    A palavra-chave **this** é uma referência ao objeto em que um método é chamado. Ela é passada automaticamente para o método.

11. Um construtor pode ter um ou mais parâmetros?

    Sim.

12. Se um método não retornar um valor, qual deve ser seu tipo de retorno?

    void

Capítulo 5: Mais tipos de dados e operadores

1. Mostre duas maneiras de declarar um array unidimensional de 12 doubles.

   ```
   double x[] = new double[12];
   double[] x = new double[12];
   ```

2. Mostre como inicializar um array unidimensional de inteiros com os valores de 1 a 5.

   ```
   int x[] = { 1, 2, 3, 4, 5 };
   ```

3. Escreva um programa que use um array para encontrar a média de 10 valores **double**. Use os 10 valores que quiser.

   ```
   // Encontra a média de 10 valores double.
   class Avg {
     public static void main(String args[]) {
       double nums[] = { 1.1, 2.2, 3.3, 4.4, 5.5,
                         6.6, 7.7, 8.8, 9.9, 10.1 };
       double sum = 0;
   ```

```
            for(int i=0; i < nums.length; i++)
              sum += nums[i];

            System.out.println("Average: " + sum / nums.length);
          }
        }
```

4. Altere a classificação da seção Tente isto 5-1 para que classifique um array de strings. Demonstre que funciona.

```
// Demonstra a classificação por bolha com strings.
class StrBubble {
  public static void main(String args[]) {
    String strs[] = {
                    "this", "is", "a", "test",
                    "of", "a", "string", "sort"
                    };
    int a, b;
    String t;
    int size;

    size = strs.length; // número de elementos a serem classificados

    // exibe o array original
    System.out.print("Original array is:");
    for(int i=0; i < size; i++)
      System.out.print(" " + strs[i]);
    System.out.println();

    // Esta é a classificação por bolha para strings.
    for(a=1; a < size; a++)
      for(b=size-1; b >= a; b--) {
        if(strs[b-1].compareTo(strs[b]) > 0) { // se estiver fora de ordem
          // troca os elementos
          t = strs[b-1];
          strs[b-1] = strs[b];
          strs[b] = t;
        }
      }

    // exibe o array classificado
    System.out.print("Sorted array is:");
    for(int i=0; i < size; i++)
      System.out.print(" " + strs[i]);
    System.out.println();
  }
}
```

5. Qual é a diferença entre os métodos **indexOf( )** e **lastIndexOf( )** de **String**?

O método **indexOf( )** encontra a primeira ocorrência do substring especificado. **lastIndexOf( )** encontra a última ocorrência.

6. Já que todos os strings são objetos de tipo **String**, mostre como chamar os métodos **length( )** e **charAt( )** neste literal de string: "I like Java".

Mesmo parecendo estranha, esta é uma chamada válida a **length( )**:

```
System.out.println("I like Java".length());
```

A saída exibida é 11. **charAt( )** é chamado de forma semelhante.

7. Expandindo a classe de codificação **Encode**, modifique-a para que use um string de oito caracteres como chave.

```
// Codificação XOR melhorada.
class Encode {
  public static void main(String args[]) {
    String msg = "This is a test";
    String encmsg = "";
    String decmsg = "";
    String key = "abcdefgi";
    int j;

    System.out.print("Original message: ");
    System.out.println(msg);

    // codifica a mensagem
    j = 0;
    for(int i=0; i < msg.length(); i++) {
      encmsg = encmsg + (char) (msg.charAt(i) ^ key.charAt(j));
      j++;
      if(j==8) j = 0;
    }

    System.out.print("Encoded message: ");
    System.out.println(encmsg);

    // decodifica a mensagem
    j = 0;
    for(int i=0; i < msg.length(); i++) {
      decmsg = decmsg + (char) (encmsg.charAt(i) ^ key.charAt(j));
      j++;
      if(j==8) j = 0;
    }

    System.out.print("Decoded message: ");
    System.out.println(decmsg);
  }
}
```

8. Os operadores bitwise podem ser aplicados ao tipo **double**?

Não.

9. Mostre como a sequência a seguir pode ser reescrita com o uso do operador ?.

   ```
   if(x < 0) y = 10;
   else y = 20;
   ```

   Esta é a resposta:

   ```
   y = x < 0 ? 10 : 20;
   ```

10. No fragmento a seguir, **&** é um operador bitwise ou lógico? Por que?

    ```
    boolean a, b;
    // ...
    if(a & b) ...
    ```

    É um operador lógico porque os operandos são de tipo **boolean**.

11. É um erro ultrapassar o fim de um array?

    Sim.

    E indexar um array com um valor negativo?

    Sim. Os índices de todos os arrays começam em zero.

12. Qual é o operador de deslocamento para a direita sem sinal?

    >>>

13. Reescreva a classe **MinMax** mostrada anteriormente neste capítulo para que use um laço for de estilo for-each.

    ```
    // Encontra os valores mínimo e máximo de um array.
    class MinMax {
      public static void main(String args[]) {
        int nums[] = new int[10];
        int min, max;

        nums[0] = 99;
        nums[1] = -10;
        nums[2] = 100123;
        nums[3] = 18;
        nums[4] = -978;
        nums[5] = 5623;
        nums[6] = 463;
        nums[7] = -9;
        nums[8] = 287;
        nums[9] = 49;

        min = max = nums[0];
        for(int v : nums) {
          if(v < min) min = v;
          if(v > max) max = v;
        }
        System.out.println("min and max: " + min + " " + max);
      }
    }
    ```

14. Os laços **for** que executam a classificação na classe **Bubble** mostrada na seção Tente isto 5-1 podem ser convertidos em laços de estilo for-each? Em caso negativo, por que não?

Não, os laços **for** da classe **Bubble** que executam a classificação não podem ser convertidos em laços de estilo for-each. No caso do laço externo, o valor atual de seu contador é usado pelo laço interno. No caso do laço interno, valores fora de ordem devem ser trocados, o que implica atribuições. Atribuições ao array subjacente não podem ocorrer com o uso de um laço de estilo for-each.

15. Um **String** pode controlar uma instrução **switch**?

A partir de JDK 7, a resposta é sim.

Capítulo 6: Verificação minuciosa dos métodos e classes

1. Dado este fragmento,

```
class X {
  private int count;
```

o fragmento a seguir está correto?

```
class Y {
  public static void main(String args[]) {
    X ob = new X();

    ob.count = 10;
```

Não, um membro **private** não pode ser acessado fora de sua classe.

2. Um modificador de acesso deve _____ a declaração de um membro.

preceder

3. O complemento de uma fila é a pilha. Ela usa o acesso primeiro a entrar, último a sair e com frequência é comparada a uma pilha de pratos. O primeiro prato colocado na mesa é o último a ser usado. Crie uma classe de pilha chamada **Stack** que possa conter caracteres. Chame os métodos que acessam a pilha de **push( )** e **pop( )**. Permita que o usuário especifique o tamanho da pilha quando ela for criada. Mantenha todos os outros membros da classe **Stack** privados. (Dica: você pode usar a classe **Queue** como modelo; apenas altere a maneira como os dados são acessados.)

```
// Classe de pilha para caracteres.
class Stack {
  private char stck[]; // esse array contém a pilha
  private int tos; // topo da pilha

  // Constrói uma pilha vazia dado seu tamanho.
  Stack(int size) {
    stck = new char[size]; // allocate memory for stack
    tos = 0;
  }
```

```java
    // Constrói uma pilha a partir de outra.
    Stack(Stack ob) {
      tos = ob.tos;
      stck = new char[ob.stck.length];

      // copia os elementos
      for(int i=0; i < tos; i++)
        stck[i] = ob.stck[i];
    }

    // Constrói uma pilha com valores iniciais.
    Stack(char a[]) {
      stck = new char[a.length];

      for(int i = 0; i < a.length; i++) {
        push(a[i]);
      }
    }

    // Insere caracteres na pilha.
    void push(char ch) {
      if(tos==stck.length) {
        System.out.println(" -- Stack is full.");
        return;
      }

      stck[tos] = ch;
      tos++;
    }

    // Extrai um caractere da pilha.
    char pop() {
      if(tos==0) {
        System.out.println(" -- Stack is empty.");
        return (char) 0;
      }

      tos--;
      return stck[tos];
    }
}

// Demonstra a classe Stack.
class SDemo {
  public static void main(String args[]) {
    // constrói uma pilha vazia de 10 elementos
    Stack stk1 = new Stack(10);

    char name[] = {'T', 'o', 'm'};
```

```
    // constrói a pilha a partir do array
    Stack stk2 = new Stack(name);

    char ch;
    int i;

    // insere alguns caracteres em stk1
    for(i=0; i < 10; i++)
      stk1.push((char) ('A' + i));

    // constrói uma pilha a partir de outra pilha
    Stack stk3 = new Stack(stk1);

    // exibe as pilhas.
    System.out.print("Contents of stk1: ");
    for(i=0; i < 10; i++) {
      ch = stk1.pop();
      System.out.print(ch);
    }

    System.out.println("\n");

    System.out.print("Contents of stk2: ");
    for(i=0; i < 3; i++) {
      ch = stk2.pop();
      System.out.print(ch);
    }

    System.out.println("\n");
    System.out.print("Contents of stk3: ");
    for(i=0; i < 10; i++) {
      ch = stk3.pop();
      System.out.print(ch);
    }
  }
}
```

Aqui está a saída do programa:

```
Contents of stk1: JIHGFEDCBA
Contents of stk2: moT
Contents of stk3: JIHGFEDCBA
```

4. Dada esta classe,

```
class Test {
  int a;
  Test(int i) { a = i; }
}
```

crie um método chamado **swap( )** que troque o conteúdo dos objetos referenciados por duas referências de objeto **Test**.

```
void swap(Test ob1, Test ob2) {
  int t;

  t = ob1.a;
  ob1.a = ob2.a;
  ob2.a = t;
}
```

5. O fragmento a seguir está correto?

```
class X {
  int meth(int a, int b) { ... }
  String meth(int a, int b) { ... }
}
```

Não. Métodos sobrecarregados podem ter diferentes tipos de retorno, mas não tomam parte na definição da sobrecarga. Eles devem ter listas de parâmetros diferentes.

6. Crie um método recursivo que exiba o conteúdo de um string de trás para frente.

```
// Exibe um string de trás para frente usando a recursão.
class Backwards {
  String str;

  Backwards(String s) {
    str = s;
  }

  void backward(int idx) {
    if(idx != str.length()-1) backward(idx+1);

    System.out.print(str.charAt(idx));
  }
}

class BWDemo {
  public static void main(String args[]) {
    Backwards s = new Backwards("This is a test");

    s.backward(0);
  }
}
```

7. Se todos os objetos de uma classe tiverem que compartilhar a mesma variável, como você deve declarar essa variável?

Variáveis compartilhadas são declaradas como **static**.

8. Por que você pode ter que usar um bloco **static**?

Um bloco **static** é usado para executar alguma inicialização relacionada à classe, antes que um objeto seja criado.

9. O que é uma classe interna?

   Uma classe interna é uma classe aninhada não estática.

10. Para que um membro só possa ser acessado por outros membros de sua classe, que modificador de acesso deve ser usado?

    private

11. O nome de um método mais sua lista de parâmetros compõem a _____ do método.

    assinatura

12. Um argumento **int** é passado para um método com o uso da chamada por _____.

    valor

13. Crie um método varargs chamado **sum( )** que some os valores **int** passados para ele. Faça-o retornar o resultado. Demonstre seu uso.

    Há muitas maneiras de criar uma solução. Esta é uma:

    ```
    class SumIt {
      int sum(int ... n) {
        int result = 0;

        for(int i = 0; i < n.length; i++)
          result += n[i];

        return result;
      }
    }

    class SumDemo {
      public static void main(String args[]) {

        SumIt siObj = new SumIt();

        int total = siObj.sum(1, 2, 3);
        System.out.println("Sum is " + total);

        total = siObj.sum(1, 2, 3, 4, 5);
        System.out.println("Sum is " + total);
      }
    }
    ```

14. Um método varargs pode ser sobrecarregado?

    Sim.

15. Mostre um exemplo de um método varargs sobrecarregado que seja ambíguo.

Aqui está um exemplo de um método varargs sobrecarregado que é ambíguo:

```
double myMeth(double ... v ) { // ...
```

```
double myMeth(double d, double ... v) { // ...
```

Se você tentar chamar **myMeth( )** com um argumento, dessa forma,

```
myMeth(1.1);
```

o compilador não conseguirá determinar que versão do método deve chamar.

Capítulo 7: Herança

1. Uma superclasse tem acesso aos membros de uma subclasse? E a subclasse pode acessar os membros de uma superclasse?

   Não, uma superclasse não conhece suas subclasses, mas a subclasse tem acesso a todos os membros não privados de sua superclasse.

2. Crie uma subclasse de **TwoDShape** chamada **Circle**. Inclua um método **area( )** que calcule a área do círculo e um construtor que use **super** para inicializar a parte referente a **TwoDShape**.

```
// Subclasse de TwoDShape para círculos.
class Circle extends TwoDShape {
  // Um construtor padrão.
  Circle() {
    super();
  }

  // Constrói Circle
  Circle(double x) {
    super(x, "circle"); // chama o construtor da superclasse
  }

  // Constrói um objeto a partir de outro.
  Circle(Circle ob) {
    super(ob); // passa o objeto para o construtor de TwoDShape
  }

  double area() {
    return (getWidth() / 2) * (getWidth() / 2) * 3.1416;
  }
}
```

3. Como impedir que uma subclasse tenha acesso a um membro de uma superclasse?

Para impedir que uma subclasse tenha acesso a um membro da superclasse, declare esse membro como **private**.

4. Descreva a finalidade e a aplicação das duas versões de **super** mostradas neste capítulo.

    A palavra-chave **super** tem duas formas. A primeira é usada para chamar um construtor da superclasse. A forma geral dessa aplicação é

    super(*lista-parâm*);

    A segunda forma de **super** é usada para acessar um membro da superclasse. Esta é sua forma geral:

    super.*membro*

5. Dada a hierarquia a seguir, em que ordem os construtores dessas classes concluem sua execução quando um objeto **Gamma** é instanciado?

    ```
    class Alpha { ...

    class Beta extends Alpha { ...

    Class Gamma extends Beta { ...
    ```

    Os construtores concluem sua execução em ordem de derivação. Logo, quando um objeto **Gamma** é criado, a ordem é **Alpha**, **Beta**, **Gamma**.

6. Uma referência da superclasse pode referenciar um objeto da subclasse. Explique por que isso é importante no âmbito da sobreposição de métodos.

    Quando um método sobreposto é chamado por intermédio de uma referência da superclasse, é o tipo de objeto que está sendo referenciado que determina que versão do método será chamada.

7. O que é uma classe abstrata?

    Uma classe abstrata contém pelo menos um método abstrato.

8. Como impedir que um método seja sobreposto? E que uma classe seja herdada?

    Para impedir que um método seja sobreposto, declare-o como **final**. Para impedir que uma classe seja herdada, declare-a também como **final**.

9. Explique como a herança, a sobreposição de métodos e as classes abstratas são usadas para dar suporte ao polimorfismo.

    A herança, a sobreposição de métodos e as classes abstratas dão suporte ao polimorfismo permitindo a criação de uma estrutura de classes generalizada que possa ser implementada por várias classes. Logo, a classe abstrata define uma interface coerente que é compartilhada por todas as classes que a implementam. Essa abordagem personifica o conceito de "uma interface, vários métodos".

10. Que classe é superclasse de todas as outras classes?

A classe **Object**.

11. Uma classe que contém pelo menos um método abstrato deve ser declarada como abstrata. Verdadeiro ou falso?

Verdadeiro.

12. Que palavra-chave é usada para criar uma constante nomeada?

final

Capítulo 8: Pacotes e interfaces

1. Usando o código da seção Tente isto 8-1, insira a interface **ICharQ** e suas três implementações em um pacote chamado **qpack**. Mantendo a classe de demonstração de fila **IQDemo** no pacote padrão, mostre como importar e usar as classes de **qpack**.

Para inserir **ICharQ** e suas implementações no pacote **qpack**, você deve separar cada implementação em seu próprio arquivo, tornar as classes **public** e adicionar essa instrução ao início de cada arquivo.

```
package qpack;
```

Após fazê-lo, poderá usar **qpack** adicionando esta instrução **import** a **IQDemo**.

```
import qpack.*;
```

2. O que é espaço de nome? Por que é importante Java permitir que você divida o espaço de nome?

Um espaço de nome é uma região declarativa. Ao dividir o espaço de nome, você poderá evitar colisões de nomes.

3. Os pacotes são armazenados em _____.

diretórios

4. Explique a diferença entre **protected** e acesso padrão.

Um membro com acesso **protected** pode ser usado dentro de seu pacote e por uma subclasse de qualquer pacote.

Um membro com acesso padrão só pode ser usado dentro de seu pacote.

5. Explique as duas maneiras pelas quais os membros de um pacote podem ser utilizados por outros pacotes.

Para usar um membro de um pacote, você pode qualificar totalmente o seu nome ou importá-lo usando import.

6. "Uma interface, vários métodos" é um princípio-chave de Java. Que recurso o exemplifica melhor?

    A interface exemplifica melhor o princípio "uma interface, vários métodos" da programação orientada a objetos.

7. Quantas classes podem implementar uma interface? Quantas interfaces uma classe pode implementar?

    Uma interface pode ser implementada por um número ilimitado de classes. Uma classe pode implementar quantas interfaces quiser.

8. As interfaces podem ser estendidas?

    Sim, as interfaces podem ser estendidas.

9. Crie uma interface para a classe **Vehicle** do Capítulo7. Chame-a de **IVehicle**.

    ```
    interface IVehicle {

      // Retorna a autonomia.
      int range();

      // Calcula o combustível necessário para percorrer a distância dada.
      double fuelneeded(int miles);

      // Acessa métodos de variáveis de instância.
      int getPassengers();
      void setPassengers(int p);
      int getFuelcap();
      void setFuelcap(int f);
      int getMpg();
      void setMpg(int m);
    }
    ```

10. As variáveis declaradas em uma interface são implicitamente **static** e **final**. Elas podem ser compartilhadas com outras partes de um programa?

    Sim, as variáveis de interface podem ser usadas como constantes nomeadas que são compartilhadas por todos os arquivos de um programa. Elas ganham visibilidade com a importação de sua interface.

11. Um pacote é, basicamente, um contêiner para classes. Verdadeiro ou falso?

    Verdadeiro.

12. Que pacote Java padrão é importado automaticamente para um programa?

    java.lang

13. Que palavra-chave é usada para declarar o método padrão de uma **interface**?

default

14. A partir de JDK 8, é possível definir um método static em uma interface?

Sim

15. Suponhamos que a interface **ICharQ** mostrada na seção Tente Isto 8-1 já estivesse sendo usada amplamente há anos. Agora, você deseja adicionar a ela um método chamado **reset( )**, que será usado para restaurar a fila para sua condição inicial vazia. Supondo o uso de JDK 8 ou posterior, como isso pode ser feito sem invalidar códigos já existentes?

Para evitar a invalidação de códigos já existentes, você deve usar um método padrão de interface. Já que é impossível saber como redefinir cada implementação de fila, a implementação padrão de **reset( )** terá que relatar um erro que indique que não foi implementada. (A melhor maneira de fazer isso é usando uma exceção. As exceções serão examinadas no próximo capítulo.) Felizmente, como códigos preexistentes não presumem que **ICharQ** defina um método **reset( )**, nenhum deles se deparará com esse erro e será invalidado.

16. Como um método static de uma interface é chamado?

Um método **static** de uma interface é chamado por intermédio do nome da interface, com o uso do operador ponto.

Capítulo 9: Tratamento de exceções

1. Que classe fica no topo da hierarquia de exceções?

Throwable fica no topo da hierarquia de exceções.

2. Explique resumidamente como **try** e **catch** são usados.

As instruções **try** e **catch** funcionam em conjunto. As instruções do programa que você quiser monitorar em busca de exceções ficarão dentro de um bloco try. Uma exceção é capturada com o uso de **catch**.

3. O que está errado no fragmento a seguir?

```
// ...
vals[18] = 10;
catch (ArrayIndexOutOfBoundsException exc) {
  // trata erro
}
```

Não há um bloco **try** antes da instrução **catch**.

4. O que acontece quando uma exceção não é capturada?

Se uma exceção não for capturada, isso resultará no encerramento anormal do programa.

5. O que está errado no fragmento a seguir?

```
class A extends Exception { ...

class B extends A { ...
```

```
// ...

try {
  // ...
}
catch (A exc) { ... }
catch (B exc) { ... }
```

No fragmento, um **catch** da superclasse precede um **catch** da subclasse. Já que o **catch** da superclasse também captura todas as subclasses, cria-se um código inalcançável.

6. Um **catch** interno pode relançar uma exceção para um **catch** externo?

   Sim, uma exceção pode ser relançada.

7. O bloco **finally** é a última parte do código executada antes de o programa terminar. Verdadeiro ou falso? Explique sua resposta.

   Falso. O bloco **finally** é o código executado quando um bloco try termina.

8. Que tipo de exceções deve ser declarado explicitamente na cláusula **throws** de um método?

   Todas as exceções, exceto as de tipo **RuntimeException** e **Error**, devem ser declaradas em uma cláusula throws.

9. O que está errado neste fragmento?

   ```
   class MyClass { // ... }
   // ...
   throw new MyClass();
   ```

   MyClass não estende **Throwable**. Só subclasses de **Throwable** podem ser lançadas por **throw**.

10. Na questão 3 do Teste do Capítulo 6, você criou uma classe **Stack**. Adicione exceções personalizadas à sua classe que relatem condições de pilha cheia e pilha vazia.

    ```
    // Exceção para erros de pilha cheia.
    class StackFullException extends Exception {
      int size;

      StackFullException(int s) { size = s; }

      public String toString() {
       return "\nStack is full. Maximum size is " +
            size;
      }
    }

    // Exceção para erros de pilha vazia.
    class StackEmptyException extends Exception {

      public String toString() {
    ```

```
      return "\nStack is empty.";
  }
}

// Classe de pilha para caracteres.
class Stack {
  private char stck[]; // esse array contém a pilha
  private int tos; // topo da pilha

  // Constrói uma pilha vazia dado seu tamanho.
  Stack(int size) {
    stck = new char[size]; // allocate memory for stack
    tos = 0;
  }

  // Constrói uma pilha a partir de outra.
  Stack(Stack ob) {
    tos = ob.tos;
    stck = new char[ob.stck.length];

    // copia os elementos
    for(int i=0; i < tos; i++)
      stck[i] = ob.stck[i];
  }

  // Constrói uma pilha com valores iniciais.
  Stack(char a[]) {
    stck = new char[a.length];

    for(int i = 0; i < a.length; i++) {
      try {
        push(a[i]);
      }
      catch(StackFullException exc) {
        System.out.println(exc);
      }
    }
  }

  // Insere caracteres na pilha.
  void push(char ch) throws StackFullException {
    if(tos==stck.length)
      throw new StackFullException(stck.length);

    stck[tos] = ch;
    tos++;
  }

  // Extrai um caractere da pilha.
  char pop() throws StackEmptyException {
```

```
      if(tos==0)
        throw new StackEmptyException();
      tos--;
      return stck[tos];
    }
}
```

11. Quais são as três maneiras pelas quais uma exceção pode ser gerada?

    Uma exceção pode ser gerada por um erro na JVM, por um erro no programa ou explicitamente via uma instrução **throw**.

12. Quais são as duas subclasses diretas de **Throwable**?

    Error e **Exception**

13. O que é o recurso multi-catch?

    O recurso multi-catch permite que uma cláusula **catch** capture duas ou mais exceções.

14. Normalmente um código deve capturar exceções de tipo **Error**?

    Não.

Capítulo 10: Usando I/O

1. Por que Java define fluxos tanto de bytes quanto de caracteres?

   Os fluxos de bytes são os fluxos originais definidos por Java. Eles são úteis principalmente para I/O binário e dão suporte a arquivos de acesso aleatório. Os fluxos de caracteres são otimizados para o padrão Unicode.

2. Já que a entrada e a saída do console são baseadas em texto, por que Java ainda usa fluxos de bytes para esse fim?

   Os fluxos predefinidos, **System.in**, **System.out** e **System.err**, foram criados antes de Java adicionar os fluxos de caracteres.

3. Mostre como abrir um arquivo para a leitura de bytes.

   Esta é uma maneira de abrir um arquivo para a leitura de **bytes**:

   ```
   FileInputStream fin = new FileInputStream("test");
   ```

4. Mostre como abrir um arquivo para a leitura de caracteres.

   Esta é uma maneira de abrir um arquivo para a leitura de caracteres:

   ```
   FileReader fr = new FileReader("test");
   ```

5. Mostre como abrir um arquivo para I/O de acesso aleatório.

   Esta é uma maneira de abrir um arquivo para o acesso aleatório:

```
            randfile = new RandomAccessFile("test", "rw");
```

6. Como podemos converter um string numérico como "123.23" em seu equivalente binário?

    Para converter strings numéricos em seus equivalentes binários, use os métodos de análise definidos pelos encapsuladores de tipo, como **Integer** ou **Double**.

7. Escreva um programa que copie um arquivo de texto. No processo, faça-o converter todos os espaços em hífens. Use as classes de fluxos de bytes de arquivo. Use a abordagem tradicional para fechar um arquivo chamando **close( )** explicitamente.

```
/* Copia um arquivo de texto, substituindo espaços por hífens.

   Esta versão utiliza fluxos de bytes.

   Para usar este programa, especifique o nome
   do arquivo de origem e do arquivo de destino.
   Por exemplo,

   java Hyphen source target
*/

import java.io.*;

class Hyphen {
  public static void main(String args[])
  {
    int i;
    FileInputStream fin = null;
    FileOutputStream fout = null;

    // Primeiro verifica se os dois arquivos foram especificados.
    if(args.length !=2 ) {
      System.out.println("Usage: Hyphen From To");
      return;
    }

    // Copia o arquivo e insere os hifens.
    try {
      fin = new FileInputStream(args[0]);
      fout = new FileOutputStream(args[1]);

      do {
        i = fin.read();

        // converte o espaço em um hífen
        if((char)i == ' ') i = '-';

        if(i != -1) fout.write(i);
      } while(i != -1);
```

```
      } catch(IOException exc) {
        System.out.println("I/O Error: " + exc);
      } finally {
        try {
          if(fin != null) fin.close();
        } catch(IOException exc) {
          System.out.println("Error closing input file.");
        }

        try {
          if(fin != null) fout.close();
        } catch(IOException exc) {
          System.out.println("Error closing output file.");
        }
      }
    }
  }
}
```

8. Reescreva o programa da Questão 7 para que use as classes de fluxos de caracteres. Dessa vez, use a instrução **try**-with-resources para fechar automaticamente o arquivo.

```
/* Copia um arquivo de texto, substituindo espaços por hífens.

   Esta versão usa fluxos de caracteres.

   Para usar esse programa, especifique o nome do
   arquivo de origem e do arquivo de destino.
   Por exemplo,

   java Hyphen2 source target

*/

import java.io.*;

class Hyphen2 {
  public static void main(String args[])
    throws IOException
  {
    int i;

    // Primeiro verifica se os dois arquivos foram especificados.
    if(args.length !=2 ) {
      System.out.println("Usage: CopyFile From To");
      return;
    }

    // Copia o arquivo e insere os hifens.
    // Usa a instrução try-with-resources.
    try (FileReader fin = new FileReader(args[0]);
         FileWriter fout = new FileWriter(args[1]))
```

```
        {
          do {
            i = fin.read();

            // converte o espaço em um hífen
            if((char)i == ' ') i = '-';

            if(i != -1) fout.write(i);
          } while(i != -1);
        } catch(IOException exc) {
          System.out.println("I/O Error: " + exc);
        }
      }
    }
```

9. Que tipo de fluxo é **System.in**?

   InputStream

10. O que o método **read( )** de **InputStream** retorna quando o fim do fluxo é alcançado?

    –1

11. Que tipo de fluxo é usado na leitura de dados binários?

    DataInputStream

12. **Reader** e **Writer** estão no topo da hierarquia de classes _____.

    de I/O baseado em caracteres.

13. A instrução **try**-with-resources é usada para _____ _____ _____.

    Gerenciamento automático de recursos.

14. Quando usamos o método tradicional de fechamento de arquivo, geralmente fechar um arquivo dentro de um bloco **finally** é uma boa abordagem. Verdadeiro ou falso?

    Verdadeiro.

Capítulo 11: Programação com várias threads

1. Como o uso de várias threads Java permite escrever programas mais eficientes?

   O uso de várias threads permite-nos tirar vantagem do tempo ocioso existente em quase todos os programas. Quando uma thread não pode ser executada, outra pode. Em sistemas multicore, duas ou mais threads podem ser executadas simultaneamente.

2. O uso de várias threads é suportado pela classe _____ e pela interface _____.

   O uso de várias threads é suportado pela classe **Thread** e pela interface **Runnable**.

3. Na criação de um objeto executável, por que pode ser melhor estender **Thread** em vez de implementar **Runnable**?

Pode ser melhor estender **Thread** quando você quiser sobrepor um ou mais de seus métodos além de **run( )**.

4. Mostre como podemos usar **join( )** para esperar um objeto de thread chamado **MyThrd** terminar.

   ```
   MyThrd.join();
   ```

5. Mostre como configurar uma thread chamada **MyThrd** com três níveis acima da prioridade normal.

   ```
   MyThrd.setPriority(Thread.NORM_PRIORITY+3);
   ```

6. Qual é o efeito da inclusão da palavra-chave **synchronized** em um método?

   A inclusão de **synchronized** em um método permite que apenas uma thread de cada vez use o método para qualquer objeto de sua classe.

7. Os métodos **wait( )** e **notify( )** são usados na execução da _____.

   comunicação entre threads

8. Altere a classe **TickTock** para que ela marque o tempo de verdade. Isto é, faça cada tique levar meio segundo e cada taque levar mais meio segundo. Logo, cada tique-taque levará um segundo. (Não se preocupe com o tempo necessário para alternar tarefas, etc.)

   Para fazer a classe **TickTock** marcar o tempo de verdade, apenas adicione chamadas a **sleep( )**, como mostrado aqui:

   ```
   // Faz a classe TickTock marcar realmente o tempo.

   class TickTock {

     String state; // contém o estado do relógio

     synchronized void tick(boolean running) {
       if(!running) { // interrompe o relógio
         state = "ticked";
         notify(); // notifica as threads que estiverem esperando
         return;
       }

       System.out.print("Tick ");

       // espera 1/2 segundo
       try {
         Thread.sleep(500);
       } catch(InterruptedException exc) {
         System.out.println("Thread interrupted.");
       }

       state = "ticked"; // configura o estado atual com ticked

       notify(); // deixa tock() ser executado
   ```

```
      try {
        while(!state.equals("tocked"))
          wait(); // espera tock() terminar
      }
      catch(InterruptedException exc) {
        System.out.println("Thread interrupted.");
      }
    }

    synchronized void tock(boolean running) {
      if(!running) { // interrompe o relógio
        state = "tocked";
        notify(); // notifica as threads que estiverem esperando
        return;
      }

      System.out.println("Tock");

      // espera 1/2 segundo
      try {
        Thread.sleep(500);
      } catch(InterruptedException exc) {
        System.out.println("Thread interrupted.");
      }

      state = "tocked"; // configura o estado atual com tocked

      notify(); // deixa tick() ser executado
      try {
        while(!state.equals("ticked"))
          wait(); // espera tick() terminar
      }
      catch(InterruptedException exc) {
        System.out.println("Thread interrupted.");
      }
    }
  }
}
```

9. Por que você não pode usar **suspend( )**, **resume( )** e **stop( )** em programas novos?

   Os métodos **suspend( )**, **resume( )** e **stop( )** foram substituídos porque podem causar problemas sérios de tempo de execução.

10. Que método definido por **Thread** obtém o nome de uma thread?

    getName( )

11. O que **isAlive( )** retorna?

    Retorna **true** se a thread chamadora ainda estiver em execução e **false** se ela tiver terminado.

Capítulo 12: Enumerações, autoboxing, importação estática e anotações

1. Diz-se que as constantes de enumeração são *autotipadas*. O que isso significa?

   No termo *autotipada*, o "auto" se refere ao tipo da enumeração em que a constante é definida. Logo, uma constante de enumeração é um objeto da enumeração da qual ela faz parte.

2. Que classe todas as enumerações herdam automaticamente?

   A classe **Enum** é herdada automaticamente por todas as enumerações.

3. Dada a enumeração a seguir, escreva um programa que use **values( )** para exibir uma lista das constantes e seus valores ordinais.

   ```
   enum Tools {
     SCREWDRIVER, WRENCH, HAMMER, PLIERS
   }

   class ShowEnum {
     public static void main(String args[]) {
       for(Tools d : Tools.values())
         System.out.print(d + " has ordinal value of " +
                          d.ordinal() + '\n');
     }
   }
   ```

4. A simulação de semáforo desenvolvida na seção Tente isto 12-1 pode ser melhorada com algumas alterações simples que se beneficiem dos recursos de classe da enumeração. Na versão mostrada, a duração de cada sinal era controlada pela classe **TrafficLightSimulator** com os valores sendo embutidos no método **run( )**. Altere isso para que a duração de cada sinal seja armazenada pelas constantes da enumeração **TrafficLightColor**. Para fazê-lo, você terá que adicionar um construtor, uma variável de instância privada e um método chamado **getDelay( )**. Após fazer essas alterações, que melhorias observou? Por sua própria conta, consegue pensar em mais melhorias? (Dica: tente usar valores ordinais para alternar as cores dos sinais em vez de usar uma instrução **switch**.)

   A versão melhorada da simulação de semáforo é mostrada abaixo. Há duas melhorias importantes. Em primeiro lugar, agora o retardo do sinal está vinculado ao seu valor na enumeração, o que dá mais estrutura ao código. Em segundo lugar, o método **run( )** não precisa mais utilizar uma instrução **switch** para determinar a duração do retardo. Em vez disso, **sleep( )** recebe **tlc.getDelay( )**, que faz o retardo associado ao sinal atual ser usado automaticamente.

```
// Versão melhorada da simulação de semáforo
// que armazena o retardo do sinal em TrafficLightColor.

// Enumeração com as cores de um semáforo.
enum TrafficLightColor {
  RED(12000), GREEN(10000), YELLOW(2000);
```

```java
    private int delay;

    TrafficLightColor(int d) {
      delay = d;
    }

    int getDelay() { return delay; }
}

// Semáforo computadorizado.
class TrafficLightSimulator implements Runnable {
  private Thread thrd; // contém a thread que executa a simulação
  private TrafficLightColor tlc; // contém a cor do sinal atual
  boolean stop = false; // configura com true para interromper a simulação
  boolean changed = false; // true quando o sinal mudou

  TrafficLightSimulator(TrafficLightColor init) {
    tlc = init;

    thrd = new Thread(this);
    thrd.start();
  }

  TrafficLightSimulator() {
    tlc = TrafficLightColor.RED;

    thrd = new Thread(this);
    thrd.start();
  }

  // Inicia o semáforo.
  public void run() {
    while(!stop) {
      // Observe como esse código foi simplificado!
      try {
        Thread.sleep(tlc.getDelay());
      } catch(InterruptedException exc) {
        System.out.println(exc);
      }

      changeColor();
    }
  }

  // Muda a cor.
  synchronized void changeColor() {
    switch(tlc) {
      case RED:
        tlc = TrafficLightColor.GREEN;
        break;
      case YELLOW:
```

```
          tlc = TrafficLightColor.RED;
          break;
        case GREEN:
          tlc = TrafficLightColor.YELLOW;
      }

      changed = true;
      notify(); // signal that the light has changed
    }

    // Espera até uma mudança de sinal ocorrer.
    synchronized void waitForChange() {
      try {
        while(!changed)
          wait(); // espera o sinal mudar
        changed = false;
      } catch(InterruptedException exc) {
        System.out.println(exc);
      }
    }

    // Retorna a cor atual.
    synchronized TrafficLightColor getColor() {
      return tlc;
    }

    // Interrompe o semáforo.
    synchronized void cancel() {
      stop = true;
    }
  }

  class TrafficLightDemo {
    public static void main(String args[]) {
      TrafficLightSimulator tl =
        new TrafficLightSimulator(TrafficLightColor.GREEN);

      for(int i=0; i < 9; i++) {
        System.out.println(tl.getColor());
        tl.waitForChange();
      }

      tl.cancel();
    }
  }
```

5. Defina boxing e unboxing. Como o autoboxing/unboxing afeta essas ações?

Boxing é o processo de armazenar um valor primitivo em um objeto encapsulador de tipo. Unboxing é o processo de recuperar o valor primitivo no encapsulador de tipo. O autoboxing encapsula automaticamente um valor primitivo sem ser preciso construir um objeto de maneira explícita. O autounboxing recupera automaticamente o valor primitivo em um encapsulador de tipo sem termos que chamar explicitamente um método, como **intValue( )**.

6. Altere o fragmento a seguir para que use o autoboxing.

    ```
    Short val = new Short(123);
    ```

    A solução é

    ```
    Short val = 123;
    ```

7. Diga em suas próprias palavras o que faz a importação estática.

    A importação estática traz para o espaço de nome global os membros estáticos de uma classe ou interface. Ou seja, os membros estáticos podem ser usados sem precisarmos qualificá-los com o nome de sua classe ou interface.

8. O que a instrução a seguir faz?

    ```
    import static java.lang.Integer.parseInt;
    ```

    A instrução traz para o espaço de nome global o método **parseInt( )** do encapsulador de tipo **Integer**.

9. A importação estática foi projetada para situações especiais ou é boa prática dar visibilidade a todos os membros estáticos de todas as classes?

    A importação estática foi projetada para casos especiais. Dar visibilidade a muitos membros estáticos levará a colisões de espaço de nome e desestruturará o código.

10. Uma anotação é sintaticamente baseada em uma _____.

    interface

11. O que é uma anotação marcadora?

    Uma anotação marcadora é aquela que não recebe argumentos.

12. Uma anotação só pode ser aplicada a métodos. Verdadeiro ou falso?

    Falso. Qualquer tipo de declaração pode ter uma anotação. A partir de JDK 8, o uso de um tipo também pode ser comentado.

Capítulo 13: Tipos genéricos

1. Os genéricos são importantes para Java porque permitem a criação de código

    A. Com segurança de tipos

    B. Reutilizável

    C. Confiável

    D. Todas as alternativas acima

2. Um tipo primitivo pode ser usado como argumento de tipo?

    Não, os argumentos de tipo devem ser tipos de objeto.

3. Mostre como declarar uma classe chamada **FlightSched** que use dois parâmetros genéricos.

   A solução é

   ```
   class FlightSched<T, V> {
   ```

4. Usando a resposta à Questão 3, altere o segundo parâmetro de tipo de **FlightSched** para que seja preciso estender Thread.

   A solução é

   ```
   class FlightSched<T, V extends Thread> {
   ```

5. Agora, altere **FlightSched** para que seu segundo parâmetro de tipo seja subclasse do primeiro parâmetro de tipo.

   A solução é

   ```
   class FlightSched<T, V extends T> {
   ```

6. No que diz respeito aos genéricos, o que é o símbolo ? e o que ele faz?

   O símbolo **?** é o argumento curinga. Ele equivale a qualquer tipo válido.

7. O argumento curinga pode ser limitado?

   Sim, um argumento curinga pode ter um limite superior ou inferior.

8. Um método genérico chamado **MyGen( )** tem um parâmetro de tipo. Além disso, **MyGen( )** tem um parâmetro cujo tipo é o do parâmetro de tipo. Ele também retorna um objeto desse parâmetro de tipo. Mostre como declarar **MyGen( )**.

   A solução é

   ```
   <T> T MyGen(T o) { // ...
   ```

9. Dada esta interface genérica

   ```
   interface IGenIF<T, V extends T> { // ...
   ```

   mostre a declaração de uma classe chamada **MyClass** que implemente **IGenIF**.

   A solução é

   ```
   class MyClass<T, V extends T> implements IGenIF<T, V> { // ...
   ```

10. Dada uma classe genérica chamada **Counter<T>**, mostre como criar um objeto de seu tipo bruto.

    Para obter o tipo bruto de **Counter<T>**, simplesmente use seu nome sem nenhuma especificação de tipo, como mostrado aqui:

    ```
    Counter x = new Counter;
    ```

11. Existem parâmetros de tipo no tempo de execução?

    Não. Todos os parâmetros de tipo são apagados durante a compilação e as conversões apropriadas são feitas. Esse processo se chama erasure.

12. Converta a solução dada à Questão 10 do Teste do Capítulo 9 para que seja genérica. No processo, crie uma interface de pilha chamada **IGenStack** que defina genericamente as operações **push( )** e **pop( )**.

```
// Pilha genérica.

interface IGenStack<T> {
  void push(T obj) throws StackFullException;
  T pop() throws StackEmptyException;
}

// Exceção para erros de pilha cheia.
class StackFullException extends Exception {
  int size;

  StackFullException(int s) { size = s; }

  public String toString() {
    return "\nStack is full. Maximum size is " +
        size;
  }
}

// Exceção para erros de pilha vazia.
class StackEmptyException extends Exception {

  public String toString() {
    return "\nStack is empty.";
  }
}

// Classe de pilha para caracteres.
class GenStack<T> implements IGenStack<T> {
  private T stck[]; // esse array contém a pilha
  private int tos; // topo da pilha

  // Constrói uma pilha vazia dado seu tamanho.
  GenStack(T[] stckArray) {
    stck = stckArray;
    tos = 0;
  }

  // Constrói uma pilha a partir de outra.
  GenStack(T[] stckArray, GenStack<T> ob) {
    tos = ob.tos;
    stck = stckArray;

    try {
      if(stck.length < ob.stck.length)
        throw new StackFullException(stck.length);
    }
```

```java
      catch(StackFullException exc) {
        System.out.println(exc);
      }

      // Copia os elementos.
      for(int i=0; i < tos; i++)
        stck[i] = ob.stck[i];
    }

    // Constrói uma pilha com valores iniciais.
    GenStack(T[] stckArray, T[] a) {
      stck = stckArray;

      for(int i = 0; i < a.length; i++) {
        try {
          push(a[i]);
        }
        catch(StackFullException exc) {
          System.out.println(exc);
        }
      }
    }

    // Insere objetos na pilha.
    public void push(T obj) throws StackFullException {
      if(tos==stck.length)
        throw new StackFullException(stck.length);

      stck[tos] = obj;
      tos++;
    }

    // Retira um objeto da pilha.
    public T pop() throws StackEmptyException {
      if(tos==0)
        throw new StackEmptyException();

      tos--;
      return stck[tos];
    }
  }

  // Demonstra a classe GenStack.
  class GenStackDemo {
    public static void main(String args[]) {
      // Constrói uma pilha Integer vazia de 10 elementos.
      Integer iStore[] = new Integer[10];
      GenStack<Integer> stk1 = new GenStack<Integer>(iStore);

      // Constrói a pilha a partir do array.
      String name[] = {"One", "Two", "Three"};
```

```java
    String strStore[] = new String[3];
    GenStack<String> stk2 =
        new GenStack<String>(strStore, name);

    String str;
    int n;

    try {
      // Insere alguns caracteres em stk1.
      for(int i=0; i < 10; i++)
        stk1.push(i);
    } catch(StackFullException exc) {
      System.out.println(exc);
    }

    // Constrói uma pilha a partir de outra pilha.
    String strStore2[] = new String[3];
    GenStack<String> stk3 =
        new GenStack<String>(strStore2, stk2);

    try {
      // Exibe as pilhas.
      System.out.print("Contents of stk1: ");
      for(int i=0; i < 10; i++) {
        n = stk1.pop();
        System.out.print(n + " ");
      }

      System.out.println("\n");

      System.out.print("Contents of stk2: ");
      for(int i=0; i < 3; i++) {
        str = stk2.pop();
        System.out.print(str + " ");
      }

      System.out.println("\n");

      System.out.print("Contents of stk3: ");
      for(int i=0; i < 3; i++) {
        str = stk3.pop();
        System.out.print(str + " ");
      }

    } catch(StackEmptyException exc) {
      System.out.println(exc);
    }
```

```
        System.out.println();
    }
}
```

13. O que é <>?

    O operador losango.

14. Como a linha a seguir pode ser simplificada?

    ```
    MyClass<Double,String> obj = new MyClass<Double,String>(1.1,"Hi");
    ```

    Ela pode ser simplificada com o uso do operador losango, como mostrado aqui:

    ```
    MyClass<Double,String> obj = new MyClass<>(1.1,"Hi");
    ```

Capítulo 14: Expressões lambda e referências de método

1. Qual é o operador lambda?

   O operador lambda é ->.

2. O que é uma interface funcional?

   Uma interface funcional é aquela que contém um e somente um método abstrato.

3. Como as interfaces funcionais e as expressões lambda estão relacionadas?

   Uma expressão lambda fornece a implementação do método abstrato definido pela interface funcional. A interface functional define o tipo de destino.

4. Quais são os dois tipos gerais de expressões lambda?

   Os dois tipos de expressões lambda são as lambdas de expressão e as lambdas de bloco. Uma lambda de expressão especifica uma única expressão, cujo valor é retornado pela expressão lambda. Uma lambda de bloco contém um bloco de código. Seu valor é especificado por uma instrução **return**.

5. Mostre uma expressão lambda que retorne **true** se um número estiver entre 10 e 20, extremos incluídos.

   ```
   (n) -> (n > 9 && n < 21)
   ```

6. Crie uma interface funcional que dê suporte à expressão lambda da questão 5. Chame a interface de **MyTest** e seu método abstrato de **testing( )**.

   ```
   interface MyTest {
     boolean testing(int n);
   }
   ```

7. Crie uma lamda de bloco que calcule o fatorial de um valor inteiro. Demonstre seu uso. Use a interface **NumericFunc**, mostrada neste capítulo, como interface funcional.

```
interface NumericFunc {
  int func(int n);
}

class FactorialLambdaDemo {
  public static void main(String args[])
  {

    // Esta lambda de bloco calcula o fatorial de um valor int.
    NumericFunc factorial = (n) -> {
      int result = 1;

      for(int i=1; i <= n; i++)
        result = i * result;

      return result;
    };

    System.out.println("The factorial of 3 is " + factorial.func(3));
    System.out.println("The factorial of 3 is " + factorial.func(5));
    System.out.println("The factorial of 5 is " + factorial.func(9));
  }
}
```

8. Crie uma interface funcional genérica chamada **MyFunc<T>**. Chame seu método abstrato de **func( )**. Faça **func( )** retornar uma referência de tipo **T**. Ele também deve usar um parâmetro de tipo **T**. (Logo, **MyFunc** será uma versão genérica da interface **NumericFunc** mostrada no capítulo.) Demonstre seu uso reescrevendo a resposta da questão 7 para que inclua **MyFunc<T>** em vez de **NumericFunc**.

```
interface MyFunc<T> {
  T func(T n);
}

class FactorialLambdaDemo {
  public static void main(String args[])
  {

    // Esta lambda de bloco calcula o fatorial de um valor int.
    MyFunc<Integer> factorial = (n) -> {
      int result = 1;

      for(int i=1; i <= n; i++)
        result = i * result;

      return result;
    };

    System.out.println("The factorial of 3 is " + factorial.func(3));
    System.out.println("The factorial of 3 is " + factorial.func(5));
```

```
            System.out.println("The factorial of 5 is " + factorial.func(9));
    }
}
```

9. Usando o programa mostrado na seção Tente Isto 14-1, crie uma expressão lambda que remova todos os espaços de um string e retorne o resultado. Demonstre esse método passando-o para **changeStr( )**.

   Esta é a expressão lambda que remove espaços. Ela é usada para inicializar a variável de referência **remove**.

   ```
   StringFunc remove = (str) -> {
     String result = "";

     for(int i = 0; i < str.length(); i++)
       if(str.charAt(i) != ' ') result += str.charAt(i);

     return result;
   };
   ```

   Aqui está um exemplo de seu uso:

   ```
   outStr = changeStr(remove, inStr);
   ```

10. Uma expressão lambda pode usar uma variável local? Se puder, que restrição deve ser respeitada?

    Sim, mas a variável deve ser efetivamente **final**.

11. Se uma expressão lambda lançar uma exceção verificada, o método abstrato da interface funcional deve ter uma cláusula **throws** que inclua essa exceção. Verdadeiro ou falso?

    Verdadeiro.

12. O que é uma referência de método?

    Uma referência de método é uma maneira de referenciarmos um método sem executá-lo.

13. Quando avaliada, uma referência de método cria uma instância da _____ _____ fornecida por seu contexto de destino.

    interface funcional

14. Dada uma classe chamada **MyClass** contendo um método **static** chamado **myStaticMethod( )**, mostre como especificar uma referência a esse método.

    ```
    MyClass::myStaticMethod
    ```

15. Dada uma classe chamada **MyClass** contendo um método de instância chamado **myInstMethod( )** e supondo a existência de um objeto de **MyClass** chamado **mcObj**, mostre como criar uma referência ao método **myInstMethod( )** em **mcObj**.

    ```
    mcObj::myInstMethod
    ```

16. No programa **MethodRefDemo2,** adicione um novo método a **MyIntNum** chamado **hasCommonFactor( )**. Faça-o retornar **true** se seu argumento **int** e

o valor armazenado no objeto **MyIntNum** chamador tiverem pelo menos um fator em comum. Por exemplo, 9 e 12 têm um fator comum, que é 3, mas 9 e 16 não têm um fator comum. Demonstre **hasCommonFactor( )** via uma referência de método.

Aqui está **MyIntNum** com o método **hasCommonFactor( )** adicionado:

```
class MyIntNum {
  private int v;

  MyIntNum(int x) { v = x; }

  int getNum() { return v; }

  // Retorna true se n for fator de v.
  boolean isFactor(int n) {
    return (v % n) == 0;
  }

  boolean hasCommonFactor(int n) {
    for(int i=2; i < v/i; i++)
      if( ((v % i) == 0) && ((n % i) == 0) ) return true;

    return false;
  }
}
```

Abaixo temos um exemplo de seu uso com uma referência de método.

```
ip = myNum::hasCommonFactor;
result = ip.test(9);
if(result) System.out.println("Common factor found.");
```

17. Como uma referência de construtor é especificada?

    Uma referência de construtor é criada com a especificação do nome da classe seguido por :: e por **new**. Por exemplo, **MyClass::new**.

18. Java define várias interfaces funcionais predefinidas em que pacote?

    java.util.function

Capítulo 15: Applets, eventos e tópicos diversos

1. Que método é chamado quando um applet é executado pela primeira vez? E qual é chamado quando ele é removido do sistema?

   Quando um applet é iniciado, o primeiro método chamado é **init( )**. Quando ele é removido, **destroy( )** é chamado.

2. Explique por que um applet deve usar várias threads se for executado continuamente.

Um applet deve usar várias threads se for executado continuamente porque os applets são programas acionados por eventos que não devem entrar em um "modo" de operação. Por exemplo, se **start( )** nunca retornar, **paint( )** nunca será chamado.

3. Melhore o projeto da seção Tente isto 15-1 para que exiba o string passado como parâmetro. Adicione um segundo parâmetro que especifique o retardo (em milissegundos) existente entre cada giro da mensagem.

```
/* Applet de banner simples que usa parâmetros.

*/
import java.awt.*;
import java.applet.*;
/*
<applet code="ParamBanner" width=300 height=50>
<param name=message value=" I like Java! ">
<param name=delay value=500>
</applet>
*/

public class ParamBanner extends Applet implements Runnable {
  String msg;
  int delay;
  Thread t;
  boolean stopFlag;

  // Inicializa t com null.
  public void init() {
    String temp;

    msg = getParameter("message");
    if(msg == null) msg = " Java Rules the Web ";

    temp = getParameter("delay");

    try {
      if(temp != null)
        delay = Integer.parseInt(temp);
      else
        delay = 250; // usa o padrão quando não especificado
    } catch(NumberFormatException exc) {
      delay = 250 ; // usa o padrão em caso de erro
    }

    t = null;
  }

  // Inicia a thread
  public void start() {
    t = new Thread(this);
```

```
      stopFlag = false;
      t.start();
    }

    // Ponto de entrada da thread que executa o banner.
    public void run() {
      // Exibe novamente o banner
      for( ; ; ) {
        try {
          repaint();
          Thread.sleep(delay);
          if(stopFlag)
            break;
        } catch(InterruptedException exc) {}
      }
    }

    // Pausa o banner.
    public void stop() {
      stopFlag = true;
      t = null;
    }

    // Exibe o banner.
    public void paint(Graphics g) {
      char ch;

      ch = msg.charAt(0);
      msg = msg.substring(1, msg.length());
      msg += ch;
      g.drawString(msg, 50, 30);
    }
}
```

4. Desafio extra: crie um applet que exiba a hora atual, atualizada a cada segundo.

Para fazê-lo, você deverá pesquisar um pouco. Aí vai uma dica para ajudá-lo a começar: uma maneira de obter a hora atual é usar um objeto **Calendar**, que faz parte do pacote **java.util**. (Lembre-se, a Oracle fornece documentação online de todas as classes padrão da linguagem Java). Você já deve ter chegado a um ponto em que pode examinar a classe Calendar por sua própria conta e usar seus métodos para resolver esse problema.

```
// Applet de relógio simples.

import java.util.*;
import java.awt.*;
import java.applet.*;
/*
<object code="Clock" width=200 height=50>
</object>
*/
```

```java
public class Clock extends Applet implements Runnable {
  String msg;
  Thread t;
  Calendar clock;

  boolean stopFlag;

  // Inicializa
  public void init() {
    t = null;
    msg = "";
  }

  // Inicia a thread
  public void start() {
    t = new Thread(this);
    stopFlag = false;
    t.start();
  }

  // Ponto de entrada do relógio.
  public void run() {
    // Exibe novamente o relógio
    for( ; ; ) {
      try {
        repaint();
        Thread.sleep(1000);
        if(stopFlag)
          break;

      } catch(InterruptedException exc) {}
    }
  }

  // Pausa o relógio.
  public void stop() {
    stopFlag = true;
    t = null;
  }

  // Exibe o relógio.
  public void paint(Graphics g) {
    clock = Calendar.getInstance();

    msg = "Current time is " +
          Integer.toString(clock.get(Calendar.HOUR));
    msg = msg + ":" +
          Integer.toString(clock.get(Calendar.MINUTE));
```

```
        msg = msg + ":" +
            Integer.toString(clock.get(Calendar.SECOND));
        g.drawString(msg, 30, 30);
    }
}
```

5. Explique resumidamente o modelo Java de delegação de eventos.

No modelo de delegação de eventos, uma fonte gera um evento e o envia para um ou mais ouvintes. O ouvinte apenas espera até receber um evento. Uma vez recebido, o ouvinte processa o evento e então retorna.

6. Um ouvinte de eventos deve se registrar em uma fonte?

Sim, um ouvinte de eventos deve se registrar em uma fonte para receber eventos.

7. Desafio extra: **drawLine( )** é outro método de exibição da linguagem Java. Ele desenha uma linha entre dois pontos com a cor selecionada. Esse método faz parte da classe **Graphics**. Usando **drawLine( )**, crie um programa que rastreie o movimento do mouse. Se o botão for pressionado, faça o programa desenhar uma linha contínua até o botão ser solto.

```
/* Rastreia o movimento do mouse desenhando
    uma linha quando um botão do mouse é pressionado. */

import java.awt.*;
import java.awt.event.*;
import java.applet.*;
/*
<applet code="TrackM" width=300 height=100>
</applet>
*/

public class TrackM extends Applet
    implements MouseListener, MouseMotionListener {

  int curX = 0, curY = 0; // coordenadas atuais
  int oldX = 0, oldY = 0; // coordenadas anteriores
  boolean draw;

  public void init() {
    addMouseListener(this);
    addMouseMotionListener(this);
    draw = false;
  }

  /* Os três métodos a seguir não são usados,
     mas devem ser implementados sem corpo porque
     são definidos por MouseListener. */

  // Trata a entrada do mouse em um componente.
  public void mouseEntered(MouseEvent me) {
  }
```

```
// Trata a saída do mouse de um componente.
public void mouseExited(MouseEvent me) {
}

// Trata um clique do mouse.
public void mouseClicked(MouseEvent me) {
}

// Trata o pressionamento do botão.
public void mousePressed(MouseEvent me) {
  // salva as coordenadas
  oldX = me.getX();
  oldY = me.getY();
  draw = true;
}

// Trata a soltura do botão.
public void mouseReleased(MouseEvent me) {
  draw = false;
}

// Trata o arraste do mouse.
public void mouseDragged(MouseEvent me) {
  // salva as coordenadas
  curX = me.getX();
  curY = me.getY();
  repaint();
}

// Trata o movimento do mouse.
public void mouseMoved(MouseEvent me) {
  // exibe status
  showStatus("Moving mouse at " + me.getX() + ", " +
me.getY());
}

// Exibe a linha na janela do applet.
public void paint(Graphics g) {
  if(draw)
    g.drawLine(oldX, oldY, curX, curY);
}
}
```

8. Descreva brevemente a palavra-chave **assert**.

A palavra-chave **assert** cria uma asserção, que é uma condição que deve ser verdadeira durante a execução do programa. Se a asserção for falsa, um **AssertionError** será lançado.

9. Cite uma razão que explique por que um método nativo pode ser útil para alguns tipos de programas.

   Um método nativo é útil quando interage com rotinas escritas em linguagens que não sejam Java ou na otimização de um código para um ambiente de tempo de execução específico.

Capítulo 16: Introdução a Swing

1. Em geral, os componentes de AWT são pesados e os componentes de Swing são *leves*.

2. A aparência de um componente de Swing pode ser alterada? Se pode, que recurso permite isso?

   Sim. A aparência adaptável de Swing é o recurso que permite isso.

3. Qual é o contêiner de nível superior mais usado para um aplicativo?

   JFrame

4. Os contêineres de nível superior possuem vários painéis. A qual deles os componentes são adicionados?

   Painel de conteúdo

5. Mostre como construir um rótulo contendo a mensagem "Select an entry from the list".

   ```
   JLabel("Select an entry from the list")
   ```

6. Toda a interação com os componentes da GUI deve ocorrer em que thread?

   Thread de despacho de evento

7. Qual é o comando de ação padrão associado a um **JButton**? Como ele pode ser alterado?

   O string do comando de ação padrão é o texto exibido dentro do botão. Ele pode ser alterado com uma chamada a **setActionCommand( )**.

8. Que evento é gerado quando um botão de ação é pressionado?

   ActionEvent

9. Mostre como criar um campo de texto com 32 colunas.

   ```
   JTextField(32)
   ```

10. Um **JTextField** pode ter seu comando de ação configurado? Se sim, como?

    Sim, com uma chamada a **setActionCommand( )**.

11. Que componente de Swing cria uma caixa de seleção? Que evento é gerado quando uma caixa de seleção é marcada ou desmarcada?

JCheckBox cria uma caixa de seleção. Um **ItemEvent** é gerado quando uma caixa de seleção é marcada ou desmarcada

12. **JList** exibe uma lista de itens na qual o usuário pode fazer uma seleção. Verdadeiro ou falso?

    Verdadeiro.

13. Que evento é gerado quando o usuário marca ou desmarca um item em uma **JList**?

    ListSelectionEvent

14. Que método define o modo de seleção de uma **JList**? E qual obtém o índice do primeiro item selecionado?

    setSelectionMode( ) define o modo de seleção. **getSelectedIndex( )** obtém o índice do primeiro item selecionado.

15. Para criar um applet baseado em Swing, que classe você deve herdar?

    JApplet

16. Geralmente, applets baseados em Swing usam **invokeAndWait( )** para criar a GUI inicial. Verdadeiro ou falso?

    Verdadeiro.

17. Adicione uma caixa de seleção ao comparador de arquivos desenvolvido na seção Tente isto 16-1 com o texto a seguir: Show position of mismatch. Quando essa caixa for marcada, faça o programa exibir o local do primeiro ponto nos arquivos em que ocorreu uma discrepância.

```
/*
    Tente Isto 16-1

    Utilitário de comparação de arquivos baseado em Swing.

    Esta versão tem uma caixa de seleção que faz o
    local da primeira discrepância ser exibido.

*/

import java.awt.*;
import java.awt.event.*;
import javax.swing.*;
import java.io.*;

class SwingFC implements ActionListener {

  JTextField jtfFirst;  // contém o nome do primeiro arquivo
  JTextField jtfSecond; // contém o nome do segundo arquivo

  JButton jbtnComp; // botão para comparar os arquivos

  JLabel jlabFirst, jlabSecond; // exibe avisos
```

```java
JLabel jlabResult; // exibe resultados e mensagens de erro

JCheckBox jcbLoc; // verifica o local da discrepância para que seja exibido

SwingFC() {

  // Cria um contêiner JFrame.
  JFrame jfrm = new JFrame("Compare Files");

  // Especifica FlowLayout como gerenciador de leiaute.
  jfrm.setLayout(new FlowLayout());

  // Fornece um tamanho inicial para o quadro.
  jfrm.setSize(200, 220);

  // Encerra o programa quando o usuário fecha o aplicativo.
  jfrm.setDefaultCloseOperation(JFrame.EXIT_ON_CLOSE);

  // Cria os campos de texto para os nomes dos arquivos.
  jtfFirst = new JTextField(14);
  jtfSecond = new JTextField(14);

  // Define os comandos de ação para os campos de texto.
  jtfFirst.setActionCommand("fileA");
  jtfSecond.setActionCommand("fileB");

  // Cria o botão Compare.
  JButton jbtnComp = new JButton("Compare");

  // Adiciona um ouvinte de ação para o botão Compare.
  jbtnComp.addActionListener(this);

  // Cria os rótulos.
  jlabFirst = new JLabel("First file: ");
  jlabSecond = new JLabel("Second file: ");
  jlabResult = new JLabel("");

  // Cria a caixa de seleção.
  jcbLoc = new JCheckBox("Show position of mismatch");

  // Adiciona os componentes ao painel de conteúdo.
  jfrm.add(jlabFirst);
  jfrm.add(jtfFirst);
  jfrm.add(jlabSecond);
  jfrm.add(jtfSecond);
  jfrm.add(jcbLoc);
  jfrm.add(jbtnComp);
  jfrm.add(jlabResult);

  // Exibe o quadro.
  jfrm.setVisible(true);
```

```java
}

// Compara os arquivos quando o botão Compare é pressionado.
public void actionPerformed(ActionEvent ae) {
  int i=0, j=0;
  int count = 0;

  // Primeiro, confirma se os dois nomes de arquivo
  // foram inseridos.
  if(jtfFirst.getText().equals("")) {
    jlabResult.setText("First file name missing.");
    return;
  }
  if(jtfSecond.getText().equals("")) {
    jlabResult.setText("Second file name missing.");
    return;
  }

  // Compara arquivos. Usa try-with-resources para gerenciá-los.
  try (FileInputStream f1 = new FileInputStream(jtfFirst.getText());
       FileInputStream f2 = new FileInputStream(jtfSecond.getText()))
  {
    // Verifica o conteúdo de cada arquivo.
    do {
      i = f1.read();
      j = f2.read();
      if(i != j) break;
      count++;
    } while(i != -1 && j != -1);

    if(i != j) {
      if(jcbLoc.isSelected())
        jlabResult.setText("Files differ at location " + count);
      else
        jlabResult.setText("Files are not the same.");
    }
    else
      jlabResult.setText("Files compare equal.");

  } catch(IOException exc) {
    jlabResult.setText("File Error");
  }
}

public static void main(String args[]) {
  // Cria o quadro na thread de despacho de evento.
  SwingUtilities.invokeLater(new Runnable() {
    public void run() {
      new SwingFC();
    }
  });
```

    }
  }

> **18.** Altere o programa **ListDemo** para que ele permita que vários itens da lista sejam selecionados.

```java
// Demonstra a seleção múltipla em uma JList.

import javax.swing.*;
import javax.swing.event.*;
import java.awt.*;
import java.awt.event.*;

class ListDemo implements ListSelectionListener {

  JList<String> jlst;
  JLabel jlab;
  JScrollPane jscrlp;

  // Cria um array de nomes.
  String names[] = { "Sherry", "Jon", "Rachel",
                     "Sasha", "Josselyn", "Randy",
                     "Tom", "Mary", "Ken",
                     "Andrew", "Matt", "Todd" };

  ListDemo() {
    // Cria um contêiner JFrame.
    JFrame jfrm = new JFrame("JList Demo");

    // Especifica um leiaute de fluxo.
    jfrm.setLayout(new FlowLayout());

    // Fornece um tamanho inicial para o quadro.
    jfrm.setSize(200, 160);

    // Encerra o programa quando o usuário fecha o aplicativo.
    jfrm.setDefaultCloseOperation(JFrame.EXIT_ON_CLOSE);

    // Cria uma JList.
    jlst = new JList<String>(names);

    // Ao removermos a linha a seguir, a seleção múltipla
    // (que é o comportamento padrão de uma JList) será usada.
//    jlst.setSelectionMode(ListSelectionModel.SINGLE_SELECTION);

    // Adiciona a lista a um painel de rolagem.
    jscrlp = new JScrollPane(jlst);

    // Define tamanho para o painel de rolagem.
    jscrlp.setPreferredSize(new Dimension(120, 90));
```

```
    // Cria um rótulo para exibir a seleção.
    jlab = new JLabel("Please choose a name");

    // Adiciona o tratador da seleção.
    jlst.addListSelectionListener(this);

    // Adiciona a lista e o rótulo ao painel de conteúdo.
    jfrm.add(jscrlp);
    jfrm.add(jlab);

    // Exibe o quadro.
    jfrm.setVisible(true);
  }

  // Trata eventos de seleção na lista.
  public void valueChanged(ListSelectionEvent le) {
    // Obtém o índice do item alterado.
    int indices[] = jlst.getSelectedIndices();

    // Exibe as seleções, se um ou mais itens
    // forem selecionados.
    if(indices.length != 0) {
      String who = "";

      // Constrói um string com os nomes.
      for(int i : indices)
        who += names[i] + " ";

      jlab.setText("Current selections: " + who);
    }
    else // Caso contrário, solicita novamente que seja feita a seleção.
      jlab.setText("Please choose a name");
  }

  public static void main(String args[]) {
    // Cria o quadro na thread de despacho de evento.
    SwingUtilities.invokeLater(new Runnable() {
      public void run() {
        new ListDemo();
      }
    });
  }
}
```

Capítulo 17: Introdução a JavaFX

1. Qual é o nome do pacote de nível superior do framework JavaFX?

javafx

2. Dois conceitos essenciais de JavaFX são o palco e a cena. Que classes os encapsulam?

   Stage e **Scene**.

3. Um grafo de cena é composto por _____.

   nós

4. A classe base de todos os nós é _____.

   Node

5. Que classe todos os aplicativos JavaFX estendem?

   Application

6. Quais são os três métodos JavaFX de ciclo de vida?

   init( ), **start( )** e **stop( )**

7. Em que método de ciclo de vida você pode construir o palco de um aplicativo?

   start( )

8. O método **launch( )** é chamado para iniciar um apicativo JavaFX independente. Verdadeiro ou falso?

   Verdadeiro.

9. Quais são os nomes das classes JavaFX que são suporte a um rótulo e um botão?

   Label e **Button**.

10. Uma maneira de encerrar um aplicativo JavaFX independente é chamando **Platform.exit( )**.

    Platform pertence ao pacote **javafx.Application**. Quando chamado, **exit( )** encerra imediatamente o programa. Com isso em mente, altere o programa **JavaFXEventDemo** mostrado neste capítulo para que ele tenha dois botões chamados Run e Exit. Se Run for pressionado, faça o programa exibir essa opção em um rótulo. Se Exit for pressionado, faça o programa terminar. Use expressões lambda como tratadores de eventos.

```
// Demonstra Platform.exit().

import javafx.application.*;
import javafx.scene.*;
import javafx.stage.*;
import javafx.scene.layout.*;
import javafx.scene.control.*;
import javafx.event.*;
import javafx.geometry.*;

public class JavaFXEventDemo extends Application {

  Label response;

  public static void main(String[] args) {
```

```
        // Inicia o aplicativo JavaFX chamando launch().
        launch(args);
    }

    // Sobrepõe o método start().
    public void start(Stage myStage) {

        // Fornece um título para o palco.
        myStage.setTitle("Use Platform.exit().");

        // Usa um FlowPane para o nó raiz. Nesse caso,
        // lacunas verticais e horizontais de valor 10.
        FlowPane rootNode = new FlowPane(10, 10);

        // Centraliza os controles na cena.
        rootNode.setAlignment(Pos.CENTER);

        // Cria uma cena.
        Scene myScene = new Scene(rootNode, 300, 100);

        // Define a cena no palco.
        myStage.setScene(myScene);

        // Cria um rótulo.
        response = new Label("Push a Button");

        // Cria dois botões de ação.
        Button btnRun = new Button("Run");
        Button btnExit = new Button("Exit");

        // Trata os eventos de ação do botão Run.
        btnRun.setOnAction((ae) -> response.setText("You pressed Run."));

        // Trata os eventos de ação do botão Exit.
        btnExit.setOnAction((ae) -> Platform.exit());

        // Adiciona o rótulo e os botões ao grafo de cena.
        rootNode.getChildren().addAll(btnRun, btnExit, response);

        // Exibe o palco e sua cena.
        myStage.show();
    }
}
```

11. Que controle de **JavaFX** implementa uma caixa de seleção?

CheckBox

12. **ListView** é um controle que exibe uma lista de arquivos de diretório do sistema de arquivos local. Verdadeiro ou falso?

Falso. **ListView** exibe uma lista de itens na qual o usuário pode fazer uma seleção.

13. Converta o programa de comparação de arquivos baseado em Swing da seção Tente Isto 16-1 para que use JavaFX. No processo, faça uso de outro recurso de JavaFX: a possibilidade de acionar um evento de ação em um botão sob controle do programa. Isto é feito com uma chamada a **fire( )** na instância do botão. Por exemplo, supondo um botão chamado **MyButton**, o método a seguir acionaria um evento de ação nele: **myButton.fire( )**. Use esse fato ao implementar os tratadores de eventos dos campos de texto contendo os nomes dos arquivos a serem comparados. Se o usuário pressionar enter quando estiver em um desses campos, simplesmente acione um evento de ação no botão Compare. O código de tratamento de eventos do botão Compare executará então a comparação de arquivos.

```java
// Uma versão JavaFX do programa de comparação de arquivo mostrado na seção
// Tente isto 16-1.

import javafx.application.*;
import javafx.scene.*;
import javafx.stage.*;
import javafx.scene.layout.*;
import javafx.scene.control.*;
import javafx.event.*;
import javafx.geometry.*;
import java.io.*;

public class JavaFXFileComp extends Application {

  TextField tfFirst;  // contém o nome do primeiro arquivo
  TextField tfSecond; // contém o nome do segundo arquivo

  Button btnComp; // botão para comparar os arquivos

  Label labFirst, labSecond; // exibe prompts
  Label labResult; // exibe resultados e mensagens de erro

  public static void main(String[] args) {

    // Inicia o aplicativo JavaFX chamando launch().
    launch(args);
  }

  // Sobrepõe o método start().
  public void start(Stage myStage) {

    // Fornece um título para o palco.
    myStage.setTitle("Compare Files");

    // Usa um FlowPane para o nó raiz. Nesse caso,
    // lacunas verticais e horizontais de valor 10.
    FlowPane rootNode = new FlowPane(10, 10);
```

```java
// Centraliza os controles na cena.
rootNode.setAlignment(Pos.CENTER);

// Cria uma cena.
Scene myScene = new Scene(rootNode, 180, 180);

// Define a cena no palco.
myStage.setScene(myScene);

// Cria os campos de texto para os nomes de arquivo.
tfFirst = new TextField();
tfSecond = new TextField();

// Define os tamanhos das colunas.
tfFirst.setPrefColumnCount(12);
tfSecond.setPrefColumnCount(12);

// Define solicitações de nomes de arquivo.
tfFirst.setPromptText("Enter file name.");
tfSecond.setPromptText("Enter file name.");

// Cria o botão Compare.
btnComp = new Button("Compare");

// Cria os rótulos.
labFirst = new Label("First file: ");
labSecond = new Label("Second file: ");
labResult = new Label("");

// Usa expressões lambda para tratar eventos de ação dos
// campos de texto. Estes tratadores apenas acionam o botão Compare.
tfFirst.setOnAction( (ae) -> btnComp.fire());
tfSecond.setOnAction( (ae) -> btnComp.fire());

// Trata os eventos de ação do botão Compare.
btnComp.setOnAction(new EventHandler<ActionEvent>() {
  public void handle(ActionEvent ae) {
    int i=0, j=0;

    // Primeiro, confirma se os dois nomes de arquivo
    // foram inseridos.
    if(tfFirst.getText().equals("")) {
      labResult.setText("First file name missing.");
      return;
    }
    if(tfSecond.getText().equals("")) {
      labResult.setText("Second file name missing.");
      return;
    }

    // Compara arquivos. Usa try-with-resources para gerenciá-los.
```

```
          try (FileInputStream f1 = new FileInputStream(tfFirst.getText());
               FileInputStream f2 = new FileInputStream(tfSecond.getText()))
          {
            // Verifica o conteúdo de cada arquivo.
            do {
              i = f1.read();
              j = f2.read();
              if(i != j) break;
            } while(i != -1 && j != -1);

            if(i != j)
              labResult.setText("Files are not the same.");
            else
              labResult.setText("Files compare equal.");

          } catch(IOException exc) {
            labResult.setText("File Error Encountered");
          }
        }
      });

      // Adiciona os controles ao grafo de cena.
      rootNode.getChildren().addAll(labFirst, tfFirst, labSecond, tfSecond,
                                    btnComp, labResult);

      // Exibe o palco e sua cena.
      myStage.show();
    }
  }
```

14. Modifique o programa **EffectsAndTransformsDemo** de modo que o botão Rotate também seja desfocado. Use um desfoque de largura e altura 5 e uma contagem de iterações igual a 2.

Para adicionar desfoque ao botão Rotate, primeiro crie a instância de **BoxBlur** dessa forma:

```
BoxBlur rotateBlur = new BoxBlur(5.0, 5.0, 2);
```

Depois adicione a linha a seguir;

```
btnRotate.setEffect(rotateBlur);
```

Após feitas essas alterações, o botão Rotate será desfocado e também poderá ser girado.

Apêndice B

Usando comentários de documentação da linguagem Java

Apêndice B Usando comentários de documentação da linguagem Java

Como explicado no Capítulo 1, Java dá suporte a três tipos de comentários. Os dois primeiros são // e /* */. O terceiro tipo se chama *comentário de documentação*. Ele começa com a sequência de caracteres /** e termina com */. Os comentários de documentação permitem que você embuta informações sobre o programa no próprio programa. Você então pode usar o programa utilitário **javadoc** (fornecido com JDK) para extrair as informações e inseri-las em um arquivo HTML. Os comentários de documentação tornam conveniente documentar programas. É provável que você já tenha visto documentação gerada com o **javadoc**, já que essa é a maneira como a biblioteca de APIs Java foi documentada.

Tags de javadoc

O utilitário **javadoc** reconhece as tags a seguir:

Tag	Significado
@author	Identifica o autor.
{@code}	Exibe as informações como se encontram, em fonte de código, sem processar estilos HTML.
@deprecated	Especifica que um elemento do programa foi substituído.
{@docRoot}	Especifica o caminho do diretório raiz da documentação atual.
@exception	Identifica uma exceção lançada por um método ou construtor.
{@inheritDoc}	Herda um comentário da superclasse imediata.
{@link}	Insere um link in-line conduzindo a outro tópico.
{@linkplain}	Insere um link in-line conduzindo a outro tópico, mas o link é exibido em fonte de texto simples.
{@literal}	Exibe as informações como se encontram, sem processar estilos HTML.
@param	Documenta um parâmetro.
@return	Documenta o valor de retorno de um método.
@see	Especifica um link que conduz a outro tópico.
@serial	Documenta um campo padrão que pode ser serializado.
@serialData	Documenta os dados gravados pelos métodos **writeObject( )** e **writeExternal( )**.
@serialField	Documenta um componente **ObjectStreamField**.
@since	Informa a versão em que uma alteração específica foi introduzida.
@throws	Igual a **@exception**.
{@value}	Exibe o valor de uma constante, que deve ser um campo **static**.
@version	Especifica a versão de uma classe.

As tags de documentação que começam com um sinal de "arroba" (@) são chamadas de *tags autônomas* (ou de *tags de bloco*) e devem ser usadas em sua própria linha. Tags que começam com uma chave, como **{@code}**, são chamadas de tags *in-line* e podem ser usadas dentro de uma descrição maior. Você também pode usar tags HTML padrão em um comentário de documentação. No entanto, algumas tags como os cabeçalhos não devem ser usadas, porque desorganizam a aparência do arquivo HTML produzido pelo javadoc.

Na documentação do código-fonte, você pode utilizar os comentários para descrever classes, interfaces, campos, construtores e métodos. Em todos os casos, o comentário deve vir imediatamente antes do item que está sendo documentado. Algumas tags, como **@see**, **@since** e **@deprecated**, podem ser usadas para documentar qualquer elemento. Outras só podem ser aplicadas a elementos relevantes. Examinaremos cada tag a seguir.

NOTA

Os comentários de documentação também podem ser usados para documentar um pacote e preparar uma visão geral, mas os procedimentos diferem dos usados na documentação do código-fonte. Consulte a documentação do javadoc para ver detalhes dessas aplicações.

@author

A tag **@author** documenta o autor de uma classe ou interface. Sua sintaxe é:

@author *descrição*

Aqui, geralmente *descrição* é o nome do autor. Você deverá especificar a opção **-author** quando executar **javadoc** para o campo **@author** ser incluído na documentação HTML.

{@code}

A tag **{@code}** permite que você embuta texto, por exemplo, um fragmento de código, em um comentário. Esse texto é então exibido literalmente, em fonte de código, sem nenhum processamento adicional como gerado em HTML. Sua sintaxe é:

{@code *fragmento-código*}

@deprecated

A tag **@deprecated** especifica que um elemento do programa não é mais usado. É recomendável que você inclua a tag **@see** ou **{@link}** para informar ao programador sobre as alternativas disponíveis. A sintaxe é a seguinte:

@deprecated *descrição*

Aqui, *descrição* é a mensagem que descreve a substituição. A tag **@deprecated** pode ser usada na documentação de campos, métodos, construtores, classes e interfaces.

{@docRoot}

{@docRoot} especifica o caminho do diretório raiz da documentação atual.

@exception

A tag **@exception** descreve uma exceção lançada por um método. Sua sintaxe é:

@exception *nome-exceção* explicação

Aqui, o nome totalmente qualificado da exceção é especificado por *nome-exceção*, e *explicação* é um string que descreve como a exceção pode ocorrer. A tag **@exception** só pode ser usada na documentação de um método ou construtor.

{@inheritDoc}

Essa tag herda um comentário da superclasse imediata.

{@link}

A tag **{@link}** fornece um link in-line que conduz a informações adicionais. Sua sintaxe é:

{ @link *pct.classe#membro texto*}

Aqui, *pct.classe#membro* especifica o nome de uma classe ou método para o qual um link é adicionado, e texto é o string exibido.

{@linkplain}

A tag **{@linkplain}** insere um link in-line que conduz a outro tópico. O link é exibido em fonte sem formatação. Caso contrário, seria igual a **{@link}**.

{@literal}

A tag **{@literal}** permite que você embuta texto em um comentário. Esse texto é então exibido como se encontra, sem nenhum processamento adicional como gerado em HTML. Sua sintaxe é:

{ @literal *descrição*}

Aqui, *descrição* é o texto que é embutido.

@param

A tag **@param** documenta um parâmetro. Sua sintaxe é:

@param *nome-parâmetro explicação*

Nesse caso, *nome-parâmetro* especifica o nome de um parâmetro. O significado desse parâmetro é descrito por *explicação*. A tag **@param** só pode ser usada na documentação de um método, um construtor, uma classe ou interface genérica.

@return

A tag **@return** descreve o valor de retorno de um método. Sua sintaxe é:

@return *explicação*

Aqui, *explicação* descreve o tipo e o significado do valor retornado por um método. A tag **@return** só pode ser usada na documentação de um método.

@see

A tag **@see** fornece uma referência a informações adicionais. As duas formas mais usadas são mostradas abaixo:

@see *âncora*

@see *pct.classe#membro texto*

Na primeira forma, âncora é o link de um URL absoluto ou relativo. Na segunda forma, *pct.classe#membro* especifica o nome do item e texto é o texto exibido para esse item. O parâmetro de texto é opcional e, se não for usado, o item especificado por *pct.classe#membro* será exibido. O nome do membro também é opcional, logo, você pode especificar uma referência a um pacote, classe ou interface em vez da referência a um determinado método ou campo. O nome pode ser total ou parcialmente qualificado. No entanto, o ponto que precede o nome do membro (se ele existir) deve ser substituído por um caractere hash.

@serial

A tag **@serial** define o comentário de um campo padrão que pode serializado. Sua sintaxe é:

@serial *descrição*

Aqui, *descrição* é o comentário do campo.

@serialData

A tag **@serialData** documenta os dados gravados pelos métodos **writeObject( )** e **writeExternal( )**. Sua sintaxe é:

@serialData *descrição*

Nesse caso, *descrição* é o comentário dos dados.

@serialField

Para uma classe que implemente **Serializable**, a tag **@serialField** fornece comentários de um componente **ObjectStreamField**. Sua sintaxe é:

@serialField *nome tipo descrição*

Aqui, *nome* é o nome do campo, tipo é o tipo e descrição é o comentário do campo.

@since

A tag **@since** informa que um elemento foi introduzido em uma versão específica. Sua sintaxe é:

@since *versão*

Nessa tag, *versão* é o string que designa o lançamento ou a versão em que esse recurso foi disponibilizado.

@throws

A tag **@throws** tem o mesmo significado da tag **@exception**.

{@value}

{**@value**} tem duas formas. A primeira exibe o valor da constante que ela precede, que deve ser um campo **static**. A forma é dada a seguir:

{@value}

A segunda forma exibe o valor de um campo **static** especificado. A forma é esta:

{@value *pct.classe#campo*}

Aqui, *pct.classe#campo* especifica o nome do campo static.

@version

A tag **@version** especifica a versão de uma classe ou interface. Sua sintaxe é:

@version *info*

Aqui, *info* é um string contendo informações de versão, normalmente um número de versão, como 2.2. Você deverá especificar a opção **-version** quando executar **javadoc** para o campo **@version** ser incluído na documentação HTML.

Forma geral de um comentário de documentação

Após /** inicial, a primeira linha ou linhas são a descrição principal da classe, interface, campo, construtor ou método. Depois, você pode incluir uma ou mais das diversas tags. Cada tag @ deve começar no início de uma nova linha ou vir após um ou mais asteriscos (*) dispostos no início da linha. Se houver várias tags do mesmo tipo, elas devem ser agrupadas. Por exemplo, se você tiver três tags **@see**, insira-as uma depois da outra. As tags in-line (as que começam com uma chave) podem ser usadas dentro de qualquer descrição.

Veja um exemplo do comentário de documentação de uma classe:

```
/**
 * Esta classe desenha um gráfico de barras.
 * @author Herbert Schildt
 * @version 3.2
 */
```

O que javadoc gera

O programa **javadoc** recebe como entrada o arquivo-fonte do programa Java e gera vários arquivos HTML contendo a documentação do programa. Informações sobre cada classe estarão em seu próprio arquivo HTML. O **javadoc** também gerará um índice e uma árvore hierárquica. Outros arquivos HTML podem ser gerados.

Exemplo que usa comentários de documentação

A seguir, temos um exemplo de programa que usa comentários de documentação. Observe a maneira como cada comentário vem imediatamente antes do item que descreve. Após ser processada por **javadoc**, a documentação sobre a classe **SquareNum** poderá ser encontrada em **SquareNum.html**.

```java
import java.io.*;

/**
 * Esta classe demonstra comentários de documentação.
 * @author Herbert Schildt
 * @version 1.2
 */
public class SquareNum {
  /**
   * Este método retorna o quadrado de num.
   * Esta é uma descrição de várias linhas.
   * Você pode usar quantas linhas quiser.
   * @param num O valor do qual queremos o quadrado.
   * @return o quadrado de num.
   */
  public double square(double num) {
    return num * num;
  }

  /**
   * Este método pega um número com o usuário.
   * @return O valor da entrada como um double.
   * @exception IOException Em caso de erro de entrada.
   * @see IOException
   */
  public double getNumber() throws IOException {
    // cria um BufferedReader usando System.in
    InputStreamReader isr = new InputStreamReader(System.in);
    BufferedReader inData = new BufferedReader(isr);
    String str;

    str = inData.readLine();
    return (new Double(str)).doubleValue();
  }

  /**
   * Este método demonstra square().
```

```
     * @param args Não utilizado.
     * @exception IOException Em caso de erro de entrada.
     * @see IOException
     */
    public static void main(String args[])
      throws IOException
    {
      SquareNum ob = new SquareNum();
      double val;

      System.out.println("Enter value to be squared: ");
      val = ob.getNumber();
      val = ob.square(val);

      System.out.println("Squared value is " + val);
    }
  }
```

Índice

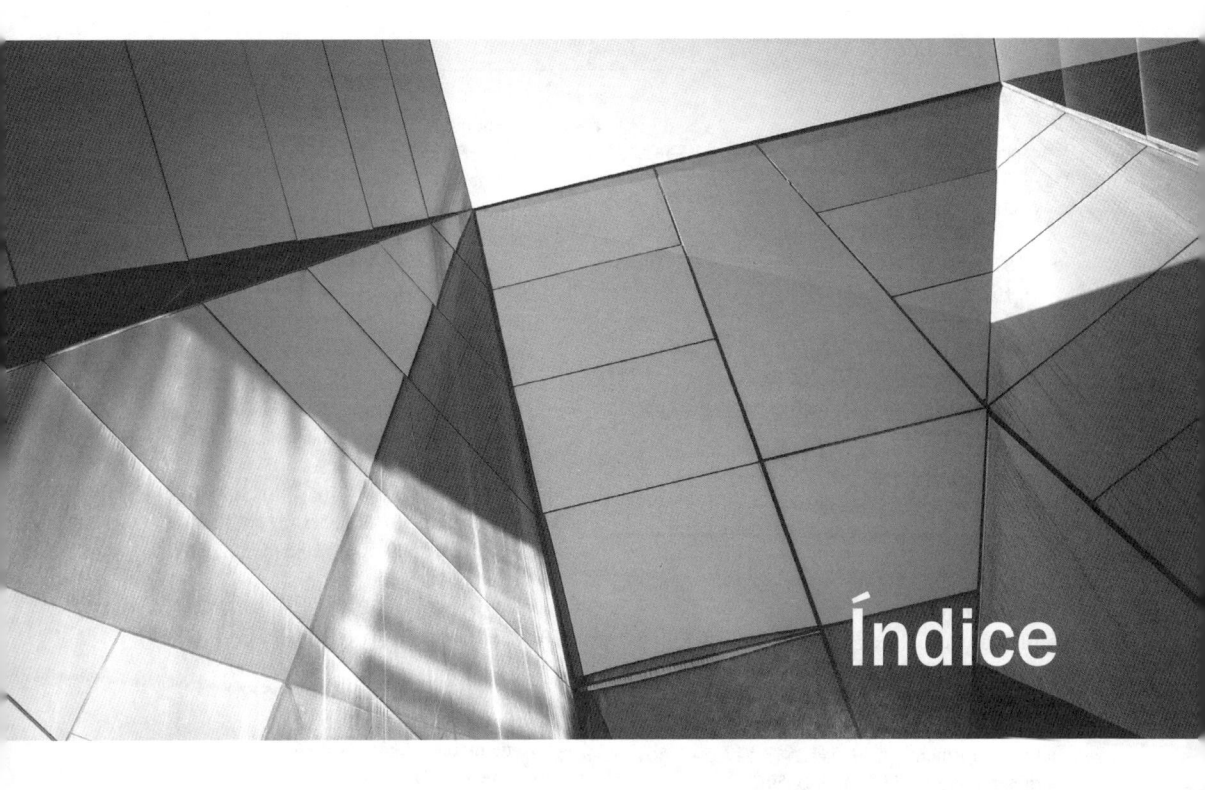

& (AND bitwise), 162-164
& (AND lógico booleano), 47-50, 52
&& (AND de curto-circuito), 47-48, 50-52
*
   operador de multiplicação, 18-19, 45-46
   usado em instrução de importação, 270, 423
@ (sintaxe de anotação), 424
@, tags (javadoc), 662-666
\ usado em sequências de escape de caracteres
(constantes de caracteres de barra invertida), 39-40
| (OR bitwise), 162-165
| (OR lógico booleano), 47-50, 52
|| (OR de curto-circuito), 47-48, 50, 52
[ ], 55-56, 134, 139, 142-143
^ (exclusive OR bitwise), 162, 163, 165-166
^ (exclusive OR lógico booleano), 47-49
:, 91-93, 172-173
::
   sintaxe de referência de construtor, 492
   sintaxe de referência de método, 486, 491
{ }, 14-16, 24-27, 42-43, 81-82, 109-111, 136, 141
=, 17-18, 41-42, 51-53
= = (operador relacional), 22-23, 47-49, 401-402
   versus equals( ), 158
! (NOT unário lógico booleano), 47-49
!=, 22-23, 47-49
/, 18-19, 45-46
/* */, 14-15
/** */, 662, 666
//, 14-15
<, 22-23, 37-38, 47-49
<>
   operador losango (inferência de tipo), 458-460
   sintaxe de parâmetro de tipo genérico, 432, 433
<<, 162, 167-169
<=, 47-49
–, 18-19, 45-46
– >, operador lambda (ou seta), 467
– –, 24-25, 45-48
%, 45-47
( ), 15-16, 55-56, 59-60, 107, 112, 113, 122-125, 468, 473
   e a precedência de operadores, 37-38, 54-55, 57-60
   e as coerções, 53-54
   usado com this, 525-526
. (operador ponto), 55-56, 103, 109-110, 145, 199-200, 231
... (sintaxe de argumento em quantidade variável), 210-212, 214
+
   adição, 18-19, 45-46
   operador de concatenação, 18-19, 157
++, 24-25, 45-48

?
 especificador de argumento curinga, 440-441, 444-446
 operador ternário, 171-174
>, 22-23, 47-49
>>, 162, 167-169
>>>, 162, 167-168
>=, 22-23, 47-49
; (ponto e vírgula), 15-16, 26-27, 75, 141, 406
~ (NOT bitwise), 162, 163, 165-167
_ (sublinhado) usado com literais inteiros ou de ponto flutuante, 38-39

A

abs( ), 192
Abstract Window Toolkit. *Consulte* AWT (Abstract Window Toolkit)
AbstractButton, classe, 540, 547
ActionEvent, classe, 516-517, 540-544, 547
 JavaFX, 576-577, 580, 584
ActionListener, interface, 518, 540, 542-544, 561
actionPerformed( ), 540, 541, 543-544, 547, 561
add( ), 537-539, 573-574, 580, 596
addActionListener( ), 540, 544, 561
addAll( ), 575-576, 580
addKeyListener( ), 515-516
addListener( ), 587
addMouseListener( ), 522
addMouseMotionListener( ), 515-516, 522
add*Tipo*Listener( ), 515-516
Affine, classe, 596
Algoritmo de classificação rápida, 138, 199-200, 203-207, 430
AND, operador,
 and de curto-circuito ou condicional (&&), 47-48, 50-52
 bitwise (&), 162-164
 lógico booleano (&), 47-50, 52
Annotation, interface, 424
Anotações, 424-426
 internas, tabela de, 425
 marcadoras, 425
 uso do tipo, 424
Aparência adaptável, 530-533
Aparências, 530-532
API (Applcation Programming Interface), Java, 270-271, 293
API de concorrência, 386-387, 600
Applet, 499-515
 arquitetura, 503-504
 aspectos básicos, 499-503
 assinado, 501-502
 baseado em AWT *versus* Swing, 500-501, 504-505
 características de um, 5-6
 e a Internet, 5-7, 499-502
 e main( ), 102, 501-503
 esqueleto, 503-505
 executando, 501-503
 exibição de string em, 500-502, 505-506
 métodos de ciclo de vida, 503-506, 562
 natureza baseada em eventos de um, 503-504, 514-515
 passando parâmetros para, 511-513
 saída em uma janela de status, 510-512
 solicitação de atualização, 505-511
 Swing, 500-501, 504-505, 540, 562-564
 visualizador, 501-503, 510-511
Applet, classe, 500-504, 510-515, 522, 562, 564
 métodos, tabela de, 513-515
applet, pacote, 500-501
APPLET, tag, HTML, 501-502, 511-512
appletviewer, 501-503, 562
 janela de status, usando, 510-512
Application, classe, 569, 572
args de main(), parâmetro, 161-162
Argumento(s) de tipo, 433-434, 436, 455-456
 e a segurança de tipos, 434-435
 e as interfaces funcionais genéricas, 477, 478
 e os tipos limitados, 437-438, 440, 450-451
 inferência de tipo e, 458-460
 Consulte também Argumentos curingas
Argumentos, 107, 112-114
 curinga. *Consulte* Argumentos curingas
 em quantidade variável. *Consulte* Varargs
 linha de comando, 15-16, 161-162
 passando, 184-186
 tipo. *Consulte* Argumento(s) de tipo
Argumentos curingas, 440-446
 limitados, 443-446
ArithmeticException, 298-299, 311
Arquitetura de modelo separável, Swing, 531-532
Arquitetura Modelo-Delegação, Swing, 531-532
Arquitetura Modelo-Exibição-Controlador (MVC), 531-532
Arquitetura MVC (Modelo-Exibição-Controlador), 531-532
Arquivo(s)
 acesso aleatório, 341-343
 close( ) para fechar um, usando, 327-328, 330, 332, 334, 337
 fonte, 12-14, 104
 I/O, 321, 327-343, 348-351
 ponteiro, 341, 342
 try-with-resources para fechar automaticamente um, usando, 334-337

Array(s), 15-16, 133-150
 classificando, 137-138
 como objetos, implementados, 133, 134
 como parâmetro de uma expressão lambda, usando um, 485
 de strings, 158
 e os genéricos, 461-463
 e os varargs, 210-212, 214
 inicializando, 136, 141-142
 irregular, 140-141
 limites, 136-137, 178, 295, 298
 loop for de estilo for-each e, 150-155
 multidimensional, 139-142, 152-155
 pesquisando um não classificado, 154-155
 "resistente a falhas", exemplo de um, 178-181
 sintaxe de declaração, alternativa, 142-143
 unidimensional, 134-137
 variável de instância length de, 144-146
ArrayIndexOutOfBoundsException, 137, 295, 298-299, 301-302, 311
Asserção, 524-525
assert, palavra-chave, 524-525
AssertionError, 524-525
Assinatura de um método, 193
Ativação falsa, 387-388, 390-391
Atribuição(ões)
 conversões automáticas de tipo em, 53-54
 variáveis de referência de array e, 143-144
 variáveis de referência de objeto e, 106-107
Autoboxing/unboxing, 414, 416-420
 definição dos termos, 416-417
 e as expressões, 419-420
 e os genéricos, 414, 433-434
 e os métodos, 417-419
 quando usar, 420
AutoCloseable, interface, 334
Avisos de não verificação e os tipos brutos, 457-458
AWT (Abstract Window Toolkit), 500-501, 534-535, 567
 e os applets, 500-503, 512-513
 e Swing, 500-501, 530-532
 limitações de, 530-531
AWTEvent, classe, 516-517

B

Barra de menus, Swing, 533-534
Barras de rolagem, 586, 589
Bibliotecas, classes, 29-30, 270-271
Binário para especificar um literal inteiro, usando, 39-40
BinaryOperator<T>, interface funcional predefinida, 494-495

Bloco(s) try, 294-297
 aninhados, 301-303
 e finally, 306-309
Blocos de código, 24-27, 42-43
 estático, 202-204
 sincronizado, 384-386
Bloqueio, 381
Boolean, classe, 351-352, 415
booleano, tipo de dado, 33, 36-38
 e os operadores bitwise, 162
 e os operadores lógicos, 47-49
 e os operadores relacionais, 37-38, 47-49
 valor padrão de um, 121-122
BorderLayout, 534-535, 537-539
BorderPane, classe, 569
Botões de ação, JavaFX, 576-581
Botões de ação, Swing, 540-544
 string do comando de ação de, 541, 544
BoxBlur, classe, 594-595
 programa demonstrando, 597-600
Boxing, 416-417. *Consulte também* Autoboxing/unboxing
break, instrução, 63, 68-71, 78, 86-92
 como forma de goto, 87-92
 e o loop for de estilo for-each, 152-153
Buffer
 e a saída do console, 64, 82-83
 e NIO, 350-351
 saída de arquivo, 332
BufferedReader, classe, 324, 343-347, 350-351
Button, classe, 576-577, 591
ButtonBase, classe, 576-577, 580-581
Buzzwords, Java, 7-8
Byte, classe, 186, 351-352, 415
byte, tipo de dado, 33, 34, 38-39
Bytecode, 6-9, 13-14, 525
byteValue( ), 415

C

C, 18-19
 e Java, história de, 3-5
C# e Java, 4-5
C++ e Java, 3-5
Caixa de seleção, JavaFX, 580-586
 estado indeterminado de uma, ativando o, 585-586
Caixas de seleção, Swing, 547-550
Campo de texto, Swing, 544-547
 e os ouvintes de ação, 557
 string do comando de ação, 544, 547
Campo de texto JavaFX, 591-593
Canais, 350-351

Caractere(s), 35-37
  constantes (literais), 38-41
  do teclado, inserindo, 63-64, 324-327, 343-347
  seqüências de escape, 39-41
case, instrução, 68-71
catch, instrução(ões) , 294-385, 298-299, 304-305, 307-308, 334
  e as exceções relançadas, 303-305
  e o recurso de relançamento mais preciso (final), 309-311
  recurso multi-catch de, 309-311
  usando várias, 299-302
Chamada por referência *versus* chamada por valor, 184-186
changed( ), 587
ChangeListener, interface, 587
char, tipo de dado, 33, 35-36, 38-39
  como um tipo integral, 34
Character, classe, 186, 351-352, 415, 481
charAt( ), 156-157, 159
CheckBox, classe, 580-586, 591
.class, arquivo, 13-14, 104, 262, 263
Class, classe, 433
class, palavra-chave, 14-15, 102
Classe Effect, 594
Classe genérica
  construtor, 432-434
  e os membros estáticos, 461
  e os tipos brutos, 455-458
  e Throwable, 463
  exemplo de programa com dois parâmetros de tipo, 434-436
  exemplo de programa com um parâmetro de tipo, 430-434
  forma geral de, 436
Classe Node, 569, 573, 576-577, 596
Classe Panel, 512-513
Classe Parent, 569, 573, 576-577
Classe PrintStream, 323-325, 327-328
Classe PrintWriter, 324, 347-349
Classe RandomAccessFile, 341-343
Classe Reader, 323, 324, 343-344, 350
  métodos definidos por, tabela de, 343-344
Classe Reflection, 594, 595
  programa demonstrando, 597-600
Classe Short, 186, 351-352, 415
Classe(s), 12-15, 101-106
  abstrata, 252-256, 270-271, 276
  aninhada, 206-210
  bem projetada, 102, 116
  bibliotecas, 29-30, 270-271
  construtor. *Consulte* Construtor(es)
  definição do termo, 9-10, 101-102

e as interfaces, 272-276, 284-286
e as interfaces genéricas, 448-451
evento. *Consulte* Classes, evento
final, 256
forma geral de, 102
genérica. *Consulte* Classe genérica
instância de uma, 101, 103
interna, 206-210
interna anônima, 209-210, 560-562, 564, 576-578, 580-581
membro. *Consulte* Membro, classe
nome e o nome do arquivo-fonte, 12-14, 104
que herda uma superclasse, forma geral de uma, 222
tipo de dado, como uma, 103
Classes, evento, 516-517
  normalmente usadas, tabela de, 516-517
Classes de eventos. *Consulte* Classes, evento
Classificação hierárquica, 10-11
  e a herança, 219
Classificação por bolha, 137-138
CLASSPATH, 263
clear( ), 596
clone( ), 258
close( ), 324-328, 330-332, 334, 335, 337, 343-345
Closeable, interface, 334
Closures (expressões lambda), 467
Código, inalcançável, 300-301
Coerções, 53-56, 58-59
  e os genéricos, 430, 433-434, 444-445, 459-460
  instanceof com, usando, 523-524
Coleta de lixo, 124-126, 133, 188
  programa demonstrando, 126-129
Collections Framework, 150-151, 573-574, 600
Comentários, 14-15
  documentação, 662-668
Comparable<T>, interface, 446-449
compareTo( ), 156-157, 353-354, 407-408
Compilador, Java, 11-15, 459-460
Complemento de dois, 167-168
Component, classe, 500-501, 503-507, 512-513, 515-516, 522, 532-534
Componentes, 532-534
  e o thread de despacho de evento, 542-540, 562, 564
  leves, 530-531, 568
  nomes de classes do Swing, tabela de, 532-533
  pesados, 530-531
Conjunto de caracteres ASCII, 35, 36, 163
Conjuntos de caracteres, 350-351
Console, classe, 343
console( ), 343
const, 28

Constantes, 38-39
    enumeração, 401-403, 405-407, 409
    usando final para criar nomeadas, 257, 407
    usando uma interface para definir compartilhadas, 282-284
Constantes de caracteres de barra invertida, 39-40
Construtor(es), 121-125, 225-231
    e super( ), 226-231, 237, 238, 243, 526
    e this( ), 525-526
    em uma hierarquia de classes, ordem de execução de, 237-238
    enumeração, 403, 405-406
    genérico, 447-449
    padrão, 121-122, 124-125, 225
    referências, 492-495
    sobrecarregando, 193-198
Construtores genéricos, 447-449
Consumer<T>, interface predefinida, 494-495
Container, classe, 512-513, 532-534
Contêiner JWindow, 532-534
Contêineres, 532-534
    de nível superior, 532-534
    leves *versus* pesados, 533-534
    painéis, 533-534
continue, instrução, 63, 91-94
Controle, classe, 573-574, 576-577
Controle de acesso, 176-181
    e as interfaces, 272
    e o acesso padrão Java, 177, 265, 272
    e os pacotes, 177, 261, 262, 265-269
Controle JavaFX PasswordField, 593
Controle(s), JavaFX, 573-574, 580-581
    texto, 591, 593
Conversão ampliadora, 53-54
Conversão redutora, 54-56
currentThread( ), 396-398

D

DataInput, interface, 338, 341, 342
DataInputStream, classe, 323, 337-340
    métodos definidos por, tabela de mais usados, 338
DataOutput, interface, 337, 341, 342
DataOutputStream, classe, 323, 337-340
    métodos definidos por, tabela de mais usados, 337
Deadlock, 392-393
decremento (– –), operador de, 24-25, 45-48
default, instrução, 68-70, 84-85, 285-286
delegação de UI, 531-532
@Deprecated, anotação interna, 425-426
Despacho dinâmico de métodos, 246-247
destroy( ), 503-506, 513-514, 562
Destruidores, 125-126

Diferenciação entre maiúsculas e minúsculas e o Java, 12-13, 16-17, 29, 262
Diretórios e pacotes, 262-265
DISPOSE_ON_CLOSE, 537-538
DO_NOTHING_ON_CLOSE, 537-538
Double, classe, 186, 351-352, 415
double, tipo de dado, 18-21, 33, 35, 38-39
    e os operadores bitwise, 162
doubleValue( ), 415
do-while, laço, 63, 80-83, 91-93
drawString( ), 500-502, 505-506

E

Efeitos, 594-595
    lista de alguns internos, 594
    programa demonstrando, 597-600
else, 64-68
Encapsuladores, tipo primitivo, 186, 351-354, 414-417, 420, 433-434
Encapsulamento, 9-10, 14-15, 42-43, 116, 176, 261
Enum, classe, 407
enum, palavra-chave, 401-403
Enumeração Pós, 580
Enumeração(ões), 400-414
    como um tipo de classe, 403, 406, 407
    constantes, 401-403, 405-407, 409
    construtor, 403, 405-406
    definição do termo, 400-401
    e a herança, 407
    e as variáveis de instância, 403, 405-406
    e os métodos, 403, 405-406
    o operador relacional = = e, 401-402
    restrições, 407
    valor ordinal, 407
    valores em instruções switch, usando, 401-402
    variáveis finais *versus*, 401-403, 407
    variável, declarando uma, 401-402
equals( ), 156-157, 258-259, 353-354, 467
    versus = =, 158
Erasure, 433, 459-461
    e os erros de ambiguidade, 460-461
err, 324. *Consulte também* Fluxo de erro padrão System.err
Error, classe, 294, 308-309, 312
Erros
    ambiguidade, 460-461
    sintaxe, 16-17
    tempo de compilação, causas de, 252, 433, 436-439, 469
    tempo de execução, 293
    tipos brutos e tempo de execução, 456-458

Consulte também Exceção; Tratamento de exceções; Exceções, internas padrão
Erros de sintaxe, 16-17
Escopos, 42-46
Espaço de nome
   importação estática e, 423
   pacotes e, 261-262, 423
   padrão (global), 261-262
Estilo de recuo, 26-27
Estrutura Fork/Join, 386-387
Estruturas de dados, 145-146
Event, classe, 576-577
EventHandler, interface, 576-577, 580
Evento de seleção em lista, 551, 552, 554
EventObject, classe, 516-517
Eventos de ação, 540, 541, 543, 544, 547, 580-581, 591
Eventos de item, 547-548, 550
Eventos do mouse e de movimento do mouse, tratando, 518-522
Exceção
   condições que geram uma, 124-125, 136, 294
   consequências de uma não capturada, 297-299
   de uma expressão lambda, lançando uma, 484-485
   definição do termo, 293
   suprimida, 336
Exceções, internas padrão, 293, 311-312
   não verificadas, tabela de, 311
   verificadas, tabela de, 312
Exception, classe, 294, 301-302, 312-313
Exemplo de programa de applet de banner, 506-511
Exemplo de utilitário de comparação de arquivos
   baseado em console, 340-343
   baseado em Swing, 555-560
Exibição de lista, JavaFX, 586, 590
   barras de rolagem, 586
   eventos de alteração, tratando, 587, 590
   várias seleções em uma, permitindo, 590
EXIT_ON_CLOSE, 537-538
Expressão(ões) Lambda, 466-485
   como argumentos, passando, 478-482
   contexto do tipo de destino, 467, 469, 478, 483, 485
   corpo, 467, 475
   de bloco, 475-476
   de expressão, 475
   definição do termo, 467
   e a captura de variáveis, 483-484
   e as exceções, 484-485
   parâmetros, 467-470, 473, 475, 485
   tipo de destino, 467, 469, 480
   usando tratamento de eventos, 560-562, 564, 576-578, 580-581, 593

Expressões, 57-60
   e o autoboxing/unboxing, 419-420
extends, 219, 222, 273, 283-284
   e os argumentos curingas limitados, 443-445
   para criar um tipo limitado, usando, 437-440, 443

F

false, 36-37, 48-49, 121-122
Fila(s), 145-147
   exemplo de programa, 146-150
   genérica, criando uma, 450-456
   interface, criando uma, 277-283
FileInputStream, classe, 323, 327-328, 334, 338
FileNotFoundException, 327-328, 331, 332, 350
FileOutputStream, 323, 327-328, 332, 334, 337
FileReader, classe, 324, 348-351
FileWriter, classe, 324, 348-350
final
   para impedir a herança de classes, 256
   para impedir a sobreposição de métodos, 256
   variáveis, 257-258, 401-403, 407
finalize( ), 125-129, 258
   versus destruidores C++, 125-126
finally, bloco, 294, 306-309, 334
   para fechar um arquivo, usando um, 330-331
Float, classe, 186, 351-352, 415
float, tipo de dado, 18-21, 33, 35, 38-39
   e os operadores bitwise, 162
floatValue( ), 415
FlowLayout, 534-535, 543
FlowPane, classe, 569, 572, 580-581
Fluxo(s), I/O
   definição do termo, 322
   predefinidos, 324-325
Fluxos, bytes, 322, 343-344
   classes, tabela de, 323
   usando, 324-341
Fluxos, caracteres, 322-327, 343-344
   classes, tabela de, 324
   usando, 343-351
Fonte
   arquivo, 12-14, 104
   modelo de delegação de eventos, 515-516
for, laço, 23-25, 63, 74-82, 91-93
   melhorado. *Consulte* Versão for-each do laço for
   variações, 76-79
format( ), 327-328
FORTRAN, 8-9
Frank, Ed, 3
Funções virtuais (C++), 247
FXCollections, classe, 586

G

Genéricos, 259, 429-463
   e a compatibilidade com códigos pré-genéricos (legados), 455-460
   e as classes de exceções, 463
   e as coerções, 430, 433-434, 444-445, 459-460
   e o autoboxing/unboxing, 414, 433-434
   e os arrays, 461-463
   e os erros de ambiguidade, 461
   restrições ao uso, 461-463
   segurança de tipos e, 430, 433-435
Gerenciador de leiaute, 534-535
   para um painel de conteúdo, padrão, 534-535, 537-538, 543
Gerenciamento automático de recursos, 295, 309-310, 334
getActionCommand( ), 541, 543, 561
getCause( ), 312-313
getChildren( ), 573-574
getClass( ), 258, 259, 433
getContentPane( ), 538-539
getGraphics( ), 506-507
getItem( ), 548, 550
getName( ), 364-365, 369-370, 433
getParameter( ), 511-514
getPriority( ), 364-365, 378
getSelectedIndex( ), 552, 554
getSelectedIndices( ), 552
getSelectedItems( ), 590
getSelectionModel( ), 587
getSupressed( ), 336
getText( ), 545, 548, 591
getTransforms( ), 596
getX( ), 519, 520
getXOnScreen( ), 520
getY( ), 519, 520
getYOnScreen( ), 520
Gosling, James, 3
goto, instrução, usando break com rótulo como forma de, 87-92
goto, palavra-chave, 28
Grafo de cena, 569, 572
Graphics, classe, 500-501
GridPane, classe, 569

H

handle( ), 576-577, 580-581
hashCode( ), 258
hasNext*X*, métodos, de Scanner, 359-360
Herança, 9-11, 219-259
   acesso a membros e, 222-225
   aspectos básicos de, 219-222
   e as classes e métodos abstratos, 252-255
   e as enumerações, 407
   e as interfaces, 283-285, 288-290
   e os construtores, 225-231, 237-238
   e várias superclasses, 222
   final e, 256
   vários níveis, 222, 235-237
HIDE_ON_CLOSE, 537-538
Hierarquia
   contenção, 532-534
   vários níveis, 235-237
Hierarquia de contenção, 532-534
Hoare, C.A.R., 203-204
HotSpot, 6-7
HTML (Hypertext Markup Language), arquivo
   e javadoc, 662, 667
   e os applets, 501-502

I

I/O, 321-360
   acesso aleatório, 341-343
   applets e o usuário, 502-503
   arquivo, 321, 327-343, 348-351
   baseada em canais, 350-351
   console, 15-16, 63-64, 82-83, 321, 324-328, 343-349
   dados binários, 337-340
   fluxos. *Consulte* Fluxo(s), I/O
   new (NIO), 350-351
I/O de console, 15-16, 63-64, 82-83, 321, 324-328, 343-349
Identificadores, 29
if, instrução, 21-26, 37-38, 63-68
   aninhada, 66-67
if-else-if, escada, 67-68
   instrução switch *versus*, 74, 160
implements, cláusula, 272-273
   e os tipos limitados, 450-451
import, instrução 266, 269-270
   e a importação estática, 421-423
Importação estática, 421-423
in, 324. *Consulte também* System.in, fluxo de entrada padrão
Incremento (++), operador de, 24-25, 45-48
indexOf( ), 156-157, 474
Inferência de tipo
   e as expressões lambda, 474-476, 485
   e as referências de construtor, 494-495
   e uma referência a um método genérico, 491
   o operador losango (<>) e, 458-460
Iniciador de aplicativo, 11-12

Inicialização de objeto
　com outro objeto, 194-195
　com um construtor, 121-125
init( ), 503-506, 513-514, 562, 564, 569, 570, 572-574
initCause( ), 312-313
InputMismatchException, 359-360
InputStream, classe, 322-326, 338, 341, 345, 359-360
　métodos, tabela de, 324-325
InputStreamReader, classe, 324, 345, 350
instanceof, operador, 523-524
Instância de uma classe, 101
　Consulte também Objeto(s)
Instrução package, 262
Instruções, 15-16, 26-27
　nulas, 78
Instruções de controle, 21-22
　iteração, 63, 74-83
　salto, 63, 86-94
　seleção, 63, 64-71
Instruções de iteração, 63, 74-83
Instruções de salto, 63, 86-94
Instruções de seleção, 63-71
int, 17-20, 33, 34
Integer, classe, 186, 351-352, 415
Inteiro(s), 17-18, 20-21, 33-34
　Literais, 38-40, s53-54
interface, palavra-chave, 270-272
　usada em uma declaração de anotação, 424
Interface de fluxo, 495-496
Interface funcional predefinida Function<T,R>, 494-495
Interface funcional predefinida Predicate<T>, 494-497
Interface gráfica de usuário (GUI), 30, 321-322, 500-501, 567
　e JavaFX, 529-531, 567
　e os applets, 502-504
　e Swing, 500-501, 529-532, 539-540
　programas e tratamento de eventos, 514-515
Interface(s), 261, 270-291
　e a herança, 283-285, 288-290
　forma geral de, 272
　genérica, 448-451
　implementando, 272-276, 285-286
　métodos, *Consulte* Métodos de interface
　ouvinte de eventos. *Consulte* Interfaces de ouvintes de eventos
　variáveis, 272, 282-286
　variáveis de referência, 276-277
Interface(s) funcional(is), 466-468, 486
　genéricas, 476-478, 493-494
　predefinidas, 494-497

Interfaces de ouvintes de eventos, 516-517
　tabela de mais usadas, 518
Interfaces genéricas, 448-451
Internet, 2, 3, 5-6, 499-500
　e a portabilidade, 3, 5-7
　e a segurança, 5-7
　relacionamentos cliente/servidor, 5-8
Interpretador, Java, 11-14
InterruptedException, 312, 367-368
intValue( ), 415-417
invokeAndWait( ), 539-540, 564
invokeLater( ), 539-540, 564
IOException, 64, 308-311, 324-328, 331, 332, 337, 338, 343-344, 346, 348-349, 484, 485
isAlive( ), 364-365, 375
isIndeterminate( ), 585
isSelected( ), 548, 550, 584
isUpperCase( ), 481
ItemEvent, classe, 516-517, 547, 548, 550
ItemListener, interface, 518, 548, 561
itemStateChanged( ), 548, 550

J

Janela, usando a do visualizador de applets ou a de status do navegador, 510-512
JApplet, contêiner, 532-534, 562, 564
Java
　aparência (metal), 531-532
　API, 270-271, 293
　Beans, 600
　como uma linguagem fortemente tipada, 32, 239
　como uma linguagem interpretada, 6-8
　compilador, 11-15
　e a compilação dinâmica, 6-8
　e a Internet, 2, 3, 5-7
　e a World Wide Web, 3
　e C, 3-5
　e C#, 4-5
　e C++, 3-5
　história de, 3-5
　IDEs, 11-12
　interpretador, 11-14
　palavras-chave, 28-29
　recursos de design (buzzwords), 7-8
java (interpretador Java), 11-14, 263
.java, extensão de nome de arquivo, 12-13, 263
java, pacote, 270-271, 573-574
java.applet, pacote, 270-271
java.awt, pacote, 270-271, 516-517, 534-535, 542
java.awt.event, pacote, 514-517, 542
　classes de eventos, tabela das mais usadas, 516-517

interfaces de ouvintes de eventos, tabela das mais usadas, 518
java.io, pacote, 270-271, 309-310, 322, 334, 350-351
java.io.IOException, 64. *Consulte também* IOException
java.lang, pacote, 270-271, 311, 324, 334, 364-365, 415, 421, 425, 433, 446-447
java.lang.annotation, pacote, 424-426
java.lang.Enum. 407
java.net, pacote, 270-271
java.nio, pacote, 350-351
java.nio.channels, pacote, 350-351
java.nio.charset, pacote, 350-351
java.nio.file, pacote, 350-351
java.nio.file.attribute, pacote, 350-351
java.nio.file.spi, pacote, 350-351
java.util, pacote, 358-359, 516-517
java.util.concurrent, pacote, 386
java.util.function, pacote, 494-495
java.util.List, 573-574
java.util.stream, pacote, 495-496
Java: The Complete Reference , Ninth Edition, 7-8, 150-151, 424, 463, 600
Java Development Kit (JDK), 10-12
Java Foundation Classes (JFC), 530-531
Java Network Launch Protocol (JNLP), 573
javac (compilador Java), 11-14, 263, 457-458, 573-574
javadoc, programa utilitário, 662, 667
   tags, lista de, 662
JavaFX, 529-531, 567-600
   cena, 568, 572-574
   grafo de cena, 569, 572
   métodos de ciclo de vida, 569-570, 572
   nós. *Consulte* Nó(s), JavaFX
   pacotes, 568
   painéis de leiaute, 569
   palco, 568, 572-574
   Script, 567
   tratamento de eventos, 575-581
   versus Swing, 568
JavaFX, aplicativo
   compilando e executando um, 573-574
   esqueleto, 570-573
   thread, 573-574
javafx.application, pacote, 568, 569, 572
javafx.beans.value, pacote, 587
javafx.colletcions, pacote, 573-574, 586
javafx.event, pacote, 576-577
javafx.geometry, pacote, 580
javafx.scene, pacote, 568, 572
javafx.scene.control, pacote, 573-574, 576-577, 580-581
javafx.scene.effect, pacote, 594
javafx.scene.layout, pacote, 568, 569, 572
javafx.scene.text, pacote, 600
javafx.scene.transform, pacote, 596
javafx.stage, pacote, 568, 572
JavaFX HTMLEditor, controle, 593
JavaFX TextArea, controle, 593
javafxpackager, 570
javax.swing, pacote, 340, 532-533, 537-538, 552
javax.swing.event, pacote, 551
JButton, componente, 532-534, 540-544
   Consulte também Botões de ação, Swing
JCheckBox, componente, 532-533, 547-550
JComponent, classe, 532-534
JDialog, contêiner, 532-534
JDK (Java Development Kit), 10-12
JFrame, contêiner, 532-539, 543
   adicionando um componente a um, 537-539
JLabel, componente, 532-538, 540, 543
JList, componente, 532-534, 551-554
join(), 364-365, 375-377
JPanel, contêiner, 532-534
JRootPane, contêiner, 532-534
JScrollPane, contêiner, 532-534, 551, 554
JTextComponent, classe, 544
JTextField, componente, 532-534, 544-547
   string do comando de ação de um, 544, 547
JToggleButton, classe, 532-533, 547
Just In time (JIT), compilador, 6-8
JVM. *Consulte* Máquina Virtual Java (JVM)

L

Label, classe, 573-574
labeled, classe, 573-574, 576-577
Laços, 23-24
   aninhados, 87-94, 97-98
   break para sair, usando, 86-88
   critérios para seleção do certo, 80-81
   do-while, 63, 80-83, 91-93
   for. *Consulte* for, laço
   infinitos, 78, 86-87
   while, 63, 79-82, 91-93
lastIndexOf( ), 156-157
launch( ), 570, 572
LayoutManager, interface, 534-535
LayoutManager2, interface, 534-535
Leiaute de borda, 534-535, 537-539
Leiaute de fluxo, 534-535, 543
length( ), 156
Leves
   componentes, 530-531, 568
   contêineres, 533-534

Linguagem de montagem, 8-9
List, classe, 573-574
Listas, Swing, 551-554
ListSelectionEvent, classe, 551, 552
ListSelectionListener, interface, 551, 552
ListSelectionModel, interface, 552
ListView, classe, 580-581, 586-591
Literais, 38-42
Literais de ponto flutuante, 38-39
literais hexadecimais, 39-40
Literais octais, 39-40
long, 33, 34, 38-39
Long, classe, 186, 351-352, 415
longValue( ), 415
losango (< >), operador, 458-460

M

main( ), 14-17, 102, 104, 107, 199-200
   e os aplicativos JavaFX, 572
   e os aplicativos Swing, 539
   e os applets, 102, 501-503
   e os argumentos de linha de comando, 15-16, 161-162
Máquina Virtual Java (JVM), 6-8, 13-16, 33, 499-500
   e as exceções, 294, 295, 297-298
Math, classe, 35, 192, 201-202, 421, 423
MAX_PRIORITY, 378
Mecanismos de dados, 145-147
Membro, classe, 9-10, 102
   acesso e herança, 222-225
   controlando o acesso a, 176-181, 261, 262, 265-269
   e a importação estática, 423
   estático, 199-203, 461
   operador ponto para acessar, 103
Membro, usando super para acessar uma superclasse, 231
Memória
   alocação usando new, 106, 124-125
   vazamentos, 327-328, 334
Metadados, 424
   Consulte também Anotação(ões)
Método genérico, 430, 445-448, 461
Método(s), 9-10, 14-16, 107-115
   abstrato. *Consulte* Métodos(s) abstratos(s)
   acessador, 178, 223-225
   analisando, 351-353
   anônimo, expressão lambda como um, 467, 468
   aridade variável, 210-211
   assinatura, 193
   chamando, 107, 109-110

   despacho, dinâmico, 246-247
   e a cláusula throws, 294, 308-311
   e as enumerações, 403, 405-406
   e as interfaces, 270-273, 275, 276. *Consulte também* Métodos de interface
   e o autoboxing/unboxing, 417-419
   e os parâmetros, 107, 112-115. *Consulte também* Parâmetros
   e os parâmetros de tipo, 433, 445-448
   escopo definido por, 42-46
   estático, 199-203, 289-291, 486-488
   expressões lambda para passar código executável para, usando, 478, 480
   extensão, 284-285
   final, 256
   forma geral de, 107
   genérico, 430, 445-448, 461
   interno, 29-30
   nativo, 525
   operador ponto e, 103
   padrão de interface, 272, 284-290, 466, 468
   passando objetos para, 182-186
   recursivo, 198-200
   referência. *Consulte* Referência de método
   retornando de um, 109-111
   retornando objetos de, 186-188
   retornando um valor de, 107, 112
   sincronizado, 381-384, 523-524
   sobrecarregando, 188-193, 213-216, 245-246
   sobrepondo. *Consulte* Sobrepondo, método
   usando super para acessar superclasse oculta, 226, 231, 244-245
   varargs. *Consulte* Varargs
Método(s) abstrato(s), 252-255, 270-271, 467-469
   e expressões lambda, 468-471, 484
Métodos acessadores, 178, 223-225
Métodos de interface
   estáticos, 289-291
   padrão, 272, 284-290, 466
   tradicionais, 272
Métodos next*X*, de Scanner, 359-360
MIN_PRIORITY, 378
Modelo de delegação de eventos, 515-518
   e JavaFX, 576-577
   evento, definição de um, 515-516
   programação de applets usando o, 518-522
Modelos, C++, 430
Modificador de acesso private, 15-16, 177-182, 265
   e a herança, 222-225
   e os pacotes, 265
Modificador de acesso protected, 125-126, 177, 265
   e os pacotes, 265, 267-269
   em C++ *versus* Java, 269

Modificador de acesso public, 15-16, 177-181, 265
  e as interfaces, 272, 273
  e os pacotes, 265,
Modificador de tipo abstract, 252, 255, 256
Modificador transient, 523-524
Modificador volatile, 523-524
Modificadores de acesso, 15-16, 177-178
módulo (%), operador de, 45-47
Monitor, 381
mouseClicked( ), 519
mouseDragged( ), 519
mouseEntered( ), 519
MouseEvent, classe, 516-517, 519, 520
mouseExited( ), 519
MouseListener, interface, 516-517, 519, 522
MouseMotionListener, interface, 516-519, 522
mouseMoved( ), 519
mousePressed( ), 519
mouseReleased( ), 519
MULTIPLE_INTERVAL_SELECTION, 552
MultipleSelectionModel, classe, 587, 590
Multitarefa
  baseada em processo *versus* baseada em thread, 363
  implementação do sistema operacional de, 378, 380

N

native, modificador, 525
Naughton, Patrick, 3
Navegador web
  executando applet em, 5-8, 501-503
  usando a janela de status de, 510-512
new, 106, 121-122, 124-125, 134, 136, 155-156, 303-304
  e a inferência de tipo, 458-459
  e as classes abstratas, 252
Nó(s), JavaFX, 569
  efeitos e transformações para alterar a aparência de, usando, 594-600
  raiz, 569, 572
  texto, 600
NORM_PRIORITY, 378
Not, operador
  unário bitwise (~), 162, 163, 165-167
  unário lógico booleano (!), 47-49
Notação científica, 38-39
notify( ), 258, 386-392
notifyAll( ), 258, 386-388
null, 29, 121-122
Number, classe, 415
NumberFormatException, 311, 415
Números negativos, representação de, 167-168

O

Oak, 3
Object, classe, 258-259, 347-348, 386-387, 414, 430, 433
  e as interfaces funcionais, métodos públicos da, 467
  e o erasure, 459-460
Object, tag, HTML, 501-502
Objeto, 9-10, 101-102, 104-106
  criando um, 103, 105-106
  monitor, 381
  para um método, passando um, 182-186
  retornando um, 186-188
observableArrayList( ), 586, 590
ObservableList, 573-576, 586, 589-590
ObservableValue, 587
Ocultação de nome, 45-46, 423
Operador complemento de um (NOT unário bitwise), 162, 163, 165-167
Operador conditional-and, 51
Operador conditional-or, 51
Operador(es), 45-46
  aritméticos, 18-19, 45-48
  bitwise, 162-172
  de atribuição. *Consulte* Operador(es) de atribuição
  lógicos, 47-51
  losango (< >), 458-460
  os parênteses e, 37-38, 54-55, 57-60
  precedência, tabela de, 55-56
  relacionais, 22-23, 37-38, 47-50
  ternários ?, 171-174
Operador(es) de atribuição
  =, 17-18, 41-42, 51-53
  composto, 53
  shorthand aritmético e lógico (*op*=), 51-53
  shorthand bitwise, 168-169
Operadores aritméticos, 18-19, 45-48
Operadores bitwise, 162-172
Operadores de deslocamento, bitwise, 162, 167-172
Operadores lógicos, 47-51
Operadores relacionais, 22-23, 37-38, 47-50
OR (|) operador,
  bitwise, 162-165
  lógico booleano, 47-50, 52
OR, operador, de curto-circuito ou conditional-or (||), 47-48, 50-52
ordinal( ), 407, 408
out, 15-16, 324. *Consulte também* System.out, fluxo de saída padrão
OutputStream, classe, 322-325, 327, 337, 341, 347-348
  métodos, tabela de, 325-326

OutputStreamWriter, classe, 324, 348-349
Ouvinte, modelo de delegação de eventos, 515-518

P

Pacote io. *Consulte* java.io, pacote
Pacote(s), 177, 261-271, 290-291
   definindo um, 262-263
   e o controle de acesso, 177, 261, 262, 265-269
   e os diretórios, 262-265
   importando, 269-271
   padrão (global), 262
Painéis, contêiner, 533-534
Painéis de rolagem, 551
Painel de conteúdo, 533-535, 543
   adicionando um componente a um, 537-539
Painel de vidro, 533-534
Painel em camadas, 533-534
Painel raiz, 533-534
paint( ), 500-501, 503-507, 562
Palavras-chave, Java, 28-29
PARAM, 511-512
Parâmetros, 15-16, 107, 112-115, 122-123
   applets e, 511-513
   de tipo. *Consulte* Parâmetro(s) de tipo
   e os construtores sobrecarregados, 194
   e os métodos sobrecarregados, 188, 190-192, 214
   em quantidade variável, 211-213, 215-216
   finais, 258
   lambda, 467-470, 473, 475, 485
Parâmetros(s) de tipo, 430
   e o erasure, 459-461
   e os membros estáticos, 463
   e os tipos limitados, 436-440, 450-451
   e os tipos primitivos, 433-434
   instância de um, não é possível criar uma, 461
   usado com um método, 433, 445-448
   usado com uma classe, 432, 434-436, 449-450
Pares, 530-531
parseDouble( ), 351-353
parseInt( ), 351-353
Pascal, 8-9
Pesados
   componentes, 530-531
   contêineres, 533-534
Pilhas, 145-146
   e o polimorfismo, 10-11
Pipeline para ações em dados de fluxo da API de fluxos, 495-496
Polimorfismo, 9-11
   e as interfaces, 270-271
   e o despacho dinâmico de métodos, tempo de execução, 246

   e os métodos sobrecarregados, 188, 192
   e os métodos sobrepostos, 246, 248
Ponteiros, 8-9
ponto (.), operador, 55-56, 103, 109-110, 145, 199-200, 231
pow( ), 421-423
print( ), 18-19, 327-328, 347-348
printf( ), 327-328, 343
println( ), 15-16, 18-20, 36, 41-42, 259, 305-306, 327-328, 347-348, 351-352, 402, 415
printStackTrace( ), 304-307
Problema da portabilidade, 3, 5-9, 33
Problema da segurança, 5-9
Programação
   arte de, 116
   com várias threads. *Consulte* Programação com várias threads.
   concorrente, 386
   estruturada, 8-9
   orientada a objetos, 8-12, 101
   paralela, 386-387
Programação com várias threads, 363-398
   e a sincronização. *Consulte* Sincronização
   e as threads. *Consulte* Thread(s)
   e o deadlock, 392-393
   e os sistemas multicore *versus* single-core, 364-365
   uso eficaz de, 396-397
Programação orientada a objetos (OOP), 8-12, 101, 176

R

read( ), 63-64, 82-83, 324-329, 332, 342-344, 346-347, 351-352
readInt( ), 338, 342
readLine( ), 343, 347, 350-353
readPassword( ), 343
Recursão, 198-200
Referências de método, 466, 486-492
   de métodos de instância, 488-492
   de métodos estáticos, 486-488
   de métodos genéricos, 491
Relacionamentos cliente/servidor, Internet, 5-8
remove( ), 538-539, 596
removeActionListener( ), 540, 544
removeKeyListener( ), 515-516
remove*Tipo*Listener( ), 515-516
repaint( ), 505-507
   programa de demonstração, 506-511
replace( ), 481
resume( ), 392-393

return, instrução, 63, 109-111
  e as lambdas de bloco, 475, 476
Rotate, classe, 596
  programa demonstrando, 597-600
Rótulo
  com break, usando um, 88-92
  com continue, usando um, 91-94
  JavaFX, 573-576
  Swing, 535-538
run( ), 364-366, 467, 540
  sobrepondo, 370, 374
  usando uma variável de flag com, 392-396
Runnable, interface, 364-365, 467, 539, 540
  implementando, 365-370, 374
RuntimeException, classe, 294, 308-309, 311, 312

S

Scale, classe, 596, 597
  programa demonstrando, 597-600
Scanner, classe, 358-360
Scene, classe, 568, 569, 572, 573
seek( ), 342
Segurança de tipos
  e os argumentos curingas, 440
  e os genéricos, 430, 433-435
  e os tipos brutos, 455-458
selectedItemProperty( ), 587, 590
SelectionMode, 590
SelectionModel, classe, 587
Seletores (NIO), 350-351
Sequências de escape, caractere, 39-41
Servlets, 7-8, 600
seta (ou lambda) (->), operador, 467
setActionCommand( ), 544
setAlignment( ), 580
setAllowIndeterminate( ), 585
setAngle( ), 596
setBottomOpacity, 595
setCharAt( ), 159
setDefaultCloseOperation( ), 537-538
setEfect( ), 594
setFraction( ), 595
setHeight( ), 595
setIterations( ), 595
setLayout( ), 538-539
setName( ), 369-370
setOnAction(), 576-578, 580-581
setPivotX( ), 596
setPivotY( ), 596
setPrefColumnCount( ), 591
setPreferredSize( ), 554

setPrefHeight( ), 587
setPrefSize( ), 587
setPrefWidth( ), 587
setPriority( ), 378
setPromptText( ), 591
setRotate( ), 596
setScaleX( ), 596
setScaleY( ), 596
setScene( ), 573
setSelectionMode( ), 551-552, 590
setSize( ), 536-537
setText( ), 545, 548, 580, 591
setTitle( ), 572
setTopOffset( ), 595
setTopOpacity( ), 595
setTranslateX( ), 596
setTranslateY( ), 596
setVisible( ), 537-539
setWidth( ), 595
setX( ), 597
setY( ), 597
Shear, classe, 596
Sheridan, Mike, 3
short, tipo de dado, 33, 34, 38-39
shortValue( ), 415
show( ), 573
showAll( ), 584
showStatus( ), 510-512, 514-515
Sincronização, 364-365, 381-386
  condição de corrida e, 392-393
  e o deadlock, 392-393
  via um bloco sincronizado, 384-386
  via um método sincronizado, 381-384
SINGLE_INTERVAL_SELECTION, 552
SINGLE_SELECTION, 552
Sistema NIO (New I/O), 350-351
Sistemas multicore, 560
  e a Estrutura Fork/Join, 386-387
sleep( ), 364-365, 367-368
Sobrecarregando
  construtores, 193-198
  métodos, 188-193, 213-216, 245-246
Sobreposição, métodos, 243-246
  e o despacho dinâmico de métodos, 246-247
  e o polimorfismo, 246, 248
  usando final para impedir, 256
sqrt( ), 35, 201-202, 421-423
Stage, classe, 568, 572
start( ), 364-368, 370, 503-506, 514-515, 562, 564, 569-570, 572-574
static, 15-16, 199-204, 206-207, 209-210, 258, 421, 422-423
  e os genéricos, 461

stop( )
  definido pela classe Applet, 503-506, 514-515, 562
  definido pela classe Application, 569, 570, 572-574
  método substituído de Thread, 392-393
Stream, API de fluxos, 495-496
strictfp, 523-525
String, classe, 15-16, 154-161, 481
  métodos, alguns, 156-158
String do comando de ação, 541, 543, 544, 547, 564
String(s)
  arrays de, 158
  como objetos, 154-156
  concatenando, 157
  construindo, 155-156
  definição do termo, 40-41
  imutabilidade de, 158-159
  lendo, 347
  literais, 40-42, 155-156
  pesquisando, 156
  representações de números para o formato binário, convertendo, 186, 351-354, 358-360
  switch, usado para controlar um, 69, 160
  tamanho,obtendo, 156-157
StringBuffer, classe, 159
StringBuilder, classe, 159
Subclasse, definição de, 219
Sublinhados com literais inteiros e de ponto flutuante, usando, 38-39
substring( ), 159
Sun Microsystems, 3
super
  e os argumentos curingas limitados, 445-446
  e os membros da superclasse, 226, 231, 244-245
  implementação de método padrão de interface, usado para referenciar uma, 289-290
super( )
  e os construtores da superclasse, 226-231, 237, 238, 243
  e this( ), 526
Superclasse, definição de, 219
suspend( ), 392-393
Swing, 500-501, 529-564
  aplicativo, exemplo de um simples, 534-540
  componentes, tabela de nomes de classes de, 532-533
  contêineres e componentes, relacionamento entre, 532-533
  e a arquitetura MVC, 531-532
  e JavaFX, 568
  e o AWT, 500-501, 530-532
  exemplo de applet, 562-564

  programas, natureza baseada em eventos de, 538-539
  utilitário de comparação de arquivos, 555-560
Swing: A Beginner's Guide, 530-531
SwingUtilities, classe, 539
switch, instrução, 63, 68-71, 74, 87-88
  usando um string para controlar uma, 69, 160
  usando valores de enumeração em uma, 68, 401-403
synchronized, palavra-chave, 381
  usada com um bloco, 384-386
  usada com um método, 381-384
System, classe, 15-16, 29, 270-271, 324
System.console( ), 343
System.err, fluxo de erro padrão, 324-325
System.in, fluxo de entrada padrão, 63, 64, 324-326, 343-346, 359-360
System.in.read( ), 63-64
System.out, fluxo de saída padrão, 15-16, 29, 63, 324-325, 327, 343, 347-349
  e a importação estática, 423

T

Tempo de execução
  exceção, 124-125, 136, 294
  informações de tipo, 523-524
  sistema, Java, 6-8
Text, classe, 600
TextField, classe, 580-581, 591-593
TextInput Control, classe, 591
this, 129-131, 202-203, 483
this( ), 525-526
Thread, classe, 364-366, 378, 392-393
  construtores, 365-366, 368-369, 371
  estendendo a, 364-366, 370-372, 374
Thread(s)
  aplicativo, 573-574
  comunicação entre, 386-392
  condição de corrida e, 392-393
  criando, 365-374
  definição do termo, 363
  despacho de evento, 538-540, 544, 562, 564
  e a ativação falsa, 387-388, 390-391
  e o deadlock, 392-393
  estados possíveis de, 364-365
  filha, 372-374, 378
  iniciador, 573-574
  principal, 365-366, 368-369, 396-398, 538-539, 573-574
  prioridades, 378-380
  sincronização. *Consulte* Sincronização
  suspendendo, retomando e interrompendo 392-396
  termina, determinando quando uma, 375-377

throw, 294, 302-305
Throwable, classe, 294, 300-307, 312-313, 336
   e as classes genéricas, 463
   e as exceções encadeadas, 312-313
   métodos definidos por, tabela dos mais usados, 305-306
throws, 294, 308-311
Tipo SAM (Single Abstract Method), 467
Tipo(s), 17-21, 32-33
   bruto, 455-458
   classe como um tipo de dado, 103
   conversão, automática, 53-54, 190-192
   induzindo, 53-56, 58-59
   inferência. *Consulte* Inferência de tipo
   informações, tempo de execução, 523-524
   limitado, 436-440
   numérico, valor padrão de, 121-122
   promoção em expressões, 57-59
   referência, valor padrão de, 121-122
   simples ou elementar, 33
   verificando, 32, 41-42, 53, 239, 433, 456-457
Tipo(s), primitivo, 32-38, 414-415, 420
   e a I/O binária, 337-340
   e os parâmetros de tipo, 433-434
   encapsuladores, 186, 351-354, 414-417, 420, 433-434
   tabela de, 33
Tipo(s) de dados, 18-21, 32-33
   classe como um, 103
   Consulte também Tipo(s); Tipos, primitivo
Tipos, parametrizados, 259, 429-430
   versus modelos C++, 430
Tipos brutos, 455-458
Tipos de ponto flutuante, 18-21, 35
   e strictfp, 523-525
toLowerCase( ), 481
toString( ), 258, 259, 304-307, 347-348, 415
toUpperCase( ), 481
Transform, classe, 596
Transformações, 594, 596-597
   programa demonstrando, 597-600
Tratamento de eventos, 499-500
   applets e, 503-504
   AWT, 514-522
   classes internas anônimas para, usando, 560-562, 564, 576-578, 580
   e JavaFX, 575-581
   e os eventos de ação, 540, 541, 543, 544, 547
   e os eventos de item, 547-548, 550
   e os eventos de seleção em lista, 551, 552, 554
   e os eventos do mouse e de movimento do mouse, 518-522
   expressões lambda para, usando, 560-562, 564, 576-578, 580-581, 593

Swing, 531-532, 538-540
   usando classes de ouvintes separadas, 560
   Consulte também Modelo de delegação de eventos
Tratamento de exceções, 293-317
   benefícios de, 299-300
   bloco, forma geral de, 295, 306-308
   e a criação de exceções personalizadas, 312-317, 463
   e as exceções encadeadas, 312-313
   e o recurso de relançamento final (mais preciso), 309-312
   e o tratador de exceções padrão, 297-298
   quando usar, 314-315
   recursos adicionados por JDK 7, 309-311
   versus códigos de erro, 314-315, 332
true, 29, 36-37, 48-49
try-with-resources, 295, 309-310, 334-337

U

UnaryOperator<T>, interface funcional predefinida, 494-495
Unboxing, 416-417. *Consulte também* Autoboxing/unboxing
Unicode, 35-37, 163, 322, 323, 348-349
Unidade de compilação, 12-13
update( ), 506-507
Utilitários de concorrência, 386-387

V

Valor ordinal da constante de enumeração, 407
valueChanged( ), 551, 552, 554
valueOf( ), 403-405
values( ), 403-405
Varargs, 209-216
   e a ambiguidade, 214-216
   métodos, sobrecarregando, 213-216
   parâmetro, declarando um, 210-213
Variáveis de instância, 9-10
   a herança e privadas, 222-225
   definição do termo, 102
   e as expressões lambda, 483, 484
   enumeração, 403, 405-406
   exclusivas de seu objeto, 103-106, 109-110
   finais, 257-258
   ocultando, 129-131
   operador ponto para acessar, usando o, 103, 109-110
   usando super para acessar ocultas, 231
   usando this para acessar ocultas, 129-131

Variáveis de referência de array
    atribuindo, 143-144
    declarando, 134
Variáveis de referência de objeto
    a variáveis de referência da superclasse, atribuindo da subclasse, 239-243, 246-247, 251
    declarando, 106
    e a atribuição, 106-107, 143-144
    e o despacho dinâmico de métodos, 246-247
    para um método, efeito da passagem, 185-186
Variável ambiental PATH, 13-14
Variável de instância length para arrays, 144-146
Variável(is)
    captura, 483-484
    de caractere, 36
    de instância. *Consulte* Variáveis de instância
    de interface, 272, 282-286
    de referência de interface, 276-277
    de referência de objeto. *Consulte* Variáveis de referência de objeto
    declaração, 17-19, 23-24, 41-44
    definição do termo, 16-17
    efetivamente final, 483-484
    enumeração, 401-402
    escopo e tempo de vida de, 42-46
    estática, 199-203, 258, 483
    final, 257-258, 401-403, 407
    inicialização dinâmica de, 42-43
    inicializando, 41-42

ocultação de nomes e, 44-46
transiente, 523-524
volátil, 523-524
Verdadeiro e falso em Java, 36-37, 48-49
Versão for-each do laço for, 79-80, 150-155
    e os conjuntos, 150-151
    forma geral, 150-151
    instrução break e, 152-153
    para pesquisar arrays não classificados, 154-155
void, 15-16
    métodos, 107, 110-111

W

wait( ), 258, 386-392
Warth, Chris, 3
while, laço, 63, 79-81, 91-93
WindowConstants, interface, 537-538
World Wide Web, 2, 3, 499-500, 506-507
write( ), 325-328, 332, 342
writeDouble( ), 337, 342
Writer, classe, 323, 324, 343-344, 348-349
    métodos definidos por, tabela de, 345

X

XOR (exclusive OR) (^), operador
    bitwise, 162, 163, 165-166
    lógico booleano, 47-49